한국사능력검정시험 1위

KB168158

해커스한국사
history.Hackers.com

×

해커스임용
teacher.Hackers.com

듣기만 해도 외워지는 자동암기 한국사
해커스한국사 안지영

해커스 한국사능력검정시험
심화 기본서 종합 강의
무료수강권

A7AB632765K40000

유효기간 : ~2025.12.31
교재 별도 구매 / 수강기간 : 60일

해커스 한국사능력검정시험
초단기 5일 합격 심화(3판)
무료 수강권

KK565D09B5933000

유효기간 : ~2025.12.31
교재 별도 구매 / 수강기간 : 100일 / 강의 수 : 57강

쿠폰 등록 방법

| 해커스한국사 홈페이지 접속 (history.Hackers.com) | → | 우측 QUICK MENU | → | [쿠폰/수강권 등록] 클릭한 후, 위의 쿠폰번호 등록 | → | 해당 강의 결제 시 쿠폰사용 |

 해커스임용

02 566 6860   **teacher.Hackers.com**

설보연 교육학 논술 연간 강좌 계획

강좌	강의 안내	교재
1~2월 **S**ucceed 기초 이론	· 교육학 전체 파트를 구조화하여 교육학의 체계를 성공적으로 구축합니다. · 지루하고 방대한 교육학을 생생하고 한 눈에 보이도록 체계화합니다. · 교육학 파트별로 주요 핵심 이론과 기초적인 개념을 정리하고 상호 간 관계의 틀을 형성합니다. · 매 강의 진행되는 형성평가를 통해 깊이 있는 이해와 암기, 인출을 도모합니다.	해커스임용 설보연 SANTA 교육학 1, 2
3~4월 **A**chieve 심화 이론	· 교육학 기초 이론을 토대로 한층 상세하게 심화된 이론의 학습을 성취합니다. · 교육학 파트를 넘나들며 관련 이론을 연결시켜 교육 정책과 방향에 대한 통찰력을 획득합니다. · 교육학 이론을 정교화하고 종합함으로써 어떤 문제도 충분히 대처할 수 있는 탄탄한 교육학의 기본기를 완성합니다. · 매 강의 심화 형성평가를 통하여 교육학 이론 암기와 인출을 연습함으로써 논술형 시험에 철저하게 대비합니다.	
5~6월 **N**ever forget 기출 분석	· 교육학 이론에 대한 통찰과 이해를 바탕으로, 교육학 논술문제뿐 아니라 객관식, 서술형, 기출문제까지 초등, 중등, 5급 행정고시에 나온 교육학 기출문제를 철저히 정리하여 잊히지 않게 체화합니다. · 문제를 통해 교육학 이론의 구조를 체계적으로 다지고 확실히 정리합니다.	해커스임용 설보연 SANTA 교육학 찐 단권화 (이론+기출Ver.)
7~8월 **T**arget 영역별 모의고사	· 교육학 파트별 핵심개념 단락 모의고사를 통해 어떤 문제도 대처할 수 있는 교육학 논술 능력을 체득합니다. · 꼼꼼한 개별 첨삭과 베스트셀러 작가 출신 교수의 논술 수업을 통해 어떤 문제에도 대응할 수 있는 실제 글쓰기 능력을 함양합니다. · 자기주도학습 전문가와 함께하는 수험 상담을 통하여 끝까지 높은 수준의 동기와 목표를 가지고 수험기간을 성공적으로 완주합니다.	해커스임용 설보연 SANTA 교육학 씬(Thin) 찐 단권화 (이론Ver.) / 프린트물
9~11월 **A**ccomplish 실전모의고사	· 최신 교육학 출제의 흐름을 완벽히 파악한 문제와 밀도 있는 교육현장 분석, 글쓰기 능력함양을 통해 임용 시험 1차와 2차 능력이 체계적으로 향상됩니다. · 현장의 정책과 교육학 흐름, 기출문제를 완벽 분석하여 출제하는 실전 예상문제를 통해 확실한 합격을 준비합니다. · 매 수업 진행되는 실전모의고사와 파트별 핵심 테마 출제포인트 시험 및 이론 정리를 통해 빈틈없는 교육학 실력으로 합격을 현실화합니다. · 꼼꼼한 개별 첨삭과 베스트셀러 작가 출신 교수의 논술 수업을 통해 어떤 문제에도 대응할 수 있는 실제 글쓰기 능력을 발전시킵니다. · 즉각적이고 교정적인 피드백과 학습 상담을 통해 마지막까지 흔들리지 않고 꿈을 성취할 수 있도록 집중 케어합니다.	해커스임용 설보연 SANTA 교육학 찐 단권화 (이론+기출Ver.) or 해커스임용 설보연 SANTA 교육학 씬(Thin) 찐 단권화 (이론Ver.) / 프린트물

※ 강의계획은 상황에 따라 변경될 수 있으며, 세부계획은 강좌별 수업계획서를 참조

해커스임용

설보연

SANTA
Succeed, Achieve, aNd Teach All

교육학 **1**

해커스임용

설보연

약력

서울대학교 영어교육, 불어교육 전공
서울대학교 교육학 석사
서울대학교 교육학 박사 수료
현 | 해커스임용 교육학 논술 전임교수
전 | 청주교육대학교 교육학 강의
　　　서울대학교 교육학 강의
　　　강동고등학교 근무

저서

해커스임용 설보연 SANTA 교육학 씬(Thin) 찐 단권화(이론Ver.), 해커스패스
해커스임용 설보연 SANTA 교육학 찐 단권화(이론＋기출Ver.), 해커스패스
해커스임용 설보연 SANTA 교육학 2, 해커스패스
해커스임용 설보연 SANTA 교육학 1, 해커스패스
설보연 산타교육학 서브노트, 계획된 우연

Succeed, Achieve, aNd Teach All!
교육자라는 꿈을 향한 성공과 성취의 첫 걸음을 선물합니다.

저는 산다는 것은 아프고 힘든 과정이라고 생각합니다. 특히나 꿈을 꾼다는 것은, 그리고 그 꿈을 향해 나아간다는 것은 더욱이 고통스럽고 괴로운 과정이라고 생각합니다. 그러나 그러한 삶의 과정에서 만나는 들꽃 같은 순간과 찰나 같은 눈 맞춤, 어느 예상치 못한 응원이 우리를 행복하게 하고, 기꺼이 살아가게 합니다. '선생님'이라는 찬란한 꿈을 꾸고 그 꿈을 향해 가는 과정이 얼마나 어둡고 힘겨운지 알기에, 그런 예비 선생님께 제가 할 수 있는 최선의 힘을 실어드리고 싶어 이 책과 수업을 준비하게 되었습니다.

<해커스임용 설보연 SANTA 교육학 1>은 이런 점이 좋습니다.

1. 심층 이해가 답이다! 깊은 이해와 적용 능력을 향상시키는 다양한 학습요소를 구현하였습니다.

최근 교육학 논술은 피상적인 암기로는 절대 정복할 수 없습니다. 심층적인 이해를 기반으로 반드시 알아야 하는 교육학의 핵심 개념들을 확실하게 학습하고, 이를 적용할 수 있는 역량을 키워야만 1차 교육학 논술과 2차 면접에 능동적으로 대응할 수 있습니다. 이를 위해 최신 경향이 반영된 교육학 이론을 체계적으로 수록하였으며, 교육학 이론과 정책의 흐름에 대한 통찰을 제공할 수 있는 차별화된 학습요소를 구현하였습니다. 각 파트 학습을 시작하시기 전에 파트별 출제 비중을 알려주는 '12개년 기출분석 Big Data', 학습의 방향과 교육학 이론의 흐름을 생생하게 전달하는 '설쌤의 Live Class', 교육학 이론을 한눈에 조망하는 '한눈에 구조화하기'를 차분하게 읽어 보신다면 큰 틀에서의 이해를 기반으로 유의미한 학습을 해나가실 수 있을 것입니다. 또한 이론의 심화 내용을 수록한 '개념확대 Zoom IN', 논술형 기출논제를 관련 개념마다 수록한 '기출논제 Check', 이론을 실제 교육현장과 연관 지어 생각해볼 수 있는 '논술에 바로 써먹는 교육학 배경지식' 요소를 통해 깊이 있는 이해를 기반으로 교육학의 큰 틀부터 세부적인 내용, 더 나아가 교육적 적용 및 활용방안까지 학습할 수 있을 것입니다.

2. 방대한 교육학을 한 손에! 파트별 핵심 구조도에 주요 키워드와 청킹 Tip을 담았습니다.

수많은 교육학 이론을 효과적으로 학습할 수 있도록 파트별 핵심 키워드를 중심으로 묶어 시각화한 구조도 '한눈에 구조화하기'를 수록하였습니다. 교육학 이론의 흐름과 체계를 학습할 수 있으며, 막막한 암기를 빠르고 재미있게 접근할 수 있도록 '청킹 Tip'까지 제안하였습니다. 수업을 들으며 저와 함께 구조화와 청킹 인출을 반복하다 보면 어느새 교육학의 수많은 개념들이 입에서 손에서 자연스럽게 흘러나오는 경험을 하게 될 것입니다. 각 파트를 학습하기 전에는 구조도를 통해 이론의 흐름과 주요 키워드를 파악하고, 학습 후에는 구조도를 활용하여 백지 인출연습과 키워드 암기학습을 해보세요. 보다 효율적 · 효과적으로 교육학을 파악하고 인출하실 수 있을 것입니다.

3. 임용 공부의 핵심은 인출! 부호화와 인출에 특화된 학습요소들을 수록하였습니다.

꼭 알아야 하는 핵심 개념을 확실하게 학습하기 위해서는 반드시 인출 중심으로 공부해야 합니다. 깊이 있는 이해와 인출 중심의 학습이 임용 성공의 열쇠라고 할 수 있지요. 인출은 힘들지만 가장 효과적 · 효율적인 학습방법이기 때문입니다. 본 교재에는 챕터별로 꼭 암기해야 할 키워드를 종합한 '핵심 Tag', 중요한 본문 내용을 한눈에 정리해주는 '요약정리 Zoom OUT', 파트별 핵심 개념의 핵심 키워드를 문제로 수록한 '키워드 인출로 핵심 빈칸 채우기'를 통해 효과적인 인출 학습이 가능하도록 하였습니다. 수업과 회독을 통해 각 이론을 이해한 후에는 '핵심 Tag', '요약정리 Zoom OUT', '키워드 인출로 핵심 빈칸 채우기', '한눈에 구조화하기' 등의 요소를 통해 계속해서 인출 중심으로 학습해 보세요. 스터디를 하며 서로 질문하는 요소로 활용해도 좋습니다. 깊이 있는 이해를 토대로 한 인출 중심 학습을 통해 보다 빠르고 안정적으로 교육학 논술을 정복하실 수 있을 것입니다.

뜨거운 마음으로 공부를 시작하였음에도 너무나 자주 낙담하고 너무나 자주 차가워지는 자신을 마주하게 되실지 모릅니다. 그런 스스로가 밉기도 하고 빛이 보이지 않는 시간이 원망스러울지도 모릅니다. 그럴 때면 잠시 쉬어가더라도 부디 포기하지 않으시길 바랍니다. 왜냐하면 우리의 쌓인 노력과 분투의 시간은 반드시 우리의 에너지가 되고 자양분이 되어 우리를 성장시키고, 더 나아가 선생님들이 현장에서 마주하게 될 학생들을 살릴 것이기 때문입니다. 지칠지 모르는 공부와 단련의 과정 속에 SANTA 교육학의 수업과 책이 작지만 따뜻한 위로이자 다시 일어서는 용기가 되었으면 하는 바람을 가져봅니다. 함께 성장하고 더불어 성취하는 삶의 여정이 되길 진심으로 응원합니다!

SANTA 설보연

목차

PART 1   교육의 이해

PART 2   교육과정

2권   교육행정 | 교육심리 | 교육사회학
       생활지도 및 상담 | 교육사 및 교육철학

교육학 만점을 선물하는 SANTA 교재 활용법

STEP 1

학습방향 설정 파트별 빈출도와 출제경향 파악하기

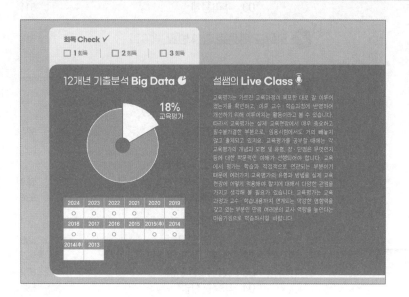

12개년 기출분석 Big Data

2024~2013학년도 12개년 기출문제를 토대로 파트 빈출도를 분석하여 수록하였습니다. 원 그래프를 통해 해당 파트의 출제 비중을, 표를 통해 12개년간 출제 여부를 한눈에 쉽게 확인할 수 있습니다.

설쌤의 Live Class

설쌤만의 노하우를 아낌 없이 담은 파트별 출제경향과 중요한 학습 포인트를 수록하였습니다. 파트별로 중점적으로 학습할 내용들을 생생하게 안내해주어 본격적인 학습 전에 학습의 방향을 올바르게 설정할 수 있도록 도와줍니다.

STEP 2

이론 구조화 핵심 키워드 위주로 전체적인 흐름잡기

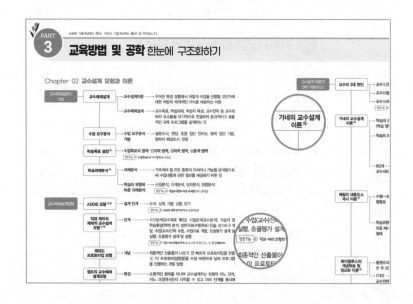

한눈에 구조화하기

핵심 키워드 중심으로 이론을 구조화하여 방대한 교육학 이론 흐름을 한눈에 파악할 수 있고, 백지 인출연습을 효과적으로 학습할 수 있습니다.

별

논술형/객관식 기출개념에 각각 ✿/✿ 로 표시하여 구분하였습니다. 특히 객관식 기출개념은 출제될 가능성이 높으므로, 중요도에 따라 학습해 보세요.

청킹 Tip

키워드 암기를 돕는 두문자 청킹방법을 수록하여 효과적인 암기 인출연습이 가능합니다.

STEP 3 이론 학습 최신 교육학 트렌드까지 반영하여 오픈형 논술 문제 완전정복

쉽고 체계적인 이론

방대한 교육학 각론서 내용들을 시험에 최적화된 구성으로 분석하여 체계적으로 정리하였습니다. 어려운 교육학 이론을 쉬운 말로 풀어 설명하여 빠른 이해를 돕습니다.

최신 교육학 동향 반영

실제 교육 현장에서의 교육학 동향이 시험에 반영되는 임용시험의 특징을 고려하여, 최근 주목받고 있는 교육학 최신 이론을 함께 수록하였습니다.

STEP 4 키워드 인출 빈칸을 채우며 핵심 키워드 암기하기

키워드 인출로 핵심 빈칸 채우기

파트별로 핵심이 되는 문장을 집약하여 빈칸 문제 형식으로 수록하였습니다. 학습의 초반에는 핵심 문장을 읽어 나가며 이론을 반복적으로 학습할 수 있어 이론 정교화에 도움이 됩니다. 또한 학습 후반에는 빈칸 채우기를 통한 인출연습을 할 수 있어 핵심 키워드 암기에 효과적입니다. 빈칸에 수록될 키워드를 꼼꼼하게 암기하며 논술형 시험을 철저히 대비해 보세요.

교육학 만점을 선물하는 **SANTA 교재 활용법**

BONUS Tip 산타가 알려 주는 학습요소 활용법

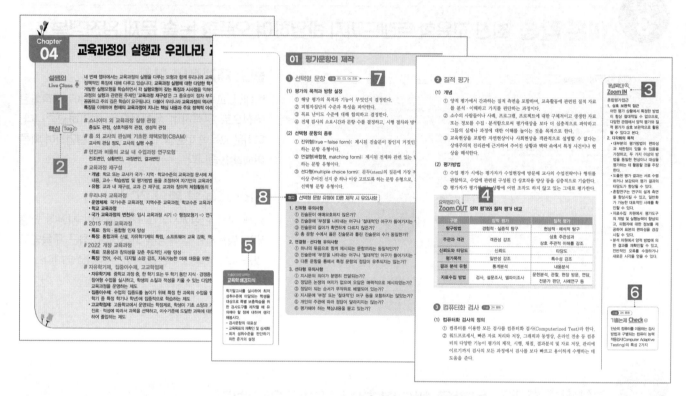

1 쌤쌤의 Live Class

챕터별 학습방향과 중요 포인트를 구체적으로 안내하여 개념을 쉽게 확립할 수 있도록 도와줍니다.

3 개념확대 Zoom IN

이론의 심화 내용을 수록하여 꼼꼼한 학습을 돕습니다.

5 논술에 바로 써먹는 교육학 배경지식

개념을 실제 교육현장에 적용하는 데 도움을 주는 배경지식을 수록하여 오픈형 시험 대비가 가능합니다.

7 기출연도 표시

기출개념에 기출연도를 표시하여 기출 이론을 쉽게 파악할 수 있습니다.

2 핵심 Tag

챕터별로 꼭 학습해야 할 필수개념만 뽑아 핵심만 간략히 설명하여 본 학습 전에 핵심 키워드를 쉽게 파악할 수 있습니다.

4 요약정리 Zoom OUT

주요 개념을 요약정리하여 핵심만 한눈에 확인할 수 있고, 반복 학습으로 학습 효과가 극대화됩니다.

6 기출논제 Check

기출되었던 개념 옆에 관련 논술형 기출 논제를 수록하여 기출 경향을 편리하게 확인할 수 있습니다.

8 참고

알아두면 학습에 도움이 되는 자료, 개념, 사례, 원문 등을 수록하여 풍부한 학습이 가능합니다.

2024~2013학년도 교육학 기출문제 기출문제 풀이로 최종 점검

논술형 기출문제

2024~2013학년도 논술형 기출문제를 원문 형식 그대로 수록하였습니다. 이론 학습 후에 기출분석 단계에서 논술형 문제를 쉽게 확인하며 편리하게 학습할 수 있고, 시험 직전에는 실제로 기출문제를 풀어보며 실전 감각을 익히고 자신의 실력을 최종 점검할 수 있습니다.

키워드 찾아보기 필요한 개념의 위치를 빠르게 찾아보기

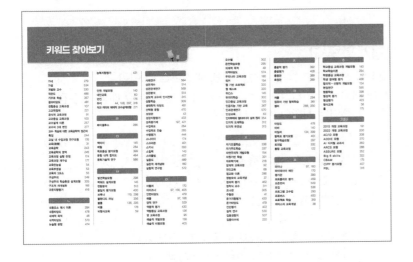

키워드 찾아보기

기본서를 발췌독할 때 편리한 학습이 가능하도록 키워드 색인 페이지를 수록하였습니다. 기출분석/문제풀이 후에 이론을 점검하거나, 단권화 작업 시 특정 개념을 찾아보고 싶을 때 색인 페이지를 통해 필요한 개념을 빠르게 찾아볼 수 있습니다.

중등임용 시험 Timeline

*아래 일정은 평균적인 일정이며, 각 시점은 변경될 수 있습니다.

사전예고 — 6~8월
시행계획 공고 — 9~10월
원서접수 — 10월

사전예고

- **대략적 선발 규모 (=가 T.O.)** : 선발예정 과목 및 인원
- **전반적 일정** : 본 시행계획 공고일, 원서접수 기간, 제1차 시험일 등
- 사전예고 내용은 변동 가능성 높음

원서접수

- 전국 17개 시·도 교육청 중 1개의 교육청에만 지원 가능
- 시·도 교육청별 온라인 채용시스템으로만 접수 가능
- **준비물** : 한국사능력검정시험 3급 이상, 사진

시행계획 공고

- **확정된 선발 규모 (= 본 T.O.)** : 선발예정 과목 및 인원
- **상세 내용** : 시험 시간표, 제1~2차 시험 출제 범위 및 배점, 가산점 등
- 추후 시행되는 시험의 변경 사항 공지

☑ **아래 내용만은 놓치지 말고 '꼭' 확인하세요!**
- ☐ 응시하고자 하는 과목의 선발예정 인원
- ☐ 원서접수 일정 및 방법
- ☐ 제1~2차 시험 일정
- ☐ 스캔 파일 제출 대상자 여부 및 제출 필요 서류
- ☐ 가산점 및 가점 대상자 여부 & 세부사항

제1차 시험

11월

제1차 합격자 발표

12월

제2차 시험

1월

최종 합격자 발표

2월

제1차 합격자 발표

- 제1차 시험 합격 여부
- 과목별 점수 및 제1차 시험 합격선
- 제출 필요 서류
- 제2차 시험 일정 및 유의사항

제2차 시험

- 교직적성 심층면접
- **수업능력 평가** : 교수 · 학습 지도안 작성, 수업실연 등(일부 과목은 실기 · 실험 포함)
- 제1차 합격자 대상으로 시행됨
- 시 · 도별/과목별 과목, 배점 등이 상이함

최종 합격자 발표

- 최종 합격 여부
- 제출 필요 서류 및 추후 일정

제1차 시험

- **준비물** : 수험표, 신분증, 검은색 펜, 수정테이프, 아날로그 시계
- 간단한 간식 또는 개인 도시락 및 음용수(별도 중식시간 없음)
- **시험과목 및 배점**

구분	1교시: 교육학	2교시: 전공 A		3교시: 전공 B	
출제분야	교육학	교과교육학(25~35%) + 교과내용학(75~65%)			
시험 시간	60분 (09:00~10:00)	90분 (10:40~12:10)		90분 (12:50~14:20)	
문항 유형	논술형	기입형	서술형	기입형	서술형
문항 수	1문항	4문항	8문항	2문항	9문항
문항 당 배점	20점	2점	4점	2점	4점
교시별 배점	20점	40점		40점	

교육학 논술 답안 작성 Guide

*아래 내용은 예시 방법 중 하나이며, 직접 답안 쓰기 연습을 해보면서 자신에게 맞는 방식을 찾는 게 가장 좋습니다.

STEP 1 **논제 분석**　🕐 권장 소요시간: 약 10분

(1) 문제지의 지시문, 예시, 배점(채점기준)을 통해 중심내용과 키워드를 확인한다.

(2) ❶ ~ ❸에 주어진 세부 단서를 파악하고 작성방향과 본론 개요를 구상한다.

　❶ **지시문** : 작성해야 할 답안의 전체 주제와 구성요소

　❷ **제시문** : 답안 작성의 바탕이 되는 학교 현장에서의 사례, 교사의 수업 관련
　　　　　　　고민 등이며, 배점(채점기준)에 대한 세부 단서를 주는 내용

　❸ **배점** : 답안에 포함되어야 할 문항별 세부 주제와 형식 조건

STEP 2 **개요 작성**　🕐 권장 소요시간: 약 5분

(1) 구상한 답안의 서술구조와 작성방향을 간략하게 개요표로 작성한다.

(2) 본론에 들어갈 내용을 주어진 가짓수에 맞춰 키워드 위주로 정리한다.

(3) 초안의 작성 목적이 문제가 요구한 항목별 답안과 관련 교육학 지식, 키워드를
　　빠짐없이 적는 것인 만큼, 문제지와 대조하며 누락한 내용이 없는지 확인한다.

참고
- 초안 작성 용지는 B4 크기의 2면으로 구성, 원하는 방식으로 자유롭게 작성 가능
- 시험 종료 후 답안지 제출 시 초안 작성 용지는 제출하지 않음

STEP 3 **답안 완성**　🕐 권장 소요시간: 약 35~40분

(1) 앞서 짜놓은 개요에 따라 답안 작성을 시작한다. 답안은 각 문항이 요구하는
　　중심 키워드를 포함하여 두괄식으로 작성하는 것이 좋다.

(2) 서론 – 본론 – 결론에 해당하는 내용을 순서에 맞게 작성한다.

(3) 답안 작성 완료 후 잘 작성되었는지를 마지막으로 한 번 더 검토한다.

참고
- 답안지는 B4 크기의 OMR 2면이며, 답안 작성란은 줄글 형식으로 제공됨
- 필요한 내용 위주로 간결하게 작성하고, 식별 가능한 글씨체로 작성해야 함

*해당 답안지는 예시 답안지입니다.

💬 답안지 작성 관련 Q&A

Q 기본적인 답안 작성 방법이 궁금해요.

A 교육학 논술은 답안지 2면이 주어지며, 지정된 답안란에 답안을 작성하면 됩니다. 답안란을 벗어난 부분이나 초안 작성 용지에 적은 답안은 인정되지 않으므로 꼭 주어진 답안란에 작성합니다.

Q 반드시 알아야 하는 주의사항이 있나요?

A 답안란에 수정액 또는 수정테이프를 사용할 수 없으므로, 부분 수정이 필요한 경우 삭제할 부분에 두 줄(=)을 긋고 수정할 내용을 작성하거나 일반적인 글쓰기 교정부호를 사용합니다. 이때 주의할 점은 특정 부분을 강조하는 밑줄, 기호가 금지된다는 점입니다. 전체 수정이 필요할 경우에는 답안지를 교체할 수도 있습니다.

Q 글자 수나 분량의 제한은 없나요?

A 글자 수와 분량에는 제한이 없습니다. 다만 본문에 제시된 조건에 따라 문항에서 요구한 내용을 간결하고 명확하게 작성하는 것이 좋습니다.

Q 시험 종료 후 시험지와 답안지를 모두 제출해야 하나요?

A 답안지만 제출하며, 시험지와 초안 작성 용지는 제출하지 않습니다. 답안지를 제출할 때는 답안을 작성하지 않은 빈 답안지도 함께 제출해야 하며 성명, 수험번호, 쪽 번호를 기재해야 합니다.

답안 작성 연습 TIP

• 문제 풀이와 답안지 작성은 기본이론 학습을 완료한 후 일정 수준 이상의 인출이 가능할 때 시작하는 것을 권장합니다.
• 기출문제, 기출변형문제, 모의고사 등의 실제 임용 교육학 시험 대비용 문제를 풀이하는 것이 가장 좋습니다.
• 가능한 한 고사장과 비슷한 환경을 조성하고, 실제 시험시간에 맞게 답안을 작성하는 연습을 하는 것이 중요합니다.
• 채점 시 문항에서 요구하는 키워드와 주제를 정확한 내용으로 빠짐없이 포함했는지 확인해야 합니다.

교육학 기출분석 한눈에 확인하기

1. 과목별 기출경향 분석

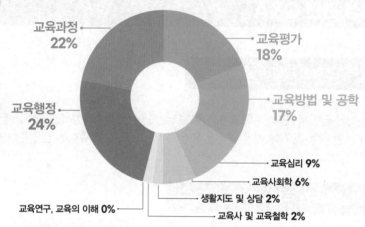

교육과정 22%
교육평가 18%
교육행정 24%
교육방법 및 공학 17%
교육심리 9%
교육사회학 6%
생활지도 및 상담 2%
교육사 및 교육철학 2%
교육연구, 교육의 이해 0%

출제빈도
교육행정 > 교육과정 > 교육평가 > 교육방법 및 공학 > 교육심리 > 교육사회학 > 생활지도 및 상담 = 교육사 및 교육철학 > 교육연구 = 교육의 이해

과목 / 학년도	교육행정	교육과정	교육평가	교육방법 및 공학	교육심리	교육사회학	생활지도 및 상담	교육사 및 교육철학
2024	학교운영위원회, 학생참여	잠재적 교육과정	능력참조평가, 컴퓨터 능력 적응검사(CAT)	온라인 수업 상호작용				
2023	관료제 (규칙과 규정)	경험중심 교육과정, 학문중심 교육과정	형성평가, 교수타당도 (내용타당도), 이원목적분류표		자기효능감, 숙달경험, 대리경험, 자기조절학습			
2022	학교 중심 연수	수직적 연계성, 교육과정 재구성	총평관, 진단평가, 준거지향/ 성장지향평가, 능력지향평가	딕과 캐리모형, 컴퓨터 기반 협력학습 외				
2021	의사결정모형	교육과정 운영	자기평가	온라인 수업				
2020	학교문화	영/중핵 교육과정		정착식 수업, 위키	사회적 구성주의			
2019	변혁적 지도성	학습경험 선정 원리, 잠재적 교육과정	리커트 척도, 문항 내적 합치도		다중지능이론			
2018	동료장학	숙의모형	준거/능력/ 성장지향 평가	문제중심 학습				

학년도 \ 과목	교육행정	교육과정	교육평가	교육방법 및 공학	교육심리	교육사회학	생활지도 및 상담	교육사 및 교육철학
2017	교육기획	내용조직 원리	내용 타당도	조나센의 CLEs				
2016	비공식 조직	경험중심 교육과정	형성평가		에릭슨, 반두라			
2015	센게 학습조직	백워드 교육과정		켈러 ARCS				자유교육
2015(추)	관료제, 이완결합체제		준거지향평가	ADDIE 모형		기능론		
2014	상황적 지도성	잠재적 교육과정	형성평가	협동학습		문화실조		
2014(추)	장학활동	발견학습			비행이론		행동주의/ 인간주의 상담기법	
2013					IQ, 기대X가치 이론, 매슬로우			

2. 학년도별 기출경향 분석

학년도	형식	주제	출제과목	출제영역	논점
2024	대화글	학습자 맞춤형 교육 지원을 위한 교사의 역량	교육과정	잠재적 교육과정	교사 A의 궁금한 점을 설명할 수 있는 교육과정 유형에 근거하여 학습 목표 설정, 교육 내용 구성, 학생 평가 계획 시 교사가 고려해야 할 점 각 1가지 [3점]
			교육방법 및 공학	온라인 수업 상호작용	전문가 C가 언급한 온라인 수업에서 학습자 상호작용의 어려운 점 1가지, 온라인 수업에서 학습자 상호작용의 유형 3가지와 유형별 서로 다른 기능 각 1가지 [4점]
			교육평가	능력 참조평가, 컴퓨터 능력적응 검사(CAT)	전문가 E가 학습자 맞춤형 교육을 위해 제시한 평가 유형의 적용과 결과 해석 시 유의점 2가지, 단순히 컴퓨터를 이용하는 검사 방법과 구별되는 컴퓨터 능력적응검사(Computer Adaptive Testing)의 특성 2가지 [4점]
			교육행정	학교운영위원회, 학생참여	전문가 G가 언급한 학교운영위원회의 법적 구성 위원 3주체, 이러한 3주체 위원 구성의 의의 1가지, 위원으로 학생 참여의 순기능과 역기능 각 1가지 [4점]

교육학 기출분석 한눈에 확인하기

학년도	형식	주제	출제과목	출제영역	논점
2023	평가 보고서	학생, 학부모, 교사의 의견을 반영한 학교 교육 개선	교육심리	자기효능감, 숙달경험, 대리경험, 자기조절학습	평가 보고서에서 자기효능감 형성에 영향을 미친다고 분석한 요인에 따른 교수전략 2가지, 자기조절 과정에서 목표 설정 및 계획 단계 이후의 지원 방안 2가지 [4점]
			교육평가	형성평가, 교수타당도(내용타당도), 이원목적 분류표	평가 보고서에서 언급한 형성평가를 교사 측면에서 활용할 수 있는 방안 2가지, 평가 보고서에서 제안한 타당도의 명칭과 이 타당도의 확보 방안 1가지 [4점]
			교육과정	경험중심 교육과정, 학문중심 교육과정	평가 보고서에서 학교 교육과정 편성·운영의 만족도를 높인 것으로 분석한 교육과정 이론의 장점 2가지, 학교 교육과정을 보완하기 위해 제안한 교육과정 이론의 교육내용 선정·조직 방안 2가지 [4점]
			교육행정	관료제 (규칙과 규정)	평가 보고서에서 언급한 관료제 이론의 특징 중 '규칙과 규정'이 학교 조직에 미치는 순기능 2가지, 역기능 1가지 [3점]
2022	대화글	학교 내 교사 간 활발한 정보 공유를 통한 교육의 내실화	교육과정	수직적 연계성(범위, 통합), 교육과정 재구성	송 교사가 언급한 교육과정의 수직적 연계성이 학습자 측면에서 갖는 의의 2가지, 송 교사가 계획하는 교육과정 재구성의 구체적인 방법 2가지 [4점]
			교육평가	총평관, 진단평가, 준거지향/성장지향평가, 능력지향평가	송 교사가 총평의 관점에서 학생을 진단할 수 있는 실행 방안 2가지, 송 교사가 활용할 수 있는 평가 결과의 해석 기준 2가지와 그 이유 [4점]
			교육방법 및 공학	딕과캐리모형 컴퓨터 기반 협력학습 외	송 교사가 교실 수업을 위해 개발해야 할 교수전략 2가지, 송 교사가 온라인 수업에서 학생의 고립감 해소를 위해 활용할 수 있는 구체적인 교수·학습 활동 2가지를 각각 그에 적합한 테크놀로지와 함께 제시 [4점]
			교육행정	학교 중심 연수	김 교사가 언급한 학교 중심 연수의 종류 1가지, 학교 중심 연수를 활성화하기 위해 학교 차원에서 지원할 수 있는 구체적인 방안 2가지 [3점]
2021	편지글	학생의 선택과 결정의 기회를 확대하는 교육	교육과정	교육과정 운영 관점	교육과정 운영 관점을 스나이더 외(J. Snyder, F. Bolin, & K. Zumwalt)의 분류에 따라 설명할 때, 김 교사가 언급한 자신의 기존 관점의 장점과 단점 각각 1가지, 새롭게 관심을 가지게 된 관점에 적합한 교육과정 운영 방안 2가지 [4점]
			교육평가	자기평가	김 교사가 적용하고자 하는 평가 방식이 학생에게 줄 수 있는 교육적 효과 2가지, 이 평가를 수업에서 실행하는 방안 2가지 [4점]
			교육방법 및 공학	온라인 수업	김 교사가 온라인 수업을 위해 추가로 파악하고자 하는 학생 특성과 학습 환경의 구체적인 예 각각 1가지, 김 교사가 하고자 하는 수업에서 토론 게시판을 활용하여 학생을 지원할 수 있는 구체적인 방안 2가지 [4점]
			교육행정	의사결정 모형	A안과 B안에 해당하는 의사결정 모형의 단점 각각 1가지, 김 교사가 B안에 따라 학생들의 요구를 반영하기 위해 제안할 수 있는 구체적인 방안 1가지 [3점]

2020	교사 협의회 정리록	토의식 수업 활성화 방안	교육심리	사회적 구성주의	A 교사가 언급한 비고츠키 지식론의 명칭, 이 지식론에서 보는 지식의 성격 1가지와 교사와 학생의 역할 각각 1가지 [4점]
			교육과정	영 교육과정, 중핵 교육과정	B 교사가 말한 '영 교육과정'이 교육내용 선정에 주는 시사점 1가지, B 교사가 말한 교육내용 조직방식의 명칭과 이 조직방식이 토의식 수업에서 가지는 장점과 단점 각각 1가지 [4점]
			교육방법 및 공학	정착식 수업, 토의법, 위키	C 교사의 의견에서 제시된 토의식 수업을 설계할 때 활용할 수 있는 정착수업의 원리 2가지, 위키를 활용할 때 발생할 수 있는 문제점 2가지 [4점]
			교육행정	학교문화 (기계문화)	스타인호프와 오웬스(C. Steinhoff & R. Owens)가 분류한 학교문화 유형에 따를 때, D 교사가 우려하는 학교문화 유형의 명칭과 학교 차원에서 그러한 학교문화를 개선하는 방안 2가지 [3점]
2019	모둠활동 수업 후 교사의 성찰일지	수업 개선을 위한 교사의 반성적 실천	교육심리	다중지능 이론	#1과 관련하여 가드너(H. Gardner)의 다중지능이론 관점에서 A, B 학생의 공통적 강점으로 파악된 지능의 명칭과 개념, 김 교사가 C 학생에게 제공할 수 있는 개별 과제와 그 과제가 적절한 이유 각 1가지 [4점]
			교육과정	학습경험 선정 원리, 잠재적 교육과정	#2와 관련하여 타일러의 학습경험 선정 원리 중 기회의 원리로 첫째 물음을 설명하고 만족의 원리로 둘째 물음을 설명, 잭슨의 잠재적 교육과정의 개념을 쓰고 그 개념에 근거하여 김 교사가 말하는 '생각하지 못했던 결과'의 예 제시 [4점]
			교육평가	리커트 척도, 문항내 적합치도	#3에 언급된 척도법의 명칭과 이 방법을 적용하기 위하여 진술문을 작성할 때 유의할 점 1가지, 김 교사가 사용할 신뢰도 추정 방법 1가지의 명칭과 개념 [4점]
			교육행정	변혁적 지도성	#4에 언급된 바스(B. Bass)의 지도성의 명칭, 김 교사가 학교 내에서 동료교사와 함께 이 지도성을 신장할 수 있는 방안 2가지 [3점]
2018	학생들의 학업 특성 조사 결과에 대한 두 교사의 대화	학생의 다양한 특성을 고려하는 교육	교육과정	숙의모형	박 교사가 제안하는 워커(D. F. Walker)의 교육과정 개발 모형의 명칭, 이 모형을 교육과정 개발에 적용하는 이유 3가지 [4점]
			교육방법 및 공학	문제중심 학습	박 교사가 언급하는 PBL(문제중심학습)에서 학습자의 역할 2가지, PBL에 적합한 문제의 특성과 그 특성이 주는 학습 효과 1가지 [4점]
			교육평가	준거지향 능력지향 성장지향 평가	박 교사가 제안하는 평가유형의 명칭과 이 유형에서 개인차에 대한 교육적 해석 1가지, 김 교사가 제안하는 2가지 평가유형의 개념 [4점]
			교육행정	동료장학	김 교사가 언급하는 교내장학 유형의 명칭과 개념, 그 활성화 방안 2가지 [3점]
2017	신문 기사	2015 개정 교육과정의 실질적 구현방안	교육행정	교육기획	A 교장이 강조하고 있는 교육기획의 개념과 그 효용성 2가지 제시 [4점]
			교육과정	내용조직의 원리	B 교사가 채택하고자 하는 원리 1가지와 그 외 내용 조직의 원리 2가지(연계성 제외) 제시 [4점]
			교육방법 및 공학	조나센의 CLEs	C 교사가 실행하려는 구성주의 학습 활동을 위한 학습 지원 도구·자원과 교수활동 각각 2가지 제시 [4점]
			교육평가	내용타당도	D 교사가 고려하고 있는 타당도의 유형과 개념 제시 [3점]

학년도	형식	주제	출제과목	출제영역	논점
2016	자기개발 계획서	교사가 갖추어야 할 역량	교육과정	경험중심 교육과정	'수업 구성'에 나타난 교육과정 유형의 장점 및 문제점 각각 2가지 [4점]
			교육평가	형성평가	김 교사가 실시하려는 평가 유형의 기능과 효과적인 시행 전략 각각 2가지 [4점]
			교육심리	에릭슨 (심리적 유예기), 반두라 (관찰학습)	에릭슨(E. Erikson)의 정체성발달이론에 제시된 개념 1가지(2점)와 반두라(A. Bandura)의 사회인지학습이론에 제시된 개념 1가지(1점) [3점]
			교육행정	비공식 조직	'학교 내 조직 활동'에 나타난 조직 형태가 학교 조직과 구성원에 미치는 순기능 및 역기능 각각 2가지 [4점]
2015	학교교육 계획서 작성을 위한 워크숍에서 교사들의 분임 토의 결과	A 중학교가 내년에 중점을 두고자 하는 교육	교육사 및 교육철학	자유교육	자유교육 관점에서의 교육 목적 논술 [4점]
			교육과정	백워드 교육과정	교육과정 설계 방식의 특징 3가지 설명 [4점]
			교육방법 및 공학	켈러 ARCS	학습 동기 향상을 위한 학습 과제 제시 방안 3가지 설명 [4점]
			교육행정	센게 학습조직	학습조직의 구축 원리 3가지 설명 [4점]
2015 (추시)	초임교사들을 대상으로 진행한 학교장 특강	다양한 요구에 직면한 학교 교육에서의 교사의 과제	교육사회학	교육의 기능론	기능론적 관점에서 학교 교육의 선발 · 배치 기능 및 한계 각각 2가지만 제시 [4점]
			교육행정	관료제, 이완결합체제	학교 조직의 관료제적 특징과 이완결합체제적 특징 각각 2가지만 제시 [4점]
			교육방법 및 공학	ADDIE 모형	일반적 교수체제설계에서 분석 및 설계 과정의 주요 활동 각각 2가지만 제시 [4점]
			교육평가	준거지향 평가	준거지향평가의 개념을 설명하고, 장점 2가지만 제시 [3점]
2014	초임교사와 경력교사의 대화	학생들이 수업에 소극적인 이유와 해결책	교육과정	잠재적 교육과정	학생들이 수업에서 소극적으로 행동하는 문제를 2가지 관점(① 잠재적 교육과정, ② 문화실조)에서 진단 [각 3점, 총 6점]
			교육사회학	문화실조	
			교육방법 및 공학	협동학습	수업에 소극적인 학생들의 학습 동기를 유발하기 위한 방안을 3가지 측면(① 협동학습 실행, ② 형성평가 활용, ③ 교사지도성 행동)에서 각각 2가지씩 논의 [9점]
			교육평가	형성평가	
			교육행정	상황적 지도성	

2014 (추시)	교사의 성찰일지	학교생활 적응 향상 및 수업 효과성 증진	교육사회학	비행이론	철수의 학교 부적응 행동의 원인을 청소년 비행이론에서 2가지만 선택하여 설명 [3점]
			생활지도 및 상담	행동주의 · 인간주의 상담기법	철수의 학교생활 적응을 향상시키기 위한 상담 기법을 2가지 관점(① 행동중심 상담, ② 인간중심 상담)에서 각각 2가지씩 논의 [각 3점, 총 6점]
			교육방법 및 공학	발견학습	최 교사가 수업 효과성을 높이기 위하여 선택한 2가지 방안(① 학문중심 교육과정 이론에 근거한 수업전략, ② 장학 활동) 논의 [각 3점, 총 6점]
			교육행정	장학활동	
2013 (추시)	교사와 학부모 상담 대화문	학습동기 유발	교육심리	IQ의 해석	IQ의 해석 [3점]
				기대 × 가치 이론	기대 × 가치 이론에 따른 원인 및 해결 방안 [6점]
				매슬로우	욕구위계이론에 따른 원인 및 해결 방안 [6점]

교육학 연간 학습 플랜

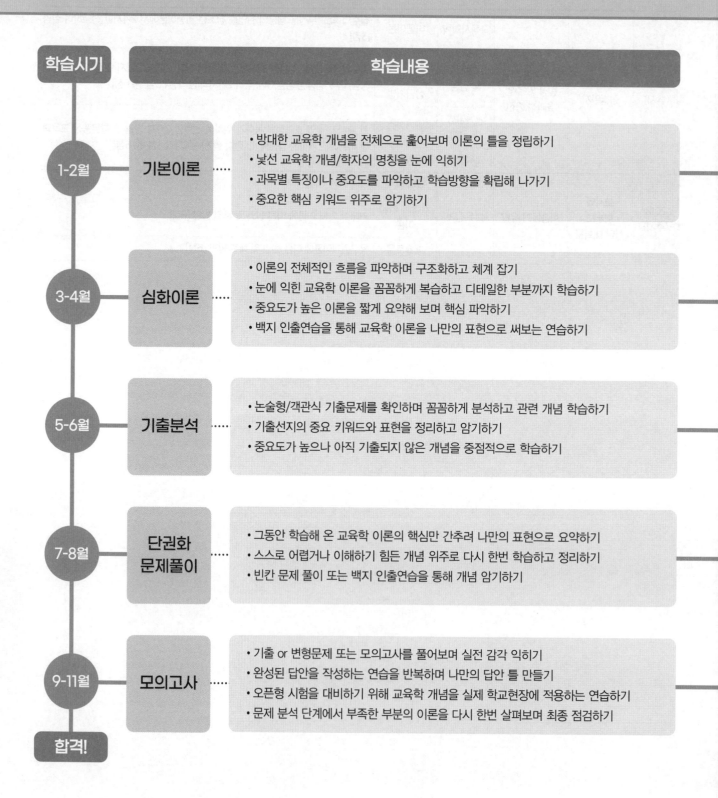

학습시기		학습내용
1-2월	기본이론	• 방대한 교육학 개념을 전체으로 훑어보며 이론의 틀을 정립하기 • 낯선 교육학 개념/학자의 명칭을 눈에 익히기 • 과목별 특징이나 중요도를 파악하고 학습방향을 확립해 나가기 • 중요한 핵심 키워드 위주로 암기하기
3-4월	심화이론	• 이론의 전체적인 흐름을 파악하며 구조화하고 체계 잡기 • 눈에 익힌 교육학 이론을 꼼꼼하게 복습하고 디테일한 부분까지 학습하기 • 중요도가 높은 이론을 짧게 요약해 보며 핵심 파악하기 • 백지 인출연습을 통해 교육학 이론을 나만의 표현으로 써보는 연습하기
5-6월	기출분석	• 논술형/객관식 기출문제를 확인하며 꼼꼼하게 분석하고 관련 개념 학습하기 • 기출선지의 중요 키워드와 표현을 정리하고 암기하기 • 중요도가 높으나 아직 기출되지 않은 개념을 중점적으로 학습하기
7-8월	단권화 문제풀이	• 그동안 학습해 온 교육학 이론의 핵심만 간추려 나만의 표현으로 요약하기 • 스스로 어렵거나 이해하기 힘든 개념 위주로 다시 한번 학습하고 정리하기 • 빈칸 문제 풀이 또는 백지 인출연습을 통해 개념 암기하기
9-11월	모의고사	• 기출 or 변형문제 또는 모의고사를 풀어보며 실전 감각 익히기 • 완성된 답안을 작성하는 연습을 반복하며 나만의 답안 틀 만들기 • 오픈형 시험을 대비하기 위해 교육학 개념을 실제 학교현장에 적용하는 연습하기 • 문제 분석 단계에서 부족한 부분의 이론을 다시 한번 살펴보며 최종 점검하기
합격!		

교재 활용 Tip!

*기본서는 총 2권으로 구성되어 있습니다.
–1권: 교육의 이해, 교육과정, 교육방법 및 공학, 교육평가, 교육연구 / –2권: 교육행정, 교육심리, 교육사회학, 생활지도 및 상담, 교육사 및 교육철학

기본서 1회독

- 방대한 교육학 개념을 쉽고 체계적으로 정리한 이론 설명을 꼼꼼하게 정독하며 차근차근 학습하기
- '12개년 기출분석 Big Data'와 '설쌤의 Live Class'를 통해 올바른 학습방향 설정하기
- '핵심 Tag'에 수록된 개념 위주로 키워드 우선 암기하기
- 중점 학습요소 : 12개년 기출분석 Big Data, 설쌤의 Live Class, 핵심 Tag

기본서 2회독

- 과목별 구조도를 통해 이론의 흐름을 파악하여 구조화하고 핵심 키워드 위주로 백지 인출연습하기
- '개념확대 Zoom IN'을 통해 이론의 세부적인 내용까지 확인하며 꼼꼼하게 학습하기
- '요약정리 Zoom OUT'을 활용하여 이론을 요약하고 핵심 파악하기
- 중점 학습요소 : 한눈에 구조화하기, 개념확대 Zoom IN, 요약정리 Zoom OUT

기본서 발췌독

- 부록으로 수록된 2024~2013학년도 교육학 기출문제를 활용하여 논술형 기출문제 분석하기(1, 2권 모두 수록)
- 기출연도 표시가 된 기출개념을 꼼꼼하게 학습하고, 기출논제를 확인하여 스스로 답변 써보기
- 기출문제 분석 후 부족한 개념이 수록된 과목 위주로 다시 한번 살펴보며 개념 복습하기
- 중점 학습요소 : 2024~2013학년도 교육학 기출문제, 기출연도, 기출논제 Check, 키워드 찾아보기

기본서 3회독

- 챕터별 '핵심 Tag'에 기재된 키워드 위주로 핵심 개념을 파악하며 요약하기
- 과목별 구조도 중 1열만 보고 하위 내용을 모두 적어보는 백지 인출연습을 통해 개념 암기하기
- 교재에 수록된 빈칸 문제를 풀어보며 이론을 복습하고 중요 키워드 위주로 암기하기
- 중점 학습요소 : 핵심 Tag, 한눈에 구조화하기, 키워드 인출로 핵심 빈칸 채우기

기본서 발췌독

- '논술에 바로 써먹는 교육학 배경지식'을 통해 교육학 이론을 학교 현장에 적용해 보는 연습하기
- 문제풀이 후 부족한 부분이 있을 경우 '키워드 찾아보기'를 활용하여 관련 이론 쉽게 찾아보기
- 중점 학습요소 : 논술에 바로 써먹는 교육학 배경지식, 키워드 찾아보기

고민별 맞춤 학습 Solution

👨‍🏫 강의   "전문가의 도움을 받으면서 효율적으로 공부하고 싶어."

💊 Solution

교수님의 생생한 강의를 들으면서 양질의 학습경험을 쌓아보세요. 교수님의 노하우가 담긴 부가 학습자료를 얻을 수 있고, 잘 정리된 교재를 통해 방대한 각론서를 보지 않아도 효과적인 학습이 가능합니다. 또한 질의응답, 모의고사 첨삭 등을 통해 전문적인 조언을 들을 수도 있습니다.

▶ **이런 분께 추천합니다!**
   임용 초수생, 양질의 모의고사를 풀어보고 싶은 수험생

💡 How to

- 이론학습, 기출분석, 모의고사 등 자신에게 필요한 강의를 선택해서 듣기
- 자신의 학습 성향과 환경에 따라 동영상 강의와 학원 강의 중 선택해서 듣기
- 질문이 생기면 해커스임용 사이트의 [나의 강의실] – [학습상담] – [학습 질문하기] 게시판에 직접 질문하기

✏️ 인출   "이론 암기가 잘 안 돼. 뭔가 효과적인 방법 없을까?"

💊 Solution

인출학습을 통해 학습한 이론을 차근차근 떠올리며 효과적으로 암기해 보세요. 다양한 인출방법을 활용하여 스스로 이해한 내용을 나만의 표현으로 정리할 수 있고, 쓰기 연습까지 가능하므로 서답형 시험을 매우 효과적으로 대비 할 수 있습니다.

▶ **이런 분께 추천합니다!**
   • 기본 지식은 있으나 키워드 암기에 약한 수험생
   • 서답형 글쓰기에 어려움을 느끼는 수험생

💡 How to

- **백지 인출** : 빈 종이 위에 이론에 대하여 이해 · 암기한 내용을 자유롭게 적어 나가기
- **구두 인출** : 학습한 이론에 대해 말로 설명하기
- **청킹** : 관련된 여러 키워드를 묶어서 암기할 경우, 키워드의 앞글자만 따서 외우기

단권화 " 이론이 너무 방대해서 핵심만 간단하게 정리가 필요해."

🔎 Solution

요약집 한 권을 정하거나 나만의 노트를 만들어서 학습한 내용을 한 곳에 정리하는 단권화 작업을 해보세요. 방대한 이론의 핵심을 한눈에 파악할 수 있고, 기출분석, 모의고사 등을 통해 여러 번 학습한 내용이 누적적으로 쌓이면서 꼼꼼하게 학습할 수 있습니다.

▶ **이런 분께 추천합니다!**
- 어느 정도 기본 지식을 갖춘 수험생
- 핵심만 간편하게 확인하기를 원하는 수험생

💡 How to

- **교재 활용** : 핵심만 간단히 정리된 교재에 나만의 설명을 덧붙여가며 정리하기
- **프로그램 활용** : 한글·워드 또는 마인드맵 제작 프로그램 등을 활용하여 정리하기
- **개념 구조화** : 핵심 키워드 중심으로 개념을 확장시키며 교육학 뼈대 잡기

Tip! 단권화는 학습 초반보다는 이론에 대한 개념이 어느 정도 잡힌 중후반부에 진행해야 학습 효과를 극대화할 수 있습니다.

스터디 " 다른 사람들과 소통하면서 부족한 부분을 보완하고 싶어."

🔎 Solution

학습 시기와 목적에 부합하는 다양한 스터디에 참여해 보세요. 학습에 강제성을 부여할 수 있어 효과적인 학습관리를 할 수 있고, 스터디원과 함께 이야기하면서 모르는 지식을 알게 되거나 다양한 정보를 공유할 수도 있습니다.

▶ **이런 분께 추천합니다!**
- 여러 사람과 공부할 때 학습 효율이 높아지는 수험생
- 시험에 대한 다양한 정보를 얻고 싶은 수험생

💡 How to

- **인출 스터디** : 특정 이론에 대해서 서로 설명하면서 구두인출하는 스터디
- **인증 스터디** : 학습 내용 또는 공부 시간을 인증하는 스터디
- **모의고사 스터디** : 모의고사를 함께 풀어보고 서로 첨삭해주는 스터디

12개년 기출분석 **Big Data**

0%
교육의 이해

교육의 이해 파트는 논술형 교육학 임용 시험에 아직까지
한 번도 출제되지 않았습니다.

설쌤의 **Live Class**

교육의 이해 파트는 본격적인 교육학 학습에 앞서서
교육현상 및 교육의 다양한 관점을 이해할 수 있도록
하기 위한 파트입니다. 이 파트를 꼼꼼히 학습한다면
뒤에 등장할 교육학의 세부 전공들을 학습함에 있어
길잡이 역할을 할 수 있을 것입니다. 교육의 개념과
교육목적 등을 중심적으로 살펴보고, 교육을 바라보고
교육학을 이해하는 큰 틀을 마련해 보세요.

PART 1
교육의 이해

논술형 기출개념에는 ✿로, 객관식 기출개념에는 ✿로 표기하였습니다.

교육의 이해 한눈에 구조화하기

Chapter 01 교육의 개념

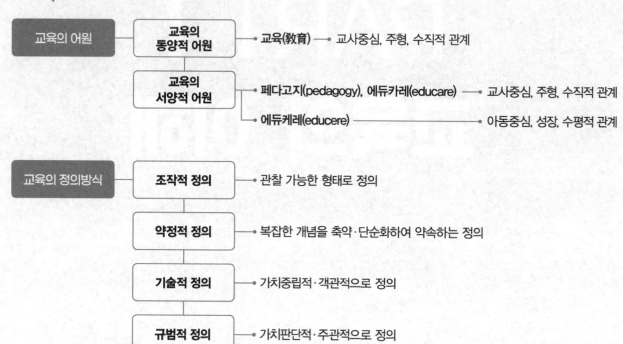

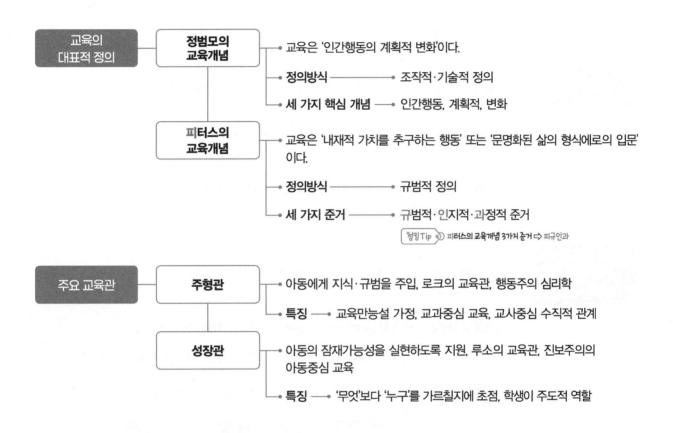

교육의
대표적 정의 ── 정범모의
교육개념

• 교육은 '인간행동의 계획적 변화'이다.

• **정의방식** ──────→ 조작적·기술적 정의

• **세 가지 핵심 개념** ── 인간행동, 계획적, 변화

피터스의
교육개념

• 교육은 '내재적 가치를 추구하는 행동' 또는 '문명화된 삶의 형식에로의 입문'이다.

• **정의방식** ──────→ 규범적 정의

• **세 가지 준거** ──────→ 규범적·인지적·과정적 준거

청킹Tip 🔊 피터스의 **교육개념 3가지 준거** ⇨ 피규인과

주요 교육관 ── **주형관**

• 아동에게 지식·규범을 주입, 로크의 교육관, 행동주의 심리학

• **특징** ── 교육만능설 가정, 교과중심 교육, 교사중심 수직적 관계

성장관

• 아동의 잠재가능성을 실현하도록 지원, 루소의 교육관, 진보주의의 아동중심 교육

• **특징** ── '무엇'보다 '누구'를 가르칠지에 초점, 학생이 주도적 역할

논술형 기출개념에는 ✿로, 객관식 기출개념에는 ✿로 표기하였습니다.

교육의 이해 한눈에 구조화하기

Chapter 02 교육의 목적 및 교육요소

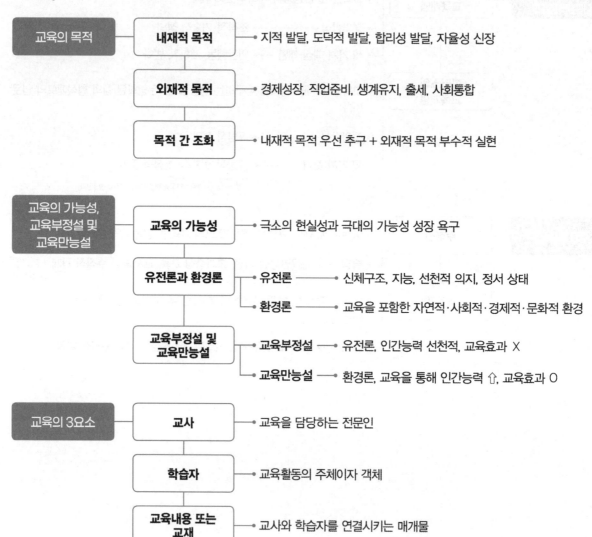

교육의 목적	내재적 목적	→ 지적 발달, 도덕적 발달, 합리성 발달, 자율성 신장
	외재적 목적	→ 경제성장, 직업준비, 생계유지, 출세, 사회통합
	목적 간 조화	→ 내재적 목적 우선 추구 + 외재적 목적 부수적 실현

교육의 가능성, 교육부정설 및 교육만능설

- 교육의 가능성 → 극소의 현실성과 극대의 가능성 성장 욕구
- 유전론과 환경론
  - 유전론 ── 신체구조, 지능, 선천적 의지, 정서 상태
  - 환경론 ── 교육을 포함한 자연적·사회적·경제적·문화적 환경
- 교육부정설 및 교육만능설
  - 교육부정설 ── 유전론, 인간능력 선천적, 교육효과 X
  - 교육만능설 ── 환경론, 교육을 통해 인간능력 ⇧, 교육효과 O

교육의 3요소

- 교사 → 교육을 담당하는 전문인
- 학습자 → 교육활동의 주체이자 객체
- 교육내용 또는 교재 → 교사와 학습자를 연결시키는 매개물

Chapter 03 **교육의 여러 가지 유형**

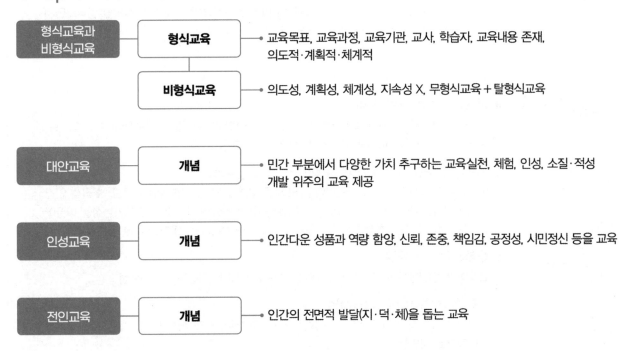

형식교육과 비형식교육	**형식교육**	교육목표, 교육과정, 교육기관, 교사, 학습자, 교육내용 존재, 의도적·계획적·체계적
	비형식교육	의도성, 계획성, 체계성, 지속성 X, 무형식교육 + 탈형식교육

대안교육	**개념**	민간 부분에서 다양한 가치 추구하는 교육실천, 체험, 인성, 소질·적성 개발 위주의 교육 제공

인성교육	**개념**	인간다운 성품과 역량 함양, 신뢰, 존중, 책임감, 공정성, 시민정신 등을 교육

전인교육	**개념**	인간의 전면적 발달(지·덕·체)을 돕는 교육

교육의 개념

설쌤의
Live Class 🎙

교육학을 공부하기 위해서 가장 먼저 마주하게 되는 질문은 '**교육이 무엇인가?**'입니다. 실제로 교육의 개념을 이해하는 것은 교육정책의 패러다임을 이해하거나 교육학의 정체성을 찾기 위해 필수적입니다. 교육의 개념 챕터에서는 **교육의 어원 및 학자들의 대표적인 정의**를 살펴보면서 교육이 무엇인지에 대한 대체적인 윤곽을 그려봅시다.

핵심 `Tag`

교육(敎育)의 동양적 어원

윗사람이 아랫사람에게 무엇인가를 가르치고(敎) 올바르게 자라도록 양육한다(育)는 의미로, 주형관, 교사중심의 교육관, 수직적 인간관계가 전제됨

교육(pedagogy, education)의 서양적 어원

미성숙한 아동을 가르치고 양육한다는 의미[주형(鑄型)관, 교사중심의 교육관, 수직적 인간관계 전제]인 '페다고지(pedagogy)', '에듀카레(educare)'와 아동의 잠재가능성을 이끌어 낸다는 의미(성장관, 학생중심의 교육관)인 '에듀케레(educere)'가 동시에 공존함

정범모의 교육개념

교육이란 '인간행동의 계획적인 변화'로, 교육을 조작적·기술적으로 정의함

피터스(Peters)의 교육개념

교육이란 '내재적 가치를 추구하는 행동' 또는 '문명화된 삶의 형식에로의 입문'으로, 교육을 규범적으로 정의함

주형(鑄型)관과 성장(成長)관

- **주형관**: 교육은 아동에게 정해진 지식들을 주입하여 아동을 사회에서 규정한 기준에 맞는 존재로 만들어 가는 것이라는 의미로, 교육만능설을 취하고 교과중심 교육을 강조함
- **성장관**: 교육은 아동이 가진 내면의 잠재가능성을 자연스럽게 실현해 나가는 과정이라는 의미로, 아동의 내면적 성장 및 주도적 역할을 강조함

01 교육의 어원

❶ 교육의 동양적 어원

(1) 교육(敎育)

① 윗사람이 아랫사람을 깨우침을 통해 본받게 한다는 '교(敎)'와, 올바르게 자라도록 양육한다는 '육(育)'으로 구성되어 있다.

② 즉, 교육이란 성숙한 부모나 교사가 미성숙한 아동에게 착하게 살도록 가치 있는 것을 솔선수범하여 가르치고, 아동은 이를 본받고 배우는 것이다.

(2) 교육의 동양적 어원의 의미

① 교사, 부모, 어른은 교육의 주체로서 주도적인 역할을 하는 능동적 존재이고, 학생, 자녀, 아동은 윗사람의 가르침을 적극적으로 수용하여 양육되어야 할 수동적 존재로 교사와 아동 사이에 수직적 인간관계가 전제되어 있다.

② 윗사람이 아랫사람에게 무엇인가를 가르치고, 아랫사람은 윗사람의 가르침을 받아들이는 것이라는 '교사중심의 교육관'을 내재하고 있으며, 주형(鑄型)에 비유할 수 있다.

❷ 교육의 서양적 어원

(1) 페다고지(pedagogy)

① 귀족의 자녀가 성인이 될 때까지 교육을 담당하는 노예를 일컫는 '교복(敎僕)'을 의미하는 '파이다고고스(paidagogos)'에서 유래하였다.

② 파이다고고스(paidagogos)는 미성숙한 '어린이(paidos)'를 바르게 가르치고 '이끈다(agogos)'는 의미를 지닌다.

③ 동양적 어원과 마찬가지로 미성숙한 아동을 가르치고 양육한다는 의미를 가지고 있다.

(2) 에듀케이션(education)

① '에듀카레(educare)'와 '에듀케레(educere)'에서 유래된 말로, 이 두 단어는 혼용되기도 하지만 상호 대립되는 교육관을 함의한다.

② 에듀카레(educare)

㉠ '양육하다(bring up)'라는 의미에서 유래한 것으로, 부모가 자녀를 양육하는 것과 같이 미성숙한 상태에 있는 아동을 성숙한 상태로 끌어올리는 것을 의미한다.

㉡ 동양적 어원이나 '페다고지(pedagogy)'와 마찬가지로 부모 – 아동, 교사 – 학생 간의 수직적 관계를 가정하며, 부모나 교사가 교육에서 주도적인 역할을 한다.

개념확대⊕
Zoom IN

'교육' 단어의 쓰임
- '교육'이라는 단어가 처음 등장한 곳: 『맹자(孟子)』의 「진심장(盡心章)」 중 '군자의 세 가지 즐거움'
  – 부모님이 살아 계시고 형제들이 아무 탈 없이 살고 있는 것이 첫 번째 즐거움이요, 나 자신이 하늘을 우러러 부끄러움이 없고 다른 사람들에 대하여 욕됨이 없는 것이 두 번째 즐거움이며, 천하의 영재를 얻어 교육하는 것이 세 번째 즐거움이다.

주형(鑄型)
쇠붙이를 녹여 부어서 물건을 만들 때 그 틀로 쓰이는 모형

---

③ 에듀케레(educere)

   ⊙ '밖으로(e-)'라는 의미와 '이끌어 내다(ducere, lead out)'라는 의미에서 유래하였으며, 아동이 내면에 가지고 있는 성장가능성과 잠재력을 발현시킬 수 있도록 이끌어내는 것을 의미한다.

   ⓛ 즉, 교사와 부모는 아동에게 무엇인가를 가르침으로써 원하는 인간상을 만드는 것이 아니라 아동이 이미 갖고 있는 잠재가능성을 발현하도록 도와주는 '성장'의 비유에 가깝다.

   ⓒ 교사와 아동 간의 수평적 관계를 가정하며, 교육에서 교사나 부모보다 아동이나 학생의 역할이 중요하다.

(3) 교육의 서양적 어원의 의미

① 부모나 교사가 아동을 양육하거나 무엇을 가르치는 일과, 아동이 자신의 잠재력을 발휘하도록 도와주는 일의 두 가지 의미를 동시에 지닌다.

② 전자는 주형(鑄型, moulding), 후자는 성장(成長, growth)에 비유할 수 있다.

③ 이에 따라 서양교육에서는 교사나 교육내용을 강조하는 '고전주의 교육관'과 아동이나 교육방법을 강조하는 '낭만주의 교육관'이 시대에 따라 어느 한쪽이 강하게 부각되어 나타나곤 했다.

요약정리 🔍
Zoom OUT 교육의 어원적 정의

구분	동양적 어원	서양적 어원		
	교육 (教育)	페다고지 (pedagogy)	에듀케이션(education)	
어원			에듀카레 (educare)	에듀케레 (educere)
정의	윗사람이 아랫사람을 깨우치고 본받게 하는 '교(教)' + 올바르게 자라게 하는 '육(育)'	미성숙한 어린이 (peda)를 바르게 이끌다(gogy)	미성숙한 어린이를 성숙한 상태로 양육하다 (bring out)	내면의 성장 가능성을 이끌어 내다 (lead out)
교사와 학생의 관계	교사와 아동의 수직적 관계			교사와 아동의 수평적 관계
교육의 주체	교사중심 교육			아동중심 교육
비유	주형에 비유			성장에 비유

02 교육의 정의 방식

① 조작적 정의(operational definition)

(1) 의미

개념을 과학적으로 정의하는 방식으로, 관찰할 수 없는 것을 관찰 가능한 형태로 정의하는 것이다.

⑩ 눈에 보이지 않는 온도를 수은주에 나타난 눈금으로 정의하는 것

(2) 교육의 조작적 정의: "교육은 인간행동의 계획적 변화이다."

① 교육의 개념을 명확하게 하기 위해서 교육활동의 요소와 그것이 작용하는 실제 과정을 관찰할 수 있는 형태로 정의한다. 교육의 추상성을 제거하고 교육활동을 명확히 규정하려고 할 때 사용된다.

② 교육의 조작적 정의에 따르면 어떠한 활동이 교육인지 아닌지 결정짓는 것은 활동이 가져다준 관찰 가능한 결과이다. 즉, 어떤 활동이나 계획을 실시한 후에 그 결과가 의도한 대로 인간행동의 변화를 가져왔다면 그 활동은 교육이 되는 것이다.

⑩ **정범모의 교육개념:** 정범모는 교육을 '인간행동의 계획적 변화'라고 정의하였다. 이 정의를 바탕으로 교육활동에 포함되는 기본 요소로 '인간행동', '계획적', '변화'를 제시하며 교육을 관찰 가능한 형태로 정의하고자 하였다.

② 약정적 정의(stipulative definition)

(1) 의미

① 원활한 의사소통을 위하여 복잡한 현상을 무엇이라 부르자고 약속하는 정의 방식이다.

② 복잡하게 설명할 것을 간단하게 한마디로 무엇이라고 약속함으로써 언어를 축약하고 단순화하기 위해 사용한다.

⑩ 대학의 학점을 나타낼 때 성적이 90~94점인 경우 'A'라고 표기하기로 약속하는 것

(2) 교육의 약정적 정의: "교육을 훈련과 구분되는 개념이라고 하자."

① 교육현상이 한마디로 규정하기에 매우 복잡하거나, 교육개념에 대한 합의가 어려울 경우 의사소통의 경제성을 위해서 사용된다.

② 복잡한 설명이 필요한 개념에 대해 간단하게 약속함으로써 언어를 축약하고 단순화한다.

⑩ 경제학자와 교육학자가 교육정책에 대해서 논의를 할 때 서로가 생각하는 교육의 개념이 다를 수 있는데, 이때 '교육을 ~이라고 하자.'라고 서로 약속하는 것

❸ 기술적 정의(descriptive definition) / 기능적 정의(functional definition)

(1) 의미

① 하나의 개념을 우리가 이미 알고 있는 다른 말로 설명함으로써 그 개념이 무엇인지 알려주는 정의로, '서술적 정의' 또는 '사전적 정의'라고도 한다.

② 가능한 한 가치판단을 배제하고 가치중립적인 태도로 있는 그대로를 객관적으로 규정한다.

⑩ 등산을 '산을 오르는 일'이라고 정의하는 것

(2) 교육의 기술적 정의: "교육이란 가르치고 배우는 일이다."

① 교육의 현상을 객관적이고 정확하게 파악하는 데 용이하다.

② 교육이 추구해야 할 가치나 목적이 배제된 채 교육을 정의하기 때문에 교육의 수단적 가치나 외재적 가치가 개입되는 문제가 있다.

③ 교육개념을 전혀 모르거나, 생소한 사람에게 교육의 개념을 설명할 때, 교육현상을 정확하고 객관적으로 묘사할 때 의미 있게 사용된다.

⑩ **정범모의 교육개념:** '교육은 인간행동의 계획적 변화'라는 정범모의 정의는 지향해야 하는 가치에 대해서는 중립적인 태도를 지니고 있으므로 조작적 정의이면서 동시에 기술적 정의에 해당된다.

❹ 규범적 정의(normative definition)

(1) 의미

① '어떻게 해야 하는가?', '어떻게 하는 것이 옳은가?'와 같은 규범이나 행동강령이 포함된 정의로, '강령적 정의'라고도 한다.

② 개념을 객관적이고 가치중립적으로 규정하는 기술적 정의와는 달리, 규범적 정의는 가치판단이나 가치주장을 담고 있다.

(2) 교육의 규범적 정의: "교육은 근본적으로 교육의 내재적 가치를 온당한 방식으로 의도적으로 전달하는 행위이다."

① 교육활동 속에 들어있는 가치나 기준을 드러낸다.

② 국가·사회적 또는 개인적 차원에서의 전인적 인격 완성이나 자아실현이라는 내재적 가치의 실현, 영원한 진리나 가치를 추구하는 것 등을 교육의 중요한 목표로 내세운다.

③ 교육의 실제적 과정이나 현상을 분석적으로 파악하는 데에는 한계가 있다.

⑩ **피터스(Peters)의 교육개념:** '교육이란 근본적으로 교육의 내재적 가치를 온당한 방식으로 의도적으로 전달하는 행위'라는 피터스의 교육개념은 교육의 내재적 가치를 강조하며 교육의 성립을 위한 3가지 준거를 제시하고 있으므로 규범적 정의라고 할 수 있다.

개념확대⊕
Zoom IN   기술적 정의와 규범적 정의 비교

구분	기술적 정의	규범적 정의
정의 형식	'X는 무엇이다.'	
명칭	서술적 정의, 사전적 정의, 보고적 정의, 객관적 정의	강령적 정의, 목적적 정의
주된 관심	단어가 어떤 의미로 사용되었는가에 관심	단어가 어떤 의미로 사용되어야 하는가에 관심
가치	객관적 · 가치중립적으로 규정	주관적 · 가치판단적으로 규정
정의의 성격	정의가 일상적인 의미를 충분히 반영하고 있는지를 질문	정의 속에 있는 규범 또는 행동 강령이 올바른지 묻는 도덕적 질문의 성격을 지님
예시 ('전문직'의 정의)	어떤 직종이 전문적인지 아닌지 판별하는 게 목적	전문직에 종사하는 사람들은 전문직에 걸맞게 행동해야 함을 보여주는 게 목적

참고   교육의 기술적 정의와 규범적 정의의 유형

1. **기술적 정의의 유형**
   (1) 행동 변화
   행동주의에서는 교육을 '행동의 변화'라고 정의한다. 외부의 자극과 이에 대한 반응이 결합하여 행동이 변화하고, 변화가 지속되는 경우 이를 학습이라고 본다.
   (2) 문화의 지식과 전달
   교육을 단순히 정의하면 '가르치고 배우는 과정'이라 할 수 있다. 이때 가르치고 배우는 내용이 문화와 문화를 체계화한 지식이므로 교육은 문화와 지식을 전달하는 과정으로 정의된다.
   (3) 사회화 과정
   교육을 '사람이 사회 속에 성장하면서 자아정체감을 형성하고 자신이 속한 사회의 행동방식과 사고방식을 학습하는 과정'으로 정의하는 것이다. 이는 어느 사회든 적용될 수 있는 가치중립적인 정의로서 기술적 정의에 해당한다.
   (4) 경험의 개조 및 습관의 변화
   교육을 '아동의 경험이나 습관을 특정한 방향으로 변화시키는 것'으로 정의하는 것이다. 경험이나 습관이 교육을 통해 어떻게 변화되는지 객관적으로 설명하므로 기술적 정의에 해당한다.

2. 규범적 정의의 유형

(1) 주형

'주형'이란 석회나 진흙을 틀에 부어 특정 모양의 상을 만들어 내는 것을 말한다. 교육을 '주형'으로 본다는 것은 아동을 석회나 진흙과 같은 재료에, 교사는 그 재료를 사용하여 의도한 모습의 인간으로 만들어 내는 장인에 해당된다고 보는 입장이다.

(2) 주입

교육을 '주입'으로 본다는 것은 비어있는 항아리에 물이나 곡식을 부어 넣듯이 사람의 안에 바람직하다고 여겨지는 규범이나 지식을 넣어주는 것을 의미한다. 인간은 미숙하고 텅 빈 상태로 태어나며 사회의 지식과 신념, 문화를 습득해야만 인간으로서의 생활이 가능하다고 여긴다.

(3) 도야

'도야'란 쇠를 달구어 연마하는 것으로 교육을 '도야'로 본다는 것은 인간이 지니고 있는 마음의 능력도 쇠처럼 단련할 수 있으며, 단련이 되면 어떤 분야에서든 사용될 수 있다는 것을 의미한다. 즉, 교과를 통해 지각, 기억, 상상, 추리, 감정, 의지의 정신능력을 단련시키는 것을 의미한다.

(4) 계명

'계명'이란 앞을 볼 수 없는 사람이 눈을 뜨고 볼 수 있게 된다는 것으로, 교육을 '계명'으로 본다는 것은 인간을 볼 수 없는 상태에서 볼 수 있는 상태로 나아가게 하는 것을 의미한다. 즉, 자연과 사회에 대한 안목을 길러주는 것을 의미한다.

(5) 성장

교육을 '성장'으로 보는 것은 아동 내부에 있는 잠재가능성이 자연스럽게 발현되고 발달할 수 있도록 도와주는 것을 의미한다.

요약정리 🔍
Zoom OUT 교육의 정의방식 – 조작적 · 약정적 · 기술적 · 규범적 정의

구분	조작적 정의	약정적 정의	기술적 정의	규범적 정의
개념	관찰할 수 없는 것을 관찰 가능한 형태로 정의하는 것	복잡한 현상, 개념을 축약 · 단순화하여 무엇이라 부르자고 약속하는 것	• 우리가 이미 알고 있는 다른 말로 설명하는 것 • 가치중립적, 객관적	• 규범이나 행동 강령이 포함된 정의방식 • 가치판단적, 주관적
교육의 정의	교육은 인간행동의 계획적 변화이다.	교육을 훈련과 구분되는 개념이라고 하자.	교육이란 가르치고 배우는 일이다.	교육은 근본적으로 교육의 내재적 가치를 온당한 방식으로 의도적으로 전달하는 행위이다.

03 교육의 대표적 정의

❶ 정범모의 교육개념

(1) 정의
① 교육은 '인간행동의 계획적인 변화'이다.
② 교육은 계획적·체계적으로 가르치기만 하면 인간행동을 변화시킬 수 있는 강력한 힘이 있다는 점을 보여주고자 했다.
③ 교육에서 포함될 대상, 활동, 성과 등을 구체적으로 포함하고 있다는 점에서 조작적·기술적 정의라고 할 수 있다.
④ 관찰자적 관점에서 바깥으로 드러나는 '행동의 변화'에 관심을 가지고 있다.
⑤ 정의에는 '인간행동', '변화', '계획적'의 세 가지 핵심개념이 포함되어 있다.

(2) 세 가지 핵심개념
① 인간행동
  ㉠ 정범모의 교육개념에서 '교육이 인간을 기른다'고 할 때의 '인간'이란 '인간행동'을 의미한다.
  ㉡ 인간행동은 바깥으로 나타나는 외현적·표출적인 행동(overt behavior)뿐만 아니라 지식, 사고력, 태도, 가치관, 동기, 성격특성, 자아개념 등과 같은 내면적·불가시적 행동(covert behavior)이나 특성도 포함한다.
  ㉢ 교육이 인간을 대상으로 할 때 인간은 인간행동으로 구체화되어야 하며, 인간행동은 추상적으로 규정되기보다는 과학적으로 규정될 필요가 있다.
② 변화
  ㉠ 교육은 인간행동의 '변화'에 관심을 두는 활동이다. 이는 인간행동에 관한 다른 학문(정치학, 심리학 등)과 교육학을 구분하는 핵심이다.
  ㉡ 교육이 '인간행동을 변화시키는 일'이라고 할 때의 '변화'는 육성, 함양, 계발, 교정, 개선, 성숙, 발달 등을 포함하는 포괄적인 개념이다.
  ㉢ 행동이 변화되었다는 것은 새로운 지식을 습득하는 것, 미숙한 사고력이 발달되는 것, 생각과 관점이 달라지는 것 등을 의미한다.
  ㉣ 교육이 의미를 가지기 위해서는 실제적인 인간행동의 변화를 가져와야 한다.
③ 계획적
  ㉠ 모든 인간행동의 변화를 교육이라고 부를 수 없으며, 교육과 교육이 아닌 것을 구분 짓는 결정적 기준은 '계획에 의한 것인가'이다.
  ㉡ 교육은 단순한 성장, 성숙, 발달, 학습과는 구별되는 활동이다.
  ㉢ 행동을 변화시키기 위한 계획적인 노력이 있었음에도 불구하고 의도하는 방향으로 행동의 변화가 일어나지 않았다면 교육이라고 할 수 없다.
  ㉣ '계획적'이라는 준거는 교육과 교육 아닌 것을 구분하는 결정적인 준거일 뿐만 아니라 교육이 본래의 임무를 다할 수 있기 위한 가장 중요한 조건이기도 하다.

ⓜ '계획적'이 성립될 세 가지 조건
　　ⓐ 변화시키고자 하는 인간행동에 대한 명확한 목표의식(교육목표)
　　ⓑ 인간행동의 변화가 어떻게 이루어지는지 설명하는 이론(교육이론)
　　ⓒ 교육이론에 기초한 구체적인 교육 프로그램(교육과정)

❷ 피터스(Peters)의 교육개념

(1) 정의

① 교육은 '내재적 가치를 추구하는 행동' 또는 '문명화된 삶의 형식에로의 입문'
이다.

② 내재적 가치를 추구하는 행동
　㉠ 피터스는 교육이 내재적 가치, 즉 교육개념 속에 붙박여 있는 가치를 실현
　　하는 것이어야 한다는 점을 강조했다.
　㉡ 교육의 내재적 가치는 아동을 지식의 형식에 입문시켜 아동의 자발적인 노
　　력과 이해를 바탕으로 세상과 삶에 대한 지적 이해와 안목, 즉 합리적 마음
　　을 계발하도록 하여 행복한 삶을 살 수 있게 함으로써 실현된다고 보았다.
　㉢ 교육의 내재적 가치를 중요하게 여긴 이유는 교육의 의미를 유용성 또는
　　실제적 효과와 관련하여 수단적·외재적으로 파악하려는 것에 대한 반발
　　에서 비롯된 것이다.

③ 문명화된 삶의 형식에로의 입문
　㉠ 문명화된 삶의 형식: 오늘날 사람들이 인간다운 삶을 살기 위해 공유하는
　　삶의 형식으로, 현재 살아가는 세상과 인간의 삶에 대한 합리적인 이해를
　　본질로 삼고 있다. 문명화된 삶의 형식을 체계적으로 정리한 것이 지식의
　　형식이며, 교육의 개념에 내재되어 있는 가치 있는 것을 의미한다.
　㉡ 입문으로서의 교육: 입문이란 성년식(成年式)을 뜻하며, 사회의 구성원이
　　되는 관문에 들어섰다는 것을 의미한다. 교육은 객관적인 지식의 형식의
　　세계로 사람들을 입문시킴으로써 인간다운 삶을 살도록 도와주며 문명화
　　된 삶의 형식이 다음 세대로 계속 이어지게 하는 일종의 성년식으로 본다.

④ 피터스는 특정 활동을 교육이라고 부르기 위해 적용해야 할 엄격한 3가지 준거
(규범적·인지적·과정적 준거)를 제시했다.

(2) 피터스의 3가지 준거

① 규범적 준거(normative criterion) - 가치 기준
　㉠ 교육은 교육에 헌신하는 사람에게 가치 있는 것을 전달하는 것을 의미한다.
　　즉, 교육활동을 할 때 가치 있는 무엇인가가 전달되어야 한다는 것이다.
　㉡ 교육은 과정이나 활동 자체가 가치 있는 일에 기여하거나 가치 있는 것을
　　포함하고 있어야 한다.

ⓒ 가치는 교육의 개념 속에 들어있는 '내재적 가치(intrinsic value)'로 다른 목적을 위한 수단으로서의 가치를 말하는 교육의 '외재적 가치(extrinsic value)'와 구분되며, 외재적 가치를 추구하는 것은 교육이 아니다.

ⓔ 규범적 준거에 따르면 학교에서 많은 지식을 전달하고 가르쳤지만 학생의 삶을 가치 있는 방향으로 변화시키지 않았다면 그것을 교육이라고 부를 수 없다.

　　　예 소매치기 기술을 '훈련'받았다고는 할 수 있지만, 소매치기 '교육'을 받았다고는 말할 수 없다.

참고 좋은 교육(good education)과 나쁜 교육(bad education)

정범모는 좋은 교육과 나쁜 교육에 대하여, 변화의 좋고 나쁨은 가치의 문제라며 중립적인 태도를 취하고 있다. 즉, 교육을 인간행동의 계획적 변화라고 규정하되 계획적인 변화의 방향에 대해서는 밝히지 않는 것이다. 따라서 소매치기 기술에 대하여 분명한 목표를 세우고 이를 실현할 수 있는 내용과 방법을 체계화시켜 가르쳤을 때, 이를 교육이라고 부를 수 있는지에 대한 문제가 생긴다. 반면에, 피터스의 정의에 따르면 교육은 바람직한 가치(내재적 가치)를 전달하는 것이므로 그의 입장에서 '나쁜 교육'이라는 말은 논리적으로 모순되는 표현이다.

② 인지적 준거(cognitive criterion) – 인지적 안목 기준

　ⓐ 교육은 지식, 이해, 인지적 안목을 포함해야 하고, 이러한 것들은 무기력한 것이어서는 안 된다는 것을 의미한다.

　ⓑ 교육의 규범적 준거인 내재적 가치를 내용적 측면에서 구체화한 것이며, 지식과 정보 등이 유리되어 있지 않고 사물 전체를 조망할 수 있는 포괄적이고 통합된 안목이 형성된 상태를 의미한다.

　ⓒ 교육의 인지적 준거의 핵심이자 내재적 가치가 바로 '지식, 이해, 인지적 안목'이다. 즉, 교육을 통해 지식, 이해, 인지적 안목이 형성되었다는 것을 의미한다.

　ⓔ 교육은 신념체계 전체를 변화시키는 '전인적 교육'이어야 하며, 제한된 기술이나 사고방식을 길러 주는 전문화된 '훈련(training)'이어서는 안 된다.

　ⓓ 따라서 교육받은 사람(educated man)은 교육내용을 통달하여 그것을 통합된 안목으로 바라보고, 자신의 삶 전체에 비추어 볼 수 있으며, 그렇게 하는 것을 소중하게 여기고 헌신하는 사람이다.

　ⓕ 인지적 준거에 따르면 배우고 익힌 지식이나 정보들이 삶을 변화시키는 데 도움을 주지 않거나 현실과 괴리된 것이라면 그것을 교육이라고 부를 수 없다. 또한 전문적인 훈련에 의해 특정 분야에 해박하고 능숙하지만 세계를 폭넓게 이해하는 안목이 없다면 교육을 받았다고 할 수 없다.

개념확대 ⊕
Zoom IN

지식, 이해, 인지적 안목이 형성되었다는 것의 의미
• 우리가 배우는 지식, 정보, 사실 등이 서로 유리되어 별개의 것으로 존재하는 것에 그쳐서는 안 된다.
• 정보와 사실을 합쳐 놓은 것 이상을 보고 이해할 수 있는 통합된 안목이 있어야 한다.
• 자신이 하고 있는 일들을 삶의 정연한 패턴 속에서 전체적으로 조망할 수 있고 그에 헌신할 수 있어야 한다.

③ 과정적 준거(procedural criterion) – 도덕적 온당성의 기준
　㉠ 교육의 규범적 준거를 방법적 측면에서 구체화한 것으로, 내재적 가치를 실현하는 방법상의 원리를 밝힌 것이다. 이는 교육의 내재적 가치인 지식, 이해, 인지적 안목이 도덕적으로 온당한 방식으로 가르칠 때만 길러질 수 있다는 것을 의미한다.
　㉡ 도덕적으로 온당하게 가르친다는 것은 학습자의 의식과 자발성에 기초한다. 즉, 교육내용이 학습자의 의식과 자발적인 헌신에 근거한 방법으로 전달되어야 함을 의미하며, 학습자에게 이념을 일방적으로 주입하고 교화나 세뇌, 자극과 반응의 결합으로 학습자를 변화시키는 '조건화'는 교육이 될 수 없다.
　㉢ 학습자의 의식과 자발성을 유도하기 위해서는 교육자료나 내용이 학습자에게 흥미 있는 것이어야 한다. '흥미(interest)'라는 개념은 심리적 의미로 아동이 하고 싶어 하는 것으로 볼 수도 있고, '규범적 의미'로 아동에게 유익이 되는 것으로 볼 수도 있다.
　㉣ 과정적 준거에 따르면 학교에서 전달하고 있는 지식이 아무리 가치가 있다고 하더라도 그것을 전달하는 방법이 비인간적이고 비도덕적이라면 그것을 교육이라고 부를 수 없다는 점에서 교육은 세뇌, 조건화 등과 구분된다.

참고 교육의 유사 개념

1. 교육과 훈련
　① 교육은 지식에 대한 이해를 통해 안목이나 신념체계를 변화시키는 것을 목적으로 하는 반면, 훈련은 제한된 특수기술을 연마시켜 특정한 상황 속에서 습관적인 반응을 하도록 한다.
　② 교육은 학습자의 이해와 자발적 참여를 바탕으로 전인적인 변화를 추구하는 것을 목적으로 하는 반면, 훈련은 기계적 연습을 통한 인간 특성 일부의 변화를 목적으로 한다.

2. 교육과 교화
　① 교육은 학생으로 하여금 올바른 신념을 갖도록 객관적으로 인정될 수 있는 증거를 제시하는 것인 반면, 교화는 객관적 증거 없이 신념이나 가치를 믿도록 하거나 준거를 사용하더라도 제시된 신념을 합리화하기 위해서 사용하는 것이다.
　② 교육은 학습자의 자율적인 성장을 가능하게 하는 반면, 교화는 학습자의 자율적인 판단 능력을 저해할 위험성을 가지고 있다.

3. 교육과 교도
　교육은 정상적인 사람을 정상적인 상태로 유지·발전시키는 것을 의미하는 반면, 교도는 정상적인 사람이 비정상적으로 되었을 때 정상적인 사람으로 환원시켜 주는 것으로서 개인의 법적·사회적 책임감을 회복시켜 주는 것을 목적으로 한다.

요약정리 🔍
Zoom OUT 정범모와 피터스의 교육개념 비교

구분	정범모	피터스
문제의식	인간행동을 변화시키는 교육의 힘을 간과하는 것에 대한 반발	교육의 의미를 외재적으로 규정하는 것에 대한 반발
관점	• 관찰자의 관점에서 정의: '보는 것'으로서의 교육 • 행동과학적 접근	• 행위자의 관점에서 정의: '하는 것'으로서의 교육 • 분석철학적 접근
교육개념 정의	인간행동의 계획적 변화	• 가치 있는 것이 도덕적으로 온당한 방식으로 전달되고 있거나 전달된 상태 • 문명화된 삶의 형식에의 입문
정의 방식	기술적 · 조작적 정의	규범적 정의
교육개념 핵심	• 인간행동: 내면적 · 외면적으로 구체화된 행동 • 변화: 포괄적인 의미로서의 변화 (조성, 함양, 육성, 개조 등) • 계획적: 의도한 방향에 따른 교육	• 규범적 준거: 내재적 가치의 추구 • 인지적 준거: 지식의 형식(지식, 이해, 인지적 안목) • 과정적 준거: 도덕적으로 온당한 방식 (학습자의 자발성과 흥미)

04 주요 교육관

① 주형(鑄型)관

(1) 개관

① '주형'의 의미

   ㉠ 교육을 장인이나 제작자가 쇳물이나 진흙을 일정한 모양 틀에 부어 어떤 형태로 만들어 내는 '주형(鑄型, moulding)'으로 이해하는 전통적이고 일반적인 교육관이다.

   ㉡ 교육을 '주형' 또는 항아리에 물을 부어 넣듯이 인간의 마음속에 지식이나 규범을 집어넣는 '주입'으로 보는 관점으로, 아동에게 정해진 지식을 주입하여 아동을 사회에서 규정한 기준에 맞는 존재로 만들어 가는 것을 교육이라 여긴다.

   ㉢ 주형관은 영국의 경험론자인 로크(Locke)를 거쳐 행동주의 심리학으로 발전해 나갔다.

② 대표적인 교육관

    ⑦ 로크의 교육관: 아동의 마음은 '백지(tabula rasa)'와 같아서 아동이 어떤 경험을 하고 교사가 어떤 형태의 감각 자료를 제공하는지에 따라 달라질 수 있다.

    ⓒ 행동주의(behaviorism) 심리학: 자극 – 반응(S – R 이론)에 따른 조건화를 통해 어떠한 인간이라도 만들어 낼 수 있다.

(2) 주형관의 특징

① 교육만능설을 가정

    ⑦ 주형관에 따르면 인간은 출생 시 아무런 본유관념(innate ideas)도 갖지 않는 텅 빈 존재이며 인간의 선과 악은 의도된 환경, 즉 교육에 의하여 결정된다고 본다.

    ⓒ 교육에 의해 인간이 결정된다는 것은 교육을 통하여 어떤 인간도 만들어 낼 수 있다는 것을 의미한다. 즉, 교사에게 강한 신체를 가진 아이와 적절한 장소만 제공된다면 교사는 자신이 원하는 어떤 전문가든 양성할 수 있다는 교육만능설을 가정한다.

② 교과중심 교육(주지주의 교육)

    ⑦ 주형관에서 교육을 통해 주입시키고자 하는 지식과 신념체계는 지적 권위를 갖는 성인에 의해 객관성과 타당성이 확인된 것이므로 보편적 가치를 지닌다.

    ⓒ 사회가 축적해 놓은 문화적 전통과 지식 중에서 핵심적인 것을 골라 만든 것이 교과이므로, 교육은 교과를 중심으로 전개되어야 한다고 말한다.

    ⓒ 따라서 주형관의 교육은 지식의 습득을 중요시하는 '주지주의 교육'이자 체계적인 지식을 교육내용으로 하는 '교과중심 교육'이라고 할 수 있다.

(3) 교사와 학생의 관계 – 교사중심의 전통적 관계

① 주형관의 관점에서 교사는 장인이나 제작자에, 학생은 쇳물이나 진흙과 같은 재료에 해당한다. 장인인 교사는 교육과정에서 주도적 역할을 하고, 재료인 학생은 무엇인가로 만들어져야 할 존재로 인식된다. 따라서 교사는 불변하고 학생은 일방적으로 변화되어야 할 존재이다.

② 교사는 교과내용으로서의 지식이나 신념체계를 학생의 머릿속에 주입시켜야 하는 책임이 있으며, 그에 따른 권한을 사회로부터 부여받는다. 학생은 주어진 모든 내용을 수용해야만 하는 존재로 간주된다.

③ 교사와 학생의 관계는 지식의 전달자와 전수자로서의 관계이며, 주형관의 관점에서 교육이란 교사가 학생에게 무엇인가를 가르치고 변화를 가져오는 것이므로 교사와 학생은 수직적인 관계를 맺는다.

(4) 문제점

① 교사와 학생의 관계에 대한 오해: 교사는 일방적으로 가르치는 존재로, 학생은 그대로 받아들이는 수동적인 존재로 간주될 수 있다.

② 교사가 잘못된 권위주의에 빠지거나 교육과정에서 학생의 인격을 존중하지 않는 문제가 발생할 수 있다.

2 성장(成長)관

(1) 개관

① '성장'의 의미

㉠ 성장관은 아동의 내부에 잠재된 가능성이 올바른 방향으로 발현될 수 있게 도와줘야 한다는 관점이다.

㉡ 성장관의 관점에서 교육이란 아동이 가진 내면의 잠재가능성을 자연스럽게 실현해나가는 과정이다.

② 성장관의 전개

㉠ 성장관은 주형관에 대한 비판에서 시작되었으며, 개인의 자유와 권리를 중요시하는 민주주의 교육에서 지배적인 교육관이다.

㉡ 루소(Rousseau)에 의해 등장했으며 프뢰벨(Fröbel), 페스탈로치(Pestalozzi), 헤르바르트(Herbart) 등에 의해 전개된 19세기 유럽 신교육운동의 바탕이 되었고, 이후 20세기 미국 진보주의 교육이론을 통해 체계가 완성되었다.

(2) 특징

① 루소의 성장관

㉠ 자연에 따라서(according to nature)

ⓐ 루소는 인간 내면의 건전한 자발성을 중핵으로 보고 교육은 '사회의 나쁜 영향으로부터 아동을 보호하고 아동의 자연적인 성장을 격려하는 것'이라고 하였다. 즉, 교육은 자연성의 자유로운 발달을 조성하는 활동에 한정하고 자연적인 발달 순서에 따라 이루어져야 한다.

ⓑ 초기 교육은 최대한 자유방임적·소극적으로 한다. 즉, 교사가 앞장서서 끌고 가는 적극적인 교육이 아니라, 아동이 주도적으로 체험하고 느낄 수 있도록 도우며 아동의 성장을 뒤에서 밀어주는 교육이 중요하다.

㉡ 아동은 능동적이고 주체적인 학습자

ⓐ 아동이 능동적인 학습자가 되어야 한다는 것은 소극적 교육관과 관련된 것으로, 교육은 아동에 대한 이해로부터 출발한다. 교육의 방법과 원리는 아동의 자연적인 본능, 요구, 흥미, 표현 등의 연구에 의하여 결정되어야 한다.

ⓑ 루소는 어른으로 살아가는 데 필요한 것들을 준비하기 위해 현재 아동이 가지고 있는 욕구와 관심을 억압하는 당대의 교육적 관행을 비판함으로써 아동을 어른들의 억압으로부터 해방시켰다.

② 진보주의의 아동중심 교육(child – centered education)
　　㉠ 진보주의의 아동중심 교육은 "우리는 교과를 가르치는 것이 아니라 아동을 가르친다."라는 슬로건을 바탕으로 아동의 내면적 성장과 자연성을 존중한다.
　　㉡ 따라서 아동의 요구나 흥미, 잠재능력, 심리적 발달단계에 관심을 두고, 교육의 강조점을 '무엇을 가르칠 것인가?'에서 '누구를 가르칠 것인가?'로 교육의 전환했다.

(3) 교사와 학생의 관계
① 학생은 자라나는 식물에, 교사는 식물을 가꾸는 정원사에, 교육과정은 식물의 성장과정에 비유된다.
② 주도적인 역할을 하는 것은 식물에 비유되는 학생 자신이며, 정원사에 해당되는 교사는 식물이 잘 자랄 수 있는 환경을 제공해주고 도와주는 역할을 한다.

(4) 문제점
교과와 교사의 역할을 과소평가하는 경향이 있다. 교육은 학생 마음대로 하는 것이 아니라 적절한 권위를 가진 교사에 의해 지도되어야 한다는 것을 간과한다.

참고 **듀이(Dewey)의 성장관**

1. 루소와 듀이의 성장관 비교
① 루소의 교육관은 인간 내면의 본성, 즉 내적 자연을 인간 형성의 궁극적 원천으로 보았다. 이는 밖으로부터의 주입을 강조하는 기존의 전통적인 교육관(주형관)과 반대되는 입장이지만 구체적인 교육활동 이전에, 즉 선험적으로 주어진 인간 형성의 내용(교육내용)과 정해진 목적(교육목적)이 있다는 점에서 공통된 특성을 가진다.
② 반면 듀이는 교육의 내용과 목적은 이미 정해져 있는 것이 아니라 인간과 환경과의 상호작용을 통해 끝없이 확대되어 가는 열린 개념이라고 주장하였다.

2. 경험과 교육
① 경험이란 인간이 그를 둘러싼 환경과 상호작용하는 과정과 그 결과이다. 인격, 신념, 사회적 학문, 예술, 제도, 관습 등 모든 것이 인간과 환경 간의 상호작용의 결과로 나타난다.
② 교육은 경험의 끊임없는 재구성을 통하여 삶이 성장해나갈 수 있도록 도와주는 과정이다. 인간 형성의 원천인 교육내용은 학습자의 총체적 지식과 교과서를 비롯하여 학습자의 환경으로 주어진 모든 것이 만나 교변작용하는 가운데 형성된다. 따라서 교육내용은 배움이 끝나는 단계에 와서야 정해진다고 할 수 있다.
③ 이러한 듀이의 입장은 인간의 구체적인 삶이 교육의 중심에 놓이게 되는 큰 변화를 가지고 온 주장으로, 교육의 일차적인 관심은 지식이나 추상적 삶에 있는 것이 아닌 인간의 구체적 경험으로 구성되는 '살아있는' 삶의 성장에 있게 된다.
④ 지식의 습득은 그 자체가 성장의 목표가 되는 것이 아니라 삶의 의미를 확대시키기 위한 도구라는 점에서 듀이의 철학을 '도구주의'라고 규정할 수 있다.

3. 시기별 교육개념의 변화

구분	제1기 교육개념	제2기 교육개념	제3기 교육개념
명칭	플라톤적 교육관	루소적 교육관	듀이적 교육관
마음의 원천	밖	안	안과 밖의 통합
교육이론	밖으로부터의 형성	안으로부터의 계발	교변작용의 탐구
앎의 내용	자연과 사회의 지식, 문화, 가치	내면에 있는 발달 경향성	총체적 지식 (모든 영역의 유기적인 통합)
비유	주형	성장	

요약정리

Zoom OUT 교육에 대한 주형의 비유와 성장의 비유

구분	주형의 비유	성장의 비유
비유 내용	• **교육의 과정**: 장인이 재료를 틀에 부어 물건을 만들어 내는 과정 • **교사**: 장인 • **학생**: 재료	• **교육의 과정**: 식물의 성장 • **교사**: 정원사 • **학생**: 식물
강조점	• 교사의 역할 • 교육내용	• 학생의 잠재능력, 흥미 • 교육방법
대표적 형태	• 로크의 교육관 • 행동주의 교육관	• 루소의 교육관 • 진보주의 교육관

교육의 목적 및 교육요소

설쌤의
Live Class 🎙

앞서 교육이 무엇인지에 대한 논의를 살펴보았습니다. '**교육은 왜 하며, 어떤 목적을 추구해야 하는가?**'라는 질문에서 알 수 있듯, 교육의 목적은 교육의 개념과 별개의 것이 아닙니다[*]. 이번 챕터에서는 **교육의 목적이 교육의 개념과 어떤 관련이 있는지, 교육의 가능성은 무엇인지** 살펴봄으로써 미래 교육자로서 교육의 필요성에 대해 고민해보면 좋겠습니다.

[*] 성태제 외, 2018

핵심 Tag

내재적 목적
- 교육개념 속에 내재된 목적으로, 교육활동 그 자체가 목적임
- 합리성 발달, 지식의 형식 추구, 자율성 신장, 자아실현, 인격 완성 등을 포함함

외재적 목적
- 교육활동 밖에 존재하는 목적으로, 교육활동은 목적을 달성하기 위한 수단임
- 교육은 국가발전, 경제성장, 사회통합, 직업준비, 출세, 입시 수단 등을 위한 수단임

교육부정설
- 인간의 능력은 선천적이며 교육은 이를 구체적으로 실현해 줄 뿐이라는 학설
- 교육은 그 자체로 효과가 없기 때문에 교육을 시킨다고 해도 인간의 본바탕을 바꾸기는 힘들다고 주장함

교육만능설
- 이상주의적인 입장으로 환경이 적절하게 제공될 경우 인간의 선천적인 능력이 다르더라도 이상적인 상태로 이끌 수 있다는 학설
- 교육을 통해 인간을 바람직한 수준 또는 방향으로 이끌 수 있다고 주장함

교육의 3요소
- 교육을 담당하는 '교사'
- 교육활동의 주체이자 객체인 '학습자'
- 교사와 학습자를 연결시키는 '교육내용 및 교재'

01 교육목적

1 개관

(1) 개념

① 교육이념에 근거하여 교육을 통해 실현 또는 달성하고자 하는 것을 추상적·포괄적으로 규정한 것이다.

② 보통 사회수준에서 설정되며 장기간에 걸쳐 실현되어야 하는 질적인 개념이다.

📌 '민주시민의 자질 양성', '과학인재의 양성'

(2) 의미

① 교육활동이 전개 및 실현되는 구체적인 방향을 제시한다.

② '무엇을 가르쳐야 할 것인가?'에 대한 교육내용 선정의 기준을 제공한다.

③ 학습결과 평가에 있어 '무엇을 평가할 것인가?'에 대한 기준을 제공한다.

(3) 유사개념과의 비교

① 교육이념과의 비교

　㉠ 교육목적이나 목표를 세우기 위한 가치적·철학적·이론적 기반이 되는 것으로, 사회의 모든 면과 관련되는 최상위 차원의 목적의식이다.

　㉡ 국가수준에서 설정되는 교육의 방향으로, 전체적 인간으로서 바람직하고 이상적인 상을 제시하며 교육이 궁극적으로 도달해야 할 관념을 고도의 추상적·포괄적인 용어로 기술한다.

　📌 '홍익인간 이념', '남북통일 실현'

② 교육목표와의 비교

　㉠ 교육목적의 수준을 비교적 명확하고 구체적으로 진술하여 교육현장에서 실천할 수 있도록 표현한 것이다.

　㉡ 구체적인 교육방향을 제시하는 행동지표가 되며 개인적 측면을 중시한다.

　㉢ 교육목적의 실현을 위해 교육과정에서 어떤 것을 우선적으로 다루어야 하는지, 어떤 내용을 선정하고 어떤 교육활동을 해야 하는지, 이를 어떻게 평가해야 하는지에 대한 구체적인 지침을 제공한다.

　📌 '호기심, 탐구심과 같은 과학적 태도 양성'

③ 수업목표와의 비교

　㉠ 교육목표가 실제 교육현장에서 한층 더 구체화되어 관찰할 수 있는 형태로 조직된 것이다.

　㉡ 수업현장에서 교육의 결과를 직접 관찰할 수 있는 모습으로 기술되며, '실천목표', '행동목표'로도 불린다.

　㉢ 내용적인 것과 행동적인 것이 결합되어 있다.

개념확대 ⊕
Zoom IN

화이트헤드와 화이트의 교육목적

- **화이트헤드(Whitehead)의 교육목적**
  - 교육의 목적은 학생들의 자기발전을 북돋아주고 이끌어주는 것이고, 교육은 지식의 활용 기술을 습득하는 것이다.
  - 이를 위해 지나치게 많은 것을 가르치지 말되, 꼭 가르쳐야 할 것은 철저히 가르쳐야 한다.
  - 학교에서 얻은 정보와 관념은 반드시 활용되어야 하며, 교육은 이해력의 증진을 지향하며 학습자의 지식 활용 기술을 훈련하도록 이루어져야 한다.

- **화이트(White)의 교육목적**
  - 교육의 목적은 개인의 '잘 삶(well-being)' 증진이며, 지식은 개인이 가치를 발견하고 그 가치를 실현하도록 돕는 도구적 역할에 그친다.
  - 여기서 '잘 삶'은 가치 있는 활동과 관계에 성공적으로, 전심으로 종사하는 일들로 가득한 삶을 의미한다.*

　　　　　　　　* White, 2011

❷ 교육의 내재적 목적과 외재적 목적

(1) 내재적 목적(본질적 목적)

① 의미

　㉠ 교육이 다른 것의 수단이 아닌 교육의 개념 또는 활동 자체가 가지고 있는 목적을 말한다.

　㉡ 교육의 개념이나 활동 속에 붙박여 있는 목적으로, 합리성의 발달, 지식의 형식 추구, 자율성 신장 등을 들 수 있다.

　㉢ '그 자체가 목적인 활동(학문을 위한 학문)'을 중시하는 아리스토텔레스의 자유교육 개념부터 피터스에 이르기까지 중시된 목적이다.

② 대표적인 교육이론가

　㉠ 듀이: '교육목적은 교육활동 밖에서 부여되는 것이 아니라 교육활동 그 자체가 목적'이라고 주장하였다.

　㉡ 피터스: '교육은 어떤 것의 수단이 아니라 그 자체의 기준 또는 준거를 목적으로 한다.'라고 주장했으며, 규범적·인지적·과정적 준거를 실현하는 것이 교육의 목적이라고 보았다.

③ 교육의 내재적 목적을 추구하기 위해 교사가 해야 할 일

　㉠ 현재 가르치는 교육내용의 의미가 충분히 살아날 수 있도록 해야 한다.

　㉡ 교육 바깥의 것을 끌어들이기보다는 교육의 본래 목적을 잘 실현하는 것이 중요하다.

④ 내재적 목적의 내용

　㉠ 지적 발달: 호기심, 지적 정직성, 정확성, 근면, 논증에 따르는 기질, 진리와 정의에 대한 사랑 등으로 오랜 학습을 통해 학습되고 내면화되는 것들이다.

　㉡ 도덕적 발달: 선, 절제, 관용, 정의 등으로 교육을 통해 획득 가능한 도덕 가치이다.

　㉢ 합리성 발달: 사물을 이치에 맞게 생각하는 능력 또는 성향으로 아동이 사회의 여러 규칙, 법, 원칙을 학습하고 내면화할 때 얻을 수 있는 고등한 정신작용이다.

　㉣ 자율성 신장: 자기를 스스로 규제할 수 있는 능력으로 다른 사람의 도움, 즉 타율의 과정을 통한 연습으로 습득할 수 있다.

(2) 외재적 목적(수단적 목적)

① 의미

㉠ 교육이 다른 활동의 목적을 위한 수단으로 사용되는 것, 즉 교육활동 밖에 있는 가치를 의미한다.

㉡ 실제적인 이익을 가져다주거나 눈에 보이기 때문에 '실제적(實際的) 목적' 또는 '즉시적(卽時的) 목적'이라고도 부른다.

㉢ 교육의 외재적 목적에 따르면 교육은 '수단 – 목적'의 관계로 연결되어 있거나 다른 무엇을 위한 필요 때문에 행해진다.

㉣ 경제성장, 직업준비, 생계유지, 출세, 사회통합 등이 교육의 외재적 목적이 될 수 있다.

② 대표적인 교육이론가

㉠ 랭포드(Langford): '교육은 주어진 목표를 달성하기 위한 활동 그 자체이며, 수단으로서의 의미를 가진다.'고 주장하였다.

㉡ 그린(Green): '교육은 하나의 도구와 같아서 어떤 목적을 위해서도 이용될 수 있다.'고 주장하였다.

③ 교육의 외재적 목적을 추구하기 위해 교사가 해야 할 일

㉠ 사회의 변화와 요구에 귀를 기울이면서 그에 민감하게 반응해야 한다.

㉡ 사회나 개인의 삶과 동떨어진 지식을 가르치기보다는 사회와 개인의 필요를 반영한 교육을 해야 한다.

(3) 내재적 목적과 외재적 목적의 관계

① 내재적 목적만 강조될 경우 문제점: 내재적 목적만 추구할 경우 사회 현실이나 요구, 개인의 필요와 유리된 교육이 될 가능성이 있다.

② 외재적 목적이 강조될 경우 문제점

㉠ **교육활동의 단절**: 외재적 목적은 일단 달성되면 열정이 식어버리는 단점이 있으므로, 외재적 목적만을 강조하면 교육활동이 단절될 수 있다.

　　예 취업에 성공한 이후 탐구욕을 상실하고 잡기와 놀이에만 시간을 보내는 직장인

㉡ **교육활동의 왜곡**: 외재적 목적 달성을 위한 수단으로서 교육을 바라보면 교육활동이 왜곡되거나 명목상으로만 교육일 뿐 실질적으로 변질될 가능성이 있다.

㉢ **교육의 자율성 제한**: 교육은 개인과 사회의 필요성과 유용성을 추구하는 수단으로 간주되어 교육의 자율성이 제한될 수 있다.

③ 내재적 목적과 외재적 목적의 조화

㉠ **내재적 목적 우선**: 교육의 내재적 목적과 외재적 목적 중 무엇이 우월하다 단정 짓기는 어렵지만, 가장 이상적인 방식은 내재적 목적을 우선적으로 추구하고 외재적 목적이 부수적으로 실현되는 것이다.

㉡ **내재적 목적의 중요성**: 지적 안목과 도덕적 덕목, 자율성과 합리성이 결여된 기술과 기능은 인간을 황폐하게 할 뿐만 아니라 공동체의 질서까지도 혼란스럽게 할 수 있다는 점에서 내재적 목적이 중요하다.

참고 **우리나라의 교육목적**

1. 「**교육기본법**」 제2조(교육이념)
   교육은 홍익인간의 이념 아래 모든 국민으로 하여금 인격을 도야하고 자주적 생활능력과 민주시민으로서 필요한 자질을 갖추게 함으로써 인간다운 삶을 영위하게 하고 민주국가의 발전과 인류공영의 이상을 실현하는 데에 이바지하게 함을 목적으로 한다.

2. 2015 개정 교육과정에서 추구하는 교육적 인간상(「교육기본법」 제2조를 구체화)
   ① 전인적 성장을 바탕으로 자아정체성을 확립하고 자신의 진로와 삶을 개척하는 자주적인 사람
   ② 기초능력의 바탕 위에 다양한 발상과 도전으로 새로운 것을 창출하는 창의적인 사람
   ③ 문화적 소양과 다원적 가치에 대한 이해를 바탕으로 인류문화를 향유하고 발전시키는 교양 있는 사람
   ④ 공동체의식을 가지고 세계와 소통하는 민주시민으로서 배려와 나눔을 실천하는 더불어 사는 사람

참고 **교육의 본질적 기능**

1. **인간의 조화적 발달 조장**
   교육은 인간이 가지고 있는 잠재능력을 조화롭게 발달시킴으로써 이상적인 인간으로 성장하도록 도와주는 기능을 가지고 있으며 이는 교육의 가장 본질적인 기능이다. 이상적 인간이란 전일적·전인적·조화적 인간이며 지적·도덕적·신체적으로 조화로운 발달을 이룬 인간을 의미한다.

2. **문화유산의 계승과 발전**
   교육은 개인의 조화로운 발달에 그치지 않고 인류 역사를 통하여 축적해 온 여러 영역의 좋은 경험들, 즉 문화유산을 다음 세대에 계승하여 보존하고, 나아가 창조적 활동을 통해 더욱 확장하고 발전시키는 기능을 가진다. 인간은 교육을 통해서만 과거의 문화를 획득하고 오늘의 문화에 참여하며 미래의 문화를 창조할 수 있다.

3. **사회의 체제와 질서 유지**
   교육은 한 사회가 가지고 있는 기존의 체제와 질서를 유지하는 기능을 가진다. 사회가 공통으로 사용하는 언어를 배우고, 여러 규범을 익히는 과정을 통하여 개인은 사회화된다. 기독교의 십계(十戒), 유교의 삼강오륜, 고대 로마의 십이동판법 등은 당시 사회의 중요한 교육내용이었으며 사회의 체제와 질서 유지를 위한 역할을 하였다.

4. **사회 혁신의 기반 조성**
   교육은 질서와 체제를 안정적으로 유지하는 기능과 더불어 발전을 위해 끊임없이 변화를 추구하도록 한다. 교육은 사회구성원을 사회화하여 사회에 적응할 수 있는 자질을 갖추게 하며, 나아가 창의적인 노력을 통해 새로운 가치와 문화 및 체제의 창출을 꾀하는 사회 혁신의 기반을 조성한다.

요약정리 🔍
Zoom OUT 내재적 목적과 외재적 목적의 비교

구분	내재적(본질적) 목적	외재적(수단적) 목적
의미	교육과정이나 교육개념 속에 내재되어 있는 목적	교육활동 밖에 존재하는 목적
교육활동의 목적	교육활동 그 자체가 목적	목적을 달성하기 위한 수단
교육과 목적의 관계	교육과 목적이 개념적·논리적 관계 형성	교육과 목적이 경험적·사실적 관계 형성
교육목적의 예시	합리성 발달, 지식의 형식 추구, 자율성 신장, 자아실현, 인격 완성 등	국가발전, 경제성장, 사회통합, 직업준비, 출세, 입시 수단 등
주된 교육내용	인문교육(자유교양교육) 중시	직업교육(전문교육) 중시
주된 관심	현실 그 자체를 중시	미래 생활 준비를 중시
교육의 가치	교육의 가치지향성	교육의 가치중립성
교육목적	**위기지학(爲己之學)**: 자기성찰과 완성을 위한 공부	**위인지학(爲人之學)**: 입신출세, 처세술, 사회적 성공을 위한 공부

02 교육의 가능성, 교육부정설 및 교육만능설

❶ 교육의 가능성

(1) 의미
① 교육가능성은 외부로부터 영향을 받아 변할 수 있는 성질, 즉 교육에 의하여 변화할 수 있는 성질을 뜻하며, 잠재가능성, 가소성과 동일한 뜻을 가지고 있다.
② 교육은 인간의 교육가능성을 전제한다. 교육가능성을 바탕으로 하여 교육이 성립·전개된다.

(2) 근거
① 극소의 현실성과 극대의 가능성을 가진 인간
  ㉠ 인간은 다른 동물과 달리 극소의 현실성과 극대의 가능성을 갖고 태어난다. 현실성이란 이미 갖춰진 것, 성장·발달의 여지가 없는 것이고, 가능성이란 갖춰져 가는 것, 성장·발달의 여지가 있는 것을 의미한다.

       ⓛ 대부분의 동물들이 태어난 몇 시간 내에 생존에 필요한 기본적인 성숙을 이루는 반면, 인간은 매우 연약하고 보잘것없으며 지극히 무능하고 무기력한 존재로 태어난다.

       ⓒ 그러나 동물은 성장 초기에 이룩한 능력이 이후에는 크게 발달하지 않는 반면, 인간은 성장과정을 통해 엄청난 능력의 변화를 보여준다.

       ⓔ 즉, 인간은 환경에 따라서 크게 변화할 수 있는 무한한 가소성을 가지고 태어나며 이는 교육의 가능성을 의미한다.

    ② 성장 욕구를 가진 인간

       ㉠ 인간은 미지의 세계를 탐구하고, 새로운 것에 호기심을 가지고, 끊임없이 질문하고, 알고자 하는 내적 충동 또는 성장 욕구를 지닌 존재이다.

       ⓛ 탐구심이나 호기심을 바탕으로 더 나은 것을 지향하는 인간의 특성은 인간이 교육을 통해 성장·발달할 수 있도록 한다.

    ③ 전통사상 속 교육의 가능성

       ㉠ 인간의 본성에 관한 전통적인 사상인 맹자의 성선설, 순자의 성악설, 로크(Locke)의 백지설도 교육의 가능성을 기초로 한다.

       ⓛ 맹자의 성선설에서는 인간의 선한 본성이 행동으로 나타나기 위해 교육이 필요하다고 설명하고, 순자의 성악설에서는 인간의 악한 본성이 교육을 통해 변화될 수 있다고 말한다.

       ⓒ 로크의 백지설에서는 아동이 백지 상태로 태어나기 때문에 교육에 따라 선한 인간이 될 것인지 악한 인간이 될 것인지 결정된다는 점에서 교육의 가능성을 전제한다.

❷ 유전론과 환경론

(1) 유전론

    ① 내용

       ㉠ 교육의 가능성과 효과를 결정짓는 주요인은 유전적 소질이라고 보는 관점이다.

       ⓛ 유전적 소질: 인간이 태어날 때부터 지니고 있는 신체구조의 강약, 지능의 우열, 의지의 강약, 정서 상태 등을 의미한다.

    ② 교육에 대한 유전론의 입장 - 교육부정설

       ㉠ 유전론자들은 '콩 심은 데 콩 나고 팥 심은 데 팥 난다.'라는 속담과 같이 생물에게는 특정 형상이나 성질이 후대에 전해지는 형상이 나타나는데, 이처럼 유전에 결정되는 부분은 교육에 의해 변화시키기 어렵다고 본다.

       ⓛ 이는 교육효과설 중 교육부정설과 연계된다.

(2) 환경론

① 내용
  ㉠ 교육의 가능성과 효과를 결정짓는 주요인은 환경이라고 보는 관점이다.
  ㉡ 환경: 교육을 포함한 모든 후천적 요인을 의미하며 자연적 환경, 사회적 환경, 경제적 환경, 문화적 환경 등을 포함한 개념이다.

② 교육에 대한 환경론의 입장 – 교육만능설
  ㉠ 환경론자들은 유전의 힘이 아무리 강하더라도 후천적인 환경에 따라 교육의 효과가 상당히 차이가 난다고 주장한다. 특히, 지식의 획득, 기술상의 행동, 생활상의 풍습, 사교적 표정은 대체로 주위 환경을 통해 습득되는 것이므로 환경의 영향에 따른 결과로 볼 수 있다.
  ㉡ 이는 교육효과설 중 교육만능설과 연계된다.

> **참고** 유전론과 환경론의 근거
>
> **1. 가계연구와 유전론**
> 윈십(Winship, 1900)이 미국의 에드워드(Edward)라는 명사의 자손 140명을 조사한 결과 다수의 학자, 교육자, 공무원, 장교 등이 배출되었음을 확인하였다. 이와 반대로 브룩(Estabrook, 1916)은 폴란드에서 이주해 온 주크(Juke)라는 불량자의 자손을 조사하였다. 그 결과 5대에 걸쳐 2,240명이 출생하였는데 그중에 정상적인 사회생활을 한 사람은 20여 명에 불과하였다. 그 외에는 영아기에 사망하였거나 불구자, 저능아, 불량아가 되었으며 범죄자도 다수 발생하였다.
>
> **2. 인도의 늑대소녀와 환경론**
> 1920년 10월에 인도에서 아말라(Amala)라는 두 살의 여아와 카말라(Kamala)라는 여덟 살의 여아를 늑대 굴에서 구출하여 싱(Singh) 목사 부부가 이들을 양육하였다. 발견 당시 두 여아는 육체만이 인간이었고 행동특성은 늑대와 비슷하였다. 네 발로 기고 생고기를 좋아하였으며, 빛을 싫어하고 어둠을 찾아 다녔다. 또한 늑대처럼 소리를 지르는데 이는 늑대소리도 아니고 사람의 목소리도 아니었다. 싱 목사의 6년간의 헌신적인 노력으로 아이는 서서히 걷기 시작했고 울부짖는 소리 대신 말을 배워 나갔다. 하지만 두 손으로 그릇을 잡거나 직립보행을 하는 데 1년 6개월 정도가 걸렸으며, 발견 이후 9년 뒤 카말라가 죽을 때까지 그녀가 배운 언어의 수준은 5~6세 수준이었다. 이는 인간이 인간으로서 가치를 발휘하고 살아가는 데 있어 교육이 절대적으로 필요하며, 특히 결정적 시기에 적절한 교육이 이루어져야 함을 보여준다.

③ 교육부정설과 교육만능설

(1) 교육부정설(교육불가능설, 소질만능설)

① 교육은 그 자체로 효과가 없기 때문에 교육을 시킨다고 해도 인간의 본바탕을 바꾸기 힘들다는 학설이다.
② 인간의 능력은 선천적으로 주어지는 것이며 교육은 이를 구체적으로 실현시켜주는 것일 뿐 타고나지 않은 어떠한 능력도 계발시킬 수 없다고 본다.

(2) 교육만능설(교육가능설, 환경만능설)

① 이상주의적 입장에서 교육의 효과를 기대하는 학설이다.

② 환경을 적절히 선택하고 제공해준다면, 태어날 때 인간의 능력이 다르더라도 이상적인 상태로 이끌 수 있다고 보는 입장이다. 즉, 교육을 통하여 인간을 바람직한 수준 또는 방향으로 이끌 수 있다는 것이다.

(3) 절충론 – 유전과 환경의 상호작용

① 교육의 가능성과 효과는 유전적 소질과 환경의 두 가지 요인 모두에 영향을 받는다는 견해이다.

② 특징

㉠ 인간능력의 근본은 유전적 소질이지만 이를 구체화하는 것은 환경이라고 본다.

㉡ 교육은 인간이 지닌 선천적인 소질, 즉 유전으로부터 기인한 성질을 갖고 시작하여 환경에 의해서 그 가능성을 성장·발달시켜 나가는 과정이다.

㉢ 따라서 인간은 '유전, 환경, 교육'의 3가지 요소가 유기적으로 상호작용을 하는 과정에서 형성된다.

③ 대표적인 학자

㉠ 우드워스(Woodworth): 유전과 환경의 관계는 더하기의 관계가 아니라 상호작용의 함수라고 정의하였다.

㉡ 스턴(Stern): 유전을 전제로 하지 않는 환경은 무의미하고 환경을 무시하는 유전도 무의하다고 말하며, 인간의 발달은 유전적 소질과 환경의 상호작용의 결과로서 이루어진다고 설명하였다.

요약정리 🔍
Zoom OUT 교육부정설과 교육만능설

구분	교육부정설	교육만능설
근거이론	유전론	환경론
개념	교육은 그 자체로 효과가 없으므로 교육을 시킨다고 해도 인간의 본바탕을 바꾸기 힘들다는 학설	이상주의적 입장에서 교육의 효과를 기대하는 학설
특징	• 인간의 능력은 선천적이며 교육은 이를 구체적으로 실현시켜줄 뿐임 • 타고나지 않은 어떠한 능력도 계발시켜줄 수 없음	• 환경이 적절히 제공된다면 인간의 선천적 능력이 다르더라도 이상적인 상태로 이끌 수 있음 • 교육을 통해 인간을 바람직한 수준 또는 방향으로 이끌 수 있음

03 교육의 3요소

❶ 교사

(1) 교육을 담당하는 전문인

① 교사는 교육을 담당하는 전문인으로서 인간의 정신적·육체적·지적·도덕적·정서적인 전인적 차원을 포괄하여 다룬다.

② 교사는 교과 전문가이고, 학급경영자이며, 학생의 생활지도 담당자이자 가치와 규범의 전달자인 동시에 학생에게 행위의 모델이 된다.

③ "교육의 질은 교사의 질을 능가하지 못한다."라는 말은 교사의 교육실천에 따라 교육의 효과가 달라질 수 있다는 것을 의미한다.

(2) 교육에서 요구되는 교사의 중요한 자질

① 가르치는 교육내용에 대한 해박한 지식을 소유해야 한다.

② 가르치는 방법에 대한 전문적인 지식을 소유해야 한다.

③ 교사는 바람직한 인성, 긍정적 신념, 올바른 태도 및 가치관, 교육과 학습자에 대한 사랑을 지니고 있어야 한다.

❷ 학습자

(1) 교육활동의 주체이자 객체

① 교육활동은 학습자, 즉 학생을 대상으로 한다. 학습자는 미성숙하고 가르침을 필요로 하는 존재이자 독자적인 인격을 가지고 삶을 영위하는 존재이다.

② 전통적 관점에서 학습자는 교육의 객체였으나, 오늘날의 학습자는 단순히 교수자의 지식을 받아들이는 수동적 대상이나 모방자가 아니라 성장가능성을 가지고 배우는 변화하는 주체로 인식된다.

③ 즉, 학습자는 교육의 대상이면서 동시에 교육의 주체이다.

(2) 성장가능성을 가진 존재

① 교육활동이 성과를 거두기 위해 학습자는 성장가능성에 대한 확실한 신념을 갖고 있어야 하며, 능동적으로 배우고자 하는 강한 의지를 가지고 있어야 한다.

② 교사는 학생이 스스로에 대한 확실한 신념과 의지를 지니고 자신의 신체적·정신적 가능성을 최대한 발달시킬 수 있도록 도와주어야 한다.

❸ 교육내용 또는 교재(敎材: 교육의 재료)

(1) 개념

교육내용은 교사와 학습자를 연결시키는 매개물이며, 교육은 교육내용을 매개로 교사와 학습자가 상호 실천적으로 교섭하는 상호작용이다.

(2) 교육내용의 범위

교육내용은 인류 역사 이래로 축적해 온 지식, 기술, 가치, 행위규범, 물질적 산물 등을 포함한다. 교과서 속 내용뿐만 아니라 교사가 의도하는 가치관, 의식 또는 무의식적으로 전달되는 잠재적 가치나 태도 또한 교육내용이 될 수 있다.

(3) 교육내용의 기준

교육내용은 학습자를 중심으로 학습자에게 의미 있고 바람직한 것이어야 한다. 학습자의 관심과 수준을 고려하여 교육목적을 설정하고 교육내용을 선정하고 구성하며 교육방법을 적용하고 학습결과를 평가하여야 한다.

(4) 학습자에게 잘 전달되는 교육내용의 조건

① 응집성: 서로 비슷한 내용을 선별하여 모을 수 있어야 한다.
② 계열성: 학습의 난이도에 따라서 순차적으로 제시해야 한다.
③ 총합성: 서로 다른 내용 간의 관련성이 잘 드러나야 한다.

요약정리 🔍
Zoom OUT 교육의 3요소

요소	내용
교사	교육을 담당하는 전문인
학습자	교육활동의 주체이자 객체
교육내용·교재	교사와 학습자를 연결시키는 매개물

교육의 여러 가지 유형

설쌤의
Live Class 🎙️

교육이 우리의 삶 전체에 걸쳐 다양한 목적과 형식을 갖고 있다는 점에서 교육의 여러 유형을 이해하는 것은 중요합니다. 이번 챕터에서는 **다양한 교육의 유형 및 교육이념, 즉 형식교육과 비형식교육, 대안교육, 인성교육, 전인교육**을 살펴보고자 합니다. 각각의 개념을 중심으로 꼼꼼히 학습해 보세요.

핵심 `Tag`🏷️

형식교육과 비형식교육

- **형식교육**: 교수자와 학습자가 일정한 장소에서 사전에 조직된 교육내용을 매개로 의도적·계획적·체계적으로 이루어지는 교육
- **비형식교육**: 특별한 계획이나 체계 없이 자연적으로 진행되는 교육으로 의도성·계획성·체계성·지속성이 결여된 교육

대안교육

공교육 제도로서의 학교교육을 전면적·부분적으로 거부하며 일부 부모, 교사, 교육 운동가를 중심으로 민간 부분에서 다양한 가치를 추구하는 교육실천

인성교육

- 자신의 내면을 바르고 건전하게 가꾸고, 타인, 공동체, 자연과 더불어 살아가는 데 필요한 인간다운 성품과 역량을 기르는 것을 목적으로 하는 교육
- 신뢰, 존중, 책임감, 시민 정신 등을 포함하는 교육

전인교육

인간의 특정한 부분의 발달에 국한하지 않고 학생을 하나의 전체로 놓고 그의 전면적 발달, 즉, 지·덕·체를 돕는 교육

01 형식교육과 비형식교육

❶ 형식교육(formal education)

(1) 의미

① 가르치는 사람(교사)과 배우는 사람(학생)이 일정한 장소에서 사전에 조직된 교육내용을 매개로 하여 의도적·계획적·체계적으로 이루어지는 교육을 의미한다.

② 형식교육에서는 교사가 학생을 대상으로 교육과정을 통해 교육을 실시하므로 교육의 3요소(교사, 학습자, 교육내용)가 모두 포함된다.

(2) 구성요소

① 유형(有形)의 구성요소: 건물, 시설, 교사, 교재 및 학생 등

② 무형(無形)의 구성요소: 교육목적, 학습활동, 교사와 학생 간의 인간관계 및 상호작용 등

(3) 특징

① 교육의 이상과 목적이 명확하게 설정되어 있으며 교육과정이 명시되어 있고, 교육내용이 표준화되어 있다.

② 조직화·제도화된 교육기관에서 체계적으로 행해진다.

③ 교육자는 일정한 자격을 갖추어야 한다.

④ 여러 면에서 비슷한 능력과 특성을 갖는 학생집단으로 피교육자가 구성된다.

(4) 대표적인 예 – 학교교육

① 학교교육은 명확한 교육이념과 목표가 있고, 교재와 시설이 완비되어 있으며, 실천적 교육계획이 마련되어 있는 등 교육에 필요한 모든 형식적 요소가 갖추어져 있다.

② 학교교육은 근대 공교육이 대두한 이후 평등이념의 보급과 함께 국민이 균등하게 교육받아야 한다는 사고에 기초한다.

② 비형식교육(non - formal education)

(1) 의미
① 특정 조직이나 기관에서 이루어지는 교육 외에 교육으로서 특별한 계획이나 체계 없이 자연적으로 진행되는 모든 교육을 지칭한다.
② 형식교육과 달리 교육에 필요한 형식적 요소를 갖추고 있지 않으며 의도성, 계획성, 체계성, 지속성이 결여되어 있거나 매우 약하다.

(2) 특징
① 교육의 이상과 목적이 명확히 설정되어 있지 않은 상태에서 자연발생적으로 행해진다.
② 일정한 장소 없이 가정, 직장, 놀이터 등 생활하는 곳 어디서라도 행해진다.
③ 일상적인 경험 속에서 비의도적 · 자연발생적으로 행해진다.
④ 부모, 친척, 친구, 이웃, 대중매체, 서적 등 무엇이든 교육자가 될 수 있다.
⑤ 학생은 집단일 수도 있고 개인일 수도 있으며 자신이 학생이라는 사실을 인지하지 못할 수도 있다.
⑥ 표준화된 교육내용이 없으며 예상할 수 없는 다양한 것들이 교육내용이 된다.

(3) 유형
① 무형식교육: 과거의 삶의 형식을 전수하는 것을 주목적으로 삼았던 시대에는 무형식의 비형식교육이 이루어졌다.
② 탈형식교육: 형식의 한계를 초월한 교육으로, 최근 탈학교 운동이나 대안학교, 홈스쿨링 등이 해당된다.

요약정리
Zoom OUT 형식교육과 비형식교육

구분	형식교육	비형식교육
개념	교수자와 학습자가 일정한 장소에서 사전에 조직된 교육내용을 매개로 의도적 · 계획적 · 체계적으로 이루어지는 교육	• 특별한 계획 · 체계가 없이 자연적으로 진행되는 모든 교육 • 형식적 교육요소가 부재하며, 의도성 · 계획성 · 체계성 · 지속성이 결여된 교육
특징	• 교사, 학습자, 교육내용을 포함 • 교육목표, 교육과정이 명시되어 있고, 교육내용이 표준화됨 • 조직화된 교육기관에서 자격을 갖춘 교육자에 의해 실시됨	• 교육목적이 부재하고, 비의도적 · 자연발생적으로 행해짐 • 일정한 장소가 없고 누구나 교육자와 학습자가 될 수 있음 • 표준화된 교육내용이 부재함
유형	학교교육	무형식교육, 탈형식교육

* 백근수, 2011

* 이종태, 2000

02 대안교육[*]

❶ 등장 배경 및 발전과정[*]

① 교육의 양적 · 질적 발전에도 불구하고 공교육의 획일성, 근대적 합리성, 경쟁 강조 등에 대해 문제의식을 가지게 되었다.

② 20세기 후반에 들어 이러한 문제의식에 기반을 둔 기존 교육체제에 대한 비판은 새로운 패러다임의 교육 형태 모색으로 이어졌다.

③ 1970 ~ 1980년대 이후 세계 각국에서 섬머힐을 모델로 한 다양한 형태의 자유학교나 생태주의 또는 공동체 정신을 실천하는 대안학교들이 출현했다.

④ 우리나라 대안학교 운동은 1990년대부터 본격적으로 전개되었다. 기존의 제도권 교육에 대한 반성과 대안 모색을 위해 노력한 홍성 풀무농업고등학교, 영산 성지고등학교 등을 중심으로 대안교육 운동이 본격화되기 시작했다.

⑤ 1996년 '교육복지종합대책'에서 대안학교를 제도권으로 끌어들이기 위한 최초의 시도로서 대안학교 설립추진 계획을 포함했으며, 1997년 교육부는 '대안학교 설립 및 운영지원계획'을 확정 · 발표했고, 국무회의를 통해 '교육법시행령'과 '고등학교이하각급학교설립운영규정' 등 고교설립준칙 관련 2개 법안이 통과돼 대안학교가 정규학교의 지위를 인정받게 되었다.

❷ 개념 및 특징

(1) 개념

① 사전적 의미에서 '대안'이란 '어떤 안을 대신하는 다른 안', '기존의 방안을 대신할 만한 더 좋은 방안'을 의미한다.

② 공교육 제도로서의 학교교육을 전면적 · 부분적으로 거부하며 일부 부모, 교사, 교육 운동가를 중심으로 민간부분에서 다양한 가치를 추구하는 교육실천을 의미한다.[*]

* 강대중, 2005

③ 「초 · 중등교육법」에서는 대안학교를 '학업을 중단하거나 개인적 특성에 맞는 교육을 받으려는 학생을 대상으로 현장실습 등 체험 위주의 교육, 인성 위주의 교육 또는 개인의 소질 · 적성 개발 위주의 교육 등 다양한 교육을 하는 학교로서 각종학교에 해당하는 학교'로 정의내린다.

(2) 특징

① 기존 정형화된 공교육과는 다르게 다양한 형태, 이념, 교수방법 및 교육과정을 실시한다.

② 기존의 공교육의 문제점을 해결하고 새로운 대안을 모색하기 위해 제도권의 틀을 벗어난 학생중심의 교육을 실시한다.

❸ 역할 및 장점

(1) 역할

① 획일성과 경직성으로 대표되는 국가 주도의 공교육과는 차별성을 보이며 교육의 다양성을 확보함으로써 공교육에서 실시하는 교육의 문제점을 보완하고 공교육 체제 개선에 긍정적인 역할을 한다.

② 학교에서 적응하지 못하고 학업을 중단하였던 학생들에게 적성에 맞는 교육과정을 제공함으로써 학교사회와 일반사회에서 일어나는 학생들의 문제점을 완화시키는 역할을 한다.

(2) 장점

① 교사와 학생 간의 원활한 소통구조를 통해 잠재능력이 강화된다.

② 작은 학교를 지향하여 구성원 간의 관계능력이 향상된다.

③ 탐구, 발견학습, 체험학습 등과 같은 참여 수업을 통해 흥미를 유발하는 교육이 이루어진다.

④ 가정과 학교가 협력하는 교육이 이루어지면서 학생·학부모의 학교만족도가 향상된다.

⑤ 특별한 교육과정을 통하여 자신의 적성과 재능을 발휘할 수 있는 기회를 갖는다.

❹ 대안학교의 유형 및 현황

(1) 유형

① 대안학교는 여러 기준으로 분류할 수 있는데, 대표적으로 '인가형 대안학교'와 '미인가형 대안학교'로 구분할 수 있다.

② 인가형 대안학교

    ㉠ 제도권 내에서 대안교육을 실시하는 학교로, 학력이 인정된다.

    ㉡ 체험위주 교육과 같이 다양하고 독특한 교육과정을 운영하는 정규학교인 '대안교육 특성화학교', 학업중단자 및 개인의 특성에 맞는 교육을 원하는 학생에게 체험, 인성교육 등의 교육을 실시하는 '각종학교 대안학교', 정상적인 학교생활이 어려운 학생이나 학업 중단 학생에게 장·단기적인 위탁교육을 실시하는 '대안교육 위탁교육기관' 등을 포함한다.

③ 미인가형 대안학교

    ㉠ 제도권 밖에서 민간교육시설을 통해 이뤄지는 형태로 인가를 받지 않았기 때문에 학력 인정이 되지 않는다.

    ㉡ 정규학교와는 다른 교육과정, 교수·학습방법 적용 등의 다양한 실험을 통해 교육을 실시하는 비정규 상설 대안교육시설을 의미한다.

    ㉢ 전원형 대안학교, 도시형 대안학교, 초등 대안적 교육실험 학교로 구분된다. 학교의 형태를 넘어선 대안적인 교육 공간으로서 놀이학습 통합, 다문화 공동체, 동아리 쉼터, 홈스쿨링 등을 포함한다.

개념확대 ⊕
Zoom IN

홈스쿨링(homeschooling)*

• 자녀를 학교에 보내지 않고 부모가 직접 교육자가 되어 자기 자녀의 교육에 기본적인 책임감을 갖는 교육적 대안이다.

• 일정한 연령이 되면 누구나 학교에 입학해서 나라와 교육기관이 정해 놓은 교육과정에 따른 교육을 수혜받는 것에서 벗어나, 각자의 특성에 맞는 맞춤식 교육을 하고자 한다.

* 이병환, 2008

(2) 대안교육 현황

① 교육부의 인가를 받은 인가형 대안학교는 총 93개교(고등학교 30개교, 중학교 24개교)이다(2021년 기준).

② 국·내외 대표적 대안학교의 성격에 따른 구분

성격	학교명		특징
	국외	국내	
자유 학교형	섬머힐(영), 자유대안학교(독), 기노쿠니학교(일)	영산 성지고등학교	기존의 학교교육이 지나치게 아동을 통제하고 억압하며 교사중심의 교육이 이루어지고 있음을 비판하고, 아동의 무한한 잠재가능성에 대한 굳은 신념을 기초로 하는 교육을 실천하고자 설립됨
생태 학교형	하트랜드의 작은학교(영)	간디학교	• 마을 안에서 소규모의 학생들을 대상으로 지식교육뿐만 아니라 의식주에 관련된 기본적인 활동을 교육내용으로 삼고, 마을의 다양한 생산자가 교사로 봉사하는 것으로 유명함 • 주로 생태와 노작, 지역사회와 학교의 결합을 중시함
고유이념 학교형	발도르프학교(독)	풀무농업 고등기술학교, 세인고등학교	• 독특한 교육이념과 방식을 바탕으로 대안교육을 실천함 • 풀무학교의 경우 기독교정신으로 지역사회와 일체화된 교육을 지향함 • 세인고는 5차원 전면교육과정을 통해 전인교육을 지향함
재적응 학교형	생활학교(일) 섬머힐(영)	영산 성지고등학교, 경주 희망고등학교	주로 일반학교에서 학업 중단된 학생을 대상으로 하며, 교사의 헌신적 노력이 요구됨

요약정리 🔍
Zoom OUT 대안교육과 대안학교

대안교육	공교육 제도로서의 학교교육을 전면적·부분적으로 거부하며 일부 부모, 교사, 교육 운동가를 중심으로 민간 부분에서 다양한 가치를 추구하는 교육을 실천함
대안학교	학업을 중단하거나 개인적 특성에 맞는 교육을 받으려는 학생을 대상으로 현장실습 등 체험 위주의 교육, 인성 위주의 교육 또는 개인의 소질·적성 개발 위주의 교육 등 다양한 교육을 하는 학교

03 인성교육

❶ 인성교육의 필요성

(1) 개관

① 오늘날 사회구조의 급격한 변화와 가치관의 혼란으로 다양한 사회문제(범죄, 약물과 알코올 중독, 아동학대, 유괴, 집단 따돌림, 부정부패, 살인과 방화 등)가 발생해왔다.

② 반면, 기존 교육은 지식 위주의 인지적 영역에만 치중하고 인간의 바람직한 가치관 형성, 태도, 신념, 인성 함양에 무관심했다는 점에서 무엇보다 실천적 인성교육이 필요하다.

③ 같은 맥락에서 리코나(T. Lickona)는 "한 인간을 도덕이 아닌 머리로만 교육하는 것은 사회에 대하여 위험한 인물을 길러내는 것과 다를 바 없다."라고 주장하였다.

(2) 발달심리학적 측면

① 영유아기의 인성은 사회와 환경의 다양한 상호작용에 의해 형성된다. 영유아들이 성장하는 과정에서 겪는 여러 경험이 축적되어 인성이 형성된다.

② 영유아기의 기본생활습관은 인성 형성과 사회성 발달에 핵심적인 역할을 하며 초·중등학교와 같은 상급학교와 연계되어 아동이 올바른 민주시민으로 성장하도록 한다.

③ 따라서 영유아기 시절에 어떠한 경험을 하는지에 따라 인성이 달라지고, 삶의 방향과 도덕적 행동의 수준이 결정된다.

(3) 개인적 측면

① 인성교육을 통하여 개인은 자신과 타인을 존중할 줄 알며, 이를 통해 행복감과 소속감을 느낄 수 있다.

② 자신의 감정을 스스로 조절하고 타인의 감정을 이해하는 것은 원만한 대인관계를 유지하게 해주며, 이러한 경험은 개인이 바람직한 인간상을 형성하고 사회구성원으로서 살아갈 수 있게 해준다.

(4) 사회적 측면

① 인성교육을 강화하는 것은 국가경쟁력의 중요한 요소가 될 수 있다.

② 미래사회는 지식이 폭발적으로 증가하고 국경이 사라지는 시대이므로, 세계화와 개방화가 심화될수록 우리나라 고유의 어른에 대한 예절과 공경심은 공동체 의식을 높여줄 것이다.

❷ 개념

(1) 심리학적 · 철학적 관점

'인성'이라는 말은 심리학적 관점에서 가치중립적 성격(personality)의 의미로, 철학적 관점에서는 가치어인 인격(character)의 의미로 사용된다.

> **참고** 심리학적 · 철학적 인성에 대한 개념
>
> 1. **로크(Locke)**: 인성이란 어떤 사람이 자신의 욕구와 기분을 억제하고 이성의 명령에 따르는 것이다.
> 2. **아리스토텔레스(Aristoteles)**: 인성이란 자신뿐만 아니라 다른 사람과의 관계에서 바르고 옳은 행동을 하며 살아가는 것이다.
> 3. **노박(Novak)**: 인성이란 종교적 전통과 문화 속의 이야기와 역사 속의 현인과 상식을 가진 사람들이 확인해준 모든 미덕들의 혼합물이다.
> 4. **우영효(2003)**: 인성이란 부끄러움을 깨닫고 고마움을 알고 실천하는 것이다.
> 5. **남궁달화(1999)**: 인성이란 사람의 성품을 나타내는 말로서 사람다운 사람이 가지는 품격이다.
> 6. **한국교육학회(1998)**: 인성교육이란 기존의 인지적으로 편중된 교육 상황에서는 등한시했던 정의적 측면 및 인간의 본성과 관련한 것으로, 학습자로 하여금 건강하고 전인적인 민주시민으로 성장하고 생태적인 본성을 실현함으로써 보다 풍부하고 자유로운 삶을 살 수 있도록 교육적 경험을 제공하는 것이다.

(2) 「인성교육진흥법」(2015)

인성교육이란 자신의 내면을 올바르고 건전하게 가꾸고 타인 · 공동체 · 자연과 더불어 살아가는 데 필요한 인간다운 성품과 역량을 기르는 것을 목적으로 하는 교육을 의미한다.

❸ 목적과 내용

(1) 인성교육의 목적

① 한국교육학회(1998)
  ㉠ 자기 자신을 바르고 정확하게 이해하도록 하는 일: 자기 자신을 올바르게 이해하는 사람은 가장 합리적이고 현실적인 행동을 선택하고 실행할 수 있다.
  ㉡ 자기 자신을 존중하고 수용하게 하는 일: 이는 이기적인 품성과는 전혀 다른 성질의 것으로, 자기존중이 없으면 자기를 비하하거나 학대하게 되고, 이는 곧 반사회적 행동으로 이어질 수 있다.
  ㉢ 자신의 일시적인 감정이나 행동을 통제하고 조절 능력을 함양시키는 일: 바람직한 인성의 소유자는 자신의 본능적인 행동이나 감정을 생산적이고 창조적인 방식으로 승화시켜 표현할 줄 안다.

　　　② 올바른 현실감각을 길러주는 일: 이상이나 기대를 지나치게 앞세운 나머지 현실을 무시하고 행동하는 것은 타인과의 관계를 방해하지만, 자신의 환경을 정확히 이해하는 현실에 기초한 사고는 건전한 인성의 필수적인 요소가 된다.

　　　⑩ 타인에 대한 공감적 이해와 존중의 자세를 함양하는 일

　② 「인성교육진흥법」(2015): 「대한민국헌법」에 따른 인간으로서의 존엄과 가치를 보장하고, 「교육기본법」에 따른 교육이념을 바탕으로 건전하고 올바른 인성을 갖춘 국민을 육성하여 국가사회의 발전에 이바지함을 목적으로 한다.

(2) 인성교육 내용

① 한국교육학회(1998): 인성교육을 전인적 인간교육의 필수적인 과정으로 인식하고 인성교육에서 다루어야 할 내용을 구체화하였다.

• 자신의 본성, 본질에 대한 정확한 탐색과 인식			
• 자기이해	• 자기수용	• 자기개방	• 인간관계
• 도덕성 함양	• 가치관 확립	• 사회성 함양	

② 「인성교육진흥법」(2015)

• 예	• 효	• 정직	• 책임
• 존중	• 배려	• 소통	• 협동

③ 보편적 인성교육 요소

　⑦ 신뢰(trustworthiness): 믿고 의지하는 것으로, 신뢰를 얻기 위한 4가지 원칙은 '정직, 약속 이행, 성실, 충성'이다.

　ⓒ 존중(respect): 높이어 중하게 여기는 것으로, 공손한 것 그 이상을 의미하며 기본적으로 모든 인간은 존재만으로도 존중할 가치가 있다.

　ⓒ 책임감(responsibility): 맡아서 행해야 할 의무 또는 임무로, 역할모델과 실천을 통해서 함양할 수 있다.

　② 공정성(fairness): 어떤 일의 가치·선악·우열·시비 등을 판단할 경우 어느 한쪽으로 치우치지 않은 공평하고 올바른 성질을 의미한다.

　⑩ 돌봄(caring): 보살펴 부양하거나 수발하는 것으로, 좋은 성품으로 나타나는 돌봄이란 우리가 알고 사랑하는 사람뿐만 아니라 낯선 사람에게까지 연민과 공감, 자비와 용서, 친절과 배려를 보이는 것을 의미한다.

　ⓗ 시민정신(citizenship): 한 나라의 책임감 있는 사회구성원으로서 자유와 권리를 누리면서 자신의 의무를 다하고 공공의 정책결정 과정에 책임감 있게 활동하는 사람들의 건전한 정신을 말한다.

④ 인성교육의 원리와 방법

(1) 인성교육의 지도원리
① **통합성의 원리**: 인성교육은 교과교육, 생활지도, 특별활동 등 전 영역을 통해 통합적으로 이루어져야 한다.
② **관계성의 원리**: 인성교육은 교사와 학생 간의 인간관계로부터 큰 영향을 받으므로, 교사는 학생의 존경과 신뢰의 대상이 되며 도덕적인 문제를 학생과 함께 고민하고 논의할 수 있는 자상한 안내자가 되어야 한다.
③ **자율성의 원리**: 학생이 올바른 도덕의식을 갖고 자율적으로 실천하도록 학생 스스로가 문제에 대한 결정과 실천을 해볼 수 있는 기회가 제공되어야 한다.
④ **체험의 원리**: 학생이 직접적인 체험을 통해 내면화할 수 있는 기회가 제공되어야 한다.
⑤ **지속성의 원리**: 학년 간 또는 학급 간에 인성교육이 지속될 수 있도록 계획을 세우고 지속적으로 실천해나가야 한다.

(2) 인성교육 방법
① 클라스마이어(Klasmeier)의 인성교육 방법
  ㉠ 교사 개인의 느낌과 가치를 표현한다.
  ㉡ 정서적으로 안정된 환경을 제공한다.
  ㉢ 자기이해와 자기수용을 촉진한다.
  ㉣ 현실적인 목표를 수립하도록 돕는다.
  ㉤ 갈등 사태를 해소할 수 있는 합리적인 방법을 제공해 준다.
  ㉥ 인성의 문제를 학생 스스로가 해결하고, 그 해결을 확인할 수 있는 적절한 상황을 마련해 준다.
② 인성교육의 구체적인 실천방법
  ㉠ 인성교육은 이론적인 것이 아닌 실천 위주의 방법을 모색하는 것이 중요하다.
  ㉡ **실천방법**: 스토리텔링, 학생 스스로가 교실에서 규칙 정하기, 봉사활동, 오늘의 명언, 서로를 알 수 있도록 도와주기, 역할놀이 등을 활용한다.

1. **실천·체험을 통해 역량을 키워주는 학교교육으로 재구성**
   ① 실천적 인성교육이 반영된 교육과정 강화
   ② 체육교육 활성화
   ③ 예술교육 활성화
   ④ 소통·공감능력 향상을 위한 독서활동 활성화

2. **자율과 참여가 살아있는 학교문화로 탈바꿈**
   ① 학생자치활동 활성화를 통한 학교문화의 선진화
   ② 언어문화 개선을 통한 인성교육
   ③ 위기학생 대처
   ④ 교원 양성·임용·연수과정에서 인성교육 강화교육의 재구조화

3. **학교·가정·사회의 협조와 사회적 자본 회복**
   ① 가정의 인성교육 기능 회복
   ② 사회의 인성교육 역할 강화

4. **새로운 인재 패러다임으로 전환**
   ① 인성이 바른 인재를 선발하는 입시제도
   ② 인성을 반영한 기업의 인재 채용

* 인성교육 비전 수립을 위한 정책
연구, 2014

요약정리
Zoom OUT 인성교육

개념	자신의 내면을 바르고 건전하게 가꾸고 타인·공동체·자연과 더불어 살아가는 데 필요한 인간다운 성품과 역량을 기르는 것을 목적으로 하는 교육
목적	자기이해, 자기존중, 자기감정 조절, 현실감각, 타인이해 및 존중
내용	신뢰, 존중, 책임감, 공정성, 돌봄, 시민정신
원리	통합성·관계성·자율성·체험·지속성의 원리

* 서장원, 2008

04 전인교육*

❶ 개념 및 필요성

* 상담학 사전, 2016

(1) 필요성*

① '인간교육', '인본주의 교육'이라고도 불리는 전인교육은 현대산업사회의 물질 만능주의와 규격화된 제도에 따른 인간 소외 현상을 비판하고 지식 중심과 입시위주의 교육을 반대하며 등장했다.

② 학교교육의 목적은 산업발달을 위하여 교육의 효율성을 높이는 데 치중하는 것이 아니라 인간다운 사회를 창조해 나갈 수 있는 교육에 주목해야 한다고 강조했다.

(2) 개념

① '전인(全人, whole person)'은 지덕체 모든 면이 조화를 이루는 상태에 놓인 사람으로, 온전한 사람을 말한다.

* 홍은숙, 1999

② 전인교육은 인간의 어느 특정한 부분의 발달에 국한하지 않고, 학생을 하나의 전체로 놓고 그의 전면적 발달을 돕는 교육을 의미한다. 즉, 전인교육은 전인을 구성하고 있는 모든 부분을 어느 것에 편중됨이 없이 골고루 조화롭게 발달시켜 균형을 이루도록 하는 교육이다.*

❷ 전인교육의 사상적 기초

(1) 신라의 화랑도

① 신라의 화랑도 교육이념은 '사군이충(事君以忠), 사친이효(事親以孝), 교우이신(交友以信), 임전무퇴(臨戰無退), 살생유택(殺生有擇)'으로, 이는 충(忠), 효(孝), 신(信), 용(勇), 관(寬)을 강조한 교육이념이다.

② 이러한 교육은 실제로 무예와 서예를 통하여 신체를 단련함과 동시에 마음을 수양하고 명산대천을 찾아 시를 읊고 음악을 통해 마음과 정서를 함양하도록 하여 전인을 기르고자 했던 전인사상을 보여준다.

(2) 동양의 육예(六藝)

* 서울대학교 교육연구소, 2002

① 육예는 '예(禮), 락(樂), 사(射), 어(御), 서(書), 수(數)'를 의미하는데, '예'는 도덕적이고 사회적인 발달, '락'은 정서적 발달, '사'와 '어'는 신체적 발달, '서'와 '수'는 지적인 발달을 뜻한다.*

② 육예를 배운다는 것은 지덕체의 조화로운 발달을 통해 온전한 사람을 기르는 전인교육과 관련된다.

(3) 고대 그리스의 칼로카가티아(Kalokagathia)

① 미(美, Kalos)이면서도 선(善, Agathos)한 것으로, 고대 그리스에 있어서 폴리스 시민으로서의 아레테(Arete)를 갖춘 사람을 의미한다.

② 심신 등이 조화를 이루어 정치, 군사, 경기에 출중한 사람을 일컫는 말로 미와 덕, 체를 겸비한 인간상을 가리킨다.

③ 구현방안

(1) 개관

① 지덕체(智德體) 학습은 따로 이루어지는 것이 아니라 유기적인 관련을 갖고 상호작용한다.

② 따라서 교육은 개성적 존재로서의 인간을 존중하여 다양하면서도 균형 있게 이루어져야 하며, 인간의 신체적 · 지적 성장과 정서적 · 사회성 발달을 조화시킴으로써 균형 잡힌 전일체(全一體)로서의 인간을 육성해야 한다.

> **예** 과학과 더불어 예술을, 애국심과 더불어 국제적이고 평화적인 감성을, 지식기능과 더불어 인격을 존중하여 전체로서의 인간을 육성해야 한다.

(2) 학교교육에서의 전인교육 구현방안

① 교사의 자질을 향상시키고 중앙집권적 통제를 지양한다.

② 교육과정 운영 측면에서 잠재적 교육과정, 인간중심 교육과정, 경험형 교육과정을 중시한다.

③ 교수 · 학습 측면에서 자기주도적 학습, 구안학습, 문제해결학습을 전개한다.

④ 생활지도 측면에서 비지시적 · 인간중심적 · 실존적 상담활동을 강화한다.

⑤ 교육평가 측면에서 교사 자율권을 늘리고 절대평가를 강화한다.

요약정리 🔍
Zoom OUT 전인교육

개념	인간의 특정 부분의 발달에 국한하지 않고, 학생을 하나의 전체로 놓고 그의 전면적 발달(지덕체)을 돕는 교육
사상적 기초	신라의 화랑도, 동양의 육예, 고대 그리스의 칼로카가티아
구현방안	인간을 존중하고 인간의 신체적 · 지적 성장과 정서적 · 사회성 발달을 조화시키는 방향으로 교육을 실시함

01 교육(敎育)은 윗사람이 아랫사람을 깨우침을 통해 본받게 한다는 '교(敎)'와 올바르게 자라도록 양육한다는 '육(育)'으로 구성되어 있다. 즉, 윗사람이 아랫사람에게 무엇인가를 가르치고 아랫사람은 윗사람의 가르침을 받아들인다는 의미로 _____ 중심의 교육관을 내재하고 _____에 비유할 수 있다.

01
교사, 주형/주입

02 '페다고지(pedagogy)'는 미성숙한 어린이를 바르게 가르치고 이끈다는 의미이며, 에듀케이션(education)의 어원 중 '에듀케레(educere)'는 아동의 잠재력을 밖으로 이끌어낸다는 의미이다. 전자는 _____, 후자는 _____에 비유할 수 있다.

02
주형, 성장

03 교육의 개념을 명확히 하기 위해 교육활동의 요소와 그것이 작용하는 실제 과정을 관찰할 수 있는 형태로 정의하는 것을 _____라고 한다.

03
조작적 정의

04 기술적 정의는 하나의 개념을 우리가 이미 알고 있는 다른 말로 설명함으로써 그 개념이 무엇인지 알려주는 정의로, _____인 태도로 개념을 규정한다. 반면에 규범적 정의는 '어떻게 하는 것이 옳은가?'와 관련된 정의로 _____ _____을 포함하고 있다.

04
가치중립적, 가치판단/가치주장

05 정범모는 교육을 '_____의 계획적 _____'라고 규정하였다. '계획적'이라는 말은 모든 인간행동의 변화를 교육이라고 볼 수 없으며, 교육의 결정적 기준은 '_____에 의한 것인가'이다.

05
인간행동, 변화, 계획

06 피터스는 교육을 교육의 개념 속에 이미 들어 있는 _____를 추구하는 행동으로 정의하였다. 피터스는 교육에 관한 세 가지 준거를 제시했는데, 이 중 _____는 교육을 통해 가치가 전달되어야 한다는 것이며, _____는 교육의 내용을 구체화한 것으로 지식, 이해, _____이 해당된다.

06
내재적 가치, 규범적 준거,
인지적 준거, 인지적 안목

07 피터스의 과정적 준거는 _____를 방법적 측면에서 상세화한 것으로, _____으로 온당하게 가르친다는 것을 의미한다. 이것은 학습자의 의식과 _____, 흥미를 고려해야 함을 의미한다.

07
규범적 준거, 도덕적, 자발성

08 정범모는 '보는 것으로서의 교육'으로 _____의 관점에서 교육을 정의하였으며 피터스는 '하는 것으로의 교육'으로 _____의 관점에서 교육을 정의하였다. 정범모의 정의는 가치중립적인 _____ 정의이며 피터스의 정의는 가치가 내재된 _____이다.

08
관찰자, 행위자, 기술적/조작적,
규범적 정의

09 교육은 학습자의 이해와 자발적 참여를 바탕으로 전인적인 변화를 추구하는 것을 목적으로 하는 반면, _____은 기계적 연습을 통한 인간 특성 일부의 변화를 목적으로 한다. 또한 교육은 학생으로 하여금 올바른 신념을 갖도록 객관적으로 인정될 수 있는 증거를 제시해 학습자의 자율적 성장을 가능하게 하지만, _____는 객관적 증거 없이 신념이나 가치를 믿도록 해 학습자의 자율적 판단능력을 저해할 위험성을 가진다.

09
훈련, 교화

10 _____은 전통적인 교육관으로 정해진 지식을 주입하여 아동을 사회에서 규정한 기준에 맞는 존재로 만들어 가는 것을 교육이라 여긴다. 교육을 통해 어떠한 인간도 만들 수 있다는 _____을 가정하고 있으며 교육과정에서 주도적인 역할을 하는 것은 _____이다.

10
주형관, 교육만능설, 교사

11 성장관은 주형관에 대한 비판에서 시작되었으며 아동 내부의 _____이 자연스럽게 실현되도록 도와줘야 한다는 관점이다. 대표적인 학자인 _____는 아동의 자연적인 성장을 강조하였으며 _____이 능동적·주체적인 역할을 맡아야 한다고 주장하였다.

11
잠재가능성, 루소, 아동

12 루소는 인간 내면의 건전한 _____을 중핵으로 보고, 교육은 자연성의 자유로운 발달을 조성하는 활동에 한정하여 최대한 _____이고, 자연적 발달순서에 따라 이루어져야 한다고 주장했다.

12
자발성, 자유방임적/소극적

13 진보주의의 아동중심 교육은 "우리는 _____를 가르치는 것이 아니라 _____을 가르친다."라는 슬로건을 통해 내면적 성장과 자연성을 강조하였다.

13
교과, 아동

14 _____은 교육활동이 전개·실현되는 구체적인 방향을 제시하며, 무엇을 가르쳐야 할 것인가에 대한 교육내용 선정 기준을 제공한다. _____는 교육목적을 한층 명확하고 구체적으로 진술하여 교육현장에서 실천할 수 있도록 표현한 것이다.

14
교육목적, 교육목표

15 교육의 _____은 교육의 개념 또는 활동 자체가 지니는 목적으로 교육활동 안에서 의미, 가치, 이상을 발견하려는 것이다. 반면, 교육활동을 수단으로 여기며 성취하고자 하는 교육활동의 밖에 있는 가치를 교육의 _____이라고 한다.

15
내재적 목적, 외재적 목적

16 교육의 _____ 목적만을 강조할 경우 사회현실이나 요구, 개인의 필요와 유리된 교육이 될 가능성이 있고, _____ 목적만을 강조할 경우 목적 달성 후 교육활동 단절, 교육활동 왜곡, 교육활동의 자율성이 제한될 수 있다는 점에서 두 가지 목적은 조화를 이루어야 한다.

16
내재적, 외재적

17 인간은 교육에 의해 변화할 수 있는데 이는 인간이 극소의 _____과 극대의 _____을 가지고 태어나기 때문이다. 한편, 교육의 가능성이나 효과를 결정짓는 대표적인 요소로 _____과 _____이 있다.

17
현실성, 가능성, 유전, 환경

18 교육의 가능성은 성선설, 성악설 등 전통적 사상에서도 드러나는데, 로크는 아동이 _____로 태어나기 때문에 교육에 따라 선한 인간이 될 것인지 악한 인간이 될 것인지 결정된다는 점에서 교육의 가능성을 전제했다.

18
백지 상태

19 유전론은 교육의 가능성과 효과를 결정짓는 주 요인이 _____이라고 보는 관점이다. 이는 인간이 태어날 때부터 지니고 있는 신체구조의 강약, 지능의 우열, 의지의 강약, 정서 상태 등을 의미하며, 교육에 대하여 _____의 입장을 취한다.

19
유전적 소질, 교육부정설

20 환경론은 교육의 가능성과 효과를 결정짓는 주 요인이 _____이라고 보는 관점이다. 이는 교육을 포함한 모든 후천적 요인들을 말하며 자연적·사회적·경제적·문화적 환경 등을 포함한 개념으로, 교육에 대하여 _____의 입장을 취한다.

20
환경, 교육만능설

21 _____은 교육은 그 자체로 효과가 없기 때문에 교육을 시킨다고 해도 인간의 본바탕을 바꾸기는 힘들다는 학설이다. _____은 교육을 통하여 인간을 바람직한 수준 또는 방향으로 이끌 수 있다는 것이다.

21
교육부정설, 교육만능설

22 교육의 3요소에는 교사, _____, _____이 있다. 교사는 가르치는 _____과 방법에 대한 전문적 지식, 건전하고 바람직한 _____을 갖추어야 한다.

22
학생, 교육내용, 교육내용, 인성

23 교육의 형태는 계획성에 따라서 _____과 _____으로 구분할 수 있다. 의도적 · 체계적으로 이루어지는 교육을 _____이라고 하며, _____ 은 교육에 필요한 형식적 요소들을 갖추고 있지 않다.

23
형식교육, 비형식교육,
형식교육, 비형식교육

24 비형식교육은 두 가지로 구분할 수 있는데, _____은 과거의 삶의 형식을 전수하는 것을 주요 목적으로 삼았던 시대에 실시된 교육을 의미하는 반면, 최근의 탈학교 운동이나 대안학교, 홈스쿨링 등은 _____에 해당한다.

24
무형식교육, 탈형식교육

25 우리나라에서 1990년대부터 기존 제도권 교육에 대하여 반성과 대안 모색을 위한 노력으로 시작된 _____ 운동은 공교육 제도로서의 학교교육을 전면적 · 부분적 으로 거부하며 일부 부모, 교사, 교육 운동가를 중심으로 민간부분에서 다양한 가치 를 추구하는 교육실천을 의미한다.

25
대안교육

26 _____이란 자신의 내면을 바르고 건전하게 가꾸고 타인·공동체·자연과 더불어 살아가는 데 필요한 인간다운 성품과 역량을 계발하는 것을 목적으로 하는 교육을 의미한다.

26
인성교육

27 인성교육의 지도원리 중 인성교육이 교과교육, 생활지도, 특별활동 등의 전 영역을 통해 이루어져야 한다는 것은 _____의 원리이며, 교사는 학생들의 존경과 신뢰의 대상이 되며 도덕적 문제를 학생과 함께 고민하고 논의할 수 있는 자상한 안내자가 되어야 한다는 것은 _____의 원리이다.

27
통합성, 관계성

28 '인간교육', '인본주의 교육'이라고도 불리는 _____은 인간의 어느 특정 부분의 발달에 국한하지 않고 학생을 하나의 전체로 보고 그의 전면적 발달을 돕는 교육을 의미한다. 이는 신라의 화랑도, 동양의 육예, 고대 그리스의 칼로카가티아 등에서 사상적 기원을 찾을 수 있다.

28
전인교육

29 학교교육에서 전인교육을 구현하기 위해서는 교사의 자질을 향상시키고, 학생평가 등의 영역에 있어서 교사의 _____을 확대하는 방향으로 나아가야 한다. 구체적으로 교육과정 운영 측면에서 잠재적·_____·경험형 교육과정을 중시하고, 생활지도 측면에서 _____·인간중심적·실존적 상담활동을 강화한다.

29
자율권, 인간중심, 비지시적

12개년 기출분석 Big Data

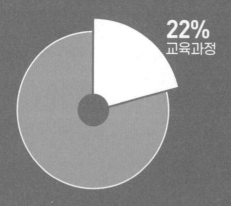

22% 교육과정

2024	2023	2022	2021	2020	2019
○	○	○	○	○	○

2018	2017	2016	2015	2015(추)	2014
○	○	○	○		○

2014(추)	2013
○	

설쌤의 Live Class

교육과정 파트는 '가르치고 배워야 할 내용'에 관한 논의에서 시작되어 무엇을, 어떻게, 왜 가르쳐야 하는지에 대한 고민이 담겨 있는 학문입니다. 오늘날에는 교육과정이 '학교가 학생에게 교육적 결과를 초래할 목적으로 제공하는 일련의 계획된 활동'으로 이해되고 있고, 학교 전체에서 수업 장면으로, 교사중심에서 학생중심으로 교육의 중요 대상이 변화하며 그 의미가 확장되고 있지요.

교육과정은 매년 꾸준하게 출제되고 있는 부분으로, 꼼꼼한 학습이 요구됩니다. 각 교육과정의 개념, 유형, 시대에 따른 교육과정의 발달 및 변화 양상을 이해하며 학습에 접근해야 합니다. 교육과정의 개발과 실행 부분에서는 각 학자별로 어떤 방식으로 교육과정을 설계하고 개발하는지, 이에 따른 장점과 단점은 무엇인지 등에 대한 학문적인 이해와 암기가 필요하지요. 이후 이러한 교육과정 개발 모형을 실제 교육 현장에 적용했을 때 얻을 수 있는 효과에 대해 다양한 관점을 통해 학습해 가며 실제적인 배경지식을 쌓아 보세요. 또한 우리나라 교육과정이 변화되어 온 양상을 이해하고 향후 나아갈 방향에 대해 고민하며 학습하시길 추천합니다.

PART 2
교육과정

PART 2 교육과정 한눈에 구조화하기

Chapter 01 교육과정의 개념과 유형

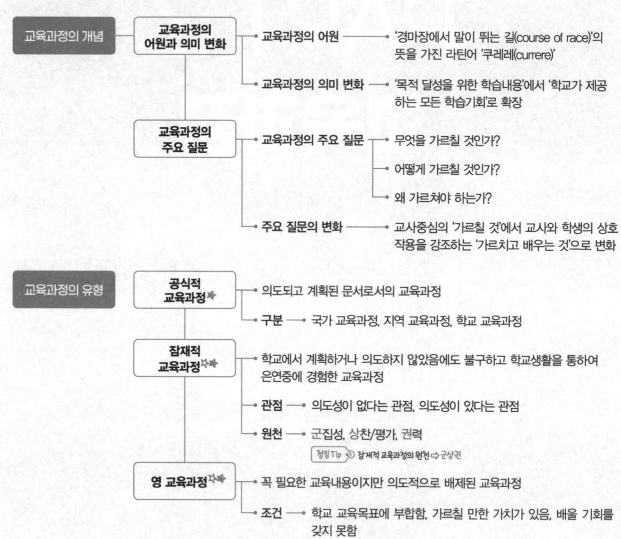

교육과정의 개념

교육과정의 어원과 의미 변화
- **교육과정의 어원** —— '경마장에서 말이 뛰는 길(course of race)'의 뜻을 가진 라틴어 '쿠레레(currere)'
- **교육과정의 의미 변화** —— '목적 달성을 위한 학습내용'에서 '학교가 제공하는 모든 학습기회'로 확장

교육과정의 주요 질문
- **교육과정의 주요 질문**
  - 무엇을 가르칠 것인가?
  - 어떻게 가르칠 것인가?
  - 왜 가르쳐야 하는가?
- **주요 질문의 변화** —— 교사중심의 '가르칠 것'에서 교사와 학생의 상호작용을 강조하는 '가르치고 배우는 것'으로 변화

교육과정의 유형

공식적 교육과정 ✿
- 의도되고 계획된 문서로서의 교육과정
- **구분** —— 국가 교육과정, 지역 교육과정, 학교 교육과정

잠재적 교육과정 ✿✿
- 학교에서 계획하거나 의도하지 않았음에도 불구하고 학교생활을 통하여 은연중에 경험한 교육과정
- **관점** —— 의도성이 없다는 관점, 의도성이 있다는 관점
- **원천** —— 군집성, 상찬/평가, 권력

정정Tip 잠재적 교육과정의 원천 ⇨ 군상권

영 교육과정 ✿✿
- 꼭 필요한 교육내용이지만 의도적으로 배제된 교육과정
- **조건** —— 학교 교육목표에 부합함, 가르칠 만한 가치가 있음, 배울 기회를 갖지 못함

Chapter 02 교육과정의 발달

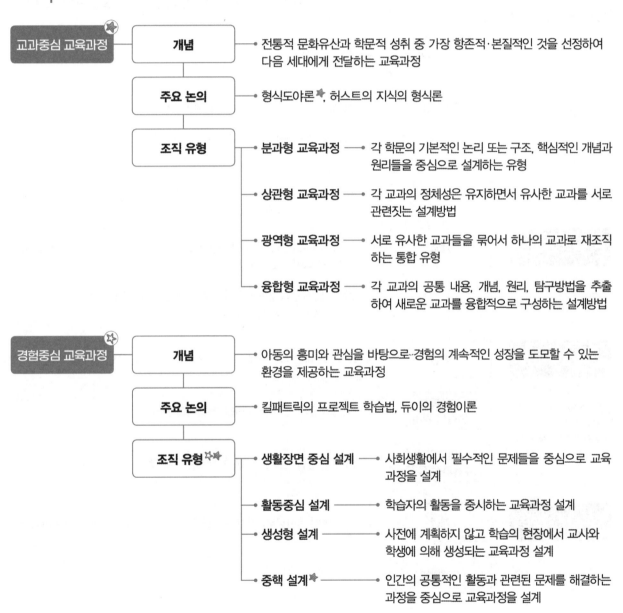

교과중심 교육과정

개념 — 전통적 문화유산과 학문적 성취 중 가장 항존적·본질적인 것을 선정하여 다음 세대에게 전달하는 교육과정

주요 논의 — 형식도야론*, 허스트의 지식의 형식론

조직 유형
- **분과형 교육과정** — 각 학문의 기본적인 논리 또는 구조, 핵심적인 개념과 원리들을 중심으로 설계하는 유형
- **상관형 교육과정** — 각 교과의 정체성은 유지하면서 유사한 교과를 서로 관련짓는 설계방법
- **광역형 교육과정** — 서로 유사한 교과들을 묶어서 하나의 교과로 재조직하는 통합 유형
- **융합형 교육과정** — 각 교과의 공통 내용, 개념, 원리, 탐구방법을 추출하여 새로운 교과를 융합적으로 구성하는 설계방법

경험중심 교육과정

개념 — 아동의 흥미와 관심을 바탕으로 경험의 계속적인 성장을 도모할 수 있는 환경을 제공하는 교육과정

주요 논의 — 킬패트릭의 프로젝트 학습법, 듀이의 경험이론

조직 유형
- **생활장면 중심 설계** — 사회생활에서 필수적인 문제들을 중심으로 교육과정을 설계
- **활동중심 설계** — 학습자의 활동을 중시하는 교육과정 설계
- **생성형 설계** — 사전에 계획하지 않고 학습의 현장에서 교사와 학생에 의해 생성되는 교육과정 설계
- **중핵 설계*** — 인간의 공통적인 활동과 관련된 문제를 해결하는 과정을 중심으로 교육과정을 설계

논술형 기출개념에는 ✿로, 객관식 기출개념에는 ✦로 표기하였습니다.

교육과정 한눈에 구조화하기

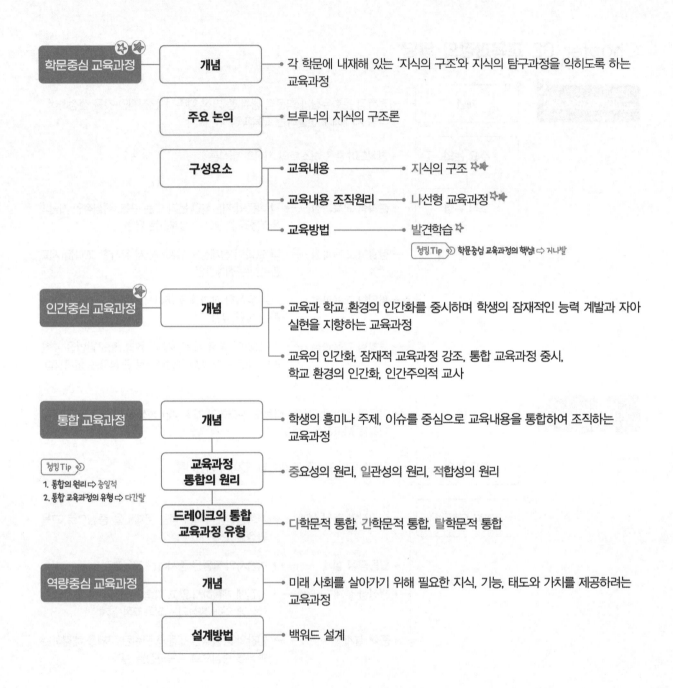

학문중심 교육과정 ✿✦	개념	→ 각 학문에 내재해 있는 '지식의 구조'와 지식의 탐구과정을 익히도록 하는 교육과정
	주요 논의	→ 브루너의 지식의 구조론
	구성요소	• 교육내용 ──── 지식의 구조 ✿✦
		• 교육내용 조직원리 ── 나선형 교육과정 ✿✦
		• 교육방법 ──── 발견학습 ✿

청킹 Tip 🔖 **학문중심 교육과정의 핵심!** ⇨ 지나발

인간중심 교육과정 ✦	개념	→ 교육과 학교 환경의 인간화를 중시하며 학생의 잠재적인 능력 계발과 자아실현을 지향하는 교육과정
		→ 교육의 인간화, 잠재적 교육과정 강조, 통합 교육과정 중시, 학교 환경의 인간화, 인간주의적 교사

통합 교육과정	개념	→ 학생의 흥미나 주제, 이슈를 중심으로 교육내용을 통합하여 조직하는 교육과정
	교육과정 통합의 원리	→ 중요성의 원리, 일관성의 원리, 적합성의 원리
	드레이크의 통합 교육과정 유형	→ 다학문적 통합, 간학문적 통합, 탈학문적 통합

청킹 Tip 🔖
1. **통합의 원리** ⇨ 중일적
2. **통합 교육과정의 유형** ⇨ 다간탈

역량중심 교육과정	개념	→ 미래 사회를 살아가기 위해 필요한 지식, 기능, 태도와 가치를 제공하려는 교육과정
	설계방법	→ 백워드 설계

Chapter 03 **교육과정의 개발과 모형**

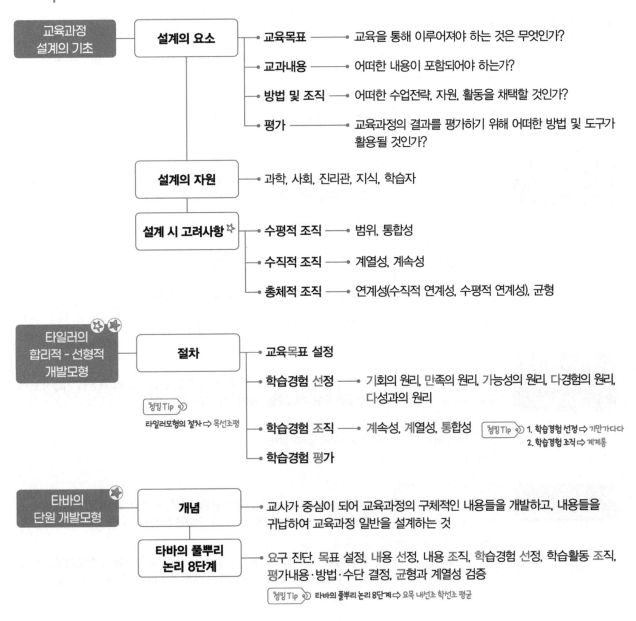

교육과정 설계의 기초 ── **설계의 요소**

- **교육목표** ── 교육을 통해 이루어져야 하는 것은 무엇인가?
- **교과내용** ── 어떠한 내용이 포함되어야 하는가?
- **방법 및 조직** ── 어떠한 수업전략, 자원, 활동을 채택할 것인가?
- **평가** ── 교육과정의 결과를 평가하기 위해 어떠한 방법 및 도구가 활용될 것인가?

설계의 자원 ── 과학, 사회, 진리관, 지식, 학습자

설계 시 고려사항 ✿

- **수평적 조직** ── 범위, 통합성
- **수직적 조직** ── 계열성, 계속성
- **총체적 조직** ── 연계성(수직적 연계성, 수평적 연계성), 균형

타일러의 합리적 – 선형적 개발모형 ✿✿ ── **절차**

- **교육목표** 설정
- **학습경험** 선정 ── 기회의 원리, 만족의 원리, 기능성의 원리, 다경험의 원리, 다성과의 원리
- **학습경험** 조직 ── 계속성, 계열성, 통합성
- **학습경험** 평가

청킹Tip ▷
타일러모형의 절차 ➡ 목선조평

청킹Tip ▷ 1. **학습경험 선정** ➡ 기만가다다
2. **학습경험 조직** ➡ 계계통

타바의 단원 개발모형 ✿ ── **개념** ── 교사가 중심이 되어 교육과정의 구체적인 내용들을 개발하고, 내용들을 귀납하여 교육과정 일반을 설계하는 것

타바의 풀뿌리 논리 8단계 ── 요구 진단, 목표 설정, 내용 선정, 내용 조직, 학습경험 선정, 학습활동 조직, 평가내용·방법·수단 결정, 균형과 계열성 검증

청킹Tip ▷ **타바의 풀뿌리 논리 8단계** ➡ 요목 내선조 학선조 평균

PART 2

교육과정 한눈에 구조화하기

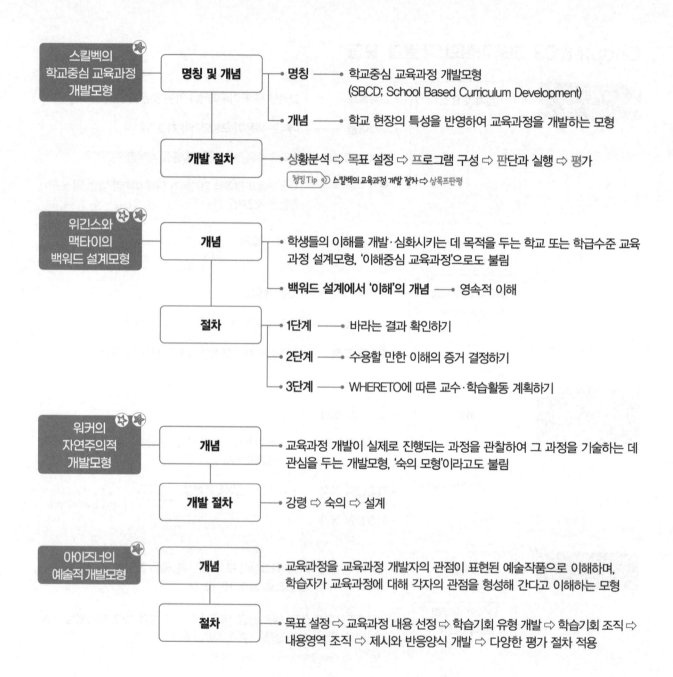

스킬벡의 학교중심 교육과정 개발모형 ✿

명칭 및 개념
- 명칭 ── 학교중심 교육과정 개발모형
  (SBCD; School Based Curriculum Development)
- 개념 ── 학교 현장의 특성을 반영하여 교육과정을 개발하는 모형

개발 절차
- 상황분석 ⇨ 목표 설정 ⇨ 프로그램 구성 ⇨ 판단과 실행 ⇨ 평가
- 청킹 Tip 🔊 스킬벡의 **교육과정 개발 절차** ⇨ 상목프판평

위긴스와 맥타이의 백워드 설계모형 ✿✿

개념
- 학생들의 이해를 개발·심화시키는 데 목적을 두는 학교 또는 학급수준 교육과정 설계모형, '이해중심 교육과정'으로도 불림
- 백워드 설계에서 '이해'의 개념 ── 영속적 이해

절차
- 1단계 ── 바라는 결과 확인하기
- 2단계 ── 수용할 만한 이해의 증거 결정하기
- 3단계 ── WHERETO에 따른 교수·학습활동 계획하기

워커의 자연주의적 개발모형 ✿✿

개념
- 교육과정 개발이 실제로 진행되는 과정을 관찰하여 그 과정을 기술하는 데 관심을 두는 개발모형, '숙의 모형'이라고도 불림

개발 절차
- 강령 ⇨ 숙의 ⇨ 설계

아이즈너의 예술적 개발모형 ✿

개념
- 교육과정을 교육과정 개발자의 관점이 표현된 예술작품으로 이해하며, 학습자가 교육과정에 대해 각자의 관점을 형성해 간다고 이해하는 모형

절차
- 목표 설정 ⇨ 교육과정 내용 선정 ⇨ 학습기회 유형 개발 ⇨ 학습기회 조직 ⇨ 내용영역 조직 ⇨ 제시와 반응양식 개발 ⇨ 다양한 평가 절차 적용

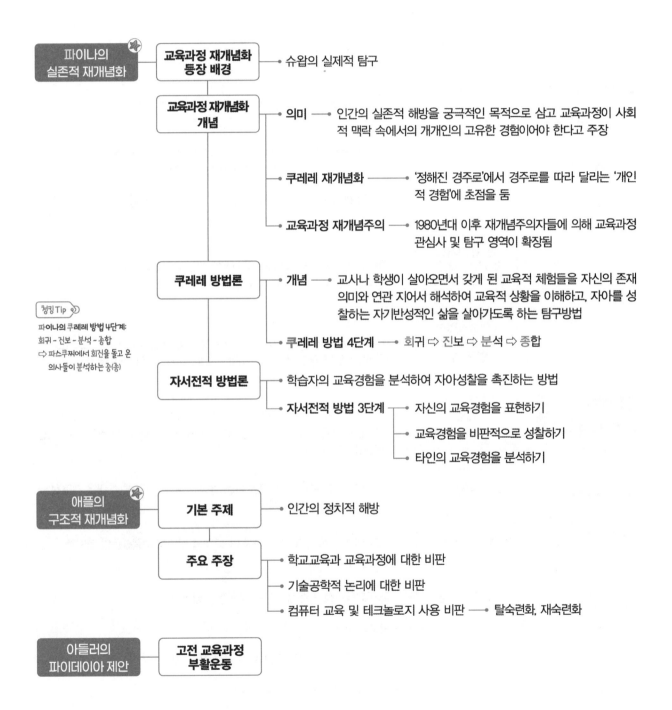

파이나의 실존적 재개념화

- 교육과정 재개념화 등장 배경 —→ • 슈왑의 실제적 탐구

- 교육과정 재개념화 개념
  - • 의미 —→ 인간의 실존적 해방을 궁극적인 목적으로 삼고 교육과정이 사회적 맥락 속에서의 개개인의 고유한 경험이어야 한다고 주장
  - • 쿠레레 재개념화 —→ '정해진 경주로'에서 경주로를 따라 달리는 '개인적 경험'에 초점을 둠
  - • 교육과정 재개념주의 —→ 1980년대 이후 재개념주의자들에 의해 교육과정 관심사 및 탐구 영역이 확장됨

- 쿠레레 방법론
  - • 개념 —→ 교사나 학생이 살아오면서 갖게 된 교육적 체험들을 자신의 존재 의미와 연관 지어서 해석하여 교육적 상황을 이해하고, 자아를 성찰하는 자기반성적인 삶을 살아가도록 하는 탐구방법
  - • 쿠레레 방법 4단계 —→ 회귀 ⇨ 진보 ⇨ 분석 ⇨ 종합

  파이나의 **쿠레레 방법 4단계:**
  회귀 - 진보 - 분석 - 종합
  ⇨ 파스쿠찌에서 회진을 돌고 온 의사들이 분석하는 중(종)

- 자서전적 방법론
  - • 학습자의 교육경험을 분석하여 자아성찰을 촉진하는 방법
  - • 자서전적 방법 3단계
    - 자신의 교육경험을 표현하기
    - 교육경험을 비판적으로 성찰하기
    - 타인의 교육경험을 분석하기

애플의 구조적 재개념화

- 기본 주제 —→ • 인간의 정치적 해방

- 주요 주장
  - • 학교교육과 교육과정에 대한 비판
  - • 기술공학적 논리에 대한 비판
  - • 컴퓨터 교육 및 테크놀로지 사용 비판 —→ 탈숙련화, 재숙련화

아들러의 파이데이아 제안

- 고전 교육과정 부활운동

교육과정 한눈에 구조화하기

Chapter 04 교육과정의 실행과 우리나라 교육과정

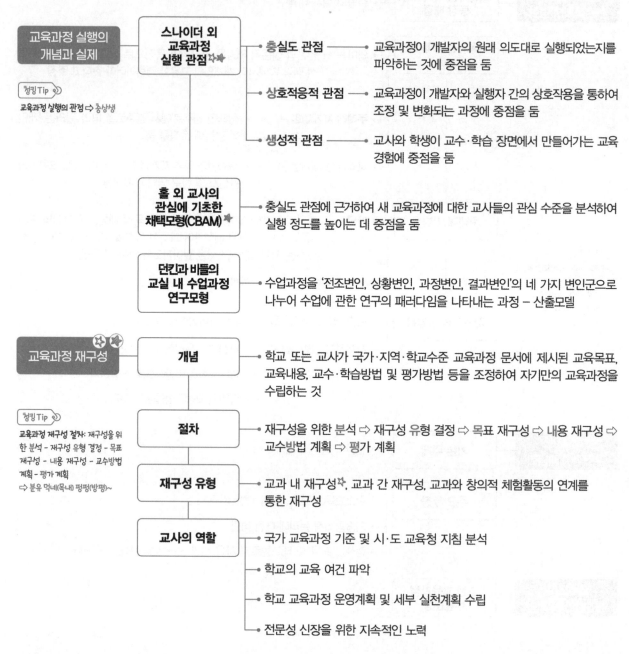

교육과정 실행의 개념과 실제

스나이더 외 교육과정 실행 관점 ✿✹
- **충실도 관점** → 교육과정이 개발자의 원래 의도대로 실행되었는지를 파악하는 것에 중점을 둠
- **상호적응적 관점** → 교육과정이 개발자와 실행자 간의 상호작용을 통하여 조정 및 변화되는 과정에 중점을 둠
- **생성적 관점** → 교사와 학생이 교수·학습 장면에서 만들어가는 교육경험에 중점을 둠

청킹 Tip
교육과정 실행의 관점 ⇨ 충상생

홀 외 교사의 관심에 기초한 채택모형(CBAM) ✹
- 충실도 관점에 근거하여 새 교육과정에 대한 교사들의 관심 수준을 분석하여 실행 정도를 높이는 데 중점을 둠

던킨과 비들의 교실 내 수업과정 연구모형
- 수업과정을 '전조변인, 상황변인, 과정변인, 결과변인'의 네 가지 변인군으로 나누어 수업에 관한 연구의 패러다임을 나타내는 과정 – 산출모델

교육과정 재구성 ✿✹

개념
- 학교 또는 교사가 국가·지역·학교수준 교육과정 문서에 제시된 교육목표, 교육내용, 교수·학습방법 및 평가방법 등을 조정하여 자기만의 교육과정을 수립하는 것

청킹 Tip
교육과정 재구성 절차: 재구성을 위한 분석 – 재구성 유형 결정 – 목표 재구성 – 내용 재구성 – 교수방법 계획 – 평가 계획
⇨ 분유 먹네(목내) 평평(방평)~

절차
- 재구성을 위한 분석 ⇨ 재구성 유형 결정 ⇨ 목표 재구성 ⇨ 내용 재구성 ⇨ 교수방법 계획 ⇨ 평가 계획

재구성 유형
- 교과 내 재구성✿, 교과 간 재구성, 교과와 창의적 체험활동의 연계를 통한 재구성

교사의 역할
- 국가 교육과정 기준 및 시·도 교육청 지침 분석
- 학교의 교육 여건 파악
- 학교 교육과정 운영계획 및 세부 실천계획 수립
- 전문성 신장을 위한 지속적인 노력

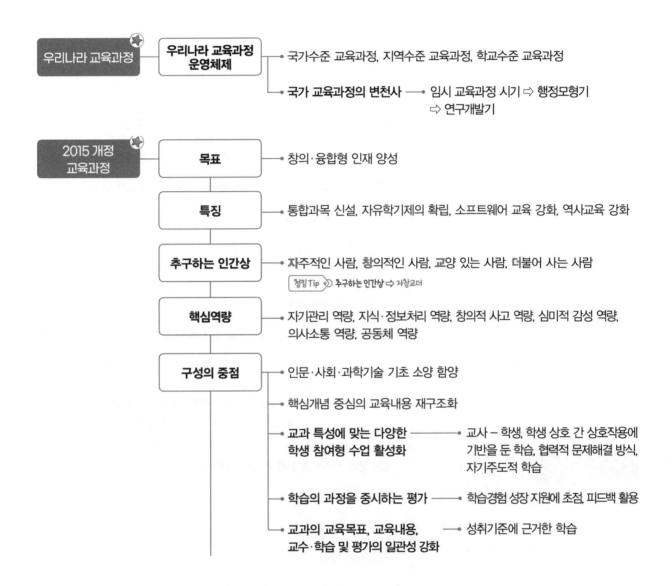

우리나라 교육과정 → **우리나라 교육과정 운영체제**
- 국가수준 교육과정, 지역수준 교육과정, 학교수준 교육과정
- **국가 교육과정의 변천사** — 임시 교육과정 시기 ⇨ 행정모형기 ⇨ 연구개발기

2015 개정 교육과정

목표
- 창의·융합형 인재 양성

특징
- 통합과목 신설, 자유학기제의 확립, 소프트웨어 교육 강화, 역사교육 강화

추구하는 인간상
- **자**주적인 사람, **창**의적인 사람, **교**양 있는 사람, **더**불어 사는 사람
  - 청킹 Tip 🐾 **추구하는 인간상** ⇨ 자창교더

핵심역량
- 자기관리 역량, 지식·정보처리 역량, 창의적 사고 역량, 심미적 감성 역량, 의사소통 역량, 공동체 역량

구성의 중점
- 인문·사회·과학기술 기초 소양 함양
- 핵심개념 중심의 교육내용 재구조화
- **교과 특성에 맞는 다양한 학생 참여형 수업 활성화** — 교사 – 학생, 학생 상호 간 상호작용에 기반을 둔 학습, 협력적 문제해결 방식, 자기주도적 학습
- 학습의 과정을 중시하는 평가 — 학습경험 성장 지원에 초점, 피드백 활용
- **교과의 교육목표, 교육내용, 교수·학습 및 평가의 일관성 강화** — 성취기준에 근거한 학습

논술형 기출개념에는 ✿로, 객관식 기출개념에는 ✿로 표기하였습니다.

교육과정 한눈에 구조화하기

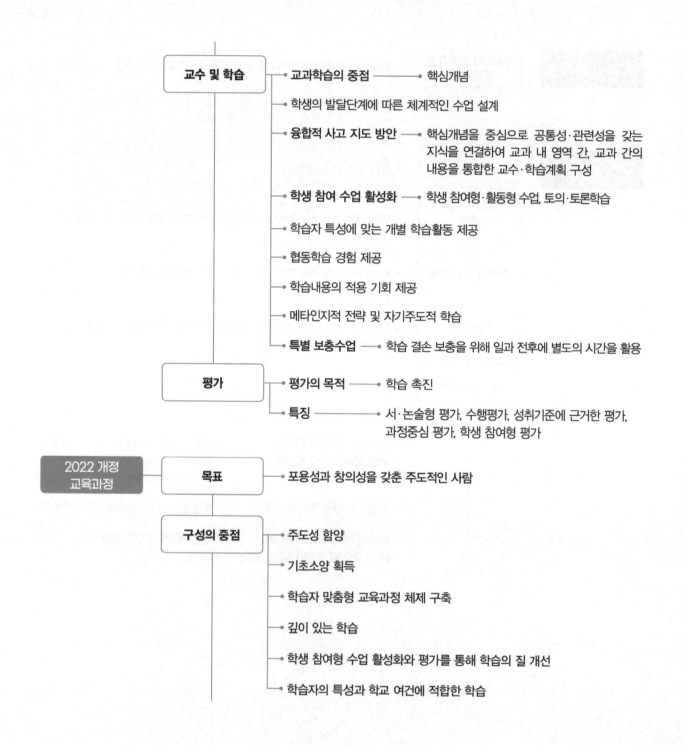

교수 및 학습
- 교과학습의 중점 ──→ 핵심개념
- 학생의 발달단계에 따른 체계적인 수업 설계
- **융합적 사고 지도 방안** ──→ 핵심개념을 중심으로 공통성·관련성을 갖는 지식을 연결하여 교과 내 영역 간, 교과 간의 내용을 통합한 교수·학습계획 구성
- **학생 참여 수업 활성화** ──→ 학생 참여형·활동형 수업, 토의·토론학습
- 학습자 특성에 맞는 개별 학습활동 제공
- 협동학습 경험 제공
- 학습내용의 적용 기회 제공
- 메타인지적 전략 및 자기주도적 학습
- **특별 보충수업** ──→ 학습 결손 보충을 위해 일과 전후에 별도의 시간을 활용

평가
- 평가의 목적 ──→ 학습 촉진
- 특징 ──→ 서·논술형 평가, 수행평가, 성취기준에 근거한 평가, 과정중심 평가, 학생 참여형 평가

2022 개정 교육과정

목표
- 포용성과 창의성을 갖춘 주도적인 사람

구성의 중점
- 주도성 함양
- 기초소양 획득
- 학습자 맞춤형 교육과정 체제 구축
- 깊이 있는 학습
- 학생 참여형 수업 활성화와 평가를 통해 학습의 질 개선
- 학습자의 특성과 학교 여건에 적합한 학습

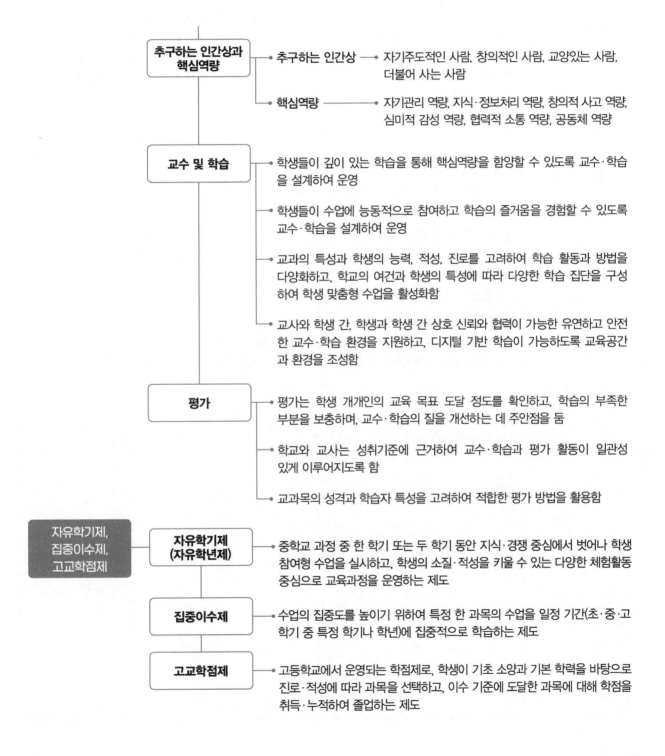

| 추구하는 인간상과 핵심역량 | • 추구하는 인간상 ⟶ 자기주도적인 사람, 창의적인 사람, 교양있는 사람, 더불어 사는 사람 |
| | • 핵심역량 ⟶ 자기관리 역량, 지식·정보처리 역량, 창의적 사고 역량, 심미적 감성 역량, 협력적 소통 역량, 공동체 역량 |

교수 및 학습

• 학생들이 깊이 있는 학습을 통해 핵심역량을 함양할 수 있도록 교수·학습을 설계하여 운영

• 학생들이 수업에 능동적으로 참여하고 학습의 즐거움을 경험할 수 있도록 교수·학습을 설계하여 운영

• 교과의 특성과 학생의 능력, 적성, 진로를 고려하여 학습 활동과 방법을 다양화하고, 학교의 여건과 학생의 특성에 따라 다양한 학습 집단을 구성하여 학생 맞춤형 수업을 활성화함

• 교사와 학생 간, 학생과 학생 간 상호 신뢰와 협력이 가능한 유연하고 안전한 교수·학습 환경을 지원하고, 디지털 기반 학습이 가능하도록 교육공간과 환경을 조성함

평가

• 평가는 학생 개개인의 교육 목표 도달 정도를 확인하고, 학습의 부족한 부분을 보충하며, 교수·학습의 질을 개선하는 데 주안점을 둠

• 학교와 교사는 성취기준에 근거하여 교수·학습과 평가 활동이 일관성 있게 이루어지도록 함

• 교과목의 성격과 학습자 특성을 고려하여 적합한 평가 방법을 활용함

자유학기제, 집중이수제, 고교학점제

자유학기제 (자유학년제)

• 중학교 과정 중 한 학기 또는 두 학기 동안 지식·경쟁 중심에서 벗어나 학생 참여형 수업을 실시하고, 학생의 소질·적성을 키울 수 있는 다양한 체험활동 중심으로 교육과정을 운영하는 제도

집중이수제

• 수업의 집중도를 높이기 위하여 특정 한 과목의 수업을 일정 기간(초·중·고 학기 중 특정 학기나 학년)에 집중적으로 학습하는 제도

고교학점제

• 고등학교에서 운영되는 학점제로, 학생이 기초 소양과 기본 학력을 바탕으로 진로·적성에 따라 과목을 선택하고, 이수 기준에 도달한 과목에 대해 학점을 취득·누적하여 졸업하는 제도

Chapter 01

교육과정의 개념과 유형

교육과정의 개념과 유형 챕터에서는 **교육과정의 의미가 어떻게 변화되어 왔는지** 이해하면서 **교육과정의 세 가지 유형을 파악**하는 데 초점을 두어 학습해야 합니다. 교육과정 개념은 시대에 따라 그 의미가 확장되어 왔는데, 특히 **1970년대 이후 재개념주의자들에 의하여 교육과정의 의미가 재개념화**되면서 그 뜻이 크게 변화되었습니다. 더불어 교육과정의 주요 질문 3가지와 주요 질문의 초점이 어떻게 변화되어왔는지를 이해하면서 학습해 보세요.

핵심 Tag🔖

공식적 교육과정
- **개념:** 의도되고 계획된 문서로서의 교육과정
- **구분:** 국가 교육과정, 지역 교육과정, 학교 교육과정

잠재적 교육과정
- **개념:** 학교에서 계획하거나 의도하지 않았음에도 불구하고 학교생활을 통해 은연중에 경험한 교육과정
- **원천:** 군집성, 상찬/평가, 권력

영 교육과정
- **개념:** 꼭 필요한 교육내용이지만 의도적으로 배제된 교육과정
- **조건:** 학교 교육목표에 부합함, 가르칠 만한 가치가 있음, 배울 기회를 갖지 못함

01 교육과정의 개념

❶ 교육과정의 어원과 의미 변화

(1) 교육과정의 어원

① **쿠레레(currere):** 교육과정(curriculum)의 어원은 '경마장에서 말이 뛰는 길(course of race)'이라는 뜻을 가진 라틴어 '쿠레레(currere)'이다.

② **교육과정의 어원상 의미:** 모종의 목적을 달성하기 위하여 여러 가지 어려움을 극복하고 공부해 나가야 할 일련의 내용을 의미하며, 이는 '학위나 자격을 취득하기 위해 이수해야 할 내용(과목)'을 뜻하는 것으로 구체화된다.

(2) 교육과정의 의미 변화

① **교육과정의 전통적인 의미**

㉠ '목적 달성을 위한 학습내용'이라는 교육과정에 대한 정의는 교육과정 역사 내에서 오랜 기간 유효해왔다.

㉡ 20C 초 미국과 1945년 해방 직후 미군정기에 사용된 '교수요목(course of study)'은 이와 같은 전통적인 이해를 반영한 용어이다.

② **교육과정의 의미 확장**

㉠ 학교에서 무엇을, 어떻게, 왜 가르쳐야 하는지에 대한 논쟁이 가열되면서 교육과정을 단순히 가르치고 배워야 할 내용에만 국한하여 이해하는 것은 지양되고 있다.

㉡ **진보주의 교육운동과 교육과정 의미 확장:** 진보주의 교육운동의 절정기였던 1930년대 중반 미국에서 교육과정은 '교사의 지도하에 아동이 경험하는 모든 것'으로 개념이 확장되었다.

㉢ **재개념주의와 교육과정 의미 확장:** 교육과정 재개념주의(or 교육과정 이해 패러다임)가 힘을 얻은 1970년대 이후, 교육과정의 의미는 '학교가 제공하는 모든 학습기회'로 확장되었다.

③ **오늘날의 교육과정 의미**

㉠ 오늘날 교육과정은 어원상 의미를 넘어 '학교가 학생에게 교육적 결과를 초래할 목적으로 제공하는 일련의 계획된 활동'으로 이해되고 있다.

㉡ 교육과정의 의미는 수업장면에서 학교 전체로, 교사중심에서 학생중심으로 교육의 중요 대상이 변화함에 따라 의미가 확장되어 왔다.

개념확대 ⊕
Zoom IN

쿠레레
파이나는 교육과정의 어원 '쿠레레'에 주목하며 교육과정 재개념화를 주장하였다. '쿠레레 재개념화'란 '교육과정'이라는 정해진 경주로에서 달릴 때 '개인의 경험'에 초점을 두는 것으로, 교육 속에서 개개인이 갖는 경험의 본질을 정치 · 경제 · 심리적인 측면에서 다차원적으로 검토해야 함을 주장하였다.

* 김대석 & 성정민, 2017: 39

요약정리 🔍
Zoom OUT 교육과정 개념의 변천*

전통적	1970년대 이후	재개념주의
고정된 교육과정		유동적 경로(교육과정)
수동적 학생을 가정함		능동적 학생을 가정함 – 학생이 능동적으로 경험하는 교육과정
공통 교육과정이 강조됨		선택 교육과정이 강조됨
객관적 내용이나 경험이 강조됨	⇨ 재개념화	주관적 경험 및 타경험과의 관계가 강조됨
학교 교육과정에 한정		학교 교육과정은 물론 학교 밖 경험까지 포함
공식적 교육과정에 한정		잠재적 교육과정을 포함
교과목(Course of Study)으로서 교육과정		개인의 삶의 궤적(Course of Life)으로서 교육과정

② 교육과정의 주요 질문

(1) 주요 질문

① 무엇을 가르칠 것인가?: 교육과정의 내용 선정에 관한 질문이다.

② 어떻게 가르칠 것인가?: 선정된 내용을 조직하여 전달하는 행위와 관련있는 질문이다.

③ 왜 가르쳐야 하는가?: 이미 선정된 내용에 대한 정당화 논리 개발 또는 새로운 내용을 개발해야 할 이유와 관련된 질문이다.

(2) 주요 질문의 변화

① 교수활동에서 교수 · 학습활동으로: 교육과정의 주요 질문은 교사중심의 '가르칠 것'에서 교사 – 학생의 상호작용을 강조하는 '가르치고 배우는 것'으로 방향이 변화하고 있다.

② 국가에서 학교로: 교육과정의 주요 질문에 답을 하는 주체는 국가, 연구기관 소속의 교육과정 개발자로부터 지역 교육청, 단위 학교, 교사에게로 점차 변화하고 있다.

02 교육과정의 유형

① 공식적 교육과정(Official Curriculum) 기출 09 초등

(1) 개념

① 무엇을, 어떻게, 왜 가르칠 것인가에 대한 계획을 담고 있는 가시적·표면적인 교육과정이다.

② 사전에 의도되고 계획된 문서로서의 교육과정을 의미하며, '계획된 교육과정(planned curriculum)'이라고도 불린다.

(2) 구분

① 국가교육과정: 교육부 장관의 이름으로 고시되는 초·중등학교 교육과정 문서로, 총론과 각론으로 구분된다.

ㄱ 총론: 교육과정의 성격, 교육과정 구성의 방향, 학교급별 교육과정 편성·운영의 기준, 학교 교육과정 편성·운영, 학교 교육과정 지원 등의 내용이 담겨 있다.

ㄴ 각론: 교과의 성격, 목표, 내용체계 및 성취기준, 교수·학습활동 및 평가 방향 등이 포함된다.

② 지역교육과정: 국가교육과정을 기초로 하여 17개 시·도 교육청이 관내 학교를 위해 마련한 교육과정 편성·운영 지침을 의미한다.

③ 학교교육과정: 국가교육과정과 지역교육과정을 근거로 하여 편성된 학교 운영 계획을 의미한다. 학교 내에서의 수업, 평가, 각종 행사가 이에 근거하여 실행된다.

참고 교육과정의 진행과정에 따른 수준*

계획된 교육과정	이상적 교육과정	비전(어떤 교육과정의 바탕이 되는 기본 철학이나 논리)
	형식문서로서의 교육과정	교육과정 문서나 자료로 구체화된 의도와 계획
실행된 교육과정	이해한 교육과정	교육과정의 사용자 특히 교사들이 이해한 교육과정
	실천한 교육과정	교수학습의 실제적 과정으로서 교육과정
경험된 교육과정	경험한 교육과정	제공받은 학습자들이 인식한 학습환경으로서 교육과정
	학습한 교육과정	경험한·참여한 학습자들의 학습 성과나 성취로서 결과한 교육과정

* Thijs, A. & van den Akker, J. (Eds.). (2009: 10).

② 잠재적 교육과정(Latent Curriculum) [기출] 96, 99, 06, 08, 09, 12, 14, 19, 24 중등 / 02, 09 초등

(1) 개념

① 잠재적(latent) 교육과정은 학교에서 계획하거나 의도하지 않았음에도 불구하고 학생이 학교생활을 통해 경험한 교육과정을 말한다.

② 학급 문화, 수업 분위기 등 학생의 지식, 태도, 행동에 영향을 미치는 것으로 학생이 은연중에 학습하게 되는 것을 의미한다.

③ 공개적으로 드러나지 않은 상태에서 일어나는 학습이라는 점에서 비공식적 (informal) 교육과정이다.

④ 교육과정 개발자 및 교사에 의하여 의도되지 않은 (무의식적인) 교육과정과 의도된 교육과정을 모두 포함하는데, 이 중 권력자에 의해 학교의 교육 실천 및 환경이 의도적으로 통제되었다고 볼 경우에는 잠재적 교육과정을 '숨겨진 (hidden) 교육과정'이라고 부른다.

(2) 관점

① 의도성이 없다는 관점

　㉠ 잠재적 교육과정이 계획되거나 의도되지 않았다고 보는 관점에서는 잠재적 교육과정을 공식적 교육과정의 부산물로 바라본다.

　㉡ 이 관점에서는 잠재적 교육과정을 직접적으로 의도되지 않았음에도 불구하고 공식적인 교육과정을 가르칠 때 필연적으로 따르는 것이라고 본다.

② 의도성이 있다는 관점

　㉠ 잠재적 교육과정이 교육과정을 결정하는 권력자나 집단에 의해 계획되었다고 보는 관점에서는 잠재적 교육과정을 '숨겨진 교육과정'이라고 명명한다.

　㉡ 이 관점에서는 공식적 교육과정에 특정 의도나 가치가 숨겨져 있다고 보고 학생이 암암리에 이러한 가치들을 습득하게 된다고 본다.

> **참고** 잠재적 교육과정에 대한 급진적 관점
>
> 급진적 관점에서는 잠재적 교육과정이 중립적이기 보다는 '의도'된 것이라고 의심하며, 인간을 소외시키고 사회의 계층구조를 공고히 하는 학교교육의 기능을 '은밀하게(hidden)' 수행한다고 본다.
>
> **1. 일리치(Illich)의 논의 – 인간의 자아실현을 방해하는 '사악한' 잠재적 교육과정**
>
> ① 일리치는 학교교육 제도 자체가 사악한 잠재적 교육과정과 필연적으로 연관되므로 제도 자체를 파기하자는 '탈학교론'을 제안하였다.
>
> ② 일리치는 학교를 '강제적인 교육과정에 종일제로 참석해야 하는 연령 집단별 조직으로서, 교사와 관련되어 있는 기관'으로 정의하며, 학교교육이 크게 네 가지 사악한 잠재적 교육과정을 통해 인간의 자아실현을 저해한다고 비판한다.
>
> 　㉠ 첫째, 학교는 교육의 의미를 교사가 가르치는 것을 배우는 것, 학년이 올라가는 것으로 축소함으로써 학교 밖의 학습가능성을 상상하지 못하게 한다.
>
> 　㉡ 둘째, 학교는 학생에게 학교교육이 반드시 필요한 것이라는 확신을 심어주어서 사회 내에서 학력을 기준으로 하는 '카스트 제도'가 형성되도록 한다.

기출논제 Check ✓

[기출] 24 중등

교사 A의 궁금한 점을 설명할 수 있는 교육과정 유형에 근거하여 학습 목표 설정, 교육 내용 구성, 학생 평가 계획 시 교사가 고려해야 할 점 각 1가지

[기출] 19 중등

잭슨의 잠재적 교육과정의 개념을 쓰고, 그 개념에 근거하여 김 교사가 말하는 '생각하지 못했던 결과'의 예를 제시

[기출] 14 중등

다음 박 교사의 이야기를 바탕으로 학생들이 수업에서 소극적으로 행동하는 문제를 잠재적 교육과정의 관점에서 진단

   © 셋째, 학교는 학생을 객관화·수량화하며 개인이 원하는 학습경험을 제공해주지 않기에 인간을 소외시킨다.

   ② 넷째, 학교는 학생에게 현존하는 제도나 기관이 절대적으로 필요하다는 신념을 전달한다.

2. 보울스(Bowles)와 긴티스(Gintis)의 논의 – 계층 재생산의 도구

① 보울스와 긴티스는 '대응이론'의 연장선상에서 잠재적 교육과정을 이해하며, 이들은 자본주의의 생산관계를 재생산하는 핵심적인 기제로 학교의 잠재적 교육과정을 지목한다.

② 학교는 분리된 학급 또는 학교의 잠재적 교육과정을 통해 미래의 노동자에게는 지시에 순종하고 시간을 엄수하며 기계적인 반복 작업에 순응하도록 가르치는 반면, 미래의 자본가에게는 독립적인 사고력과 판단력, 여러 대안 중에서 적절한 것을 선택할 수 있는 능력, 자율적인 판단에 따라 행동할 수 있는 능력 등을 가르친다.

③ 이렇게 분리된 교육은 재능, 지능지수, 성적, 적성 등에 따른 '합리적' 분류에 의한 것으로 정당화되지만, 실제로는 '계층적'이라고 본다.

(3) 원천

① 잭슨(Jackson)의 논의

   ③ 잭슨은 『교실에서의 생활』이라는 저서에서 '잠재적 교육과정'이라는 용어를 처음으로 사용하면서 학교에서 발생하는 잠재적 교육과정의 원천을 세 가지로 구분하였다. 잭슨에 따르면 학생들은 학교 생활을 통해 군집성(crowd), 상찬/평가(praise), 권력(power) 속에서 살아가는 방법을 학습하게 된다. 즉, 교과내용과는 무관한 또는 상반된 내용을 학교 생활에 적응하는 과정에서 습득하는 것이다.

   ② 세 가지 원천

      ⓐ 군집성(crowd): 학교라는 제한된 물리적 공간 속에서 다양한 계층의 학생들이 함께 생활하면서 상호 간의 어울림을 통하여 집단 생활에서 규칙을 준수하는 태도를 배우는 것을 의미한다.

      ⓑ 상찬/평가(praise): 학생들이 상호 간 또는 교사에 의하여 얻게 되는 평가와 그에 따른 보상 및 처벌 행위를 경험하며 그 안에서 살아가는 방법을 배우는 것을 의미한다. 학생들은 이를 통해 자신의 특정 행동 방식을 적극 발휘하거나 억제하는 것을 학습한다.

      ⓒ 권력(power): 학교 조직을 통하여 권력 관계를 배우고 교사와 학교의 권위에 적응·순종하는 방법을 배우는 것을 의미한다. 학생은 학교에서 교사를 최초의 상사로 경험하면서 향후 사회의 조직생활에 적응하는 법을 익힌다.

② 김종서의 논의

   ③ 김종서는 잠재적 교육과정 개념을 우리나라 학교교육의 맥락에 맞게 처음으로 적용했다.

ⓛ 잠재적 교육과정이 작용하는 학교 영역을 시설·설비 등의 '물리적 조건', 학년제도, 직원 조직 등의 '제도 및 행정 조직', 개인이 학교 내 인간관계와 환경 속에서 경험하는 '사회 및 심리적 상황'으로 구분하여 문제를 보다 엄밀하게 논하고자 했다.

ⓒ 네 가지 원천

ⓐ 학교의 목적성: 교육의 실제 목적이 공식적인 목적과 괴리를 보일 경우 잠재적 교육과정의 원천이 된다. 예컨대 입시중심의 학교에서 학생은 적자생존이라는 가치관을 습득할 수 있다.

ⓑ 강요성: 학교의 건물과 시설, 교칙, 교육과정, 학년제도 등에 맞추어 생활하는 가운데서 학생으로 하여금 잠재적 교육과정을 경험하게 한다.

ⓒ 군집성: 개인적 특질이 다르고 가정 배경이 다른 학생들이 모여서 생활하는 가운데 잠재적 교육과정을 경험하게 한다.

ⓓ 위계성: 사회 조직으로서의 학교에서 교사와 학생 간, 학생과 학생 간 존재하는 위계질서를 통해 잠재적 교육과정을 경험하게 한다.

참고 | 김종서의 표면적 교육과정과 잠재적 교육과정의 비교

구분	표면적 교육과정	잠재적 교육과정
의도성 여부	학교에 의하여 의도적으로 조직되고 가르침	학교에 의하여 의도되지 않았지만 학교 생활을 하는 동안 은연중에 배우게 됨
학교 내 관련영역	주로 교과와 관련됨	주로 학교의 문화풍토와 관련됨
관련된 발달영역	주로 지적인 것과 관련됨	주로 비지적인 정의적인 영역과 관련됨
내용의 성질	주로 바람직한 내용이 담김	바람직한 것뿐만 아니라 바람직하지 못한 것도 포함
학습상 특성	단기적으로 배우며 어느 정도 일시적인 경향	장기적·반복적으로 배우며 보다 항구성을 지니고 있음
교사의 역할	주로 교사의 지적·기능적인 영향을 받음	주로 교사의 인격적인 감화를 받음
표면적 교육과정과 잠재적 교육과정의 관련성	• 표면적 교육과정과 잠재적 교육과정이 서로 조화되고 상보적인 관계에 있을 때 학생 행동에 강력한 영향을 미칠 수 있음 • 잠재적 교육과정을 찾아내어 이를 계획한다 하여도 표면적 교육과정과 잠재적 교육과정의 구조는 변하지 않음 • 표면적 교육과정 자체에 잠재적인 기능이 있음. 표면적 교육과정이 있으면 잠재적 교육과정이 뒤따름. 뒤따르는 잠재적 교육과정에 대한 계획을 세워 표면화하면 이에 따라 이전과는 다른 잠재적 교육과정이 나타남. 이것이 본래 동시학습이라고 부르던 개념임	

(4) 의의

① 잠재적 교육과정은 공식적 교육과정을 수행하는 환경에 따라 긍정적인 영향과 부정적인 영향을 남긴다.

② 학교는 공식적 교육과정을 수행하지만 무의식적으로(간혹 의도적이나 학생들에게 알리지는 않는) 잠재적 교육과정도 수행한다.

(5) 극복방안 및 시사점

① **교육목표**: 설계된 교육목표가 의도하지 않은 결과를 낳을 수도 있다는 점을 인지하고 다양한 관점에서 교육목표를 검토하여 수립할 필요가 있다. 따라서 인지적 교육목표뿐만 아니라 정의적이고 인성적인 측면을 고려한 교육목표의 설정이 필요하다.

② **교육내용**: 학습경험을 선정하고 조직할 때 학습내용이 학습자에게 미칠 영향을 다각도로 고려할 필요가 있다. 특히, 문화다원론적 관점에서 신중하게 교육내용을 선정하고 조직하는 태도가 요구된다.

③ **교육평가**: 의도한 목표를 얼마나 달성했는지에 중점을 두는 목표중심 평가에서 벗어나, 의도하지 않은 결과까지 중시하는 탈목표(goal-free) 평가 또한 중시되어야 한다. 이를 통하여 교육의 결과를 종합적으로 평가하려는 태도가 요구된다.

④ **교사 역할**: 교사는 자신의 의식적 · 무의식적 태도와 반응이 학생에게 미칠 수 있는 잠재적 영향력을 고려하여 교육과정을 구성 및 운영하는 모든 장면에서 모범을 보일 필요가 있다. 모든 학생에 대한 차별 없는 존중의 태도와 교직에 대한 긍지와 자부심 또한 중요한 교사의 자질로 요구된다.

③ 영 교육과정(Null Curriculum) 〔기출 02, 03, 05, 09, 12, 20 중등 / 09, 10 초등〕

〔기출 20 중등〕
기출논제 Check ⊘
영 교육과정이 교육내용 선정에 주는 시사점 1가지

(1) 개념

① 배울 만한 가치가 있지만 공식적 교육과정에는 포함되지 않은 교육내용 또는 교육과정에는 포함되어 있지만 학교나 교사가 의도적 또는 무의식적으로 가르치지 않은 학습내용을 말한다.

② 가르칠 만한 가치가 있지만 배제된 교육과정이라는 뜻에서, 실제로 존재하지 않는(null, 0이라는 뜻) 교육과정을 의미한다.

(2) 조건

① 학교가 설정한 교육목표에 부합한다.
② 학습자에게 가르칠 만한 가치가 있는 내용이다.
③ 학교가 가르치지 않아 학습자가 배울 기회를 갖지 못한다.

(3) 발생 원인

① 정치적 · 사회적 요인에 의해 영 교육과정이 발생할 수 있다.
② 교육과정 개발자가 지니는 편견이나 경직된 신념에 의해 영 교육과정이 발생할 수 있다.
③ 교육과정 개발자나 교사가 타성에 젖거나 의욕이 부족하여 영 교육과정이 발생할 수 있다.

(4) 특징

① 영 교육과정은 선택의 결과로 포함(inclusion)과 배제(exclusion)의 산물이라는 점에서 공식적 교육과정의 필연적 산물이다.

② 공식적으로 가르치지 않거나 소홀히 되는 영역은 시대와 사회가 변화함에 따라 더 중요해지기도 한다. 특정 정치(이념), 경제, 문화(종교) 세력들에 의해 금기시된 영 교육과정을 새롭게 조명함으로써 공식적 교육과정이 풍성해질 수 있다.

> **참고 영 교육과정**
>
> 영 교육과정은 소극적 의미에서 보면 학생들이 공식적 교육과정을 배우는 동안 놓치게 되는 '기회학습' 내용이다. 그러나 적극적 의미에서 보면 의도적으로 특정 지식, 가치, 행동양식을 배제시켜 아예 접할 수 없도록 지워 버린 것으로, 잠재적 교육과정보다 고의성, 의도성이 더 짙은 교육과정이라고도 할 수 있다. 영 교육과정은 교육과정의 계획 단계에서 의도된 것이기 때문이다. 영 교육과정은 더 크게 보면 한 나라의 정치 및 경제 체제, 종교, 사회문화적 관습 등으로 인해 고의로 숨기거나 왜곡하는 교육과정이라 할 수도 있다. 통상적으로 학교의 공식적 교육과정에서는 논리적 사고를 강조하는 데 반하여 직관적 사고나 상상력은 대수롭지 않게 취급하기도 한다. 많은 경우, 국가의 정치 및 경제 체제, 종교, 사회, 문화 분야 등에서 더 가치 있다고 여겨지는 것에 비해 덜 가치롭다고 여겨지는 것을 삭제, 폐지, 배제, 무효화, 소홀히 하게 되고 이러한 부분이 영 교육과정으로 남는다.

요약정리 🔍
Zoom OUT 교육과정의 유형

공식적 교육과정	사전에 의도되고 계획된 문서로서의 교육과정으로, 가시적·표면적인 교육과정
잠재적 교육과정	학급 문화, 수업 분위기 등 학생이 은연중에 학교생활을 통해 경험한 교육과정
영 교육과정	배울 만한 가치가 있지만 공식적 교육과정에는 포함되지 않은 학습내용, 교육과정에 포함되어 있지만 가르쳐지지 않은 학습내용

> **참고 교육과정 개발 패러다임 vs. 교육과정 이해 패러다임**
>
> **1. 교육과정 개발 패러다임**
>
> **(1) 배경**
> 1800년대 후반 미국에서 다양한 출신과 배경을 가진 학생들이 학교로 모이면서 학생들에게 보다 적합한(relevant) 교육과정을 제공해야 한다는 요구가 제기되었다.
>
> **(2) 주요 관심**
> 새로운 교육과정의 개발 및 기존 교육과정의 개선에 중점을 둔다.
>
> **(3) 주요 학자와 핵심적 기여**
> ① 보비트(Bobbitt): 대표 저서는 『커리큘럼』(1918)이며, 이 저서는 교육과정 분야가 학문적·체계적으로 다뤄지게 된 시초로 여겨진다. '이상적인 어른'의 세계를 분석하여 교육목표를 설정하고, 이를 구체적인 행동적 용어로 나타낼 것을 제안하였다.

② **타일러(Tyler):** 대표 저서는 『교육과정과 수업의 기본원리』(1949)이며, '타일러 논리(Tyler's rationale)'로 대표되는 체계적인 교육과정 개발모형을 제안하였다. '교육목표 설정 ⇨ 학습경험 선정 ⇨ 학습경험 조직 ⇨ 평가'의 네 단계로 이뤄진 교육과정 개발 절차로, 교육과정 개발의 고전적 모형으로 여겨진다.

③ **블룸(Bloom):** 대표 저서는 『교육목표 분류학』이며, 생물학에서 동·식물을 분류할 때 사용하는 방식을 활용하여 인지적·정의적 영역의 교육목표를 세분화했다.

④ **메이거(Mager):** 대표 저서는 『행동적 수업목표의 설정』(1962)이며, 보비트에 이어 교육목표에 활용된 행동적 용어를 보다 명료하게 표현하고자 했다.

⑤ **타바(Taba):** 대표 저서는 『교육과정 개발: 이론과 실천』(1962)이며, 타일러 논리를 발전시킨 교육과정 개발모형을 제시하였다. 타바는 교육과정 개발 절차를 '요구 진단 ⇨ 목표 설정 ⇨ 내용 선정 ⇨ 내용 조직 ⇨ 학습경험 선정 ⇨ 학습활동 조직 ⇨ 평가내용·방법·수단의 결정 ⇨ 균형과 계열성 검증'의 8단계로 세분화했다.

2. 교육과정 이해 패러다임

(1) 배경

① 교육과정 개발 패러다임의 문제점들이 누적됨에 따라, 1970년대 이후에 교육과정의 패러다임을 전환해야 한다는 요구가 제기되었다.

② **교육과정 개발 패러다임의 한계:** 학교는 정치·경제·사회·문화적 변화에 매우 민감한 공간이므로 학교와 교사에 대한 이해가 결여된 교육과정학자의 처방이 효과를 거두지 못하면서 학계 내부에서 반성과 변화의 목소리가 높아졌다.

(2) 주요 관심

① **교육과정 이해의 다양화:** 교육과정을 다양한 인문·사회과학적 안목으로 이해하는 것에 중점을 둔다.

② **교육과정의 재개념화:** 이해 패러다임에 속하는 학자는 개발 패러다임의 해체와 새로운 교육과정학의 구축을 주장하여 '재개념주의자'(reconceptualists)로 불리기도 한다.

(3) 주요 학자와 핵심적 기여

① **파이나(Pinar):** 대표 저서는 『교육과정 이론화: 재개념주의자들』(1975)이며, 교육과정 이해 패러다임에 속하는 학자들을 '재개념주의자'로 처음 명명하였다. 파이나는 교육과정의 관심을 개인의 내적 경험에 대한 탐구에 두며, 학습자로 하여금 자기성찰을 이끌어내어 자신의 교육경험을 비판적으로 성찰하도록 유도하는 '쿠레레 방법'을 개진했다.

② **애플(Apple):** 대표 저서는 『이데올로기와 교육과정』(1979)이며, 학교가 현존하는 사회체제와 권력관계를 다음 세대에 전달하는 양상과 교사의 '탈숙련화(deskilling)' 현상에 관심을 두었다. 애플은 학교가 기성세대가 갖는 사회체제와 권력 관계를 다음 세대에 그대로 전달하는 문화재생산(cultural reproduction) 기능을 한다고 비판하였으며, 학교가 아동의 삶을 좌우하는 '기본 규칙'을 형성하는 데 기여함으로써 현 체제의 정당성에 저항하지 못하게 만드는 것으로 보았다.

③ **아이즈너(Eisner):** 대표 저서는 『학교 프로그램의 설계와 평가에 관한 교육적 상상』(1979)이며, 교육과정 개발모형에서 강조되어 온 행동목표의 문제점을 지적하고 문제해결의 목표, 표현적 결과 등 다른 형태의 교육목표가 존재함을 주장하였다. 학생들의 실생활과 밀접한 평가과제인 '참 평가'를 실현하기 위한 교사의 '교육적 감식안', '교육비평', '영 교육과정' 개념을 제안하였다.

Zoom OUT 교육과정 이해 패러다임의 주요 학자

구분	파이나	애플	아이즈너
교육과정 관점	개인 삶에 대한 자서전적 해석으로서의 교육과정 강조	지배집단의 문화자본을 적법화시키는 교육과정으로부터 인간의 정치적 해방 강조	개인의 생각을 다양한 방식으로 표현하는 예술적 과정으로서의 교육과정 강조
주요 개념	• 쿠레레 방법론 • 자서전적 방법론	• 학교의 문화재생산 기능 • 교사의 탈숙련화 현상	• 교육적 상상력 • 교육적 감식안

Chapter 02 교육과정의 발달

설쌤의
Live Class 🎙

두 번째 챕터에서는 교육과정에 대한 관점의 차이에 따라 구분되는 다양한 교육과정의 양상을 다루고 있습니다. 교육과정에서 중점적으로 요구하는 핵심 내용에 따라 **교과중심 · 경험중심 · 학문중심 · 인간중심 · 통합 · 역량중심 교육과정**으로 구분되며, 각 **교육과정의 개념과 주요 논의, 조직 유형**에 대해 꼼꼼히 학습해야 합니다. 특히, 세부적으로 분류되는 **조직 유형의 특징과 장 · 단점**을 비교하면서 각 유형의 차이점에 유의하며 학습하는 것이 중요합니다.

핵심 Tag

교과중심 교육과정
- 전통적 문화유산과 학문적 성취 중 가장 항존적 · 본질적인 것을 선정하여 다음 세대에게 전달하는 교육과정
- **주요 논의:** 형식도야론, 허스트의 지식의 형식론
- **조직 유형:** 분과형 교육과정, 상관형 교육과정, 광역형 교육과정, 융합형 교육과정

경험중심 교육과정
- 아동의 흥미와 관심을 바탕으로 경험의 계속적인 성장을 도모할 수 있는 환경을 제공하는 교육과정
- **주요 논의:** 킬패트릭의 프로젝트 학습법, 듀이의 경험이론
- **조직 유형:** 생활장면 중심 설계, 활동중심 설계, 중핵 설계

학문중심 교육과정
- 각 학문에 내재해 있는 '지식의 구조'와 지식의 탐구과정을 익히도록 하는 교육과정
- **주요 논의:** 브루너의 지식의 구조론

인간중심 교육과정
교육과 학교 환경의 인간화를 중시하며 학생의 잠재적인 능력 계발과 자아실현을 지향하는 교육과정

통합 교육과정
학생의 흥미나 주제를 중심으로 교육내용을 통합하여 조직하는 교육과정

역량중심 교육과정
- 미래 사회를 살아가기 위해 필요한 지식, 기능, 태도와 가치를 제공하려는 교육과정
- **설계방법:** 백워드 설계

① 개념

(1) 정의

전통적 문화유산과 학문적 성취 중 가장 본질적·항존적인 것을 선정하여 다음 세대에게 전달하는 교육과정이다.

(2) 철학적 기초

① 본질주의(本質主意): 문화유산의 본질적 가치를 유지하고 전달하는 것이 교육의 목표라고 보며, 인류가 오랫동안 쌓아온 경험의 축적인 교과지식을 강조한다.
② 항존주의(恒存主意): 시간과 공간을 초월하여 변하지 않는 진리를 모든 학생이 똑같이 배워야 한다고 주장한다. 교육과정은 보편적이고 변하지 않는 인간의 삶의 주제를 다뤄야 한다고 본다.

(3) 심리학적 기초 – 능력심리학

① 능력심리학은 인간 정신기능의 본체인 마음에 있는 몇 가지의 능력이 사물의 인식, 기억, 상상, 추리하는 기능을 한다고 본다.
② 능력심리학에 따르면 인간의 정신은 단련에 의해 그 능력을 발달시킬 수 있다.

② 특징

(1) 교육목표

① 인류의 중요한 문화유산을 담은 교과를 다음 세대에게 전달하는 것이다.
② 궁극적으로 교과공부를 통해 학습자의 합리적 이성(logos)을 개발하는 것이다.

(2) 교육내용

① 인류의 문화유산 중에서 중요하고 핵심적이라고 여겨지는 사실, 개념, 법칙, 가치 등의 내용으로 교육내용을 선정한다.
② 수학, 과학, 언어, 역사, 음악 등 전통적으로 가르쳐 온 교과내용을 중시한다.
③ 교과의 내용은 학년과 영역에 따라 위계적·체계적으로 조직된다.

(3) 교육방법

① 교사중심의 일방적·직접적 교수법인 설명식·강의식 수업으로 진행된다.
② 교과지식의 정확한 이해를 중시하므로 반복 암기와 문제풀이 훈련을 강조한다.

(4) 교육평가 및 효과

① 평가: 지식 및 가치를 이해하고 내면화하였는지를 평가의 주요 과제로 삼기 때문에 지필시험을 주로 사용한다.
② 효과: 함양된 지적 능력이 다른 교과 및 모든 생활 사태로 전이될 수 있다.

❸ 장 · 단점

(1) 장점
① 체계적인 지식 및 문화유산의 효율적인 전달이 용이하다.
② 사전 계획이 뚜렷하여 교사와 학생에게 안정감을 제공한다.
③ 교수 · 학습활동과 교육평가에 용이하다.

(2) 단점
① 학습자의 요구와 흥미를 무시하는 경향성을 지닌다.
② 실제 생활과 유리되어 실용적이지 못하거나 단편적인 지식을 학습한다.
③ 학습자의 학습태도를 수동적으로 만든다.
④ 창의성과 문제해결력 및 비판적 사고력 등의 고등능력 함양이 어렵다.

❹ 주요 논의

(1) 형식도야론(formal discipline theory) 기출 09, 11 중등
① 학교에서 무엇을 가르쳐야 하며, 왜 가르쳐야 하는지에 대하여 최초의 답을 제공한 이론으로, 전통적 교과의 성립과 발달을 설명한다.
② 주요 주장
　㉠ 운동을 통해 신체가 단련되는 것처럼 지식 교과를 통해 정신능력이 단련될 수 있다.
　㉡ 인간의 정신능력은 지각, 기억, 상상, 추리, 감정, 의지로 구성되는데, 이러한 능력은 전통적인 교과(7자유과)를 반복적으로 훈련함으로써 도야(discipline)될 수 있다.
　㉢ 특정 교과의 학습을 통해 길러진 정신능력이 반복적인 암기를 통해 해당 능력을 요구하는 다른 사태에 일반적으로 전이가 가능하다.
③ 형식도야론에 대한 비판
　㉠ 교육내용의 적합성에 대한 비판: 인구 변동과 산업화가 활발히 진행되었던 20C 초 미국에서 형식도야론의 7자유과와 같은 전통적인 교육내용은 학생에게 미래의 삶을 준비시키기에 적절하지 않다.
　㉡ 능력심리학에 대한 비판: 제임스(James)와 쏜다이크(Thorndike)는 형식도야론의 전통적인 교과(역사, 라틴어)에 대한 학습이 다른 교과(타자, 속기)에 비해 일반적인 정신능력을 계발하기에 적합하지 않다고 비판하였다.

개념확대 ⊕
Zoom IN

7자유과

자유과(自由科, 라틴어: artes libe-rales, 영어: liberal arts)는 그 시대를 살아가는 '교양 있는 지식인'이 기본적이고 공통적으로 갖춰야할 폭 넓은 소양과 이에 관련된 학문들을 의미하며, 직업 또는 전문적 능력을 강조하는 교육과는 구분된다. 자유과는 초창기 사회 · 정치적 엘리트 계급이 필요로 하는 각종 능력과 교양을 의미하였다. 이는 인부들이 전문화된 능력과 지식을 갖춘 채로 이들 엘리트를 섬기는 것에 필요한 훈련 과정인 '섬기는 학문'과 구별되어 사용되었다. 자유과의 범위는 사회마다 다양하였으나 교육사에서는 일곱 개의 자유와 학문이 존재한다고 보았으며, 이는 '삼학(trivium)'과 '사과(quadrivium)'로 나뉜다. 삼학은 문법, 수사학, 변증학(논리학)이고, 사과는 산술, 기하학, 점성술, 음악을 포함한다.

(2) 허스트(Hirst)의 지식의 형식론

① '합리적 마음의 계발'이라고 하는 교육목적의 달성을 위해 개인을 공적인 삶의 형식 또는 사고의 형식에 입문시켜야 한다는 주장으로, 교과교육을 통해 '지식의 형식'에 입문할 수 있음을 설파함으로써 교과의 내재적 가치를 정당화하는 이론이다.

② 등장 배경
  ㉠ 미국을 중심으로 일었던 진보주의 교육운동에 대한 반발로 대두되었으며, 전통적인 교과가 지니는 내재적 가치를 정당화하기 위해 개진되었다.
  ㉡ 허스트는 1960년대 영국 교육철학자 피터스(Peters)의 논의에 근거하여 '지식의 형식론'을 발전시켰다.
    ⓐ **피터스의 주장**: 어떤 활동을 교육으로 간주하기 위해서는 '규범적 준거, 인지적 준거, 과정적 준거'를 만족해야 한다.
    ⓑ '규범적 준거'란 교육은 가치 있는 것을 전달함으로써 그것에 헌신하는 사람을 길러내야 한다는 것, '인지적 준거'란 교육은 지식, 이해, 인지적 안목을 길러내야 한다는 것, '과정적 준거'란 학습자의 의식적 · 자발적인 참여과정을 통해 입문이 이뤄져야 한다는 것이다.
    ⓒ 피터스는 위의 세 조건을 만족시키는 입문의 대상을 '한 사회의 언어, 개념, 신념, 규칙 등에 담겨 있는 공적인 전통'으로 정의하고, 그러한 '사고의 형식' 안으로 학생을 (자발적으로) 끌어들이는 것이 교육이라고 주장했다.
    ⓓ 허스트는 피터스의 생각을 발전시켜, 그가 제안한 '사고의 형식'을 보다 엄밀하게 정의하고자 했다.

③ **교육목적 - 지식의 형식에의 입문을 통한 합리적 마음의 계발**
  ㉠ 허스트는 교육의 목적을 '합리적 마음의 계발'로 정의하고, 이를 달성하기 위해서는 개인을 공적인 삶의 형식 또는 사고의 형식에 입문시켜야 한다고 주장하였다.
  ㉡ **지식의 형식**: 우리의 경험을 표현하는 개념체계로서 역사적으로 발전되어 온 성질을 가지며, 고유한 개념, 논리적 구조, 진위의 검증방법을 갖고 있다.
    예 수학은 비율, 가감승제 등의 '고유한 개념'을 가지고, 기하학, 대수 등 독특한 '논리적 구조'에 따라 조직되며, 논리적인 증명이라는 '진위의 검증방법'을 가진 지식의 형식으로 간주된다.
  ㉢ **7가지 지식의 형식**: 허스트는 지식의 형식이 유동적인 성질을 띤다고 주장하면서도, '수학과 논리학, 자연과학, 역사와 인간과학, 예술, 도덕, 철학, 종교'의 7가지 지식의 형식을 제안하였다.

④ 교육내용 및 내용 조직 원리

　　㉠ 허스트가 지식의 형식론을 통해 전통적인 교과의 가치를 정당화하고자 한 것은 사실이지만, 지식의 형식이 곧 교육내용을 의미하지는 않는다.

　　㉡ 허스트는 지식의 형식이 논리적 특성에 따라 구분되는 산물인 반면, 교과는 교육목적을 달성하기 위해 조직된 행정적인 단위이므로 둘은 다르다고 말한다.

　　㉢ 교육내용의 세 가지 방식

　　　　ⓐ 단일 형식 교육과정 구성 단위: 하나의 지식의 형식만으로 교과를 구성하는 것이다.

　　　　ⓑ 형식 간 교육과정 구성 단위: 하나의 지식의 형식을 중심으로 교과를 구성하되 다른 지식의 형식 요소를 삽입하거나 하나의 교과에 두 지식의 형식의 개별 구조와 관련 구조를 동시에 고려하는 것이다.

　　　　ⓒ 다형식 교육과정 구성 단위: 여러 지식의 형식에 관련된 요소들을 바탕으로 교과나 프로젝트를 만드는 것이다.

　　㉣ 형식 간 교육과정 구성 단위와 다형식 교육과정 구성 단위를 통해 허스트는 다양한 지식의 형식을 결합하여 교과를 조직하는 가능성을 열어두었다.

⑤ 지식의 형식론의 정당화 논리 – 선험적 정당화

　　㉠ 허스트는 지식의 형식을 학습하는 활동이 어떠한 외부적인 이유 없이 그 자체로 의미를 갖는 내재적 가치를 지닌다고 주장하였다.

　　㉡ 허스트가 지식 학습이 내재적 가치를 가진다고 주장할 때, '선험적 정당화'를 통해 자신의 주장을 뒷받침하고자 한다.

　　㉢ 선험적 정당화: 개인이 받아들이는지의 여부와 무관하게 어떤 명제가 성립하는 경우의 논변을 의미한다.

참고 허스트의 선험적 정당화에 의한 지식의 형식론 논변

　허스트의 논리에 따르면, 합리적 마음의 계발은 지식의 형식에 입문함으로써 가능하다. 만약 어떤 사람이 '지식을 학습하는 것이 왜 가치 있는가?'라는 질문을 던진다고 할 때, 우리는 아래의 두 경우를 생각해볼 수 있다.

• 첫째, 그 질문이 합리적인 이유에서, 그리고 진지한 태도에서 나왔다고 한다면 그 사람은 이미 지식의 형식에 입문했으며, 진지한 태도가 보여주듯이 합리적인 의심을 제기하는 것을 의미 있다고 여기는 사람이다. 그런 그가 지식 학습이 의미 없다고 주장하는 것은 자기모순이다. 자신에게 중요한 합리적인 사고를 할 수 있게 된 바로 그 방편을 부정하는 것이기 때문이다.

• 둘째, 그 질문이 합리적인 이유도 없이 장난으로 제기된 것이라면, 그 사람은 지식의 형식에 입문한 사람이 아니므로 그 가치를 모르거나 또는 이 문제에 대한 진지한 답을 요하지도 않으므로, 문제제기에 응대할 이유는 없다.

따라서 지식학습과 이를 통한 합리성의 계발은 선험적으로 정당화된다.

⑥ 지식의 형식론의 의의 및 한계
  ㉠ 의의
    ⓐ 자유교육의 정신을 현대적인 조건 속에서 살려내고자 노력하였다.
    ⓑ **자유교육**: 외재적 목적과는 무관하게 그 자체를 목적으로 추구하며 지나치게 전문화되지 않고 사물에 관한 폭넓은 이해를 발전시키는 교육을 의미한다.
    ⓒ 지식의 형식론은 '합리적 마음의 계발'을 교육목적으로 선정하고, 이를 위해 특정 교과뿐 아니라 모든 지식의 형식을 학습하도록 권고한다는 점에서 자유교육의 이상에 부합한다.
  ㉡ 한계
    ⓐ 지식의 형식론은 주지 교과에 특권적 지위를 부여한 것으로 평가될 수 있으며, 합리성의 계발은 교육목적의 하나로 간주될 수 있으나 전부가 될 수는 없다.
    ⓑ 지식의 형식론은 선험적 정당화를 통해 지식의 형식에 대한 교과학습의 의미를 엄밀하게 증명했다고 볼 수 있으나, 이로 인해 학교 안팎의 역동적 양상에 의해 영향을 받는 학교 교과의 성질을 설명하는 데에는 한계가 있다.

➎ 교과중심 교육과정의 조직 유형

(1) 분과형 교육과정
① 개념
  ㉠ 각 학문의 기본적인 논리 또는 구조, 핵심적인 개념과 원리들을 중심으로 설계한다.
  ㉡ 한 교과를 다른 교과와 완전히 독립하여 각각 조직한 교육과정을 말한다.
    예 역사, 물리, 지리, 수학
  ㉢ 과목 간의 관련성은 없다.
② 특징
  ㉠ 학문의 구조, 즉 개념 간의 관련성을 드러내어 교육과정을 설계하면 학습자가 교육내용을 깊이 이해하고, 지식이 적용되는 방식을 깨달을 수 있다고 전제한다.
  ㉡ 학습자는 각 학문의 전문가가 채택하는 탐구방식을 학습하여 정보를 처리하는 방법을 익힌다.
③ 장·단점
  ㉠ 장점
    ⓐ 초보적인 지식과 전문지식 사이의 간극을 좁힐 수 있다.
    ⓑ 학습내용의 기억과 일반적 전이가 비교적 용이하다.
  ㉡ 단점
    ⓐ 대학 입학을 앞둔 학생의 흥미만을 주로 반영한다.

ⓑ 학문적 지식으로 분류될 수 없는 다양한 지식을 교육과정에 포함하지
않는다.

(2) 상관형 교육과정

① 개념
  ㉠ 각 교과의 정체성은 유지하되 유사한 교과끼리 관련짓는 설계방법이다.
  ㉡ 학문 간 병렬 구조에 기반하여 설계한다는 점에서, 분과형 교과와 통합형
  교과의 사이에 위치한다고 볼 수 있다.

② 특징
  ㉠ 각 내용영역의 고유성과 교사의 교사전문성이 그대로 유지된다.
  ㉡ 주로 블록타임 수업이 운영된다. 서로 관련 있는 다양한 내용영역의 교사
  들이 함께 연구하고 팀을 이루어 수업하며, 과제 또한 교사들의 협의하에
  출제된다.

③ 장·단점
  ㉠ 장점
    ⓐ 각 교과의 중복 및 누락을 방지할 수 있다.
    ⓑ 학습자에게 통합적인 학습 기회를 제공한다.
  ㉡ 단점
    ⓐ 여전히 분과 교육과정의 결점을 근본적으로 해결하지 못한다.
    ⓑ 한정된 상관성으로 인해 개별성과 관련성만 있으며, 포괄적인 통합성
    은 부족하다.

(3) 광역형 교육과정

① 개념
  ㉠ 서로 유사한 교과들을 묶어서 하나의 교과로 재조직하는 통합 유형이다.
  ㉡ 상관형 교육과정에서의 교과목 간의 엄격한 구분을 부분적으로 해소한다.

② 대표적 조직방법 – 주제법
  ㉠ 넓게 볼 때 같은 교과영역의 부류에 속하는 여러 세부적인 과목의 내용을
  분석하여 이들을 포괄할 수 있는 주제를 설정하고, 주제와 관련된 지식과
  개념 및 원리들을 조직하는 방식이다.
  ㉡ 세부적인 과목의 체계를 따르지 않는다.
    예 • 역사, 지리, 정치, 경제, 사회, 문화, 인류학 ⇨ 통합사회
      • 물리, 화학, 생물, 지구과학 ⇨ 통합과학

③ 장·단점
  ㉠ 장점
    ⓐ 관련된 지식을 주제 중심으로 넓게 묶어서 제시하기 때문에 상호 관련
    성이 쉽게 이해되고, 사회문제나 개인의 욕구와 관련시킬 수 있다.
    ⓑ 지식의 기능적 조직을 가능하게 한다. 특히 초·중학교에서의 광역형
    교육과정은 학습자가 실제로 당면하는 문제나 관심과 관련지어 조직
    되므로 기능적 활동이 가능하도록 한다.

© 사실보다는 기본개념과 원리에 보다 충실한 교육과정 조직을 가능하게
한다. 분과형 또는 상관형 교육과정에서 다루는 세세한 정보나 지식보다
는 특정 주제와 관련된 근본 원리와 개념의 활용을 강조하기 때문이다.
© 단점
ⓐ 지나치게 개략적인 내용만을 다룸으로써 학습내용의 깊이가 부족할 수
있으며, 추상적인 내용으로 제시되어 이해하기 어려울 수 있다.
ⓑ 여러 과목을 통합함으로 인하여 각 교과목이 지니는 고유의 논리성과
개념체계를 이해하지 못하게 될 수 있다.

(4) 융합형 교육과정

① 개념
⊙ 각 교과의 공통 내용, 개념, 원리, 탐구방법 등을 추출하여 새로운 교과를
융합적으로 구성하는 설계방법이다.
© 두 개 이상의 교과목에서 내용이나 성질 등의 공통요인을 추출하여 교과를
재조직하는 교육과정을 말한다.

② 실행 조건
⊙ 개별 학문의 단편성에서 벗어나 여러 학문의 공통요소를 유기적으로 연결
할 수 있어야 하므로 융통성 있는 시간표 운영이 필요하다.
예 모듈 시간표, 블록 시간표
© 다양한 학문을 융합시키고자 하는 교육과정 설계자의 노력과 이를 실천할
수 있는 의식의 변화, 경제적 지원 등이 요구된다.

③ 장 · 단점
⊙ 장점
ⓐ 학습에 있어서 분과형 교육과정이 지니는 단편적인 지식의 학습에서
벗어날 수 있다.
ⓑ 학습의 통합성을 높이고 통합적인 경험을 조성할 수 있다.
© 창의 · 융합적 사고력, 종합적 문제해결력을 높이고, 학습동기 유발 및
흥미와 이해의 촉진에 효과적이다.
© 단점
ⓐ 각 학문의 공통적인 주제를 선정하기 때문에 각 학문의 개별적인 성격
이 약화된다.
ⓑ 교과별 지식을 체계적으로 학습하기 어렵기 때문에 기초교육의 저하가
우려된다.

참고 STEAM 교육

1. **개념**: 과학기술에 대한 학생의 흥미와 이해를 높이고 과학기술 기반의 융합적 사고력과
실생활 문제해결력을 배양하는 교육이다.
2. **구성**: Science(과학), Technology(기술), Engineering(공학), Arts(인문예술),
Mathematics(수학)

3. **목적:** 융합형 인재의 양성을 목적으로 한다.
4. **특징**
   ① **상황 제시:** 학생의 삶과 관련 있는 문제로 학습내용을 구성하여 몰입 동기를 부여한다.
   ② **창의적 설계:** 학생이 스스로 문제를 정의하고 창의적인 아이디어로 문제를 해결해 간다.
   ③ **감성적 체험:** 학습과정에서 느끼는 흥미와 몰입, 성패의 가치, 도전의지 등 다양한 경험과 성찰을 강조한다.

02 경험중심 교육과정 [기출] 04, 07, 08, 12, 13, 16, 20, 23 중등

❶ 개념

① 아동의 흥미와 관심을 바탕으로 경험의 계속적인 성장을 도모할 수 있는 환경을 제공하는 교육과정을 말한다.
② 8년 연구(The Eight-Year Study)와 진보주의에 영향을 미쳤다.

❷ 특징

(1) 교육목표
① 아동중심 교육과 전인교육을 중시한다.
② 문제해결능력의 함양과 생활인의 육성을 목표로 한다.

(2) 교육내용
① 경험을 중심 요소로 삼고, 이와 관련된 여러 교과 지식과 활동을 통합적으로 조직한다.
② 아동이 사물에 대한 직접적 경험으로부터 점차 논리적으로 조직된 체계적인 지식을 획득하도록 내용을 조직한다.

(3) 교육방법
① 학습자의 자발적인 활동을 강조하여 경험을 통한 배움(learning by doing)의 방법을 활용한다.
② 교사가 학습자와 환경 간의 상호작용을 촉진할 수 있는 활동중심·의사소통 중심의 수업을 진행한다.

(4) 교육평가
실제 학생의 과제 처리 능력을 확인하는 평가방법을 사용한다.

개념확대 ⊕
Zoom IN

8년 연구
1. **연구목적**
   미국 진보주의학회에 의해 1933 ~1941년의 8년 동안 이루어진 종단연구로, 진보주의 교육의 성과가 고등학교에서도 성공적으로 적용될 수 있는지를 보고자 하는 목적을 지닌다.
2. **연구내용**
   29개의 고등학교와 300개 이상의 대학이 협정을 맺고 진보주의 교육과정을 실험적으로 적용한 고교 졸업생들이 고교 이수과목 요건이나 대학 입학 시험과 무관하게 대학에 입학할 수 있도록 허가할 것을 협약하였다.
3. **연구결과**
   진보주의 교육이 중·고등교육에서도 효과를 거둘 수 있음을 보였던 실증적 연구였으며, 이에 따라 미국 고등학교의 커리큘럼이 폭넓은 교양과 생활 적응운동을 포괄하는 방향으로 바뀌었다.

❸ 장·단점

(1) 장점

① 학습자의 흥미와 필요를 중시하므로 학습자의 자발성이 높다.
② 실제적인 생활문제 해결력이 향상된다.
③ 민주시민으로서의 자질을 함양할 수 있다.
④ 학교와 지역사회의 유대가 강화된다.

(2) 단점

① 기초학력의 저하를 초래할 수 있다. 특히 위계성이 높은 교과를 체계적으로 학습하기 어렵다.
② 교육의 효율성과 경제성이 낮을 수 있다.
③ 경험이 적은 교사가 운영하기 어려울 수 있다. 한 명의 교사가 많은 학생들의 다양한 흥미와 관심을 반영하여 이를 교과지식과 연계하여 수업을 운영하는 것이 현실적으로 쉽지 않기 때문이다.
④ 교육과정 조직의 논리성과 체계성이 부족할 수 있다.
⑤ 학습자가 직접 경험으로부터 학습한 내용들을 다른 새로운 상황에 적용하기 어려울 수 있다.

❹ 주요 논의

(1) 킬패트릭(Kilpatrick)의 프로젝트 학습법

① 성인이 문제해결을 위해 사용하는 사고기능을 아동의 발달수준에 부합하도록 변형한 것으로, 전통적 교육과정을 대체하면서도 아동의 맥락에 충실했다는 점에서 대표적인 아동중심 교육방법으로 이해된다.
② 등장 배경: 성인에게 적합한 교과와 아동에게 적합한 교과가 서로 다르다는 듀이(Dewey)의 주장에 영향을 받아, 아동 수준에서 전념할 수 있는 교육활동을 구상하는 과정에서 등장하였다.
③ 프로젝트의 개념과 학습과정
  ㉠ 프로젝트 개념: 사회적 장면에서 온 힘을 쏟을 만한 목적을 가지고 행하는 일련의 활동들을 의미한다.
  ㉡ 프로젝트 학습과정: 목적 설정 ⇨ 계획 ⇨ 실험 ⇨ 판단
④ 의의: 전통적 교육과정에서 교과를 최소한의 핵심 요소와 당위적으로 배워야 하는 내용으로 정의했다면, 프로젝트 학습법은 경험의 풍부한 재구성과 사고기능 향상을 목적에 두고 이를 위한 방편으로 교과를 정의하는 식의 대안적인 아이디어를 제시하였다.

(2) 듀이의 경험이론

① 진보주의 교육운동의 이론적 배경을 제공하고, 1900년대 초반 미국 교육계를

기출논제 Check ⊘

기출 23 중등
평가보고서에서 학교 교육과정 편성·운영의 만족도를 높인 것으로 분석한 교육과정 이론 [듀이(Dewey)의 경험중심 교육과정 이론)]의 장점 2가지

기출 16 중등
'수업 구성'에 나타난 교육과정 유형(경험중심 교육과정)의 장점 및 문제점 각각 2가지

양분했던 전통적 교육과 진보주의 교육 간의 간극을 '경험' 개념을 활용하여 무화시키는 데 목적을 두었다. 듀이는 교육적인 경험의 조건들을 규정한 뒤, 교육자는 환경적 조작을 통해 학생 경험의 계속적인 성장을 도모해야 한다고 주장한다.

② 등장 배경

  ㉠ 듀이는 '진보주의'라는 이름으로 행해지는 교육실천들이 고유한 철학적 관점을 전제하지 않은 채 전통적인 교육에 대해 반대하는 입장만을 내세울 뿐이라고 생각했다.

  ㉡ 듀이는 교과·교사중심의 전통적인 교육과 아동·경험중심의 새 교육으로 선명하게 나뉘는 당대의 논의에 대해 우려를 표했으며, 서로 대립되는 두 입장을 포괄적으로 이해할 수 있는 '좋은 교육이론'을 생성해야 한다고 판단했다.

  ㉢ 경험이론은 '교육적 경험'이 무엇인지를 규명하는 것에서 출발하여 그것을 제공하는 것을 교육목적으로 설정하며, 학교 교육과정이 제공해야 하는 학습내용의 성격과 조직, 교육방법을 설득력 있게 제시하고자 했다.

③ 경험의 개념

  ㉠ 경험: '해보는 것'(경험의 능동적 측면)과 '당하는 것'(경험의 수동적 측면)의 결합으로 이루어진다.

  ㉡ 경험의 성장: 인간이 사고작용을 활용하여 경험의 능동적·수동적 측면 관계를 정확하게 이해할 경우 '반성적 경험'이 발생하며, 이는 이전의 경험과 질적으로 다르며 '성장한 경험'이라고 할 수 있다.

  ㉢ 경험의 두 가지 원리

    ⓐ 상호작용의 원리: 인간은 환경 속에서 문제 사태를 지각하고, 사태와 상호작용하면서 자기 자신과 환경 모두를 변화시키는 것을 말한다.

    ⓑ 계속성의 원리: 개인이 기존의 경험으로 해결이 불가능한 문제 사태를 접할 때, 즉 경험의 수동적인 측면을 마주할 때 자신의 충동, 지력, 의지 등을 결합하여 그 사태를 해결하면 하나의 경험이 완결된다. 이렇게 습득된 경험이 차후에 다른 문제 사태를 접할 시 새로운 경험이 획득될 수 있는 토대가 되며 경험이 확장되는 것을 말한다.

  ㉣ 비교육적 경험과 전통적 교육

    ⓐ 비교육적 경험의 조건

      • 주위 사물에 대해 관심이나 흥미를 불러일으키지 못하게 하는 경험

      • 판에 박히고 기계적인 습관에 고착시키는 경험

      • 직접적인 즐거움을 주기는 하지만 차분하지 못하고 덤벙대는 태도를 기를 수도 있는 경험

      • 다른 경험과 아무런 관련이 없는 고립된 경험

    ⓑ 전통적 교육 = 비교육적 경험: 전통적 교육은 아동으로 하여금 주어진 내용을 암기하고 수동적으로 학습에 임하게 하며 학습한 내용이 실제 세계와 무관한 경우가 많다는 점에서 비교육적 경험에 해당된다.

ⓔ 교육목적 – 경험의 계속적인 성장
　ⓐ 경험이론의 교육의 목적은 '교육적인 경험'을 제공하는 것이며, 이는 '상호작용의 원리'와 '계속성의 원리'에 충실한 경험이다.
　ⓑ 듀이에게 있어 바람직한 교육이란 학습자와 환경 사이의 상호작용이 활발히 일어날 수 있는 조건을 조성해주는 교육이자, 사고작용이 개입하여 하나의 경험이 완결하도록 하며 이를 통해 새로운 경험을 생성해 나갈 수 있도록 돕는 교육이다.
④ 교육내용 – 교육자의 교과와 학습자의 교과
　㉠ 교육자의 교과: 교육자에게 이해되는 상태로서의 교과이다.
　　ⓐ 조직 원리: 내용에 상관없이 이루어지는 논리 형식에 따른 사고, 즉 형식적 사고(formal thinking)의 흐름에 따라 논리적으로 조직된다.
　　ⓑ 사고 결과물의 정당성을 확인하는 '정당화의 맥락'에서 활용되는 논리에 의존한다.
　㉡ 학습자의 교과: 학습자의 경험 안에서 발달되어 가는 교과이다.
　　ⓐ 조직 원리: 구체적인 사람이 구체적인 상황에서 실제로 행하는 실제적 사고(actual thinking)의 흐름에 따라 심리적으로 조직된다.
　　ⓑ 사고의 실제적인 과정인 '발견의 맥락'에서 작동하는 심리에 의존하며, 어떠한 결과물을 찾아내거나 결론을 이끌어내는 데 활용된다.
　㉢ 교육내용은 직접적 · 실제적인 것에서 추상적 · 이론적인 것으로 나아가는 식의 진보적인 조직 원리에 따라 구성되어야 하며, 궁극적으로 교육자의 교과와 학습자의 교과는 일치한다.

요약정리🔍
Zoom OUT 교육자의 교과와 학습자의 교과 특징 비교

교육자의 교과	학습자의 교과
• 교육자에게 이해되는 상태로서의 교과	• 학습자의 경험 안에서 발달되어 가는 교과
• 형식적인 사고의 반영	• 실제적인 사고의 반영
• 교과내용의 논리적 조직	• 교과내용의 심리적 조직
• 사고의 결과 중시	• 사고의 과정 중시
• 정당화의 맥락 존중	• 발견의 맥락 존중
• 결과를 설명하는 데 유용	• 결론에 도달하는 데 유용

⑤ 교육내용의 조직 원리
　㉠ 듀이는 학습자의 교과를 '놀이나 일', '지리와 역사', '과학과 논리'의 세 가지 수준으로 구분하였으며, 이는 구체적인 것에서 추상적인 것으로 나아가는 아동 발달단계와 직접적으로 관련 있다.
　㉡ 학습자의 교과의 세 가지 수준
　　ⓐ 1단계 – 놀이나 일: 몸과 손을 움직여서 실제로 일을 해보는 놀이나 일을 의미하며, 형식적인 교과에 들어가기 전의 원초적 · 일차적인 교과이다.

ⓑ 2단계 – 지리와 역사: 사람을 상대로 하는 의사소통 활동을 통해 구체적
인 경험의 의미를 확장하는 단계의 교과로, 일상적 행위의 공간적 관련
(지리)과 시간적인 관련(역사)을 인식하는 것이다.

ⓒ 3단계 – 과학과 논리: 논리적인 체계를 따라 조직된 지식으로, 하나의
생각과 진술이 앞뒤의 것들과 논리적으로 연결되어 있는 교과이며, 교
육자의 교과에 대응한다.

ⓒ 듀이의 교과 논의가 갖는 함의

ⓐ 행함을 통한 학습의 의미 확장: 듀이가 주장하는 '행함을 통한 학습
(learning by doing)'은 1단계 교과에만 해당되는 것이 아닌, 의사소통
활동과 추상적 사고활동을 요하는 2·3단계의 교과에서도 유효하다.

ⓑ 이분법의 극복: 듀이의 교과발달이론은 세 단계의 교과를 연속적인 것
으로 개념화한다는 점에서, 교과의 추상적인 내용과 아동의 흥미·관
심을 일원론적으로 파악하는 것이다.

ⓒ 교육내용 조직과 아동 발달단계의 연계: 학습자의 교과의 세 가지 수준은
아동의 발달단계에 대응되는 것으로, 감각운동에서 형식적인 사고로
나아가는 인지발달이론의 발견에도 부합한다.

⑥ 경험이론에 대한 평가

㉠ 의의: 학습자의 교과와 교육자의 교과를 '경험'의 일원론 속에 녹여내어
아동의 흥미·관심과 실제적인 활동에만 천착했던 진보주의 교육운동과
교육내용의 내재적 가치만을 옹호하던 전통적 교육 사이에서 제3의 길을
모색한 것으로 평가된다.

㉡ 한계: 추상적·이론적인 지식이 교육과정상 최종 단계에 제시됨에 따라
학생들이 체계적인 지식을 늦게 습득하게 되며, 이로 인하여 기초학력의
저하가 발생할 수 있다.

참고 듀이의 『경험과 교육』 요약

1. 1장 – 전통적 교육과 진보주의 교육
전통적 교육의 대안을 제시하려는 '새 교육'은 굳건한 이론적 토대 위에서 논변을 전개
해야 한다고 주장하며, 듀이는 그 이론적 토대를 '경험이론'이라고 말한다. 듀이는 학생
에게 잘 조직된 지식 및 정보체계, 다양한 기술을 제공하는 것을 교육이라고 주장하는
전통적 교육의 대안은 그것의 '반대' 방향으로 나아가는 것이 아니라 적극적으로 새로운
방향을 모색하는 것이라고 말한다.

2. 2장 – 경험이론의 필요성
비교육적 경험의 네 가지 조건을 밝히고, 전통적 교육은 이 조건에 정확히 부합한다는
점에서 배격되어야 한다고 주장한다. 링컨에 빗대어 '새 교육'이란 '경험의', '경험에 의한',
'경험을 위한' 교육이 되어야 한다고 말하며, 경험에 대한 체계적인 이론을 제시한다.

3. 3장 – 경험의 기준
경험의 두 가지 핵심 원리인 '계속성의 원리'와 '상호작용의 원리'를 소개하며, 교육적
경험은 위의 두 원리에 기반을 두어야 한다고 주장한다. 교육적 경험이 발생하도록 돕
기 위해 아동을 둘러싼 '환경적 조건'을 잘 조성하는 방향으로 교육이 이뤄져야 한다고
강조한다.

4. 4장 – 사회적 통제

'경험이론에 근거한 교육이 과연 사회적으로 바람직한가?'라는 질문에 대한 듀이의 답이 제시되는 부분으로, 아동이 경험의 계속적인 성장을 도모하는 데 있어 타인에게 피해를 주고 종국에는 민주주의 사회에 부적절한 개인이 될 수 있다는 우려에 대해 답하고자 한다. '사회적 통제'란 사회 속에서 살아가는 가운데 개인이 사회로부터 받는 통제를 의미하는데, 듀이는 학생들이 함께 참여하는 놀이와 같은 활동을 제공함으로써 경험의 계속적인 성장을 도모하는 중에도 '사회적 통제'가 작동할 수 있다고 말한다. 교사는 학생경험의 성장을 도모하면서도 '사회적 통제'가 포함된 교육을 제공하기 위해 철저하게 사전 계획을 세워야 하며, 무계획적이고 방임적인 활동을 제시하는 진보주의 교육은 잘못되었다고 지적한다.

5. 5장 – 자유의 성격

아동의 욕망과 충동에 근거한 교육이 이루어질 경우, 그 개인이 즉각적인 만족을 위해서만 활동하는 성인으로 성장하지 않겠느냐 하는 반론에 대한 듀이의 반박이다. 듀이에 따르면 행동의 자율적인 통제는 사고와 판단력을 길러줄 때 가능하며, 그러한 능력의 계발은 활발한 신체적 활동이 허용될 경우에 가능하다고 말한다. 즉, 활발한 신체적 활동이 이루어진 이후에 아동은 자신이 행한 일을 회상하고, 그것이 온당한 것이었는지를 검토하고 판단하는 가운데 자기 행동을 자율적으로 통제할 수 있게 된다.

6. 6장 – 목적의 의미

듀이에 따르면 목적이란 충동 · 욕망을 충족시키기 위하여 어떤 행위를 할 때 나타날 결과를 마음속에 그리면서 형성된다. 지적 활동이 개입되는 가운데 충동 · 욕망을 충족하는 것이 곧 목적적인 행위이며, 교육자는 아동에게 지적 활동이 발생하도록 도움으로써 그가 나름의 목적을 설정해가도록 도와주어야 한다. 지적 활동이란 사실에 대한 주의 깊은 관찰, 폭넓은 지식, 정확한 판단으로 구성되며, 교육자는 바로 이 세 활동이 아동에게서 가능하도록 촉진해야 하는 것이다.

7. 7장 – 교과의 점진적 조직

'학습자의 교과'와 '교육자의 교과'에 대한 논의를 담고 있으며, 듀이는 아동의 경험이 점차 추상적 · 체계적인 것으로 나아갈 수 있도록 교과를 점진적으로 조직해야 한다고 말한다. 듀이는 점진적인 교과 조직 원리를 '과학적 방법'이라고 말하며, 이는 교과를 점진적으로 조직할 아이디어를 구성하고, 아이디어에 따라 행동해 보고, 행동 결과에 대해 관찰하고, 이를 미래에 사용할 수 있도록 조직화하는 것을 의미한다.

8. 8장 – 교육의 수단이자 목적으로서의 경험

듀이는 경험에 의한 교육, 즉 '새 교육'은 전통적 교육과 비교할 때 결코 쉽지 않으나 우수한 것이라고 확언한다. 듀이는 진정한 교육이란 일상적인 경험 속에 들어 있는 가능성을 현명하게 발달시키는 일이라고 정의하며 전통적 교육과 진보주의 교육 사이의 이분법을 극복하려 한다.

5 경험중심 교육과정의 조직 유형 （기출 04, 08, 13, 16, 20 중등 / 08 초등）

(1) 생활장면 중심 설계(life situations design)

① 개념
- ㉠ 학습자가 현대사회에서 성공적으로 기능하고 사회 개선에 적극적으로 참여하도록 교육하기 위해 사회생활에서 필수적인 문제들을 중심으로 교육과정을 설계하는 방법이다.
- ㉡ 학습을 위한 문제해결 절차를 강조한다.

② 특징
- ㉠ 교육목적: 학습자가 현대사회에서 성공적으로 기능하고, 사회 개선에 참여하는 방법을 이해하며, 그것에 직접 참여하도록 교육하는 것이다.
- ㉡ 교육내용: 기존의 교과영역을 활용하여 교과와 삶의 영역을 통합하는 접근법을 취한다.
- ㉢ 교육방법: 학습을 위해 문제해결 절차를 강조한다.

③ 장·단점
- ㉠ 장점: 사회의 긴박한 문제들을 교육내용으로 삼는다는 점에서 학습자가 교육과 삶의 관련성, 교육내용의 적절성을 인식할 수 있다.
- ㉡ 단점: 당대에 중요한 생활장면들을 학습내용으로 선정·조직하므로 시의성이 강하고, 시대 변화에 따라 교육내용이 지나치게 빠르게 변화된다.

참고 생활장면 중심 설계 관련 학자

관련 학자	스펜서(Spencer)	스테이트메이어(Statemeyer)
교육과정 관점	• 교육과정은 삶의 완성을 지향하며, 이를 위해 삶의 유지, 삶의 향상, 아이의 양육 지원, 개인의 사회적·정치적 관계 유지, 여가, 직업, 감정의 향상을 필요로 함 • **교육과정의 3가지 전제** 　- 영속적인 생활장면들은 학습자가 사회에서 성공적으로 기능하는 데 있어 중요함 　- 내용이 공동체 삶의 양상을 중심으로 구성될 경우, 학습자는 학습내용이 의미 있음을 이해함 　- 학생은 사회적 또는 생활장면들을 공부하여, 사회를 향상시키는 법을 배우고, 직접 참여할 수 있음	• 산업사회는 전통적 삶의 패턴을 바꾸어놓았으므로, 교육과정은 학생이 새로운 세계에서 효과적으로 기능하도록 도와야 함 • 교육과정은 학생이 고도 산업사회에서 효과적으로 기능하도록 교육해야 하고 현대의 공통적인 삶의 문제들을 처리할 수 있도록 도와야 함 • 교육과정이 개별 학습자에 대한 이해에 의해 설계되어야 하며, 다만 학교는 가족, 교회, 스카우트 등 공동체의 다른 조직들에 의해 충족되지 않는 학생의 요구들을 다뤄야 함

* 김재복, 1996

(2) 활동중심 설계[*]

① 개념 및 특징

㉠ 학습자의 활동을 중시하는 교육과정으로, 학교 활동에 포함되는 학습자의 모든 경험을 교육과정으로 본다.

㉡ 학습자의 흥미와 욕구에 기초하여 학습내용을 선정하고 조직한다.

㉢ 수업에서 학습자의 능동적인 참여를 강조한다.

② 전제

㉠ 학습자의 흥미나 능력을 고려하여 학습이 진행될 때 가장 효과적이다.

㉡ 학습자는 스스로 활동을 선택하는 자유가 필요한 능동적인 존재이다.

㉢ 학습자의 성장은 전인적으로 이루어진다.

③ 운영방법: 킬패트릭(Kilpatrick)의 구안법에 따른 교육과정 설계 등을 통해 운영할 수 있다.

④ 장·단점

㉠ 장점

ⓐ 학습자의 필요나 흥미에 적합하다.

ⓑ 학습자의 생활 경험에 직접적으로 관련되는 학습을 제공한다.

ⓒ 활동 중에 여러 가지 교육목표를 달성할 수 있다.

ⓓ 교육내용을 활동과 관련시켜서 통합할 수 있다.

ⓔ 활동을 통한 공동의 문제해결을 강조한다.

㉡ 단점

ⓐ 교육과정에 적합한 필요나 흥미를 선정하기가 어렵다.

ⓑ 조직적·체계적인 학습의 계획 및 성취가 어렵다.

ⓒ 교육의 사회적 영향력과 의무를 경시할 수 있다.

ⓓ 교육내용의 계열성을 보장하기 어렵다.

* 김재복, 1996

(3) 생성형 설계[*]

① 개념

㉠ 교사와 학생이 함께 만들어 가는 교육과정을 의미한다.

㉡ 사전에 계획하지 않고 학습의 현장에서 교사와 학생에 의해 생성되는 교육과정이다.

㉢ 학생의 요구를 중심으로 교사와 학생이 협력하여 구성하고 실천하는 교육과정이다.

② 특징

㉠ 사전에 계획된 내용이 없기 때문에 교육과정을 구성하는 데 있어서 교사와 학생에게 상당한 자율성과 융통성을 부여한다.

㉡ 생활 현장에 밀접하게 관련되어 있다.

㉢ 상대적으로 저학년의 학생들에게 많이 적용되는 설계방식이다.

③ 운영방법: 현장학습, 답사 등을 통해 운영할 수 있다.

④ 장 · 단점
　　㉠ 장점
　　　ⓐ 교사와 학생의 흥미와 관심사를 반영할 수 있고, 교육과정 내용의 자유도가 높다.
　　　ⓑ 학습자의 심리적 · 환경적 측면을 강조하여 이루어진다.
　　　ⓒ 경험중심 조직 유형의 기본적 견해에 비추어 볼 때 학습자의 심리적 · 환경적 측면을 가장 강조하며 이루어지는 교육과정이다.
　　㉡ 단점
　　　ⓐ 초보 교사가 운영하기 어렵기 때문에 교사의 유능성이 중요하다.
　　　ⓑ 즉흥적인 흥미나 주제에 지나치게 초점이 맞춰질 경우 교육내용이 깊이 있게 다루어지기보다는 피상적으로 다루어질 우려가 있다.
　　　ⓒ 어느 형태보다 현실성이 강하나, 내용상의 계열성과 관련성을 지니기는 어렵다.

(4) 중핵 설계(core design)
① 개념
　　㉠ 인간의 공통적인 활동(common human activities)으로부터 제기된 문제를 기반으로 하여, 그것을 해결하는 과정을 중심으로 교육과정을 설계하는 방법을 의미한다.
　　㉡ 중심 과정(중핵 과정)과 주변 과정이 동심원적으로 결합된 교육과정이다.
② 유형
　　㉠ 교과중심 중핵 교육과정: 여러 교과를 통합하여 이를 중핵의 요소로 삼는 교육과정이다.
　　㉡ 개인중심 중핵 교육과정: 학습자 개인의 필요와 흥미를 중핵의 요소로 삼는 교육과정이다.
　　㉢ 사회중심 중핵 교육과정: 사회적인 문제나 기능을 중핵의 요소로 삼는 교육과정이다.
③ 특징
　　㉠ 교과의 선을 없애고 학습자의 공통된 요구, 문제, 관심 등을 중심으로 교육내용을 조직한다.
　　㉡ 중핵 교육과정의 수업은 주로 블록타임 형식으로 운영된다. 토의, 실험, 야외활동 등의 여러 학습활동을 융통성 있게 운영하기 위하여 비교적 긴 시간 단위로 수업을 편성하기 때문이다.
　　㉢ 모든 학습자에게 공통적으로 필요하다고 여겨지는 핵심적인 학습활동으로 구성된다.
　　㉣ 학습활동은 학생들의 광범위한 흥미와 요구를 반영하여 교사와 학생의 협력하에 계획한다.

기출 20 중등

기출논제 Check ☑

B 교사가 말한 교육내용 조직방식의 명칭(중핵 설계)과 이 조직방식이 토의식 수업에서 가지는 장점과 단점을 각각 1가지

④ 장·단점
　㉠ 장점
　　ⓐ 학습자의 삶과 관련된 실제적인 과제를 교육의 주제로 다루기 때문에 학습자의 문제해결능력과 비판적 사고력을 함양할 수 있다.
　　ⓑ 교과내용의 통합을 통해 학습자의 통합적인 성장을 촉진할 수 있다.
　　ⓒ 학습자의 자발적·능동적 참여로 의미 있는 학습 경험이 가능하다.
　　ⓓ 지역사회 문제 해결에 기여하는 생활인을 기르고 민주적 태도를 함양하는 데 도움을 준다.
　㉡ 단점
　　ⓐ 수업을 위한 교육자료를 수집하는 데 어려움이 따르며, 수업 준비에도 많은 시간이 소요된다.
　　ⓑ 중심 주제를 이해하고 문제를 해결하는 데 중점을 두기 때문에 교과의 지식을 체계적으로 학습하기 어렵다.
　　ⓒ 교과의 체계적 학습이 어려우며, 범위가 제한되지 않은 방만한 운영이 이루어질 경우 시간과 경비가 많이 든다.
　　ⓓ 통합에 미숙한 교사는 교과도 경험도 모두 실패할 위험이 높으며, 결과적으로 학습한 결과를 평가하는 데 어려움이 많다.

참고 **폰스(Faunce)와 보싱(Bossing)의 중핵 설계 시 '문제'의 특성**

1. 문제는 교사나 학생에 의해 선정된다.
2. 학급에서 다루어질 중요한 문제와 관심 분야를 결정할 때 집단의 합의가 이루어진다.
3. 문제들은 선별을 위해 개발된 기준들에 근거하여 이루어진다.
4. 문제는 명확하게 진술되고 정의된다.
5. 학습영역은 개인과 모둠의 관심사에 의해 교실을 분할하는 것을 포함하여 나눠진다.
6. 필요한 정보가 목록화되고 논의된다.
7. 정보 획득을 위한 자원들이 목록화되고 논의된다.
8. 정보는 습득되고 조직된다.
9. 정보는 분석되고 해석된다.
10. 보고서는 개인 또는 모둠 단위로 발표된다.
11. 결론은 평가를 받는다.
12. 보다 심화된 문제해결방안을 탐색하기 위한 새로운 방법들이 검토된다.

03 학문중심 교육과정 기출 95, 00, 04, 06, 11, 14 추시, 23 중등 / 94, 00, 04, 12 초등

① 등장 배경 및 개념

(1) 등장 배경

① 1950년대 후반 소련이 인공위성 스푸트니크(Sputnik)호를 발사한 사건으로 인하여 미국은 소련과의 경쟁에서 뒤쳐지는 원인을 진보주의 교육운동으로 돌렸다.

② 미국의 보수주의자들은 '경험중심 교육과정'에 기반한 진보주의 교육이 미국 학생들의 학력을 저하시키는 원인이라고 주장하며, 교육과정을 학문중심으로 개정하는 데 많은 노력을 투입하였다.

③ 이에 따라 학문의 구조를 중심으로 교과 지식을 체계화하고 이를 학습하는 학문중심 교육과정이 등장하였다.

(2) 개념

① 각 학문에 내재되어 있는 '지식의 구조'와 지식의 탐구과정을 익히도록 하는 교육과정을 의미한다.

② 브루너(Bruner)의 지식의 구조론에 기반한다.

② 특징

(1) 교육목표

① 학문을 공부하는 학자와 같은 탐구력을 배양하는 것을 목표로 한다.

② 학습자의 지적 수월성을 도모한다.

(2) 교육내용 – 지식의 구조

① 학문의 기저를 이루는 핵심개념과 원리 및 골간을 의미하는 '지식의 구조'를 강조한다.

② 지식의 구조: 사실이나 현상을 엮어주는 핵심적 개념과 원리, 사실이나 정보를 서로 관련짓고 체계화하는 각 학문의 주요 개념이나 원리들의 체계이다.

③ 지식의 구조의 중요성

ㄱ 학습의 일반적 전이: 학습한 생각이 기본적이고 일반적일수록 새로운 문제에 적용할 수 있는 범위가 넓어진다.

ㄴ 학습의 흥미: 학습자가 학습한 내용이 일반적인 사태를 이해하는 데 사용될 수 있음을 느낀다면, 학습을 가치 있게 여기고 내재적인 흥미를 느낄 수 있다.

ㄷ 기억 가능성: 원리나 개념을 중심으로 특수한 사실을 조직하고, 그 원리나 개념에서 다시 특수한 사실을 추리해내면 오래 기억할 수 있다.

기출 23 중등

기출논제 Check ☑

학교 교육과정을 보완하기 위해 제안한 교육과정 이론[브루너(Bruner)의 교육과정 이론]의 교육내용 선정·조직 방안 2가지(지식의 구조, 나선형)

④ 지식의 구조의 특징

　　㉠ 표현방식의 다양성: 어떠한 영역의 지식도 작동적·영상적·상징적 표현 방식을 통해 나타낼 수 있다.

　　　　ⓐ 작동적 표현방식: 행동을 통해서 인지하도록 한다.

　　　　ⓑ 영상적 표현방식: 도형이나 그림으로 이해하도록 한다.

　　　　ⓒ 상징적 표현방식: 언어나 기호 또는 부호화된 상징으로 표현한다.

　　㉡ 경제성: 지식의 구조는 개념, 원리, 법칙을 통해 학습하기 때문에 기억할 정보의 양이 적고 경제성이 크다.

　　㉢ 생성력: 지식의 구조를 획득하면 정보의 인출이 용이하고, 그 지식을 활용하는 데에도 효과적이다.

개념확대⊕
Zoom IN 중간언어(middle language)와 교과언어(subject language)

1. 중간언어(middle language ⇨ 비판 및 지양의 대상
- 지식을 탐구하는 과정과 분리되어 가르쳐지는 지식탐구의 결과물
- 학자들의 탐구결과(개념, 원리, 법칙)를 학문의 탐구과정과 분리된 채로 전달하는 언어
- 학생에게 단순한 사실만 암기하도록 하게 하며, 결과적으로 지식이 학생의 내면에 들어가지 못하고 바깥에 머물게 됨
- 학생이 참여자로서 교과를 배우는 것이 아니라 관람자로서 교과에 관한 사실을 배우게 되며, 교과는 '할 줄 알아야 하는 것'이 아니라 '그것에 관하여 알아야 하는' 대상이 됨

2. 교과언어(subject language) ⇨ 지향의 대상
- 학생이 학자들의 탐구활동과 동일한 일을 하도록 가르치는 것
- 학생들에게 지식의 구조를 스스로 발견하도록 요구함
- 지식의 구조는 단순히 교육내용뿐 아니라 교육방법까지도 포함하는 개념이라고 할 수 있음
- 지식의 구조는 발견학습과 불가분의 관계에 있음
- 그간의 잘못된 교육내용관을 규정하는 중간언어는 교육내용뿐 아니라 교육방법에 대한 비판임

개념확대⊕
Zoom IN

나선형 교육과정
지식의 구조를 중심으로 관련된 학습내용을 조직할 때 학교급별로 내용의 깊이와 폭이 점차 심화되도록 조직한 교육과정을 의미한다. 이를 그림으로 나타내면 다음과 같다.

[그림 2-1] 나선형 교육과정

(3) 교육내용 조직원리 – 나선형 교육과정(spiral curriculum)

① 각 학문의 구조에 해당하는 핵심적인 아이디어를 반복하여 가르치되, 학생의 이해가 점점 명확하고 성숙한 형태를 취하도록 내용을 점점 폭넓고 깊이 있게 가르치기 위해 조직한다.

② 나선형 교육과정은 '모든 지적 활동은 근본적으로 동일하다.'는 브루너의 핵심적인 확신에 근거한다.

　　⑩ 물리학자와 물리학을 배우는 학생은 모두 수준은 다르지만 동일한 종류의 구조를 이해하고 있다.

(4) 교육방법 – 발견학습

① 최소의 필수적인 사실을 먼저 제시하고, 학습자로 하여금 그 사실로부터 가장 풍부한 시사점을 이끌어내도록 하는 수업방식을 사용한다.

② 브루너에 따르면 학습활동에서는 '획득, 변형, 평가'라는 세 가지 과정이 동시에 나타나며, 발견학습을 통해 이 세 가지 과정이 활발하게 일어나도록 유도할 수 있다.

ㄱ. 획득: 학습과 관련하여 사실을 아는 것으로, 최소의 필수적 사실을 먼저 제시한다는 점에서 발견학습의 첫 단계를 의미한다.

ㄴ. 변형: 획득한 사실을 새로운 문제 사태에 들어맞도록 조직하는 것으로, 학생들은 탐구과정에서 접하는 정보들을 최소 필수의 사실에 견주어 적용해 본다. 즉, 변형이란 원래의 지식을 이용하여 주어진 상태 이상으로 그 지식을 이루어가는 방법을 의미한다.

ㄷ. 평가: 지식을 다루는 방법이 그 문제 사태에 비추어 적합한가를 점검하는 것으로, 학생들은 발견학습의 결과 자신의 정보 활용능력을 메타적으로 검토해본다. 내가 내린 결론이 타당한지, 주어진 지식을 적절하게 변형하였는지, 지식의 조작 과정에는 결함이 없는지 등의 질문을 하는 과정이다. 교사는 학생이 평가를 잘할 수 있도록 돕는 역할을 한다.

기출 14 중등 추시

기출논제 Check ☑

학문중심 교육과정 이론에 근거한 수업전략(발견학습) 2가지 논의

참고 브루너의 '핵심적인 확신'과 '대담한 가설'

다음은 브루너의 『교육의 과정』에서, 지식의 구조를 활용한 교육과정 구성의 의미와 그 정당화 논리가 제시된 '핵심적인 확신'에 관한 인용문이다.

> 그 핵심적인 확신이란 곧 지식의 최전선에서 새로운 지식을 만들어내는 학자들이 하는 것이거나 초등학교 3학년 학생들이 하는 것이거나를 막론하고 모든 지적 활동은 근본적으로 동일하다는 것이다. 과학자가 자기 책상이나 실험실에서 하는 일, 문학 평론가가 시를 읽으면서 하는 일은 누구든지 이와 비슷한 활동, 다시 말하면 모종의 이해에 도달하려는 활동을 할 때 그 사람이 하는 일과 본질상 다름이 없다.
>
> 이런 활동들의 차이는 하는 일의 종류에 있는 것이 아니라 지적 활동의 수준에 있다. 물리학을 배우는 학생은 다름 아닌 '물리학자'이며, 물리학을 배우는 데는 다른 무엇보다도 물리학자가 하는 일과 꼭 같은 일을 하는 것이 훨씬 쉬운 방법일 것이다. 물리학자가 하는 일과 꼭 같은 일을 한다는 것은 물리학자가 하듯이 물리 현상을 탐구한다는 뜻이다. 종래의 교육에서는 이 일은 하지 않고 주로 '다른 무엇'을 해 왔다. 이 '다른 무엇'이란 예를 들어 물리학의 경우, 물리학의 탐구 결과로 얻은 여러 가지 결론에 관하여 교실에서 논의하거나 교과서를 읽는 것이다(이것을 우즈 호올 회의에서는 물리학자의 발견을 학생에게 전달해 주는 언어라는 뜻에서 '중간 언어'라고 부르게 되었다).

위의 제시문에서와 같이, 브루너는 학계의 최전선에 있는 연구자나 초등학교 3학년 학생이나 지식의 구조라고 하는 '종류'에 있어서는 동일하나, 그 '수준'에서 차이가 나는 지식을 보유하고 있을 뿐이라고 주장한다. 따라서 그의 '핵심적인 확신'에 따르면 동일한 구조가 중심점이 되어 범위를 넓혀가는 '나선형 교육과정'으로 교육과정을 조직하는 것이 가능하다. 그는 이러한 확신에 근거하여 '어떤 교과든지 지적으로 올바른 형식으로 표현하면 어떤 발달 단계에 있는 어떤 아동에게도 효과적으로 가르칠 수 있다'고 하는 '대담한 가설'을 제기하였다.

③ 장·단점

(1) 장점

① 교육내용을 체계적으로 선정·조직하므로 지식 전달의 경제성·효율성이 높다.
② 기본 원리, 개념 법칙을 학습하기 때문에 학습의 전이가 활발하게 일어난다.
③ 학문의 기본적인 내용과 구조를 학습하기 때문에 적용력, 분석력, 종합력 등 고등정신능력의 함양에 용이하다.

(2) 단점

① 학습자의 정의적인 발달을 소홀히 여길 우려가 있다. 지식의 구조는 인지적 영역에 치우치는 경향이 있어서 학교에서 길러주어야 할 배려, 존중, 도덕성, 감정의 이해 및 조절 등의 정의적 영역에 대한 고려가 없기 때문이다.
② 학업역량이 낮은 학생에게는 적용하기 어려울 수 있기 때문에 소수의 우수한 학생에게 유리할 수 있다.
③ 각 학문별로 고유한 지식의 구조가 존재하는 것으로 전제되기 때문에 교과 간의 단절을 심화시킬 수 있고 교과 통합을 통한 교육과정 구성이 어려워진다.
④ 지식의 구조를 지나치게 강조하게 되어 교육이 실생활이나 사회문제 해결과 유리될 수 있다.
⑤ 교사가 지식의 구조를 충분히 이해·도출하기 어려운 문제가 발생할 수 있다.

04 인간중심 교육과정 `기출` 10 중등 / 99 초등

① 개념 및 특징

(1) 개념

① 교육과 학교 환경의 인간화를 중시하며 학생의 잠재적인 능력 계발과 자아실현을 지향하는 교육과정이다.
② 학습자의 자아실현을 위하여 학교에서 의도하거나 의도하지 않은 모든 경험으로 이루어진 교육과정을 의미한다.
③ 철학적으로는 실존주의의 영향을 심리학적으로는 인본주의 심리학의 영향을 받았다.

(2) 특징

① **교육의 인간화:** 교과를 가르치는 것이 아닌 인간을 가르치는 것을 교육으로 본다는 점에서 전인교육을 강조한다.
② **잠재적 교육과정 강조:** 공식적 교육과정뿐 아니라 잠재적 교육과정도 중시한다.

③ **통합 교육과정 중시**: 교과중심 · 경험중심 · 학문중심 교육과정을 모두 포괄하는 통합 교육과정을 중시한다.

④ **학교 환경의 인간화**: 학교구성원들이 인간적인 경험을 할 수 있도록 학교 환경이 인간중심적으로 조성되는 것을 강조한다. 그 일환으로 학습 선택권을 최대한 보장하고자 한다.

⑤ **인간주의적 교사**: 교사와 학습자 간의 존중, 수용, 공감적 이해를 중시한다.

② 장 · 단점

(1) 장점

① 교육의 인간화를 통해 학습자의 자아실현 및 전인적 인간 형성을 가능하게 한다.
② 전인교육을 통해 학습자가 긍정적인 자아개념을 형성하는 데 기여한다.
③ 학습자의 개별적인 자기성장을 돕는다.
④ 개방적이고 자율적인 교수 · 학습과정을 통해 학습자가 학습한 내용을 내면화할 수 있도록 돕는다.

(2) 단점

① 교육과정을 구현하는 데 있어서 구체성이 부족하기 때문에 현실적인 실현이 어렵다. 현재까지 학교 교육현장에서 주도적으로 추구되어 온 바가 없다.
② 구체적이고 명시적인 모형 및 운영방안이 제공되지 않기 때문에 교육과정의 실제적인 효과를 측정하기가 어렵다.
③ 개인의 성장에 지나치게 많은 초점을 두는 경향성 때문에 상대적으로 교육의 사회와의 관계와 영향을 경시할 수 있다.
④ 적절한 교육 환경이 제공되지 않을 경우 교육성과의 보장이 어렵다.
> 예 학교교육에서의 경쟁적인 교육풍토 또는 과밀학급 등의 문제점이 개선되어 인간중심 교육과정을 실현할 수 있는 교육 환경이 마련되어야 한다.

③ 교육방법

① 자기주도적 학습, 협동학습, 비지시적 수업의 방법을 활용한다.
② 교사와 학생이 서로 존중하고 인정하는 관계를 기반으로 하는 교육방법을 사용한다.
③ 지식 정보를 습득하는 것보다 생각하고 느끼는 것에 더욱 중점을 둔다.

④ 교사의 역할

① 학생에 대한 존중과 수용, 공감적 이해를 갖춘 인간주의적 교사상이 요구된다.
② 교육이 인간적인 관계에 기반하여 이루어지므로 교사의 인간적인 성향 또한 중요하게 요구된다.

05 통합 교육과정

❶ 개념 및 특징

(1) 개념

① 학생의 흥미나 주제를 중심으로 교육내용을 통합하여 조직하는 교육과정을 의미한다.

② 각 교과에서 공통적으로 나타나는 주제나 이슈를 중심으로 교과내용을 통합하여 수업을 운영하는 형태이다.

(2) 특징

① 통합적인 지식을 가르침으로써 지식의 기본 원리를 강조하고 지식의 분절화를 방지하는 데 기여할 수 있다.

② 학생의 심리적 발달에 적합한 교육을 제공함으로써 학생의 전인적인 성장을 도모한다.

❷ 필요성

① 교과의 내용을 통합함으로써 필수적으로 요구되는 교육내용을 가르칠 시간을 확보할 수 있다.

② 현대 사회에서 중요하게 논의되는 쟁점을 파악하고 이를 스스로 해결하는 문제해결능력을 길러줄 수 있다.

③ 교과 간의 관련성을 파악하는 데 용이하며, 교과 학습과 실생활 간의 연계성 높은 교육을 제공할 수 있다.

④ 교과의 구분된 경계를 벗어나서 학생이 독립적으로 사고하는 능력을 길러줄 수 있다.

⑤ 활동중심 교육과정을 강조함으로써 학생의 적극적인 수업 참여를 이끌어 낼 수 있다.

❸ 교과 통합적 운영의 교육적 가치(김대현, 2021)

① 지식의 폭발적인 증가로 인해 교육내용을 선정하는 일이 더욱 어려운 문제가 되고 있으므로, 교과별로 상호 관련되는 내용을 묶어 제시함으로써 필수적인 교육내용을 선정하는 데 도움을 준다.

② 교과들 속에 포함된 중복된 내용들과 중복된 기능들을 줄임으로써 학생들이 배워야 할 필수적 교육내용을 배울 시간을 확보해 준다.

③ 교과들 간의 관련성을 파악하는 데 도움을 주고, 교과 학습과 생활과의 연관성을 높여 교과 학습의 의미를 삶과 관련지어 인식할 수 있게 해준다.

④ 현대사회의 쟁점을 파악하는 데 도움을 주고, 현대사회에서 발생하는 복잡한 문제들을 해결하는 능력을 길러준다.

⑤ 학생들의 흥미와 관심을 반영하기 쉬우며, 주제나 문제를 중심으로 조직될 때 학생들의 학습 선택권이 확대된다.

⑥ 인간의 뇌가 정보들을 유형화하거나 관련지을 때 학습이 효과적으로 일어난다는 인지심리학의 연구결과와 일치한다. 또한 정보 내용이 정보가 제시되는 상황과 관련되며, 정보의 적용기회가 제공되고, 정보들이 다양한 방식으로 표현되며, 학습자 자신의 삶과 관련 있을 때 학습이 촉진된다는 구성주의 학습이론과도 부합한다.

⑦ 교과의 통합 운영(특히 프로젝트 학습활동)은 대개 활동중심 교육과정으로 이루어지며, 학생의 적극적인 참여로 학습동기가 높고 학습에 대한 책임감을 갖게 한다.

⑧ 비판적 사고를 길러주고 교과의 경계를 벗어나서 독립적으로 사고하고 문제를 해결하는 능력을 길러준다.

⑨ 학생들 스스로 교과에 흩어진 정보를 관련짓는 그물망을 형성하는 습관을 길러준다.

⑩ 결론적으로, 교과를 통합적으로 편성하여 운영하면 여러 가지 교육적 이익을 얻을 수 있다. 따라서 계통적인 학습이 요구되는 상황에서는 교과별 수업을 하고, 교과의 사회적 적합성을 높이고 학습자의 사회 문제해결력을 신장시키고자 할 때는 교과를 통합하여 운영하는 것이 바람직하다.

* 김대현, 2017

4 교육과정 통합의 원리[*]

① **중요성의 원리**: 교과 통합이 학습자의 흥미와 관심뿐 아니라 지적능력의 개발을 목표로 하므로 각 교과의 중요한 내용이 반영되어야 한다. ➡ 교과의 통합 운영이 학생의 흥미와 관심에도 부합되어야 하지만, 지적 능력의 개발에도 관심을 기울여야 한다.

② **일관성의 원리**: 통합 단원의 내용과 활동이 단원의 목표달성을 위해 고안된 수업 전략 및 방법에 부합해야 한다. ➡ 교과의 통합 운영이 통합 단원의 얼개를 작성하는 것으로 끝나는 것이 아니라 효과적인 수업 계획안을 함께 마련해야 한다.

③ **적합성의 원리**: 통합 단원이 학습자의 개성과 수준에 맞아야 하고, 학습자의 전인격적 성장을 목표로 해야 한다. ➡ 교과들 간의 내용 관련성도 중요하지만 이들의 관련성이 학습자의 과거, 현재, 미래의 삶과 연결되어야 한다.

5 교과의 통합 운영에 영향을 미치는 주요 요인과 변인

요인	변인
교사의 관심과 운영	교사의 개발에 대한 관심, 참여 경험, 어려움 논의 상대, 관련된 정보수집 자원, 정보수집의 용이성, 교사의 개발 권한, 교사의 개발 경력, 통합 교육과정 개발의 출발점에서 우선적으로 고려해야 할 요인, 개발의 주체, 통합 교육과정 논의 기회
교사 연수의 기회와 질	연수 경험, 현행 연수 형태, 연수 기간, 필요한 연수 형태, 적절한 연수 시기, 연수 대상자, 전문가 초빙의 필요성, 전문가 초빙에 대한 교장의 지원, 대학·교육청·타 학교 방문 연수의 필요성
인적 자원의 지지와 지원	통합 형태에 따른 동료 교사 및 교장의 지지, 학습자의 수용 태세, 학습자의 개발 참여, 학부모의 수용 태도, 학부모와 지역사회의 의사 수용 정도, 학부모 및 지역사회의 역할
행정적 지원과 재정적 지원	개발 시간 확보방법, 통합 교육과정의 시간 운영(융통성 있는 시간표 구성), 교사의 동기유발 방법, 시간 외 업무수당 지급, 운영자료 구비 정도, 기타 운영공간과 시설, 자원의 구비, 개방성, 활용률

6 장·단점

(1) 장점

① 교육내용을 통합함으로써 교육과정을 효율적으로 운영할 수 있다.

② 사회의 실질적인 쟁점 및 이슈를 강조함으로써 지식의 유용성 및 실생활과의 연계성을 높일 수 있다.

③ 활동중심 교육과정을 강조함으로써 학생의 흥미에 맞는 교육과정을 제공할 수 있다.

(2) 단점
① 교과의 내용을 논리적이고 의미 있는 방식으로 연결 지어 통합 교육과정을 구성하는 것이 어렵다.
② 특정 주제나 쟁점을 중심으로 교육과정을 구성하기 때문에 학습자로 하여금 혼란을 야기할 수 있다.
③ 통합 교육과정을 구성하는 일은 많은 시간과 노력을 요구하기 때문에 교사의 업무적 부담이 가중될 수 있다.

❼ 드레이크(Drake)의 통합 교육과정 유형

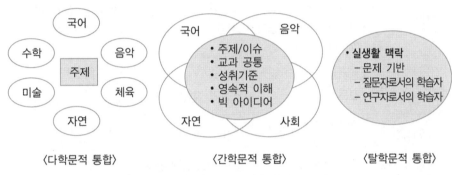

[그림 2-2] 드레이크의 통합 교육과정 유형

(1) 다학문적 통합 ⇨ 광역형 교육과정
① 학문의 독립성을 유지하며 하나의 주제에 대해 여러 학문의 관점을 다룬다.
   예 '평화'라는 주제를 수학, 과학, 사회 등 여러 교과에 통합해서 가르치는 것
② 공통된 주제를 여러 교과에서 일정 시기에 배우는 것이 해당된다.
③ 지식은 학문의 구조를 통해 가장 잘 학습되는 것으로 여겨진다.
④ 통합의 정도가 가장 약하다.

(2) 간학문적 통합 ⇨ 융합형 교육과정
① 학문 간 경계를 허물고 여러 교과의 공통부분(주제, 개념, 기능, 탐구방법 등)을 추출하고 이를 중심으로(빅 아이디어 등) 교육과정을 조직한다.
② 지식이 사회적으로 구성된다고 본다.
③ 개념과 기술의 연계를 강조한다.
④ 통합의 정도가 보통이거나 강한 정도이다.

(3) 탈학문적 통합 ⇨ 중핵형 교육과정
① 교과 구분을 초월하여 실제 생활의 주제나 쟁점들을 중심으로 새로운 형태의 통합교과를 형성한다.
② 주로 프로젝트학습과 문제중심학습을 적용한다.
③ 모든 지식은 연계되어 있고 상호 의존적이라고 본다.
④ 통합의 정도가 가장 강하다.

* Drake & Burns, 2004: 17

요약정리 🔍
Zoom OUT 통합 교육과정의 세 가지 유형 비교*

구분	다학문적 통합	간학문적 통합	탈학문적 통합
지식의 개념	• 학문의 구조를 통하여 가장 잘 학습되는 지식 • 한 가지 정답	• 공통된 개념과 기술에 의해 연결되는 학문 • 지식은 사회적으로 구성되는 것으로 여겨짐 • 많은 정답들	• 상호 연결되고 상호 의존적인 모든 지식 • 많은 정답들 • 지식은 쉽게 규정할 수 없고 모호한 것으로 여겨짐
학문의 역할	• 학문의 절차가 가장 중요한 것으로 여겨짐 • 학문의 뚜렷한 기술과 개념이 강조됨	간학문적 기술과 개념이 강조됨	구별된 학문 영역보다 실제 삶의 맥락이 강조됨
교사의 역할	• 촉진자 • 전문가	• 촉진자 • 전문가/박학다식가	• Co – planner • Co – learner • 전문가/박학다식가
시작점	학문적 성취수준과 절차들	간학문적 연결점	• 학생의 질문과 관심사 • 실제 삶의 맥락
통합의 정도	온건한 정도	중간 정도/강한 정도	패러다임의 변화

06 역량중심 교육과정

❶ 등장 배경

① 학교교육이 제공해 온 기존의 지식교육으로는 21C 사회에 적절하게 대응하기 어렵다는 문제의식하에 등장하였다.

② 불확실성을 특징으로 하는 21C 사회에서는 학문적 지식에 기반한 교과지식 중심 교육이 한계를 지니기 때문이다.

③ 학교교육이 미래 사회의 삶에서 필요한 역량을 길러주는 데 초점을 두어야 한다는 배경 속에서 등장하였다.

❷ 개념 및 특징

(1) 개념

① 사회적 삶에서 필요한 역량을 강화시키는 방향으로 교육내용을 제공하려는 교육과정이다.

② 미래 사회를 살아가기 위하여 필요한 지식, 기능, 태도와 가치를 제공하려는 교육과정이다.

(2) 특징

① 자유교육이 간과한 실제 세계에 관심을 둔 교육을 강조한다.

② 역량을 우선적으로 고려하여 역량 발달이 촉진되도록 지식과 내용을 조직한다.

③ 교사의 자율성을 중시하여 교사가 자신의 교수맥락에서 역량을 발달시킬 수 있는 방법을 고려하여 적절하게 지식과 내용을 조직하도록 한다.

④ 수행능력(방법적 지식)을 강조하기 때문에 '무엇을 아는지(명제적 지식)'에 초점을 두기 보다는 특정 맥락의 수행과 관련하여 '무엇을 할 수 있는지'를 강조한다.

⑤ 역량 교육은 학생들이 다양한 상황에 직면했을 때 어떻게 반응하고 무엇을 할 수 있는지를 중요하게 여긴다.

⑥ 단순한 지식 전달보다 지식을 어떻게 적절하게 활용할 수 있는지에 초점을 두며 그 능력을 강조한다.

⑦ 지식기반 사회로 접어들면서 학교 교육이 지식 전달식 수업이 아닌 역량에 초점을 두고 역량을 계발시키는 교육이어야 함을 강조한다.

❸ 역량의 개념 및 속성

(1) 역량의 개념

① 실제적인 삶 속에서 무엇인가를 할 줄 아는 실질적인 능력으로 지식, 기능, 태도의 총체를 말한다.

② 개인적·사회적으로 성공적인 삶을 사는 데 도움이 되는 가치를 포함한다.

　㉠ **개인적 성공**: 일과 소득, 건강과 안전, 정치 참여, 사회적인 네트워크 형성

　㉡ **사회적 성공**: 경제 생산성, 민주적인 절차, 사회적 응집성, 형평성, 인권, 생태 지속 가능성

③ 과제 수행을 위해 개인의 능력을 총체적으로 활용하는 능력이다.

개념확대 ⊕
Zoom IN

자유교육
실용적인 가치와는 무관하게 그 자체로 가치를 지니는 지식을 강조하는 교육을 말한다.

(2) 역량의 속성

① 총체성: 학습자는 개인의 능력을 이끌어내고 복합적인 방식으로 그것들을 통합하여 구체적인 사회적 맥락에서 활용할 수 있어야 한다.

② 수행능력: 학습자는 고등사고능력, 인지적·정의적·행동적 영역 전반의 능력을 발휘하여 실제 상황에서 그것을 드러낼 수 있어야 한다.

③ 발달적 성격: 역량에는 초보 수준, 숙련 수준, 전문가 수준 등과 같이 다양한 수준이 존재한다.

(3) 역량의 차원

① 일반 역량(범교과적 역량): 여러 교과를 아우르는 역량 또는 일반적인 역량을 의미하며 창의적 사고, 비판적 사고, 의사소통능력 등이 해당된다.

② 교과 특수 역량: 교과학습을 통해 교과의 지식, 기능, 가치 및 태도가 유기적으로 연계되어 통합적으로 발현될 수 있는 능력이다.

예 2015 개정 교육과정 역사과의 교과 특수 역량에는 역사 사실 이해, 역사 자료 분석과 해석 등 교과를 통해 함양될 수 있는 능력이 포함된다.

참고 OECD의 '핵심역량(key competency)'

'역량'이라는 개념은 OECD의 역량 관련 프로젝트를 통해 일반적인 삶의 질과 관련된 논의로 발전해 왔다. OECD는 DeSeCo(Defining and Selecting Key Competencies) 프로젝트를 통해 '핵심역량(key competency)'을 규명하였는데, 핵심역량은 많은 역량 가운데 삶에서 반드시 필요한 몇 가지의 역량으로 선정된 것을 의미한다. OECD가 제시한 핵심역량의 세 가지 범주는 아래의 표에 제시된 바와 같다.

사회적으로 이질적인 집단에서의 상호작용 능력	자율적인 행동 능력	여러 도구를 상호작용적으로 활용하는 능력
• 다른 사람들과의 관계를 잘하는 능력 • 협동능력 • 갈등을 관리하고 해결하는 능력	• '큰 그림(big picture)' 내에서 행동할 수 있는 능력 • 인생 계획 및 자신의 프로젝트를 구상하여 실행하는 능력 • 자신의 권리, 관심, 한계, 필요 등을 옹호하고 주장하는 능력	• 언어, 상징, 텍스트를 상호작용적으로 활용하는 능력 • 지식과 정보를 상호작용적으로 활용하는 능력 • (새로운) 테크놀로지를 활용하는 능력

OECD가 핵심역량을 규명한 이후에 많은 국가에서는 핵심역량을 중심으로 교육과정을 개편해 왔다. 한국 또한 2015 개정 교육과정을 통해 6가지 핵심역량을 교육과정의 중점 요소로 제시해 왔는데, 이 6가지 핵심역량은 '자기관리 역량', '지식정보처리 역량', '창의적 사고 역량', '심미적 감성 역량', '의사소통 역량', '공동체 역량'이다. 핵심역량은 교육의 목적 또는 결과로서 교육의 내용을 개인과 사회에 적합한 것으로 만들기 위한 틀에 해당한다고 볼 수 있다.

논술에 바로 써먹는
교육학 배경지식

역량중심 교육과정에서 교사의 자율성과 전문성이 어떻게 실현되는지 함께 알아두세요.

교사의 자율성·전문성
• 역량발달이 적절한지의 여부에 따라서 교사가 자율적으로 교육내용을 선정한다.
• 교사의 행위주체성(teacher agency)를 강조한다.
 - '교사의 행위주체성'이란 교사가 특정한 조건에서 외부의 정책적 요구를 조정·채택하는 과정에서 출현하는 것으로, 주로 국가수준에서 제시되는 새로운 교육정책에 대해 학교교육의 행위 주체인 교사가 능동적으로 보여주는 실천방식을 말한다.
• 교사가 교수맥락에 따라서 주체적으로 분과적·간학문적·통합적으로 교육내용을 조직한다.

❹ 역량중심 교육과정 설계방법

(1) 설계의 원리

① 교육과정 설계에서 역량을 우선적으로 고려한다.
② 학생에게 필요한 역량을 규명하고 이를 발달시키기 위한 과정을 탐색한다.

(2) 설계의 특징

① 역량은 지식과는 구분되는 개념이지만, 지식을 통해 개발된다.
 ⇨ 지식은 역량을 개발시키는 수단으로서의 의미를 지닌다.
② 필요한 역량을 가장 잘 발달시킬 수 있는 교육내용을 선정하고 조직하는 일은 상당 부분 교사의 자율성에 맡겨진다.
③ 학생이 주도적으로 참여하는 배움중심의 수업이 강조된다.
④ 과제 수행의 과정이 총체적으로 평가되는 과정중심 평가를 중시하며, 학생이 스스로의 학습을 성찰함으로써 평가에 참여하는 것을 독려한다.

(3) 설계의 예시

백워드 설계(backward design)는 역량중심 교육과정 설계의 하나의 예시이다.

(4) 교사의 역할

① 교사는 필요한 역량을 발달시키기 위하여 교육내용을 선정 및 조직하는 일에 상당한 자율성을 지니는 교육과정 재구성의 전문가로서 역할을 수행한다.
② 교사는 학생이 학습과정 및 평가에 대하여 스스로 성찰하고 배울 수 있도록 돕는 조력자로서의 역할을 수행한다.

(5) 장·단점

① 장점
 ㉠ 불확실하고 변화하는 사회 속에서 학습자가 주체적으로 행동할 수 있는 능력을 개발할 수 있다.
 ㉡ 교육과정을 적극적으로 재구성할 수 있는 설계방식이다.
 ㉢ 교육과정 설계에 있어서 교사에게 많은 자율성을 부여한다.
② 단점
 ㉠ 전통적으로 가치 있게 여겨져 온 지식 체계를 소홀히 여기는 경향이 있다.
 ㉡ 구체적인 교육내용의 조직 및 교수방법에 대한 논의가 부족하다.

구분	교과중심 교육과정	경험중심 교육과정	학문중심 교육과정	인간중심 교육과정	역량중심 교육과정
개념	전통적인 문화 유산의 전달	경험의 계속적인 성장	지식의 구조 탐구	잠재적 능력 계발과 자아실현	핵심역량 발달
주요 논의	• 형식도야론 • 지식의 형식론	• 프로젝트 학습법 • 경험이론	지식의 구조론	교육의 인간화	–
조직 유형	• 분과형 교육과정 • 상관형 교육과정 • 광역형 교육과정 • 융합형 교육과정	• 생활장면 중심 설계 • 활동중심 설계 • 중핵 설계	나선형 교육과정	–	백워드 설계

Chapter

03

교육과정의 개발과 모형

설쌤의
Live Class 🎙

세 번째 챕터에서는 교육과정 설계의 기초와 함께 여러 가지 교육과정 개발모형들을 다룹니다. **교육과정 설계의 요소 및 자원, 설계 시 고려사항**에 대한 학습을 통하여 설계에 대한 기초적인 이해를 지닌 후, **여러 교육과정 개발모형들이 갖는 특징과 개발 절차**에 대해 학습해야 합니다. 특히, 각 개발모형이 등장하게 된 **배경**과 함께 어떠한 **절차상의 특징**을 지니는지에 대한 꼼꼼한 학습이 요구됩니다. 개별 모형마다 중점을 두는 부분이 다르기 때문에 각자의 특징에 따른 장·단점에 대해서도 주의 깊게 살펴서 학습하는 것이 중요합니다.

핵심 `Tag`🏷

타일러의 합리적 – 선형적 개발모형
   전통적인 교육과정 개발모형, 처방적 모형

타바의 단원 개발모형
   단원 개발모형, 교사중심 개발모형, 풀뿌리 개발모형

스킬벡의 학교중심 교육과정 개발모형
   학교중심 교육과정 개발모형(SBCD, School Based Curriculum Development)

위긴스와 맥타이의 백워드 설계모형
   이해중심 교육과정

워커의 자연주의적 개발모형
   숙의 모형, 자연주의적 모형

아이즈너의 예술적 개발모형
   교육적 상상력, 표현적 결과

파이나의 실존적 재개념화
   쿠레레 방법론, 자서전적 방법론

애플의 구조적 재개념화
   학교의 문화재생산 기능

아들러의 파이데이아 제안
   고전 교육과정 부활운동

❶ 설계의 요소와 자원

(1) 설계의 요소

① 교육목표(objectives): 교육을 통해 이루어져야 하는 것은 무엇인가?

② 교과내용(subject matter): 어떠한 내용이 포함되어야 하는가?

③ 방법 및 조직(method and organization): 어떠한 수업전략, 자원, 활동을 채택할 것인가?

④ 평가(evaluation): 교육과정의 결과를 평가하기 위해 어떠한 방법 및 도구가 활용될 것인가?

(2) 설계의 자원

① 과학: 관측될 수 있고 양화될 수 있는 자료와 인간의 사고과정에 과학적 지식 (주로 인지 심리학)을 교육과정 설계에 반영하는 것이다.

② 사회: 사회적 실태나 요구에 대한 분석결과를 교육과정 설계에 반영하는 것이다.

③ 진리관: 과거부터 계승된 전통과 같이 세계의 본질, 삶의 목적, 인간성 등에 대한 이해를 교육과정 설계에 반영하는 것이다.

④ 지식: 교육과정 설계의 주요한 자원으로, 학문적 지식과 비학문적 지식 모두 설계 시 고려된다.

　⊙ 학문적 지식: 물리학, 수학과 같이 특정한 구조, 탐구방법, 학문공동체를 가진 비교적 경계가 뚜렷한 지식을 의미한다.

　ⓛ 비학문적 지식: 독자적인 내용을 가지고 있지 않지만 탐구의 초점에 따라 통합된 지식을 의미한다.

⑤ 학습자: 아동의 학습방법, 흥미·관심, 개인적인 의미 구성 방식과 같은 심리 학적 이해를 교육과정 설계에 반영하는 것이다.

❷ 설계 시 고려사항 기출 01, 03, 06, 09, 11, 17, 22 중등

(1) 수평적 조직

동일 학년 내 내용의 배열에 관한 문제, 교육내용의 횡적 조직, 같거나 비슷한 시간대에 연관성 있는 교육내용을 나란히 배치하여 학습의 효율성을 도모하고자 한다.

① 범위(scope)

　⊙ 내용의 폭과 깊이뿐만 아니라 학생들을 학습에 참여시키기 위하여 창안된 모든 종류의 다양한 교육적 경험을 의미한다.

　ⓛ 좁게는 핵심 주제 및 활동의 목록을, 넓게는 인지적·정의적·행동적 학 습과 같이 교육과정 내의 학습영역을 의미하기도 한다.

② 통합성(integration)
  ㉠ 학습자가 지식을 하나의 통합된 것으로 이해하도록 교육과정의 모든 부분을 밀접하게 관련시킨다는 의미로, 다양한 요소 간의 수평적 관계를 강조한다.
  ㉡ 통합성이 고려된 교육과정은 분과 학문을 물리적으로 결합하는 다학문적 접근을 의미하는 것은 아니며, 주로 실제 생활의 관심사로부터 추출된 주제 또는 사회·정치적 이슈를 중심으로 교육과정을 조직하는 것이다.

(2) 수직적 조직

내용의 학년 간 배열의 문제, 교육내용의 종적 조직, 시간적 순서에 따라 교육내용을 순차로 배치하여 수업의 효율성을 높이고자 한다.

① 계열성(sequence)
  ㉠ 누적적·계속적인 학습을 촉진하기 위하여 교육과정 요소들을 효과적으로 배열하는 것으로, 일련의 연속적인 경험이 이전의 것에 너비와 깊이를 더해가는 것과 관련된다.
  ㉡ 계열성의 일반적인 원칙은 '단순 ⇨ 복잡', '전체 ⇨ 부분', '이전 ⇨ 이후(연대기적 순서)', '구체적인 경험 ⇨ 개념'의 네 가지이며, 교육내용은 나선형으로 심화·확대되어야 한다.
② 계속성(continuity): 교육과정 전반에 걸쳐서 폭과 깊이를 넓혀야 하는 주요 아이디어와 기능들을 반복하는 것을 의미한다.

(3) 총체적 조직

① 연계성(articulation)
  ㉠ 교육과정의 여러 측면이 상호 관련성을 맺도록 설계하는 것이다.
  ㉡ 수직적 연계성: 교육과정 계열상의 어떤 측면이 나중에 나오는 수업(lesson), 주제(topics), 과정(courses)과 갖는 관계를 의미하는 것으로, 학생이 후속 학습의 선행조건이 되는 학습을 받을 수 있도록 보장하는 문제와 관련 있다. 즉, 후속 학습의 출발점이 이전 학습의 종결점과 맞물리게 내용을 조직해야 한다.
    ⓐ 이처럼 수직적 연계성은 서로 맞물리는 학교급 또는 학교 간의 접합 지점에서 특정 내용 요소 간의 자연스런 관계를 맺는 것을 강조한다.
      예 초등학교 6학년 수학의 영역과 수준이 중학교 1학년 수학과 자연스럽게 연계되는 것
    ⓑ 학년이 증가함에 따라 동일 분야 또는 영역의 내용이 계열적·반복적으로 계속될 때, 학습의 효과가 증대된다는 근거를 토대로 제기된 원칙이다.
  ㉢ 수평적 연계성: 동일 학년 내 교과 간에 유사한 개념이나 주제, 기능 등이 있을 때, 이들 내용 요소들이 동일한 수준으로 다루어질 수 있도록 조직해야 한다는 것이다. 수평적 연계는 연계의 주된 초점이 내용 간 '수준'에 있다고 할 수 있다.
    참고 수평적 연계의 주된 초점이 내용 간 '수준'이라는 점에서 내용 간 '연결'에 주된 관심을 두는 통합과 구분됨

기출논제 Check ✓
기출 22 중등
송 교사가 계획하는 교육과정 재구성의 구체적인 방법(교과 내 단원의 범위와 계열) 2가지

기출 17 중등
B 교사가 채택하고자 하는 원리 1가지(통합성)와 그 외 내용 조직의 원리 2가지(연계성 제외) (계속성, 계열성)를 제시

기출 22 중등
기출논제 Check ✓
송 교사가 언급한 교육과정의 수직적 연계성이 학습자 측면에서 갖는 의의 2가지

② 균형(balance)
  ㉠ 교육과정에서 왜곡이 발생하지 않도록 설계의 각 측면에 적절한 비중을 부여하는 것을 의미한다.
  ㉡ 학생들이 각자의 개인적·사회적·지적 목표에 적합한 방식으로 지식을 습득·내면화·활용하기 위해서는 교육과정 설계상 균형 확보가 필수이다.

개념확대⊕
Zoom IN

선형적(線形的)
선처럼 길게 일렬로 나아가는 것

02 타일러(Tyler)의 합리적 - 선형적 개발모형

기출 03, 04, 06, 07, 08, 09, 10, 11, 17, 19 중등 / 99, 01, 06, 07, 10, 12 초등

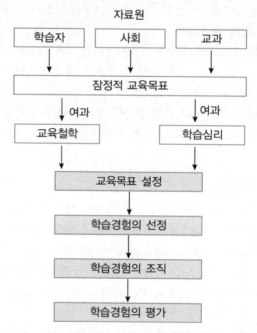

[그림 2-3] 타일러의 합리적 - 선형적 개발모형

❶ 개요 및 절차

(1) 등장 배경 및 개요
  ① 등장 배경
    ㉠ 타일러는 시카고 대학 시절 저드(Judd), 보비트(Bobbit), 카운츠(Counts)의 영향을 받아, 과학적인 절차에 기반을 둔 교육과정 개발 절차를 고민하게 되었다.

ⓛ 1933~1941년 동안 진행된 '8년 연구'에서 타일러는 평가 책임자로 참여하였으며, 이때의 경험은 그가 학교 교육과정 개발 절차에서 교육목표의 달성 여부를 검증하는 '학습경험의 평가'를 중시하게 된 배경이 되었다.

ⓒ 1949년 타일러는 교육과정학 초급 강좌인 '교육학 360' 수업의 강의자료를 정리하여 『교육과정과 수업의 기본 원리』를 출판하였으며, 이 저서는 '타일러 논리'로 대변되는 교육과정 개발모형의 전형이 되었다.

② 개요

㉠ 타일러의 교육과정 개발모형은 전통적인 교육과정 개발의 전형으로 여겨져 왔으며 국가·지역·학교수준 교육과정을 개발하는 데 활용되었다.

ⓛ 합리적 – 선형적 개발모형은 교육과정을 개발할 때 어떤 문제를 어떤 순서로 어떻게 해결할 것인가에 대한 원리를 체계적·합리적으로 처방해준다.

(2) 절차

① 교육목표 설정: 학교는 어떤 교육목표 달성을 위하여 노력해야 하는가?
② 학습경험 선정: 교육목표 달성을 위하여 어떤 학습경험들이 제공될 수 있는가?
③ 학습경험 조직: 선정된 학습경험들을 효과적으로 조직하는 방법은 무엇인가?
④ 학습경험 평가: 학습 경험의 효과는 어떻게 평가될 수 있는가? 의도한 교육목표가 달성되었는지의 여부를 판단하는 방법은 무엇인가?

② 교육목표 설정 시 고려해야 할 사항

(1) 잠정적인 교육목표 설정

① 학습자에 관한 연구: 교육과정의 최종 수혜대상이 되는 학습자에 대한 연구이다.
② 사회의 요구에 관한 조사: 건강, 가족, 여가, 직업, 종교, 소비, 시민활동 등 현대 사회생활에서 중요한 측면들을 확인한다.
③ 교과전문가의 견해: 시민들에게 가장 중요한 지식은 무엇인가에 대한 교과 전문가의 목표에 대한 제안과 권고이다.

(2) 최종적인 교육목표 설정

① 잠정적인 교육목표를 '교육철학'과 '학습심리학'이라는 체(screen)로 여과하여 설정한다.
② 교육철학: 좋은 삶과 좋은 사회의 성격에 대한 교육자의 가치관이다.
  ⇨ 잠정적 교육목표의 바람직성과 우선순위를 정한다.
③ 학습심리학: 학습자의 발달 상황과 학습 환경에 대한 이해를 말한다.
  ⇨ 학습가능성과 교수가능성을 따진다.

(3) 최종적인 교육목표 진술

타일러는 보비트를 계승하여 교육목표는 '행동목표'로 진술할 것을 제안한다.

1. 블룸의 교육목표 분류학 `기출` 10 중등 / 11 초등

(1) 개요

블룸은 타일러의 논리에서 가장 핵심적인 문제인 '교육목표의 설정'과 관련하여 보다 엄밀한 정의가 필요하다고 판단하였으며, 생물학의 분류 체계(계, 문, 강, 목, 과)에서 힌트를 얻어 인지적 · 정의적 영역의 교육목표를 명료하게 정의하고자 했다.

(2) 인지적 · 정의적 영역의 교육목표

① 인지적 영역의 교육목표

ㄱ 지식

ⓐ **특수사상에 관한 지식**: 구체적 · 단편적인 정보의 상기

ⓑ **특수사상을 다루는 방법과 수단에 관한 지식**: 조직방법, 연구방법, 판단방법, 비판방법에 관한 지식

ⓒ **보편적 · 추상적 사상에 관한 지식**: 현상과 개념이 조직되는 주요 개념, 체계 및 형태에 관한 지식

ㄴ 이해

ⓐ **번역**: 의사소통 형태가 바뀌더라도 원래의 자료에 포함된 내용을 아는 능력

ⓑ **해석**: 의사소통 자료를 설명하거나 요약하는 능력

ⓒ **추론**: 주어진 자료를 넘어서서 자료에 포함된 의미, 귀결, 효과 등을 결정하기 위해 원래의 자료에 기술된 조건과 일치하는 경향과 추세를 확장하는 능력

ㄷ **적용**: 특정한 구체적인 사태에 추상적 개념을 사용하는 능력

ㄹ 분석

ⓐ **요소의 분석**: 자료에 포함된 요소의 발견

ⓑ **관계의 분석**: 자료의 요소와 부분 간의 연결, 상관관계의 발견

ⓒ **조직 원리의 분석**: 자료의 구조와 조직을 분석하는 능력

ㅁ **종합**: 여러 개의 요소나 부분을 하나의 전체로 묶는 능력

ⓐ **독특한 의사 전달 자료의 창조**: 자기의 생각, 감정, 체험 등을 전달하기 위한 자료를 만드는 것

ⓑ **조작의 계획 및 절차의 창안**: 계획을 수립하는 능력

ⓒ **추상 관계의 도출**: 특정 자료나 현상을 분류 또는 설명하기 위해 추상적 관계를 도출하는 것

ㅂ 평가

ⓐ **내적 검증에 의한 판단**: 논리적 정확성, 일관성, 기타 내적 준거의 증거에 의해 의사소통 자료의 정확성을 판단하는 능력

ⓑ **외적 준거에 의한 판단**: 선택 또는 기억된 준거에 따라 자료를 평가하는 능력

② 정의적 영역의 교육목표

ㄱ 감수

ⓐ **자진감수**: 주어진 자극을 피하지 않고 기꺼이 관용하려는 행동

ⓑ **주의집중**: 여러 자극 중에서 마음에 둔 자극을 선택하고 거기에 주의를 기울이는 것

개념확대 ⊕
Zoom IN

준거(準據)
사물의 정도나 성격 따위를 알기 위한 근거나 기준

ⓛ 반응
　　ⓐ **순종반응**: 어떤 자극에 대한 수동적인 반응으로서, 그런 반응을 할 필요
　　　성을 충분히 납득하고 있는 것은 아님
　　ⓑ **자진반응**: 외부의 암시에 의한 반응이 아닌 자신의 선택에서 오는 자발
　　　적 반응
　　ⓒ **만족반응**: 만족감, 즐거움을 맛보기 위한 자발적 반응
ⓒ 가치화
　　ⓐ **가치수용**: 개인이 은연중에 충분한 근거가 있다고 보는 어떤 명제나 사
　　　상을 정서적으로 받아들이는 것
　　ⓑ **가치채택**: 단순한 가치수용을 넘어서서 그 가치를 믿고 적극적으로 추구
　　　하는 것
　　ⓒ **확신**: 자신의 신념에 다른 사람이 따르도록 설득하는 것
ⓔ 조직화
　　ⓐ **가치의 개념화**: 자신의 신념을 추상적인 수준에서 개념화하는 것
　　ⓑ **가치체계의 조직**: 분리된 여러 가치를 한데 묶고 서로 질서 있고 조화롭게
　　　관계 짓는 것
ⓜ 인격화
　　ⓐ **일반화된 행동태세**: 어떤 특정 순간에도 태도 및 가치체계에 내적 일관
　　　성을 부여하는 것
　　ⓑ **인격화**: 일반화된 행동태세를 넘어서서 자신의 행동이나 신념 내에서 언
　　　제나 내적 합치성을 유지하는 것

2. 메이거의 행동적 수업목표의 설정

(1) 개요
메이거는 보비트 이래로 교육목표를 진술하는 데 활용되어 온 행동목표를, '잘못
해석될 여지가 없는' 용어인 '행동용어'로 사용하자고 제안하였다.

(2) 메이거의 교육목표 진술방법
① 메이거는 기존의 진술방법인 '내용 + 행동'을 보다 세분화하고자 했다.
② 교육목표 진술의 세 가지 조건
　ⓐ **종착행동의 종류**: 학습자가 목표에 도달한 증거로 받아들일 수 있는 종착행
　　동의 종류를 명시해야 한다.
　ⓑ **중요한 조건**: 바라는 행동이 일어날 것이라고 기대되는 중요한 조건을 상술
　　해야 한다.
　ⓒ **정확도**: 학생의 종착행동의 성취가 어느 정도로 정확할 때 목표가 달성되었
　　다고 판정할 수 있는가의 기준을 제시해야 한다.
　　예 **교육목표**: 10개의 세 자릿수 덧셈 문제가 주어졌을 때, 계산기를 활용하지 않고
　　　7개 이상을 풀 수 있다.
　　　- 종착행동의 종류: 세 자릿수 덧셈 문제를 푼다.
　　　- 중요한 조건: 계산기를 활용하지 않는다.
　　　- 정확도: 10개 중 7개 이상을 풀 수 있다.

기출 19 중등

기출논제 Check ✓

타일러(R. Tyler)의 학습경험 선정 원리 중 기회의 원리로 첫째 물음을 설명하고, 만족의 원리로 두 번째 물음을 설명

❸ 학습경험 선정 원리

(1) 개념

① 학습경험은 학습자와 외적 환경과의 상호작용으로, 학습은 학습자가 행한 행위를 통해서 이루어진다. ⇨ 학습경험은 학생들에게 무엇을 제공했느냐의 문제라기보다 학생들이 무엇을 경험했는가의 문제

② 교육과정 개발자나 교사의 입장이 아니라 학습자를 중심으로 교육경험을 선정해야 한다.

(2) 학습경험 선정의 원리

교육목표를 달성하기 위해 유용한 학습경험은 어떤 것이어야 하는가?

① 기회의 원리: 특정 교육목표를 달성하기 위해서는 그 목표가 의도하는 행동을 학습자가 스스로 경험해볼 수 있는 기회가 학습경험에 내포되어야 한다.

② 만족의 원리: 학생이 교육목표가 권고하는 행동을 수행하는 과정에서 만족감을 느껴야 한다.

③ 가능성의 원리: 학습경험에서 요구되는 학생의 반응이 현재 그 학생의 능력 범위(현재 학습능력, 발달수준 등) 안에 있어야 한다.

④ (일목표) 다경험의 원리: 하나의 교육목표 달성에 사용할 수 있는 학습경험은 여러 가지가 있을 수 있다.

⑤ (일경험) 다성과의 원리: 하나의 학습경험이 대개 여러 가지 학습성과를 가져오므로, 동일한 조건이라면 학습경험을 선정할 때 여러 교육목표 달성에 도움이 되고 전이효과가 높은 학습경험을 선택한다.

기출 17 중등

기출논제 Check ✓

B 교사가 채택하고자 하는 원리 1가지(통합성)와 그 외 내용 조직의 원리 2가지(연계성 제외)(계속성, 계열성)를 제시

❹ 학습경험 조직의 원리 및 구조

(1) 학습경험 조직의 원리

① 계속성(continuity): 같은 내용의 반복
   ㉠ 중요한 경험 요소가 어느 정도 반복되도록 조직해야 한다.
   ㉡ 주요한 교육과정 요소를 시간을 두어 연습하고 계발할 수 있도록 여러 차례에 걸쳐 반복적으로 기회를 주는 것이다.

② 계열성(sequence): 다른 내용들의 순서적 배열
   ㉠ 점차 경험의 수준을 높여 더욱 깊이 있고 폭넓은 학습이 가능하도록 조직해야 한다.
   ㉡ 계속성과 관련되지만 그 이상의 것으로 같은 수준이 아니라 이해, 기능, 태도, 흥미 등이 조금씩 다른 수준으로 단계적으로 깊어지고, 넓어지고, 높아지도록 조직하는 것이다.

③ 통합성(integration): 교육과정 요소를 수평적으로 연관시키는 것
   ㉠ 각 학습경험을 제각기 단편적으로 구획하는 것이 아니라, 횡적으로 조화롭게 연결 지어 조직해야 한다.

(2) 학습경험의 조직 구조

① **상층구조**: 커리큘럼의 전체적인 테두리를 결정하는 문제로 교과목 중심, 교과 영역 중심, 공통문제 중심, 학생활동 중심의 구조가 존재한다.

② **중층구조**: 상층구조의 각 하위 영역의 조직을 결정하는 문제로 계열성을 고려하여 학습경험을 조직하는 '계열구조'와, 비연속적으로 학습경험을 조직하는 '비계열구조'가 존재한다.

③ **하층구조**: 학습내용을 가장 작은 단위로 조직하는 문제로 차시수업(lesson), 주제(topic), 단원(unit) 등을 의미한다.

❺ 학습경험 평가

(1) 개념

조작된 학습경험이 기대된 결과를 실제적으로 얼마나 만들어 냈는지를 확인하는 단계이다.

(2) 학습경험 평가의 원칙

① 교육목표가 행동목표로 진술되었듯이 학습경험의 평가도 학생의 행동을 평가 대상으로 삼는다.

② 학생의 행동변화를 평가하기 위해 일정 기간 내에 적어도 두 번 이상의 평가 작업이 필요하다.

③ 평가의 방법은 지필평가 외에도 관찰, 인터뷰, 설문지, 포트폴리오 등 다양한 방법이 동원될 수 있으며, 평가의 타당성과 신뢰도가 확보되어야 한다.

❻ 장·단점

(1) 장점

① **실용성**: 어떤 교과나 수업의 수준에서도 활용·적용될 수 있다.

② **명료한 평가 지침**: 교육목표를 명료한 행동목표로 진술함으로써 교사가 뚜렷한 기준에 근거하여 학습경험을 평가할 수 있다.

③ **용이성**: 논리적이고 합리적인 절차를 제시하고 있으므로 교육과정 개발자나 교사가 쉽게 따라할 수 있다.

④ **종합성**: 교육과정 개발과 설계의 모든 면에서 활용될 수 있다.

(2) 단점

① **교육과정의 내용 도외시**: 목표를 내용보다 우위에 두기 때문에 내용을 단순 목표 달성을 위한 수단으로 전락시켰다.

② **수업의 역동성 무시**: 교육목표(평가 준거)를 미리 설정하기 때문에 수업 진행 중 새롭게 생겨날 수 있는 표현적 결과를 평가에 반영할 수 없다.

③ 실제 교육과정 개발과의 괴리: 교육과정 개발 절차를 체계적·합리적·규범적으로 처방하여 제시할 뿐, 실제 다양한 참여자들의 역동 속에서 이루어지는 교육과정 개발 절차를 제대로 설명하지 못한다.

03 타바(Taba)의 단원 개발모형 기출 10 중등

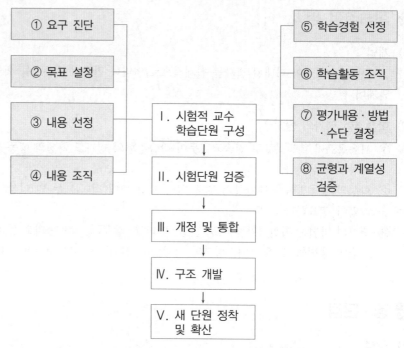

[그림 2-4] 타바의 단원 개발모형

❶ 개요 및 절차

(1) 개요

① 교육과정의 개발이 중앙집중적·하향식으로 이루어지던 당대의 흐름을 비판하면서 등장하였다.

② 교사가 중심이 되어 교육과정의 구체적인 내용들을 개발하고, 내용들을 귀납하여 교육과정 일반을 설계하자는 제안이다.

③ 교사에 의한 단원 수준의 교육과정 개발을 강조하였다.

④ '단원 개발모형', '교사중심 개발모형', '풀뿌리 개발모형'으로도 불린다.

(2) 타바의 풀뿌리 논리(grassroots rationale) 8단계

① **요구 진단:** 교육과정 계획의 대상이 되는 학생들의 요구를 확인한다.

② **목표 설정:** 주의가 필요한 요구를 확인 후, 성취되어야 할 목표를 구체화한다.

③ **내용 선정:** 선정 또는 생성된 목표에 맞는 교과 또는 내용을 선정한다. 목표와 내용은 서로 연결되어야 하며, 선정된 내용의 타당성과 중요성이 이 단계에서 판정되어야 한다.

④ **내용 조직:** 선정된 내용을 학습자의 발달수준, 학업성취, 흥미 등을 고려하여 계열성에 따라 조직한다.

⑤ **학습경험 선정:** 학생을 학습에 참여하도록 하는 수업방법을 선정한다.

⑥ **학습활동 조직:** 내용의 조직방식에 따라 학습경험을 조직하되, 학생의 특성에 따라 조직방식을 달리할 수 있다.

⑦ **평가내용·방법·수단 결정:** 평가 내용과 방법, 도구 등을 결정한다.

⑧ **균형과 계열성 검증:** 개발된 단원 내용이 균형있고 계열성에 따르는지 검토한다.

(3) 개발된 단원의 활용 단계

① **1단계 – 시험적 교수·학습 단원 구성:** 풀뿌리 논리에 따라 시험 단원의 구성이 이루어진다.

    ㉠ 학년별 또는 교과영역별로 시험적 교수학습 단원을 교사가 만들어 내는 일이다.

    ㉡ 여기에는 8개의 하위 단계(요구 진단, 목표 설정, 내용 선정, 내용 조직, 학습경험 선정, 학습활동 조직, 평가내용·방법·수단 결정, 균형성과 계열성의 검증)가 순차적으로 따라오게 된다.

② **2단계 – 시험 단원 검증:** 잠정적으로 구성된 단원의 검증이다.

    ㉠ 이 단계의 목적은 시험 단원이 다른 학년 수준 또는 교과영역으로 확장될 수 있는지의 여부를 검토해본다. 즉, 교육과정 일반에 적용 가능한지를 확인한다.

③ **3단계 – 개정 및 통합:** 개발된 단원을 개정 및 통합하여 모든 유형의 학급에도 잘 맞는 보편화된 교육과정을 개발한다.

    ㉠ 단원들은 서로 다른 차이를 보이는 학습자들의 요구와 능력, 서로 다른 교육자원(시설, 설비, 재정), 서로 다른 교수형태에 맞추어 수정이 거듭되어야 온갖 형태의 교실상황에 쓰일 수 있다.

④ **4단계 – 구조 개발:** 여러 개의 단원들을 구조화하여 전체적인 범위와 계열성을 검증한다.

    ㉠ 여러 개의 단원들이 개발된 후에 교육과정 개발자들은 범위의 적정성과 계열의 적절성을 시험해야 하며, 교육과정 전문가들은 이런 과정을 거쳐 개발된 교육과정에 대해 정당화할 책임이 있다.

⑤ **5단계 – 새 단원 정착 및 확산:** 새 단원을 실제 교실 수업에 본격적으로 투입·정착시키고, 교수자들의 현직 연수 등을 통해 확산시켜 나간다. 교육 행정가들은 교사들에 대한 현직 연수를 확산해 나가는 것이 필요하다.

❷ 특징

① 교사중심의 교육과정 개발모형이기 때문에 현장 지향적이며 교사의 역할을 강조한다.
② 단원을 개발하여 교과와 교육과정 일반을 설계하자는 점에서 귀납적이다.
③ 교사가 학습자의 흥미와 요구를 지속적으로 진단하여 반영한다.
> **참고** 타일러는 외부전문가가 학습자, 사회, 교과의 요구를 분석한다.
④ 일련의 개발 절차를 제시하는 처방적인 모형이다.
⑤ 내용과 학습경험을 구별하여 개발 단계를 설정한다.

❸ 장·단점

(1) 장점

① 타일러의 합리성 단계를 세분화하였으며, 수업 수준에서 교수·학습활동을 어떻게 전개할 것인지의 문제에 대해 답을 제공한다.
② 교육의 성공적인 변화를 이루기 위하여 교육과정 개발 과정에 교사의 참여를 독려하는 최근의 추세에 부합한다.

(2) 단점

① 단원 개발에서 교육과정 일반으로 나아가는 모형의 특성상, 교사가 개별 교과 또는 매 차시 수업에 천착하면서 전체 교육과정에 대한 이해로 나아가지 못할 수 있다.
② 국가 및 지역 단위 교육과정 개발을 교사에게 맡기는 것은 부적절할 수 있다.
③ 교사의 경우, 개별 교과를 가르침으로써 개별 교과의 시야에 매몰되어 전체 교육과정을 못 본다는 점, 전반적인 철학보다 구체적인 실천에 주목한다는 점, 교육실천에 많은 관심과 경험이 있기 때문에 지나치게 실제적이고 구체적인 측면에 주목한다는 점, 자신이 가르치는 교과의 이해관계에서 벗어나기 어렵다는 점 등이 문제점으로 지적된다.

스킬벡(Skilbeck)**의 학교중심 교육과정 개발모형**

❶ 명칭 및 개념

(1) 명칭
학교중심 교육과정 개발모형(SBCD; School Based Curriculum Development)

(2) 개념
학교 현장의 특성을 반영하여 교육과정을 개발하는 모형으로, 교사를 교육과정 개발에 적극 참여하도록 하여 개별 학교와 교사 및 학생의 특성을 반영한다.

❷ 특징

① **상황분석 중시**: 사회의 특징과 학교의 교육상황을 비판적으로 분석하는 '상황분석'을 교육과정 개발의 출발점으로 본다.

② **학교 특성에 따른 교육과정 구성**: 교육과정이 학교, 교사, 학생의 특성에 따라 다르게 구성되어야 함을 강조한다.

③ **개방적·비선형적 모형**: 교육과정 개발자가 인식하고 있는 요구에 적합하다고 생각하는 단계에서 모형 시작을 권고하기 때문에 순서와 무관하게 시작이 가능하며 단계의 결합 또한 가능하다는 점에서 비선형적인 특징을 지닌다.

④ **역동적·상호작용적 모형**: 교사, 학생, 학부모, 지역사회의 요구에 따라 수정 가능하기 때문에 역동적이고 상호작용적인 모형이다.

⑤ **학생의 요구 반영**: 학생의 요구를 즉각 반영할 수 있어 유연하고 효과적인 수업이 가능하다.

❸ 개발 절차

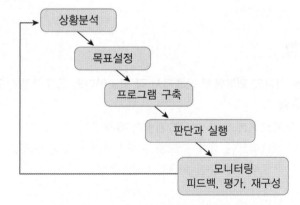

[그림 2-5] 스킬벡의 학교중심 교육과정 개발모형

(1) 상황분석

① 교육과정이 개발되는 인식론적·사회적 맥락과 교육과정 개발자에게 부과되는 여러 요인들을 종합적으로 검토하는 것으로, 외적 요인과 내적 요인을 포함한다. 상황분석은 타일러 모형에서 추가된 특징적인 것으로, 교육과정이 학교나 교사, 학생의 개별적 특성에 따라 개발·구성되어야 함을 강조한다.

② 상황분석 요인
　㉠ 외적 요인: 사회·문화적 변화와 기대, 교육체제 권고, 변화하는 교과의 성격, 교사 지원체제, 학교 자원 흐름 등을 들 수 있다.
　㉡ 내적 요인: 학생의 적성·능력·교육적 요구, 교사의 가치관·태도·기능·지식·경험·강점과 약점, 현재 교육과정에서 파악된 문제와 단점, 학교의 환경과 정치적 구조, 학교의 시설 등을 들 수 있다.

(2) 목표 설정

예견되는 학습결과를 진술함으로써 교사와 학생의 행동을 강화할 수 있는 목표를 설정한다. 목표는 상황분석에 기초하며, 교육적 행위의 방향을 제시하기 위한 가치나 판단을 포함한다.

(3) 프로그램 구성

① 교수·학습활동의 설계: 내용, 교수·학습활동의 계열, 폭과 깊이, 계열성
② 적절한 보조자료와 매체 선정
③ 인사배치와 역할분담
④ 교육환경 및 시간표 설계

(4) 판단과 실행

교육과정에 변화를 일으키는 저항, 혼란을 일으킬 수 있는 문제들을 미리 예측하고 경험, 관련 이론, 통찰력을 통해 문제를 해결한다.

(5) 평가(모니터링, 점검, 피드백, 측정, 재구성)

'연속적으로(continuous)' 평가되어야 할 문항들을 점검하고, 평가를 통해 교육과정을 끊임없이 재구성한다.

* 정영근, 2002

❹ 개발 유형*

(1) 주요 지침은 학교의 외부에서 정해져서 각 학교마다의 독특한 방식으로 주도권을 발휘하는 유형

① 국가수준 프로젝트의 부산물로 개발된 유형
② 국가수준 프로젝트에 대해 학교가 주도적으로 대응하여 개발된 유형
③ 국가수준 프로젝트의 중점 학교가 되는 유형

(2) 대부분의 주도권을 각 학교가 지니면서 학교 특유의 개발을 추진하는 유형

　① 학교가 독자적인 운영방식을 개발한 유형

　② 학교의 특정한 수업적인 요구를 고려하여 개발된 유형

❺ 장·단점

(1) 장점

　① 각 학교의 특성을 고려한 교육과정 개발이 용이하다.

　② 교육과정에 교사를 참여시킴으로써 교사의 전문성과 자율성을 증진시킨다.

　③ 실제 커리큘럼의 효과성을 제고한다.

　④ 학습자중심 교육과 유연한 교육이 가능하다.

　⑤ 창의적인 교육과정 개발이 가능하다.

(2) 단점

　① 교육과정 개발자로 교사가 참여할 시, 교사는 업무의 부담을 느낄 수 있다.

　② 교육과정 개발에 필요한 적절한 훈련이 부재할 경우 교육과정 개발이 효율적으로 진행되지 못할 수 있다.

　③ 객관적인 평가가 어렵다.

　④ 명확한 목표를 설정하지 않기 때문에 혼란을 야기할 수 있다.

05 위긴스(Wiggins)와 맥타이(McTighe)의 백워드 설계모형

기출 12, 15 중등 / 10 초등

❶ 개념

(1) 백워드 설계의 개념

　① '이해중심 교육과정'의 별칭으로, 학교 또는 학급수준 교육과정 설계모형으로 널리 활용되고 있다.

　② 교육과정 설계를 통해서 학생들의 이해를 개발·심화시키는 데 목적을 둔다.

　③ '백워드(거꾸로)'라는 말의 의미는 기존의 교육과정 설계가 교육목표 설정, 학습내용 선정·조직, 평가의 선형적인 순서로 진행되는 것과 달리, 학습자가 개발해야 할 이해를 확인한 뒤 그것을 확인할 수 있는 평가방법을 설정하고, 학습경험과 수업계획을 설정한다는 점에서 기존 교육과정 설계의 '역순'으로 진행된다는 것을 뜻한다.

기출 15 중등

기출논제 Check ⊘

A중학교가 내년에 중점을 두고자 하는 교육과정 설계방식(백워드 교육과정 설계)의 특징 3가지

(2) 백워드 설계에서 '이해'의 개념

① 백워드 설계가 학습자에게 개발하고자 하는 '이해'란 영속적 이해(enduring understanding)를 의미하며, 학습자가 사실을 모두 잊어버려도 남아 있는 가장 포괄적인 수준의 일반화(generalizaton) 원리이다.

② '이해'란 지식의 완전한 습득과 적용을 의미하며, 학습자들이 습득한 지식을 서로 연관지어 맥락 속에서 의미를 파악하고, 새로운 상황에 유연하고 유창하게 적용시킬 수 있을 때 이해에 도달한다고 말할 수 있다.

③ 이러한 점에서 '과제 수행을 위해 개인의 능력을 총체적으로 활용하는 능력'인 역량의 개념과 맥을 같이 한다.

❷ 절차

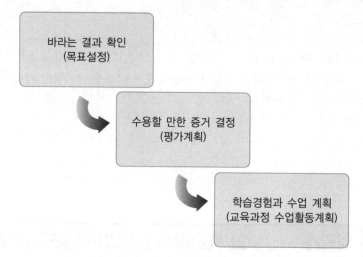

바라는 결과 확인
(목표설정)

수용할 만한 증거 결정
(평가계획)

학습경험과 수업 계획
(교육과정 수업활동계획)

[그림 2-6] 백워드 설계의 단계

(1) 1단계 – 바라는 결과 확인하기(Identify desired results)

① **교육과정 풀기:** 성취기준과 교육내용을 분석하여 바람직한 학습 결과를 찾아내는 작업으로, 국가 교육과정 문서의 성취기준과 내용 체계, 국가 교육과정 해설서 등을 활용한다.

② **중요한 교육내용 선정:** 차시 수업에서 학생이 습득해야 할 핵심 개념, 이해, 핵심 기능을 확인한다. 이때 이해는 특정 단원을 넘어서서 학생이 도달하기를 바라는 일반적이고 전이 가능한 '포괄적 이해'와 교과의 단원이나 소재와 결합된 구체적인 '소재적 이해'를 모두 포함한다.

③ **핵심 질문 개발:** 학생이 탐구를 통해 도달해야 할 지향점을 설정하는 작업으로 '소재적 이해'와 '포괄적 이해'를 확인하는 질문을 개발한다.

(2) 2단계 – 수용할 만한 이해의 증거 결정하기(Determine acceptable evidence)

① 수행평가 계획하기: 하나의 과제는 '설명하기, 해석하기, 적용하기, 관점 가지기, 공감하기, 자기 지식 가지기'의 이해의 6가지 측면 중 하나를 포함하여 계획된다. 실생활에 가까운 맥락에서 열린 문제를 활용하여 평가하는 수행과제 및 프로젝트 평가, 그것을 채점할 루브릭을 만든다. ⇨ 영속적 이해를 가능하게 하는 빅 아이디어와 핵심 과제, 알고 할 수 있는 것과 관련된 개념과 기능들에 대한 평가 계획

② 다른 증거 결정하기: 선택형 문항, 단답형 문항, 서술식 문항과 같은 전통적인 시험이나 퀴즈 등을 개발하고, 자기평가 기회를 부여하도록 계획한다. ⇨ 친숙할 필요가 있는 정보와 사실들, 알고 할 수 있어야 하는 것과 관련된 정보, 사실, 개념, 기능을 평가하기 위한 계획

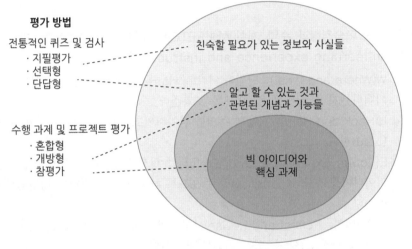

평가 방법

전통적인 퀴즈 및 검사
· 지필평가
· 선택형
· 단답형

친숙할 필요가 있는 정보와 사실들

알고 할 수 있는 것과 관련된 개념과 기능들

수행 과제 및 프로젝트 평가
· 혼합형
· 개방형
· 참평가

빅 아이디어와 핵심 과제

[그림 2-7] 교육내용의 우선순위와 그에 따른 평가방법[*]

* Wiggins & McTighe, 2008: 219

> **참고** 이해의 6가지 측면을 활용한 평가활동

이해의 측면	수행 동사	평가활동
설명하기	설계한다, 예측한다 종합한다, 논증한다 증명한다	• **설명**: 사건이나 아이디어들을 '왜' 그리고 '어떻게'를 중심으로 서술하는 능력 ⇨ 자신의 언어로 주요 아이디어를 말하고 관련짓고, 추리를 설명하도록 요구함
해석하기	비평한다, 평가한다 비유하다, 번역하다 유추한다, 판단한다	• **해석**: 의미를 제공하는 서술이나 번역 ⇨ 이야기, 자료, 상황, 주장을 이해하도록 요구함
적용하기	적용한다, 결정한다 산출한다, 사용한다 제안한다, 해결한다	• **적용**: 지식을 새로운 상황이나 다양한 맥락에 효과적으로 사용하는 능력 ⇨ 지식과 기능을 새로운 상황에서 사용하도록 요구함

이해의 측면	수행 동사	평가활동
관점 가지기	분석한다, 주장한다 비평한다, 추론한다 비교한다, 대조한다	• **관점**: 비판적이고 통찰력 있는 견해 ⇨ 관점을 전환하거나 상이한 관점으로 사물을 볼 수 있고 사건의 다른 측면을 명료화하여 비판적인 자세를 가질 수 있도록 요구함
공감하기	고려한다, 상상한다 ~와 같다, 관련짓다	• 타인의 감정과 세계관을 수용할 수 있는 능력 ⇨ 타인의 방식을 수용하는 것이 아니라 다양한 사고와 감정을 이해하도록 요구함
자기 지식 가지기	인식한다, 반성한다 자기평가한다	• 자신의 무지를 아는 지혜 혹은 자신의 사고와 행위를 반성할 수 있는 능력 ⇨ 학생이 가지고 있는 편향된 생각을 알고 자신의 사고과정이나 행동 패턴을 인식하도록 요구함

(3) 3단계 – 학습경험과 수업 계획(WHERETO에 따른 교수·학습활동 계획하기) (plan learning experience and instruction)

① W(Where and What): 단원이 어디로(where) 향하고 있는지, 무엇을(what) 기대하는지 학생이 알 수 있도록 도와준다.

② H(Hook and Hold): 학생의 주의를 환기시키고(hook), 그들의 흥미를 유지(hold)한다.

③ E(Equip, Experience, and Explore): 학생을 준비(equip)시키고, 주요 아이디어를 경험(experience)할 수 있도록 하며, 이슈를 탐험(explore)하도록 돕는다.

④ R(Rethink, Reflect and Revise): 학생의 이해와 활동을 재고(rethink)하고 개정(revise)할 수 있는 기회를 제공한다.

⑤ E(Evaluate): 작품과 향상도를 평가(evaluate)한다.

⑥ T(Tailor): 서로 다른 요구와 흥미, 학습자의 능력에 맞춰(tailor) 개별화한다.

⑦ O(Organize): 효과적인 학습뿐만 아니라 주도적·지속적인 참여를 최대화할 수 있도록 조직(organize)한다.

③ 특징

① 성취기준 강조: 성취기준을 목표설정 과정에 반영하며, 목표를 중심으로 평가와 수업을 계획한다.

② 평가계획 선행 및 강조: 학습내용 선정에 앞서 평가계획을 매우 구체적으로 수립한다.

③ 영속적 이해를 강조한다.

④ 장 · 단점

(1) 장점

① 목표와 평가에 따른 내용 설계를 하므로 목표, 내용, 평가가 일체화된다.

② 목표설정과 함께 평가계획을 고려하여 통합적으로 설계하므로 교육에 대한 교사의 책무성을 강조한다.

③ 국가 교육과정 성취기준을 목표, 평가, 수업활동에 반영하므로 국가 교육과정 기준과 현장수업이 일치하게 된다.

(2) 단점

① 목표를 우위에 두고 교육과정을 설계하게 되므로 교육내용이 목표달성을 위한 수단으로 전락된다.

② 학문적 지식에 기반하고 있으므로, 학습자의 관심과 흥미가 배제될 가능성이 있다.

③ 평가계획을 수업계획에 앞서 수립하기 때문에 평가 의존적인 수업이 이루어질 가능성이 있다.

⑤ 최신 동향 - 백워드 설계 2.0모형

(1) 배경 및 특징

① 백워드 설계 2.0모형은 기존의 백워드 설계모형의 기본 개념과 원리는 유지하면서 여러 의견과 시사점을 반영하여 수정한 모형이다.

② 기존 모형에 비해 목표를 세분화하였다는 특징을 지니며 학생이 학습한 내용을 전이하는 것에 중점을 둔다.

(2) 설계의 절차

① 1단계 - 바라는 결과 확인하기

    ㉠ 전이(T: Transfer): 학생은 자신이 습득하고 이해한 것을 전이할 수 있어야 한다.

    ㉡ 의미(M: Meaning): 학생이 구체적으로 이해하기를 원하는 것인 '이해'와 어떠한 질문이 전이를 촉진시킬 것인지를 묻는 '본질적 질문'으로 구성된다.

    ㉢ 습득(A: Acquisition): 학생이 기억하기를 원하는 사실 및 개념과, 할 수 있는 능력으로 구성된다.

② 2단계 - 수용할 만한 이해의 증거 결정하기

    ㉠ 목표 유형을 전이(T), 의미(M), 습득(A)으로 코드화한 뒤, 코드별 평가준거와 수행과제, 기타 증거들을 제시한다.

    ㉡ 수행의 목표(Goal), 학생의 역할(Role), 평가 장면에서의 청중(Audience), 평가의 상황(Situation), 결과(Product), 평가 기준(Standards)의 GRASPS 요소를 포함한다.

③ 3단계 – 교수·학습활동 계획하기

　　㉠ 사전평가: 사전평가를 통해 학생들이 지니는 사전 지식과 기능 수준, 잠재적인 오개념 등을 확인해야 한다.

　　㉡ 모니터링: 학습활동 중간 중간에 모니터링을 통해 적절한 피드백을 제공해야 한다.

* 강현석 외, 2015

(3) 백워드 설계 2.0모형 예시*

1단계 – 바라는 결과 확인하기		
설정된 목표	**전이**	
• 이 단원은 어떠한 내용 기준과 프로그램 혹은 과업 관련 목표를 다룰 것인가? • 이 단원은 어떤 마음의 습관과 교차 학문적 목표를 다룰 것인가?	학생들은 자신들이 학습한 것을 ~하는 데 사용할 것이다. • 어떤 유형의 장기적 성취가 바람직한가?	
	의미	
	이해 학생들은 ~을 이해할 것이다. • 학생들이 이해하기를 바라는 것은 구체적으로 무엇인가? • 그들은 어떠한 추론을 형성해야 하는가?	**본질적 질문** 학생들은 ~을 숙고할 것이다. • 어떠한 사고 유발 질문이 탐구, 의미형성, 전이를 촉진할 것인가?
	습득	
	학생들은 ~을 알 것이다. • 학생들은 어떤 사실과 기본 개념을 알고 또 기억할 수 있어야 하는가?	학생들은 ~에 정통할 것이다. • 학생들은 어떠한 별개의 기술과 절차를 사용할 수 있어야 하는가?
2단계 – 수용할 만한 이해의 증거 결정하기		
코드	**평가준거**	**수행과제**
• 바라는 결과 모두가 적절하게 평가되고 있는가?	• 바라는 결과의 달성을 판단하기 위해서 각각의 평가에 필요한 준거는 무엇인가? • 평가 양식과 상관없이 어떤 특징이 가장 중요한가?	학생들은 ~을 증거로 그들이 실제로 이해하고 있음을 보여줄 것이다. • 학생들은 복잡한 수행을 행하며 그들의 이해(의미형성 및 전이)를 어떻게 증명할 것인가?
		기타 증거 학생들은 ~함으로써 1단계 목표 달성을 보여줄 것이다. • 1단계 목표 달성 유무를 결정하기 위해 수집해야 할 다른 증거자료는 무엇인가?

3단계 – 교수 · 학습활동 계획하기		
코드	학생의 사전 지식, 기능 수준, 잠재적인 오개념을 확인하기 위해 어떤 사전 평가를 사용할 것인가?	사전평가
• 각 학습활동 또는 유형의 목표는 무엇인가?	**학습활동** 학생들의 전이, 의미, 습득 성공은 ~에 달려 있다. • 학습계획에서는 세 가지 목표 (습득, 의미, 전이)가 다루어지는가? • 학습계획은 학습원리와 최고의 실행을 반영하는가? • 1단계와 2단계는 탄탄하게 줄 맞추기되어 있는가? • 이 계획은 모든 학생들에게 매력적이고 효과적일 것 같은가?	**향상도(progress) 관찰** • 학습활동 중에 학생들이 습득, 의미, 전이로 나아가는 것을 어떻게 관찰할 것인가? • 잠재적인 난관이나 오해는 무엇인가? • 학생들은 자신들이 필요한 피드백을 어떻게 구할 것인가?

참고 도덕과 백워드 설계 2.0모형 적용 템플릿*

* 백지연 & 강현석, 2017

교과	도덕	학년	중학교 1학년
설계 단원	도덕적 실천	차시	6차시
성취 기준	도 914		

1단계 – 바라는 결과 확인하기	
설정된 목표 도덕과 국가 공통 핵심 성취기준 **도914.** 도덕적 사고와 행동이 일치해야 도덕적 생활이 가능함을 분명하게 인식하고, 자신의 도덕적 신념에 따라 행동할 수 있는 적극적인 의지와 태도를 가질 수 있다.	**전이(Transfer)** 학생들은 자신들이 학습한 것을 ~ 하는 데 독자적으로 사용할 수 있을 것이다. T1. 삶 속에서 자신의 비도덕적 행동의 원인을 알고, 반성할 수 있다. T2. 일상생활 속에서 학생들은 자신의 행동의 동기와 결과를 고려하며 행동할 수 있다. T3. 올바른 삶에 대한 준거를 갖고, 자신의 삶에서 신념을 탐색해나갈 수 있다.

	의미(Meaning)	
	이해 학생들은 ~ 을 이해할 것이다. U1. 우리가 어떤 행동이 도덕적 행동이라고 할 때, 동기에 따라 평가가 달라질 수 있으며, 사람마다 다양한 준거를 가진다.	**본질적 질문** 학생들은 ~ 을 숙고할 것이다. ■ 포괄적 · 본질적 질문 Q1. 우리가 도덕적인 행동에 대해서 '아는 것'은 모두 '실천'될 수 있을까? Q2. 모든 신념은 옳을까?

U2. 도덕적 행동이 이루어지기 위해 도덕적 지식, 도덕적 사고, 신념, 의지가 모두 필요하다. U3. 자유로운 존재로서 인간은 자신만의 신념을 가지며 올바른 신념을 가진 사람이 도덕적 삶을 살아간다.	■ 제한적 · 본질적 질문 Q3. 우리가 어떤 행동을 도덕적 행동, 비도덕적 행동으로 구분할 수 있다면, 그 기준은 무엇일까? Q4. 도덕적으로 실천하기 위해서 강조되어야 할 것은 무엇이고, 왜 그렇게 생각하는가?

습득(Acquisitions)	
학생들은 ~ 을 알 것이다. K1. 도덕적 행동의 핵심 구성 요소 및 개념 K2. 도덕적 행동과 비도덕적 행동의 원인과 결과 K3. 도덕적 실천 동기의 종류 K4. 신념의 의미	학생들은 ~ 에 정통할 것이다. S1. 현상을 보고 인과를 유추하기 S2. 행동의 도덕적 가치 평가하기 S3. 근거를 들어 설명하기 S4. 기준에 따라 구분하기 S5. 자기 내면을 탐색하기

2단계 – 수용할 만한 이해의 증거 결정하기

코드	평가 준거	평가 증거
A T M	• 표현력 • 추론력 • 적절성	**수행과제** 학생들은 ~ 을 증거로 그들이 실제로 이해하고 있음을 보여줄 것이다. 〈수행과제 1〉 • 여러분은 소설가입니다. '완득이'와 같은 짧은 청소년 소설을 완성해야 합니다. 모둠원들이 순서대로, '비도덕적 행동을 하는 청소년에 대한 짧은 소설 이어쓰기'를 합니다. 소설의 내용에는 인물, 사건, 배경이 효과적으로 제시되어야 하며, 소설을 읽고 주인공이 하는 행동의 인과, 주변인들의 평가를 생각하여 서술해야 합니다.
A M T	• 정확성 • 적절성 • 판단력 • 추론력	〈수행과제 2〉 • 여러분은 출판사 직원입니다. 학생들을 위한 교육용 인물 백과사전을 제작해야 합니다. 이 백과사전에는 우리가 생각하기에 옳은 신념을 가진 인물과 옳지 못한 신념을 가졌다고 판단하는 인물이 포함되어야 합니다. 인물들의 신념을 조사하고, 이 인물들의 신념이 옳은지 또는 옳지 않은지에 대해 직접 평가해야 하며, 근거가 제시되어야 합니다.
A	• 정확성	**기타 증거** 학생들은 ~ 함으로써 1단계 목표 달성을 보여줄 것이다. • 핵심지식에 대한 질문에 답하기 • 도덕적 행동의 구성 요소에 관해 마인드맵을 만들기 • 비도덕적 행동에 관한 영상을 보고, 원인에 관해 토론하기 • 도덕적 실천에 관한 지필평가 수행하기

3단계 – 교수·학습활동 계획하기			
코드		학생의 지식, 기능 수준, 잠재적인 오개념을 확인하기 위해서 어떠한 사전평가를 사용할 것인가? • 3단계 학습활동 전 본질적 질문에 대해 묻고 답하는 사전평가 활동을 통해 학생들의 사전 지식을 점검한다. • 일상 생활에서 겪게 되는 다양한 비도덕적 상황에 대한 경험 나누기를 통해 자신의 삶을 점검해보도록 안내한다.	
T	학습 활동	(주요 학습 경험 및 수업의 요약) 전이 및 의미, 습득 목표의 핵심은 학생들이 본질적 질문에 따라 도덕적 행동은 '아는 것'과 '행동하는 것'이 일치하는 것이라는 것을 알고, 도덕적 행동을 할 때에는 무엇보다 도덕적으로 바람직한 신념을 가져야 한다는 것을 내면화한다.	진전(progress) 관찰 • 토론 상황이나 개인별 과제에 어려움을 겪는 학생에게는 교사가 비공식적으로 피드백을 제공할 수 있음
M	사전 평가	K – W – L을 활용하여 학생들의 사전 지식을 평가하고 학생들은 이 단원에 대해 스스로 식별한 학습목표를 인식한다.	
A	1차시	• '아는 것'과 '실천하는 것'은 같은가 다른가, 도덕적 행동이 이루어지기 위해서는 어떤 과정이 필요한가에 대한 본질적 질문에서부터 단원을 시작한다. • 학생들 자신의 경험에서 아는 것과 실천하는 것이 달랐던 사례를 서술하게 하고 그 이유를 탐색해보게 한다. • 도덕적 행동과 비도덕적 행동의 준거에 관해 퀴즈로 확인하고, 비도덕적 행동의 종류에 대해 마인드맵을 그려본다.	• 흔한 오개념과 다음과 같은 학습 결손(충분한 개념이해 실패)을 방지하기 • 토론 장면에서의 소극적인 태도
M		• 동화 '양치기 소년'을 보고, 양치기 소년이 도덕적 행동을 하기 위해 소년에게 필요한 것이 무엇인지 토론해 보게 한다.	
A, M	2차시	• '영화 완득이' 영상을 보고, 완득이가 도덕적 지식에 따라 행동하는지, 그렇지 않다면 비도덕적 행동의 원인이 무엇인지에 대해 모둠별로 토론해보도록 한다. 토론 결과지를 작성한 후, 모둠별로 발표한다.	• 학습자가 수행과제와 루브릭에 대해 정확하게 파악하고 있는지를 확인해야 함
M		• 수행과제 1과 루브릭을 안내하고, 모둠별로 내용에 관해 논의하도록 한다.	
M	3차시	• 루브릭을 참고하여, 수행과제를 실시한다. 모둠별로 20분 정도 내용을 작성할 시간을 주고, 그 후 모둠별로 발표할 시간을 가진다.	• 작성 시간과 발표 시간을 잘 배분하여 모든 모둠이 발표하도록 함

M	4차시	• 도덕적인 행동의 준거는 모든 사람에게 같은가 다른가, 도덕적인 삶을 사는 사람들이 옳다고 생각하는 신념은 어떤 것인가에 대한 본질적 질문에서부터 시작한다.	• 수행과제에 필요한 자료와 준비물을 계획하도록 함
A		• 신념의 의미와 신념이 준거에 따라 구분될 수 있음을 설명해준다. '청소년 세바시'를 소개한다. 등장 인물들의 신념을 찾아보고, 이러한 신념을 옳다고 생각하는지 옳지 않다고 생각하는 지를 판단하고, 그 근거를 쓰도록 한다.	
M	5차시	• 수행과제 2와 루브릭을 안내하고, 개인별로 수행과제에 대한 계획을 세우도록 한다.	• 학생들에게 스티커를 나눠주고 갤러리 워킹을 할 때 다른 친구들의 작품에 붙일 수 있도록 함
M, T		• 루브릭을 참고하여, 수행과제를 실시한다. 모둠별로 30분 정도 내용을 작성할 시간을 주고, 그 후 개인별로 자신의 산출물을 전시하고 갤러리 워킹을 통해 친구들의 결과물을 감상한다.	
A	6차시	• 교과서를 통해 도덕적 지식을 도덕적 행동으로 이어지게끔 하려면 어떤 과정이 필요한지, 교과서에 나타난 바람직한 신념을 위해 해야할 노력에 관해 확인하도록 한다.	• 질문과 지필평가를 통해 핵심지식을 확인하고, 학생들에게 본질적 질문을 환기시킴
A, T		• 질문을 통해 핵심지식을 확인하고 수업내용에 대해 각자가 느낀점과 소감 등을 작성하여 발표를 통해 공유함으로써 개인의 경험을 일반화된 이해가 되도록 한다.	

06 워커(Walker)의 자연주의적 개발모형

기출 06, 09, 18 중등 / 09, 12 초등

① 개요 및 특징

(1) 개요

① 워커는 교육과정 개발이 실제로 진행되는 과정을 관찰하여 그 과정을 기술(describe)하는 데 관심을 두었다.

② 워커는 실제 상황에서 교육과정이 어떻게 개발되는가를 참여관찰하며 발견한 것을 토대로 '자연주의적 모형(naturalistic model)'을 제안하였다.

③ 워커의 자연주의적 개발모형은 '숙의(熟議)모형'이라고도 불린다.

(2) 특징

① 교육과정 개발자들이 실제로 따르고 있는 절차를 서술하는 것에 중점을 둔다.

② 개발의 각 단계는 비선형적이고 역동적인 특징을 지닌다.

③ 비교적 대규모로 이루어지는 교육과정 개발에 적합하다.

② 개발 절차

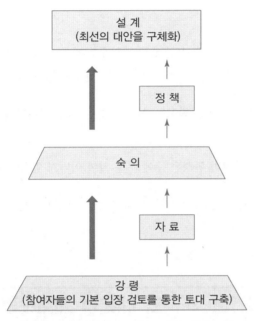

[그림 2-8] 워커의 자연주의적 개발모형

(1) 강령(platform)

① 발표장, 의견 발표 기회를 의미한다.

② 교육과정 개발자들이 각자 세계에 대한 개념, 이론, 목적 등을 밝히며 개발자 간의 입장을 확인하는 단계이다.

③ 교육과정 개발 참여자들이 갖고 있는 개념, 이론, 목적 등에 관한 공감대를 형성한다.

(2) 숙의(deliberation)

① 교육과정 개발은 강령 단계에서 얼마나 합의가 이루어졌는지와는 상관 없이 숙의 단계로 이행된다.

② 개발자들은 교육과정 개발의 목적을 확인하고, 교육과정 개발의 목적을 달성하기 위해 제안된 여러 대안들을 결과에 비춰 검토한 다음, 토의를 통해 실행 가능한 특정 대안에 대한 합의를 이끌어내기 위해 노력한다.

⇨ 교육과정 개발의 목적과 이를 달성하기 위한 방법을 확인하고, 대안들의 예상되는 결과를 검토한다.

(3) 설계(design)

① 숙의를 통하여 최적의 대안에 대한 합의가 이루어진 후, 선택한 대안을 실천 가능한 것으로 구체화하는 단계이다.

② 특정 교과, 수업자료, 수업활동 등을 창출하는 것과 관련되며, 이를 위한 행정, 재정적 지원 절차 등을 계획한다.

③ 장·단점

(1) 장점

① 교육과정 개발의 초기 단계인 교육과정 계획 측면을 상세하게 제시하여 교육 과정 개발 참여자들이 처음부터 서로 다른 토대와 입장에서 출발하고 있음을 보여준다.

② 교육과정 개발이 이뤄지는 실제 과정을 아주 정확하게 묘사한다.

(2) 단점

① 교육과정 계획이 완성된 후에 무슨 일이 어떻게 일어나야 할지에 대한 언급이 부족하다.

② 전문가, 시간, 자금 등이 넉넉하지 않은 소규모 학교에는 적용하기 어렵다.

07 아이즈너(Eisner)의 예술적 개발모형

기출 13 중등 / 00, 04, 06, 07, 08, 09 초등

① 개요

① 아이즈너는 교육과정을 일종의 예술작품, 즉 교육과정 개발자의 관점이 표현된 대상으로 이해하고, 학습자가 교육과정과 만나는 가운데 각자의 관점을 형성 해 간다고 이해하였다.

② 아이즈너는 학생에게 다양한 내용과 표현방법이 담긴 교육과정이 제시되어야 한다고 주장하며, 이를 위한 교육과정 개발모형을 제안하였다.

② 절차

(1) 목표 설정

① 아이즈너는 교육목표를 목적(aims), 목표(goals), 학습목표(objectives)로 구별한다.

　㉠ 목적: 교육의 일반적인 방향, 가치를 담은 교육목표 유형이다.

　㉡ 목표: 목적보다 더 구체적인 관심사를 반영하는 교육목표 유형이다.

　㉢ 학습목표: 셋 중 가장 구체적인 서술이 담긴 교육목표 유형이다.

② 아이즈너는 교육과정이 매우 구체적인 학습목표를 갖는 것이 가능하지도, 바람직하지도 않다고 보았으며, 교수·학습활동 이후에 생성되는 '표현적 목표 (expressive objectives ⇨ 추후 '표현적 결과'라는 용어로 수정됨)'도 고려해야 한다고 주장하였다.

ⓧ 행동목표: 학습을 통하여 최종적으로 도달하기를 기대하는 관찰 가능한 행동의 목표이다.

ⓒ 문제해결목표: 어떤 문제와 그 문제를 해결할 때 지켜야 할 조건이 주어지면, 문제와 조건은 명확하지만 해결책이 여러 가지일 수 있는 목표 유형이다.

ⓒ 표현적 결과: 목표를 미리 정하지 않고 어떤 활동을 하는 도중이나 끝난 후 획득한 교육적으로 바람직한 결과이다.

③ 목표의 중요성(우선순위)을 토의하는 과정에는 숙의가 요구된다.

요약정리 🔍
Zoom OUT 교육목표의 세 가지 형태

종류	특징	평가방식
행동목표	• 학생의 입장에서 진술 • 행동용어 사용 • 정답이 미리 정해져 있음	• 양적 평가 • 결과의 평가 • 준거지향평가 사용
문제해결 목표	• 일정 조건 내에서 문제의 해결책을 발견 • 정답이 정해져 있지 않음	• 질적 평가 • 결과 및 과정의 평가 • 교육적 감식안 사용
표현적 결과	• 조건 없음 • 정답 없음 • 활동목표가 사전에 정해지지 않고 활동하는 도중에 형성 가능	• 질적 평가 • 결과 및 과정의 평가 • 교육적 감식안 사용

(2) 교육과정 내용 선정

① 아이즈너는 타일러와 마찬가지로 학습자, 사회, 교과목의 세 자원으로부터 내용을 추출하여야 한다고 보았다.

② 전통적인 교육과정에서 다루어지지 않았으나 교육목적상 중요한 내용인 '영 교육과정'이 고려되어야 한다고 주장했다.

(3) 학습기회 유형 개발

① 교육적 상상력: 교사가 실제 학생에게 의미 있고 만족스러운 다양한 학습기회를 제공할 수 있도록 교육목표와 교육내용을 학생에게 적합한 형태로 변형하는 능력을 의미한다.

② 교육적 상상력의 발휘: 교사는 '교육적 상상력'을 발휘하여 목표와 내용을 학생에게 의미 있는 학습활동으로 변형한다.

개념확대 ⊕
Zoom IN

아이즈너의 영 교육과정
아이즈너는 명시적 교육과정, 잠재적 교육과정, 영 교육과정을 구분하고, '학교에서 의도적으로 가르치지 않아서 학생들이 계발하지 못하는 기능이나 배우지 못하는 과목'을 영 교육과정(null curriculum)으로 개념화했다.

(4) 학습기회 조직

① 교사는 학생이 수업을 통해 다양한 범위의 학습결과와 경험을 얻을 수 있도록 돕는 자료와 활동을 준비한다.

② 거미줄 조직: 학생이 여러 과제에 동시에 접근하여 다양한 학습결과를 불러올 수 있도록 비선형적 접근방식을 취하는데, 이는 거미줄 모양으로 조직하는 방식이라고 하여 '거미줄 조직'으로도 불린다.

(5) 내용영역의 조직

① 교사는 내용영역을 다양한 방법으로 조직·종합하며, 이때 비전통적 방식을 채택해도 무방하다.

② 다양한 교과를 넘나들며 아우르는 범교과적인 조직이 필요하다.

(6) 제시와 반응양식 개발

① 아이즈너는 교사의 교육과정 제시 방식이 학생의 발달에 영향을 주며, 교사가 한정된 의사소통 방식을 취하는 것은 학생의 발달 기회를 빼앗는 것이라고 주장한다.

② 그러므로 교사는 문자에 의한 소통뿐 아니라, 시각, 청각 등을 활용한 다양한 제시 방식을 수업에서 활용해야 한다.

③ 이 과정에서 시적 표현이나 은유적인 표현양식이 강조되는데, 시적 표현이나 은유적인 표현양식을 통한 의사소통은 언어의 양식을 통한 의사소통보다 더 강력한 의미를 지닌다고 보았다.

(7) 다양한 평가 절차 적용

① 아이즈너는 평가란 본질적으로 인간이 스스로를 이해하기 위해 계속적으로 참여하는 자연스러운 과정이며, 따라서 교육과정 개발의 과정에도 포함되어 있다고 보았다.

② 그는 '교육적 감식안'과 '교육비평'이 본질적으로 예술적인 텍스트인 교육과정과 수업을 평가하기에 적합하다고 보았다.

   ㉠ 교육적 감식안

      ⓐ 학생의 성취 형태 간의 미묘한 차이를 감지할 수 있는 능력이다.

      ⓑ 교사가 학생을 오랜 시간 동안 평가함으로써 학생의 수행에서 나타나는 미세한 차이들을 구별해내는 전문적인 능력을 의미한다.

      ⓒ 예술 창작과정으로 비유되는 수업의 과정에서 나타나는 학생의 교육적 성과를 알아채는 전문적 감상기술에 해당된다.

      ⓓ 교사의 전문성과 존재적 가치를 포함하는 능력이다.

   ㉡ 교육비평

      ⓐ 교사가 전문가적인 감식안을 통하여 발견해 낸 미묘한 교육적 성과의 차이를 공적인 언어의 형태로 표현한 것을 말한다.

      ⓑ 예술 창작활동에 대한 주관적 해석으로서의 예술비평처럼, 예술적 속성을 지니는 수업활동에 대한 교사의 주관적 판단을 의미한다.

개념확대 ⊕
Zoom IN

감식안(鑑識眼)
사물의 가치나 진위를 판정하는 안목

❸ 장 · 단점

(1) 장점

① 교육과정 계획 · 개발을 끊임없이 계속되는 과정으로 이해하는 관점을 제공한다.

② 교육과정을 교사, 학습자에 의해 끊임없이 구성 · 재구성되는 텍스트로 이해하는 관점을 제공하였다.

③ 교사의 전문성을 중시한다.

(2) 단점

① 교육과정 개발을 예술적인 관점에 편중되어 이해함으로써 교육과정의 중요 쟁점들을 균형 있는 시각에서 접근하는 데에는 한계가 있다.

② 구체적인 대안 제시가 부족하여 현실적인 적용이 어렵다.

> **참고** **행동목표 비판과 '참 평가' 제안**
>
> 아이즈너는 바람직한 행동목표를 사전에 설정하여 학생을 획일적으로 평가하는 '타일러의 논리'를 비판하고, 학생이 실생활에서 필요로 하는 능력을 획득했는지 점검해볼 수 있는 '참 평가'를 제안하였다.
>
> **1. 행동목표에 대한 네 가지 비판**
>
> ① 수업은 매우 복잡하고 역동적인 과정을 거치면서 진행되는 것이므로, 수업이 끝난 후 학생에게 나타날 수 있는 모든 것을 행동목표로 제시할 수는 없다.
>
> ② 창의성을 중시하는 과목들, 특히 예술영역에서는 구체화된 행동목표의 활용이 적절하지 않을 수도 있다.
>
> ③ 행동목표는 호기심, 창조성, 독창성 등을 평가하기에 적절한 기준이 아니다.
>
> ④ 교육목표를 교육내용의 선정과 조직 전에 명시하는 것이 적절하지 않다. 수업이 끝난 뒤 사후적으로 교육목표가 발견될 수도 있기 때문이다.
>
> **2. 참 평가(authentic assessment)의 제안**
>
> **(1) 문제의식**
>
> 아이즈너는 '타일러의 논리'가 평가의 신뢰도와 타당도를 높이는 데 주목한 나머지, 학습한 내용을 실생활에 적용할 수 있는 능력을 평가하기보다 단편적인 지식을 효과적으로 암기하고 재생하는 능력을 평가하는 데 그치게 되었다고 비판하였다.
>
> **(2) 참 평가의 개념과 기준**
>
> ① **참 평가:** 단편적인 지식의 암기를 유도하지 않고, 실생활에서 학생들의 문제해결력을 평가하기 위한 방안을 의미한다.
>
> ② **참 평가의 8가지 기준**
>
> ㉠ 학생이 알고 있는 것, 할 수 있는 것을 평가하기 위한 과제는 학교 내에서만 국한된 것이 아닌, 학교 밖의 세계에서 부딪힐 수 있는 것이어야 한다.
>
> ㉡ 평가과제는 결과뿐만 아니라 문제해결과정도 보여줄 수 있어야 한다.
>
> ㉢ 평가과제는 그 과제를 만든 지적 공동체의 가치를 반영해야 한다.
>
> ㉣ 평가과제는 개인별 평가와 함께, 집단의 노력을 필요로 하는 집단별 평가도 사용되어야 한다.

ⓜ 평가과제는 문제 또는 질문에 대한 해결책 또는 답이 한 가지 이상이도록 구성 되어야만 한다.
ⓗ 평가과제는 수업시간에 배운 것을 새로운 상황에 적용하도록 요구하는 것이어 야 한다.
ⓢ 평가과제는 학생이 단편적인 사실과 함께 보다 전체적인 맥락에 신경을 쓰도록 하는 것이어야 한다.
ⓞ 평가과제는 학생이 배운 것을 표현하기 위하여 사용하는 제시 형태를 다양하게 선택할 수 있도록 허용하는 것이어야 한다.

08 파이나(Pinar)의 실존적 재개념화

기출 00, 07, 12 중등 / 00, 01, 02, 11, 12 초등

❶ 교육과정 재개념화 등장 배경

(1) 슈왑(Schwab)의 교육과정학 위기 선언

① 교육과정학의 위기
  ㉠ 1969년에 슈왑은 「실제적인 것: 교육과정학을 위한 언어」라는 논문에서 "교육과정학 분야는 죽어가고 있다."고 선언하며 학계에 충격을 안겼다.
  ㉡ 교육과정학의 쇠퇴 징후 분석: 교육과정학은 브루너(Bruner)의 『지식의 구조』가 등장한 이래 학교교육을 개선하는 역할을 교과 전공자 또는 교과 배경 학문의 전문가들에게 넘겼으며, 새로운 탐구 주제를 찾아내지 못하고 기존의 이론적 논의들만 답습하고 있었기 때문에 '죽어가고' 있는 것처럼 보였다.
  ㉢ 교육과정학 위기론의 핵심: 교육과정학 분야가 일반화된 법칙이나 교육 현실과 유리된 추상적인 이론에 근거하여 탐구를 지속한다면, 교육과정학의 문제해결을 계속해서 다른 분야에 빼앗기게 된다는 점이다.
② 교육과정학의 위기 타개 방안
  ㉠ 교육과정학 분야는 죽어가고 있으며, 새로운 효과적인 방법론과 원리들을 발굴해야 한다.
  ㉡ 교육과정학 분야는 이론이 필요 없거나 또는 현존하는 이론이 현재의 문제를 해결하기에 부적절하므로, 기존의 이론에서 벗어난 새로운 접근법이 필요하다.
  ㉢ 교육과정학 분야의 에너지는 이론적인 것에서 실제적인 것, 실제적인 것과 비슷한 것, 절충적인 것으로 옮겨갈 때에만 위기를 타개할 수 있다.

(2) 슈왑의 실제적 탐구

① 실제적 탐구: 교육과정의 탐구나 개발이 교육과정의 영향을 받는 사람들, 즉 현장의 교사들이 주체가 되어 수행되는 것을 말한다.

② 이론과 연구방법론에 있어서 '실제적 탐구'란 교육연구가 교육현상을 가장 잘 설명할 수 있고 학교교육의 개선에 기여할 수 있는 실제적·절충적인 연구 접근을 의미한다.

(3) 실제적 탐구의 영향

① 교육과정학의 패러다임 이동: 슈왑의 문제 제기는 당대 교육과정학자들에게 엄청난 충격으로 다가왔으며, 1970년대 이후 재개념주의자들을 필두로 하는 '교육과정 이해 패러다임'이 전개된 배경으로 작용했다.

② 교육과정 탐구 주체와 연구 접근의 변화: 교육과정 탐구의 주체와 연구 접근을 '실제적'으로 전환하자는 제안은 학교중심·교사중심 연구가 교육과정학 분야 내에서 핵심이 되는 데 영향을 주었다.

② 교육과정 재개념화 개념

(1) 의미

파이나(Pinar)는 인간의 실존적 해방을 궁극적인 목적으로 삼고 교육과정이 사회적 맥락 속에서의 개개인의 고유한 경험이어야 한다고 주장하였다.

(2) 쿠레레(Currere) 재개념화

① '정해진 경주로'에서 경주로를 따라 달리는 '개인적 경험'에 초점을 둔다.

② 교육 속에서 개개인이 갖는 경험의 본질을 정치적·경제적·심리적 측면에서 다차원적으로 검토하는 것이 '쿠레레 방법'이다.

(3) 교육과정 재개념주의: 파이나는 1980년대 이후 재개념주의자들의 관심과 탐구 영역을 6개로 분리하여 제시하였다.

① 커리큘럼에 대한 역사적 연구

㉠ 기술공학적·행동주의적 교육과정학 연구모형이 표방하는 탈역사성, 가치 중립성의 허구를 폭로하는 데 관심을 둔다.

㉡ 대표적인 학자: 클리바드(Kliebard)

② 이론과 실제의 의미와 관련성에 대한 연구

㉠ 개인의 교육경험을 분석적·종합적으로 접근하는 데 기여할 수 있는 교육과정이론의 성격을 탐색한다.

㉡ 대표적인 학자: 파이나(Pinar)

③ 정치적 관점에서의 커리큘럼 연구

㉠ 마르크스(Marx)의 사상을 토대로 교육과정을 정치적·사회적·경제적 배경에서 분석하고 비판한다.

㉡ 대표적인 학자: 애플(Apple), 영국의 교육과정사회학자들

④ 미학적 관점에서의 커리큘럼 탐구
  ⊙ 교육과정에 대한 미학적 비평에 관심을 두었으며, 교수·학습과정을 개인적인 의미의 형성을 통한 보다 실존적·창조적인 과정으로 재해석하였다.
  ⊙ 대표적인 학자: 아이즈너(Eisner)
⑤ 현상학적 관점에서의 커리큘럼 탐구
  ⊙ 현상학과 해석학을 활용하여 교육과정과 교수·학습활동을 새롭게 조망하는 데 관심을 두는 입장이다.
  ⊙ 대표적인 학자: 매넌(Manen)
⑥ 남녀 간의 사회적 불평등 문제 탐구
  ⊙ 정치적·사회적 관점에서 커리큘럼을 분석하는 데 관심을 두지만, 남녀 간의 사회적 불평등 문제에 보다 관심을 기울이는 입장이다.
  ⊙ 대표적인 학자: 그루메(Grumet)

③ 쿠레레(Currere) 방법론

(1) 개념
교사나 학생이 살아오면서 갖게 된 교육적 체험들을 자신의 존재 의미와 연관 지어서 해석하여 교육적 상황을 이해하고, 자아를 성찰하는 자기반성적인 삶을 살아가도록 하는 탐구방법을 의미한다.

(2) 특징
① 개인의 내적 경험을 탐구하고, 학습자가 자기와 자신의 교육경험을 비판적으로 성찰하도록 유도한다.
② 개인의 전기적 탐구를 통해 인간의 생각과 행동에 내재된 무의식적 가정을 밝혀 교육적 경험의 본질과 의미를 이해하고자 한다.
③ 개인의 교육경험이 형성되는 사회·정치적 맥락을 고려한다는 점에서 정치적 특성을 지닌다.
④ 교사, 학생의 과거 교육경험을 반추하도록 한다는 점에서 과거지향적이지만, 동시에 미래의 비전과 현재를 연결 짓는다는 점에서 미래지향적이기도 하다.
⑤ 자신의 과거나 현재의 경험을 곰곰이 따진다는 점에서 분석적이지만, 동시에 분석의 결과를 다양한 맥락과 연결 지어 자기이해에 활용한다는 점에서 종합적이다.

(3) 쿠레레 방법 4단계

단계	내용
회귀 (regressive)	• **과거로 돌아가는 단계**: 과거에 일어난 것을 그대로 기억해내기 위해 먼저 과거로 돌아감 • 자유연상법에 기반을 두고 그동안의 교육적 경험에 집중하는 단계임. 과거를 평가·해석하지 않고 그대로 그려내는 데 방점을 둠 • 개인의 교육적 삶과 학교에서의 경험 및 교사와의 경험, 특정 과목에서의 경험 등을 되돌아봄 • 인간은 과거의 영향을 받아 현재를 개념적으로 구성하는데, 이때 회귀 단계는 과거의 영향을 '괄호치기' 위한 활동임 예 자신의 실존적 경험을 회상하면서 기억을 확장하고, 과거의 경험을 상세히 묘사한다.
진보 (progressive)	• 미래를 상상하는 단계 • 자유연상기법을 통해 개인은 1년 후, 10년 후, 30년 후 자신의 모습을 연상해볼 수 있고, 현실화되지 않은 모습을 앞서 조망해 보는 단계임 • 회귀 단계와 마찬가지로, 현재에 대한 탐구를 보다 엄밀하게 수행하기 위하여 인간이 현재를 개념적으로 구성할 때 영향을 줄 수 있는 미래의 비전을 통제하기 위한 활동임 예 자유연상을 통해 아직 현실화되지 않은 미래의 모습을 상상한다.
분석 (analytical)	• **진실된 자신의 '전기적 현재'를 기록하는 단계**: 회귀, 진보 단계에서 각자의 과거 경험들과 미래의 비전을 통제함으로써 진실된 자신의 '전기적 현재'를 기록하는 것 • '무엇인지', '무엇이었는지', '무엇이 될 수 있는지'에 대한 세 장면을 토대로 그것이 내포하는 의미에 대하여 집중하는 분석 및 해석의 단계임 • 이 단계에서 한 개인은 '내가 어떤 생각, 어떤 학문 분야, 어떤 연구 분야에 관심을 가지고 있는가?' 또는 '나를 억압하거나 제한하는 것은 무엇인가?' 등의 질문을 던짐 예 과거, 미래, 현재라는 세 장의 사진을 놓고, 이들 간의 복잡한 관계를 탐구한다.
종합 (synthetical)	• **현재의 의미를 종합적으로 파악하는 단계**: 자기가 누구인지에 대해 진정한 내적 의식의 세계를 이해하는 단계 • 학생은 현실로 돌아가 자신의 목소리에 집중하며 현재의 의미에 대해 종합적으로 파악함. 즉, 자기반성 및 성찰과 함께 해방감을 얻게 되는 단계임 • 지성, 감성, 행동 등을 각자의 신체 안에서 통합하여 내가 던지는 질문의 근원과 더 깊은 관계를 맺는 작업임 예 내면의 목소리에 귀를 기울이고, 자신에게 주어진 현재의 의미를 자문한다.

❹ 자서전적 방법론

(1) 개념

① 파이나는 쿠레레 방법과 유사하지만, 타인의 참여를 허용하여 교육이 지니는 기본 구조를 파악해볼 수 있는 방도로 '자서전적 방법'을 제안하였다.

② 자서전적 방법은 학습자의 교육경험을 분석하여 자아성찰을 촉진하는 것이다.

(2) 자서전적 방법 3단계

단계	내용
1단계 자신의 교육경험을 표현하기	• 지금의 자신이 누구이며 어떻게, 왜 발달되어 왔는지, 어떤 환경 속에서 어떻게 살아왔는지를 알기 위해 자서전적으로 글을 작성하는 단계 • 경험을 쓰는 과정은 그 경험에 어떠한 원리와 형식이 작용했는지를 비판적으로 분석하고 이해하는 작업을 포함함
2단계 교육경험을 비판적으로 성찰하기	• 한 사람이 쓴 글에 대하여 교사와 다른 학생들이 대화를 나누며 자신과 타인 및 세계에 대한 새로운 인식과 전망을 만들어가는 단계 • 글로 써 놓은 자신의 삶(경험) 속에서 자신의 행동과 사고를 결정하는 데 작용했던 가정이나 논리가 무엇이었는지를 비판적으로 살펴봄
3단계 타인의 교육경험을 분석하기	• 다른 학생이 쓴 자서전을 함께 읽고 분석하는 단계 • 다른 사람의 교육경험을 분석하는 과정에서 교육이 개인에게 미치는 영향을 인식하고 공감함 • 이러한 과정을 통하여 학생을 둘러싸고 있는 사회적 환경, 학교, 가정이라는 교육 여건이 그들의 삶에 어떤 영향을 어떻게 미치고 있는지, 교육이 갖고 있는 기본적인 구조는 어떠한지 살펴볼 수 있게 되며, 현실적으로 행해지고 있는 교육의 모습과 그 뒤에 가려져 있는 교육 본래의 모습을 구분하여 인식하게 됨

참고 파이나의 학교교육의 정신분석

파이나는 학교교육이 기술공학적 관점 또는 이상적인 교육의 상을 담은 특정 이론에 의해 주도되면서 학습자는 구조 또는 관념에 의해 재단되고 억압당하며 개개인의 고유성을 상실하게 되었다고 보았다. 이러한 문제의식하에 파이나는 학교에 대한 실존주의적 · 정신분석학적 접근을 통해 학교교육이 어떻게 아동을 비인간화시키고 광기를 퍼뜨리는지에 대해 분석한다. 그는 현재의 학교교육이 크게 12가지 문제점들을 내포하고 있다고 지적한다.

1. **공상적인 세계로의 도피와 거부:** 학교는 아동에게 견디기 힘든 제약을 가함으로써, 이들이 현실을 떠나 공상으로 도피하거나, 공상을 거부하고 현실에 집착하게끔 만든다.

2. **타인의 모방을 통한 자아의 분열과 상실:** 학교생활은 아동이 타인을 모방하도록 강요하고, 자신에 대한 불만족과 거부감을 갖도록 한다.

3. **자율성의 위축과 의존성의 증대:** 아동이 아무것도 모른다고 생각하게 만들며, 맹목적인 의존과 복종의 심리를 갖도록 한다.

4. **타인으로부터의 평가와 자기애의 상실:** 아동이 학교의 어느 부분에서 실패할 수밖에 없으며, 이는 이들의 자아존중감, 자기애를 떨어뜨린다.

5. **인간관계 욕구의 왜곡:** 교사 – 아동의 수직적인 관계, 아동 간의 치열한 경쟁은 자연스러운 인간관계의 형성을 왜곡한다.

6. **자기소외와 감각 마비 현상:** 학교가 주는 신체적 · 정신적 고통은 아동의 감각을 무디게 만들고, 잠재적인 불안에 빠지게 만든다.

7. **자기 기준의 상실과 타인 지향성:** 아동은 학교에서 타인 지향적인 행동을 배우게 되며, 그 결과 행동의 내적 동기가 사라지고 외적 동기에 의해 인도된다.

8. **참된 자아의 상실과 객관화된 자아의 수용:** 학교의 분류와 명명은 참된 주관적 존재로서의 아동을 객관화된 사물로 전환시킨다.

9. **지배자의 논리 수용과 거짓된 자아의 형성:** 아동은 학교생활에서 갈등을 피하기 위해 권위를 가진 교사를 맹목적으로 수용하게 되며, 그 결과 거짓된 자아를 형성하게 된다.

10. **학교교육의 집단성과 개인적 세계의 상실:** 학교 내에서 아동은 개인적인 세계를 가질 수 없다.

11. **무관심과 존재 확인의 기회 상실:** 학교생활은 아동에게 존재 확인의 기회, 즉 인정을 쉽게 제공해주지 않으며, 오히려 온갖 물리적 제재를 활용하여 자아존중감을 떨어뜨린다.

12. **미적 · 감각적 지각 능력의 둔화:** 획일적 · 기계적인 학교생활의 반복은 아동의 미적 · 감각적 감수성을 둔화시킨다.

애플(Apple)**의 구조적 재개념화** 기출 06 중등

❶ 기본 전제 및 주제

(1) 기본 전제
① 학생의 실패는 학생이나 교사 개인의 탓이 아니라 그들이 속한 기관과 사회로 부터의 영향에서 비롯된다.
② 사회적 · 구조적인 체제가 어떻게 학생과 교사 개인의 행동을 제한하는지에 대하여 분석 · 이해하는 작업이 교육의 중요한 과제이다.
③ 교육의 문제를 해결하기 위해서는 지식과 이념, 경제 체제와 권력 관계 등의 다양한 상황과의 관련성을 분석하는 일에서 출발해야 한다.

(2) 기본 주제 – 인간의 정치적 해방
① 학교 교육과정 속에 내재된 지배적 이데올로기가 학교교육을 통하여 어떻게 재생산되는지를 분석한다.
② 이를 통해 정치적 · 경제적 · 사회적인 구속으로부터 인간을 해방시키고자 한다.

❷ 학교교육과 교육과정에 대한 비판

(1) 학교교육에 대한 비판
① 학교는 기성세대의 권력 관계를 다음 세대에 전달하는 문화적 재생산(cultural reproduction) 기능을 수행한다.
② 학교는 지배집단의 이데올로기를 마치 중립적 · 객관적인 것처럼 제공함으로써 교사와 학생을 통제한다.
③ 학교는 문화적 · 이념적인 이데올로기를 전달함으로써 사회를 통제하는 매개 자로서의 기능을 수행한다.

(2) 교육과정에 대한 비판
① 학교는 공식적 교육과정을 통해 지배집단의 문화자본(cultural capital)을 적법화시킨다.
② 문화자본은 특수한 지위를 부여 받아 공식적 교육과정을 통해 전달되며, 자연 스럽게 유지 및 계승된다.
③ 학교는 잠재적 교육과정을 통해서 기존 사회의 권력 관계를 유지시키는 방향 으로 학생을 통제한다.

❸ 기술공학적 논리에 대한 비판

(1) 주장의 내용

애플은 학교 교육과정을 설계·운영하는 것에 있어서 기술공학적인 논리가 지배하고 있음을 지적하고 이를 비판한다. 기술공학적 논리에서는 목표 달성을 위해 효율성과 생산성을 추구하기 때문에 교육이 지니는 가치에 대한 성찰과 비판을 허용하지 않는다는 것이다.

(2) 세 가지 측면에 대한 비판

① 교육: 기술공학적 논리에 기반한 교육과정에서는 교육이 지녀야 하는 가치창조적인 측면이 도외시된다.

② 교사: 기술공학적 논리에 기반한 교육과정에서 교사는 외부 전문가에 의하여 선정·조직된 교육내용을 학생에게 전달하고 이를 관리하는 단순노동자로 전락한다.

③ 학생: 기술공학적 논리에 기반한 교육과정에서는 교육목표를 성공적으로 달성한 학생만이 우수한 학생으로 여겨지기 때문에 학생의 비판적 사고와 판단 능력을 상실시킨다.

❹ 컴퓨터 교육 및 테크놀로지 사용 비판

(1) 주장의 내용

애플은 학교에서 컴퓨터를 가르치는 것과 교사가 수업의 질을 높이기 위해 컴퓨터를 사용하는 것에 대하여 비판한다.

(2) 세 가지 측면에 대한 비판

① 교사의 탈숙련화: 교사가 인터넷상에서 다양한 학습자료들을 수동적으로 활용할 경우 교사가 직접 교수·학습자료를 만드는 과정으로부터 분리됨으로써 타인의 생각을 단순히 전달 및 실행하는 역할로 전락할 위험성이 높아진다. 교사 개인의 고유한 지식과 관점을 보유하는 것이 불필요하게 되어, 결국 교사로서의 전문성이 떨어지는 탈숙련화(deskilling) 현상이 발생한다.

② 교사의 관리자 전락: 교사는 주어진 교육용 소프트웨어를 단순히 실행하는 일종의 수업 관리자로 전락하는 재숙련화(reskilling) 현상이 나타난다. 교사가 전문적인 실천가에서 단순 관리자로서 그 역할이 전락하게 된다면 교사는 교육으로부터 점차 소외될 수 있는 위험성이 생긴다.

③ 학생 계층 간 차별 심화: 학생의 경제적 계층에 따라 컴퓨터와 인터넷의 접근 가능성이 다르기 때문에 학교에서의 학습에서 불리한 위치에 놓인다. 가난한 가정의 학생은 컴퓨터와 인터넷에 대한 접근 가능성이 상대적으로 그렇지 않은 아이들에 비해 낮을 수밖에 없고, 그 결과로 학교에서 제공되는 컴퓨터 관련 교과의 학습에서 더 낮은 성취를 얻게 될 가능성이 높아진다.

개념확대 ⊕
Zoom IN

테크놀로지(technology)
과학 이론을 실제로 적용하여 자연의 사물을 인간 생활에 유용하도록 가공하는 수단

1. 등장 배경

(1) 사회 재건주의의 등장과 쇠퇴
1929년 대공황 이후 교육을 통해 미국 사회의 재건을 이뤄내자는 사회 재건주의가 등장하였으나 큰 반향을 얻지 못하고 역사 속으로 사라지게 되었다.

(2) 브라멜드(Brameld)의 사회 재건주의 계승
1950년대 브라멜드는 학교교육이 당면한 중요한 문제들을 분석하고, 가장 바람직한 해결방안을 모색하며 해결책을 실천에 옮길 것을 강조하면서 사회 재건주의를 계승하는 동시에 그 이론적인 기반을 정립하고자 했다.

(3) 1970년대 교육과정사회학의 연구
① 1970년대 미국과 영국의 교육과정사회학자들은 신 마르크스주의에 입각하여 불평등한 사회구조의 재생산에 학교교육이 기여한다는 점을 밝히고자 했다.

② **사회 재건주의의 비판적 검토:** 교육과정사회학자들은 종전의 사회 재건주의가 학교의 도덕적·사회 변혁적 역할을 강조하는 데 천착했을 뿐, 학교 그 자체가 정치적·사회적 불평등을 재생산하는 장치라는 점을 간과했다고 비판하였다.

③ **학교 지식의 비판적 검토:** 이들은 학교에서 실제로 가르치는 지식과 그것이 가르쳐지는 방식을 분석함으로써, 학교교육이 계층 재생산에 활용됨을 체계적으로 밝히고자 했다.

(4) 구조적 재개념주의자의 연구
'구조적 재개념주의자'로 분류되는 미국의 애플 또한 신 마르크스주의에 기초하여 학교교육이 기성의 사회체제와 권력관계를 다음 세대에 그대로 전달하는 '문화재생산(cultural reproduction)'의 기능을 수행한다고 비판하였다.

2. 기본 입장

(1) 교육목표
학교교육을 둘러싼 구조적인 제약을 폭로함으로써, 궁극적으로 정치적·경제적·사회적으로 구속받는 인간의 삶을 해방시키며 이에 기여할 수 있는 새로운 교육체제를 생성해내는 것을 목표로 한다.

(2) 교육과정의 개념
학교에서 가르치는 지식과 교육의 과정은 사회적 불평등을 매개하는 중요 요인이며, 다른 한편으로 그러한 불평등을 해소할 수 있는 가능성도 내포하는 것이다.

3. 주요 논의

(1) 경제적 재생산이론

① 문제의식: 학교교육의 계층 재생산 메커니즘을 경제적인 측면에서 설명한다.

② 보울스(Bowles)와 진티스(Gintis)의 대응이론(correspondence theory)
- ㉠ 기본 전제: 마르크스주의에 입각하여 자본주의가 발전하기 위해서는 생산력의 발전과 더불어 생산관계의 발전 또한 필요하다.
- ㉡ 핵심 주장: 학교는 자본주의 경제 체제를 유지 또는 발전시키기 위하여 필요로 하는 순종적인 노동력을 생산한다.
- ㉢ 근거: 학교교육은 노동자 계층과 자본가 계층 각각에게 필요한 인간관계와 인격적 특성을, 분리된 교육기관(중등학교, 전문대학, 4년제 대학) 또는 분리된 계열(인문계열, 직업계열)에 할당하여 가르친다.

③ 의의와 한계
- ㉠ 의의: 학교와 직장 간의 숨겨진 사회관계의 유사성을 밝혀냈다.
- ㉡ 한계: 학교를 경제적 기능만을 수행하는 기관으로 국한시킴으로써 학교의 다른 측면들을 소홀히 다루었으며, 학교 안에서 일어나는 수업과 일상적인 활동들을 체계적으로 분석하지 않았다.

(2) 문화적 재생산이론

① 문제의식: 학교교육의 계층 재생산 메커니즘을 문화적인 측면에서 설명하며, 특히 학교교육에서 다뤄지는 지식이 상류 계층에게 유리한 방식으로 선정됨을 폭로하고자 한다.

② 부르디외(Bourdieu)의 문화자본(cultural capital) 논의
- ㉠ 기본 전제: 한 사회에는 여러 계층이 있고, 각 계층은 자기들만의 특유한 문화를 지니고 있다.
- ㉡ 핵심 주장: 학교교육은 복수적인 문화들 중에서 특정 계층의 문화만을 가치 있는 것으로 인정하며, 이로 인해 그 문화에 익숙한 이들은 성공하고 그렇지 않은 아이들은 실패하는 구조가 형성된다. 즉, 문화자본을 보유한 계층의 자녀가 성공한다.

③ 번스타인(Bernstein)의 코드이론
- ㉠ 기본 전제: 수업이 일어나는 미시적 교실 상황과 거시적 사회구조 사이의 대응과 충돌이 존재한다. 즉, 교육은 사회구조의 영향을 받으면서도 상대적으로 자유로운 특성을 지니므로, 이를 분석하기 위한 분석틀이 필요하다.
- ㉡ 핵심 주장: 학교교육의 교육과정, 수업, 평가는 일종의 '메시지 시스템'으로 이해될 수 있으며, 상류층 가정의 아이들이 보유한 '세련된 어법'은 학교의 메시지 시스템 내에서 성공하기에 용이하다.

10 아들러(Adler)의 파이데이아 제안 - 고전 교육과정 부활운동

❶ 등장 배경

(1) 위대한 저서 읽기 프로그램의 제안

1930년대 시카고 대학교 교수 아들러와 총장 허친스(Hutchins)는 '위대한 저서 읽기 프로그램(great books program)'을 제안하며, 인간의 존엄을 지키고 시민의 질을 향상시키는 교양교육이 미국 교육에서 강화되어야 한다고 주장하였으나 큰 반향을 불러오지는 못했다.

(2) 아들러의 파이데이아(paideia) 제안

① 초·중등학교 수준의 교양교육 제안: 아들러는 교양교육 강화 운동이 미국 사회에서 받아들여지지 않은 이유를 고민하였고, 초·중등학교 교육부터 개혁하여 종국에는 성인교육의 변화를 이끌어내는 접근을 떠올렸다.

② 파이데이아 제안의 대두: 1977년에 아들러는 자신과 동일한 신념을 공유하는 교수들과 함께 '파이데이아 그룹'을 결성하고 초·중등교육 개혁안을 만들기 시작하여, 1982년 『파이데이아 제안』이라는 저서를 통해 고전 교육과정 부활운동의 주요 강령들을 구체화하였다.

(3) 고전 교육과정 부활운동의 현재

① 1983년 미국의 교육의 수월성 추구 위원회의 「위기에 처한 국가」 보고서와 뒤이은 연구보고서들이 '파이데이아 제안'의 주요 내용을 인용하였다.

② 이처럼 고전 교육과정 부활운동은 현재까지도 미국의 일선 학교에 영향을 끼치고 있다.

❷ 교육목표와 정당화 논리

(1) 교육목표 - 파이데이아

모든 인류가 소유해야만 하는 일반적인 학습을 모든 아동에게 동일하게 제공하여 일생에 걸친 지적·도덕적·영적 성장의 기반을 마련해준다.

(2) 정당화 논리

① 민주주의의 실현: 민주주의의 핵심인 사회적 평등은 모든 사람이 동일한 삶의 질을 누리는 것을 의미하며, 일반교양이 담긴 국민 공통 교육과정의 제공은 균등한 삶의 질을 보장하기 위한 최선의 방안이다.

② 일생에 걸친 성장 가능성 확보: 교육의 목표는 아동이 성인이 되어서도 지적·도덕적·영적 성장을 도모할 수 있도록 준비시키는 데 있으며, 교양교육은 전문화된 교육보다 아동이 급변하는 상황에 더욱 잘 적응하고, 지속적으로 성장하는 데 도움이 된다.

③ 생계 유지에 도움: 일반교양은 모든 노동에 공통적으로 사용되는 기본적인 기능을 전달함으로써 아동이 장차 성인이 되어 생계를 유지하는 데 도움을 준다.

❸ 교육내용 및 방법

(1) 교육내용
① 아들러는 12년간의 '국민 공통 기본 학교교육(basic schooling)'이 모든 아동에게 제공되어야 한다고 주장하며, 교육내용을 3개의 열로 나누어 제시하였다.
② 교육내용 구분
  ㉠ 제1열: '언어, 문학, 예술 / 수학, 자연과학 / 역사, 지리, 사회'의 3개 교과 영역으로 구성되며 조직화된 지식의 획득하는 데 목표를 둔다.
  ㉡ 제2열: '읽기, 쓰기, 말하기 / 계산하기, 문제해결하기 / 관찰하기, 측정하기 / 비판적 판단력 훈련하기 등 언어적·수학적·과학적 기능'으로 구성되며, 학교에서 또는 다른 삶의 영역에서 무엇을 배울 때 반드시 필요한 기능이다.
  ㉢ 제3열: 교과서 이외의 책, 예술작품, 예술활동의 참여로 구성되며, 제1열에서 획득된 지식을 깊이 있게 이해하고 제2열에서 학습된 기능을 숙달해본다.

(2) 교육방법
① 제1열: 교과서와 교구 등을 수단으로 하여 설교적 수업, 강의와 응답이 주를 이루며, 지식의 획득을 위하여 학생이 흥미를 느끼는지의 여부와는 관계없이 강제로라도 수업이 이뤄진다.
② 제2열: 지도가 뒤따르는 실습 등을 수단으로 코치, 연습이 행해지며, 학생이 기능을 직접 행할 수 있도록 코치가 곁에서 도와준다.
③ 제3열: 능동적 참여 등을 수단으로 산파술(소크라테스식 문답법)로 수업이 이루어진다.

참고 | 아들러가 제시한 국민 공통 교육과정

구분	제1열	제2열	제3열
목표	조직화된 지식의 획득	지적 기능(학습기능)의 발달	여러 사상과 가치에 대한 확장된 이해
수단	• 설교적인 수업 • 강의와 응답 • 교과서, 교구 등을 수단으로함	• 코치, 연습 • 지도가 뒤따르는 실습 등을 수단으로함	• 산파술 (소크라테스식 문답법) • 능동적 참여 등을 수단으로함
영역 조작 활동	• 언어, 문학, 예술 • 수학, 자연과학 • 역사, 지리, 사회	• 읽기, 쓰기, 말하기 • 계산하기, 문제해결하기 • 관찰하기, 측정하기 • 비판적 판단력 훈련하기	• (교과서 이외의) 책들과 예술작품에 대한 토론 • 예술활동(음악, 연극, 시각예술) 참여

구분	타일러의 합리적 – 선형적 개발모형	타바의 단원 개발모형	스킬벡의 학교중심 교육과정 개발모형	위긴스와 맥타이의 백워드 설계모형	워커의 자연주의적 개발모형	아이즈너의 예술적 개발모형
개념	전통적 교육과정 개발	• 단원 개발 모형 • 교사중심 개발모형 • 풀뿌리 개발 모형	학교 특성에 맞춘 교육과정 구성	• 이해중심 교육과정 • 학교 · 학급 수준 교육과정 설계 모형	숙의 모형	다양한 내용 및 표현양식이 담긴 교육과정 개발
특징	• 체계적 • 합리적 • 처방적	• 현장지향적 • 교사 역할 강조 • 귀납적	• 상황분석적 • 개방적 • 상호작용적	• 성취기준 강조 • 평가계획 선행 및 강조 • 영속적 이해 강조	• 비선형적 • 역동적	• 예술적 • 표현적
절차	• 교육목표 설정 • 학습경험 선정 • 학습경험 조직 • 학습경험 평가	• 요구 진단 • 목표 설정 • 내용 선정 • 내용 조직 • 학습경험 선정 • 학습활동 조직 • 평가내용 · 방법 · 수단 결정 • 균형과 계열성 검증	• 상황분석 • 목표 설정 • 프로그램 구성 • 판단과 실행 • 평가	• 교육목적 설정 • 교육평가 계획 • 학습경험 및 수업계획	• 강령 • 숙의 • 설계	• 목표 설정 • 교육과정 내용 선정 • 학습기회 유형 개발 • 학습기회 조직 • 내용영역 조직 • 제시와 반응 양식 개발 • 다양한 평가 절차 적용

Chapter 04

교육과정의 실행과 우리나라 교육과정

설쌤의
Live Class 🎙️

네 번째 챕터에서는 교육과정의 실행을 다루는 모형과 함께 우리나라 교육과정의 역사 및 주요 정책적인 특징에 대해 다루고 있습니다. **교육과정 실행에 대한 다양한 학자들의 논의와 그들이** 개발한 실행모형을 학습하면서 **각 실행모형이 갖는 특징과 시사점을 익혀야 합니다. 특히, 교육** 과정의 실행과 관련된 주제인 '**교육과정 재구성**'은 그 중요성이 점차 부각되고 있으므로 더욱 꼼꼼하고 주의 깊은 학습이 요구됩니다. 더불어 우리나라 **교육과정의 역사적 변천 과정과 시기별** **특징**을 이해하며 **현재의 교육과정이 지니는 핵심 내용과 주요 정책적 이슈**를 학습해야 합니다.

핵심 `Tag` 🏷️

스나이더 외 교육과정 실행 관점
충실도 관점, 상호적응적 관점, 생성적 관점

홀 외 교사의 관심에 기초한 채택모형(CBAM)
교사의 관심 정도, 교사의 실행 수준

던킨과 비들의 교실 내 수업과정 연구모형
전조변인, 상황변인, 과정변인, 결과변인

교육과정 재구성
• **개념:** 학교 또는 교사가 국가·지역·학교수준의 교육과정 문서에 제시된 교육목표, 교육 내용, 교수·학습방법 및 평가방법 등을 조정하여 자기만의 교육과정을 수립하는 것
• **유형:** 교과 내 재구성, 교과 간 재구성, 교과와 창의적 체험활동의 연계를 통한 재구성

우리나라 교육과정
• **운영체제:** 국가수준 교육과정, 지역수준 교육과정, 학교수준 교육과정
• **학교 교육과정**
• **국가 교육과정의 변천사:** 임시 교육과정 시기 ⇨ 행정모형기 ⇨ 연구개발기

2015 개정 교육과정
• **목표:** 창의·융합형 인재 양성
• **특징:** 통합과목 신설, 자유학기제의 확립, 소프트웨어 교육 강화, 역사교육 강화

2022 개정 교육과정
• **목표:** 포용성과 창의성을 갖춘 주도적인 사람 양성
• **특징:** 언어, 수리, 디지털 소양 강조, 지속가능한 미래 대응을 위한 교육 강화

자유학기제, 집중이수제, 고교학점제
• **자유학기제:** 중학교 과정 중, 한 학기 또는 두 학기 동안 지식·경쟁중심에서 벗어나서 학생 참여형 수업을 실시하고, 학생의 소질과 적성을 키울 수 있는 다양한 체험활동 중심으로 교육과정을 운영하는 제도
• **집중이수제:** 수업의 집중도를 높이기 위해 특정 한 과목의 수업을 일정 기간(초·중·고 학기 중 특정 학기나 학년)에 집중적으로 학습하는 제도
• **고교학점제:** 고등학교에서 운영되는 학점제로, 학생이 기초 소양과 기본 학력을 바탕으로 진로·적성에 따라서 과목을 선택하고, 이수기준에 도달한 과목에 대한 학점을 취득·누적 하여 졸업하는 제도

❶ 스나이더 외(Snyder et al.) 교육과정 실행 관점 〔기출 21 중등 / 10, 22 초등〕

〔기출 21 중등〕

기출논제 **Check** ⊘

교육과정 운영 관점을 스나이더 외(J. Snyder, F. Bolin, & K. Zumwalt)의 분류에 따라 설명할 때, 김 교사가 언급한 자신의 기존 관점(충실도 관점)의 장점과 단점 각각 1가지, 새롭게 관심을 가지게 된 관점(생성적 관점)에 적합한 교육과정 운영 방안 2가지

(1) 충실도 관점(fidelity perspective)

① 교육과정이 개발자의 원래 의도대로 실행되었는지를 파악하는 것에 중점을 둔다.

② 교사의 역할: 교사연수 또는 교육과정 지침에 따라 개발자의 의도대로 교육과정을 충실하게 실행해야 할 수동적인 역할을 한다.

(2) 상호적응적 관점(mutual adaptation)

① 교육과정이 개발자와 실행자 간의 상호작용을 통해 조정 및 변화되는 과정에 중점을 둔다.

② 교사의 역할: 학교가 처한 환경적 맥락, 시대적·정치적 상황, 개인적 특성에 따라 계획된 교육과정을 조정하는 역할을 한다.

(3) 생성적 관점(curriculum enactment)

① 외부에서 개발하여 제시한 교육과정을 토대로 삼아 교사와 학생이 교수·학습 장면에서 만들어가는 교육경험에 중점을 둔다.

② 교사의 역할: 학생들의 주관적인 지각이나 느낌에 근거하여, 교수·학습활동 장면에서 교육과정을 학생과 함께 구성하는 개발자의 역할을 한다.

요약정리 🔍
Zoom OUT 교육과정 실행에 대한 세 가지 관점 비교

관점	충실도 관점	상호적응적 관점	생성적 관점
의미	계획된 교육과정에 충실한 실행 정도	학교와 교실 상황에 맞게 교육과정의 융통성 있는 실행	교실수업에서 교사와 학생의 교육적 경험의 창출
교육과정 개발 주체	외부 전문가	외부 전문가와 교육과정 실행자	교사와 학생
교사의 역할	수동적 수용	자신의 관점 반영하여 교육과정을 조정	교육과정 개발자로서 교육적 경험을 능동적으로 창출

❷ 홀 외(Hall et al.) 교사의 관심에 기초한 채택모형(CBAM)

(1) 개념
① 교사의 관심에 기초한 채택모형(CBAM; the Concerns – Based Adoption Model)은 충실도 관점에 근거하여 새 교육과정에 대한 교사들의 관심 수준을 분석하여 실행 정도를 높이는 데 중점을 둔다.
② 교사의 관심 정도, 실행 수준, 실행 형태라는 도구를 활용하여 교사의 관심과 실행 정도를 진단하고 필요한 지원책을 개발하여 변화를 촉진한다.

(2) 교사의 관심 정도 – 교육과정 실행과 관련하여 교사가 가지는 느낌
① 교사 자신 관심 수준
  ㉠ 0 – 지각 단계: 새 교육과정에 대해 관심이 전혀 없다.
  ㉡ 1 – 정보 단계: 새 교육과정에 대해 약간 알고 있고 좀 더 알고 싶어 하며 새 교육과정의 특징, 효과, 실천 관련 사항 등을 알고 싶어 한다.
  ㉢ 2 – 개인 관심 단계: 새 교육과정이 나와 주변에 미치는 영향을 알고 싶어 하며 새 교육과정 실행과 관련하여 자신의 역할, 필요한 의사결정, 기존 조직에 야기할 갈등 등을 알고 싶어 한다.
② 업무 관심 수준
  ㉠ 3 – 실행 단계: 새 교육과정의 실행과 관리에 관심이 있으며 정보와 자원의 활용에 관심이 많고 효율성, 조직화, 관리 방안, 시간 계획, 이를 구현하기 위한 교재를 준비하는 데 관심을 둔다.
③ 결과 관심 수준
  ㉠ 4 – 결과 단계: 새 교육과정이 학생에게 미칠 영향에 관심이 있고, 새 교육과정의 학생에 대한 적절성, 학생의 성취에 대한 평가, 학생의 성취를 향상시키기 위한 방안 등에 관심이 있다.
  ㉡ 5 – 협동 단계: 새 교육과정의 실행을 위하여 다른 교사들과 협동하는 데 관심이 있다.
  ㉢ 6 – 강화 단계: 새 교육과정을 보완하거나 수정하여 보다 좋은 결과를 얻는 데 관심이 있다.

(3) 교사의 실행 수준 – 새 교육과정을 실행하는 동안 교사가 실제로 하는 행동의 수준
① 비실행 수준
  ㉠ 0 – 비운영: 새 교육과정에 대해 거의 또는 전혀 알지 못하고 실행도 하지 않는다.
  ㉡ 1 – 오리엔테이션: 새 교육과정에 대해 알고 있거나 정보를 얻고 있으며, 새 교육과정이 지향하는 바와 실행에 조건들을 탐색하고 있다.
  ㉢ 2 – 준비: 새 교육과정의 실행을 위한 준비를 하고 있다.

② 실행 수준
- ㉠ 3 – 기계적 운영: 새 교육과정을 단기적으로 운영하고 새 교육과정의 실행이 대체로 체계적이지 못하고 피상적이다.
- ㉡ 4a – 일상화: 새 교육과정을 처방된 대로 실행한다.
- ㉢ 4b – 정교화: 새 교육과정이 학생에게 미치는 장·단기적 효과를 높이기 위해 학생에게 적합한 형태로 교육과정을 변형시켜 실행한다.
- ㉣ 5 – 통합화: 학생에게 미치는 효과를 극대화하기 위해 교육과정 실행 과정에서 동료 교사들과 협동한다.
- ㉤ 6 – 갱신: 교육과정을 재평가하고, 학생에게 미치는 효과를 강화하기 위해 미비점을 보완하고, 근본적인 개정 방향을 탐색한다.

(4) CBAM 모형의 시사점

① **교육과정 실행과 교사의 관계 명료화**: 관심 정도의 측면에서 새 교육과정에 대한 관심을 이끌어내기 위해서는 교사의 관심 정도를 정확하게 파악하고, 구미에 당기는 정보를 제공해주어야 한다.
② **교사 연수의 필요성 제기**: 실행 수준의 측면에서 교사의 실행 수준에 맞는 맞춤형 연수를 제공해주어야 한다.
③ **교육과정 개발 – 실행 간 시차 고려**: 실행 수준의 측면에서 새 교육과정의 성공적인 실행을 위해서는 교사의 실행 수준이 올라가기까지의 시간을 기다려주어야 한다.

❸ 던킨(Dunkin)과 비들(Biddle)의 교실 내 수업과정 연구모형

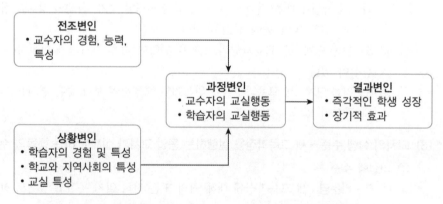

[그림 2-9] 던킨과 비들의 교실 내 수업과정 연구모형

(1) 개념

수업과정을 '전조변인, 상황변인, 과정변인, 결과변인'이라는 네 가지 변인군으로 나누어 수업에 관한 연구의 패러다임을 나타내는 과정 – 산출모델이다.

(2) 네 가지 변인

① **전조변인:** 교수자와 관련된 변인으로, 교수자의 경험이나 능력, 특성 등을 포함한다.

② **상황변인(맥락변인):** 학습자의 경험 및 특성, 학교와 지역사회의 특성, 교실 특성을 포함한다.

③ **과정변인:** 교실 내에서 이루어지는 교수자와 학습자의 행동을 모두 포함한다.

④ **결과변인:** 교수·학습 결과로 얻어지는 성과로, 교과내용 학습 및 태도 등의 즉각적인 학생 성장과, 성인기의 성격 및 직업적 능력 등과 같은 장기적 효과를 포함한다.

02 교육과정 재구성 [기출] 22 중등 / 02, 08, 10 초등

기출 22 중등

기출논제 Check ✓

송 교사가 계획하는 교육과정 재구성(교과 내 단원의 범위와 계열 조정)의 구체적인 방법 2가지

① 개념

① 학교 또는 교사가 국가·지역·학교수준 교육과정 문서에 제시된 교육목표, 교육내용, 교수·학습방법 및 평가방법 등을 조정하여 자기만의 교육과정을 수립하는 것이다.

② 이미 만들어진 교육과정을 조정하여 교사(또는 학교)만의 교육과정으로 재구성하는 것을 의미한다.

② 절차

(1) 재구성을 위한 분석

① **교육과정 분석:** 교육과정 성취기준, 교육과정해설서, 교과서, 교사용지도서, 시·도 교육청 편성·운영 지침서, 학교 교육과정 등을 분석한다.

　　⇨ 교육과정의 내용에 대해서 철저하게 이해해야 한다.

② **학생의 특성과 수준:** 학생의 인지적·정의적 특성 및 관심을 분석한다.

③ **학교 여건:** 지역사회의 특성과 학습 자원, 학부모의 특성과 요구, 학교시설 및 풍토를 분석한다.

　　⇨ 실현 가능한 테두리 안에서 교육과정 재구성이 진행되도록 해야 한다.

(2) 재구성 유형 결정

① 교육과정의 학습자 적절성을 고려하여 재구성 유형을 결정한다.

② 교육과정 재구성 유형

ⓐ 교과 내 재구성: 교육과정이 제시한 핵심 성취기준을 중심으로 교과서의 순서 변경하기, 새로운 내용 추가하기, 내용 생략 및 압축하기, 내용 수준 변경하기 등의 방식으로 이루어질 수 있다.

ⓑ 교과 간 재구성: 특정한 교과를 중심으로 다른 교과의 내용을 연계하거나 통합하는 방식과 각 교과에 공통되는 주제(⑩ 환경, 배려, 지구온난화, 다문화 등과 같은 주제)를 중심으로 각 교과에 해당되는 내용을 융합하여 프로젝트 수업의 형태로 진행하는 방식 등이 있다.

ⓒ 교과와 창의적 체험활동의 연계를 통한 재구성: 교과와 창의적 체험활동을 연계하여 수업을 하는 방식이다.

⑩ 국어시간에 포토에세이 작성방법에 대해 익히고, 학교가 속해 있는 지역사회를 탐방하면서 지역사회에 대한 사진을 토대로 포토에세이를 작성하는 방법이다.

(3) 목표 재구성

① 학습자의 수준에 따라 목표를 재구성한다.

② 핵심역량 등 특정한 능력의 신장을 위한 목표를 재구성한다.

(4) 내용 재구성

① 재구성할 학습요소를 선정하고 지도계획을 수립한다.

② 교과 수준의 1차 재구성 이후 학생중심의 2차 재구성이 이루어진다.

③ 내용 재구성 결과를 점검한다.

④ 타 교과 학습내용과 통합한다.

⑤ 교수 · 학습방안을 구안한다.

(5) 교수방법 계획

① 교수전략을 구안하고, 교수 설계, 학생 참여 수업방법 계획 등을 수립한다.

② 교수 · 학습 과정안을 작성하고 지도상의 유의점을 설정한다.

(6) 평가 계획

형성평가, 수행평가, 자기평가 및 모둠평가 계획을 수립한다.

❸ 교육과정 재구성(학교 교육과정 개발 · 운영)을 위한 교사의 역할

① 국가 교육과정 기준 및 시 · 도 교육청 지침 분석: 각 학교에서 교육 실천계획을 수립하고 중점 교육내용과 방법을 선택하고자 할 때, 그 근거가 되는 국가 교육과정 기준과 시 · 도 교육청 지침을 자세히 분석해야 한다.

② 학교의 교육 여건 파악: 학교의 특성에 맞는 교육과정을 편성·운영하기 위해 학생·교원 실태, 교육 시설·설비·자료, 학부모 및 지역사회의 특성 등의 교육 여건을 파악해야 한다.

③ 학교 교육과정 운영계획 및 세부 실천계획 수립: 학교의 여건과 실태에 대한 구체적인 인식에 기초하여 학생에게 실천 가능한 교육 설계도를 마련하고, 설계도에 담긴 특색을 구현할 수 있는 운영계획 및 세부 실천계획을 수립해야 한다.

④ 전문성 신장을 위한 지속적인 노력: 학교수준 교육과정을 도모하는 과정에서 교사는 교육과정 실행자뿐만 아니라 개발자로서의 역할까지 수행해야 하므로, 이에 필요한 전문성 신장의 노력을 필요로 한다.

참고 배움중심 수업

1. 개념
① 삶에 필요한 역량을 기르기 위한 자발적 배움이 일어나는 수업이다.
② 스스로의 생각을 만들어가며 다른 사람과 생각을 나누는 과정으로, 교사와 학생은 배움중심 수업을 통해 진정한 배움의 가치를 함께 내면화한다.

2. 특징
① 수업활동뿐 아니라 수업 설계, 수업 나눔에 이르는 일련의 과정을 포함한다.
② 평가는 수업의 과정에 포함되며, 단순 암기식 평가가 아닌 성장중심의 평가가 이루어져야 한다.

3. 설계

수업주제 선정	수업 형태 설정	배움활동 설계
• 성취기준, 핵심역량, 학생 특성을 반영한 주제 선정 • 단원 및 차시 재구성 • 수업요소 추출	• 수업주제, 학생 특성에 적합한 배움중심 수업 방법 구안 • 교과서를 포함한 수업 자료의 재구성	• 학생의 배움과 나눔 활동 설계 • 학생의 삶과 연계의 방안 구안

[그림 2-10] 배움중심 수업 설계

4. 전개
① 교사는 학생의 특성과 성취기준에 적합한 수업모형을 활용하여, 학습주제와 내용이 학생의 삶에 맥락화하는 방향으로 수업을 전개한다.
② 수업은 배움과 나눔의 활동으로 전개된다. 배움은 학생이 자기 생각을 만들어가는 과정이고, 나눔은 교사-학생, 학생-학생 간의 소통과 협력의 과정이다.

5. 성찰과 나눔
① 배움중심 수업 후에는 교사의 개인적 성찰과 교사 간의 협력적 성찰이 중요하다.
② 교사의 성찰·나눔활동은 다시 수업과 평가, 교육과정으로 환류되어 배움중심 수업의 지속적 실천을 가능하게 한다.

03 우리나라 교육과정 기출 04, 06, 22 초등

❶ 우리나라 교육과정 운영체제

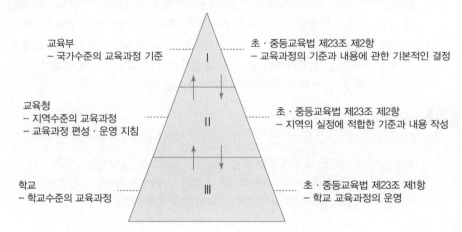

[그림 2-11] 우리나라 교육과정 운영체제

(1) 국가수준 교육과정

① 개념

ㄱ 국가수준 교육과정은 초·중등학교의 교육목적과 목표 달성을 위하여 「초·중등교육법」 제23조 제2항에 입각하여 교육부 장관이 결정·고시하는 교육내용에 관한 전국 공통의 일반적 기준이다.

ㄴ 초·중등학교에서 편성·운영해야 할 학교 교육과정의 교육목표와 내용, 방법과 운영, 평가 등에 관한 국가수준의 기준 및 지침이 된다.

ㄷ 「초·중등교육법」에 근거하여 고시되는 국가수준 교육과정은 의도적인 제도 교육의 목표와 내용, 방법, 평가의 기준이 될 뿐만 아니라 교육의 지원과 관계되는 교육행정 및 재정, 교원의 양성·수급·연수, 교과서 등의 교재 개발, 입시 제도, 교육시설·설비 등에 대한 정책 수립과 집행의 근거가 되는 '교육의 기본 설계도'로서 기능하게 된다.

ㄹ 학교 교육과정의 기준으로서 법적 구속력을 가진다.

ㅁ 국가수준 교육과정의 기준은 교육의 목적 달성에 필요한 교육적 기준이므로 이를 지역 및 학교의 실정에 알맞게 운영하는 것은 매우 중요한 의미를 가진다.

② 성격

ㄱ 국가수준의 공통성과 지역·학교·개인수준의 다양성을 동시에 추구하는 교육과정이다.

ㄴ 학습자의 자율성과 창의성을 신장하기 위한 학생중심의 교육과정이다.

ㄷ 학교와 교육청, 지역사회, 교원·학생·학부모가 함께 실현해 가는 교육 과정이다.

ㄹ 학교교육의 체제를 교육과정 중심으로 구현하기 위한 교육과정이다.

ㅁ 학교교육의 질적 수준을 관리·개선하기 위한 교육과정이다.

③ 장점

ㄱ 전국의 모든 학교에 공통적인 교육과정을 개발함으로써 전국적인 학교교육의 수준과 질을 조절할 수 있다.

ㄴ 장기적인 노력에 의해 개발된 것이므로 어느 정도의 지속성이 보장되며, 학생이 학교를 옮기더라도 교육의 계속성이 보장된다.

ㄷ 전문 인력 및 물적 자원 투입을 통해 전문성 높은 교육과정이 개발된다.

ㄹ 지역이나 학교 단위에서의 교육과정 개발을 위한 노력, 재정, 시간 등을 줄일 수 있다.

ㅁ 교육의 목적 달성에 필요한 교육적 기준이 된다.

④ 단점

ㄱ 교사 배제 교육과정으로, 교사가 교육과정 개발에서 적극적인 역할을 수행하지 못할 경우, 교육과정을 중요하게 생각하지 않는 '교육과정 사소화 현상'이 나타날 수 있다.

⇨ 해결방안: 단위학교 내 학교교육과정위원회의 기능 활성화, 일반 원리에 따른 절차보다는 구체적인 실천 사례의 반성을 통한 교육과정 개발

ㄴ 교육과정 운영의 획일화·경직화가 우려된다.

ㄷ 지역, 학교 등의 특수성을 고려한 교육과정 운영이 어렵다.

(2) 지역수준 교육과정

① 개념

ㄱ 지역수준의 교육과정 편성·운영 지침은 국가수준과 학교 교육과정을 자연스럽게 이어 주는 교육과정이다.

ㄴ 장학자료, 교수·학습자료 및 지역 교재 개발의 기본 지침이 된다.

ㄷ **지역수준 교육과정의 중요성 제고**: 2006년 이후 교육감 직선제가 도입되면서 일부 지역에서 지역수준의 교육과정은 과거 '교육과정 편성·운영 지침' 대신 'ㅇㅇ시·도 교육과정'이라는 명칭으로 불리며 학교 교육과정 편성·운영에 강력한 영향을 끼치게 되었다.

ㄹ 지역의 특수성, 교육의 실태, 교원·학생·주민의 요구와 필요 등을 반영하여 교육청 단위의 교육 중점을 설정하고, 학교 교육과정 개발을 위한 시·도 교육청 수준의 교육과정 편성·운영 지침을 마련하여 안내한다.

② 장점

ㄱ 지역의 특수성을 반영한 다양한 교육과정 운영이 가능하다.

ㄴ 시·도 교육청 단위에서 교사들의 참여를 유도할 수 있다.

ㄷ 변화에 따른 교육과정의 유연한 수정 및 운영이 가능하다.

③ 단점

ㄱ 인적·물적 자원의 한계로 인해 국가수준 교육과정에 비해 질이 낮은 교육과정이 개발될 수 있다.

ㄴ 지역 간 격차가 심화될 수 있다.

(3) 학교수준 교육과정

① 국가수준 교육과정과 지역수준 교육과정을 근거로 편성한 학교 운영계획이다.
② 학교 실정과 학생 실태를 고려한 구체적인 교육과정이다.
③ 2015 개정 교육과정 총론은 2009 개정 교육과정 시기 '학교 교육과정 지원'이라는 명칭을 '학교 교육과정 편성·운영'으로 고쳤으며, 학교의 모든 교원이 전문성을 발휘하여 참여하여 학교 교육과정을 편성하도록 권고한다.
④ 학교수준 교육과정은 상급수준 교육과정의 영향을 받는 동시에, 자율적인 영역을 확보해 나가고 있다.

❷ 학교 교육과정

(1) 학교 교육과정의 성격

① 구체적 실행을 위한 교육과정: 학교 교육과정은 국가수준 교육과정 기준과 시·도 교육청 교육과정 편성·운영 지침을 근거로 지역의 특수성과 학교의 실정, 학생의 실태에 알맞게 학교별로 마련한 '당해 학교에서 구체적 실행을 위한 교육과정'이다.
② 학교의 교육 설계도: 학교 교육과정은 학교가 수용하고 있는 학생들에게 책임지고 실현해야 할 교육목표, 내용, 방법, 평가 등에 대한 구체적인 실행 교육 프로그램이자 특색 있는 교육 설계도이다.
③ 학교의 특성 반영: 학교 교육과정은 해당 학교의 교육목표와 경영철학, 전통, 특성 등이 치밀하게 반영되어 있고 그 학교의 창의적이고 독특한 교육내용, 방법과 특색 있는 운영 방안이 나타나 있다.

(2) 학교 교육과정 편성·운영의 이점

① 교육과정 중심·학습자중심 교육 실현
  ㉠ 학교 교육과정은 학생의 실태, 학교의 실정, 지역의 특성에 알맞게 조정·보완·가공하여 실천하기에 적합한 실행 교육과정이다.
  ㉡ 교과서에 학습자를 철저하게 맞추어 가는 교과서중심 체제와는 달리 학습자를 더 배려하고 존중할 수 있으므로 학습자중심의 교육이 가능하다.
② 지역 및 학교 특성에 맞는 교육 실현: 학습자의 개성, 능력, 소질, 흥미, 요구와 지역 및 학교의 특성, 학부모의 요구와 교사의 창의성 및 자율성 등을 충분히 반영하여 학교 교육과정이 편성·운영된다면 학습자중심의 교육이 더욱 내실 있게 실현될 수 있다.

(3) 학교 교육과정 편성·운영 조직

① 학교 교육과정 위원회
  ㉠ 학교 교육과정 계획 수립부터 시안을 만드는 작업에 이르기까지 전문적인 역할을 수행한다.
  ㉡ 구성원: 학교 규모에 따라 구성원이 달라지지만 일반적으로 교장, 교감, 부장 교사, 교사 일부가 참여하는 형태이다.

② 학교운영위원회
　　㉠ 교육과정에 대한 심의, 자문을 실시하고, 개정 교육과정을 확정·공포한다.
　　㉡ 「초·중등교육법」 제32조 제1항 제3호에 근거한 법정기구이다.
　　㉢ 구성원: 교육과정 심의에서 민주성과 대표성을 확보할 수 있는 학교 교원 대표, 학부모 대표 및 지역사회 인사로 구성된다.
③ 교사와 교과 협의회
　　㉠ 학교 교육과정을 전개(수업)하고 활용하며, 교과내용이나 수업방법 등을 자율적으로 결정하여 수업을 진행한다.
　　㉡ 구성원: 개별 교사 또는 교과·학년 협의회로 구성된다.

(4) 학교 교육과정 편성 절차

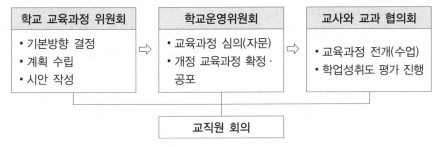

[그림 2-12] 학교 교육과정 편성 절차

(5) 학교수준 교육과정의 개발 형태(단위학교 수준 교육과정의 탄력적 운영 방안)

① 교육과정 재구성: 교육과정상에 있는 내용 요소를 중심으로 교사가 순서와 내용을 재조정한다. 이는 단위학교 수준에서 교육과정의 탄력적 운영을 위해 도입할 수 있는 운영방법이다.

> 예 • 교과 간의 중복된 내용 요소를 분석하여 교과 간 통합 운영
> 　• 여러 교과에 관련된 주제를 통합
> 　• 교과서에 제시된 내용 순서를 필요에 따라 적절히 바꿈
> 　• 교과서에 제시된 내용을 다 가르치는 것이 아니라, 교육과정상의 필수 요소를 중심으로 최소한의 것을 엄선하여 가르침

② 교과목의 탄력적 편성: 국가 교육과정에 편성된 모든 교과목을 모든 학기에 걸쳐 편성하지 않고 특정 학년 또는 학기에 집중 편성한다. 이를 통해 학습 부담을 적정화하고 의미 있는 학습활동을 할 수 있다.

> 예 중학교 1~3학년군에 편재된 '과학/기술·가정'에 대하여 과학은 1~2학년에, 기술·가정은 2~3학년에 몰아서 편성함

③ 수업시간의 탄력적 운영: 학교 특성이나 학교·교사·학부모의 요구 및 필요에 따라 교과(군)별 20% 범위 내에서 시수를 증감하여 편성·운영할 수 있다.

> 예 수업 시간표를 작성할 때 특정 요일에 특정 과목을 1시간씩 배당하기보다는 필요에 따라 특정 교과목에 2~3시간을 연속해서 배당하는 블록타임제로 운영

④ 새로운 교과목 신설: 필요에 따라서 국가 교육과정에 없는 과목을 신설할 수 있다. 단, 이 경우 시·도 교육청이 정하는 지침에 따라 사전에 필요한 절차를 거쳐야 한다.

❸ 우리나라 국가 교육과정의 변천사

(1) 국가 교육과정의 시대 구분

① 한국의 국가 교육과정: 우리나라는 국가수준의 교육과정인 '국가 교육과정'이 존재하며, 「초·중등교육법」 제23조 제2항에 따라 교육부 장관에 의해 초·중등학교 교육과정을 정하고 있다.

② 국가 교육과정의 대구분
  ㉠ 임시 교육과정 시기: 국가 교육과정의 시대 구분은 일차적으로 정부 수립 이전부터 1차 교육과정 고시 이전까지의 시기를 '임시 교육과정 시기'로 구분한다.
  ㉡ 국가 교육과정 시기: 제1차 교육과정기부터 현재에 이르는 시기를 '국가 교육과정 시기'로 구분한다.

③ 국가 교육과정의 소구분: 국가 교육과정 시기는 교육과정의 개발 방식에 따라 '행정모형 교육과정 시기'와 '연구·개발모형 교육과정 시기'로 분류될 수 있다.
  ㉠ 행정모형 교육과정 시기
    ⓐ 국가 교육과정 개정이 교육부의 편수관들에 의해 주도적으로 진행되는 개발모형을 의미한다.
    ⓑ 해당 시기: 제1차 교육과정부터 제3차 교육과정의 개발이 행정모형에 따라 이루어졌다.
  ㉡ 연구·개발모형 교육과정 시기
    ⓐ 국가 교육과정 개정이 교육과정 전문가의 연구·개발에 의해 진행되는 개발모형을 의미한다.
    ⓑ 연구·개발모형의 분류
      • 주기적 연구개발기: 교육과정이 5~10년의 간격을 두어 비교적 주기적으로 개정된 시기를 뜻한다. 제4차 교육과정부터 제7차 교육과정이 여기에 해당된다.
      • 수시 연구개발기: 교육적·사회적 필요에 따라 정해진 주기 없이 교육과정이 개정된 시기로 2007 개정 교육과정 이후의 시기를 뜻한다. '제○차 교육과정'이라는 명칭이 교육과정의 개정 연도에 따른 '○○ 개정 교육과정'이라는 명칭으로 대체되었다.

(2) 임시 교육과정 시기

① 광복 후 임시 조치기
  ㉠ 1945년 광복 후 미군정기에 미군정청 학무국의 통제를 받아 임시적인 교육과정이 배포된 시기로 1945년 9월 ~ 1946년 9월 동안의 1년이 해당된다.

ⓒ 특징

ⓐ 일제 잔재의 불식, 평화와 질서의 유지, 생활의 실제에 적합한 지식의 연마가 강조되었다.

ⓑ 초·중등학교에서 따라야 할 교과 편제와 시간 배당표가 배부되었다.

② 교수요목기

㉠ 임시 조치기의 교육과정을 개정한 새로운 교과 편제와 시간 배당표가 발표 됐던 시기로, 각 교과를 가르치기 위한 교수요목(syllabus)도 함께 배포 되어 '교수요목기'로 불린다. 1946년 9월부터 제1차 교육과정이 고시된 1954년까지의 시기를 이른다.

㉡ 특징

ⓐ 미국의 아동중심 교육사조의 영향을 받았으며 초·중등학교에서 공민, 역사, 지리가 통합된 '사회생활'이라는 초보적 형태의 통합교과가 제시 되었다.

ⓑ 대부분의 교과에서 단원명, 제재명, 내용 요소 등 가르칠 주제가 열거 된 교수요목이 포함되어 있었다.

(3) 국가 교육과정의 행정모형기(제1차 ~ 제3차 교육과정기)

① 제1차 교육과정

㉠ 1954년 4월 20일 공포된 「교육과정 시간 배당 기준령」과 1955년 8월 1일 공포된 초·중·고·사범학교 「교과과정」을 의미한다. 1954년부터 1963년 까지 운영되었다.

㉡ 특징

ⓐ '교육과정'이라는 용어가 처음으로 활용되었으며, 이 시기에는 총론에 서는 '교육과정'이, 각론에서는 '교과과정'이라는 용어가 혼용되었다.

ⓑ 미국교육사절단의 영향을 받은 생활중심 교육사조가 반영되었다.

ⓒ 초등학교 교과목은 국어, 산수, 사회생활, 자연, 보건, 음악, 미술, 실과 등 8개로 운영되었다.

ⓓ 중·고등학교는 단선제로 운영되었으며, 학교를 인문계와 실업계로 구 분하여 운영하지 않았다.

ⓔ 중·고등학교 교육과정에서 필수과목과 선택과목을 두어 융통성 있는 교육과정 운영을 꾀하였다.

② 제2차 교육과정

㉠ 1960년 4·19 혁명과 1961년 5·16 군사정변 이후 고시된 교육과정으로, '반공'과 '가난 극복'을 내세우며 도입된 국가 교육과정이다. 1963년부터 1973년까지 운영되었다.

㉡ 특징

ⓐ 「교육과정 시간 배정 기준령」과 「교과과정」을 합쳐 일련의 체계를 갖 춘 교육과정으로 공포하였고, '교육과정'이라는 용어가 총론뿐 아니라 교과활동까지 포함하게 되었다.

ⓑ 생활중심 교육과 경험중심 교육을 교육과정상의 이념으로 내걸었으나 실제로는 '쓸 만한 인간'을 길러내는 사회적 행동주의에 가까운 입장을 취하였다.

ⓒ 교육과정에서 실업교육과 산업교육, 과학 · 기술교육이 강화되었다.

ⓓ 초등학교 교과목 중에 '보건'이 '체육'으로 대체되었으며, '반공 · 도덕' 과목이 개설됐다.

ⓔ 중학교의 선택과목인 '외국어'와 '실업가정'을 필수과목으로 전환하였으며, '반공 · 도덕' 교과가 신설되었다.

ⓕ 고등학교의 계열이 분화되어 2학년부터 문과계열, 이과계열, 취업계열로 나뉘었으며, 기존의 단선제를 포기하고 실업계 고등학교를 신설해 복선제로 고등학교를 운영하였다.

ⓖ 고등학교에서 처음으로 단위제가 운영되었으며, 학교는 3년간 이수해야 할 교과별 단위수에 따라 학년별 교육과정 계획을 수립하게 되었다.

ⓗ 1968년 12월 5일 '국민교육헌장'이 배포되었다.

③ 제3차 교육과정

㉠ 1972년 10월 유신 이후 고시된 교육과정으로, 1973년부터 1981년까지 운영되었다.

㉡ 특징

ⓐ 1972년 번역 · 소개된 브루너(Bruner)의 『교육의 과정』의 영향으로, 학문중심 교육과정을 표방하였다. 그러나 지식의 구조 습득과 탐구활동을 강조하던 브루너의 교육론은 반정부적인 입장이 철저히 탄압당하고 산업 인력을 양성하려던 당대의 정치 · 경제적 상황과 충돌하면서, 교육 현장에 의미 있는 변화를 일으키지 못했다.

ⓑ 제2차 교육과정까지 교육과정 편제에 포함됐던 '교과 영역', '특별활동 영역', '반공 · 도덕 영역'에서 '반공 · 도덕 영역'이 삭제되고 초등학교와 중학교에 '도덕' 교과가 정규과목으로 편성되었다.

(4) 국가 교육과정의 연구 · 개발기(제4차 교육과정기 ~ 현재)

① 제4차 교육과정

㉠ 제3차 교육과정의 문제점을 보완하고 제5공화국 출범에 따른 교육 개혁 조치들을 반영하기 위해 개정되었으며, 1981년부터 1987년까지 운영되었다.

㉡ 특징

ⓐ 한국교육개발원에서 연구 · 개발한 최초의 교육과정이다.

ⓑ 여러 교육사조와 이념을 종합적이고 복합적으로 반영한 교육과정이며, 과학교육과 인간중심 교육을 강조한 것으로 평가받는다.

ⓒ 학생의 부담을 줄이기 위해 학과목과 주당 수업시간을 감축하였다.

ⓓ 초등학교 1~2학년에서 도덕, 국어, 사회를 통합한 '바른생활', 체육, 음악, 미술교과를 통합한 '즐거운 생활', 산수, 자연교과를 통합한 '슬기로운 생활' 등의 통합교과가 편성되었다.

② 제5차 교육과정

　㉠ 제4차 교육과정의 성격과 특징을 기본적으로 유지한 교육과정이며, 1987년 부터 1992년까지 운영되었다.

　㉡ 특징

　　ⓐ 한국교육개발원에서 연구·개발한 교육과정이다.

　　ⓑ 교육과정의 적정화·내실화·지역화를 추구한 교육과정이다.

　　ⓒ 초등학교 저학년 통합교육이 본격화되어 초등학교 1~2학년의 경우 바른생활, 슬기로운 생활, 즐거운 생활, 국어, 산수 등 5개 교과로 운영되었다.

　　ⓓ 초등학교 입학생의 학교 적응을 위하여 1달간 '우리들은 1학년'이 편성되었다.

　　ⓔ 초등학교를 대상으로 '1교과 다교과서' 체제가 도입되었으며, 말하기, 읽기, 산수 익힘책, 바른생활 이야기 등의 보조용 도서가 출현하였다.

　　ⓕ 교과서의 지역화가 이루어졌으며, 초등학교 4학년 사회과에서는 각 시·도별 교과서를 개발하여 사회 교과서와 함께 활용하도록 하였다.

③ 제6차 교육과정

　㉠ 중앙집중적인 교육과정을 지방분권형 교육과정으로 전환한 최초의 교육과 정으로, 1992년부터 1997년까지 운영되었다.

　㉡ 특징

　　ⓐ 교육부가 별도의 교육과정 개정 연구위원회를 구성하여 주도적으로 개발한 교육과정이다.

　　ⓑ 지방분권형 교육과정으로의 전환이 이뤄졌다.

　　　• 교육부가 국가수준의 기준을 정하면 시·도 교육청에서 이를 기준으로 삼아 시·도 교육과정 편성·운영 지침을 작성하였으며, 일선 학교는 이 지침을 근거로 하여 학교 실정에 맞게 교육과정을 운영하게 되었다.

　　　• 제6차 교육과정 이후, '교육과정(국가수준) ⇨ 교육과정 편성·운영 지침(시·도 교육청수준) ⇨ 학교 교육과정(학교수준)'이 제도화되었다.

　　ⓒ 초등학교에 연간 34시간의 '학교 재량시간'이 신설되어 각 단위 학교의 특수한 교육적 필요나 학생의 요구를 반영하여 교육과정을 구성할 수 있게 되었다.

　　ⓓ 중학교에 선택과목을 신설 도입하였다.

　　ⓔ 고등학교 총 이수단위인 204단위 중 과정별(인문·사회, 자연, 직업) 필수과목 106단위를 시·도 교육청이 지정하고, 과정별 선택과목 12 단위는 학교에서 지정하도록 하여 지역과 학교의 교육과정 결정권을 확대하였다.

④ 제7차 교육과정

    ㉠ 21세기 사회를 고려하여 개발된 교육과정으로 학교교육의 다양성을 존중하기 위하여 '학생중심 교육과정'을 표방했으며, 1997년부터 2007년까지 운영되었다.

    ㉡ 특징

        ⓐ 대통령 자문기구인 교육개혁위원회의 발의로 교육과정 개정 작업이 착수되어 한국교육개발원을 중심으로 교육과정 총론이 1996년 말 완성되고, 여러 기관과 개인의 참여하에 각 교과 교육과정이 연구·개발되어 1992년 12월 말 각급 학교 교육과정이 고시되었다.

        ⓑ 21세기 세계화·정보화 사회를 살아갈 학생에게 자기주도학습능력, 창의력, 정보처리능력을 배양하는 것을 목표로 하였다.

        ⓒ 1995년 '5·31 교육개혁'의 기조를 계승하여 시장경제의 논리를 교육과정에 반영했으며, 수요자중심 교육, 고객 만족 학교경영을 내걸었다.

        ⓓ 초등학교 1학년부터 고등학교 1학년까지 10년간 '국민공통 기본 교육과정'으로 운영하였으며, 고등학교 2, 3학년에서는 '선택중심 교육과정'을 이수하도록 하여 기존에 운영됐던 과정이 폐지되었다.

        ⓔ 재량활동이 하나의 교육과정 영역으로 학교급에 따라 신설·확대되었다.

            • 재량활동은 교과의 심화학습과 관련된 교과 재량활동과 범교과 학습, 자기주도적 학습과 관련된 '창의적 재량활동'으로 구분되었다.

            • 초등학교의 경우 주당 2시간, 중학교의 경우 주당 4시간의 재량활동이 신설되었으며, 고등학교는 1학년에만 12단위의 재량활동이 신설되었다.

⑤ 2007 개정 교육과정

    ㉠ 교육과정의 수시 개정 체제가 도입된 첫 교육과정으로 제7차 교육과정의 기본 철학과 체제를 유지한 교육과정이다. 총론은 2007년부터 2009년까지, 각론의 교과 교육과정은 2007년부터 2011년까지 운영되었다.

    ㉡ 특징

        ⓐ 역량중심 교육사조가 최초로 반영되었다.

        ⓑ 기존의 국정교과서 체제가 검인정교과서 체제로 변화되었다.

            • **국정교과서 체제**: 국가에서 한 가지 교과서만을 만들어 배포하는 제도

            • **검인정교과서 체제**: 다수의 교과서 업체에서 교과서를 개발하여 국가의 검인정을 받아 배포하는 제도

* 홍후조, 2011

참고 현행 교과서 발행 체제의 비교*

도서 구분	국정도서	검정도서	인정도서
정의	교육부 장관이 저작권을 가진 도서	민간에서 저작하여 교육부 장관의 검정을 받은 도서	국·검정도서가 없거나 보충할 필요가 있는 경우에 사용하기 위하여 교육부 장관의 인정을 받은 도서
국가 관여	저작에 직접 관여	저작에 간접 관여	심의 있으면 저작에 관여, 심의 없으면 사용에 관여
심의권자	장관(심의 위원 위촉)	장관(한국교육과정 평가원장에게 위탁)	장관(각 시·도 교육감에게 위임)
절차	편찬 ⇨ 심의	편찬 ⇨ 심의 ⇨ 선정	편찬 ⇨ 선정 ⇨ 심의
발행	장관으로부터 발행권을 부여받은 기관과 개인	개별 발행사, 위탁발행	개별 발행사, 위탁발행

ⓒ 각론의 교과 교육과정은 전면 개정된 반면, 총론은 부분 개정되었다. 이는 2년 뒤 총론만을 개정한 2009 개정 교육과정이 고시된 배경이 되었다.

ⓖ 2009 개정 교육과정(2011 개정 교육과정)

ㄱ 2009 개정 교육과정은 2007 개정 교육과정의 총론을 개정한 것으로 2009년 12월 23일 고시되었으며, 2011 개정 교육과정은 2007 개정 교육과정의 각론을 개정한 교육과정으로 2011년 8월 9일 고시되었다. 2009년부터 2015년까지 운영되었다.

ㄴ 특징

ⓐ 공통 교육과정과 선택 교육과정 체제 정비

• 기존의 '국민 공통 교육과정'의 명칭이 '공통 교육과정'으로 변경되고, 초등학교와 중학교에 적용되는 것으로 연한이 1년 감축되었다. 이는 학제와 의무교육 기간을 일치시키고, 초·중학교에서 공통교육에 대한 책무성을 강화하기 위함이다.

• 기존의 '선택중심 교육과정'의 명칭이 '선택 교육과정'으로 변경되고, 고등학교 전 학년에 적용되었다. 이는 고등학교에서 학생이 자신의 진로에 적합한 교과목을 선택할 기회를 확대하기 위함이다.

ⓑ 학년군 및 교과군 개념 도입

• '학년군'이란 2~3개의 학년을 묶은 것을 말하며 초등학교는 1~2학년, 3~4학년, 5~6학년 등 2년 단위의 학년군이, 중학교와 고등학교는 전 학년이 하나의 학년군으로 운영된다.

• '교과군'이란 기존의 교과들을 교육목적상 근접성, 학문 탐구 대상 또는 방법상의 인접성, 실제 생활양식에서의 상호 연관성 등을 고려하여 광역군으로 유목화한 것이다.

- 교과(군)별 수업 시수의 20% 자율증감이 허용되어 학교의 여건과 학생의 진로 등을 고려하여 학교의 자율적인 교육과정 운영을 보장하고자 했다.
ⓒ 중·고등학교에서 학기당 이수해야 할 과목 수를 8개 이내로 제한
- 집중이수제 운영: 단위 학교는 교과(군)에 배당된 수업 시수를 특정 학기 또는 특정 학년 단위로 집중 편성하는 '집중이수제'를 운영하여 이수 과목 제한 기준을 충족해야 한다.
ⓓ 창의적 체험활동이 도입되어 교과 외 활동을 그 본래의 취지를 살려 체험 중심으로 운영할 수 있도록 하였다.

참고 **창의적 체험활동의 이해**

1. 창의적 체험활동의 변천사
① 1차 ~ 5차 교육과정: 교과활동 + 특별활동으로 편제
② 6차 교육과정: 교과활동 + 특별활동 + 학교 재량시간으로 편제
③ 7차 교육과정: 교과활동 + 특별활동 + 재량활동(교과 재량, 창의적 재량)으로 편제
④ 2009 개정 교육과정: 교과활동 + 창의적 체험활동으로 편제
⑤ 2015 개정 교육과정: 교과활동 + 창의적 체험활동(초 1, 2 안전한 생활 포함) 편제
⑥ 2022 개정 교육과정: 창의적 체험활동 영역을 3개로 개선(자율·자치활동, 동아리활동, 진로활동)
※ 봉사활동은 동아리활동 영역에 편성되어 있으며, 모든 활동과 연계 가능

2. 창의적 체험활동의 영역 및 영역별 활동

영역	활동
자율활동	적응활동, 자치활동, 행사활동, 창의적 특색활동 등
동아리활동	학술활동, 문화예술활동, 스포츠활동, 실습 노작활동, 청소년 단체활동 등
봉사활동	교내 봉사활동, 지역사회 봉사활동, 자연환경 보호활동, 캠페인활동 등
진로활동	자기이해 활동, 진로정보 탐색활동, 진로계획 활동, 진로체험 활동 등

개념확대 ⊕
Zoom IN

국가 교육과정의 시대 구분
- 임시 교육과정 시기
  (제1차 교육과정기 전)
- 국가 교육과정의 행정모형기
  (제1차 ~ 제3차 교육과정기)
- 국가 교육과정의 연구개발기
  (제4차 교육과정 ~ 현재)
  − 주기적 연구개발기
    (제4차 ~ 제7차 교육과정)
  − 수시 연구개발기
    (2007 ~ 2015 개정 교육과정)

04 2015 개정 교육과정 기출 11 중등

1 개관

(1) 개정의 배경

① 학년군 제도, 집중이수제의 유연한 적용: 학년군 제도와 집중이수제에 따라서 특정 과목이 단위 학교에서 지나치게 적은 시수 또는 특정 학기에 집중되어 편성되는 문제가 발생함에 따라, 교과 특성을 반영하여 두 제도의 운영을 유연화하였다.

② 각론 간 조정의 필요성: '국가 교육과정 각론 조정위원회'를 구성·운영하여 교과별 내용 중복을 해소하였으며, 교과 간 이해관계 조정을 위해 각계 인사, 교육과정 전문가, 현장 교원이 참여하도록 하였다.

③ 현장과의 소통 필요성: 교육과정 개발 연구진에 현장 교원 참여율을 40% 이상으로 정하고, 현장 교원과 학계를 분리하여 별도의 교육과정 포럼을 개최하였으며, 이외에도 시·도 전문직, 핵심 교원을 대상으로 지속적인 의견 수렴을 추진했다.

(2) 2015 개정 교육과정의 목표 및 특징

① 목표: 창의·융합형 인재 양성

② 특징

　㉠ 통합과목 신설: 창의·융합형 인재를 양성하기 위해 통합사회 및 통합과학 과목을 신설하고, 모든 고등학생이 필수로 이수하도록 하였다.

　㉡ 자유학기제의 확립: 학생의 꿈과 끼를 키워주기 위해 중학교 자유학기제의 교육과정적 근거와 운영 지침을 마련하였다.

　㉢ 소프트웨어 교육 강화: 스마트시대를 대비하여 소프트웨어의 기본 소양과 역량을 길러줄 수 있도록 소프트웨어 교육을 강화하였다.

　㉣ 역사교육 강화: 우리나라 역사교육을 강화하기 위해 고등학교의 한국사를 사회과에서 분리하여 국어, 수학, 영어와 같은 '기초 교과 영역'에 배치하였다. 이에 따라 기존의 사회 교과군 내에서 시수 조정을 통해 편성되었던 한국사 과목이 학교 내에서 필수적인 시수(6단위)를 보장받게 되었다.

(3) 2015 개정 교육과정의 기본 방향

① 추구하는 인간상

　㉠ 창의·융합형 인재: 인문학적 상상력, 과학기술 창조력을 갖추고 바른 인성을 겸비하여 새로운 지식을 창조하며, 다양한 지식을 융합하여 새로운 가치를 창출할 수 있는 사람을 말한다.

개념확대 ⊕
Zoom IN

창의·융합형 인재
인문학적 상상력, 과학기술 창조력을 갖추고 바른 인성을 겸비하여 새로운 지식을 창조하며, 다양한 지식을 융합하여 새로운 가치를 창출할 수 있는 사람을 말한다.

   ⓒ 네 가지 인간상
    ⓐ **자주적인 사람**: 전인적 성장을 도모하고, 긍정적인 자아정체성과 자존감과 자신감을 가지고, 자기주도적이며 자율적으로 자신의 진로와 삶을 개척하는 사람이다.
    ⓑ **창의적인 사람**: 폭넓은 기초 지식을 바탕으로 분석적이고 논리적이면서도 새롭고 독창적인 아이디어를 산출해내며 유창성, 융통성, 상상력, 독창성을 가지고 사고하며 문제해결을 할 수 있는 사람이다.
    ⓒ **교양 있는 사람**: 다양한 문화에 대한 감수성과 공감적 이해 능력을 습득함으로써 인류 문화를 심미적으로 향유하고 지속적으로 발전시키며 행복하고 품격 있는 삶을 사는 사람이다.
    ⓓ **더불어 사는 사람**: 공동체의 구성원으로서 공동체 의식을 가지는 동시에, 다양한 가치를 가지는 사람들이 공존하여 정의롭게 사는 것에 대한 민주시민 의식을 가진 사람이다.
  ② **핵심역량**
   ㉠ **자기관리 역량**: 자신의 삶, 학습, 건강, 진로에 필요한 기초적 능력 및 자질을 지속적으로 계발·관리하고, 변화하는 사회에 유연하게 적응하며 살아갈 수 있는 능력을 의미한다.
   ㉡ **지식·정보처리 역량**: 학습과 삶 등에서 직면하게 되는 문제를 해결하기 위하여 다양한 정보와 자료를 수집·분석·평가·선택하고, 적절한 매체를 활용하여 지식과 정보와 자료를 효과적으로 처리함으로써 합리적으로 문제를 해결할 수 있는 능력을 의미한다.
   ㉢ **창의적 사고 역량**: 다양한 영역에 대한 폭넓은 기초 지식과 자신의 전문 영역에 대한 깊이 있는 지식을 바탕으로 새롭고 독창적인 아이디어를 산출해내고, 다양한 분야의 지식·기술·경험을 융합적으로 활용할 수 있는 능력을 의미한다.
   ㉣ **심미적 감성 역량**: 다양한 가치에 대한 개방적 태도와 반성적 성찰을 통해서 자신과 타인과 사회현상들을 공감적으로 이해하고, 문화적 소양과 감수성을 통해 삶의 의미와 사물들의 아름다움과 가치를 발견하고 향유하며, 이를 바탕으로 질 높은 삶과 행복을 누릴 수 있는 능력을 의미한다.
   ㉤ **의사소통 역량**: 여러 상황에 적합한 언어, 상징, 텍스트, 매체를 활용하여 자신의 생각과 감정을 효과적으로 표현하는 능력, 타인의 말과 글에 나타난 생각과 감정을 올바르게 이해하는 능력, 다른 사람의 의견을 경청하고 존중하며 갈등을 효과적으로 조정하는 능력 등을 의미한다.
   ㉥ **공동체 역량**: 지역·국가·지구촌의 구성원으로서 요구되는 가치와 태도를 수용하고 실천하는 능력, 지역적·국가적·세계적 차원의 다양한 문제 해결에 책임감을 가지고 적극적으로 참여하는 능력, 다양한 사람들과 원만한 관계를 가지고 협업하고 상호작용하는 능력, 다른 사람들을 배려하며 함께 살아갈 수 있는 능력 등을 의미한다.

② 2015 개정 교육과정 구성의 중점

(1) 인문·사회·과학기술 기초 소양 함양

① 다양한 분야의 지식들을 융합하여 새로운 지식과 가치를 창출해 낼 수 있는 '창의·융합형 인재'를 양성하기 위해서는 학생에게 인문·사회·과학기술에 대한 기초 소양을 갖추게 하는 것이 필요하다.

② 문·이과 구분 없는 공통 과목을 도입했다.
  ⇨ 국어, 수학, 영어, 한국사, 통합사회, 통합과학, 과학탐구·실험

③ 통합적 사고력 향상을 위해 통합사회 및 통합과학을 신설했다.

(2) 핵심개념 중심의 교육내용 재구조화

① 핵심개념: 교과가 기반을 두는 학문의 가장 기초적인 개념이나 원리를 포함하는 교과의 근본적인 아이디어이다. ⇨ 교과학습에 중점을 둔다.

② 핵심개념에 의한 교육과정 구조화의 장점
  ㉠ 큰 그림에 대한 이해 획득: 교육내용 구조화는 각 교과의 구조를 중심으로 다양한 내용 간의 관련성을 파악해 큰 그림에 대한 이해를 획득하게 한다는 점에서 이점을 지닌다.
  ㉡ 융합적 사고 계발: 교과 내 지식과 기능, 교과 내 영역 간·교과 간 학습 내용의 연계성을 드러내어 창의·융합형 인재를 기르기 위한 융합적 사고 계발을 가능하게 한다.

(3) 교과 특성에 맞는 다양한 학생 참여형 수업 활성화

① 교과역량 규명: 총론에서는 핵심역량을 제시하고, 각 교과에서는 교과역량을 규명하였다. 교과역량은 교과가 기반을 둔 학문의 지식 및 기능을 습득·활용함으로써 길러질 수 있다.

② 학생 참여형 수업: 교과역량 함양을 목표로 하는 수업은 학생이 교과 지식과 기능을 깊이 있게 탐구·경험할 수 있도록 학생 참여형으로 이루어진다.

③ 교사의 역할
  ㉠ 학생이 교과의 핵심개념 및 일반화된 지식을 심층적으로 이해하고 이를 중심으로 세부 학습내용을 서로 관련지어 이해할 수 있도록 가르쳐야 한다.
  ㉡ 학생이 핵심개념과 일반화된 지식을 교과 고유의 사고 및 탐구기능을 통해 심층적으로 이해하고, 이를 다시 다양한 상황에 적용할 수 있도록 교과와 학습자의 특성을 고려한 교수·학습이 이루어질 수 있도록 해야 한다.

④ 학생 참여형 수업방식
  ㉠ 교사와 학생, 학생 상호 간의 상호작용에 기반을 둔 학습: 교사는 학생들의 다양한 특성을 고려하여 교수·학습에 학생들을 참여시키며 교사와 학생, 학생 상호 간의 긍정적인 상호작용을 기반으로 최대한의 학습이 이루어질 수 있도록 해야 한다.
  ㉡ 협력적인 문제해결 방식: 학생 참여형 수업은 새로운 지식과 기능을 습득하는 과정뿐만 아니라 협력적인 문제해결의 과정에도 유용하다.

© 자기주도적 학습: 학생 참여형 수업에 학습자 스스로 자신의 학습과정을 점검하고 개선할 수 있는 기회를 포함시킴으로써 자기주도적 학습능력을 신장시킬 수 있다.

(4) 학습의 과정을 중시하는 평가

① 학생의 학습경험 성장 지원에 초점: 교실에서 이루어지는 평가의 주요 목적은 학생 스스로 무엇을 어느 정도 성취하고 있는지 파악할 수 있도록 도와주고 부족한 부분에 대한 정보를 제공하여 학습경험의 성장을 지원하는 것이다.

② 피드백 적극 활용: 교사는 학습의 전 과정에 걸쳐 공식·비공식적인 방식으로 피드백을 제공하여 학생이 자신의 학습을 성찰할 수 있도록 해야 한다.

③ 교수·학습활동 개선을 위한 평가 결과 활용: 평가의 결과는 학습의 질을 향상시키고 수업을 개선하기 위한 자료로 적극 활용한다.

(5) 교과의 교육목표, 교육내용, 교수·학습 및 평가의 일관성 강화

① 성취기준에 근거한 학습: 교과의 성취기준은 교과를 통해 학생들이 배워야 할 지식, 기능, 태도의 총체로서 학년(군)별 학습으로 기대되는 결과를 의미한다. 교수·학습과정에서는 이러한 교육내용에 대한 의미 있는 학습이 이루어질 수 있도록 해야 한다.

② 학습경험 성장을 위한 수업: 교사는 학생의 다양한 특성과 요구를 파악하여 내용을 재구성하고, 학생이 특정 맥락에서 습득한 내용을 새로운 상황에서 적용하고 문제를 해결할 수 있도록 해야 한다.

③ 학습경험 성장을 위한 평가

㉠ 평가에서는 학생이 수행을 통해 자신이 습득한 지식을 적용하고 고차원적 사고기능을 활용할 수 있도록 해야 한다.

㉡ 교사는 학생에게 형성평가 및 총괄평가에 따른 피드백을 제공하고, 학생은 이를 기초로 자신의 학습을 지속적으로 성찰하고 향상시켜야 한다.

❸ 2015 개정 교육과정 - 교수 및 학습

(1) 교과학습의 중점

① 핵심개념의 이해: 학습내용를 구조화하는 원리인 교과별 핵심개념을 중심으로 교수·학습활동이 이뤄져야 한다.

② 핵심개념의 활용능력 향상: 학생들이 새로운 지식을 기존 지식과 관련지어서 파악하여 일반화나 원리를 구성하고, 그것을 다른 맥락과 상황 속에 적용하여 문제를 해결할 수 있도록 지도한다.

(2) 학생의 발달단계에 따른 체계적인 수업 설계

① 발달단계에 따라 적절한 수준의 수업 제공

㉠ 계속성의 원리: 2015 개정 교육과정이 추구하는 인간상의 구현을 위해서 각 교과의 개념을 포괄하는 핵심개념과 일반화된 지식, 일반화된 지식을 도출하기 위해 필요한 교과별 기능이 매 학년에서 공통적으로 반복하여 경험되어야 한다.

㉡ 계열성의 원리: 교과별 핵심개념은 학생의 발달단계에 따라서 적절한 수준으로 제공될 필요가 있다.

② 생활과 관련된 경험을 바탕으로 수업 설계: 교사는 학생의 발달적 특성, 인지 및 학습능력을 고려하여 학생이 수업에서 경험하는 새로운 내용이 생활에서 접한 경험이나 지식과 연결되어 의미 있는 지식으로 구성될 수 있도록 수업을 설계해야 한다.

(3) 융합적 사고 지도 방안

2015 개정 교과 교육과정은 핵심개념을 중심으로 학습내용이 조직되어 있으며, 교사는 핵심개념을 중심으로 공통성 또는 관련성을 갖는 지식을 연결하여 교과 내 영역 간, 교과 간의 내용을 통합한 교수·학습계획을 구성할 수 있다.

(4) 학생 참여 수업 활성화

① 학생 참여형·활동형 수업 활성화

㉠ 학습내용을 학생에게 일방적으로 제시하는 강의식 수업을 지양하고 학생이 직접 체험할 수 있는 교수·학습활동을 계획해야 한다.

㉡ 학생이 구체적인 세계 속에서 교과의 개념, 원리, 아이디어의 관계성, 교과 고유의 사고기능 및 탐구기능을 습득하고 적용할 수 있도록 해야 한다.

② 토의·토론학습 활성화

㉠ 서로 다른 주장을 논증과 실증으로 정당화하는 토론학습이나 여러 사람이 정보와 의견을 공유하며 결론을 내는 토의학습도 학생이 학습활동에 능동적으로 참여할 수 있는 교수·학습방법이다.

㉡ 학생은 교사, 동료 학생들과 언어적·비언어적 상호작용을 활발하게 할 수 있으며, 자신의 지식을 형성하고 수정하여 공고히 다져 나간다.

(5) 학습자 특성에 맞는 개별 학습활동 제공

① 학습자마다 선행학습의 정도, 지식수준, 능력, 학습 선호도, 학습에 대한 동기 등이 상이하므로 학습자에게 적절한 학습방법을 제시하는 것이 필요하다.

② 이러한 개별화된 학습은 학습자 특성에 맞는 학습경험을 제공함으로써 학습자의 학습목표 달성을 가능하게 한다.

(6) 협동학습 경험 제공

① 협동학습: 소집단으로 구성된 학생들이 공동 과제를 수행하기 위해 함께 활동하며 학습목표에 도달하는 학생 주도적인 교수·학습방법이다.

② 협동학습의 교육적 효과

  ⊙ 인지적 성장 촉발: 소집단 구성원 간 끊임없는 대화와 참여를 통해 이루어지는 협력적인 문제해결과정 속에서 구성원들의 인지적 성장이 일어난다.

  ⓒ 협력적 문제해결력 학습: 학생들은 공동 과제를 완성하기 위해 소집단 내 다른 구성원을 격려하고 서로 도움을 주고받는 긍정적 상호작용을 하게 되며, 구성원 각자가 맡은 역할의 수행과 구성원 간의 관계가 공동 과제에 미치는 영향을 직접적으로 체험할 수 있다.

  ⓒ 사회적 기능의 발달: 협동학습 과정을 통해 학생은 자신이 속한 사회에서 구성원의 역할에 따른 책임감, 리더십, 의사소통능력, 갈등조정능력 등의 사회적 기능을 습득하게 된다.

(7) 학습내용의 적용 기회 제공

각 교과의 핵심개념 및 일반화된 원리를 학습할 때 그 내용을 암기하는 수준에서 벗어나서, 다양한 방법을 활용하여 탐구하는 활동 속에서 개념과 원리를 습득할 수 있도록 교수·학습이 계획되어야 한다.

(8) 메타인지적 전략 및 자기주도적 학습

① 메타인지의 활용: 교사는 학생 스스로가 자신의 학습활동을 확인하고, 점검 및 평가하여 자신의 학습활동을 개선해 나갈 수 있도록 학생이 충분히 연습해 볼 수 있는 기회를 제공해야 한다.

② 자기주도적 학습 촉진: 교사는 학생의 선경험, 선지식을 고려하여 수업을 설계함으로써 학생이 교수·학습활동 과정에서 자기주도적으로 학습할 수 있도록 해야 한다.

(9) 특별 보충수업

정규 교육과정에서 학업성취수준에 도달하지 못한 학생에게는 학습 결손을 보충할 수 있도록 일과 전후에 별도의 시간을 활용하여 특별 보충수업을 운영할 수 있다.

❹ 2015 개정 교육과정 – 평가

(1) 평가의 목적

① 평가의 궁극적 목적 – 학습 촉진

  ⊙ 평가의 접근법: 학습이 끝난 후 가르친 것을 잘 이해하고 있는지 학생의 능력을 일방적으로 측정하고 판단하는 것에서 벗어나, 학생의 학습을 돕고 학생 스스로 자신의 학습을 점검하고 개선할 수 있도록 지원한다.

  ⓒ 평가의 궁극적인 목적: 학생의 교육목표 도달 정도를 확인하고 평가 정보를 교사, 학생, 학부모 등에게 제공하여 교육적 노력 및 의사결정에 도움을 주어 교수·학습의 질을 개선하고 학습을 촉진한다.

② 평가 결과의 활용
  ⊙ 학생의 성장 지원: 평가 결과를 분석하여 학생의 강점과 약점을 파악하고, 교육목표 도달 정도를 판단하여 학습 개선 방향에 대한 정보를 학생에게 제공하며, 적합한 추수지도를 통해 학생의 발달과 성장을 도와야 한다.
  ⊙ 수업의 개선: 시기와 상황에 적합한 평가를 실시하고, 그 결과를 활용하여 수업을 수정·보완하며 수업의 질을 지속적으로 개선해야 한다.
③ 평가 유형별 활용방안
  ⊙ 진단평가: 학생의 교육목표 도달에 필요한 내용과 기능을 확인하고 수업계획을 수립할 수 있다.
  ⊙ 형성평가: 학생의 교육목표 도달 정도를 확인하여 다음 학습목표나 수업시간의 학습과제 선정에 필요한 의사결정에 유용한 정보로 활용할 수 있다.
  ⊙ 총괄평가: 학업성취도를 파악하고 전체적인 수업내용과 수준을 점검하여 학생에게 적합한 수업방법 및 학습환경 개선을 위하여 평가의 결과를 활용할 수도 있다.

(2) 평가 기준

① 평가의 일관성: 평가방법은 교과의 특성과 교육목표에 따라 달라지며, 교과 교육 활동에서 사용한 다양한 교수·학습법과 일관되면서도 그 특성을 드러내는 것을 선택해야 한다.
② 평가의 타당성: 자아개념, 가치관, 흥미, 태도, 책임, 협력, 동기 등의 정의적 측면이나 다양한 교과 관련 기능적 측면 또는 확산적 사고를 포함한 창의적 면이 중시되는 교과는 평가계획 수립에 있어 교사, 학생, 학부모 모두가 공감 가능하며 전문적인 평정 기준과 척도를 마련하여 평가를 해야 한다.

(3) 교과의 성격과 특성에 적합한 평가방법 활용

① 서술형 평가
  ⊙ 내용을 요약하거나 개념을 설명하거나 풀이과정을 제시하는 등 학습한 내용을 기술하는 평가방법이다.
  ⊙ 논술형에 비해 짧은 길이로 답을 작성하는 방식으로 글의 조직력이나 표현력이 크게 요구되지 않으며, 채점 시 어느 정도 객관적인 정답이 있다.
② 논술형 평가
  ⊙ 서술형보다 길게, 보통의 경우 한 단락 이상으로 구성되며 생각과 주장을 논리적으로 설득력 있게 조직하는 평가방법이다.
  ⊙ 채점 시 교사(채점자)의 전문적인 판단이 요구된다.
③ 수행평가
  ⊙ 학생이 상황이나 맥락 속에서 지식을 적용하여 문제를 해결할 수 있는지를 확인하는 평가방법이다.
  ⊙ 특징
    ⓐ 학습자들에게 의미 있고, 도전적이며, 흥미를 유발하기 위해 실생활 맥락성, 간학문성, 다차원적 측면들이 강조된다.

개념확대⊕
Zoom IN

성취평가제

1. **개념**
   국가 교육과정에 근거한 성취기준을 토대로 교수·학습이 이루어지고 성취기준하에 학생의 학업 성취 정도를 평가하는 제도
2. **성취기준**
   • 각 교과에서 학생이 학습을 통해 성취해야 할 지식·기능·태도의 특성을 진술한 것
   • 교사가 무엇을 가르치고 평가해야 하는지에 대한 실질적 근거
3. **성취수준**
   • 학생이 교과목별 성취기준에 도달한 정도를 나타내는 것
   • 성취 정도에 따라 'A－B－C－D－E / A－B－C / P' 수준으로 구분됨
4. **장점**
   • **학생**
     – 학습해야 할 목표와 내용이 무엇인지 구체적으로 알 수 있음
     – 어떤 영역에서 얼마만큼 성취했는지 구체적인 피드백을 받을 수 있음
     – 성취기준에 비추어 부족한 점을 파악하여 학습을 개선할 수 있음
     – 다른 학생의 성적에 관계없이 내가 노력한 만큼 성적을 받을 수 있음
     – 개인의 관심, 흥미, 진로에 적합한 다양한 교과목을 배울 수 있음
     – 무분별한 경쟁이 줄어들고 협동학습 분위기가 조성됨
   • **교사**
     – 성취기준에 근거하여 학생이 도달해야 할 목표와 내용을 명확히 할 수 있음
     – 학생이 성취기준에 도달한 정도를 파악할 수 있음
     – 성취기준에 근거하여 학생에게 학습에 관한 피드백을 제공할 수 있음
     – 학생의 학업성취 수준에 대한 정보를 바탕으로 교수·학습, 평가를 개선할 수 있음
     – 학생중심의 맞춤형 교육과정을 운영할 수 있음
     – 성취기준, 교수·학습, 평가의 유기적 연계를 통해 교사 전문성을 높일 수 있음

ⓑ 교육과정에 기반을 두고 있어야 하며, 실세계에 가깝고 교과 통합적이며 여러 차원의 지식과 인지적 기능을 측정할 수 있는 과제의 형태로 만들어진다.

ⓒ 수행평가의 장점
    ⓐ 정의적 특성을 평가함으로써 전인적 성장을 이룰 수 있다.
    ⓑ 실제 생활과 유사한 맥락에서의 수행능력을 평가하여 암기 위주의 교육보다는 과제 수행과 관련된 고등사고기능이나 협력적 문제해결력을 평가에서 중요하게 다루게 된다.
    ⓒ 결과뿐만 아니라 결과에 도달하게 된 과정을 평가하여 학습자의 학습 진보에 대한 결과를 수집하고, 학생 또한 자기 스스로의 변화와 성장을 확인하게 된다.

(4) 성취기준에 근거한 평가

① 성취기준과 평가
    ㉠ 성취기준: 각 교과에서 학생이 학습을 통하여 얻어야 할 지식, 기능, 태도 등을 담고 있으며, 학습의 결과로 학생이 할 수 있게 되어야 하는 것들을 진술한 것이다.
    ㉡ 성취기준을 활용한 평가: 평가는 성취기준에 근거하여 계획 · 실행되어야 하며, 이는 교수 · 학습과 평가활동 간의 일관성이 있어야 함을 의미한다.

② 평가 시 유의점: 성취기준에 근거하되, 평가는 학교에서 학생이 배운 것에 대한 교육목표 도달을 확인하기 위한 평가가 되어야 한다. 학교 교육과정 밖의 평가는 학교교육에 대한 불신을 가져와 결과적으로 사교육을 조장할 수 있다.

(5) 과정중심 · 학생 참여형 평가

① 과정중심 평가
    ㉠ 학습의 결과뿐만 아니라 과정을 강조하는 평가방법이다.
    ㉡ 특징
        ⓐ 진단평가의 성격: 학생 개개인의 강점과 부족한 점을 파악하기 위해서 정확한 정보를 수집한다는 점에서 진단평가의 성격을 띤다.
        ⓑ 형성평가의 성격: 학생의 수행을 효과적인 수업계획과 실행 전체를 통해서 평가한다는 점에서 형성평가의 성격을 가진다.

② 학생 참여형 평가
    ㉠ 학생이 평가 준거를 설정하고 평가를 실행하는 모든 과정에 참여하는 평가방법이다.
    ㉡ 특징
        ⓐ 학습에 대한 책임의식 제고: 다양한 수행 지표에 대해서 교사와 이야기하고 스스로 평가하도록 하는 형태의 평가는 학생이 자신을 인식하는 능력을 향상시켜주고 학습과 수행에 대한 책임의식을 높인다.

ⓑ **자기평가의 활용:** 학생 참여형 평가에서, 학생은 개인별로 노트를 만들어서 학습의 전 과정에 걸쳐서 자신이 알게 되고 느끼고 배우게 된 것, 반성하게 된 것 등을 기록하는 방법 등 자기평가를 활용한다.

(6) 기타 영역의 평가

① 실험 · 실습의 평가

　㉠ 합리적인 세부 평가 기준의 마련

　　ⓐ 실험 · 실습의 평가는 교과목의 성격을 고려하여 합리적인 세부 평가 기준을 마련하여 실시해야 한다.

　　ⓑ 개인과 집단에 대한 실험 · 실습과정의 직접 관찰, 결과보고서 등 계획된 모든 평가방법에 대한 세부 평가 기준을 마련해야 하며, 단편적인 기능뿐 아니라 적용능력 및 문제해결과정을 종합적으로 평가하는 기준이 요구된다.

　㉡ 평가 기준의 사전 공개

　　ⓐ 실험 · 실습의 평가 시행에 있어 세부 평가 기준을 명확하게 학생에게 공개한 후 실시해야 한다.

　　ⓑ 수행 기준과 평가 기준이 명백하게 마련되어 충분히 논의된 후 학생이 학습활동과 과제를 수행함으로써 학습에 대한 동기를 유발하고 학습의 효과를 높일 수 있다.

② 창의적 체험활동의 평가

　㉠ **창의적 체험활동의 목적:** 학생에게 다양하고 의미 있는 체험활동의 기회를 제공하고, 학교생활을 통해 나눔과 배려 등의 인성을 함양하며, 자발적인 사고와 활동을 통해 창의력을 키우는 것을 목적으로 한다.

　㉡ **창의적 체험활동의 평가:** 창의적 체험활동의 내용과 특성을 고려하여 학교에서는 지역사회의 여건과 학교의 실태, 학습자의 능력이나 요구 등이 반영된 학교 교육과정에 맞게 창의적 체험활동 평가의 주안점을 작성 · 활용해야 한다.

❶ 개관

(1) 개정의 배경

① **예측할 수 없는 변화에 대응할 수 있는 교육 혁신 필요성**: 인공지능 기술 발전에 따른 디지털 전환, 감염병 대유행 및 기후·생태환경 변화, 인구 구조 변화 등에 의해 사회의 불확실성이 증가하고 있다.

② **새로운 교육환경 변화에 적합한 역량 함양 교육의 필요성**: 사회의 복잡성과 다양성이 확대되고 사회적 문제를 해결하기 위한 협력의 필요성이 증가함에 따라 상호 존중과 공동체 의식을 함양하는 것이 더욱 중요해지고 있다.

③ **학생 개개인의 특성과 진로에 맞는 학습을 지원해 주는 맞춤형 교육에 대한 요구 증가**: 저출산 현상의 심화, 디지털 전환 등에 대응하여 학생 개인의 역량을 최대한 발전시켜 줄 교육과정과 교수학습 체제 및 교육환경 구축이 필요하며, 디지털 도전적 특성을 갖는 학습자들을 위한 새로운 교육과 최적화된 맞춤형 교육으로의 변화 요구가 증가하고 있기 때문이다.

④ **현장 수용성 높은 교육과정에 대한 요구가 증대하고 있고, 미래 교육에 적합하고 학교 현장 수용성 높은 교육과정 개발**: 교육과정 의사 결정 과정에 다양한 교육 주체들의 참여를 확대하고 교육과정 자율화 및 분권화를 활성화해야 한다는 요구가 높아지고 있다.

(2) 2022 개정 교육과정의 목표 및 특징

① **목표**: 포용성과 창의성을 갖춘 주도적인 사람

② **특징**

㉠ **미래 사회에 대응할 수 있는 능력과 기초 소양 및 자신의 학습과 삶에 대한 주도성을 강화**: 교과를 학습하는 데 기반이 되는 언어, 수리, 디지털 소양 등을 기초 소양으로 하여 교육 전반에서 강조, 디지털 문해력(리터러시) 및 논리력, 절차적 문제해결력 등 함양을 위해 다양한 교과 특성에 맞게 디지털 기초 소양 반영 및 선택 과목을 신설하였다.

㉡ **학생들의 개개인의 인격적 성장을 지원하고 구성원 모두의 행복을 위해 공동체 의식을 강화**: 기후·생태환경 변화 등에 대한 대응 능력 및 지속가능성 등 공동체적 가치를 함양하는 교육을 강조, 다양한 특성을 가진 학생이 차별받지 않도록 지원하고, 지역·학교 간 교육 격차를 완화할 수 있는 지원 체제를 마련하였다.

㉢ **학생들이 자신의 진로와 학습을 주도적으로 설계하고, 적절한 시기에 학습할 수 있도록 학습자 맞춤형 교육과정을 마련**: 지역 연계 및 학생의 필요를 고려한 선택 과목을 개발·운영할 수 있도록 학교자율시간을 도입, 학교급 간 교과 교육과정 연계, 진로 설계 및 탐색 기회 제공, 학교 생활 적응을 지원하는 진로 연계 교육의 운영 근거를 마련하였다.

ⓔ 학생이 주도성을 기초로 역량을 기를 수 있도록 교과 교육과정을 마련: 교과 별로 꼭 배워야 할 핵심 아이디어 중심으로 학습량을 적정화하고, 학생들 이 경험해야 할 사고, 탐구, 문제해결 등의 과정을 학습 내용으로 명료화 하여 교수·학습 및 평가 방법을 개선하였다.

ⓜ 교육과정 자율화·분권화를 기반으로 학교, 교사, 학부모, 시·도 교육청, 교육부 등 교육 주체들 간의 협조 체제를 구축하여 학습자의 특성과 학교 여건에 적합한 학습이 이루어질 수 있도록 한다.

❷ 2022 개정 교육과정 구성의 중점

(1) 언어, 수리, 디지털 소양 반영

① 여러 교과를 학습하는 데 기반이 되는 언어, 수리, 디지털 소양 등을 기초소양 으로 총론에서 강조하고 교과에 반영하였다.

② 모든 학생이 학습의 기초인 언어·수리·디지털 기초소양을 갖추어 학교 교 육과 평생 학습에서 학습을 지속할 수 있는 능력을 함양한다.

③ 교과의 깊이 있는 학습에 기반이 되는 언어·수리·디지털 기초소양을 모든 교과를 통해 함양할 수 있도록 수업을 설계한다.

④ 교과별로 관련 텍스트를 해석하고 분석, 논증적 글쓰기, 문자, 시각적 텍스트 구상, 학습을 위한 글쓰기, 교과별로 자신의 생각과 감정을 효과적으로 표현 하고 소통한다.

⑤ 통화정책, 재정 분석하고 이해하기(화폐, 시간, 달력 등), 교과별로 관련 수 어림하고 계산한다.

⑥ 지리정보 및 빅데이터 등을 활용, 뉴미디어 등 정보 수집 및 비판적 분석, 교 과 관련 정보 탐색, 데이터 수집·검증, 자료 관리, 교과별로 정보윤리, 개인 정보 보안 등 준수한다.

(2) 디지털 소양 함양을 위한 정보 교육의 변화

① 학생의 디지털 역량 함양이 충실히 이루어질 수 있도록 정보 수업 시간 배당 기준을 현행 대비 2배 확대하였다.

② 인공지능·빅데이터 등 디지털 혁신 기술을 이해하고 활용할 수 있도록 정보과 교 육과정을 개편: 초·중학교에서는 학생의 발달 단계에 맞춰 놀이·체험 활동 및 실생활 문제해결 과정을 간단한 프로그램으로 구현하는 등 학습 부담 없이 쉽고 재미있게 배울 수 있도록 하였다, 고등학교에서는 학생의 진로·적성에 따른 정보 역량을 함양할 수 있도록 다양한 선택과목을 개설하여 진로연계 디 지털 교육을 강화하였다.

🅔 〈과목 신설〉 [일반선택] 정보 [진로선택] '인공지능 기초', '데이터 과학 [융합선택] '소프트웨어와 생활'

③ 디지털 문해력 및 논리력, 절차적 문제해결력 등 함양을 위해 국어, 과학, 사회, 기술·가정, 예술 등 다양한 교과 특성에 맞게 디지털 기초소양 관련 내용 반영 및 선택과목을 신설하였다.

> 📖 〈교과연계〉 (국어) '디지털·미디어 역량' 및 매체 영역 신설, (사회) 지리·정보와 매체 활용, 미디어 메시지 분석과 생산, 디지털 금융서비스, (과학) 데이터의 이해와 활용, 디지털 탐구 도구의 이해와 활용, (기술·가정) 디지털 생활환경과 자원관리, (미술) 디지털 매체를 포함한 다양한 재료와 방법 등을 활용한 이미지 구현
> 〈과목신설〉 문학과 영상, 미디어 영어, 음악과 미디어, 미술과 매체, 문학과 매체

참고 2015 개정 교육과정과 2022 개정 교육과정에서의 디지털 소양 함양을 위한 정보 교육

개정 중점 내용	2015 개정	2022 개정
디지털 기초소양과 정보교육의 편성·운영	• 정보 과목 선택에서 필수로 이동 • 정보 과목 과학/기술·가정 교과군으로 이동 • 정보 과목 34시간을 기준으로 편성·운영	정보 과목 34차시를 기준으로 하되, 학교자율 시간을 통해 최대 68시간 확보 가능

(3) 지속가능한 미래 대응을 위한 교육의 강화

① 지속가능한 미래를 위해 기후변화와 환경재난 등에 대응하고 환경과 인간의 공존을 추구하며, 지속가능한 삶에 적극적이고 책임감 있게 참여하는 내용을 강화하였다.

② 총론에서는 핵심역량과 연계하여 포용적 가치와 태도로 지속가능한 인류 공동체 발전에 기여할 수 있도록 공동체 역량을 강조하였다.

> 📖 (핵심역량) 지역·국가·세계 공동체의 구성원에게 요구되는 개방적·포용적 가치와 태도로 지속 가능한 인류 공동체 발전에 적극적이고 책임감 있게 참여하는 공동체 역량

③ 교과 교육과정에서는 공동체 가치 및 역량 강화를 위해 개인과 공동체적 관점에서 이해하고 함께 더불어 살아가기 위한 태도를 함양하고 실천할 수 있도록 관련 교과를 재구조화하고 다양한 선택과목을 신설한다.

> 📖 〈교과연계〉 (환경) 기후위기와 기후행동, 지속가능성과 시민 참여 등, (사회) 지속가능성과 회복력을 높이는 도시 계획, 탄소 중립과 에너지 정책, 세계의 환경 문제와 생태전환적 삶, (과학) 생물다양성 보존의 중요성, 기후위기 대응, 지속가능한 에너지 이용, (기술·가정) 지속가능한 의식주생활, 친환경 수송 수단, 로봇 개발 활용에 대한 바람직한 윤리의식
> 〈과목신설〉 (과학) 기후변화와 환경생태, (사회) 기후변화와 지속가능한 세계

(4) 학생들이 자신의 진로와 학습을 주도적으로 설계하고, 적절한 시기에 학습할 수 있도록 학습자 맞춤형 교육과정 체제를 구축

① 지역 연계 및 학생의 필요를 고려한 선택 과목을 개발·운영할 수 있도록 학교자율시간을 도입한다.

② 학교급 간 교과 교육과정 연계, 진로 설계 및 탐색 기회 제공, 학교 생활 적응을 지원하는 진로연계교육의 운영 근거를 마련한다.

(5) 학생이 주도성을 기초로 역량을 기를 수 있는 교과 교육과정

① 교과별로 꼭 배워야 할 핵심 아이디어 중심으로 학습량을 적정화하고, 학생들이 경험해야 할 사고, 탐구, 문제해결 등의 과정을 학습 내용으로 명료화하여 교수·학습 및 평가 방법을 개선하였다.

② 핵심 아이디어를 중심으로 학습 내용을 적정화하고 교과 내 영역 간 내용 연계성을 강화하며, 학생의 삶과 연계한 실생활 맥락 속에서 깊이 있는 학습을 지원한다.

③ 비판적 질문, 토의·토론수업, 협업 수업 등 자기 능력과 속도에 맞춘 학습 역량을 기를 수 있도록 다양한 학생 주도형 수업으로 개선하고, 학습 내용뿐 아니라 준비와 태도, 학생 간의 상호작용, 사고 및 행동의 변화 등을 지속해서 평가하는 등 학습 과정을 중시하는 평가와 개별 맞춤형 피드백 등을 강화한다.

❸ 2022 개정 교육과정 총론*

* 교육부 고시 제2022-33호

> **개념확대** ⊕
> **Zoom IN** 2022 개정 교육과정의 성격
>
> 1. **개관**: 2022 개정 교육과정은 초·중등교육법 제23조 제2항에 의거하여 고시한 것으로, 초·중등학교의 교육 목적을 달성하기 위해 초·중등학교에서 운영하여야 할 학교 교육과정의 공통적이고 일반적인 기준을 국가 수준에서 제시한 것이다.
>
> 2. **성격**
>   ① 국가 수준의 공통성을 바탕으로 지역, 학교, 개인 수준의 다양성을 추구할 수 있도록 학교 교육과정의 기준과 내용에 관한 기본사항을 제시한다.
>   ② 학교 교육과정이 학생을 중심에 두고 주도성과 자율성, 창의성의 신장 등 학습자 성장을 지원할 수 있도록 교육과정의 기준과 내용을 제시한다.
>   ③ 학교의 전반적인 교육 체제를 교육과정 중심으로 운영할 수 있도록 교육과정의 기준과 내용을 제시한다.
>   ④ 학교 교육과정이 추구하는 교육 목적의 실현을 위해 학교와 시·도 교육청, 지역사회, 학생·학부모·교원이 함께 협력적으로 참여하는 데 필요한 사항을 제시한다.
>   ⑤ 학교 교육의 질적 수준을 국가와 시·도 교육청, 학교 수준에서 관리하고 개선하기 위해 기반으로 삼아야 할 교육과정의 기준과 내용을 제시한다.

(1) 2022 개정 교육과정 구성의 방향

① 교육과정 구성의 중점

㉠ 우리나라 초·중등학교 교육과정은 사회 변화와 시대적 요구를 반영하여 지속적으로 개정되고 발전해 왔다. 우리 사회는 새로운 변화와 도전에 직면해 있으며, 이에 대응하기 위해 교육과정을 개정할 필요성이 제기되었다.

㉡ 교육과정의 변화를 요청하는 주요 배경

ⓐ 사회의 불확실성 증가: 인공지능 기술 발전에 따른 디지털 전환, 감염병 대유행 및 기후·생태환경 변화, 인구 구조 변화 등에 의해 사회의 불확실성이 증가하고 있다.

ⓑ 상호 존중과 공동체 의식 함양의 중요성 증가: 사회의 복잡성과 다양성이 확대되고 사회적 문제를 해결하기 위한 협력의 필요성이 증가함에 따라 상호 존중과 공동체 의식을 함양하는 것이 더욱 중요해지고 있다.

ⓒ 맞춤형 교육에 대한 요구 증가: 학생 개개인의 특성과 진로에 맞는 학습을 지원해 주는 맞춤형 교육에 대한 요구가 증가하고 있다.

ⓓ 교육과정의 자율화와 분권화: 교육과정 의사 결정 과정에 다양한 교육 주체들의 참여를 확대하고 교육과정 자율화 및 분권화를 활성화해야 한다는 요구가 높아지고 있다.

㉢ 이에 그동안의 교육과정 발전 방향을 계승하면서 미래 사회를 살아갈 학생들이 주도적으로 삶을 이끌어가는 능력을 함양할 수 있도록 교육과정을 구성한다.

㉣ 이 교육과정은 우리나라 교육과정이 추구해 온 교육 이념과 인간상을 바탕으로, 미래 사회가 요구하는 핵심역량을 함양하여 포용성과 창의성을 갖춘 주도적인 사람으로 성장하게 하는 데 중점을 둔다.

㉤ 교육과정 구성의 중점

ⓐ 주도성 함양: 디지털 전환, 기후·생태환경 변화 등에 따른 미래 사회의 불확실성에 능동적으로 대응할 수 있는 능력과 자신의 삶과 학습을 스스로 이끌어가는 주도성을 함양한다.

ⓑ 기초소양 획득: 모든 학생이 학습의 기초인 언어·수리·디지털 기초소양을 갖출 수 있도록 하여 학교 교육과 평생 학습에서 학습을 지속할 수 있게 한다.

ⓒ 학습자 맞춤형 교육과정 체제 구축: 학생들이 자신의 진로와 학습을 주도적으로 설계하고, 적절한 시기에 학습할 수 있도록 학습자 맞춤형 교육과정 체제를 구축한다.

ⓓ 깊이 있는 학습: 교과 교육에서 깊이 있는 학습을 통해 역량을 함양할 수 있도록 교과 간 연계와 통합, 학생의 삶과 연계된 학습, 학습에 대한 성찰 등을 강화한다.

ⓔ 학생 참여형 수업 활성화와 평가를 통해 학습의 질 개선: 다양한 학생 참여형 수업을 활성화하고, 문제 해결 및 사고의 과정을 중시하는 평가를 통해 학습의 질을 개선한다.

ⓕ 학습자의 특성과 학교 여건에 적합한 학습: 교육과정 자율화·분권화를 기반으로 학교, 교사, 학부모, 시·도 교육청, 교육부 등 교육 주체들 간의 협조 체제를 구축하여 학습자의 특성과 학교 여건에 적합한 학습이 이루어질 수 있도록 한다.

② 추구하는 인간상과 핵심역량

　㉠ 우리나라의 교육은 홍익인간의 이념 아래 모든 국민으로 하여금 인격을 도야하고, 자주적 생활 능력과 민주시민으로서 필요한 자질을 갖추어 인간다운 삶을 영위하고, 민주 국가의 발전과 인류 공영의 이상을 실현할 수 있도록 함을 목적으로 한다.

　㉡ 교육과정이 추구하는 인간상

　　ⓐ 자기주도적인 사람: 전인적 성장을 바탕으로 자아정체성을 확립하고 자신의 진로와 삶을 스스로 개척하는 사람

　　ⓑ 창의적인 사람: 폭넓은 기초 능력을 바탕으로 진취적 발상과 도전을 통해 새로운 가치를 창출하는 사람

　　ⓒ 교양 있는 사람: 문화적 소양과 다원적 가치에 대한 이해를 바탕으로 인류 문화를 향유하고 발전시키는 사람

　　ⓓ 더불어 사는 사람: 공동체 의식을 바탕으로 다양성을 이해하고 서로 존중하며 세계와 소통하는 민주시민으로서 배려와 나눔, 협력을 실천하는 사람

　㉢ 이에 그동안의 교육과정 발전 방향을 계승하면서 미래 사회를 살아갈 학생들이 주도적으로 삶을 이끌어가는 능력을 함양할 수 있도록 교육과정을 구성한다.

　㉣ 핵심역량

　　ⓐ 자기관리 역량: 자아정체성과 자신감을 가지고 자신의 삶과 진로를 스스로 설계하며 이에 필요한 기초 능력과 자질을 갖추어 자기주도적으로 살아갈 수 있는 능력

　　ⓑ 지식·정보처리 역량: 문제를 합리적으로 해결하기 위하여 다양한 영역의 지식과 정보를 깊이 있게 이해하고 비판적으로 탐구하며 활용할 수 있는 능력

　　ⓒ 창의적 사고 역량: 폭넓은 기초 지식을 바탕으로 다양한 전문 분야의 지식, 기술, 경험을 융합적으로 활용하여 새로운 것을 창출하는 능력

　　ⓓ 심미적 감성 역량: 인간에 대한 공감적 이해와 문화적 감수성을 바탕으로 삶의 의미와 가치를 성찰하고 향유하는 능력

　　ⓔ 협력적 소통 역량: 다른 사람의 관점을 존중하고 경청하는 가운데 자신의 생각과 감정을 효과적으로 표현하며 상호협력적인 관계에서 공동의 목적을 구현하는 능력

　　ⓕ 공동체 역량: 지역·국가·세계 공동체의 구성원에게 요구되는 개방적·포용적 가치와 태도로 지속 가능한 인류 공동체 발전에 적극적이고 책임감 있게 참여하는 능력

개념확대⊕
Zoom IN

2015 개정 교육과정과 2022 개정 교육과정에서의 역량
- 2015 개정 교육과정에서 교과와 창의적 체험활동, 그리고 학교생활 전반에 걸쳐 학생의 실제적 삶 속에서 무언가를 할 줄 아는 실질적인 능력을 기를 수 있도록 하기 위해 처음으로 역량을 제시하였다.
- 2022 개정 교육과정에서 현행 교육과정에 제시된 역량의 큰 틀을 유지하고, 우리 교육이 지향해야 할 가치와 교과교육 방향과 성격 등을 바탕으로 변동성·불확실성·복잡성이 특징인 미래 사회에 대응할 수 있도록 역량을 체계화하였다.

개념확대⊕
Zoom IN

2022 개정 교육과정의 핵심역량
- 2015 개정 교육과정이 추구하는 인간상은 '자주적인 사람', '창의적인 사람', '교양 있는 사람', '더불어 사는 사람'이었으나, 2022에서는 학습자 주도성을 강조하고자 '자주적인 사람'을 '자기주도적인 사람'으로 개선하였다.
- 복잡화·다양화되는 사회를 살아가기 위해 상호협력성 및 공동체성 강조를 위해 2015 개정 교육과정에서의 핵심역량 중 '의사소통 역량'은 '협력적 소통 역량'으로 개선되었다. 2022 개정 교육과정에서는 '자기관리 역량', '지식·정보처리 역량', '창의적 사고 역량', '심미적 감성 역량', '협력적 소통 역량', '공동체 역량'을 핵심역량 6가지로 제시하고 있다.

③ 학교급별 교육목표
   ⑦ **초등학교 교육목표**: 학생의 일상생활과 학습에 필요한 기본 습관 및 기초 능력을 기르고 바른 인성을 함양하는 데 중점을 둔다.
     ⓐ 자신의 소중함을 알고 건강한 생활 습관을 기르며, 풍부한 학습 경험을 통해 자신의 꿈을 키운다.
     ⓑ 학습과 생활에서 문제를 발견하고 해결하는 기초 능력을 기르고, 이를 새롭게 경험할 수 있는 상상력을 키운다.
     ⓒ 다양한 문화 활동을 즐기며 자연과 생활 속에서 아름다움과 행복을 느낄 수 있는 심성을 기른다.
     ⓓ 일상생활과 학습에 필요한 규칙과 질서를 지키고 서로 돕고 배려하는 태도를 기른다.
   ⓛ **중학교 교육목표**: 초등학교 교육의 성과를 바탕으로, 학생의 일상생활과 학습에 필요한 기본 능력을 기르고, 바른 인성 및 민주시민의 자질을 함양하는 데 중점을 둔다.
     ⓐ 심신의 조화로운 발달을 바탕으로 자아존중감을 기르고, 다양한 지식과 경험을 통해 책임감을 가지고 적극적으로 삶의 방향과 진로를 탐색한다.
     ⓑ 학습과 생활에 필요한 기본 능력 및 문제 해결력을 바탕으로, 도전정신과 창의적 사고력을 기른다.
     ⓒ 자신을 둘러싼 세계에서 경험한 내용을 토대로 우리나라와 세계의 다양한 문화를 이해하고 공감하는 태도를 기른다.
     ⓓ 공동체 의식을 바탕으로 타인을 존중하고 서로 소통하는 민주시민의 자질과 태도를 기른다.
   ⓒ **고등학교 교육목표**: 중학교 교육의 성과를 바탕으로, 학생의 적성과 소질에 맞게 진로를 개척하며 세계와 소통하는 민주시민으로서의 자질을 함양하는 데 중점을 둔다.
     ⓐ 성숙한 자아의식과 인간의 존엄성에 대한 존중을 바탕으로 일의 가치를 이해하고, 자신의 진로에 맞는 지식과 기능을 익히며 평생 학습의 기본 능력을 기른다.
     ⓑ 다양한 분야의 지식과 경험을 융합하여 창의적으로 문제를 해결하고, 새로운 상황에 능동적으로 대처하는 능력을 기른다.
     ⓒ 다양한 문화에 대한 이해를 바탕으로 자신의 삶을 성찰하고 새로운 문화 창출에 기여할 수 있는 자질과 태도를 기른다.
     ⓓ 국가 공동체에 대한 책임감을 바탕으로 배려와 나눔을 실천하며 세계와 소통하는 민주시민으로서의 자질과 태도를 기른다.

(2) 학교 교육과정 설계와 운영
① 설계의 원칙
   ⑦ 학교는 이 교육과정을 바탕으로 학교 교육과정을 자율적으로 설계·운영하며, 학생의 특성과 학교 여건에 적합한 학습 경험을 제공한다.

ⓐ 학습자의 발달 수준에 적합한 폭넓고 균형 있는 교육과정을 통해 다양한 영역의 세계를 탐색해보는 기회를 제공하고, 학습자의 전인적인 성장·발달이 가능하도록 학교 교육과정을 설계하여 운영한다.

ⓑ 학생 실태와 요구, 교원 조직과 교육 시설·설비 등 학교 실태, 학부모 의견 및 지역사회 실정 등 학교의 교육 여건과 환경을 종합적으로 고려하여 학습자에게 적합한 학습 경험을 제공한다.

ⓒ 학교는 학생의 필요와 요구에 따라 학교의 특성을 고려하여 다양한 교육 활동을 설계하여 운영할 수 있다.

ⓓ 학교 교육 기간을 포함한 평생 학습에 필요한 기초소양과 자기주도 학습 능력을 갖출 수 있도록 지원하며 학습 격차를 줄이도록 노력한다.

ⓔ 학생들의 자발적인 참여를 원칙으로 하여 학교와 시·도 교육청은 학생과 학부모의 요구에 따라 방과 후 활동 또는 방학 중 활동을 운영·지원할 수 있다.

ⓕ 학교는 학교 교육과정의 효율적인 설계와 운영을 위하여 지역사회의 인적, 물적 자원을 계획적으로 활용한다.

ⓖ 학교는 가정 및 지역과 연계하여 학생이 건전한 생활 태도와 행동 양식을 가지고 학습할 수 있도록 지도한다.

ⓛ 학교 교육과정은 모든 교원이 전문성을 발휘하여 참여하는 민주적인 절차와 과정을 거쳐 설계·운영하며, 지속적인 개선을 위해 노력한다.

ⓐ 교육과정의 합리적 설계와 효율적 운영을 위해 교원, 교육 전문가, 학부모 등이 참여하는 학교 교육과정 위원회를 구성·운영하며, 이 위원회는 학교장의 교육과정 운영 및 의사 결정에 관한 자문 역할을 담당한다. 단, 특성화 고등학교와 산업수요 맞춤형 고등학교의 경우에는 산업계 전문가가 참여할 수 있고, 통합교육이 이루어지는 학교의 경우에는 특수교사가 참여할 것을 권장한다.

ⓑ 학교는 학습 공동체 문화를 조성하고 동학년 모임, 교과별 모임, 현장 연구, 자체 연수 등을 통해서 교사들의 교육 활동 개선이 이루어지도록 한다.

ⓒ 학교는 학교 교육과정 설계·운영의 적절성과 효과성 등을 자체 평가하여 문제점과 개선점을 추출하고, 다음 학년도의 교육과정 설계·운영에 그 결과를 반영한다.

② 교수·학습

ⓛ 학교는 학생들이 깊이 있는 학습을 통해 핵심역량을 함양할 수 있도록 교수·학습을 설계하여 운영한다.

ⓐ 단편적 지식의 암기를 지양하고 각 교과목의 핵심 아이디어를 중심으로 지식·이해, 과정·기능, 가치·태도의 내용 요소를 유기적으로 연계하며 학생의 발달 단계에 따라 학습 경험의 폭과 깊이를 확장할 수 있도록 수업을 설계한다.

ⓑ 교과 내 영역 간, 교과 간 내용 연계성을 고려하여 수업을 설계하고 지
도함으로써 학생들이 융합적으로 사고하고 창의적으로 문제를 해결하
는 능력을 함양할 수 있도록 한다.

ⓒ 학습 내용을 실생활 맥락 속에서 이해하고 적용하는 기회를 제공함으로
써 학교에서의 학습이 학생의 삶에 의미 있는 학습 경험이 되도록 한다.

ⓓ 학생이 여러 교과의 고유한 탐구 방법을 익히고 자신의 학습 과정과 학
습 전략을 점검하며 개선하는 기회를 제공하여 스스로 탐구하고 학습
할 수 있는 자기주도 학습 능력을 함양할 수 있도록 한다.

ⓔ 교과의 깊이 있는 학습에 기반이 되는 언어·수리·디지털 기초소양을
모든 교과를 통해 함양할 수 있도록 수업을 설계한다.

ⓛ 학교는 학생들이 수업에 능동적으로 참여하고 학습의 즐거움을 경험할 수
있도록 교수·학습을 설계하여 운영한다.

ⓐ 학습 주제에서 다루는 탐구 질문에 관심과 호기심을 가지고 스스로 문
제를 해결하는 학생 참여형 수업을 활성화하며, 토의·토론 학습을 통
해 자신의 생각을 표현하는 기회를 가질 수 있도록 한다.

ⓑ 실험, 실습, 관찰, 조사, 견학 등의 체험 및 탐구 활동 경험이 충분히
이루어질 수 있도록 한다.

ⓒ 개별 학습 활동과 함께 소집단 협동 학습 활동을 통하여 협력적으로 문
제를 해결하는 경험을 충분히 갖도록 한다.

ⓒ 교과의 특성과 학생의 능력, 적성, 진로를 고려하여 학습 활동과 방법을
다양화하고, 학교의 여건과 학생의 특성에 따라 다양한 학습 집단을 구성
하여 학생 맞춤형 수업을 활성화한다.

ⓐ 학생의 선행 경험, 선행 지식, 오개념 등 학습의 출발점을 파악하고 학
생의 특성을 고려하여 학습 소재, 자료, 활동을 다양화한다.

ⓑ 정보통신기술 매체를 활용하여 교수·학습 방법을 다양화하고, 학생
맞춤형 학습을 위해 지능정보기술을 활용할 수 있다.

ⓒ 다문화 가정 배경, 가족 구성, 장애 유무 등 학습자의 개인적·사회문
화적 배경의 다양성을 이해하고 존중하며, 이를 수업에 반영할 때 편견
과 고정 관념, 차별을 야기하지 않도록 유의한다.

ⓓ 학교는 학생 개개인의 학습 상황을 확인하여 학생의 학습 결손을 예방
하도록 노력하며, 학습 결손이 발생한 경우 보충 학습 기회를 제공한다.

ⓛ 교사와 학생 간, 학생과 학생 간 상호 신뢰와 협력이 가능한 유연하고 안
전한 교수·학습 환경을 지원하고, 디지털 기반 학습이 가능하도록 교육
공간과 환경을 조성한다.

ⓐ 각 교과의 특성에 맞는 다양한 학습이 이루어질 수 있도록 교과 교실
운영을 활성화하며, 고등학교는 학점 기반 교육과정 운영을 위해 유연
한 학습공간을 활용한다.

ⓑ 학교는 교과용 도서 이외에 시·도 교육청이나 학교 등에서 개발한 다
양한 교수·학습 자료를 활용할 수 있다.

ⓒ 다양한 지능정보기술 및 도구를 활용하여 효율적인 학습을 지원할 수 있도록 디지털 학습 환경을 구축한다.

ⓓ 학교는 실험 실습 및 실기 지도 과정에서 학생의 안전사고를 예방하기 위해 시설·기구, 기계, 약품, 용구 사용의 안전에 유의한다.

ⓔ 특수교육 대상 학생 등 교육적 요구가 다양한 학생들을 위해 필요할 경우 의사소통 지원, 행동 지원, 보조공학 지원 등을 제공한다.

③ 평가

㉠ 평가는 학생 개개인의 교육 목표 도달 정도를 확인하고, 학습의 부족한 부분을 보충하며, 교수·학습의 질을 개선하는 데 주안점을 둔다.

ⓐ 학교는 학생에게 평가 결과에 대한 적절한 정보를 제공하고 추수 지도를 실시하여 학생이 자신의 학습을 지속적으로 성찰하고 개선할 수 있도록 한다.

ⓑ 학교와 교사는 학생 평가 결과를 활용하여 수업의 질을 지속적으로 개선한다.

㉡ 학교와 교사는 성취기준에 근거하여 교수·학습과 평가 활동이 일관성 있게 이루어지도록 한다.

ⓐ 학습의 결과만이 아니라 결과에 이르기까지의 학습 과정을 확인하고 환류하여, 학습자의 성공적인 학습과 사고 능력 함양을 지원한다.

ⓑ 학교는 학생의 인지적·정의적 측면에 대한 평가가 균형 있게 이루어질 수 있도록 하며, 학생이 자신의 학습 과정과 결과를 스스로 평가할 수 있는 기회를 제공한다.

ⓒ 학교는 교과목별 성취기준과 평가기준에 따라 성취수준을 설정하여 교수·학습 및 평가 계획에 반영한다.

ⓓ 학생에게 배울 기회를 주지 않은 내용과 기능은 평가하지 않는다.

㉢ 평가방법: 학교는 교과목의 성격과 학습자 특성을 고려하여 적합한 평가 방법을 활용한다.

ⓐ 수행평가를 내실화하고 서술형과 논술형 평가의 비중을 확대한다.

ⓑ 정의적, 기능적 측면이나 실험·실습이 중시되는 평가에서는 교과목의 성격을 고려하여 타당하고 합리적인 기준과 척도를 마련하여 평가를 실시한다.

ⓒ 학교의 여건과 교육활동의 특성을 고려하여 다양한 지능정보기술을 활용함으로써 학생 맞춤형 평가를 활성화한다.

ⓓ 개별 학생의 발달 수준 및 특성을 고려하여 평가 계획을 조정할 수 있으며, 특수학급 및 일반학급에 재학하고 있는 특수교육 대상 학생을 위해 필요한 경우 평가 방법을 조정할 수 있다.

ⓔ 창의적 체험활동은 내용과 특성을 고려하여 평가의 주안점을 학교에서 결정하여 평가한다.

④ 모든 학생을 위한 교육기회의 제공
  ㉠ 교육 활동 전반을 통하여 남녀의 역할, 학력과 직업, 장애, 종교, 이전 거주지, 인종, 민족, 언어 등에 관한 고정 관념이나 편견을 가지지 않도록 지도한다.
  ㉡ 학습자의 개인적 특성이나 사회·문화적 배경에 의해 교육의 기회와 학습 경험에서 부당한 차별을 받거나 소외되지 않도록 한다.
  ㉢ 학습 부진 학생, 특정 분야에서 탁월한 재능을 보이는 학생, 특수교육 대상 학생, 귀국 학생, 다문화 가정 학생 등이 학교에서 충실한 학습 경험을 누릴 수 있도록 필요한 지원을 한다.
  ㉣ 특수교육 대상 학생을 위해 특수학급을 설치·운영하는 경우, 학생의 장애 특성 및 정도를 고려하여, 이 교육과정을 조정하여 운영하거나 특수교육 교과용 도서 및 통합교육용 교수·학습 자료를 활용할 수 있다.
  ㉤ 다문화 가정 학생을 위한 특별 학급을 설치·운영하는 경우, 다문화 가정 학생의 한국어 능력을 고려하여 이 교육과정을 조정하여 운영하거나, 한국어 교육과정 및 교수·학습 자료를 활용할 수 있다. 한국어 교육과정은 학교의 특성, 학생·교사·학부모의 요구와 필요에 따라 주당 10시간 내외에서 운영할 수 있다.
  ㉥ 학교가 종교 과목을 개설할 때는 종교 이외의 과목과 함께 복수로 과목을 편성하여 학생에게 선택의 기회를 주어야 한다. 다만, 학생의 학교 선택권이 허용되는 종립 학교의 경우 학생·학부모의 동의를 얻어 단수로 개설할 수 있다.

(3) 학교급별 교육과정 편성·운영 기준
① 기본사항
  ㉠ 초등학교 1학년부터 중학교 3학년까지의 공통 교육과정과 고등학교 1학년부터 3학년까지의 학점 기반 선택 중심 교육과정으로 편성·운영한다.
  ㉡ 학교는 학교 교육과정 편성·운영 계획을 바탕으로 학년(군)별 교육과정 및 교과(군)별 교육과정을 편성할 수 있다.
  ㉢ 학년 간 상호 연계와 협력을 통해 학교 교육과정을 유연하게 편성·운영할 수 있도록 학년군을 설정한다.
  ㉣ 공통 교육과정의 교과는 교육 목적상의 근접성, 학문 탐구 대상 또는 방법상의 인접성, 생활양식에서의 연관성 등을 고려하여 교과(군)로 재분류한다.
  ㉤ 고등학교 교과는 보통 교과와 전문 교과로 구분하며, 학생들의 기초소양 함양과 기본 학력을 보장하기 위하여 보통 교과에 공통 과목을 개설하여 모든 학생이 이수하도록 한다.
  ㉥ 교과와 창의적 체험활동의 내용 배열은 반드시 따라야 할 학습 순서를 의미하는 것은 아니며, 학생의 관심과 요구, 학교의 실정과 교사의 필요, 계절 및 지역의 특성 등에 따라 각 교과목의 학년군별 목표 달성을 위해 지도 내용의 순서와 비중, 교과 내 또는 교과 간 연계 지도 방법 등을 조정하여 운영할 수 있다.

ⓐ 학업 부담을 적정화하고 의미 있는 학습 활동이 이루어질 수 있도록 학기당 이수 교과목 수를 조정하여 집중이수를 실시할 수 있다.

ⓞ 학교는 학교급 간 전환기의 학생들이 상급 학교의 생활 및 학습을 준비하는 데 필요한 교육을 지원하기 위해 진로연계교육을 운영할 수 있다.

ⓩ 범교과 학습 주제(안전·건강 교육, 인성 교육, 진로 교육, 민주시민 교육, 인권 교육, 다문화 교육, 통일 교육, 독도 교육, 경제·금융 교육, 환경·지속가능발전 교육)는 교과와 창의적 체험활동 등 교육 활동 전반에 걸쳐 통합적으로 다루도록 하고, 지역사회 및 가정과 연계하여 지도한다.

ⓒ 학교는 가정과 학교, 사회에서의 위험 상황을 알고 대처할 수 있도록 체험 중심의 안전교육을 관련 교과와 창의적 체험활동과 연계하여 운영한다.

ⓣ 학교는 필요에 따라 계기 교육을 실시할 수 있으며, 이 경우 계기 교육 지침에 따른다.

ⓔ 학교는 필요에 따라 원격수업을 실시할 수 있으며, 이 경우 원격수업 운영 기준은 관련 법령과 지침에 따른다.

ⓜ 시·도 교육청과 학교는 필요에 따라 이 교육과정에 제시되어 있는 과목 외에 새로운 과목을 개설할 수 있다. 이 경우 시·도 교육감이 정하는 지침에 따라 사전에 필요한 절차를 거쳐야 한다.

ⓗ 특수교육 대상 학생에 대해서는 이 교육과정 해당 학년군의 편제와 시간(학점 배당)을 따르되, 학생의 교육적 요구를 고려하여 특수교육 교육과정의 교과(군) 내용과 연계하거나 대체하여 수업을 설계·운영할 수 있다.

(4) 학교 교육과정 지원

① 교육과정 질 관리: 학교 교육과정의 질 관리와 개선을 위한 지원 사항

　㉠ 국가 수준의 지원

　　ⓐ 교육과정의 질 관리를 위하여 주기적으로 학업 성취도 평가, 교육과정 편성·운영에 관한 평가, 학교와 교육 기관 평가를 실시하고 그 결과를 교육과정 개선에 활용한다.

　　　• 교과별, 학년(군)별 학업 성취도 평가를 실시하고, 평가 결과는 학생의 학습 지원, 학력의 질 관리, 교육과정의 적절성 확보 및 개선 등에 활용한다.

　　　• 학교의 교육과정 편성·운영과 교육청의 교육과정 지원 상황을 파악하기 위하여 학교와 교육청에 대한 평가를 주기적으로 실시한다.

　　　• 교육과정에 대하여 조사, 분석 및 점검을 실시하고 그 결과를 교육과정 개선에 반영한다.

　　ⓑ 교육과정 편성·운영과 지원 체제의 적절성 및 실효성을 평가하기 위한 연구를 수행한다.

　㉡ 교육청 수준의 지원

　　ⓐ 지역의 특수성, 교육의 실태, 학생·교원·주민의 요구와 필요 등을 반영하여 교육청 단위의 교육 중점을 설정하고, 학교 교육과정 개발을 위한 시·도 교육청 수준 교육과정 편성·운영 지침을 마련하여 안내한다.

ⓑ 시·도의 특성과 교육적 요구를 구현하기 위하여 시·도 교육청 교육
과정 위원회를 조직하여 운영한다.
  • 이 위원회는 교육과정 편성·운영에 관한 조사 연구와 자문 기능을
    담당한다.
  • 이 위원회에는 교원, 교육 행정가, 교육학 전문가, 교과 교육 전문
    가, 학부모, 지역사회 인사, 산업체 전문가 등이 참여할 수 있다.
ⓒ 학교 교육과정의 질 관리를 위해 각급 학교의 교육과정 편성·운영 실
태를 정기적으로 파악하고, 교육과정 운영 지원 실태를 점검하여 효과
적인 교육과정 운영과 개선에 필요한 지원을 한다.
  • 학교 교육과정 편성·운영 체제의 적절성 및 실효성을 높이기 위하
    여 학업 성취도 평가, 학교 교육과정 평가 등을 실시하고 그 결과를
    교육과정 개선에 활용한다.
  • 교육청 수준의 학교 교육과정 지원에 대한 자체 평가와 교육과정 운
    영 지원 실태에 대한 점검을 실시하고 개선 방안을 마련한다.
② 학습자 맞춤교육 강화: 다양한 특성을 가진 학습자들의 학습을 지원하는 데 필
요한 사항
  ㉠ 국가 수준의 지원
    ⓐ 학교에서 학생의 성장과 성공적인 학습을 지원하는 평가가 원활히 이
    루어질 수 있도록 다양한 방안을 개발하여 학교에 제공한다.
      • 학교가 교과 교육과정의 목표에 부합되는 평가를 실시할 수 있도록
        교과별로 성취기준에 따른 평가기준을 개발·보급한다.
      • 교과목별 평가 활동에 활용할 수 있는 다양한 평가 방법, 절차, 도구
        등을 개발하여 학교에 제공한다.
    ⓑ 특성화 고등학교와 산업수요 맞춤형 고등학교가 기준 학과별 국가직무
    능력표준이나 직무분석 결과에 기초하여 학교의 특성 및 학과별 인력
    양성 유형을 고려하여 교육과정을 편성·운영할 수 있도록 지원한다.
    ⓒ 학습 부진 학생, 느린 학습자, 다문화 가정 학생 등 다양한 특성을 가진
    학생을 위해 필요한 지원 방안을 마련한다.
    ⓓ 특수교육 대상 학생에 대한 정당한 편의 제공을 위해 필요한 교수·학
    습 자료, 교육 평가 방법 및 도구 등의 제반 사항을 지원한다.
  ㉡ 교육청 수준의 지원
    ⓐ 지역 및 학교, 학생의 다양한 특성을 반영하여 학교 교육과정이 운영될
    수 있도록 지원한다.
      • 학교가 이 교육과정에 제시되어 있는 과목 외에 새로운 교과목을 개
        설·운영할 수 있도록 관련 지침을 마련한다.
      • 통합운영학교 관련 규정 및 지침을 정비하고, 통합운영학교에 맞는
        교육과정 운영이 이루어질 수 있도록 지원한다.
      • 학교 밖 교육이 지역 및 학교의 여건, 학생의 희망을 고려하여 운영
        될 수 있도록 우수한 학교 밖 교육 자원을 발굴·공유하고, 질 관리
        에 힘쓴다.

- 개별 학교의 희망과 여건을 반영하여 필요한 경우 공동으로 교육과정을 운영할 수 있도록 지원한다.
- 지역사회와 학교의 여건에 따라 초등학교 저학년 학생을 학교에서 돌볼 수 있는 기능을 강화하고, 이에 대해 행·재정적 지원을 한다.
- 학교가 학생과 학부모의 요구에 따라 방과 후 또는 방학 중 활동을 운영할 수 있도록 행·재정적 지원을 한다.

ⓑ 학생의 진로 및 발달적 특성을 고려하여 자신의 진로를 스스로 설계해 갈 수 있도록 다양한 방안을 마련하여 지원한다.
- 학교급과 학생의 발달적 특성에 맞는 진로 활동 및 학교급 간 연계 교육을 강화하는 데 필요한 지원을 한다.
- 학교급 전환 시기 진로연계교육을 위한 자료를 개발·보급하고, 각 학교급 교육과정에 대한 교사의 이해 증진 및 학교급 간 협력 관계 구축을 위한 지원을 확대한다.
- 중학교 자유학기 운영을 지원하기 위해 각종 자료의 개발·보급, 교원의 연수, 지역사회와의 연계가 포함된 자유학기 지원 계획을 수립하여 추진한다.
- 고등학교 교육과정이 학점을 기반으로 내실 있게 운영될 수 있도록 각종 자료의 개발·보급, 교원의 연수, 학교 컨설팅, 최소 성취수준 보장, 지역사회와의 연계 등 지원 계획을 수립하여 추진한다.
- 인문학적 소양 및 통합적 읽기 능력 함양을 위해 독서 활동을 활성화하도록 다양한 지원을 한다.

ⓒ 학습자의 다양성을 존중하고 학습 소외 및 교육 격차를 방지할 수 있도록 맞춤형 교육을 지원한다.
- 지역 간, 학교 간 교육 격차를 완화할 수 있도록 농산어촌학교, 소규모학교에 대한 지원 체제를 마련한다.
- 모든 학생이 학습에서 소외되지 않도록 교육공동체가 함께 협력하여 학생 개개인의 필요와 요구에 맞는 맞춤형 교육 활동을 계획하고 실행할 수 있도록 지원한다.
- 전·입학, 귀국 등에 따라 공통 교육과정의 교과와 고등학교 공통 과목을 이수하지 못한 학생들이 해당 과목을 이수할 수 있도록 다양한 기회를 마련해 주고, 학생들이 공공성을 갖춘 지역사회 기관을 통해 이수한 과정을 인정해 주는 방안을 마련한다.
- 귀국자 및 다문화 가정 학생을 포함하는 다양한 배경의 학생들이 그들의 교육 경험의 특성과 배경에 의해 이 교육과정을 이수하는 데 어려움이 없도록 지원한다.
- 특정 분야에서 탁월한 재능을 보이는 학생, 학습 부진 학생, 특수교육 대상 학생들을 위한 교육 기회를 마련하고 지원한다.
- 통합교육 실행 및 개선을 위해 교사 간 협력 지원, 초·중학교 교육과정과 특수교육 교육과정을 연계할 수 있는 자료 개발 및 보급, 관련 연수나 컨설팅 등을 제공한다.

③ 학교의 교육환경 조성: 변화하는 교육 환경에 대응하여 학생들의 역량과 소양을 함양하는 데 필요한 지원 사항

㉠ 국가 수준의 지원

ⓐ 교육과정 자율화·분권화를 바탕으로 교육 주체들이 각각의 역할과 책임을 충실하게 수행할 수 있는 협조 체제를 구축하고 지원한다.

ⓑ 시·도 교육청의 교육과정 지원 활동과 단위 학교의 교육과정 편성·운영 활동이 상호 유기적으로 이루어질 수 있도록 행·재정적 지원을 한다.

ⓒ 이 교육과정이 교육 현장에 정착될 수 있도록 교육청 수준의 교원 연수와 전국 단위의 교과 연구회 활동을 적극적으로 지원한다.

ⓓ 디지털 교육 환경 변화에 부합하는 미래형 교수·학습 방법과 평가체제 구축을 위해 교원의 에듀테크 활용 역량 함양을 지원한다.

ⓔ 학교 교육과정이 원활히 운영될 수 있도록 학교 시설 및 교원 수급 계획을 마련하여 제시한다.

㉡ 교육청 수준의 지원

ⓐ 학교가 이 교육과정에 근거하여 학교 교육과정을 편성·운영할 수 있도록 다음의 사항을 지원한다.

• 학교 교육과정 편성·운영을 위해서 교육 시설, 설비, 자료 등을 정비하고 확충하는 데 필요한 행·재정적 지원을 한다.

• 복식 학급 운영 등 소규모 학교의 정상적인 교육과정 운영을 지원하기 위해 교원의 배치, 학생의 교육받을 기회 확충 등에 필요한 행·재정적 지원을 한다.

• 수준별 수업을 효율적으로 운영하도록 지원하며, 기초학력 향상과 학습 결손 보충이 가능하도록 보충 수업을 운영하는 데 필요한 행·재정적 지원을 한다.

• 학교 교육활동 전반에 걸쳐 종합적인 안전교육 계획을 수립하고 사고 예방을 위한 행·재정적 지원을 한다.

• 고등학교에서 학생의 과목 선택권을 보장할 수 있도록 교원 수급, 시설 확보, 유연한 학습 공간 조성, 프로그램 개발 등 필요한 행·재정적 지원을 한다.

• 특성화 고등학교와 산업수요 맞춤형 고등학교가 산업체와 협력하여 특성화된 교육과정과 실습 과목을 편성·운영하는 경우, 학생의 현장 실습과 전문교과 실습이 안전하고 내실 있게 운영될 수 있도록 행·재정적 지원을 한다.

ⓑ 학교가 새 학년도 시작에 앞서 교육과정 편성·운영에 관한 계획을 수립할 수 있도록 교육과정 편성·운영 자료를 개발·보급하고, 교원의 전보를 적기에 시행한다.

ⓒ 교과와 창의적 체험활동 등에 필요한 교과용 도서의 개발, 인정, 보급을 위해 노력한다.

ⓓ 학교가 지역사회의 관계 기관과 적극적으로 연계·협력해서 교과, 창의적 체험활동, 학교스포츠클럽활동, 자유학기 등을 내실 있게 운영할 수 있도록 지원하며, 관내 학교가 활용할 수 있는 우수한 지역 자원을 발굴하여 안내한다.

ⓔ 학교 교육과정의 효과적 운영을 위하여 학생의 배정, 교원의 수급 및 순회, 학교 간 시설과 설비의 공동 활용, 자료의 공동 개발과 활용에 관하여 학교 간 및 시·도 교육(지원)청 간의 협조 체제를 구축한다.

ⓕ 단위 학교의 교육과정 편성·운영 및 교수·학습, 평가를 지원할 수 있도록 교원 연수, 교육과정 컨설팅, 연구학교 운영 및 연구회 활동 지원 등에 대한 계획을 수립하여 시행한다.
  • 교원의 학교 교육과정 편성·운영 능력과 교과 및 창의적 체험활동에 대한 교수·학습, 평가 역량을 제고하기 위하여 교원에 대한 연수 계획을 수립하여 시행한다.
  • 학교 교육과정의 효율적인 편성·운영을 지원하기 위해 교육과정 컨설팅 지원단 등 지원 기구를 운영하며 교육과정 편성·운영을 위한 각종 자료를 개발하여 보급한다.
  • 학교 교육과정 편성·운영의 개선과 수업 개선을 위해 연구학교를 운영하고 연구 교사제 및 교과별 연구회 활동 등을 적극적으로 지원한다.

ⓖ 온오프라인 연계를 통한 효과적인 교수·학습과 평가가 이루어질 수 있도록 하며, 지능정보기술을 활용한 맞춤형 수업과 평가가 가능하도록 지원한다.
  • 원격수업을 효과적으로 지원하기 위해 학교의 원격수업 기반 구축, 교원의 원격수업 역량 강화 등에 필요한 행·재정적 지원을 한다.
  • 수업 설계·운영과 평가에서 다양한 디지털 플랫폼과 기술 및 도구를 효율적으로 활용할 수 있도록 시설·설비와 기자재 확충을 지원한다.

참고 **2015 개정 교육과정과 2022 개정 교육과정 비교**

구분	주요 내용	
	2015 개정	2022 개정
교육과정 개정 방향	• 창의융합형 인재 양성 • 모든 학생이 인문·사회·과학기술에 대한 기초 소양 함양 • 학습량 적정화, 교수·학습 및 평가 방법 개선을 통한 핵심역량 함양 교육 • 교육과정과 수능·대입제도 연계, 교원 연수 등 교육 전반 개선	• <u>포용성과 창의성을 갖춘 주도적인 사람</u> • 모든 학생이 <u>언어·수리·디지털 소양</u>에 대한 기초 소양 함양 • 학습량 적정화, 교수·학습 및 평가 방법 개선을 통한 역량 함양 교육 • 교육과정과 수능·대입제도 연계, 교원 연수 등 교육 전반 개선

총론	공통사항	핵심 역량 반영	• 총론 '추구하는 인간상' 부문에 6개 핵심역량 제시 • 교과별 교과 역량을 제시하고 역량 함양을 위한 성취기준 개발 ※ 일반화된 지식, 핵심개념, 내용요소, 기능	• **총론 6개 핵심역량 개선**: 의사소통 역량 → 협력적 소통 역량 • 교과 역량을 목표로 구체화하고 역량 함양을 위한 내용체계 개선, **핵심 아이디어** 중심으로 적정화 ※ (개선) 지식 · 이해, 과정 · 기능, 가치 · 태도
		역량 함양 강화	• 연극교육 활성화 – (초 · 중) 국어 연극 단원 신설 – (고) '연극' 과목 일반선택으로 개설 • 독서교육 활성화	• 디지털 기초소양, 자기주도성, 지속가능성, 포용성과 시민성, 창의와 혁신 등 미래사회 요구 역량 지향
		소프트 웨어 교육 강화	• (초) 교과(실과) 내용을 SW 기초소양교육으로 개편 • (중) 과학/기술 · 가정/정보 교과 신설 • (고) '정보' 과목을 심화선택에서 일반선택 전환, SW 중심 개편	• 모든 교과교육을 통한 디지털 기초소양 함양 • (초) 실과 + 학교 자율시간 등을 활용하여 34시간 이상 편성 • (중) 정보과 + 학교 자율시간 등을 활용하여 68시간 이상 편성 • (고) 교과 신설, 다양한 진로 및 융합선택과목 신설(데이터과학, 소프트웨어와 생활 등)
		안전 교육 강화	• 안전 교과 또는 단원 신설 – (초 1~2) 「안전한 생활」 신설 (64시간) – (초 3~고3) 관련 교과에 단원 신설	• **체험 · 실습형** 안전교육으로 개선 – (초 1~2) 통합교과 주제와 연계(64시간) – (초 3~고3) 다중밀집도 안전을 포함하여 체험 · 실습형 교육 요소 강화
		범교과 학습 주제 개선	• 10개 범교과 학습 주제로 재구조화	• 10개 범교과 학습 주제로 유지 ※ (**초 · 중등교육법 개정**) 교육과정 영향 사전협의하도록 관련 법 개정
		창의적 체험 활동	• 창의적 체험활동 내실화 – 자율활동, 동아리활동, 봉사활동, 진로활동(4개)	• 창의적 체험활동 **영역 개선(3개)** – 자율 · 자치활동, 동아리활동, 진로활동 ※ 봉사활동은 동아리 활동 영역에 편성되어 있으며, 모든 활동과 연계 가능

총론				
총론	고등학교	공통과목 신설 및 이수단위	• 공통과목 및 선택과목으로 구성 • (선택과목) 일반선택과 진로선택 　- 진로선택 및 전문교과를 통한 맞춤형 교육, 수월성 교육 실시	• 공통과목 및 선택과목으로 구성 • 선택과목은 일반선택과 진로선택, **융합선택**으로 구분 　- 다양한 진로선택 및 융합선택 과목 재구조화를 통한 맞춤형 교육
		특목고 과목	• 보통교과에서 분리하여 전문교과로 제시	• 전문교과 I **보통교과로 통합**(학생 선택권 확대), 진로선택과 **융합선택**으로 구분, 수월성 교육 실시
		편성 운영 기준	• 필수이수단위 94단위, 자율편성 단위 86학점, 총 204단위 • 선택과목의 기본단위 5단위 (일반선택 2단위 증감, 진로선택 3단위 증감 가능)	• 필수이수학점 **84학점**, 자율이수 학점 **90학점, 총 192학점** • 선택과목의 기본학점 **4학점 (1학점 내 증감 가능)**
		특성화고 교육과정	• 총론(보통교과)과 NCS 교과의 연계	• 국가직무능력표준 기반 교육과정 분류체계 유지 • **신산업 및 융합기술 분야 인력 양성 수요 반영**
	중학교		• 중학교 '교육과정 편성·운영의 중점'에 자유학기제 교육과정 운영 지침 제시	• 자유학기제 영역, 시수 적정화 　※ (시수) 170시간→ 102시간 　※ (영역) 4개→ 2개(주제선택, 진로탐색) • 학교스포츠클럽활동 시수 적정화 　※ (시수) 136시간→ 102시간
	초등학교		• 주당 1시간 증배, '안전한 생활' 신설 　- 창의적 체험활동에서 체험중심 교육으로 실시 • 초등학교 교육과정과 누리과정의 연계 강화(한글교육 강화)	• 입학 초기 적응활동 개선 　- **창의적 체험활동 중심으로 실시** • 기초문해력 강화, 한글해득 강화를 위한 **국어 34시간 증배** • 누리과정의 연계 강화(즐거운 생활 내 신체활동 강화)
	교과교육과정 개정 방향		• 총론과 교과교육과정의 유기적 연계 강화 • 교과교육과정 개정 기본방향 제시 　- 핵심개념 중심의 학습량 적정화 　- 핵심역량을 반영 　- 학생참여중심 교수·학습방법 개선 　- 과정중심 평가 확대	• 총론과 교과교육과정의 유기적 연계 강화 • 교과교육과정 개정 기본방향 제시 　- **핵심아이디어 중심**의 학습량 적정화 　- 교과역량 교과 목표로 구체화 　- 학생참여중심, 학생주도형 교수·학습방법 개선(비판적 질문, 글쓰기 등) 　- 학습의 과정을 중시하는 평가, 개별 맞춤형 피드백 강화

지원체제	교과서	• 흥미롭고 재미있는 질 높은 교과서 개발	• **실생활 맥락에서 학습자의 자기 주도성과 소통협력을 이끄는** 교과서 개발
	대입 제도 및 교원	• 교육과정에 부합하는 수능 및 대입 제도 도입 검토 – 수능 3년 예고제에 따라 '17년 까지' 21학년도 수능 제도 확정 • 교원양성기관 질 제고, 연수 확대	• 교육과정에 부합하는 대입 제도 도입 검토 – '24년까지' 28학년도 대입제도 개편안 확정 · 발표 • 교원양성기관 질 제고, 연수 확대

06 자유학기제, 집중이수제, 고교학점제

1 자유학기제(자유학년제) 기출 11 중등

(1) 개념

① 중학교 과정 중 한 학기 또는 두 학기 동안 지식 · 경쟁 중심에서 벗어나 학생 참여형 수업을 실시하고, 학생의 소질과 적성을 키울 수 있는 다양한 체험활동 중심으로 교육과정을 운영하는 제도이다.

② 2016년부터 전국의 중학교에서 전면 시행되어 왔다.

(2) 목적

① 학생의 꿈과 끼 탐색: 학생이 스스로 자신의 적성과 미래에 대해 탐색 · 고민 · 설계하는 경험을 통해 꿈과 끼를 찾고, 지속적인 자기성찰 및 발전의 기회를 제공한다.

② 미래 역량 함양: 학생으로 하여금 빠르게 변하는 미래 사회에 대처하고, 자신의 꿈과 끼를 발현할 수 있도록 지식과 경쟁 위주의 교육 대신 자기주도학습 및 창의성 · 인성 등의 미래 역량을 함양한다.

③ 행복교육 실현: 학교 구성원 간의 협력 및 신뢰 관계를 형성함으로써 학생과 학부모, 교원 모두 만족하는 행복 교육의 실현을 목적으로 한다.

(3) 특징

① 일제식 지필평가를 실시하시 않고 과정중심 평가를 실시한다.

② 체계적인 진로탐색 기회를 확대한다.

③ 학생의 개인별 특성과 역량에 맞는 진로 설계를 지원하기 위한 진로상담 · 검사 체제를 구축하고, 자신의 소질과 적성을 직접적인 체험을 통해 확인하는 기회를 활성화하는 등 개인별 진로를 관리하도록 한다.

④ 학생의 관심과 흥미를 불러일으키는 체험형·참여형 프로그램을 강화한다.

⑤ 유연한 교육과정을 편성·운영할 수 있도록 한다.

⑥ 자유학기제 비전

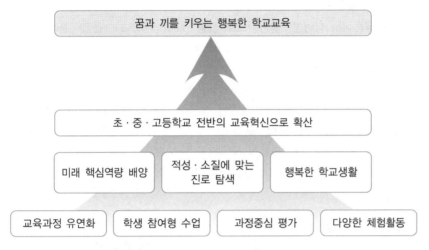

[그림 2-13] 자유학기제 비전*

* 교육부, 2015

(4) 편성 및 운영 방안

① 학교·지역의 여건 고려: 학교는 학생 참여형 수업과 다양한 체험활동이 가능하도록 학교의 여건과 지역의 특색을 고려하여 교육과정을 편성·운영한다.

② 교과 교육과정 재구성: 교과에 한정하지 않고 학생이 희망하는 주제를 학습할 수 있도록 교육내용을 다양화하기 위해 교과 시수를 적절하게 조정하고 교과 교육과정을 재구성하여 다양한 자유학기활동을 운영한다.

③ 진로 탐색 및 체험활동 활성화: 학생들이 시험 부담에서 벗어나 좋아하는 것, 잘하는 것, 하고 싶은 것을 학습할 수 있도록 진로 탐색 및 체험활동을 활성화한다.

④ 자유학기 활동

  ㉠ 교과 및 창의적 체험활동 등을 활용하여 '주제선택 활동', '진로탐색 활동', '예술체육 활동', '동아리 활동'을 운영하는 것이다.

  ㉡ 일반적으로 오전에는 교과수업을 진행하고, 오후에는 학교별 특성에 맞는 방식으로 자유학기 활동을 운영한다.

  ㉢ 자유학기에 170시간 이상, 자유학년에는 연간 최소 221시간 이상 운영하며, 학기당 운영시간 및 개설 영역은 학교에서 자율적으로 결정한다.

  ㉣ 자유학기 활동 구분

    ⓐ 주제선택 활동: 학생의 흥미와 관심사를 반영한 여러 전문 프로그램을 운영함으로써 학습동기를 유발한다.

    ⓑ 진로탐색 활동: 학생이 적성과 소질을 탐색하여 스스로 미래를 설계할 수 있도록 체계적인 진로교육을 실시한다.

    ⓒ 예술체육 활동: 다양하고 내실있는 예술·체육 교육을 통하여 학생의 소질과 잠재력을 계발한다.

논술에 바로 써먹는
교육학 배경지식

자유학기제와 교육과정 재구성 논의를 연결 지어 알아 두세요.

• 자유학기제에서 교과 수업은 핵심 성취기준을 중심으로 재구성하여 운영되기 때문에, 교사의 자율성과 전문성이 매우 중요하게 대두됩니다.

• 교사는 특정 교과의 내용과 시수의 규제에서 벗어나, 학생의 흥미와 관심사에 따라 다양한 방식으로 교육과정을 재구성할 수 있게 됩니다.

• 교수·학습방법 또한 토론이나 실습 등의 체험중심 수업을 활성화하고 교육과정 재구성을 통한 융합수업의 활성화가 권장되지요.

ⓓ **동아리 활동**: 학생의 공통된 관심사를 기반으로 조직 및 운영함으로써 학생 자치활동을 활성화하고 학생의 특기와 적성을 개발한다.

(5) 교수 · 학습방법

① **학생중심의 참여형 · 활동형으로 진행**: 학생 스스로 비판적 · 분석적인 사고를 통해 스스로 문제를 찾고 해결하도록 하는 학생중심의 참여형 · 활동형 수업 방법을 활용한다.

② **협력학습 지향**: 경쟁이 아닌 협력을 통해 문제를 해결해 나가는 방식을 지향함으로써 인지적 측면과 더불어 정의적 측면의 발달을 함께 추구해야 한다.

③ **융합 · 연계형 수업 지향**: 교과 간 · 교과 내 협력을 통한 융합 · 연계형 수업방식을 지향함으로써 통합적 사고력을 향상함과 동시에 학생의 관심과 흥미를 기초로 하여 내적 동기를 유발할 수 있도록 한다.

(6) 평가

① **과정중심 평가**

㉠ 중간 · 기말고사 등 일제식 지필평가는 실시하지 않는다.

㉡ 체험학습, 자기주도학습, 협력학습 등을 촉진한다.

㉢ 학생 스스로 무엇을 어느 정도 성취하고 있는지 파악할 수 있도록 도와주고 부족한 부분에 대한 정보를 제공하여 학습경험의 성장을 지원하는 데 초점을 두는 과정중심의 평가를 실시한다.

② **형성평가, 수행평가, 학생 참여형 평가 강화**

㉠ **형성평가**: 자유학기에서의 평가는 학생의 학습과 성장을 지원하기 위해 수업 중에 수시로 실시하는 형성평가 중심으로 실시해야 한다.

㉡ **수행평가**: 학생이 과제를 수행하는 과정이나 결과물을 관찰하여 학생의 강점과 약점을 파악하고 이에 대해 피드백 할 수 있는 수행평가를 적극적으로 활용한다.

㉢ **학생 참여형 평가**: 학생도 평가에 참여하여 자신의 수행과정과 결과를 스스로 판단할 수 있도록 자기평가 또는 동료평가를 실시한다.

❷ 집중이수제

(1) 개념

수업의 집중도를 높이기 위해 특정한 과목의 수업을 일정 기간(초 · 중 · 고 학기 중 특정 학기나 학년)에 집중적으로 학습하는 제도이다.

(2) 특징

① 각 학교가 사회군(사회 · 도덕), 과학군(과학 · 기술 · 가정), 예술군(미술 · 음악)과 같이 유사한 과목끼리 교과군을 묶어서 각 과목별 수업시간만 충족시키면 수업 시점은 자율적으로 편성할 수 있도록 허용한다.

② 한 학기에 여러 과목을 조금씩 학습하던 방식에서 벗어나 교과군을 한데 묶음으로써 학기별 이수 교과목 수가 줄어든다.

③ 전체 학습량의 변화 없이 특정 과목을 특정 시기에 집중적으로 심화학습한다.

(3) 장·단점

① 장점

    ㉠ 특정 학기 또는 학년에 몰아서 집중적으로 학습할 수 있다.

    ㉡ 수업 효율성이 높다.

② 단점

    ㉠ 한꺼번에 많은 분량을 배우게 되어 내용을 이해하기 어렵다.

    ㉡ 학생의 성장·발달단계와 학습단계가 맞지 않는 경우가 발생한다.

> **참고** **블록타임(Block - time)제**
>
> **1. 개념**
> ① 기존 45~50분으로 이루어지던 단위 수업을 2~3시간 연속으로 운영하는 방식이다.
> ② 교과내용, 수업방법에 따라서 70~100분 등 여러 형태로 수업시간을 탄력적으로 운영할 수 있다.
>
> **2. 특징(장점)**
> ① 수업의 흐름을 끊지 않고 연속적으로 진행할 수 있다.
> ② 심층적인 수업으로 교육의 질을 높일 수 있다.

③ 고교학점제

(1) 개념 및 도입 배경

① 개념

    ㉠ 고등학교에서 운영되는 학점제로, 학생이 기초 소양과 기본 학력을 바탕으로 진로·적성에 따라 과목을 선택하고, 이수 기준에 도달한 과목에 대해 학점을 취득·누적하여 졸업하는 제도이다.

    ㉡ 2025학년도부터 전면 시행을 목표로 2018년부터 연구·선도학교가 운영되고 있다.

② 도입 배경

    ㉠ 인공지능 등 4차 산업혁명으로 인한 급격한 사회 구조 및 직업세계 변화, 감염병 유행 등 다가올 미래를 예측하기 어려운 시대에 대응하는 것이 필요하다.

    ㉡ 인간 고유의 창의적 상상력·공감능력 등에 대한 재조명과 함께 에듀테크 활용, 개별화 교육 등 미래 사회에 적합한 교육 모델이 필요하다.

    ㉢ 모든 학생의 잠재력과 역량을 키워주는 교육 체제를 구현하여 국가 경쟁력 강화 및 지역 혁신 기반 마련이 필요하다.

ⓔ 학생들은 텍스트보다 이미지·동영상 등 디지털 기반 콘텐츠를 통한 이해를 선호하고, 능동적으로 지식과 정보를 선택하여 학습하는 경향이 있다.

ⓜ 모든 학생에 대한 최소 성취수준을 담보하는 책임 교육을 통해 평등한 출발선 보장을 위한 학교교육 구현이 필요하다.

ⓗ OECD 등 국제기구에서도 미래 사회 대응을 위해서는 삶에 대한 적극성과 주도성, 책임감을 지닌 인재 양성이 필요하다.

• **미래사회와 교육**		• **유연하고 개별화된 교육**
– 4차 산업혁명의 도래 　⇨ 단순 반복 업무의 자동화 – 직업 세계 및 고용 구조의 변화 　⇨ 창의성 요구 – 급격한 인구 감소 ⇨ 학생 수 급감	⇨	– 학생 맞춤형, 선택형 – 학교 안팎의 자원 활용 • **학생 성장 중심** – 진로 개척 역량 – 자기주도적 학습 – 교사 자율성 강화
• **우리 교육의 현실/반성** – 획일적 　⇨ 문·이과 암기식, 수능/대학입시 의존 – 입시 중심 ⇨ 과열경쟁, 소수 상위권 학생 위주 – 수직적 서열화 ⇨ 일반고 의욕 저하	⇨	• **수직적 다양화** – 학교 내 교육과정 다양화 – 다양한 과목 개설 – 과정중심 평가

[그림 2-14] 고교학점제 도입 배경*

* 교육부·한국교육과정평가원, 2020: 11

(2) 목표 및 추진 방향

① **목표**: 모든 학생의 성장을 돕는 포용적 고교 교육 실현

② **추진 방향**

ⓐ **경쟁에서 포용으로의 패러다임 전환**: 상대적 서열화가 아닌 학생 개개인의 성장에 초점을 둔 교수·학습 및 평가 체제를 통해 협력과 성장을 지향하는 교육으로 패러다임을 전환하고 포용사회의 학습 체제를 지향한다.

ⓑ **학업설계 주체로서의 학생 지원**: 학생 스스로 의미 있는 지식들을 모으고 진로와 학업을 디자인해 나갈 수 있는 교육 체제를 설계한다.

ⓒ **에듀테크 기반 미래형 교육 구현**: 첨단기술 환경에서의 시·공간적 경계를 넘어선 미래형 교수학습을 구현하여 학교 공간을 삶의 장소이자 학습의 장으로 재설계한다.

ⓓ **학교교육의 경계 확장**: 학교와 학교 간, 학교와 지역 간 경계를 낮춰 고교 교육의 장을 넓히고 다양한 교수 자원의 교육 참여를 장려한다.

ⓔ **고등학교 교육 체제의 종합적 혁신**: 학습 결손 및 누적에 대한 국가와 학교의 책임을 강화하여 학습자의 성장에 중점을 둔 책임교육을 구현함으로써 고등학교 교육 체제의 종합적인 혁신을 도모한다.

(3) 주요 내용

① **학생중심 교육과정 편성·운영**: 개개인의 진로를 고려하여 다양한 선택과목을 개설하고 학생은 자신이 희망하는 선택과목을 직접 수강신청하여 개인 수업 시간표를 편성한다.

개념확대 ⊕
Zoom IN

에듀테크(EduTech)
에듀테크는 '교육(education)'과 '기술(technology)'의 합성어로, 교육에 미디어, 소프트웨어, 인공지능 등의 정보통신기술을 접목하여 학습자의 교육효과를 높이는 산업을 의미한다. 에듀테크는 교육에 정보통신기술을 활용하여 새로운 학습 경험을 제공한다는 점에서 새로운 교육 환경을 마련해 가는 데 중요한 역할을 하고 있다.

222　본 교재 인강·무료 기출해설 특강 teacher.Hackers.com

② **진로 및 학업설계 지도:** 학생이 진로와 연계된 학업계획을 수립하고 책임 있게 이수할 수 있도록 진로 및 학업설계 지도를 체계화한다.

③ **학생 평가 내실화:** 수업과 연계한 과정중심 평가를 강화하고 성취평가를 내실화하며 최소 학업성취수준을 보장한다.

④ **교사의 역할 변화:** 학생의 진로·학업 설계 및 과목 선택 지도, 교수·학습 및 평가의 실행, 교육과정의 편성·운영 및 협력적인 학교 문화 형성 등을 위한 교사의 역할 변화가 필요하다.

⑤ **학교 문화 개선:** 개설과목 확대에 대한 교원의 공감대를 형성하고, 학생 수요 조사 및 학부모 의견 수렴 등 교육과정 편성 및 운영에 대한 구성원의 참여를 확대함으로써 협력적인 문화를 형성시키고자 노력한다.

⑥ **학교 공간 조성:** 선택과목이 증가하고 학생 이동이 증가함에 따라 휴식, 자율, 모둠학습 등의 복합적 기능의 홈베이스를 조성한다.

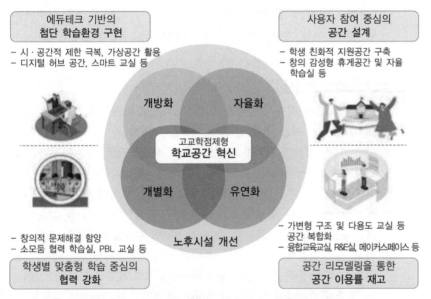

[그림 2-15] 고교학점제형 학교 공간조성 방향[*]

* 교육부, 2021: 31

㉠ **개방화:** 에듀테크를 활용하여 학습자의 시·공간적 제한과 가상공간과의 경계를 허무는 첨단 교수·학습 환경을 구축한다.

㉡ **자율화:** 교사와 학생 등 학교 구성원이 직접 공간 설계에 참여하여 학생 친화적 공간으로 재구조화한다.

㉢ **유연화:** 미래교육 환경 변화에 대응하여 다양한 교수·학습방법 구현과 학급단위 수업 등이 가능한 융·복합적 학습 공간이 필요하다.

㉣ **개별화:** 학생 참여 중심의 개별학습을 중심으로 구성원 간 협업 강화를 통해 창의성과 문제해결력을 기르는 협력적 학습 공간을 마련한다.

(4) 운영과정

① 1단계 – 다양한 과목 개설: 학생 맞춤형 교육과정을 위해 다양한 과목의 개설을 준비한다. 과목 선택권을 확대하고 학교 밖 학습 경험을 인정해줌으로써 학생 선택형 교육과정을 운영한다.

② 2단계 – 진로·학업 설계: 진로, 적성, 흥미 등을 고려해 다양한 교과와 창의적 체험 활동으로 학습 계획을 수립한다.

③ 3단계 – 수강신청: 학생 스스로 진로계획에 따라 원하는 과목을 선택한다.

④ 4단계 – 수업 운영: 학생 참여형 수업을 운영하며, 학년의 구분 없이 자유로운 과목을 수강한다. 선택한 과목의 수업을 위해 교실을 이동한다.

⑤ 5단계 – 학생 평가: 경쟁 위주의 상대평가에서 개인의 성취 정도에 따라 성취 평가제를 확대한다. 지필 평가를 축소하고, 논술·수행평가를 확대하여 학습 과정 및 성장에 초점을 둔 과정중심 평가를 활성화한다.

⑥ 6단계 – 과목이수 및 학점 취득: 성취수준 도달 시에 수업을 이수하고 학점을 취득하게 된다. 미이수할 경우에는 보충 프로그램을 제공한다.

⑦ 7단계 – 졸업: 졸업 기준학점 이상 취득 시 졸업한다.

(5) 고교학점제의 변화상

① 학생: 고교학점제에서 학생은 자기주도적으로 학습하고 미래를 설계하는 인재로 그려진다. 이를 위해 진로와 적성을 고려한 자기주도적 진로탐색을 지원하고, 내적 성찰의 기회를 제공함으로써 자기동기력, 자기조절력을 강화한다.

② 교사: 고교학점제에서 교사는 학생 개개인의 성장을 지원하는 교수·학습 전문가로 그려진다. 이를 위해 학생성장 중심 교육에 따른 교사의 역할 변화에 대한 공감대를 형성하고 학습공동체, 자율연수 확대 등 교사의 전문성과 자율성을 보장하며, 교사가 수업에 전념할 수 있는 환경을 조성한다.

③ 학교: 고교학점제에서 학교는 학생의 성장을 목표로 삼는 배움 공동체이다. 이를 위해 학생중심 교육에 대한 학교구성원의 목표를 공유하고, 이를 실현하는 민주적 의사결정 체제를 구축하여 폐쇄적인 단위학교의 문화를 극복한다.

본 교재 인강 · 무료 기출해설 특강
teacher.Hackers.com

PART 2 키워드 인출로 핵심 빈칸 채우기

01 교육과정의 어원은 ＿＿＿＿＿＿＿＿＿이라는 뜻의 '쿠레레'(currere)이며, 이는 교육과정이 전통적으로 ＿＿＿＿＿을 위한 학습내용으로 이해되었음을 의미한다. 1970년대 이후, 교육과정은 ＿＿＿＿＿＿＿＿＿로 의미가 확장되었으며, 교육을 이해하는 관점 또한 교사중심에서 학생중심으로 변화되었다.

01
경마장에서 말이 뛰는 길,
목적 달성,
학교가 제공하는 모든 학습 기회

02 교육과정의 주요한 질문은 교육내용의 선정과 관련된 '＿＿＿＿ 가르칠 것인가?', 선정된 내용을 조직하여 전달하는 문제와 관련된 '＿＿＿＿ 가르칠 것인가?', 교육내용에 대한 정당화 논리를 개발하는 문제와 관련된 ＿＿＿＿ 가르쳐야 하는가?'의 세 가지 질문으로 요약될 수 있다.

02
무엇을, 어떻게, 왜

03 교육과정의 유형은 크게 세 가지로 분류될 수 있는데, 사전에 의도되고 계획된 문서로서의 교육과정을 의미하는 ＿＿＿＿＿＿＿＿, 학교에서 계획하거나 의도하지 않았음에도 불구하고 학생들이 학교생활을 통해 경험한 교육과정인 ＿＿＿＿＿＿＿＿＿, 배울 만한 가치가 있지만 학교 교육과정에는 포함되어 있지 않거나 가르쳐지지 않은 교육내용인 ＿＿＿＿＿＿＿으로 구분된다.

03
공식적 교육과정,
잠재적 교육과정,
영 교육과정

04 형식도야론은 신체 단련을 ＿＿＿＿ 발달에 유추하여, 그 능력의 단련이 ＿＿＿＿＿＿를 통한 훈련 또는 도야에 의해 가능하다고 주장하였다.

04
정신, 전통적인 교과

05 브루너는 '지식의 구조'를 학습하는 이유를 크게 세 가지로 제시하는데, 먼저 학습의 ＿＿＿＿ 전이가 용이하고, 학습의 ＿＿＿＿를 돋우기 적절하며, 원리를 익힐 경우 특수한 사실을 추리해내기 용이하므로 ＿＿＿＿ 가능성이 높기 때문이다.

05
일반적, 흥미, 기억

06 허스트는 지식의 _____론을 제시하면서, 인간이 _____ 마음을 계발하려면 그것에 입문해야 한다고 주장한다. 이때, 그가 제시하는 정당화 논리는 _____ 정당화로, 개인이 받아들이는지의 여부와 무관하게 어떤 명제가 성립하는 경우의 논변을 의미한다.

06
형식, 합리적인, 선험적

07 듀이는 _____이론을 제시한 교육철학자다. 그는 경험이 _____의 원리와 _____의 원리를 따른다고 주장했으며, 교육이란 _____의 조성을 통하여 경험의 계속적인 성장을 도모하는 활동이라고 본다.

07
경험, 계속성, 상호작용, 환경

08 _____ 교육과정이란 미래 사회를 살아가기 위해 필요한 지식, 기능, 태도 및 가치를 제공하려는 교육과정으로, 불확실성을 특징으로 하는 21C 사회에서 학문적 지식 기반의 교과중심 교육의 한계를 지적하며 등장하였다.

08
역량중심

09 타일러가 제안한 '타일러의 _____'는 크게 네 단계이며, _____의 설정, 학습경험의 _____과 _____, 학습경험의 평가로 구성된다.

09
논리, 교육목표, 선정, 조직

10 슈왑은 교육과정학의 _____를 선언하였는데, 이는 교육과정학의 문제해결을 다른 분야로 미루었기 때문이라고 말한다. 이러한 진단은 1950년대 '스푸트니크 사태' 이후 _____를 비롯한 수학, 자연과학 분야 전문가들이 교육과정 개발 주도권을 가져간 것에서 나온 것이다. 그의 문제 제기는 파이나를 필두로 주장한 교육과정 _____가 등장하는 배경이 되었다.

10
위기, 브루너, 재개념주의

11 파이나는 사회적·정치적 맥락을 분석하여 종국에는 인간 해방을 이루기 위한 _____ 방법을 제안하였으며, 그 방법은 '_____ – 진보 – 분석 – _____'의 네 단계로 구성된다.

11
쿠레레, 회귀, 종합

12 아이즈너는 보비트, 타일러, 블룸, 메이거로 이어지는 _____목표 진술에 문제를 제기하였으며, 그 대신 _____ 목표와 _____라는 교육목표 진술 방식을 제안하였다.

12
행동, 문제해결, 표현적 결과

13 드레이크의 통합 교육과정 논의에서는 세 가지의 통합의 방식을 제시하는데, 이는 학문의 독립성을 유지하면서 하나의 주제에 대해 여러 학문의 관점을 다루는 _____ 통합, 학문 간 경계를 허물고 여러 교과의 공통부분을 추출하여 이를 중심으로 교육과정을 조직하는 _____ 통합, 교과의 구분을 초월하여 실제 생활의 주제나 쟁점들을 중심으로 새로운 형태의 통합교과를 형성하는 _____ 통합이다.

13
다학문적, 간학문적, 탈학문적

14 _____ 교육과정이란 의도하지 않은 학교교육의 결과를 의미한다. 이 이론을 처음 전개한 잭슨이 제시한 세 가지 원천으로는 학교에서 다양한 계층의 학생들이 상호 간의 어울림을 통해 배우는 _____, 학생들이 상호 간 또는 교사에 의하여 얻게 되는 평가와 그에 따른 보상 및 처벌 행위를 배우는 _____, 교사와 학교의 권위에 적응하고 순종하는 방법을 배우는 _____이 있다.

14
잠재적, 군집성, 상찬/평가, 권력

15 교육과정의 실천 영역은 크게 세 가지 개념으로 구분되는데, 학생이 사용할 자료를 포함한 교육과정 자료의 창출 작업으로 그 절차에 관심을 두는 교육과정 _____, 교육과정 주요 요소의 배열에 중심을 두는 교육과정 _____, 개발된 교육과정을 학교와 교실에서 실천에 옮기는 것을 뜻하는 교육과정 _____이 그것이다.

15
개발, 설계, 실행

16 '이해중심 교육과정'의 별칭으로 학교 또는 학급수준에서 널리 활용되고 있는 _____ 설계모형은 기존 교육과정 설계의 역순으로 진행된다. 이 설계모형에서 이해란 _____ 이해를 의미하는데, 이는 지식의 완전한 습득과 적용을 말한다.

16
백워드, 영속적

17 워커의 자연주의적 개발모형은 교육과정 개발자들이 각자의 개념, 이론, 목적 등을 밝히는 _____ 단계, 실행 가능한 특정 대안에 대한 합의를 이끌어내기 위하여 노력하는 _____ 단계, 선택한 대안을 실천 가능한 것으로 구체화하는 _____ 단계로 구분된다.

17
강령, 숙의, 설계

18 교육과정 실행을 이해하는 관점은 크게 세 가지로 나뉜다. 교육과정이 개발자의 원래 의도대로 실행되었는지 파악하는 관점을 _____ 관점, 교육과정이 개발자와 실행자 간의 상호작용을 통해 조정 및 변화되어간다고 보는 관점을 _____ 관점, 끝으로 외부에서 제시된 교육과정이 교사와 학생의 교수·학습장면에서 만들어진다고 보는 관점을 _____ 관점이라고 말한다.

18
충실도, 상호적응적, 생성적

19 우리나라 교육과정 변천사 중 1차 교육과정은 _____중심 교육사조가, 3차 교육과정은 _____중심 교육사조가, 2007 개정 교육과정 이후의 교육과정은 _____ 중심 교육사조가 반영되어 있다.

19
생활, 학문, 역량

20 우리나라 교육과정 운영 체제는 국가수준, 지역수준, 학교수준으로 나뉜다. 국가수준의 교육과정 문서를 _____이라고 칭하며, 지역수준 교육과정 문서는 _____ 지침으로, 학교수준의 교육과정 문서는 학교 _____이라고 부른다.

20
국가 교육과정, 시·도 교육과정
편성·운영, 운영계획

회독 Check ✓

☐ **1** 회독 ┊ ☐ **2** 회독 ┊ ☐ **3** 회독

12개년 기출분석 Big Data 🥧

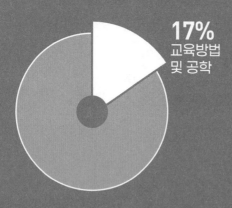

17%
교육방법
및 공학

2024	2023	2022	2021	2020	2019
○		○	○	○	

2018	2017	2016	2015	2015(추)	2014
○	○		○	○	○

2014(추)	2013

설쌤의 Live Class 🎙

교육방법 및 교육공학 파트는 코로나 사태 이후 온라인 교육이 일상화되면서 임용시험뿐만 아니라 실제 교육 현장에서도 중요성이 더욱 부각되고 있습니다. 특히, 임용시험에서는 온라인 교육이 2020년, 2021년, 2022년, 2024년 등 교육방법 및 교육공학 파트가 출제된 최근의 모든 해에 출제되었습니다. 더불어 변화하는 교육계의 패러다임에 맞게 구성주의에 대해 정확히 이해하는 것이 매우 중요합니다. 구성주의를 적용한 교수이론·방법·설계의 다양한 모형들에 대해 주요 개념, 특징과 성격, 장·단점 위주로 구성주의를 깊이 있게 이해하고 학습해 보세요. 또한, 디지털 시대에 필요한 온라인 교육, 컴퓨터 기반 협력학습, 테크놀로지 활용 수업 등의 새로운 교육적 시도들에 대해 각 개념을 정확하게 숙지하고 이를 성공적으로 적용할 수 있는 방안들을 고민하며 학습해 봅시다.

PART 3
교육방법 및 공학

PART 3 교육방법 및 공학 한눈에 구조화하기

Chapter 01 교육공학

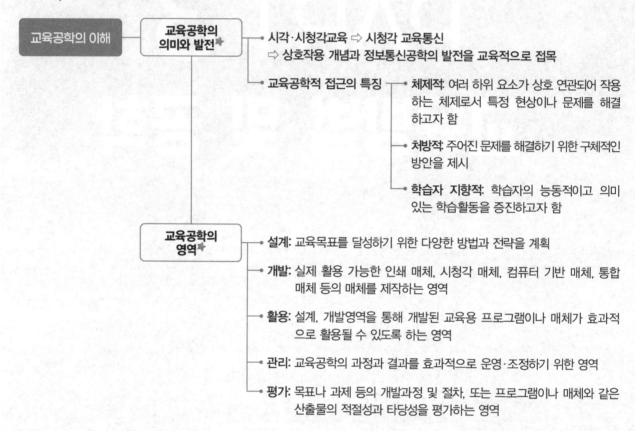

교육공학의 이해 ─ **교육공학의 의미와 발전✿**
- 시각·시청각교육 ⇨ 시청각 교육통신 ⇨ 상호작용 개념과 정보통신공학의 발전을 교육적으로 접목
- 교육공학적 접근의 특징
  - **체제적**: 여러 하위 요소가 상호 연관되어 작용하는 체제로서 특정 현상이나 문제를 해결하고자 함
  - **처방적**: 주어진 문제를 해결하기 위한 구체적인 방안을 제시
  - **학습자 지향적**: 학습자의 능동적이고 의미 있는 학습활동을 증진하고자 함

교육공학의 영역✿
- **설계**: 교육목표를 달성하기 위한 다양한 방법과 전략을 계획
- **개발**: 실제 활용 가능한 인쇄 매체, 시청각 매체, 컴퓨터 기반 매체, 통합 매체 등의 매체를 제작하는 영역
- **활용**: 설계, 개발영역을 통해 개발된 교육용 프로그램이나 매체가 효과적으로 활용될 수 있도록 하는 영역
- **관리**: 교육공학의 과정과 결과를 효과적으로 운영·조정하기 위한 영역
- **평가**: 목표나 과제 등의 개발과정 및 절차, 또는 프로그램이나 매체와 같은 산출물의 적절성과 타당성을 평가하는 영역

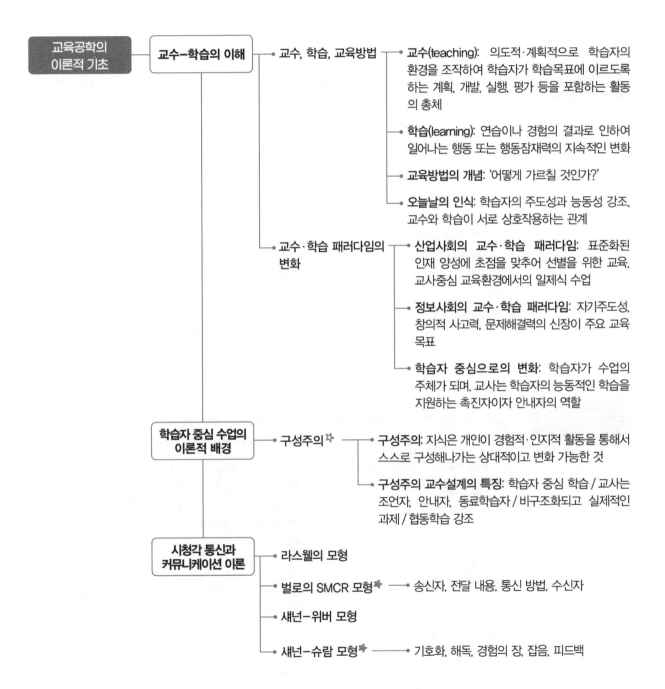

교육공학의
이론적 기초 ── 교수-학습의 이해 ── 교수, 학습, 교육방법 ── **교수(teaching)**: 의도적·계획적으로 학습자의 환경을 조작하여 학습자가 학습목표에 이르도록 하는 계획, 개발, 실행, 평가 등을 포함하는 활동의 총체

학습(learning): 연습이나 경험의 결과로 인하여 일어나는 행동 또는 행동잠재력의 지속적인 변화

교육방법의 개념: '어떻게 가르칠 것인가?'

오늘날의 인식: 학습자의 주도성과 능동성 강조, 교수와 학습이 서로 상호작용하는 관계

교수·학습 패러다임의 변화 ── **산업사회의 교수·학습 패러다임**: 표준화된 인재 양성에 초점을 맞추어 선별을 위한 교육, 교사중심 교육환경에서의 일제식 수업

정보사회의 교수·학습 패러다임: 자기주도성, 창의적 사고력, 문제해결력의 신장이 주요 교육목표

학습자 중심으로의 변화: 학습자가 수업의 주체가 되며, 교사는 학습자의 능동적인 학습을 지원하는 촉진자이자 안내자의 역할

학습자 중심 수업의 이론적 배경 ── 구성주의 ✿ ── **구성주의**: 지식은 개인이 경험적·인지적 활동을 통해서 스스로 구성해나가는 상대적이고 변화 가능한 것

구성주의 교수설계의 특징: 학습자 중심 학습 / 교사는 조언자, 안내자, 동료학습자 / 비구조화되고 실제적인 과제 / 협동학습 강조

시청각 통신과 커뮤니케이션 이론 ── 라스웰의 모형

벌로의 SMCR 모형 ✿ ── 송신자, 전달 내용, 통신 방법, 수신자

섀넌-위버 모형

섀넌-슈람 모형 ✿ ── 기호화, 해독, 경험의 장, 잡음, 피드백

교육방법 및 공학 한눈에 구조화하기

Chapter 02 교수설계 모형과 이론

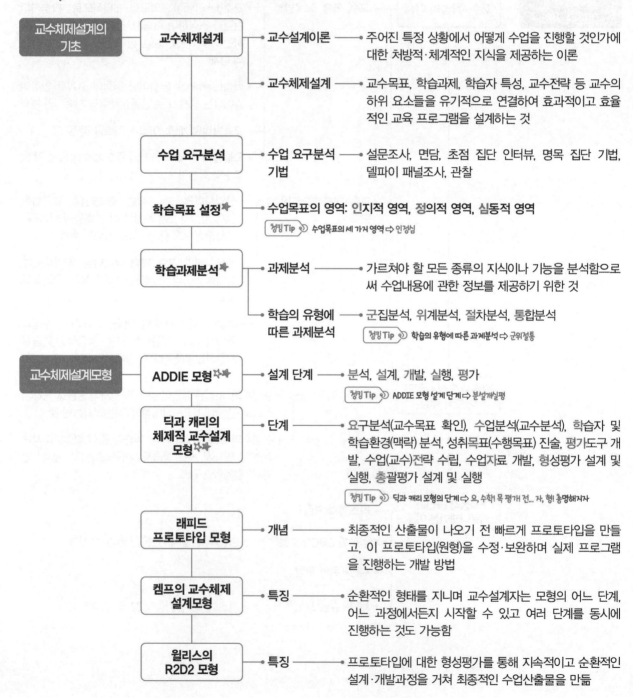

| 교수체제설계의 기초 | **교수체제설계** | ─ 교수설계이론 | ─ 주어진 특정 상황에서 어떻게 수업을 진행할 것인가에 대한 처방적·체계적인 지식을 제공하는 이론 |
| | | ─ 교수체제설계 | ─ 교수목표, 학습과제, 학습자 특성, 교수전략 등 교수의 하위 요소들을 유기적으로 연결하여 효과적이고 효율적인 교육 프로그램을 설계하는 것 |

수업 요구분석 ─ 수업 요구분석 기법 ─ 설문조사, 면담, 초점 집단 인터뷰, 명목 집단 기법, 델파이 패널조사, 관찰

학습목표 설정✿ ─ 수업목표의 영역: **인지적 영역, 정의적 영역, 심동적 영역**

청킹Tip 🔎 수업목표의 세 가지 영역 ⇨ 인정심

학습과제분석✿ ─ 과제분석 ─ 가르쳐야 할 모든 종류의 지식이나 기능을 분석함으로써 수업내용에 관한 정보를 제공하기 위한 것

─ 학습의 유형에 따른 과제분석 ─ 군집분석, 위계분석, 절차분석, 통합분석

청킹Tip 🔎 학습의 유형에 따른 과제분석 ⇨ 군위절통

| 교수체제설계모형 | **ADDIE 모형**✿✿ | ─ 설계 단계 ─ 분석, 설계, 개발, 실행, 평가 |

청킹Tip 🔎 ADDIE 모형 설계 단계 ⇨ 분설개실평

딕과 캐리의 체제적 교수설계 모형✿✿ ─ 단계 ─ 요구분석(교수목표 확인), 수업분석(교수분석), 학습자 및 학습환경(맥락) 분석, 성취목표(수행목표) 진술, 평가도구 개발, 수업(교수)전략 수립, 수업자료 개발, 형성평가 설계 및 실행, 총괄평가 설계 및 실행

청킹Tip 🔎 딕과 캐리 모형의 단계 ⇨ 요, 수학! 목 평가 전... 자, 형! 총명해지자

래피드 프로토타입 모형 ─ 개념 ─ 최종적인 산출물이 나오기 전 빠르게 프로토타입을 만들고, 이 프로토타입(원형)을 수정·보완하며 실제 프로그램을 진행하는 개발 방법

켐프의 교수체제 설계모형 ─ 특징 ─ 순환적인 형태를 지니며 교수설계자는 모형의 어느 단계, 어느 과정에서든지 시작할 수 있고 여러 단계를 동시에 진행하는 것도 가능함

윌리스의 R2D2 모형 ─ 특징 ─ 프로토타입에 대한 형성평가를 통해 지속적이고 순환적인 설계·개발과정을 거쳐 최종적인 수업산출물을 만듦

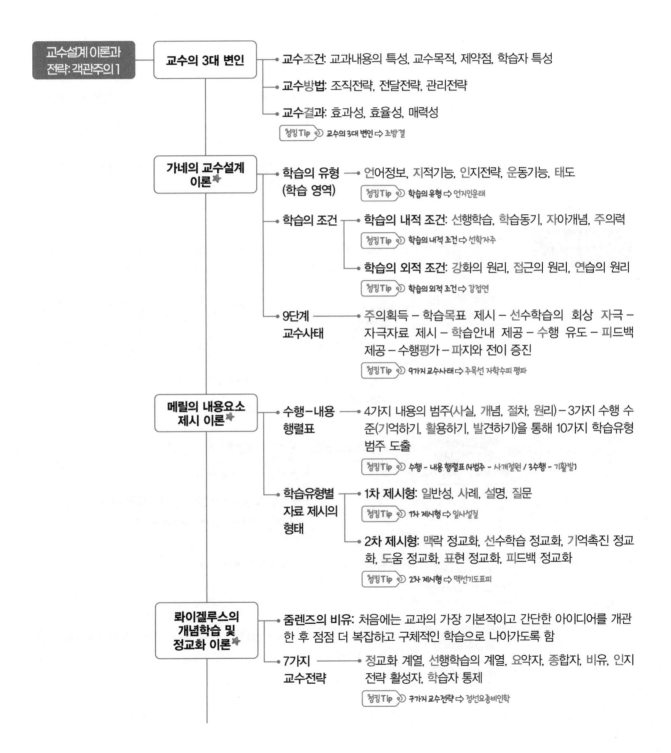

교수의 3대 변인

• 교수조건: 교과내용의 특성, 교수목적, 제약점, 학습자 특성

• 교수방법: 조직전략, 전달전략, 관리전략

• 교수결과: 효과성, 효율성, 매력성

청킹Tip 교수의 3대 변인 ⇨ 조방결

가네의 교수설계 이론★

• 학습의 유형 (학습 영역) — 언어정보, 지적기능, 인지전략, 운동기능, 태도

청킹Tip 학습의 유형 ⇨ 언지인운태

• 학습의 조건 — 학습의 내적 조건: 선행학습, 학습동기, 자아개념, 주의력

청킹Tip 학습의 내적 조건 ⇨ 선학자주

학습의 외적 조건: 강화의 원리, 접근의 원리, 연습의 원리

청킹Tip 학습의 외적 조건 ⇨ 강접연

• 9단계 교수사태 — 주의획득 – 학습목표 제시 – 선수학습의 회상 자극 – 자극자료 제시 – 학습안내 제공 – 수행 유도 – 피드백 제공 – 수행평가 – 파지와 전이 증진

청킹Tip 9가지 교수사태 ⇨ 주목선 자학수피 평파

메릴의 내용요소 제시 이론★

• 수행–내용 행렬표 — 4가지 내용의 범주(사실, 개념, 절차, 원리) – 3가지 수행 수준(기억하기, 활용하기, 발견하기)을 통해 10가지 학습유형 범주 도출

청킹Tip 수행 – 내용 행렬표 (4범주 – 사개절원 / 3수행 – 기활발)

• 학습유형별 자료 제시의 형태 — 1차 제시형: 일반성, 사례, 설명, 질문

청킹Tip 1차 제시형 ⇨ 일사설질

2차 제시형: 맥락 정교화, 선수학습 정교화, 기억촉진 정교화, 도움 정교화, 표현 정교화, 피드백 정교화

청킹Tip 2차 제시형 ⇨ 맥선기도표피

라이겔루스의 개념학습 및 정교화 이론★

• 줌렌즈의 비유: 처음에는 교과의 가장 기본적이고 간단한 아이디어를 개관한 후 점점 더 복잡하고 구체적인 학습으로 나아가도록 함

• 7가지 교수전략 — 정교화 계열, 선행학습의 계열, 요약자, 종합자, 비유, 인지전략 활성자, 학습자 통제

청킹Tip 7가지 교수전략 ⇨ 정선요종비인학

논술형 기출개념에는 ✿로, 객관식 기출개념에는 ✦로 표기하였습니다.

교육방법 및 공학 한눈에 구조화하기

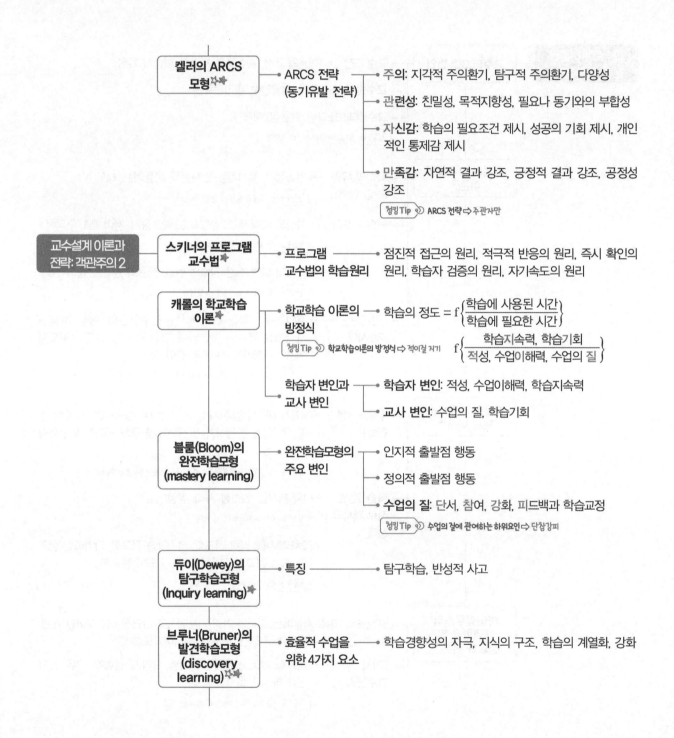

켈러의 ARCS 모형✿✦
- **ARCS 전략** (동기유발 전략)
  - **주의**: 지각적 주의환기, 탐구적 주의환기, 다양성
  - **관련성**: 친밀성, 목적지향성, 필요나 동기와의 부합성
  - **자신감**: 학습의 필요조건 제시, 성공의 기회 제시, 개인적인 통제감 제시
  - **만족감**: 자연적 결과 강조, 긍정적 결과 강조, 공정성 강조
  - 청킹 Tip ◈ ARCS 전략 ⇨ 주관자만

교수설계 이론과 전략: 객관주의 2

스키너의 프로그램 교수법✦
- **프로그램 교수법의 학습원리** — 점진적 접근의 원리, 적극적 반응의 원리, 즉시 확인의 원리, 학습자 검증의 원리, 자기속도의 원리

캐롤의 학교학습 이론✦
- **학교학습 이론의 방정식** — 학습의 정도 $= f\left\{\dfrac{\text{학습에 사용된 시간}}{\text{학습에 필요한 시간}}\right\}$
  - 청킹 Tip ◈ 학교학습이론의 방정식 ⇨ 적이절 자기
  $$f\left\{\frac{\text{학습지속력, 학습기회}}{\text{적성, 수업이해력, 수업의 질}}\right\}$$
- **학습자 변인과 교사 변인**
  - **학습자 변인**: 적성, 수업이해력, 학습지속력
  - **교사 변인**: 수업의 질, 학습기회

블룸(Bloom)의 완전학습모형 (mastery learning)
- **완전학습모형의 주요 변인**
  - 인지적 출발점 행동
  - 정의적 출발점 행동
  - **수업의 질**: 단서, 참여, 강화, 피드백과 학습교정
  - 청킹 Tip ◈ 수업의 질에 관여하는 하위요인 ⇨ 단참강피

듀이(Dewey)의 탐구학습모형 (Inquiry learning)✦
- **특징** — 탐구학습, 반성적 사고

브루너(Bruner)의 발견학습모형 (discovery learning)✿✦
- **효율적 수업을 위한 4가지 요소** — 학습경향성의 자극, 지식의 구조, 학습의 계열화, 강화

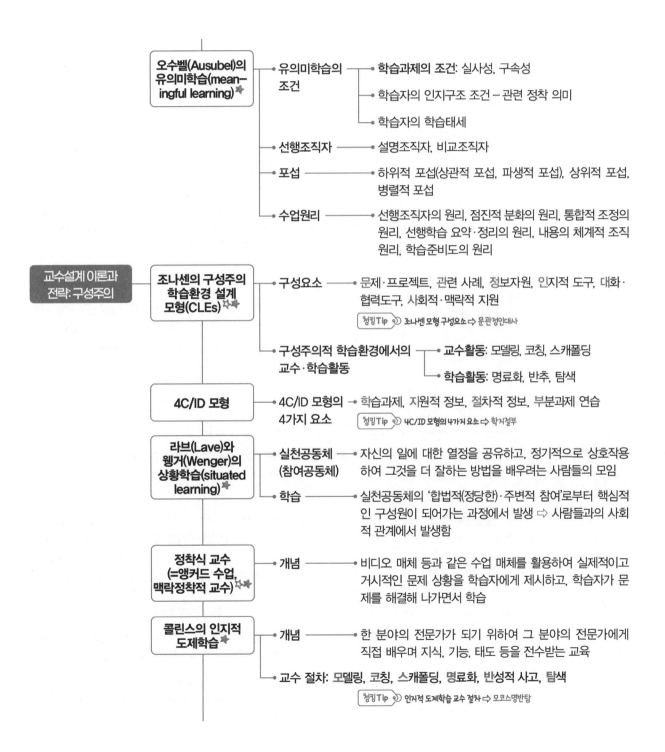

오수벨(Ausubel)의 유의미학습(meaningful learning) ★
- 유의미학습의 조건
  - 학습과제의 조건: 실사성, 구속성
  - 학습자의 인지구조 조건 – 관련 정착 의미
  - 학습자의 학습태세
- 선행조직자 ── 설명조직자, 비교조직자
- 포섭 ── 하위적 포섭(상관적 포섭, 파생적 포섭), 상위적 포섭, 병렬적 포섭
- 수업원리 ── 선행조직자의 원리, 점진적 분화의 원리, 통합적 조정의 원리, 선행학습 요약·정리의 원리, 내용의 체계적 조직 원리, 학습준비도의 원리

교수설계 이론과 전략: 구성주의

조나센의 구성주의 학습환경 설계 모형(CLEs) ✦★
- 구성요소 ── 문제·프로젝트, 관련 사례, 정보자원, 인지적 도구, 대화·협력도구, 사회적·맥락적 지원
  - 청킹 Tip ✎ 조나센 모형 구성요소 ⇨ 문관정인대사
- 구성주의적 학습환경에서의 교수·학습활동
  - 교수활동: 모델링, 코칭, 스캐폴딩
  - 학습활동: 명료화, 반추, 탐색

4C/ID 모형
- 4C/ID 모형의 4가지 요소 → 학습과제, 지원적 정보, 절차적 정보, 부분과제 연습
  - 청킹 Tip ✎ 4C/ID 모형의 4가지 요소 ⇨ 학지절부

라브(Lave)와 웽거(Wenger)의 상황학습(situated learning) ★
- 실천공동체 (참여공동체) → 자신의 일에 대한 열정을 공유하고, 정기적으로 상호작용하여 그것을 더 잘하는 방법을 배우려는 사람들의 모임
- 학습 ── 실천공동체의 '합법적(정당한)·주변적 참여'로부터 핵심적인 구성원이 되어가는 과정에서 발생 ⇨ 사람들과의 사회적 관계에서 발생함

정착식 교수 (=앵커드 수업, 맥락정착적 교수) ✦★
- 개념 ── 비디오 매체 등과 같은 수업 매체를 활용하여 실제적이고 거시적인 문제 상황을 학습자에게 제시하고, 학습자가 문제를 해결해 나가면서 학습

콜린스의 인지적 도제학습 ★
- 개념 ── 한 분야의 전문가가 되기 위하여 그 분야의 전문가에게 직접 배우며 지식, 기능, 태도 등을 전수받는 교육
- 교수 절차: 모델링, 코칭, 스캐폴딩, 명료화, 반성적 사고, 탐색
  - 청킹 Tip ✎ 인지적 도제학습 교수 절차 ⇨ 모코스명반탐

PART 3

교육방법 및 공학 한눈에 구조화하기

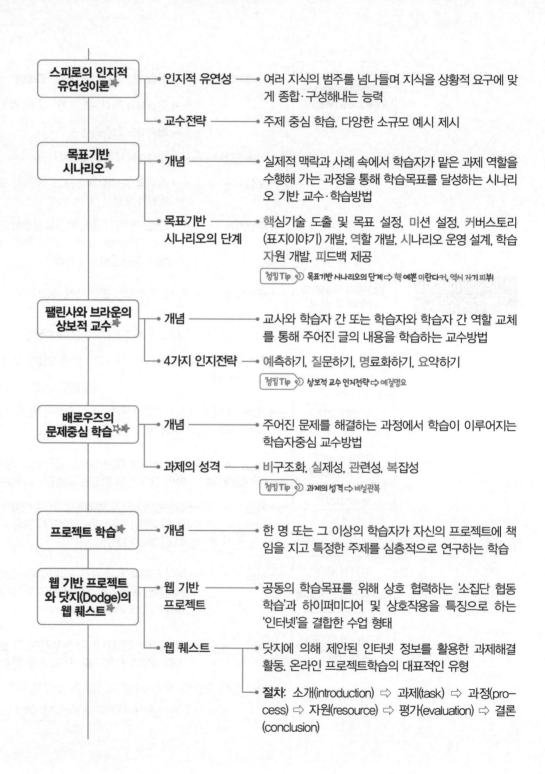

스피로의 인지적 유연성이론 ✿
- 인지적 유연성 ── 여러 지식의 범주를 넘나들며 지식을 상황적 요구에 맞게 종합·구성해내는 능력
- 교수전략 ── 주제 중심 학습, 다양한 소규모 예시 제시

목표기반 시나리오 ✿
- 개념 ── 실제적 맥락과 사례 속에서 학습자가 맡은 과제 역할을 수행해 가는 과정을 통해 학습목표를 달성하는 시나리오 기반 교수·학습방법
- 목표기반 시나리오의 단계 ── 핵심기술 도출 및 목표 설정, 미션 설정, 커버스토리 (표지이야기) 개발, 역할 개발, 시나리오 운영 설계, 학습자원 개발, 피드백 제공
  - 청킹Tip ◎ 목표기반 시나리오의 단계 ⇨ 핵 예쁜 미란다커, 역시 자기 피부!

팰린사와 브라운의 상보적 교수 ✿
- 개념 ── 교사와 학습자 간 또는 학습자와 학습자 간 역할 교체를 통해 주어진 글의 내용을 학습하는 교수방법
- 4가지 인지전략 ── 예측하기, 질문하기, 명료화하기, 요약하기
  - 청킹Tip ◎ 상보적 교수 인지전략 ⇨ 예질명요

배로우즈의 문제중심 학습 ✿✿
- 개념 ── 주어진 문제를 해결하는 과정에서 학습이 이루어지는 학습자중심 교수방법
- 과제의 성격 ── 비구조화, 실제성, 관련성, 복잡성
  - 청킹Tip ◎ 과제의 성격 ⇨ 비실관복

프로젝트 학습 ✿
- 개념 ── 한 명 또는 그 이상의 학습자가 자신의 프로젝트에 책임을 지고 특정한 주제를 심층적으로 연구하는 학습

웹 기반 프로젝트와 닷지(Dodge)의 웹 퀘스트 ✿
- 웹 기반 프로젝트 ── 공동의 학습목표를 위해 상호 협력하는 '소집단 협동학습'과 하이퍼미디어 및 상호작용을 특징으로 하는 '인터넷'을 결합한 수업 형태
- 웹 퀘스트 ── 닷지에 의해 제안된 인터넷 정보를 활용한 과제해결 활동. 온라인 프로젝트학습의 대표적인 유형
  - **절차:** 소개(introduction) ⇨ 과제(task) ⇨ 과정(process) ⇨ 자원(resource) ⇨ 평가(evaluation) ⇨ 결론(conclusion)

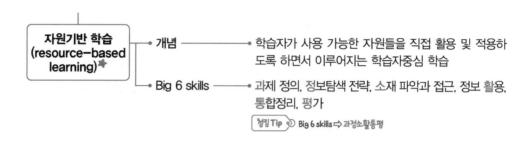

자원기반 학습 (resource-based learning) ✦

• 개념 —— 학습자가 사용 가능한 자원들을 직접 활용 및 적용하도록 하면서 이루어지는 학습자중심 학습

• Big 6 skills —— 과제 정의, 정보탐색 전략, 소재 파악과 접근, 정보 활용, 통합정리, 평가

> 정킹 Tip 🐝 Big 6 skills ⇨ 과정소활통평

Chapter 03 교수방법과 교수매체

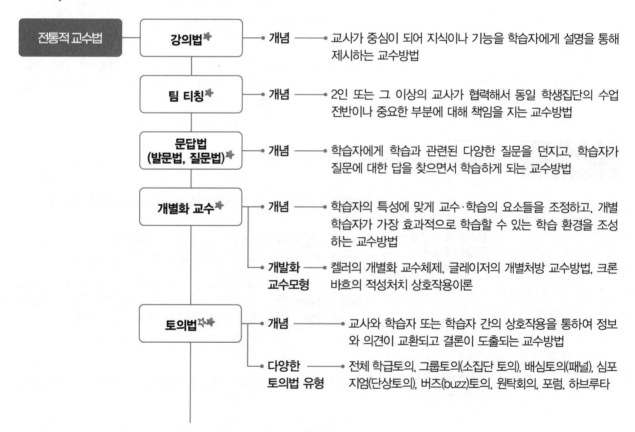

전통적 교수법

강의법 ✦
• 개념 —— 교사가 중심이 되어 지식이나 기능을 학습자에게 설명을 통해 제시하는 교수방법

팀 티칭 ✦
• 개념 —— 2인 또는 그 이상의 교사가 협력해서 동일 학생집단의 수업 전반이나 중요한 부분에 대해 책임을 지는 교수방법

문답법 (발문법, 질문법) ✦
• 개념 —— 학습자에게 학습과 관련된 다양한 질문을 던지고, 학습자가 질문에 대한 답을 찾으면서 학습하게 되는 교수방법

개별화 교수 ✦
• 개념 —— 학습자의 특성에 맞게 교수·학습의 요소들을 조정하고, 개별 학습자가 가장 효과적으로 학습할 수 있는 학습 환경을 조성하는 교수방법
• 개발화 교수모형 —— 켈러의 개별화 교수체제, 글레이저의 개별처방 교수방법, 크론바흐의 적성처치 상호작용이론

토의법 ✧✦
• 개념 —— 교사와 학습자 또는 학습자 간의 상호작용을 통하여 정보와 의견이 교환되고 결론이 도출되는 교수방법
• 다양한 토의법 유형 —— 전체 학급토의, 그룹토의(소집단 토의), 배심토의(패널), 심포지엄(단상토의), 버즈(buzz)토의, 원탁회의, 포럼, 하브루타

PART 3

교육방법 및 공학 한눈에 구조화하기

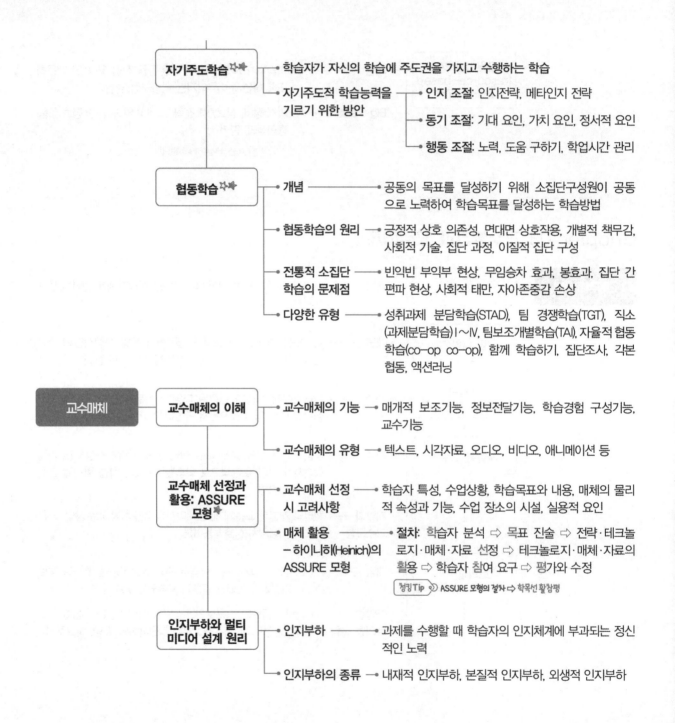

자기주도학습 ✿✿
- 학습자가 자신의 학습에 주도권을 가지고 수행하는 학습
- 자기주도적 학습능력을 기르기 위한 방안
  - **인지 조절**: 인지전략, 메타인지 전략
  - **동기 조절**: 기대 요인, 가치 요인, 정서적 요인
  - **행동 조절**: 노력, 도움 구하기, 학업시간 관리

협동학습 ✿✿
- **개념** — 공동의 목표를 달성하기 위해 소집단구성원이 공동으로 노력하여 학습목표를 달성하는 학습방법
- **협동학습의 원리** — 긍정적 상호 의존성, 면대면 상호작용, 개별적 책무감, 사회적 기술, 집단 과정, 이질적 집단 구성
- **전통적 소집단 학습의 문제점** — 빈익빈 부익부 현상, 무임승차 효과, 봉효과, 집단 간 편파 현상, 사회적 태만, 자아존중감 손상
- **다양한 유형** — 성취과제 분담학습(STAD), 팀 경쟁학습(TGT), 직소(과제분담학습)Ⅰ~Ⅳ, 팀보조개별학습(TAI), 자율적 협동학습(co-op co-op), 함께 학습하기, 집단조사, 각본협동, 액션러닝

교수매체

교수매체의 이해
- **교수매체의 기능** — 매개적 보조기능, 정보전달기능, 학습경험 구성기능, 교수기능
- **교수매체의 유형** — 텍스트, 시각자료, 오디오, 비디오, 애니메이션 등

교수매체 선정과 활용: ASSURE 모형 ✿
- **교수매체 선정 시 고려사항** — 학습자 특성, 수업상황, 학습목표와 내용, 매체의 물리적 속성과 기능, 수업 장소의 시설, 실용적 요인
- **매체 활용 – 하이니히(Heinich)의 ASSURE 모형** — **절차**: 학습자 분석 ⇨ 목표 진술 ⇨ 전략·테크놀로지·매체·자료 선정 ⇨ 테크놀로지·매체·자료의 활용 ⇨ 학습자 참여 요구 ⇨ 평가와 수정

  〔청킹Tip〕 ASSURE 모형의 절차 ⇨ 학목선 활참평

인지부하와 멀티미디어 설계 원리
- **인지부하** — 과제를 수행할 때 학습자의 인지체계에 부과되는 정신적인 노력
- **인지부하의 종류** — 내재적 인지부하, 본질적 인지부하, 외생적 인지부하

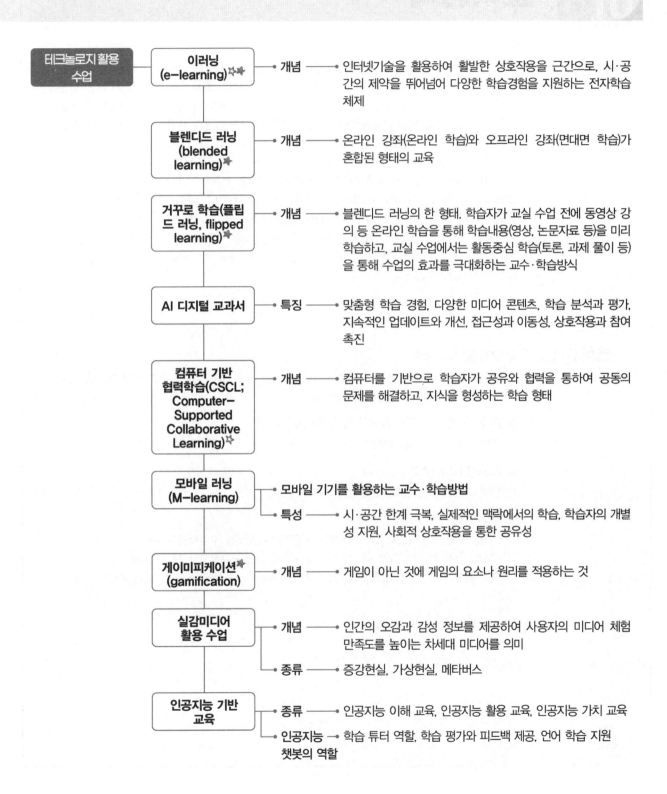

테크놀로지 활용 수업

이러닝 (e-learning) ✿✦
- 개념 → 인터넷기술을 활용하여 활발한 상호작용을 근간으로, 시·공간의 제약을 뛰어넘어 다양한 학습경험을 지원하는 전자학습 체제

블렌디드 러닝 (blended learning) ✦
- 개념 → 온라인 강좌(온라인 학습)와 오프라인 강좌(면대면 학습)가 혼합된 형태의 교육

거꾸로 학습(플립드 러닝, flipped learning) ✦
- 개념 → 블렌디드 러닝의 한 형태. 학습자가 교실 수업 전에 동영상 강의 등 온라인 학습을 통해 학습내용(영상, 논문자료 등)을 미리 학습하고, 교실 수업에서는 활동중심 학습(토론, 과제 풀이 등)을 통해 수업의 효과를 극대화하는 교수·학습방식

AI 디지털 교과서
- 특징 → 맞춤형 학습 경험, 다양한 미디어 콘텐츠, 학습 분석과 평가, 지속적인 업데이트와 개선, 접근성과 이동성, 상호작용과 참여 촉진

컴퓨터 기반 협력학습(CSCL; Computer-Supported Collaborative Learning) ✿
- 개념 → 컴퓨터를 기반으로 학습자가 공유와 협력을 통하여 공동의 문제를 해결하고, 지식을 형성하는 학습 형태

모바일 러닝 (M-learning)
- 모바일 기기를 활용하는 교수·학습방법
- 특성 → 시·공간 한계 극복, 실제적인 맥락에서의 학습, 학습자의 개별성 지원, 사회적 상호작용을 통한 공유성

게이미피케이션 ✦ (gamification)
- 개념 → 게임이 아닌 것에 게임의 요소나 원리를 적용하는 것

실감미디어 활용 수업
- 개념 → 인간의 오감과 감성 정보를 제공하여 사용자의 미디어 체험 만족도를 높이는 차세대 미디어를 의미
- 종류 → 증강현실, 가상현실, 메타버스

인공지능 기반 교육
- 종류 → 인공지능 이해 교육, 인공지능 활용 교육, 인공지능 가치 교육
- 인공지능 챗봇의 역할 → 학습 튜터 역할, 학습 평가와 피드백 제공, 언어 학습 지원

교육공학

셀쌤의
Live Class 🎙

첫 번째 챕터에서는 '**교육공학**'이라는 학문을 이해하는 것을 목표로 합니다. 교육공학은 **다양한 교수매체 활용을 촉진시킴으로써** 교수 · 학습방법의 **효과성**과 **효율성**을 촉진하고자 하는 학문입니다. 교육공학의 의미와 영역을 통하여 교육공학이 무엇에 대한 학문인지 이해하고, 교육공학의 이론적 기초를 통해 교육공학의 근간을 이루는 주요한 개념과 배경이 되는 이론들에 대해 학습해 봅시다. 특히 '**구성주의**'는 최근 대두되고 있는 학습자중심 수업의 이론적 배경입니다. 이에 구성주의는 교육학 논술형 문제에서도 가장 빈번하게 출제되는 개념이지요. 구성주의 교수 · 학습의 패러다임은 학습, 지식, 교수에 대해 전통적인 객관주의의 패러다임과는 다르게 바라봅니다. 그 변화된 관점을 이해하며 학습하는 것이 필요합니다. 이를 바탕으로 구성주의 패러다임 안에서 고안된 구체적인 구성주의 학습방법들을 학습해 봅시다. 특히, 각 이론과 방법에서 학습자와 교수자의 역할은 무엇이고, 효과적인 학습경험을 제공하기 위해 교수자가 학습자를 지원할 수 있는 방법들은 무엇인지 살펴본다면 구성주의 세부 이론들의 특징과 장점도 쉽게 이해하실 수 있을 것입니다.

핵심 `Tag`⊚

교육공학의 의미
적절한 공학적 과정과 자원을 창출 · 활용하고 관리함으로써 학습 촉진과 수행 향상을 위해 연구하고 윤리적으로 실천하는 학문 분야

교수 · 학습에 대한 교육공학적 접근의 특징
체제적, 처방적, 학습자 지향적

교육공학의 영역
설계, 개발, 활용, 관리, 평가

구성주의
- **학습**: 학습자가 학습경험에 참여하며 능동적으로 의미를 부여하면서 지식을 구성하는 과정
- **지식**: 주관적 · 유동적인 것, 개인에 의해 계속적으로 구성되고 재구성되는 것
- **교수목표**: 학습자가 아이디어를 스스로 잘 이해하고 구성할 수 있는 학습경험의 제공

01 교육공학의 이해

1 교육공학의 의미와 발전

(1) 교육공학의 의미

2004년 미국 교육공학회(AECT)의 교육공학 정의에 따르면 교육공학은 적절한 공학적 과정과 자원을 창출·활용하고 관리함으로써 학습의 촉진과 수행 향상을 위해 연구하고 윤리적으로 실천하는 학문 분야이다.

(2) 교육공학의 발전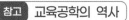

① 교육공학은 초기의 시각·시청각교육을 거쳐 시청각 교육통신, 교수 및 교육 공학에 대한 논의로 발전하였으며, 최근에는 상호작용 개념과 정보통신공학 의 발전을 교육적으로 접목하는 논의가 활발하게 이루어지고 있다.

② 이 과정에서 커뮤니케이션 이론과 체제이론, 교육체제설계 등에 대한 이론적 탐색이 이루어졌다.

참고 교육공학의 역사

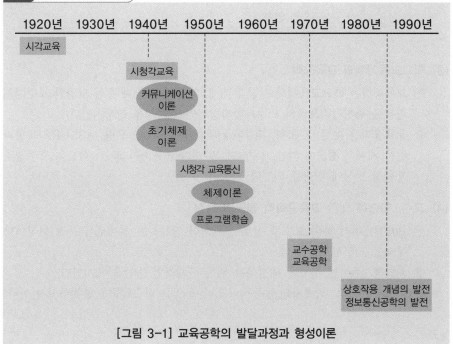

[그림 3-1] 교육공학의 발달과정과 형성이론

발전과정	주요 내용	시기
시각교육	• 시각교육 운동 • 호반에 의한 시각자료와 교과과정의 통합	• 1920년대 • 1930년대
시청각교육	• 시청각 교육 운동 • 데일의 경험의 원추 • 올센의 시청각 교육이론	1940년대
시청각 교육통신	• 커뮤니케이션 이론 • 초기의 체제 개념 • 시청각 교육통신	• 1950년대 • 1960년대
교수공학	• 행동주의 심리학 • 체제적 접근과 교수개발 • 프로그램 학습과 교수기계 • 다양한 교수체제모형 등장	1970년대
교육공학	• 컴퓨터의 교육적 활용 • 인지심리학의 영향 • 교수공학의 정의와 영역 • 인터넷의 확산, 가상교육 • 테크놀로지의 발전 • 구성주의의 영향	• 1980년대 • 1990년대 • 2000년대

(3) 학교교육에서의 교육공학

① 교육공학은 학교교육에서 시청각 매체, 컴퓨터 기반 매체 등 다양한 교수매체 활용을 촉진시킴으로써 교수ㆍ학습방법의 효과성을 향상시킨다.

② 교육공학은 ADDIE 모형, 딕(Dick)과 캐리(Carey) 모형, ASSURE 모형과 같은 체제적 접근에 의한 교수설계 및 개발을 통하여 교수ㆍ학습의 효과성과 효율성 향상에 영향을 미친다.

(4) 교수ㆍ학습에 대한 교육공학적 접근의 특징

① 체제적: 여러 하위 요소가 상호 연관되어 작용하는 체제로서 특정 현상이나 문제를 해결하고자 한다.

② 처방적: 주어진 문제를 해결하기 위한 구체적인 방안을 제시한다.

③ 학습자 지향적: 학습자의 능동적이고 의미 있는 학습활동을 증진하고자 한다.

② 교육공학의 영역

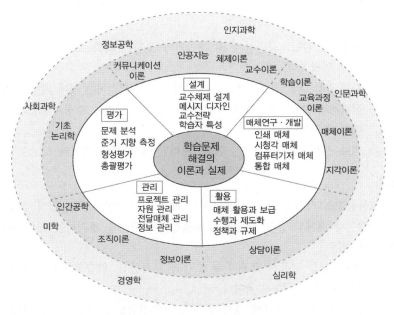

[그림 3-2] 교육공학의 영역

(1) 설계
① 교육목표를 달성하기 위한 다양한 방법과 전략을 계획하는 영역이다.
② 하위 범주
    ㉠ **교수체제 설계**: 교수체제는 분석, 설계, 개발, 실행, 평가의 일련의 조직적 절차에 관한 영역이다.
    ㉡ **메시지 디자인**: 학습효과를 증진시킬 수 있는 메시지의 실물화, 제시 형태 및 순서 등에 관한 영역이다.
    ㉢ **교수전략**: 효과적인 교수 · 학습활동의 선택과 계열화에 관한 영역이다.
    ㉣ **학습자 특성**: 학습행동과 학습결과에 영향을 미치는 학습자의 특성에 관한 영역이다.

(2) 개발
① 실제 활용 가능한 인쇄 매체, 시청각 매체, 컴퓨터 기반 매체, 통합 매체 등의 매체를 제작하는 영역이다.
② 하위 범주: 인쇄공학, 시청각공학, 컴퓨터공학, 통합공학을 포함한다.

(3) 활용
① 설계, 개발영역을 통해 개발된 교육용 프로그램이나 매체가 효과적으로 활용될 수 있도록 하는 영역이다.
② 하위 범주: 매체의 활용, 혁신의 보급, 수행과 제도화, 정책과 규제 등을 포함한다.

(4) 관리

① 교육공학의 과정과 결과를 효과적으로 운영 · 조정하기 위한 영역이다.

② 하위 범주

    ㉠ **프로젝트 관리**: 교수설계 및 개발과 프로젝트 기획 · 조직 · 조정 · 감독에 관한 영역이다.

    ㉡ **자원 관리**: 인적자원, 예산, 시간, 시설 등을 관리하는 것에 대한 영역이다.

    ㉢ **전달체제 관리**: 학습자에게 교수자료를 보급시키는 과정 · 방법의 관리에 대한 영역이다.

    ㉣ **정보 관리**: 정보의 저장, 전달, 처리 등에 관한 영역이다.

(5) 평가

① 교육공학적 지식이 적용될 때 목표나 과제 등의 개발과정 및 절차, 또는 프로그램이나 매체와 같은 산출물의 적절성과 타당성을 평가하는 영역이다.

② 하위 범주

    ㉠ **문제 분석**: 교육적 요구나 문제 등을 분석하고, 학습자 특성과 같은 교수변인을 확인하는 영역이다.

    ㉡ **준거지향평가**: 목표에 빗대어 학습자의 성취도를 평가하는 것이다.

    ㉢ **형성평가**: 수업의 진행과정이나 수업에 활용되는 교수자료나 프로그램을 개선하는 영역이다.

    ㉣ **총괄평가**: 수업 이후 수업의 적절성 및 효과성을 평가하여 교육 프로그램이나 매체의 지속적인 활용 및 수정 등을 판단하는 영역이다.

02 교육공학의 이론적 기초

❶ 교수-학습의 이해

(1) 교수, 학습, 교육방법

① 교수와 학습의 의미

  ㉠ 교수(teaching): 의도적·계획적으로 학습자의 환경을 조작하여 학습자가 학습목표에 이르도록 하는 계획, 개발, 실행, 평가 등을 포함하는 활동의 총체이다.

  ㉡ 학습(learning): 연습이나 경험의 결과로 인하여 일어나는 행동 또는 행동 잠재력의 지속적인 변화를 의미한다.

참고 교수와 수업

1. **교수의 개념**
   ① '가르치는 것'을 의미한다.
   ② 학습을 돕는 예술이다.
   ③ 학습자와 상호작용하는 과정이다.
   ④ 환경을 계획적으로 조작해주는 과정이다.

2. **교수와 수업에 대한 다양한 입장**
   교수가 수업보다 포괄적이라는 견해가 일반적이지만, 교수보다 수업을 포괄적인 개념으로 이해하는 입장, 교수와 수업을 같은 의미로 이해하는 입장도 존재한다.

---

② 교수와 학습의 관계에 대한 인식 변화

  ㉠ 과거의 인식: 교수를 '가르치는 것'으로, 학습을 '배우는 것'으로 보고 '작용 – 결과'의 인과관계로 보았다.

  ㉡ 오늘날의 인식: 학습자의 주도성과 능동성을 강조함에 따라 교수와 학습이 서로 상호작용하는 관계(교수 – 학습의 관계)로 보는 인식이 더욱 바람직해졌다.

③ 교육방법의 개념

  ㉠ 교육의 목적을 달성하기 위해 필요한 모든 수단과 방법을 총칭하는 것으로, '어떻게 가르칠 것인가?'를 포함하는 개념이다.

  ㉡ 광의의 의미: 교육목적 탐구, 교육과정 구성, 수업, 교육평가, 생활지도와 같은 교육의 과정(process of education)을 의미한다.

  ㉢ 협의의 의미(= 교수방법): 수업목표를 달성하기 위하여 교수자가 사용하는 효과적·효율적인 수업방식을 의미한다.

(2) 교수·학습 패러다임의 변화

① 산업사회의 교수·학습 패러다임

  ㉠ 산업사회는 대량생산, 중앙통제방식, 생산성 향상, 표준화, 규격화, 분업화가 강조되는 특징을 지닌다.

ⓛ 이에 따라 산업사회에서의 교육은 표준화된 인재 양성에 초점을 맞추어 선별을 위한 교육, 교사중심 교육환경에서의 일제식 수업이 이루어졌다.

② 정보사회의 교수 · 학습 패러다임

ⓖ 정보사회에서 생산의 형태가 다품종 소량생산으로 변화됨에 따라 자율성, 협동, 다양성, 독창성이 중요해졌다.

ⓛ 이에 따라 교육에서도 자기주도성, 창의적 사고력, 문제해결력의 신장이 주요 교육목표가 되었다.

③ 학습자중심으로의 변화

ⓖ 전통적 교육 형태인 교사중심 지식전달식 교육은 20C의 아동중심 교육과 진보주의 교육을 거쳐 21C의 지식기반사회로 접어들면서 학습자중심의 교육으로 변화하였다.

ⓛ 학습자중심 교육에서는 학습자가 수업의 주체가 되며, 교사는 학습자의 능동적인 학습을 지원하는 촉진자이자 안내자의 역할을 갖게 되었다.

요약정리 🔍
Zoom OUT 교사중심 교육과 학습자중심 교육의 비교

구분	교사중심 교육	학습자중심 교육
구조	교육의 결정 권한이 교육기관이나 교사에게 있음	학습자의 요구에 따라 교육내용이 융통성 있게 변경됨
수업방식	• 강의 · 교과서중심의 수업 • 획일적인 지도 • 암기 위주의 주입식 교육 • 수동적인 수업 참여 • 교사의 수업능력, 지도성에 의존	• 탐구 · 발견중심의 수업 • 개인차를 고려한 개별 지도 • 사고력 · 문제해결력 증진을 위한 수업 • 능동적인 수업 참여 • 다양한 학습자료에 의존
수업평가	규준지향평가	목표지향평가
장점	• 단시간에 많은 내용을 체계적으로 가르침 • 학교교육의 전형적인 수업방식으로 교사나 학생 모두에게 익숙함 • 시간, 경비, 시설의 효율적 운영이 가능한 경제적인 교수법	• 흥미 있는 수업 • 창의력 향상 • 학습자의 성취욕구 충족 • 개인차를 인정하는 교육
교사의 역할	유일한 정보제공자	• 수업의 안내자 • 동료학습자 • 학습촉진자
학습자의 역할	• 수동적으로 주어진 절차에 따름 • 교사가 제시하는 내용과 지식들을 이해하고 받아들임	• 능동적으로 학습에 참여함 • 문제를 스스로 발견하고, 탐구하고 해결함

❷ 학습자중심 수업의 이론적 배경

(1) 구성주의 [기출] 00, 03, 09, 10, 20 중등 / 00, 03, 05, 06 초등

① 개관
  ㉠ 구성주의는 학습에 대한 새로운 인식이자 패러다임이다.
  ㉡ 객관주의와 달리 지식은 절대불변의 진리가 아니라 개인이 경험적·인지적 활동을 통해서 스스로 구성해나가는 상대적이고 변화 가능한 것이라고 가정한다.

② 구성주의와 객관주의 비교

구분	구성주의	객관주의(행동주의, 인지주의)
학습	학습자가 학습경험에 참여하면서 능동적으로 의미를 부여함으로써 지식을 구성하는 과정	교사에 의해 이미 존재하는 지식을 학습자에게 획일적인 방법을 통해 전달하는 것
지식	주관적·유동적이며, 개인에 의해 계속적으로 재구성되는 것	절대적이고 불변적인 것
학습하는 지식	비구조화된 지식, 맥락적 지식	단순화, 탈맥락화된 지식
교수목표	학습자가 아이디어를 스스로 이해하고 구성할 수 있는 학습경험 제공	가장 효과적·효율적인 방식으로 학습자에게 지식이나 기술을 전달하는 것
교수·학습 방법	문제해결에 초점을 맞추어 학습자의 능동적 지식 구성을 촉진	지식전달식 교수
학습과제 결과물	정답이 하나로 존재하는 게 아니라 다양한 해결책이 도출될 수 있음	규칙적이고 구조화된 해결책 존재
평가	실제적 과제를 수행하고 문제를 해결할 수 있는 능력을 갖추었는가를 확인	주어진 지식이나 기능을 잘 습득했는지를 확인

개념확대 ⊕
Zoom IN

비계
높은 건물을 지을 때 디디고 서도록 긴 나무 따위를 종횡으로 엮어 다리처럼 걸쳐 놓은 설치물

③ 인지적 구성주의와 사회적 구성주의

구분	인지적 구성주의	사회적 구성주의
대표 학자	피아제(Piaget)	비고츠키(Vygotsky)
특징	• 지식 구성은 개인의 정신적 활동을 통해 이루어짐 • 인간은 경험을 통해 스스로 지식을 구성함 • 현존하는 지식의 도식과 변형은 관련 지식의 동화와 조절을 통해 이루어짐	• 지식 구성에 있어 개인의 인지과정뿐만 아니라 사회적 상호작용 또한 중요함 • 학습은 사회적으로 맥락화된 지식을 학습자가 내면화하는 과정이며, 이는 동료학습자나 주변 인물과의 상호작용을 통하여 촉진됨
교육에의 적용	• 학습자가 새로운 도식에 대해 개별적으로 의미를 구성할 수 있는 기회를 제공함 • 교사는 학생의 발달단계에 알맞은 형태와 내용의 과제를 제공함	• 교사는 학생이 새로운 지식과 기술을 습득함에 있어 활발한 사회적 상호작용의 기회를 제공함 • 교사는 효과적 학습이 이루어질 수 있도록 알맞은 비계(scaffolding)를 제공함

④ 구성주의 교수설계의 특징

　㉠ 교사와 학생의 역할

　　ⓐ 학습자중심 학습: 학습자는 학습경험을 통해 능동적으로 의미를 구성하는 주체이다.

　　ⓑ 교사 역할의 변화: 교사는 학습자의 학습을 돕는 조언자이자 안내자이며, 함께 배워나가는 동료학습자이다.

　㉡ 과제의 성격

　　ⓐ 구체성·관련성: 학습자에게 의미 있고 적절한 과제이며, 구체적이고 학습자의 삶과 관련성이 있는 과제이다.

　　ⓑ 실제 상황과 맥락 강조: 지식이 실제 적용되는 상황이나 현장과 관련해서 학습이 이루어질 때 학습이 실제적이며, 학교 학습이 사회적 과제해결 상황에서의 유용성과 적용 가능성을 가질 수 있게 된다.

　　ⓒ 활발한 의미 협상의 과정: 과제 해결을 위해서는 학습자 간 활발한 의미 협상이 일어날 수 있는 협동학습이 필요한 과제이다.

　㉢ 과제 해결의 지원

　　ⓐ 협동학습 강조: 학습자가 사회적 상호작용을 통해 능동적으로 학습에 참여할 수 있도록 한다.

　　ⓑ 학습자원의 제공: 학습자가 학습과제를 스스로 해결하기 위해서 사용할 수 있는 다양한 자원들을 제공해야 한다.

❸ 시청각 통신과 커뮤니케이션 이론(communication theory)

(1) 개관
① 교수 · 학습과정은 학습내용에 대한 통신의 과정으로 볼 수 있다.
② 따라서 효과적인 학습을 위해 교수 · 학습상황에서 벌어지는 커뮤니케이션을 분석하는 이론에 대한 탐구가 이루어졌다.
③ 대표적인 커뮤니케이션 모형: 라스웰, 섀넌 – 위버, 벌로, 섀넌 – 슈람의 모형 등이 있다.

(2) 라스웰(Lasswell)의 모형
① 커뮤니케이션 이론의 기초가 되는 모형이다.
② 커뮤니케이션의 행위를 '누가(who), 무엇을(say what), 어떤 채널로(in which channel), 누구에게 말해서(to whom), 어떤 효과로(with what effect) 말하는가'로 모형화하였다.
③ 라스웰의 모형은 선형적이고 일방향적인 특징을 지니기 때문에 매스 커뮤니케이션을 설명하기에 적절하다.
④ 한계: 쌍방향적인 상호작용이 일어나는 인간 커뮤니케이션을 설명하기에는 부족하다.

(3) 벌로(Berlo)의 SMCR 모형 [기출] 04, 12 중등

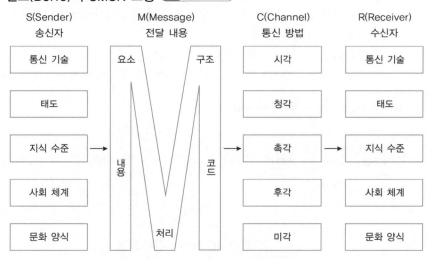

[그림 3-3] 벌로의 SMCR 모형

① 벌로의 모형의 구성요소
  ㉠ 송신자(Sender): 메시지를 생성하는 주체로서 고유한 통신 기술, 태도, 지식 수준, 사회 체계, 문화 양식을 가진다.
  ㉡ 전달 내용(Message)
    ⓐ 내용: 전달하고자 하는 것이다.
    ⓑ 요소: 많은 내용 중에서 어떤 내용을 선택하는가에 대한 것이다.

ⓒ 구조: 선택된 내용을 조직하는 방식이다.

  예 이야기를 어떤 순서로 전개하는가

ⓓ 코드: 언어적 코드와 비언어적 코드로 구분된다.

ⓔ 처리: 내용을 전달하는 방식이다.

  예 다큐멘터리의 방식 or 연극의 방식

ⓒ 통신 방법(Channel): 오감을 활용하는 인간이 어떤 감각(수단)을 통하여 커뮤니케이션 하는지에 대한 것이다.

ⓔ 수신자(Receiver): 메시지를 전달받는 대상이다.

② 송신자와 수신자의 통신 기술, 태도, 지식 수준, 사회 체계, 문화 양식의 유사성 정도에 따라서 송신자가 의도한 메시지와 수신자가 받아들이는 메시지가 일치할 수도 있지만, 대부분의 경우 완전히 일치하지는 않는다.

③ 의의

ⓐ 복잡한 커뮤니케이션의 구조를 핵심 요소를 중심으로 쉽게 이해할 수 있도록 돕는 간단하고 직관적인 모형이다.

ⓑ 송신자와 수신자의 통신 기술, 태도, 지식 수준, 사회 체계, 문화 양식이 유사할수록 커뮤니케이션이 원만해진다.

ⓒ 커뮤니케이션의 전달 내용을 내용, 요소, 처리, 구조, 코드로 구체화하였다.

ⓓ 커뮤니케이션의 통신 방법을 오감으로 확대하였다.

④ 한계

ⓐ 커뮤니케이션 프로세스를 단순화하여 실제 커뮤니케이션에 영향을 미치는 복잡한 요소들을 함께 고려하지 못한다.

ⓑ 커뮤니케이션을 일방향적으로 표현하였으나 실제 커뮤니케이션은 상호적인 과정으로서 발신자와 수신자가 서로 영향을 주고받는 양방향성을 갖는다.

(4) 섀넌(Shannon) - 위버(Weaver) 모형

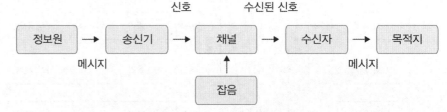

[그림 3-4] 섀넌 - 위버 모형

① 섀넌 - 위버 모형에서는 정보원이 메시지를 생성하고, 송신기를 통해 신호로 변환되며, 신호는 채널을 통해 수신기에서 다시 메시지로 환원되어 목적지에 전달된다.

② 커뮤니케이션 과정에서 잡음은 메시지가 의도와는 다르게 전달되도록 만드는 방해 요소로 작용한다.

③ 선형적이고 일방향적이다.

(5) 섀년 – 슈람(Schramm) 모형 기출 11 초등

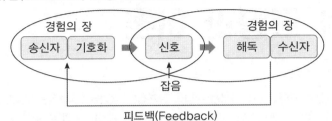

[그림 3-5] 섀년 – 슈람 모형

① 섀년 – 슈람 모형에서는 송신자가 수신자에게 메시지를 보내는 과정을 기호화, 해독, 경험의 장, 잡음, 피드백의 개념을 통해 나타낸다.
  ㉠ 기호화(Encoding): 메시지를 전달가능한 형태로 변환하는 과정이다.
  ㉡ 해독(Decoding): 전송된 메시지를 수신자가 이해할 수 있는 형태로 변환하는 과정이다.
  ㉢ 경험의 장(Field of experience): 커뮤니케이션의 환경을 뜻하며, 메시지의 발신자와 수신자 간의 문화적, 사회적, 심리적인 차이가 포함된다.
  ㉣ 잡음(Noise): 커뮤니케이션 과정에서 발생하는 간섭 요소를 의미한다.
  ㉤ 피드백(Feedback): 커뮤니케이션 프로세스에서 발신자가 수신자로부터의 응답을 받는 과정을 의미한다.
② 특징
  ㉠ 섀년 – 위버 모형과 달리 피드백 요소를 더함으로써 커뮤니케이션의 쌍방향적·상호작용적인 측면을 포함하였다.
  ㉡ 송신자와 수신자의 경험의 장이 일치할수록 메시지가 의도한 대로 해석될 가능성이 커지고 더욱 효과적인 의사소통이 이루어질 수 있다.

교수설계 모형과 이론

설쌤의
Live Class

두 번째 챕터 교수설계 모형과 이론에서는 수업을 설계하는 방법을 안내하는 **다양한 교수설계 모형과 이론**에 대해 학습하게 됩니다. 우선 '교수설계의 기초'에서는 수업을 체제적으로 설계하는 과정을 안내하는 **교수체제설계의 기본적인 개념과 수업 요구분석, 학습목표 설정, 학습과제 분석과 같은 수업설계의 세부적인 전략**을 다룹니다. 각 전략의 의미와 차이, 방법을 중심으로 공부해 보세요. 그리고 수업목표의 의미와 역할을 이해하고, 다양한 학자들이 제시한 수업목표 진술의 조건들을 반드시 알고 넘어가야 합니다.

'교수체제 설계모형'에서는 앞서 다루었던 교수체제설계의 구체적인 모형인 **ADDIE 모형, 딕과 캐리 모형, 켐프의 교수체제 설계모형** 등에 대하여 구체적으로 살펴봅니다. 교수설계자로서 교육 프로그램을 개발할 때 어떤 절차를 따라 개발할 것인지 논리적으로 생각하며 이해하면 수월하게 학습할 수 있습니다. 각 모형의 구성요소와 절차에는 어떠한 차이가 있으며, 기존 모형을 새로운 모형이 어떻게 보완하고 있는지를 설명할 수 있어야 합니다. 특히 ADDIE 모형과 딕과 캐리 모형은 빈출되는 모형이기 때문에 철저히 학습해야 합니다.

'교수설계 이론과 전략'에서는 어떠한 지식이나 기능을 어떻게 효과적으로 가르칠 수 있을지를 다룹니다. 각 이론과 전략의 목적과 절차(단계), 특징을 중심으로 이해하고 암기해야 합니다. 효과적인 교수를 설계하기 위해 고려해야 하는 요소들을 **교수의 3대 변인**에서 확인하고, 인지구조에 따라 수업을 어떻게 설계하는 것이 좋은지, 개념을 어떻게 가르쳐야 효과적인지, 학습동기를 어떻게 유발할 수 있는지를 살펴보세요. 행동주의와 인지주의 관점의 교수설계 이론과 전략인 **스키너의 프로그램 교수법**부터 **캐롤, 블룸, 듀이, 브루너, 오수벨** 등 다양한 학자들이 제안한 다양한 학습모형을 학습하세요. 특히 발견학습모형에서의 학습 경향성이나 지식의 구조, 유의미학습이론에서의 파지나 선행조직자와 같이 각 학습모형에서의 주요 개념을 반드시 숙지하고 설명할 수 있어야 합니다. 또한 **조나센의 구성주의 학습환경 설계모형, 4C/ID 모형, 라브와 웽거의 상황학습 모형** 등 구성주의 패러다임이 적용된 교수·학습이론과 교육방법의 내용과 특징을 정확히 이해해야 한답니다.

핵심 `Tag`

 # 수업목표의 개념과 진술

- **수업목표의 개념:** 수업 이전에는 할 수 없었지만 수업 이후에는 수업의 결과로 획득하여 할 수 있게 된 행동인 '도착점 행동'을 기술하는 것
- **수업목표 진술 시 유의사항:** 내용과 행동이 포함된 행동적 용어를 사용해서 구체적으로 진술해야 하고, 하나의 목표는 한 개의 학습유형만을 포함해야 함

 # 타일러의 수업목표 진술

학습자의 행동으로, 행동과 내용을 모두, 명시적 동사를 활용하여 진술함

ADDIE 모형

분석(Analysis) ⇨ 설계(Design) ⇨ 개발(Development) ⇨ 실행(Implementation) ⇨ 평가(Evaluation)

딕과 캐리의 체제적 교수설계모형

요구분석(교수목표 확인) ⇨ 수업분석(교수분석) ⇨ 학습자 및 학습환경(맥락) 분석 ⇨ 성취목표 진술 ⇨ 평가도구 개발 ⇨ 수업(교수)전략 수립 ⇨ 수업자료 개발 ⇨ 형성평가 설계·실행 ⇨ 총괄평가 설계·실행

교수의 3대 변인

교수조건, 교수방법, 교수결과

가네의 교수설계 이론

• 학습의 유형: 언어정보, 지적기능, 인지전략, 운동기능, 태도
• 9가지 교수사태: 주의획득 – 학습목표 제시 – 선수학습의 회상 자극 – 자극자료 제시 – 학습안내 제공 – 수행 유도 – 피드백 제공 – 수행평가 – 파지와 전이 증진

메릴의 내용요소 제시 이론

• 1차 제시형: 일반·설명식, 사례·설명식, 일반·질문식, 사례·질문식
• 2차 제시형: 1차 제시형에 추가적으로 지원하는 부가적인 자료를 제시하는 방식

롸이겔루스의 정교화 이론

정교화 이론의 7가지 교수전략: 정교화 계열, 선행학습의 계열, 요약자, 종합자, 비유, 인지전략 활성자, 학습자 통제유형

켈러의 ARCS 모형

주의(Attention), 관련성(Relevance), 자신감(Confidence), 만족감(Satisfaction) 향상

스키너의 프로그램 교수법

학습부진아의 완전학습을 위해 행동주의의 강화이론과 학습내용 조직 계열성의 원리에 근거하여 고안된 수업방법

캐롤의 학교학습이론

학교학습 중 특히 인지적 학습에 작용하는 변인 간의 상관관계를 탐구하여 이를 함수로 표현하고, 이를 통해 학습효과를 극대화할 수 있는 방안을 제시한 이론

블룸의 완전학습모형

학생의 적성과 수업이해력에 따라 충분한 학습기회를 제공함으로써 완전학습을 달성할 수 있도록 제시한 모형

듀이의 탐구학습모형
학습자가 탐구과정을 통해서 학습내용을 능동적으로 습득하는 학습

브루너의 발견학습모형
학습자 스스로 학습해야 할 내용의 최종 형태를 발견하도록 요구되는 상황에서 일이니는 학습

오수벨의 유의미학습
새로운 학습과제가 학습자의 기존 인지구조와 상호작용하여 포섭되는 학습을 이론화함

조나센의 구성주의 학습환경 설계모형의 구성요소
문제 · 프로젝트, 관련 사례, 정보 자원, 인지적 도구, 대화 · 협력 도구, 사회적 · 맥락적 지원

4C/ID 모형
학습과제, 지원적 정보, 절차적 정보, 부분과제 연습

상황학습
'실천공동체'의 '정당한 주변적 참여'로부터 핵심적인 구성원이 되어가는 과정에서 발생

정착식 교수
거시적 문제 상황에서 학습자가 문제를 해결해 나가면서 학습

인지적 도제학습
모델링, 코칭, 스캐폴딩, 명료화, 반성적 사고, 탐색

인지적 유연성
하이퍼미디어를 통한 다양한 소규모 예시 제시

상보적 교수의 인지전략
예측하기, 질문하기, 명료화하기, 요약하기

문제중심 학습(PBL) 과제의 성격
비구조화, 실제성, 관련성, 복잡성

프로젝트 학습
특정 주제를 심층적으로 연구하는 학습

웹기반 프로젝트와 웹 퀘스트
온라인 기반 프로젝트 학습

자원기반 학습과 Big 6 skills
과제 정의 ⇨ 정보탐색 전략 ⇨ 소재 파악과 접근 ⇨ 정보 활용 ⇨ 통합정리 ⇨ 평가

❶ 교수체제설계(ISD; Instructional Systems Design) [기출] 04, 05 초등

(1) 교수설계의 의미와 특징

① 교수설계(교수개발)의 의미
  ㉠ 광의적 의미: 교수설계는 체계적 교수설계과정 전체를 의미하며 분석, 설계, 개발, 실행, 평가의 모든 단계를 포함한다.
  ㉡ 일반적 의미: 교수설계는 ADDIE 절차 중 '설계' 단계에만 초점을 맞추어 교육 프로그램 또는 교수자료 개발을 위한 체계적 절차를 의미한다.
② 교수설계의 영역과 특징
  ㉠ 교수설계의 영역: 분석, 설계, 개발, 실행, 평가의 총 5가지의 영역이 있다.
  ㉡ 목적지향적이고 학습자 중심적이다.

(2) 교수설계 이론(instructional systems design theory)

① 효과적 · 효율적 · 매력적인 수업을 만들기 위해 주어진 특정 상황에서 어떻게 수업을 진행할 것인가에 대한 처방적 · 체계적인 지식을 제공하는 이론이다.
② 성격
  ㉠ 구체적인 교육목표를 달성하기 위하여 가장 효과적이고 효율적인 방법을 사용해야 한다는 규범적 성격을 가진다.
  ㉡ 구체적인 교육목표를 달성하기 위한 최적의 교수법을 제공한다는 점에서 처방적이다.

참고 교수이론의 개념 [기출] 05 초등

1. 교수이론의 의미와 성격
  ① 교수이론: 학생이 효율적인 학습을 하도록 돕는 방법과 전략을 말한다.
  ② 브루너에 따르면, 교수이론은 주어진 교육목표를 달성하기 위한 가장 효과적인 수업의 절차를 제시해야 한다는 점에서 처방적이며, 또한 학습자가 어떤 조건에서 어느 정도 학습해야 하는지 그 조건과 준거를 제시해야 한다는 점에서 규범적인 성격을 가진다.
  ③ 교수이론은 교수설계 · 개발 · 실행 · 관리 · 평가영역으로 구성된다.

2. 학습심리학 사조에 따른 대표적인 교수이론 모형 분류
  ① 행동주의 관점에는 스키너(Skinner)의 '프로그램 교수법', 인지주의 관점에는 브루너의 '발견식 교수이론'과 오수벨(Ausubel)의 '유의미학습법', 절충적인 교수이론으로는 '가네의 교수이론'이 대표적이다.
  ② 2세대 교수이론에는 라이겔루스(Reigeluth)의 '정교화 이론', 메릴(Merrill)의 '내용 요소 제시 이론', 란다(Landa)의 '순차 – 발견식 이론', 켈러(Keller)의 '동기이론' 등이 있다.

(3) 교수체제설계의 의미

① **체제**: 체제이론에서 발달한 개념으로, 공동의 목표를 달성하기 위해 하위 구성요소들이 유기적·순환적인 관계를 맺으며 조화롭게 기능하는 집합 또는 단위를 의미한다.

② **교수체제설계**: 교수목표, 학습과제, 학습자 특성, 교수전략 등 교수의 하위 요소들을 유기적으로 연결하여 효과적이고 효율적인 교육 프로그램을 설계하는 것이다.

> **참고 체제이론**
>
> **1. 체제의 개념과 구성요소**
> ① **체제**: 질서를 가지면서 상호작용하는 요소들의 집합체를 의미한다.
> ② **구성요소**
>   ⊙ **목적**: 체제가 도달하고자 하는 성취대상으로 체제의 방향을 제시하고 과정을 결정한다.
>   ⓛ **과정**: 체제의 목적을 달성하기 위해 체제의 하위 요소들이 상호작용하는 절차이다.
>   ⓒ **내용**: 체제의 구성요소나 부분들의 총체이다.
>
> **2. 체제의 특성**
> ① **각 부분/요소 사이의 관계성**: 체제의 하위 요소들은 상호작용적·상호보완적인 관계를 가지며, 한 요소의 결과는 다른 요소의 투입으로 작용하는 연쇄적인 반응 관계를 갖는다.
> ② **전체성**: 하위 요소들이 공동의 목표를 위하여 집합·결합되는 전체성을 갖는다.
> ③ **구조**: 목표 달성을 위해 각 요소들의 기능이 결합관계를 형성함으로써 체제는 구조적인 틀을 갖게 된다.
>
> **3. 체제이론의 시사점**
> ① 교수과정에 집중하고, 교수의 각 요소들이 교육목표라는 공동의 목표 달성을 위해 유기적·순환적인 관계를 맺으며 상호작용한다는 점을 시사한다.
> ② 이전 단계의 결과가 다음 단계의 투입으로 작용하는 유기적인 관계를 강조한다.
> ③ 분석 단계에서의 산출물은 설계와 개발의 기초 투입으로 작용할 수 있다.

(4) 체제적 교수설계의 특징

① 분석, 설계, 개발, 실행 평가 등 다섯 단계로 구성된다. ADDIE 모형은 가장 일반적인 형태로 이 다섯 가지를 포함하며, 여타 모형은 특정한 상황 등을 고려하여 변형되어 개발되었다.

② 교수체제설계는 교육목표의 달성을 분명한 목적으로 한다. 목표를 명확히 하는 것에서부터 교수 전략, 평가 문항의 개발 등이 목표의 달성에 초점이 맞추어져 있다.

③ 교수체제설계는 학습자중심의 특성을 보인다. 학습자의 경험을 어떤 식으로 지원할 것인지를 염두에 두고 이를 위한 효과적인 지원 원리를 포함한다.

④ 교수체제설계는 학습 및 교육에 관한 과학적 연구 결과를 반영한다. 초기에는 행동주의나 정보처리이론이, 최근에는 구성주의에서 제안하는 각종 원리가 통합되어 있다.

⑤ 팀 활동 기반: 주로 대규모 프로젝트 형태로 운영되는 교육 프로그램 개발에 적용되며, 교수설계자와 함께 내용 전문가(SME; Subject Matter Expert), 개발자, 행정가 등과 협업하는 경우가 많다.

(5) 교수체제설계의 필요성
① 수업에 관한 전체적인 틀을 제공함으로써 수업을 개선할 수 있다.
② 수업목표, 수업내용, 수업방법, 매체, 평가 등을 일관성 있게 계획할 수 있다.
③ 학습자의 요구분석과 과제분석을 통해 학습자에게 적절한 수업목표를 설정할 수 있다.

개념확대 ⊕
Zoom IN 대표적인 수업체제설계모형

1. ADDIE 모형
① 교수체제설계모형의 일반적인 틀을 제시하는 모형이다.
② 분석(Analysis), 설계(Design), 개발(Development), 실행(Implementation), 평가(Evaluation)의 5단계로 구성된다.

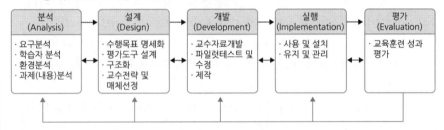

[그림 3-6] ADDIE 모형

2. 딕(Dick)과 캐리(Carey)의 체제적 교수설계모형
① 체제적 접근에 입각하여 효과적인 수업 프로그램을 개발하는 데 필요한 일련의 단계들과 그 단계들 간의 역동적인 관련성에 초점을 맞추는 모형이다.
② 요구분석, 수업분석, 학습자 및 학습환경 분석, 성취목표 진술, 평가도구 개발, 수업(교수) 전략 수립, 수업자료 개발, 형성평가 설계 및 실행, 총괄평가 설계 및 실행의 단계로 구성된다.
③ 실제 교수설계환경의 복잡성을 반영하지 못하는 선형적인 모형이라는 비판을 받았다.

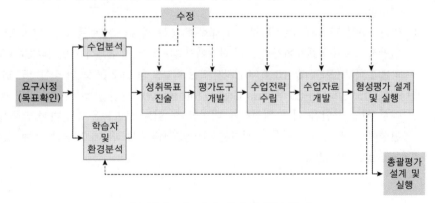

[그림 3-7] 딕과 캐리 모형의 단계

3. ASSURE 모형
① 교수매체를 체계적으로 활용하기 위한 절차를 제시하는 모형이다.
② 학습자 분석(Analyze learners), 목표 진술(State objectives), 전략 · 테크놀로지 · 매체 · 자료 선정(Select methods, media and materials), 테크놀로지 · 매체 · 자료의 활용(Utilize media and materials), 학습자 참여 요구(Require learner participation), 평가와 수정(Evaluate and revise)의 단계로 구성된다.

2 수업 요구분석 기출 07, 10 중등 / 03 초등

(1) 개괄
① 수업 요구분석은 수업에서 교수학습의 문제가 발생했을 때 그 원인을 분석하고 최적의 해결방안을 도출하는 것이다.
② 수업 요구분석은 어떤 수업이나 교육 프로그램을 왜, 어떻게 설계하고 개발해야 하는지에 대한 의사결정을 할 때 매우 중요한 근거를 제공한다. 따라서 대개 교수체제설계의 초기 분석 단계에서 요구분석이 이루어진다.
③ 요구분석은 학습자의 현재 상태에서 바람직한 상태의 차이를 확인하고 원인을 규명하며 이루어진다. 이때 '차이'는 바람직한 상태에서 현재 상태를 뺀 것이다.
④ 수업 요구분석은 적절한 수업목표를 수립하고, 효과적인 수업 내용과 수업 방법을 선정하며, 적합한 평가 전략 등을 개발하기 위해서 반드시 선행되어야 하는 중요한 활동이다.
⑤ 학교 상황에서는 문제 발생의 원인에 대한 일차적인 요구분석은 이미 이루어진 상황이기 때문에, 교사는 수업 요구분석부터 실시하면 된다. 수업 요구분석은 크게 학습자의 특성 분석과 수업 맥락 분석으로 이루어진다.

(2) 대표적인 수업 요구분석 기법
① 설문 조사: 관심 집단의 작은 표본을 대상으로 다양한 정보를 수집하기 위해서 실시한다.
② 면담: 직접 관련된 사람을 찾아가 대화를 통해 필요한 정보를 얻는 방법으로 일반적으로 수업체제설계의 초기 단계에서 실시하는 요구분석 기법이다(예 특정 학생의 학업 문제가 발생했을 때 당사자 혹은 학부모 등 이해 관계자와 직접 면담함).
③ 초점 집단 인터뷰(FGI; Focus Group Interview): 관심을 두는 대상 집단 중에서 해당 사안을 가장 적절하게 대변할 수 있는 사람들을 선발하여 그룹을 편성한 후에 집단 면담을 실시하는 기법이다(예 수학 과목에 어려움을 겪는 학생들을 집단 면담함).

④ 명목 집단 기법(NGT; Nominal Group Technique): 집단 회의에 참여한 사람들에게 회의 안건에 대해 생각할 시간을 주고 나서 그 생각을 순서대로 발표하게 한 후에 집단 토론을 하여 결론이나 합의에 도달하도록 하는 회의 기법이다(◉ 학생, 교사, 학부모, 관리자가 모여 수업과 관련된 문제를 확인하거나 해결책을 제시함).

⑤ 델파이 패널 조사(delphi panel): 참여자들을 대상으로 같은 질문을 여러 차례 반복하면서 참여자들이 자신의 의견을 유지 혹은 수정하는 과정을 거쳐 종국에는 전체적인 합의에 이르도록 하는 방법이다.

⑥ 관찰: 실제 현장을 방문하여 당사자의 실제 수행 정도 및 그를 둘러싼 환경의 제약 조건이나 실태를 파악하는 것이다.

(3) 학습자 특성 분석과 수업 맥락 분석

① 학습자 특성 분석
- ㉠ 교사나 전문가가 학습자에게 기대하는 수행 수준과 현재 수행 수준 간의 차이가 어느 정도인가를 파악하는 것이 중요하다.
- ㉡ 수업과 학습에 영향을 끼치는 주요 학습자 특성들은 해당 수업이나 학습이 진행되는 맥락에 따라 달라지나 기본적으로 성별, 연령, 학습 능력, 학습 동기, 관심사를 살펴본다.
- ㉢ 학교에서 학습자 특성 분석은 학기 초, 특히 첫 시간에 주로 이루어지나 성공적인 수업을 위해서는 학생들의 관심사와 학습 동기를 학기 중에도 수시로 분석하여 수업 개선에 활용해야 한다.

② 수업 맥락 분석
- ㉠ 수업 맥락은 학습이 이루어지는 상황이다(◉ 대면 수업일 경우 교실, 실습실, 운동장, 체험학습현장/비대면 수업일 경우 온라인 학습 플랫폼).
- ㉡ 일반적으로 사용 가능한 수업매체, 학생 수, 교실의 크기, 교실의 형태, 책상 배치 형태, 칠판과 스크린의 크기 및 위치, 마이크 시설 등을 확인한다.

(4) 요구분석의 단계와 예시 활동

요구분석 단계	교사 직무능력 향상 프로그램 개발을 위한 요구분석 활동
직무수행의 바람직한 상태 설정	여러 자료를 토대로 직무별 바람직한 교사의 수행 상태를 설정함
교사의 현재 직무수행 상태 측정	동료 교사와의 인터뷰, 관찰 등을 토대로 교사의 직무별 현재 수행 상태를 측정함
요구의 크기 계산	직무별 '바람직한 직무수행 상태'와 '교사의 현재 직무수행 상태' 간의 차이를 계산함
요구 우선순위 결정	직무별 요구의 크기와 직무 중요도에 따라 요구들의 우선순위를 결정함
요구 발생 원인 분석	요구 발생 원인을 분석하여 교사의 지식과 기능 부족으로 초래된 요구를 선정함

요구분석 단계	교사 직무능력 향상 프로그램 개발을 위한 요구분석 활동
직무연수 프로그램 개발 대상 요구 선정	위의 요구 발생 원인분석에서 선정된 요구 중 우선순위가 가장 높은 요구를 충족시키기 위해 직무연수 프로그램을 개발하기로 결정함

개념확대 ⊕
Zoom IN 요구분석모형

1. 로제트(Rosset)의 요구분석모형
① 로제트는 기업에서의 훈련요구 분석(TNA; Training Needs Assessment)에 관한 대표적인 모형을 제시하였다.
② 훈련요구분석은 수행문제에 대한 네 가지의 원인을 찾아가는 과정이다.
　㉠ 지식과 기술의 부족
　㉡ 환경의 문제(예 수행하는 데 필요한 도구나 지원의 부재)
　㉢ 부족하거나 부적절한 유인체계
　㉣ 동기의 부족
③ 수행문제의 원인을 네 가지로 파악한 후, 최적의 수준(optimals)과 현재의 수준(actuals) 그리고 느낌을 토대로 원인과 해결안을 분석하는 것이 요구분석의 목적이다.
④ 요구분석의 기법은 현존 자료 분석(extent data analysis), 요구 사정(needs assesment), 주제 분석(subject matter analysis)이 있다.
　㉠ **현존 자료 분석**: 현재 기업의 직원들이 나타내는 수행의 결과를 보여주는 자료(예 고객만족도)를 분석한다.
　㉡ **요구 사정**: 최적의 수준, 현재 수준, 느낌, 원인과 해결안을 찾기 위하여 다양한 의견을 바탕으로 분석한다.
　㉢ **주제 분석**: 직원이 획득해야 하는 지식의 특성을 파악한다. 전문가와 면담 및 관련된 자료에 대한 분석을 실시한다.
⑤ 요구분석의 도구는 면담, 관찰, 집단활동, 설문조사가 있다.
⑥ 로제트의 요구 분석 모형은 요구분석에 포함되는 주요 활동을 위한 기법과 도구, 목적의 차원에서 초기의 개념적 틀을 제공해주는 점에서 의의가 있다.

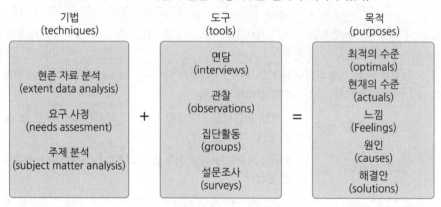

[그림 3-8] 로제트의 요구분석모형*

* Bligh(1998)

2. 실즈(Seels)와 글래스고(Glasgow)의 요구분석모형

① 실즈와 글래스고의 모형에 따르면 요구분석은 문제분석(problem analysis)과 동일하다.

② 실즈와 글래스고의 요구분석모형은 정보 수집, 차이의 확인, 수행 분석, 장애요인과 가용자원 확인, 학습자 특성 파악, 우선순위와 목적 수립, 문제 진술이라는 일련의 단계를 제시하며, 각 단계에 투입되는 자원과 산출되는 결과물에 대하여 안내하였다.

단계	투입	결과물
정보 수집	자료 수집 방법	수행상의 차이, 문제의 성격, 제한 조건, 자원, 학습자 특성, 우선순위 등에 대한 정보
차이의 확인	현재 상태와 바람직한 상태의 차이에 대한 정보	요구 진술
수행 분석	문제의 성격에 대한 정보	교육적인 문제인지 구분
장애요인과 가용자원 확인	제한 조건과 가용자원에 대한 정보	문제의 맥락
학습자 특성 파악	학습자 특성에 대한 정보	학습자 프로파일
우선순위와 목적 수립	차이, 맥락, 학습자 특성에 대한 정보	목표 진술
문제 진술	목표 진술	문제 진술

③ 실즈와 글래스고의 요구분석모형은 요구분석에 포함되는 주요 활동을 체계적으로 밝히고 있다는 점에서 의미가 있다.

❸ 수업목표 설정

(1) 수업(instruction)과 수업목표

① 수업과 수업목표의 의미
- ㉠ 수업: 학습자가 특정 조건하에서 특정 행동을 학습할 수 있도록 학습자의 환경을 조정하는 체계적 · 계획적 · 의도적 활동이다.
- ㉡ 수업목표: 수업이 끝난 후 학습자가 성취해야 하는 행동상의 변화를 기술한 것이다.

② 수업목표의 역할
- ㉠ 수업에 대한 방향을 제시하고, 수업내용 선정과 조직의 지침이 된다.
- ㉡ 학습을 촉진시키고, 평가의 준거로 활용된다.

③ 수업목표의 세 가지 영역 〔기출〕 10 중등
- ㉠ 인지적 영역(cognitive domain)
  - ⓐ 기억, 사고, 문제해결, 창의력 등의 포괄적인 인지적 역량을 말한다.
  - ⓑ 블룸(Bloom)은 인지적 영역이 지식, 이해, 적용, 분석, 종합, 평가의 6가지 위계적 하위 영역을 가진다고 하였다.
- ㉡ 정의적 영역(affective domain)
  - ⓐ 개인이 대상에게 갖는 감정과 느낌을 포괄하는 것이다.
  - ⓑ 크래스월(Krathwohl)은 내면화 수준에 따라서 정의적 역량을 수용, 반응, 가치화, 조직화, 인격화로 구분하였다.
- ㉢ 심동적 영역(psychomotor domain)
  - ⓐ 감각 및 운동기능과 신체조작능력을 포괄하는 것이다.
  - ⓑ 심슨(Simpson)은 지각, 태세, 인도된 반응, 기계화, 복합적 외현반응, 적용, 독창성으로 심동적 영역을 분류하였다.

참고 인지적 · 정의적 · 심동적 영역의 하위 영역

1. 블룸의 인지적 영역
- ① **지식**: 학습자가 사실, 용어, 규칙 등을 기억하도록 요구함
- ② **이해**: 학습내용의 이해를 요구함
- ③ **적용**: 이전에 배운 것을 다른 곳에 적용할 것을 요구함
- ④ **분석**: 논리적인 오류를 찾아내거나 사실, 의견, 추측, 가설, 결론 간의 차이를 구별해낼 것을 요구함
- ⑤ **종합**: 학습자가 고유하고 독창적인 어떤 것을 만들어 낼 것을 요구함
- ⑥ **평가**: 어떤 방법, 생각, 사람, 물건에 대해 비판이나 판단할 것을 요구함

---

2. 크래스월의 정의적 영역

① **수용(감수)**: 인간의 정의적 행동에 영향을 주는 모든 사건에 대하여 관심을 가지게
되는 행동특성으로, 특정 현상이나 자극의 존재를 인식하고 그에 대하여 학습자가
주의를 기울이게 되는 것
② **반응**: 특정 사건이나 현상에 대해 관심의 수준을 넘어 어떤 형태로든 반응하는 것
③ **가치화**: 여러 사건과 현상에 대해 어떤 것이 가치 있는 것인지를 구분하는 것
④ **조직화**: 여러 행위와 사건이 갖는 각기 다른 가치들을 위계적으로 조직하는 것
⑤ **인격화**: 가치체계가 조직화·내면화되어 한 개인의 생활 전반에 나타나는 것

3. 심슨의 심동적 영역

① **지각**: 감각기관을 통해 자극을 수용함
② **태세**: 구체적인 행위에 대해 준비함
③ **인도된 반응**: 복잡한 기능을 배우는 초기 단계
④ **기계화**: 행동이 습관화됨
⑤ **복합적 외현반응**: 최소 에너지로 신속하고 부드럽게 반응함
⑥ **적용**: 문제상황이나 특수한 요구에 적합하게 숙달된 행위를 수정 또는 변화시킴
⑦ **독창성**: 개인의 특이한 행동 개발

④ 수업목표 진술　기출 `00, 01, 02 초등`

　　㉠ 수업목표는 수업과정에서 무엇을 습득하는 것인지 기술하는 것이 아니라,
　　　수업 이전에는 할 수 없었지만 수업 이후에 수업의 결과로 획득하여 할 수
　　　있게 된 행동인 '도착점 행동'을 기술하는 것이다.
　　㉡ 수업목표는 내용과 행동이 포함된 행동적 용어를 사용해서 구체적으로 진
　　　술해야 한다.
　　㉢ 하나의 목표는 한 개의 학습유형만을 포함해야 한다.

참고 | 타일러, 메이거, 가네, 가네와 브릭스의 수업목표 진술 요건

1. 타일러(Tyler)의 수업목표 진술 – 내용 + 행동

① 교사의 행동이 아닌 학습자의 행동으로 진술한다.
② 내용과 행동을 모두 진술한다.
③ 기대되는 학습자 행동을 세분화해서 명시적 동사를 사용하여 진술한다.
예 (내용)구성주의 학습이론의 특징을 (행동)열거할 수 있다.
예 (내용)함수의 최솟값과 최댓값을 (행동)구할 수 있다.

2. 메이거(Mager)의 수업목표 진술 – 행동 + 상황·조건 + 준거

① **행동**: 관찰 및 측정 가능한 용어로 진술되는 구체적 행동이다.
② **상황·조건**: 학습상황이 아닌 수행상황에서 직면하는 제약조건이다.
③ **준거**: 목표 달성 여부를 판별할 수 있는 준거로, 양과 질 두 가지 측면 모두 포함할
수 있다.
예 (상황·조건)구성주의 학습이론의 특징을 (준거)최소 3개 이상 (행동)열거할 수 있다.
예 (상황·조건)100m를 (준거)17초 내에 (행동)달릴 수 있다.

3. 가네(Gagné)의 수업목표 진술 – 성취상황 + 학습된 능력 + 성취내용 + 성취행동 + 성취도구/제약조건
   ① **성취상황:** 학습행동을 수행하게 될 수행환경이다.
   ② **학습된 능력:** 특정한 유형의 학습행동을 제시하는 것으로, 가네의 학습목표 유형 (언어정보, 인지전략, 태도, 운동기능)에 해당하며 이에 따라 수업목표의 동사 또한 달라진다.
   ③ **성취내용:** 정보, 지식, 기능을 포함하는 학습자의 학습된 능력이다.
   ④ **성취행동:** 동사로 표현되는 학습된 능력을 관찰할 수 있는 행동이다.
   ⑤ **성취도구/제약조건:** 성취행동 수행상황에서의 성취 정도와 범위를 구체화한다.
   예 (성취상황)실험실에서 학습자는 (성취도구/제약조건)평방인치당 40파운드의 안전장치를 지닌 Smith 압력실을 활용하여 (성취행동)100~110도 온도 범위에 따른 압력 증가를 기록함으로써 (성취내용, 학습된 능력)보일의 법칙을 제시할 수 있다.

4. 가네와 브릭스(Briggs)의 수업목표 진술 – 일반적 목표 ⇨ 세부 목표
   ① 과정의 일반적 목표를 확인하고 이후 구체적인 세부 목표를 진술한다.
   ② 그론런드(Gronlund)도 이와 비슷하게 일반적 목표를 설정한 후 세부 목표로 구체화시키는 것을 제안했다.
   예 (일반적 목표)비판적 사고력을 기른다. ⇨ (세부 목표)사실과 추론을 변별한다.

❹ 학습과제분석

(1) 개괄

① 과제분석(task analysis)이란 가르쳐야 할 모든 종류의 지식이나 기능을 분석함으로써 수업내용에 관한 정보를 제공하기 위한 것이다.

② 학습과제분석을 통해 교육에서 성취하려는 지식이나 기능 등 모든 성취 목표를 확인하고, 교육요소나 목표 중에서 불필요한 것을 제거하고, 논리적으로 계열화되고 조직화된 수업을 통해 학습과 파지의 효율성을 증대하며, 교육 프로그램 개발자들 간에 의사소통에 도움을 주며, 교육 비용을 절감하고 부적절한 수행을 개선할 수 있다.

③ 학교 현장에서 실제 학습과제분석은 일반적으로 단원의 학습목표와 학습내용을 학습자와 학습환경에 비추어 분석하는 과정에서 이루어진다.

(2) 학습의 유형에 따른 과제분석

① 군집분석

㉠ 언어정보의 학습과제분석을 위해 주로 사용된다.

㉡ 위계적 관계가 없는 언어정보의 경우, 서로 관련이 있는 정보들을 묶는 분석방법이다.

[그림 3-9] 군집분석의 예

② 위계분석

　㉠ 위계분석은 과제의 학습 유형이 지적 기능이나 운동 기능일 경우에 주로 사용한다.

　㉡ 과제를 달성하기 위해 필요한 기능들을 분석하고, 이 기능들을 상위 기능에서 하위 기능으로 계열화한다.

　㉢ 하위 기능은 상위 기능을 학습하기 위해서 반드시 숙달해야 하는 선행 기능이다.

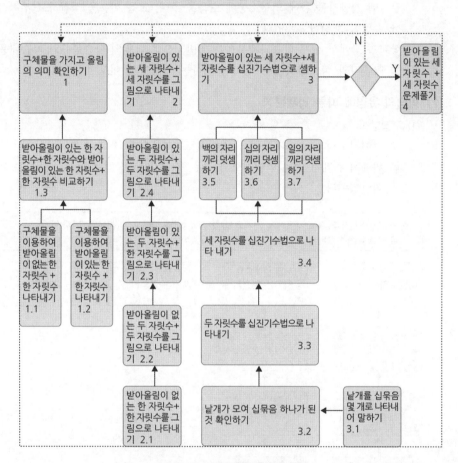

[그림 3-10] 위계분석의 예

③ 절차분석

　㉠ 운동기능의 학습과제분석을 위해 주로 사용된다.

　㉡ 학습과제 실행을 위해 필요한 절차적 단계를 분석한다.

④ 통합분석
　　㉠ 태도의 학습과제분석을 위해 주로 사용된다.
　　㉡ 위계분석과 군집분석을 통합적으로 활용한다.
　　㉢ 태도 학습은 어떤 행위를 선택하도록 하는 것인데, 행위를 선택하기 위해
　　　서는 언어 정보나 지적 기능 또는 운동 기능을 수반하는 경우가 일반적이
　　　므로 태도 학습에서도 선행하는 특정 하위 기능을 알거나 수행할 수 있어
　　　야 한다.

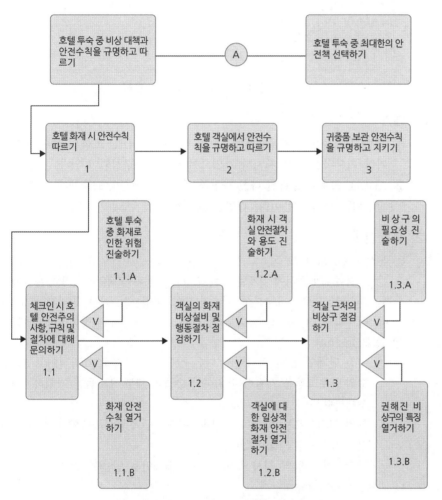

[그림 3-11] 태도 목표를 위한 통합분석의 예*

* Dick, Carey & Carey, 2015

02 교수체제 설계모형

① ADDIE 모형

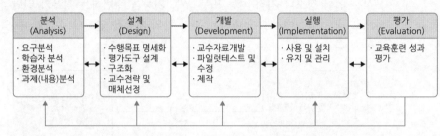

[그림 3-12] ADDIE 모형

(1) 개관

① '일반적 교수체제 설계모형'이라고도 불리는 ADDIE 모형은 교수설계모형의 가장 기본적인 틀을 제시하고 있으며 5단계로 구성되어 있다.

② ADDIE 모형에 포함된 다섯 과정과 절차는 대부분의 교수체제 설계모형에서 발견되는 핵심 내용이며, 다양한 교수체제 설계모형의 기초가 된다.

(2) 설계 단계

① 분석(Analysis)
  ㉠ 수업설계의 초기에 설계를 위한 조직적인 계획을 정의하는 활동을 수행한다.
  ㉡ 하위영역으로는 요구분석, 학습자 분석, 환경분석, 직무 및 과제분석이 있다.
  ㉢ 설계의 목적, 비전, 범위, 가능성은 이 단계에서 결정되어야 한다.

② 설계(Design)
  ㉠ 이전 단계인 분석 과정에서 나온 산출물을 토대로 효과적이고 효율적인 수업 프로그램을 개발하기 위하여 수업의 세부 요소들을 기획하는 활동을 수행한다.
  ㉡ 하위 영역으로는 학습목표 진술, 평가도구 설계, 구조화와 계열화, 교수 전략 및 매체 선정이 있다.
  ㉢ 전반적인 수업의 청사진 또는 수업 설계안을 만들어 낸다.

③ 개발(Development)
  ㉠ 이전 단계인 분석 및 설계 단계에서 만들어진 수업의 청사진에 따라 수업에서 사용할 다양한 유형의 자료들을 실제로 개발하고 제작하는 활동을 수행한다.
  ㉡ 하위 영역으로는 교수·학습자료 개발, 형성평가 및 수정이 있다.
  ㉢ 개발 과정을 거치면서 이전 설계 단계의 결과물인 수업 설계안이 수정 및 보완된다.

④ 실행(Implementation)
　㉠ 이전 단계에서 개발된 수업 프로그램을 실제 수업 현장에서 사용하거나 교육과정에 반영하면서 계속 유지하거나 필요한 경우 수정·보완하는 활동을 수행한다.
　㉡ 하위 영역으로는 교수 프로그램 설치·사용 및 유지·관리가 있다.
　㉢ 새로 개발된 수업 프로그램이 혁신적인 것이라 쉽게 수용되기 어려운 경우 혁신적인 변화를 관리하는 활동을 수행하기도 한다.
⑤ 평가(Evaluation)
　㉠ 수업 개발의 전반적인 과정 및 결과물의 효과성과 효율성, 가치 등을 평가하는 활동을 수행하는 총괄평가를 수행한다.
　㉡ 하위 영역으로는 교수 프로그램의 성과 및 효과성 평가가 있다.

요약정리
Zoom OUT ADDIE 모형

수업체제 설계 과정	역할	세부 활동	산출물
분석	문제의 정의, 학습내용 정의	요구, 학습자, 환경, 과제(내용)분석	요구, 교육목적, 제한점, 학습과제
설계	수업방법 구체화	목표진술, 평가도구 개발, 수업 전략, 매체 선정	목표, 수업전략을 포함한 설계안(교수학습과정안)
개발	수업자료 제작	수업자료의 제작, 형성평가 실시, 자료 수정	수업자료
실행	수업자료 및 수업설계를 적용	수업자료의 사용 및 관리	실행된 수업자료
평가	수업의 가치를 평가/의사결정	총괄평가	프로그램의 가치와 평가 보고서

② 딕(Dick)과 캐리(Carey)의 체제적 교수설계모형

(1) 개관
① 대표적인 체제적 교수설계모형으로, 체제적 접근에 입각하여 수업 설계, 수업 개발, 수업 실행, 수업 평가의 과정을 제시한다.
② 절차적 모형으로 효과적인 수업 프로그램을 개발하는 데 필요한 일련의 단계들과 그 단계들 간의 역동적인 관련성에 초점을 맞추고 있다.

논술에 바로 써먹는
교육학 배경지식

개발(Development)단계의 형성평가는 수업 프로그램을 개발하는 과정에서 발생하는 오류를 수정·보완하면서 완성도를 높이기 위해 실시하는 평가입니다.
한편, 평가(Evaluation)의 총괄평가는 완성된 수업 프로그램의 효과성과 효율성, 가치 등을 최종적으로 평가하기 위해 실시하는 평가입니다.

기출 22 중등
기출논제 Check ✅

송 교사가 교실 수업을 위해 개발해야 할 교수전략(Dick & Carey) 2가지 제시

(2) 딕과 캐리 모형의 단계

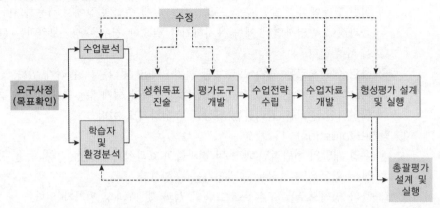

[그림 3-13] 딕과 캐리 모형의 단계

① 요구분석(교수목표 확인)
  ㉠ 학생의 현재 수준과 이상적인 수준 사이의 괴리인 '요구'를 분석하여 교수
    목적을 확인하고 목표를 설정한다.
  ㉡ 교수목표는 학생 입장에서의 교수결과를 서술하는 것으로, 명료하게 진술
    되어야 한다.
  ㉢ 교수목표는 성취목표보다는 더 포괄적인 용어로 진술된다.
  ㉣ 학교 수업에서 이 수업 목적은 일반적으로 이미 정해진 상태이므로, 교사는
    해당 수업의 목적이 무엇인지를 확인함으로써 수업설계를 시작하게 된다.
② 수업분석(교수분석)
  ㉠ 교수목표를 성공적으로 달성하기 위해서 학습자가 학습해야 하는 하위 기
    능들을 분석하고 그 기능들이 어떤 절차로 학습되어야 하는가를 규명한다.
  ㉡ 수업을 시작하기 전에 학생들에게 어떤 출발점 행동(지식, 기능, 태도)이
    요구되는지 결정하고, 이들 간의 관계를 일목요연하게 정리하여 제시한다.
③ 학습자 및 학습환경(맥락) 분석
  ㉠ 학습자의 출발점 행동 및 나이, 학년, 흥미 등의 일반적 행동을 분석한다.
  ㉡ 학습자가 학습내용을 활용할 맥락, 학습자의 학습맥락을 분석한다.
④ 성취목표(수행목표) 진술
  ㉠ 학습자가 교수를 통해 성취해야 하는 목표를 구체적으로 진술한다.
  ㉡ 성취목표는 학습될 성취 행동(기능), 그 성취 행동이 실행될 조건, 그 수행
    의 성공 여부를 판단하는 준거의 세 요소로 구성된다.
  ㉢ 교수분석에서 도출된 각 기능 중 하나 이상의 목표를 진술하며, 이는 평가
    문항의 기초가 된다.
⑤ 평가도구 개발
  ㉠ 목표에 근거한 평가도구와 문항(준거지향평가)을 개발한다.
  ㉡ 개발된 문항은 성취목표와 정확하게 일치해야 한다.

⑥ 수업(교수)전략 수립
  ㉠ 교수목표의 달성을 위한 교수활동 전략, 정보제시 전략, 학습자 참여전략 등을 개발한다.
  ㉡ 교수목표를 계열화·조직화하고 교수 전 활동 및 검사를 선택하며, 목표별로 제시될 학습내용과 학습자 참여활동을 결정한다.
⑦ 수업자료 개발
  ㉠ 이전 단계에서 수립한 수업전략에 따라 수업과 관련된 모든 형태의 자료를 만드는 단계이다.
  ㉡ 수업자료는 학습자용 지침서, 검사, 교사용 지침서, 비디오테이프, 컴퓨터 기반 멀티미디어 등 다양한 형태로 개발할 수 있다.
⑧ 형성평가 설계 및 실행
  ㉠ 프로그램의 질을 개선하기 위해 필요한 자료를 수집한다.
  ㉡ 형성평가에 근거하여 각 단계별로 수정할 부분을 수정한다.
  ㉢ 일대일평가, 소집단평가, 현장평가 등을 실시할 수 있다.
⑨ 총괄평가 설계 및 실행
  ㉠ 프로그램의 가치를 측정하고 프로그램의 지속적인 활용이나 수정 필요성 등을 판단한다.
  ㉡ 추후 교수개발에 영향을 미친다.

(3) 딕과 캐리 모형에 대한 비판

① 딕과 캐리 모형과 같은 초기 전통적 교수설계모형은 대부분 선형적인 형태로 제시되었으며, 이는 실제 교수설계 환경의 복잡성을 반영하지 못한다는 비판을 받았다.
② 이후 선형적인 딕과 캐리 모형의 대안으로 래피드 프로토타입 모형, 켐프(Kemp) 모형과 같은 비선형적 교수설계모형이 제안되었다.

구분		ADDIE	Dick & Carey
시기		1970년대 초 시작	1978년
발표자		미상	Dick & Carey
특징		선형(추후 비선형적 모델로 진화) 체계적(추후 체제적 모델로 진화)	선형, 체계적(systematic)
주요 과정	분석	요구, 학습자, 환경, 직무과제	요구, 수업분석(교수분석)(목적/하위기능), 학습자 및 학습환경
	설계	수행목표, 평가도구, 내용구조화/계열화, 교수전략/매체선정	수행목표, 평가도구, 교수전략
	개발	교수자료 초안, 프로토타입, 파일럿 테스트, 제작	수업자료 및 매체, 교사안내서 개발, 형성평가와 프로그램 수정
	실행	현장 적용, 교육과정 설치, 유지 및 변화 관리	(없음)
	평가	형성평가, 총괄평가	(형성평가, 프로그램 수정), 총괄평가

❸ 래피드 프로토타입(RP; Rapid Prototype) 모형

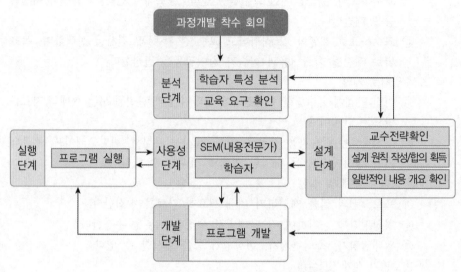

[그림 3-14] 래피드 프로토타입 모형*

* 임철일, 연은경, 기업교육 프로그램 개발을 위한 사용자 중심의 래피드 프로토타입 방법론에 관한 연구, 기업교육연구, 2006, 8(2), 27-50

(1) 래피드 프로토타입의 개념

최종적인 산출물이 나오기 전 빠르게 프로토타입을 만들고, 이 프로토타입(원형)을 수정·보완하며 실제 프로그램을 진행하는 개발방법이다.

(2) 특징

① 설계 초기에 최종 결과물의 기능과 형태를 가진 원형을 신속하게 개발한다.

② 사용자와 설계자가 서로 협동하며 원형을 개발한 후, 문제점을 발견하고 수정·보완해 나간다.

③ 교수설계의 현장을 반영하여 상황 특성과 맥락적 특성을 고려하는 비선형적 교수설계 방식이다.

(3) 장점

① 구성원의 요구를 세세하게 반영함으로써 발생하는 교육과정 개발의 어려움을 최소화하기 위해 분석단계에서 원형을 개발한다는 점에서 교육과정 설계를 더욱 빠르고 효율적으로 할 수 있다.

② 개발 원형에 교육과정 설계자뿐 아니라 사용자도 참여하기 때문에, 학습자와 교수자라는 교육과정 사용자의 다양한 요구가 효과적으로 반영될 수 있다.

④ 켐프(Kemp)의 교수체제 설계모형

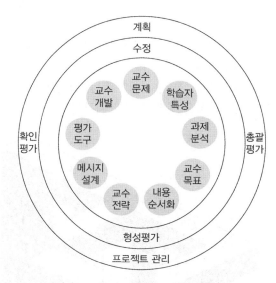

[그림 3-15] 켐프의 교수체제 설계모형

(1) 특징
① 순환적인 형태를 지니며 교수설계자는 모형의 어느 단계, 어느 과정에서든지 시작할 수 있고 여러 단계를 동시에 진행하는 것도 가능하다.
② 요구분석을 시작으로 시계방향으로 움직이며 교수설계에서 필요한 요소들만 뽑아서 진행할 수도 있다.
③ 확인평가, 형성평가, 총괄평가를 구분하며, 평가의 중요성을 강조한다.

(2) 기본 구성요소
교수문제, 학습자 특성, 과제분석, 교수목표, 내용순서화, 교수전략, 메시지 설계, 평가도구, 교수개발 등이 포함된다.

⑤ 윌리스(Willis)**의 R2D2 모형**(Recursive, Reflective, Design and Development)

(1) 특징

① 구성주의 관점의 R2D2 모형은 전통적인 교수설계모형이 지나치게 객관주의적이라는 것을 비판한다.

② 분명한 시작과 끝이 없고 '정의, 설계와 개발, 확산'이라는 세 가지 주요 초점 간의 계속적인 상호작용을 통해 설계가 이루어진다.

[그림 3-16] 윌리스의 R2D2 모형

③ 초반에 명시적인 목표를 설정하지 않고, 설계·개발과정에서 자연스럽게 나타나는 목표에 주목한다.

④ 프로토타입에 대한 형성평가를 통해 지속적이고 순환적인 설계·개발과정을 거쳐 최종적인 수업산출물을 만든다.

(2) R2D2 모형의 초점과 과제

구분	초점	과제
정의	설계자는 초반에 명시적인 목표를 설정하는 것을 배제하고 전단분석, 학습자 분석, 과제 및 개념분석을 시행함	• 전단분석(front-end analysis) • 학습자 분석 • 과제 및 개념분석
설계와 개발	설계자는 매체와 형태 선정, 개발환경 선정, 원형 개발, 형성평가 중심 평가전략 수립을 순환적으로 실행함	• 매체와 형태 선정 • 개발환경 선정 • 산출물 설계 및 개발 • 원형 개발 • 형성평가 중심 평가전략
확산	개발된 수업산출물을 포장 및 보급하고 채택함	• 최종 포장 • 유포 및 보급 • 채택

① 교수의 3대 변인

(1) 개관

라이겔루스(Reigeluth)에 따르면 교수설계에는 '교수조건, 교수방법, 교수결과'의 세 가지 요소가 포함되어야 한다고 제시하였다.

(2) 교수의 3대 변인

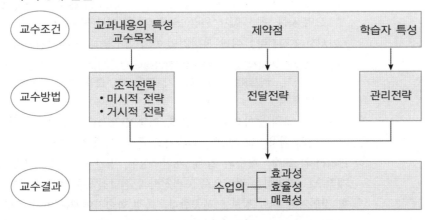

[그림 3-17] 라이겔루스의 교수의 3대 변인

① 교수조건
  ㉠ 교수설계자 또는 교사가 통제할 수 없는 제약조건으로, 교수방법에 영향을 미친다.
  ㉡ 구성요소
    ⓐ 교과내용의 특성: 학습의 대상이 되는 교과의 내용이나 지식을 말한다. 개념, 원리, 절차, 기법, 명제적 지식, 절차적 지식 등을 포함하고 있고, 어떤 구조로 이루어졌는지를 의미하며, 교과내용의 특성에 따라서 적절한 교수전략이 달라진다.
    ⓑ 교수목적: 교수·학습활동의 결과로서 달성해야 하는 목표와 그 수준이나 정도 등을 제시하며, 어떠한 교수방법을 적용할 것인가에 영향을 미친다.
    ⓒ 제약점: 기자재, 재정, 자원, 인원 등 교수·학습을 제약하는 조건들 또한 교수방법에 영향을 미친다.
    ⓓ 학습자 특성: 학습자의 선수학습 수준, 적성, 동기, 학습양식 등을 파악하고 이에 적절한 교수방법을 선택해야 한다.

② **교수방법**

　㉠ 교수조건에 따라 의도하는 학습결과를 효과적으로 성취하기 위하여 사용되는 다양한 교수전략의 총체로, 교수조건과 달리 교사의 개인적 노력과 발상에 따라 다양하게 실현될 수 있다.

　㉡ **구성요소**

　　ⓐ **조직전략**: 교수조건과 학습내용의 종류와 크기에 따라 내용을 어떻게 최적의 상태로 조직할 것인지에 대한 전략이다.

　　　• **미시적 조직전략**: 하나의 아이디어를 가르치는 데 있어 이를 어떻게 조직할 것인가에 대한 전략이다.

　　　　예 대표적인 미시적 조직전략으로 '메릴(Merrill)의 내용요소 전시이론'이 있으며 사실, 개념, 절차, 원리학습에 적합한 제시전략을 제안한다.

　　　• **거시적 조직전략**: 여러 복합적인 아이디어에 대한 수업전략이다.

　　　　예 대표적인 거시적 조직전략으로 '라이겔루스의 정교화 이론'이 있으며 내용 선정하기, 계열화하기, 활성화하기, 종합하기, 요약하기 등의 방법을 제안한다.

　　ⓑ **전달전략**: 조직된 학습내용을 언제, 어떻게 제시할 것인가에 대한 전략으로 매체 활용, 교수모형, 학습자료 등이 이에 속한다.

　　ⓒ **관리전략**: 교수 · 학습의 설계, 개발, 실행, 평가 등의 모든 과정을 체계적으로 관리하는 전략으로 조직전략과 전달전략을 언제 어떻게 활용할 것인가에 대한 정보를 제공한다. '특정 학습자에게는 어떤 조직전략이 가장 효과적이었는가?', '교수자료의 사용을 위한 시간표는 어떻게 작성할 것인가?' 등의 질문과 관련된 전략이 이에 속한다.

③ **교수결과**

　㉠ 사전에 기대했던 학습결과를 의미한다.

　㉡ **구성요소**

　　ⓐ **효과성**: 교수 · 학습과정을 통해 학습자가 지식 및 기능을 얼마나 효과적으로 습득하였는지를 의미하며, 이에 따라 의도한 교육목표가 달성되었는지의 여부가 결정된다.

　　ⓑ **효율성**: 교육목표 달성에 있어 얼마나 많은 노력, 비용, 시간이 소요되었는가에 대한 것으로, 더 적은 노력, 비용, 시간이 소요될수록 해당 교수 · 학습이 효율적이라고 평가할 수 있다.

　　ⓒ **매력성**: 학습자의 학습동기와 관련된 것으로, 학습자가 교수 · 학습과정에서 얼마나 학습에 매력과 열의를 느끼고, 배운 내용을 활용하고자 하는 성향을 의미한다. 켈러(Keller)의 ARCS 모형은 교수의 매력성을 높이는 동기전략을 제시한다.

❷ 가네(Gagné)의 교수설계 이론

(1) 개관

① 가네는 행동주의와 인지주의 원리를 절충하여 가장 효과적인 교수자 중심의 수업을 위한 원리를 제시하였다.

② 가네는 수업의 목적은 학습자의 학습을 도와주기 위한 것이므로, 수업 활동을 통해 외부에서 주어지는 일련의 사태들은 학습자의 내부에서 진행되는 인지 과정과 밀접한 관계를 가져야 한다고 주장하였다.

③ 따라서 가네의 이론은 학습자가 유의미한 자료를 학습하는 동안 겪는 내적인 인지 과정과 학습을 성공적으로 수행하는 데 요구되는 외적인 교수 사태(instructional events), 다양한 학습의 결과에 초점을 둔다.

④ 또한 가네는 학습(결과)유형에 따라 교수전략과 수업방식이 달라져야 한다고 주장한다.

(2) 학습의 유형(학습 영역, learning outcomes)과 유형별 수업의 원리

① 언어정보(verbal information)

ⓐ 진술 가능한 지식으로 선언적 지식에 해당한다(예 명칭, 사실의 학습).

ⓑ 학습 정보를 의미 있는 단위로 제시하거나(예 목차 제공), 정보를 유의미한 맥락(예 대상과 관련된 시청각 자료 제공)과 함께 제시하여 학습을 도울 수 있다.

② 지적기능(intellectual skills)

ⓐ 언어, 숫자 등의 상징을 사용해서 환경을 설명하고 반응하게 하는 기능이다(예 사물 변별, 개념 이해).

ⓑ 가네는 지적기능을 8가지 위계적인 학습 유형으로 구분하였다. 한 형태의 학습이 효과적으로 이루어지기 위해서는 하위 유형이 먼저 학습되어야 한다.

ⓐ **신호학습**: 고전적 조건형성 과정을 통해 무의식적으로 행동을 획득한다(예 뜨거운 물에 데이고 뜨거운 물을 함부로 만지지 않음).

ⓑ **자극-반응학습**: 도구적 조건형성 과정을 통해 의식적으로 행동을 획득한다(예 양파를 먹은 아이에게 칭찬을 하였더니 양파를 잘 먹게 됨).

ⓒ **연쇄학습(운동의 연결)**: 여러 행동을 동시에 할 수 있게 된다(예 열쇠를 열쇠 구멍에 넣고 돌려 문을 염).

ⓓ **언어연상학습(언어의 연결)**: 언어를 연결하여 사용할 수 있는 능력을 얻는다.

ⓔ **변별학습**: 서로 다른 대상이나 개념을 구별하고 인식하는 능력을 학습한다(예 사물의 색상, 크기, 모양, 무게 등을 구별하여 식별함).

ⓕ **개념학습**: 특정한 특징이나 속성들을 공통적으로 묶어서 이해하는 능력을 학습한다(예 사과, 바나나, 오렌지 등이 과일이라는 개념에 해당한다는 것을 이해함).

ⓖ **규칙학습**: 상황이나 문제를 해결하는 데에 적용할 수 있는 일반적인 절차나 방법을 말한다(예 사칙연산 규칙을 이해함).

ⓗ 문제해결학습: 미지의 상황에서 목표를 달성하기 위해 논리적으로 접근
하고 해결하는 능력을 말한다(예 사다리꼴의 넓이를 계산함).

ⓒ 연습 기회와 적당한 시간 간격을 통해 복습을 도와주고 전이를 촉진시키기
위한 다양한 맥락을 제공하여 학습을 지원할 수 있다.

③ 인지전략(cognitive strategies)

ⓐ 학습자가 자신의 사고, 행동, 감정 등을 통제하고 안내하기 위하여 활용하는
전략으로 비교적 오랜 기간에 걸쳐 습득된다(예 학습 전략, 기억술, 독서법).

ⓑ 학습의 대상이 되는 인지전략을 수행하기 위한 많은 지적 기능에 대해 기
술하고, 시범을 보이고, 연습 기회를 주고, 피드백을 제공함으로써 인지전
략을 훈련시킬 수 있다.

④ 운동기능(motor skills)

ⓐ 근육을 활용해서 목표하는 동작을 잘 실행하는 것을 의미한다(예 자전거 타
기, 피아노 치기).

ⓑ 운동기능은 보통 일련의 계열성을 지닌 동작으로 구성되어 있으므로 운동
기능의 절차적 계열이 학습되어야 한다. 이를 위해 시범, 연습, 피드백을
제공하여 학습을 촉진할 수 있다.

⑤ 태도(attitudes)

ⓐ 사물, 사람, 사건에 대해 습득된 특정한 경향성을 의미한다(예 환경보호에
대한 태도, 우호적인 협력 태도).

ⓑ 대리강화, 모델링 등을 통해 간접적으로 태도 학습을 촉진할 수 있다.

> **참고** 학습의 유형에 따른 과제분석
>
> **1. 군집분석**
> ① 언어정보의 학습과제 분석을 위해 주로 사용된다.
> ② 위계적 관계가 없는 언어정보의 경우, 서로 관련이 있는 정보들을 묶는 분석방법이다.
>
> **2. 위계분석**
> ① 지적 기능이나 운동기능을 위한 학습과제를 위해 주로 사용된다.
> ② 과제를 달성하기 위해 필요한 기능들을 분석하고, 이 기능들을 상위 기능에서 하위
> 기능으로 계열화한다.
>
> **3. 절차분석**
> ① 운동기능의 학습과제 분석을 위해 주로 사용된다.
> ② 학습과제를 실행을 위해 필요한 절차적 단계를 분석한다.
>
> **4. 통합분석**
> ① 태도의 학습과제 분석을 위해 주로 사용된다.
> ② 군집·위계·절차분석의 분석방법들을 통합적으로 활용한다.

(3) 선수학습 요소와 지적 기능의 학습위계

① 선수학습 요소: 수업을 계열화할 때, 학습이 일어나기 위해 필요한 요소인 선수학습 요소를 확인하고 학습자가 이를 숙달하도록 지도해야 한다.

② 지적기능은 그 하위 범주(변별, 구체적 개념학습, 추상적 개념학습, 원리학습, 고차적 규칙) 간에 위계성이 있으므로 이들 간의 하위 기능은 상위 기능의 선수학습 요소가 되며, 교사는 상위 기능 학습 전 학생의 하위 기능 습득 여부를 확인하고 필요시 보충해야 한다.

③ 지적기능의 하위 범주

⊙ 변별: 비슷한 대상 간의 차이를 구별하는 것이다.

　　🔘 다각형 중에서 삼각형과 사각형 구별하기

ⓛ 구체적 개념학습: 여러 대상들 간의 유사성을 확인하고 하나의 개념(범주)으로 묶는 것이다.

　　🔘 개, 고양이, 원숭이가 모두 포유류에 속한다고 이해하기

ⓒ 추상적 개념학습: 하나의 대상, 사건, 관계를 이해하고 그 정의를 이야기할 수 있는 것이다.

　　🔘 가족의 정의를 말할 수 있다.

ⓔ 원리학습(규칙): 두 개 이상의 개념을 연결하여 이해하는 것이다.

ⓜ 고차적 규칙(문제해결학습): 변별, 개념, 원리를 활용하여 문제를 해결할 수 있는 것이다.

(4) 학습의 조건

① 전제: 학습 유형에 따라 학습이 일어나는 내적 과정과 이를 촉진하는 교수전략이 달라진다.

② 학습의 내적 조건: 학습이 발생하기 위한 학습자의 내적 인지과정을 의미한다.

⊙ 선행학습: 새로운 학습과제에 대한 선행학습 정도이다.

ⓛ 학습동기: 학습동기 또한 학습의 정도에 영향을 미친다.

ⓒ 자아개념: 긍정적 자아개념은 성공적인 학습에 영향을 준다.

ⓔ 주의력: 학습과제에 집중하는 정도인 주의력이 학습에 영향을 미친다.

③ 학습의 외적 조건: 학습의 내적 과정을 활성화하고 지원하는 다양한 교수사태를 의미한다.

⊙ 강화의 원리: 새로운 행동에 강화가 제공되면 학습이 잘 이루어진다.

ⓛ 접근의 원리: 자극과 반응이 시간적으로 근접할 때 학습이 잘 이루어진다.

ⓒ 연습의 원리: 새로운 학습내용에 대한 충분한 연습이 필요하다.

④ 학습의 내적 조건과 외적 조건의 학습유형에 따른 예시

학습유형 예시	내적 조건	외적 조건
지적기능	관련 하위 기능 회상 (변별 – 개념 – 규칙과 원리 – 문제해결)	• 뚜렷한 특징에 주의집중시키기 • 단기기억 용량을 고려한 분량 제시 • 이전에 학습한 하위 기능 회상 자극 • 언어적 단서 제공 • 연습기회 제공과 복습 제공 • 전이 촉진을 위한 다양한 맥락 사용

(5) 9단계 교수사태

① 교수사태: 학습자의 내적 측면을 지원하는 외적 학습조건이나 상황을 말한다.
② 교실수업을 계획할 때 수업사태의 순서를 변경하거나 생략할 수 있다.
③ 9단계 교수사태

구분	수업의 사태(학습과정을 촉진하는 교수활동)		학습과정 (정보처리 과정에 근거)
	단계	기능과 예시	
학습 준비	1단계 주의 획득	교사는 학습자의 주의를 집중시키고, 학습자는 감각등록기의 선택적 주의를 통해 정보에 주의를 기울임 예 지난 주말 두 가족이 놀이공원 입장표를 사면서 있었던 에피소드로 학생들의 주의를 집중시킴	주의 집중
	2단계 학습목표 제시	교사는 학습자에게 학습목표를 알려주고, 학습자는 학습이 끝난 후 성취할 수 있는 능력이 무엇인지에 대한 기대감을 갖게 됨 예 $(3X + 2Y) + (2X + Y)$를 예로 들며, '미지수가 2개인 다항식의 덧셈을 할 수 있다.'라는 수업목표를 알려줌	기대감 형성
	3단계 선수학습의 회상 자극	교사는 새로운 정보를 학습하는 데 필요한 선수학습 내용을 확인해주고, 학습자는 선행학습 내용을 장기기억에서 단기기억으로 불러옴 예 수업목표를 달성하기 위해, 홍 교사는 지난 수업 시간에 가르친 다항식의 개념을 상기해 줌	작동기억 으로 인출

	4단계 자극자료 제시	교사는 학습할 새로운 내용을 제시하고, 학습자는 자극제시에 따라 선택적 지각을 함 예 • 학습을 위하여 적절한 자극자료를 제시함 • 다항식의 덧셈 절차를 단계적으로 보여주며 가르침 • 삼각형의 내각의 합이 180도라는 것을 가르치기 위해 '삼각형의 내각의 합은 180도이다'라는 문장을 적고, 180도 밑에 빨간색으로 밑줄을 그어 삼각형의 내각의 합이 180도인 것을 강조함 • 평행사변형의 특징을 가르치기 위해 평행사변형을 그린 후, 한 쌍의 평행변은 초록색으로, 다른 한 쌍의 평행변은 빨간색으로 칠해서 평행사변형의 마주하는 두 쌍의 변이 서로 평행하다는 것을 강조함	학습자료에 대한 선택적 지각
정보 획득 과 수행	5단계 학습안내 제공	교사는 이전 정보와 새로운 정보를 적절히 통합시키고 그 결과를 학습자가 장기기억에 저장할 수 있도록 함. 학습자는 통합된 정보를 유의미하게 부호화하여 장기기억에 저장함 예 • 부호화(encoding)를 촉진하기 위해 문자가 같은 항끼리 더하는 데 도움이 되는 그림이나 단서를 제공해 줌 • 도표, 규칙, 순서도, 모형, 조직화 등을 제공함	의미적 부호화를 통한 장기기억 으로 저장
	6단계 수행 유도	교사는 연습기회를 제공하여 학습자가 실제로 학습을 하였는지 확인함 예 학생이 다항식 덧셈의 각 단계를 밟아 놀이공원 입장료를 계산하도록 함	학습결과를 보여 주는 반응(수행)
	7단계 피드백 제공	• 교사는 학습자에게 수행이 얼마나 성공적이었고 정확했는지에 대한 정보적 피드백을 제공함 • 성공적인 수행에 대해서는 강화를 제공하고, 잘못된 수행은 교정할 수 있도록 정보를 제공함 예 학생이 입장료를 정확히 계산하면, 그 사실을 확인해 주고, 틀리면 교정해 줌	학습결과에 대한 강화
학습 전이	8단계 수행 평가	교사는 학습자의 성취행동을 평가하여 학습목표의 도달정도를 측정함 예 학생이 배운 규칙을 이용하여 다양한 다항식 덧셈문제를 풀도록 하고 이를 평가함	인출 및 강화
	9단계 파지와 전이 증진	학습자에게 다양한 종류의 새로운 과제를 제시하여 학습의 전이가 잘 일어날 수 있도록 지원함 예 • 다항식 덧셈 절차를 노트에 적어 가며 복습하고, 배운 것을 다양한 형태의 다항식 덧셈문제에 일반화하도록 함 • 다양한 모양의 표지판을 여러 상황과 관련지어 제시하면서 학습자로 하여금 교통 안전과 관련한 실제 상황에 적용할 수 있는 연습의 기회를 제공함	인출 및 일반화

❸ 메릴(Merrill)의 내용요소 제시 이론(component display theory)

(1) 개관
① 인지적 영역의 교수·학습에 적용할 수 있는 이론이다.
② 학습내용에 따라 낱개의 내용과 요소로 나누어 그에 적절한 교수방법을 제안한다.

(2) 수행 – 내용 행렬표*

* 최윤정, Merrill의 내용요소 제시 이론을 활용한 중학교 조형교육 프로그램 개발, 2020

내용 수준		사실	개념	절차	원리
수행 수준	발견	✕	〈개념 × 발견〉 여러 포유류 동물에 대한 몇 가지 특징을 활용하여 분류할 수 있다.	〈절차 × 발견〉 나만의 퓨전 떡볶이 레시피를 만들 수 있다.	〈원리 × 발견〉 센서등이 작동하는 원리를 설명하는 모형을 만들 수 있다.
	활용	✕	〈개념 × 활용〉 표유류 동물의 예를 제시할 수 있다.	〈절차 × 활용〉 레시피를 참고하여 떡볶이를 만들 수 있다.	〈원리 × 활용〉 건전지, 전선, 전구를 이용해 빛이 들어오게 할 수 있다.
	기억	〈사실 × 기억〉 프랑스의 수도는 파리이다.	〈개념 × 기억〉 표유류의 특성을 설명할 수 있다.	〈절차 × 기억〉 떡볶이를 만드는 순서를 설명할 수 있다.	〈원리 × 기억〉 전구에 불이 들어오는 원리를 설명할 수 있다.

[그림 3-18] 수행 – 내용 행렬표

① 학습유형을 분류하는 틀로, 가네의 학습유형 분류를 더욱 발전시킨 형태이다.
② 4가지 내용 수준(사실, 개념, 절차, 원리)과 3가지 수행 수준(기억하기, 활용하기, 발견하기)로 구분하여 사실의 발견·활용을 제외한 총 10가지 학습유형 범주가 도출된다.

(3) 학습유형별 자료 제시의 형태
① 1차 제시형
  ㉠ 교육목표 달성을 위한 가장 기본적인 자료 제시방법이다.
  ㉡ 일반적인 것(일반성): 정의와 같은 일반적인 것으로 제시한다.
  ㉢ 특수적인 것(사례): 구체적인 사물이나 사건 사례와 같은 특수적인 것으로 제시한다.
  ㉣ 설명식 자료 제시: 말로 설명하기, 예시 들어주기, 보여주기 등이 있다.
  ㉤ 질문식(탐구식) 자료 제시: 내용을 질문의 형태로 제시하는 것으로 진술문 완성하기, 일반성 적용하기 등이 있다.

구분	설명: Expository(E)	질문(탐구): Inquisitory(I)
일반성: Generality(G)	EG(법칙)	IG(회상)
사례: Instance(eg)	Eeg(예)	Ieg(연습)

1. **일반 · 설명식**
   교사가 학생에게 개념이나 원리 등의 인지적 학습내용을 설명해주는 것이다.

2. **사례 · 설명식**
   교사가 개념이나 원리 등이 직접 적용되는 구체적인 사례를 제시하는 것이다.

3. **일반 · 질문식**
   교사가 학생에게 이미 배운 내용의 정의나 일반원리를 회상시키는 것이나, 아직 배우지 않은 일반적인 내용을 학생으로부터 이끌어내는 것이다.

4. **사례 · 질문식**
   교사가 개념이나 원리 등이 적용된 구체적인 사례에 대한 질문을 던지는 것이다.

② 2차 제시형
  ㉠ 1차 제시형에 추가적으로 지원하는 부가적인 자료를 제시하는 방식이다.
  ㉡ 학습을 촉진시키기 위한 맥락 정교화, 선수학습 정교화, 기억촉진 정교화, 도움 정교화, 표현 정교화, 피드백 정교화 등의 세부전략이다.
    ⓐ 맥락(context): 학습내용과 관련된 상황이나 배경지식, 맥락 정보를 함께 제시한다.
    ⓑ 선수학습(prerequisite): 특정 내용 학습을 위해 사전에 알고 있어야 할 정보를 제시한다.
    ⓒ 기억촉진(mnemonics): 특정 내용을 잘 기억할 수 있도록 암기 방법을 제공한다.
    ⓓ 도움(help): 특정 내용을 쉽게 이해할 수 있도록 관련 도움 정보를 제공한다.
    ⓔ 표현(representation): 같은 내용이나 정보를 나타낼 수 있는 다양한 표현방법을 사용하여 내용을 제시한다.
    ⓕ 피드백(feedback): 학습자에게 질문을 하고 답변 내용에 대해 적절히 반응하고 교정한다.

(4) 시사점

① 하나의 개념이나 원리와 같은 낱개의 아이디어를 차시 수준에서 구체적으로 나누어 가르치는 방법을 처방하는 이론으로서 가치를 지닌다.

② 전달할 정보를 작은 논리적 단위로 분해하고 논리적 구조로 조직함으로써 학습자들이 정보를 쉽게 습득할 수 있도록 돕는다.

❹ 라이겔루스의 개념학습 및 정교화 이론(elaboration theory)

(1) 개관
① 메릴의 내용요소 전시이론을 거시적인 수준으로 확장시키기 위하여 개발된 이론이다.
② 교수내용의 선정, 계열화, 종합, 요약에 있어 적절한 방법을 처방한다.

(2) 줌렌즈의 비유
① 라이겔루스는 교수·학습과정을 줌렌즈에 비유하여 설명하였다.
② 카메라 렌즈는 대상의 전체적인 내용을 보여주고 줌렌즈가 각 부분을 확대해서 자세하게 보여준다.
③ 이처럼 교사도 처음에는 교과의 가장 기본적이고 간단한 아이디어를 개관한 후 점점 더 복잡하고 구체적인 학습으로 나아간다.

(3) 7가지 교수전략
① 정교화 계열(elaboration)
  ㉠ 교수·학습과제의 조직은 단순한 내용으로부터 시작하여 점점 더 복잡한 내용으로 나아가는 것이다.
  ㉡ 교수·학습에서 가장 처음 제시되는 내용은 학습하게 될 내용 중에서 가장 기본적이고 대표적인 개념 또는 활동인 정수(epitome)를 제시하는 것이다.
  ㉢ 이후 학습내용을 더 세분화하고, 복합적이고 상세한 내용으로 점진적으로 정교화하여 제시한다.
  ㉣ 정교화의 유형에는 개념적 정교화, 절차적 정교화, 이론적 정교화가 있다.
    ⓐ 개념적 정교화: 학습할 개념의 위계를 확인하여 일반적인 개념에서 특수한 개념 순서로 교수내용을 계열화한다.
    ⓑ 절차적 정교화: 학습목표를 달성하기 위한 일련의 과정과 절차를 계열화한다.
    ⓒ 이론적 정교화: 학습할 원리를 기초적이고 구체적이며 명백한 원리로부터 세부적이고 복잡하며 포괄성이 적은 원리의 순으로 계열화한다.
② 선행학습의 계열(sequence)
  ㉠ 선행학습 요소는 특정 과제를 해결하기 위해 학습해야 할 내용이다.
  ㉡ 선행학습 요소는 쉬운 것에서 어려운 것으로, 단순한 것에서 복잡한 것으로 계열화되어 있다.
  ㉢ 예를 들어, 곱셈과 나눗셈을 배우기 전에 덧셈과 뺄셈을 이해하도록 설계해야 한다.
③ 요약자(summarizer)
  ㉠ 수업에서 학습한 내용을 잊어버리지 않고 체계적으로 복습하기 위해 요약자를 제시한다.
  ㉡ 각 수업마다 수업 요약자(internal summarizer)를 제공하고, 단원이 끝날 때마다 단원 요약자(within-set summarizer)를 제시한다.

       ⓒ 요약자에는 수업에서 제시한 주요 아이디어, 관련 사례, 평가 문항 등을 활용할 수 있다.

  ④ 종합자(synthesizer)

       ㉠ 단일 유형 아이디어들의 관계를 정의하고 이들을 통합하는 요소이다.

       ㉡ 가치 있는 지식을 제공하고, 각 아이디어를 비교하며, 아이디어 간 연결 방식을 제시한다.

       ⓒ 일반성, 사례, 연습문항 등으로 제시할 수 있으며, 수업 종합자와 단원 종합자를 포함한다.

  ⑤ 비유(analogy)

       ㉠ 새로운 아이디어를 학습자에게 친숙한 아이디어와 연관 지어 설명함으로써 학습자의 이해를 돕는다.

       ㉡ 예를 들어, 인간의 정보처리과정을 컴퓨터의 중앙처리장치, 단기기억장치, 장기기억장치 등에 비유해서 설명할 수 있다.

       ⓒ 다만 비유가 오개념을 형성시킬 수 있기 때문에 차이를 명확히 구분하도록 주의시켜야 한다.

  ⑥ 인지전략 활성자(cognitive strategy activator)

       ㉠ 다양한 인지전략을 적절하게 활용하기 위해 학습자에게 명시적으로 인지전략을 활용할 것을 제시한다.

       ㉡ 학습자료에 그림, 도식, 비유 등을 포함시킬 수도 있고, 교수자가 직접 "이 개념에 대한 비유를 생각해보세요."라고 말함으로써 언어적 인지전략을 활성화시킬 수도 있다.

  ⑦ 학습자 통제(learner control)

       ㉠ 학습자가 자신의 학습에 있어 선택권과 통제력을 가지는 것을 의미한다.

       ㉡ 학습내용(내용 통제), 학습속도(속도 통제), 교수전략과 교수전략의 제시 순서(제시 통제), 사용할 인지전략(인지 통제)을 선택·계열화할 수 있는 자유를 부여한다.

참고 | 라이겔루스의 개념학습 (기출 08, 09 중등)

1. 개념학습

  ① 개념은 명칭, 규칙, 속성, 사례 등으로 구성되어 있다.

    예 포유류란 자궁 안에 있는 새끼에게 성장에 필요한 영양분을 공급해 주고, 어느 정도 새끼가 자라면 출산을 하여 젖을 먹여 키우는 척추동물로, 강아지나 고양이가 대표적인 사례이다.

  ② 개념학습에서는 특정 사물이나 사건, 상징적 대상의 공통적 속성을 학습한다.

  ③ 학생의 단순한 사실의 기억보다는 이해력과 고차적 사고능력의 향상을 추구한다.

2. 개념학습의 단계

  ① 제시: 일반성(정의), 상위 개념, 결정적 속성으로 제시하며, 결정적 속성을 지닌 사례를 제시한다.

    예 포유류의 정의나 결정적 속성을 가르치거나, 가장 쉽고 전형적인 예를 가지고 설명한다.

② **연습**: 이전에 접하지 못한 사태에 개념을 적용하도록 발산적 사례들을 다양하게 제시한다.

📌 다양한 문항을 통하여 이전에 본 적이 없는 사례에 포유류 개념을 적용해 보도록 한다. 포유류가 아닌 예와 포유류인 예를 동시에 들면서 변별하게 한다.

③ **피드백**: 학습자가 개념을 적용하는 과정에서 피드백을 제공하고, 칭찬이나 격려를 통해 학습동기를 유발한다.

📌 칭찬이나 격려를 하거나 오답에 대해 왜 틀렸는지를 설명한다.

기출 15 중등

기출논제 Check ☑

A 중학교가 내년에 중점을 두고자 하는 학습동기 향상을 위한 학습과제 제시 방안 3가지 설명

⑤ 켈러(Keller)의 학습동기 설계를 위한 ARCS 모형

(1) 개관

① ARCS 모형은 학습자의 학습동기를 유발·유지시키는 교수전략으로, 학습동기가 동기전략에 의해 조절될 수 있음을 전제한다.

② 켈러는 학습환경에서 학습자의 동기를 유발·유지시키기 위한 전략을 ARCS 모형을 통해 발전시켰다.

③ ARCS 모형은 교수의 세 가지 결과 변인인 효과성, 효율성, 매력성 중 특히 매력성과 관련하여 학습동기를 유발·유지시키는 각종 전략을 제공한다.

④ 켈러는 교수의 효과가 동기와 밀접한 관련이 있다고 주장하며, 교수 결과를 극대화하기 위해서는 학습동기에 관한 체계적·구체적 접근방식이 필요함을 주장한다.

⑤ 학습동기를 유발·유지시키기 위하여 중요 요소 4가지를 주장하였는데, '주의(Attention), 관련성(Relevance), 자신감(Confidence), 만족감(Satisfaction)'이 그것이다.

⑥ 각 동기 요소는 하위 전략을 3가지씩 제시하며 구체적·처방적인 동기 유발 및 유지방법을 제안한다.

(2) ARCS 전략(동기유발 전략)

① **주의(Attention)**: 효과적인 학습을 위해서는 학습자의 주의가 집중되어야 한다.

㉠ 주의는 동기의 요소이면서 학습의 선수조건이다. 학습이 일어나기 위해서 적어도 학습자가 학습자극에 주의를 기울여야 한다.

㉡ 주의는 호기심, 주의 환기, 감각 추구 등의 개념과 연관되어 있다. 특히 호기심은 학습자의 주의를 유지·유발시키는 주요 요인으로 지적된다.

㉢ 주의는 어떻게 학습자의 주의를 끌고 그것을 유지시킬지에 주목한다.

㉣ 학습의 선수조건으로서의 주의는 어떻게 하면 학습자의 관심을 학습에 필수적인 자극에 집중시키는가에 초점을 맞추고 있다.

㉤ 켈러가 주장하는 주의란 그저 감각적인 것으로 관심을 끄는 것뿐만 아니라 지적 호기심을 동시에 유발하여 교수·학습과정 동안 학습에 대한 주의를 계속 유지시키는 것으로 해석된다.

ⓗ 첫 번째 동기요소인 주의에는 '지각적 주의환기, 탐구적 주의환기, 다양성'이라는 세 가지의 하위 범주들이 포함된다.

② 관련성(Relevance): 수업내용이 학습자의 환경, 흥미, 목적 등과 긴밀하게 연관될 때 학습자의 학습동기가 향상된다.

   ㉠ 관련성은 '왜 내가 이것을 공부해야 하는가?'에 대한 해답을 요구한다.
   ㉡ 학습자가 공부를 하는 도중, 위의 질문에 대한 해답이 어떠한 방식으로든 인식되지 않을 때 관련성의 문제가 대두된다는 것이 켈러의 주장이다.
   ㉢ 켈러는 관련성에 대해 어떻게 해답을 주는가에 대하여 세 가지 방식으로 대답하고 있다.
      ⓐ 많은 학자들이 제시하듯이 현재와 미래의 일들을 수행하는 데에는 현재의 학습이 도움이 된다는 것을 보여주는 방식이다.
      ⓑ 학습 그 자체에서 즐거움을 찾고 가치를 알도록 도와주는 방식이다.
      ⓒ 결과보다 학습의 과정에 초점을 맞추도록 하는 방식이다.
         ⇨ 이 주장은 켈러가 가장 중시하였다.
   ㉣ 학습의 과정이 개개인 학습자의 요구나 특성에 알맞게 전개되어 학습자가 학습의 관련성을 지각할 때 동기는 유발·유지될 것으로 본다.
   ㉤ 관련성을 높이기 위한 전략에는 '친밀성, 목적지향성, 필요나 동기와의 부합성'이 있다.

③ 자신감(Confidence): 학습자는 학습에 자신감이 있을 때 높은 학습동기를 가질 수 있으며, 특히 학습에 대한 통제(control)의 지각이 중요하다.

   ㉠ 자신감은 학습자로 하여금 학업 수행을 계속하게 하고 학업 수행 자체에 영향을 미치기 때문에 동기의 요건으로 중시되고 있다.
   ㉡ 자신감은 성공에 대한 기대 정도로 이해될 수 있는데, 이는 여러 요인에 영향을 받는다.
   ㉢ 동기의 유발·유지를 위해서 학습자는 학습의 재미와 필요를 느낄 뿐만 아니라, 성공의 기회가 있다는 것 또한 인식할 수 있어야 한다. 즉, 학습에 대한 자신감을 가져야 한다.
   ㉣ 켈러는 자신감에는 여러 측면이 존재함을 주장했으며, 그중 '지각된 능력, 지각된 조절감, 성공에의 기대'를 중시하였다.
   ㉤ 켈러가 주장하는 자신감의 3가지 측면은 자신감을 높이기 위한 3가지 전략인 '학습의 필요조건 제시, 성공의 기회 제시, 개인적인 통제감 제시'에 잘 반영되어 있다.

④ 만족감(Satisfaction): 학습경험에 대한 긍정적인 만족감이 있을 때 학생의 학습동기가 향상된다.

   ㉠ 만족감은 학습자가 스스로 수행한 것에 대하여 기분 좋게 느끼게끔 도와줄 때 학습동기가 유발·유지된다고 보는 관점이다.
   ㉡ 켈러가 주장하는 만족감이란 학습자 스스로 학습상황을 조절할 때 느낄 수 있는 학습의 자아조절의 의미로, 내적 동기유발 원리가 외적 보상에 비해 강조되어야 달성될 수 있는 것이다.

ⓒ 만족감은 학습 초기에 학습자의 동기를 유발시키는 요소라기보다는, 일단 유발된 동기를 계속 유지시키는 역할을 하는 것으로 지적된다.

ⓓ 켈러는 동기 유지에 있어 만족감을 중시하면서 '자연적 결과 강조, 긍정적 결과 강조, 공정성 강조'의 3가지 구체적인 전략을 제안한다.

개념확대 ⊕
Zoom IN 켈러의 ARCS 전략

전략	전략의 종류	세부 내용
주의 (Attention)	지각적 주의환기	• 새롭고, 놀라우면서, 기존의 것과 모순되거나 불확실한 사실 또는 정보를 교수 상황에 사용함으로써 학습자의 주의를 유발·유지시키는 전략 • 예상치 못했던 소리나 움직임을 통해 학습자의 지각적 주의를 환기시킴 • **세부 전략** – **시청각 효과의 활용**: 애니메이션, 삽화나 도표, 그래픽 등의 사용 – 비일상적인 내용이나 사건 제시 – 주의분산의 자극 지양
	탐구적 주의환기	• 학습자에게 스스로 문제나 질문 등을 만들게 함으로써 정보탐색 행동을 자극하는 것 • **세부 전략** – 능동적 반응 유도 – 문제해결활동의 구상 장려 – 신비감의 제공
	다양성	• 교수요소에 다양한 변화를 주어 학습자의 흥미를 유지시키는 것 • 내용을 다양한 방식으로 제시하거나, 수업계열에 변화를 주어 교수행동에 다양한 변화를 줌 • **세부 전략** – 간결하고 다양한 교수형태의 사용 – 일방적인 교수와 상호작용적 교수의 혼합 – 교수자료의 변화 추구 – '목표 – 내용 – 방법'의 기능적 통합
관련성 (Relevance)	친밀성	• 학습자의 경험과 가치에 연관되는 예문이나 구체적인 용어, 개념 등을 사용하는 것 • **세부 전략** – 친밀한 인물 또는 사건 활용 – 구체적이고 친숙한 그림 활용 – 친밀한 예문 및 배경지식 활용

관련성 **(Relevance)**	목적지향성	• 결과 측면의 관련성을 높일 수 있는 구체적 방법을 제시해 주기 위해 교수의 목표나 실용성을 나타내는 진술이나 예문을 포함시키는 것 • 성취목적을 제시하거나 학습자 스스로에게 성취목적이나 그 기준을 세우도록 할 수도 있음 • **세부 전략** 　– 실용성에 중점을 둔 목표 제시 　– 목적지향적 학습형태의 활용 　– 목적의 선택가능성 부여
	필요나 동기와의 부합성	• 교수과정 또는 방법 측면의 관련성과, 학습자의 필요나 동기와 부합되는 수업전략을 사용하는 것 • 학습자가 가진 필요 중 성취욕구와 소속감의 욕구를 중시하면서 이들을 충족시킬 수 있는 4가지 구체적 방법을 제시함 • **세부 전략** 　– 다양한 수준의 목적 제시 　– 학업성취 여부의 기록체제 활용 　– 비경쟁적 학습상황의 선택 가능 　– 협동적 상호 학습상황 제시
자신감 **(Confidence)**	학습의 필요조건 제시	• 수업목표를 구체적으로 진술하거나 평가 기준을 공개하고, 새로운 학습에 요구되는 선행학습 정도를 제시하면서 학습자에게 학습에 대한 요건을 분명하게 설명해 줌으로써 학습자가 성공의 가능성 여부를 짐작하도록 도와주려는 것 • **세부 전략** 　– 수업의 목표와 구조 제시 　– 평가 기준 및 피드백 제시 　– 선수학습능력 판단 　– 시험 조건 확인
	성공의 기회 제시	• 성공의 기회는 학습과정과 수행의 조건에서 적절한 수준의 도전감을 제공하는가와 관련 있음 • 켈러가 말하는 적절한 수준의 도전감이란 학습자에게 의미 있는 성공경험을 제공하는 것으로, 학습자가 재미있어 하면서도 너무 위험하다고 느끼는, 즉 성공의 기회가 전혀 없다고는 느끼지 않는 수준의 도전감임 • **세부 전략** 　– 쉬운 것에서 어려운 것으로 과제 제시 　– 적정 수준의 난이도 유지 　– 다양한 수준의 시작점 제공 　– 무작위의 다양한 사건 제시 　– 다양한 수준의 난이도 제공

전략	전략의 종류	세부 내용
자신감 (Confidence)	개인적인 통제감 제시	• **개인적인 통제감**: 학업에서의 성공이 개인의 노력이나 능력에 기인한다는 피드백과 그 조절의 기회를 제공함으로써 얻어질 수 있는 것 • **세부 전략** – 학습의 끝을 조절할 수 있는 기회 제시 – 학습속도 조절 가능 – 원하는 부분에로의 재빠른 회귀 가능 – 선택이 가능하고 다양한 과제와 난이도 제공 – 노력이나 능력에 성공 귀착
만족감 (Satisfaction)	자연적 결과 강조 (내재적 강화)	• 학습자의 내적 동기를 유지시키려는 것으로, 학습자가 새로 습득한 지식이나 기술을 실제 또는 모의상황에 적용해보는 기회를 제공하는 것 • **세부 전략** – 연습문제를 통한 적용 기회 제공 – 후속 학습상황을 통한 적용 기회 제공 – 모의상황을 통한 적용 기회 제공
	긍정적 결과 강조 (외재적 강화)	• 바람직한 행동을 유지하기 위해 성공적인 학습결과에 대한 긍정적 피드백이나 보상을 제공하는 것 • **세부 전략** – 적절한 강화 스케줄 활용 – 의미 있는 강화 제공 – 정답을 위한 보상 강조 – 외적 보상의 사려 깊은 사용 – 선택적 보상체제 활용
	공정성 강조	• 학습자의 학업성취에 대한 기준과 결과가 일관성 있게 유지되어야 한다는 것 • 학습자의 학업수행에 대한 판단을 공정하게 함과 동시에 성공에 대한 보상이나 기타의 강화가 기대한 대로 주어져야 함을 암시함 • **세부 전략** – 수업목표와 내용의 일관성 유지 – 연습과 시험내용의 일치

04 교수설계 이론과 전략: 객관주의 2

❶ 스키너(Skinner)의 프로그램 교수법(programmed instruction)

(1) 개관
① 부진아의 완전학습을 위해 강화이론과 학습내용 조직 계열성의 원리에 근거하여 스키너에 의해 고안된 수업방법이다.
② 스키너의 프로그램 교수법은 행동주의의 강화이론에 근거한다.
③ 스키너는 학습자의 학습을 효과적으로 통제하는 교수기계를 고안해내고 수업교재를 개발하며 수업의 공학화를 도모하였다.
④ 학습자가 자신의 능력과 속도에 따라 개별적으로 학습할 수 있는 교수기계가 사용된다.
⑤ 스키너의 프로그램 교수법은 이후 컴퓨터 보조수업 설계에 영향을 미쳤다.

(2) 프로그램 교수법의 학습원리
① 점진적 접근의 원리: 학습과제를 활용한 학습은 쉬운 것에서 어려운 것으로, 단순한 것에서 복잡한 것의 순서로 이루어져야 한다.
② 적극적 반응의 원리: 학습자가 제시된 내용에 대하여 능동적이고 적극적으로 반응할 때 효과적인 학습이 가능하다.
③ 즉시 확인의 원리: 학습자가 연습문제를 해결하고, 이에 대한 옳고 그름이 즉시 확인될 수 있을 때 오류가 교정되고 학습이 더욱 잘 일어날 수 있다.
④ 학습자 검증의 원리: 학습자가 학습결과의 옳고 그름을 스스로 검증할 때 효과적인 학습이 일어날 수 있다.
⑤ 자기속도의 원리: 학습자의 속도에 맞게 학습이 개별화되어야 한다.

(3) 프로그램 학습의 형태
① 직선형 프로그램: 모든 학습내용이 동일한 순서로 계열화되어 있으며, 모든 학습자들은 같은 순서로 같은 내용을 학습한다.
② 분지형 프로그램: 학습과제에 대한 학습자의 반응 정도 및 종류에 따라 다양한 순차가 가능하다.
　　🅔 한 연습문제에 학생이 오답을 체크하면 그 학생은 오답내용에 대한 보충학습이 추가로 이루어지고 다음 학습과제로 넘어갈 수 있다.

(4) 프로그램 교수법의 장·단점
① 장점
　　㉠ 개별화 학습이 가능하고, 학습자의 능동적인 참여가 이루어진다.
　　㉡ 단순한 지식 및 기능 학습에 효과적이다.
　　㉢ 학습자의 수행에 대한 즉각적인 피드백이 가능하다.
② 단점
　　㉠ 프로그램을 개발하는 데 많은 비용이 든다.
　　㉡ 협동학습과 고등정신기능의 함양이 어렵다.

❷ 캐롤(Carroll)의 학교학습이론(model of school learning)

(1) 개관

① 캐롤은 학교학습 중 특히 인지적 학습에 작용하는 변인 간의 상관관계를 탐구하여 이를 함수로 표현하고, 이를 통해 학습효과를 극대화할 수 있는 방안을 제시하였다.

② 학습의 정도를 '학습에 사용된 시간'과 '학습에 필요한 시간' 간의 함수로 나타내고, 학습에 필요한 시간보다 학습에 사용된 시간이 많을수록 학습의 정도가 커진다고 주장하였다.

③ 캐롤의 학교학습모형은 완전학습의 가능성을 시사한다.

(2) 학교학습이론의 방정식과 학습효과 극대화 방안

① 계산 공식

$$\text{학습의 정도} = f\left\{\frac{\text{학습에 사용된 시간}}{\text{학습에 필요한 시간}}\right\}$$

$$f\left\{\frac{\text{학습지속력, 학습기회}}{\text{적성, 수업이해력, 수업의 질}}\right\}$$

② 학습효과 극대화 방안

㉠ 학습에 필요한 시간을 최소화: 수업의 질을 높이면 학습자의 이해력이 높아지므로 학습에 필요한 시간을 줄여 학습의 정도를 높일 수 있다. 학습에 필요한 시간을 최소화하고, 학습에 사용된 시간을 최대화하면 학습의 정도를 극대화할 수 있다.

㉡ 학습지속력과 학습기회를 높임: 동기화 전략을 통해 학습지속력을 최대한 유지시키고, 학습기회를 충분히 제공하면 학습에 사용된 시간이 늘어나므로 완전학습에 이르도록 할 수 있다.

(3) 학습자 변인과 교사 변인

① 학습자 변인

㉠ 적성: 학습자가 주어진 학습과제를 일정한 수준까지 학습하는 데 필요한 시간으로, 특정 분야의 과제에 있어 적성이 높을수록 주어진 과제를 해결하는 데 소요되는 시간이 작고, 적성이 낮을수록 과제를 해결하는 데 소요되는 시간이 크다.

㉡ 수업이해력: 수업내용을 이해하는 학습자의 능력으로, 일반지능과 언어적 능력이 포함된다.

㉢ 학습지구력(= 학습지속력): 학습자가 인내심을 가지고 학습과제에 적극적으로 참여하는 시간으로 학습자의 주의집중, 흥미, 태도 등에 영향을 받는 일종의 학습동기라고 할 수 있다.

② 교사 변인
  ㉠ 수업의 질: 교수방법, 수업목표의 구체성, 교사가 사용하는 언어의 명확성, 학습활동의 계열화 등이 효과적으로 이루었는지를 의미하며, 수업의 질이 높을수록 학습에 필요한 시간이 적게 소요된다.
  ㉡ 학습기회: 학습자에게 학습과제의 해결을 위해 허용된 시간을 의미한다. 학습기회의 부족은 학습과제에 대한 이해를 낮추고, 학습기회의 과잉은 유능한 학습자의 동기를 낮추므로 적절한 학습기회를 주는 것이 필요하다.

(4) 학교학습이론의 시사점

① 모든 학습자가 특정 과제에 필요한 시간을 충족시킬 수 있다면, 100%의 학습성과를 달성할 수 있다고 가정함으로써 완전학습의 토대가 되었다.
② 학교학습에 작용하는 변인들에 대한 체계적인 계획을 통해 학습자의 성취를 효과적으로 진단·교정할 수 있다.

❸ 블룸(Bloom)의 완전학습모형(mastery learning)

(1) 개관

① 블룸은 캐롤의 이론을 토대로 완전학습모형을 체계화하였다.
② 완전학습이란 약 95% 이상의 학습자가 수업내용을 약 90% 이상 학습하는 것이다.
③ 학습자의 적성과 수업이해력에 따라 충분한 학습기회를 제공하여 완전학습을 달성할 수 있다.

(2) 완전학습모형의 주요 변인

① 인지적 출발점 행동
  ㉠ 학습과제를 학습하는 데 필요한 지식, 기술, 능력의 선행학습 수준이다.
  ㉡ 학습과제의 선행학습 요소를 어느 정도 학습한 상태인가에 관한 것이다.
② 정의적 출발점 행동
  ㉠ 학습에 대한 동기화 정도이다.
  ㉡ 학습과제에 대한 동기, 자아개념, 학교와 학급에 대한 태도 등을 포함한다.
③ 수업의 질
  ㉠ 수업이 학습자에게 얼마나 적절한지의 정도에 관한 것이다.
  ㉡ 하위 요인
    ⓐ 단서: 학습과제를 제시할 때 교사가 제공하는 모든 정보이다.
    ⓑ 참여: 학습과제를 학습하고자 하는 학습자의 노력행동이다.
    ⓒ 강화: 학습과정에서 교사가 제공하는 칭찬이나 지지 등과 같은 학습자 행동에 대한 교사의 정의적 반응이다.
    ⓓ 피드백과 학습교정: 학습자의 수행에 대해 교사가 제공하는 강화이다.

(3) 완전학습의 단계와 전략

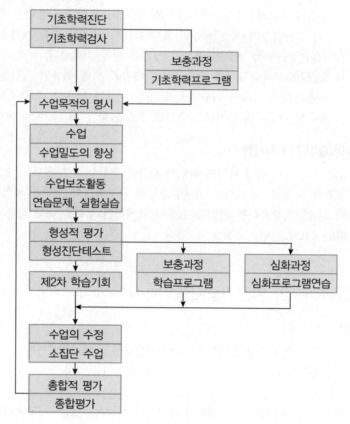

[그림 3-19] 완전학습의 단계

① 수업 전 단계
  ㉠ 기초학력진단(학습결손 발견): 개별 학습자의 선행학습 정도를 진단하여 어떤 학습자가 선행학습 결손을 가지고 있는지 파악한다.
  ㉡ 기초학습 보충과정(학습결손 처치): 학습결손이 있는 학습자에게 연습문제나 교재 등을 제공하고 가정학습으로 학습결손 정도를 보충할 수 있도록 한다.
② 수업 중 단계
  ㉠ 수업목적의 명시: 수업목표를 분명하게 인식시킨다.
  ㉡ 수업활동: 학습자의 수업이해력에 기초하여 학습내용을 체계적으로 제시하여 학습시간의 효율성을 증대시키고 충분한 학습기회를 제공한다.
  ㉢ 수업보조활동: 교과의 성질에 따라 교사의 활동, 실험, 실습, 연습, 시청각 교재 사용 등의 보조적 활동을 병행한다.
  ㉣ 형성평가: 형성평가를 통해 교사는 수업의 개선을 위한 정보를 획득하고, 학습자는 스스로의 학습 정도를 확인한다.
  ㉤ 보충과정: 형성평가에서 부진한 학습자에게 재학습의 기회를 제공한다.

    ┬ **심화과정**: 형성평가에서 일정한 수준에 도달한 학습자에게 학습경험을 심화시킬 수 있는 기회를 제공한다.

    ┭ **제2차 학습기회**: 2차 학습기회를 제공한다.

  ③ **수업 후 단계**

    ㅇ **총합적 평가**: 일정기간의 수업이 종결된 후 학습자의 성취도를 평가하고 수업활동에 대한 효과성과 효율성을 판단한다.

      예 단원평가, 학기말평가

(4) 완전학습모형의 시사점

① 개별학습 및 형성평가와 피드백을 통해 학습자의 높은 성취를 유도할 수 있다.

② 학습자의 높은 성취는 학습흥미 증진, 다음 학습에 대한 동기유발, 자아개념 향상 등의 긍정적인 효과를 불러일으킬 수 있다.

④ 듀이(Dewey)의 탐구학습모형(Inquiry learning)

(1) 개관

① **탐구**: 어떤 사실이나 가치의 문제를 그것의 기초가 되는 가정에 비추어 평가해보고, 일련의 평가준거에 따라서 해당 사실이나 가치의 문제를 타당화하는 과정이다.

② **탐구학습**: 학습자가 스스로 탐구주제를 설정하고 탐구과정을 통해서 학습내용을 능동적으로 습득하는 학습을 의미한다.

③ 듀이의 탐구학습은 문제해결중심 학습이며 반성적 사고과정에 초점을 둔다.

④ **반성적 사고**: 문제의 원인과 결과의 관계를 파악하고 탐색해 나가는 정신활동으로, 실제적인 문제에 대한 인식에서부터 시작한다.

(2) 반성적 사고과정의 단계

① **암시(문제 확인)**: 생활환경 속에서 어려운 문제나 곤란을 직면하고 이를 해결하고자 하는 의식을 가지게 된다.

② **지성화(문제 검토)**: 관찰을 통하여 문제를 명확하게 인식하고 문제의 사태를 명료화한다.

③ **가설 설정(해결방안 수립)**: 문제의 성격을 파악한 후 이에 대한 잠정적인 답을 세워본다.

④ **추리(추리에 의한 전개)**: 추리작용에 의해 해결과정이 시행과 수정의 반복을 거쳐 객관적인 해결체제로 가까워진다.

⑤ **검증(행위에 의한 가설의 검증)**: 증거를 통해 가설을 채택하거나 기각한다.

(3) 장·단점

① 장점
  ㉠ 학생의 자율성과 능동적 태도를 기를 수 있다.
  ㉡ 실생활에 밀접한 학습이 일어난다.
  ㉢ 지적호기심에 근거한 학습은 학생의 내용 학습과 개념 이해를 강화한다.
  ㉣ 학생이 문제를 스스로 해결함으로써 내적 보상을 얻을 수 있다.
  ㉤ 자기주도성과 협업기술 향상에 효과적이다.
  ㉥ 고차적 사고력, 초인지적 능력, 자기주도적 학습능력 등을 기를 수 있다.
② 단점
  ㉠ 기초학력 향상에 비효율적이다.
  ㉡ 학습의 방향성을 잃기 쉽다.
  ㉢ 노력에 비해 지적 성장이 비능률적일 수 있다.

(4) 탐구학습 적용 시 유의사항

① 교수자는 지시자가 아니라 안내자이자 촉진자의 역할을 수행한다.
② 열린 과제를 제공하고, 특정한 정답을 요구하지 않는다.
③ 수업에 있어 미리 짜놓은 계획대로 진행하는 것이 아니라, 학생 스스로 자신의 능력에 맞게 독립적 탐구자로 성장할 수 있는 학습환경을 제공한다.

> **참고** **마시알라스(Massiallas)의 탐구학습모형 절차**
>
> 1. **안내:** 문제를 인식한다.
> 2. **가설:** 문제에 대한 설명이나 해결방안을 모색하고 이를 서술적으로 진술한다.
> 3. **정의:** 가설에 사용되는 용어들을 명료하게 규정한다.
> 4. **탐색:** 가설 입증을 위해 증거를 탐색한다.
> 5. **가설 검증:** 경험적 자료를 통해 가설을 검증한다.
> 6. **결론 및 일반화:** 가설 검증을 통해 결론을 이끌어내고 이를 다른 상황에도 적용시킬 수 있도록 일반화한다.

❺ 브루너(Bruner)의 발견학습모형(discovery learning) 기출 14 추시 중등

기출 14 추시 중등

기출논제 Check ☑

최 교사가 수업 효과성을 높이기 위하여 선택한 방안(① 학문중심 교육과정 이론에 근거한 수업 전략) 논의

(1) 개관

① 발견학습: 학습자에게 가르쳐야 할 내용이 최종 형태로 제시되지 않고, 학습자 스스로가 최종 형태를 발견하도록 요구되는 상황에서 일어나는 학습이다.
② 학습자는 발견학습을 통해 내용적인 지식뿐만 아니라 학문의 탐구법도 함께 습득할 수 있다.
③ 발견학습에서 학습자는 귀납적 추론과정을 통해 새로운 규칙을 도출하면서 규칙성을 발견하는 학문의 기본 구조(지식의 구조)를 터득할 수 있다.
④ 브루너는 지식의 구조화, 학습계열성을 고려한 교수·학습, 학습효과 향상을 위한 강화전략을 강조하였으며, 효율적 수업을 위한 4가지 요소를 제시하였다.

(2) 특징
① 교과의 기본 구조에 대한 철저한 학습을 강조한다.
② 학습의 결과보다 과정과 방법을 중요시한다.
③ 학습자의 능동적인 학습참여를 강조한다.
④ 학습효과의 전이를 중요시한다.

(3) 효율적 수업을 위한 4가지 요소
① 학습경향성의 자극
　㉠ 학습경향성: 학습자의 학습하고자 하는 성향 또는 욕구를 의미한다.
　㉡ 학습경향성 극대화 방안
　　ⓐ 탐구의욕 자극: 너무 어렵거나 쉽지 않고 학습자의 사고를 자극하기에 적절한 모호성을 지닌 과제를 제시하여 탐구의욕을 자극할 수 있다.
　　ⓑ 탐구의욕 유지: 학습자의 학습을 지속적으로 격려하고 허용적·민주적 수업 분위기를 만들며, 가능성을 탐색해서 얻는 이득이 실패에서 오는 부담보다 크게 하여 탐구의욕을 유지시킨다.
　　ⓒ 탐구의 방향성: 학습과제의 목표와 진행 중인 학습활동이 어떻게 연관되는지를 알려줌으로써 탐구의 방향성을 제시한다.
② 지식의 구조
　㉠ '지식의 구조'란 학문을 구성하는 가장 기본적인 아이디어, 개념, 원리와 법칙 등을 체계화한 것이다.
　㉡ 학습과제는 지식의 구조를 중심으로 학습자가 쉽게 이해할 수 있는 형태로 제시되어야 한다.

개념확대 🔍
Zoom IN 지식의 구조 특징

1. 표현방식의 다양성
　(1) 특징
　　① 어떤 영역의 지식도 작동적·영상적·상징적 표현방식을 통해 나타낼 수 있다.
　　② 지식의 구조를 적절히 활용하면 어떤 발달단계에 있는 아동에게도 그 표현방식을 다르게 하여 효과적으로 가르칠 수 있다.
　(2) 작동적·영상적·상징적 표현방식
　　① **작동적 표현방식**: 작동을 통해서 인지하며, 언어적인 설명은 큰 의미가 없다.
　　　⟪예⟫ 천칭의 원리를 이해하기 위해 시소를 직접 타본다.
　　② **영상적 표현방식**: 작동화하지 않아도 인지가 가능하며, 도형이나 그림만으로 주변 사물을 이해할 수 있다.
　　　⟪예⟫ 천칭의 원리를 이해하기 위해 천칭 모형이나 그림을 활용한다.
　　③ **상징적 표현방식**: 언어나 기호, 또는 부호화된 상징으로 표현한다.
　　　⟪예⟫ 천칭의 원리를 공식을 통해서 이해한다.

---

2. 경제성
① 어떤 문제를 해결하기 위해 학습자가 필요로 하는 최소 정보의 양이다.
② 지식의 구조는 개념, 원리, 법칙으로 학습하기 때문에 기억해야할 정보의 양이 적고 경제성이 크다.

3. 생성력
① 주어진 정보 이상의 지식을 찾거나 생성하게 하는 용이성을 의미한다.
② 지식의 구조를 획득하면 정보의 인출이 용이하고, 그 지식을 활용하는 데에도 효과적이다.

③ 학습의 계열화
   ㉠ 학습과제를 제시해주는 순서에 대한 것이다.
   ㉡ 학습자의 사전학습 수준, 발달단계 등에 따라 학습과제 제시 순서를 다르게 한다. 보통 쉬운 것에서 어려운 것, 구체적인 것에서 추상적인 것 순으로 계열화하는 것이 일반적이다.
      예 작동적 표상 ⇨ 영상적 표상 ⇨ 상징적 표상
   ㉢ 나선형 교육과정
      ⓐ 학년이 올라갈수록 같은 지식에 대하여 구조의 깊이와 폭을 더해가며 점점 심화된 학습을 제공하는 방식을 말한다.
      ⓑ 브루너는 지식의 구조를 활용하면 어떠한 발달단계에 있는 아동에게도 지식의 구조를 적절한 표현방식을 통해 효과적으로 가르칠 수 있다고 주장하며 나선형 교육과정을 제안하였다.
④ 강화
   ㉠ 학습자의 학습 정도를 수시로 확인하고 학습결과에 대해 보상을 주는 것이다.
   ㉡ 학습자가 학습과정에서 내적 보상을 받고, 학습결과에 대하여 교정적인 정보(피드백)가 주어질 때 가장 효과적인 학습이 이루어질 수 있다.

(4) 학습절차
① 과제 파악: 이때의 과제는 교과의 구조이며, 학습자는 교사의 생생한 설명을 들으면서 과제를 파악한다.
② 가설 설정: 전체 형상의 이해와 직관적 사고를 통해 가설을 생성한다.
③ 원리 발견(가설의 검증): 주관적 가설을 객관적 이치로 타당화시킨다.
④ 원리 적용: 발견한 원리를 구체적인 장면에 적용하고 살아있는 능력으로 전환한다.

(5) 장·단점

① 장점

㉠ 학습자의 정보조직능력, 문제해결능력, 자신감, 지적 잠재력을 증대시킬 수 있다.

㉡ 발견학습을 성공적으로 마쳤을 때 지적만족감, 희열 등과 같은 내재적인 보상을 경험할 수 있다.

㉢ 학습자는 스스로 지식의 구조를 발견하는 과정 속에서 내용적인 지식뿐만 아니라 이를 획득하는 탐구방법과 전략까지 습득할 수 있다.

㉣ 내용을 더욱 유의미하게 구성하므로 추후에 수월하게 회상할 수 있어 장기 기억화가 쉽고 인출이 용이하다.

② 단점

㉠ 학습에 소요되는 시간이 크다.

㉡ 단시간에 많은 양의 단순 개념을 습득하는 학습에 비효율적이다.

㉢ 수업준비에 대해 교사가 가지는 부담이 크다.

(6) 발견학습모형의 시사점

① 발견학습은 설명식 교수법(오수벨, 스키너)과는 다르게 학습자가 능동적으로 학습하게 함으로써 파지와 전이를 높일 수 있다.

② 교사는 학습자에게 지식을 전달하는 것이 아니라 학습내용에 대해 질문하고, 탐구하고, 경험할 수 있도록 자극하는 역할을 해야 한다.

③ 학습자의 효과적 학습을 위해서는 지식의 구조, 능동적 학습, 내적 보상 등이 필요하다.

참고 브루너가 제안한 수업변인과 개념

수업변인		개념
독립변인	환경	제시된 수업이 학습자의 내적 동기를 자극하고, 적절한 수준의 곤란도를 유지하고 있어야 하며, 학습자에게 적절한 표현방식으로 제시되어야 함
매개변인	개념화 능력	개념이나 유목을 형성하는 능력
	지각과정	지각은 이용할 수 있는 적절한 유목이 얼마나 많은가와 관련됨
	내적 동기	• 학습이 이루어지게 하는 동인 • 학습자의 내부에서 나오는 흥미 또는 의욕을 망라한 것
종속변인	개념(유목)	비슷한 속성을 지닌 일련의 사상이나 사태를 표현하기 위하여 대상을 추상화한 것
	분류체계	파지, 발견, 전이와 같은 인간의 사고과정에 중요한 역할을 함
	지식의 구조	• 어떤 학문에 포함되어 있는 기본적인 아이디어, 개념, 명제, 원리와 법칙 등을 체계화한 것 • 표현방식, 경제성, 생성력 등의 특징에 의해 평가됨

6 오수벨(Ausubel)의 유의미학습(meaningful learning)

(1) 개관

① 오수벨의 유의미학습은 학습자의 기존 인지구조가 새로운 자료를 학습 및 파지하는 데 영향을 미친다는 것을 전제한다.

② 학습자가 새로운 학습과제를 기존에 자신이 갖고 있던 선행지식과 연결시켜 학습할 때 유의미한 학습이 일어난다고 주장한다.

③ 유의미학습은 새롭게 배운 내용을 기계적으로 암기하고 기존 지식과 관계를 형성하지 못하는 '기계적 학습(rote learning)'과 반대되는 개념이다.

④ 학습자의 인지구조: 학습자가 가지고 있는 조직화된 개념이나 아이디어들의 집합체이다.

⑤ 유의미학습: 새로운 학습과제가 학습자의 기존 인지구조와 상호작용하여 포섭되는 것을 의미한다.

⑥ 오수벨의 유의미학습은 강의식 교수에 적용할 수 있는 이론이므로 '설명식 교수이론'이라고도 한다.

(2) 유의미학습의 조건

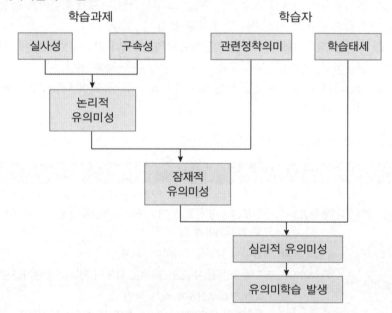

[그림 3-20] 오수벨의 유의미학습

① 학습과제의 조건

　ㄱ 실사성(substantiveness): 불변적·절대적인 특성으로, 한 명제를 어떻게 표현하더라도 그 의미와 본성이 변하지 않을 때 실사성이 있다고 한다.
　　예 정삼각형은 세 변의 길이가 같다＝세 변의 길이가 같은 것은 정삼각형이다.

　ㄴ 구속성(nonarbitrariness): 임의로 맺어진 관계가 시간이 흐른 이후에도 변경될 수 없을 때 구속성이 있다고 한다.
　　예 대상과 이를 지칭하는 이름이나 명칭 사이의 관계

② 학습자의 인지구조 조건 – 관련 정착 의미: 새로운 과제가 의미 있게 학습되기
위해서는 학습자의 기존 인지구조 속에 관련된 지식이 있어야 한다.

③ 학습자의 학습태세: 그 과제를 학습하고자 하는 학습자의 동기를 의미한다.

(3) 선행조직자(advance organizer)

① 유의미학습을 촉진하기 위해 학습 전에 제공되는 자료로, 인지구조를 강화하
고 새로운 정보의 파지를 촉진하기 위해 우선적으로 도입되는 정보 및 자료를
지칭한다.

② 학습자에 의해 사용되는 학습전략이라기 보다는 교사에 의해 사용되는 수업
전략을 의미한다.

③ 효과적인 선행조직자는 학습자에게 이미 친숙한 개념이나 용어, 명제이다.

④ 앞으로 제시될 학습내용을 추상적으로 포괄하는 역할을 한다.

⑤ 목적: 새로운 학습을 위해 개념망을 부여하고, 학습자가 가지고 있는 정보를
연결시키며, 장기적인 부호화를 촉진한다.

⑥ 형태: 진술문, 영화, 시범 등이다.

⑦ 종류

  ㉠ 설명조직자: 학습자의 선행지식과 새로운 학습과제 간에 유사성이 없을 때
  제시되며, 개념의 정착 근거 마련을 위한 포괄적이고 일반적인 자료이다.

  ㉡ 비교조직자: 학습자의 선행지식과 새로운 학습과제 간에 상당한 유사성이
  존재할 때 제시되며, 선행지식에 있는 개념과 새로운 학습과제의 개념 간의
  유사성과 차이점을 분명히 제시함으로써 상호 간의 변별력을 증대시킨다.

(4) 포섭(subsumption)

① 새로운 학습과제를 학습자의 인지구조 속으로 병합시키는 과정으로, 학습과
비슷한 개념이다.

② 포섭의 종류

  ㉠ 하위적 포섭(subordinate subsumption): 학습자가 기존에 갖고 있던
  개념보다 하위의 학습과제를 포섭하는 것이다.

    ⓐ 상관적 포섭: 새로운 학습과제가 기존에 갖고 있는 개념을 확장·수정·
    정교화할 때 발생한다.

      예 영어 동사의 과거형이 'bring – brought – brought'처럼 '–ed'로만 끝나는
      것이 아니라 다른 변화형으로 끝날 수 있음을 배우는 것

    ⓑ 파생적 포섭: 새로운 학습과제가 기존 개념의 구체적인 사례일 때 발생
    하는 포섭이다.

      예 기존의 삼각형에 대해 알고 있을 때, 새로운 학습과제에서는 그 하위 수준인
      직각삼각형, 둔각삼각형, 예각삼각형에 대해서 배우는 것

  ㉡ 상위적 포섭(superordinate subsumption): 학습자가 기존에 갖고 있던
  개념보다 상위의 학습과제를 포섭하는 것이다.

    예 기존에 개, 고양이 등에 대한 개념이 있을 때 이를 아우르는 포유류에 대해 배우
    는 것

ⓒ 병위적 포섭(병렬적 포섭, combinational subsumption): 학습자가 기존에 갖고 있던 개념과 대등한 수준의 학습과제를 포섭하는 것이다.
　　　⬛ 예 인지주의와 행동주의에 대해서 알고 있던 학생이 구성주의에 대해서 배우는 것

(5) 수업원리
① 선행조직자의 원리: 새로운 학습과제를 제시하기 전에 관련된 선행조직자로서 일반성 · 포괄성을 지닌 자료를 먼저 제시한다.
② 점진적 분화의 원리: 학문의 내용 중 가장 포괄적인 것부터 세부적인 것, 특수한 것으로 점차 내용을 분화시켜서 제시한다.
③ 통합적 조정의 원리: 새로운 학습과제는 이전에 학습된 내용과 통합되어 이해되도록 해야 하며, 교육과정의 계열에서 전 · 후 학습내용이 서로 밀접한 관계를 맺도록 조직한다.
④ 선행학습 요약 · 정리의 원리: 현재까지 학습한 내용을 요약 · 정리한 후 새로운 학습과제를 학습할 수 있도록 한다.
⑤ 내용의 체계적 조직원리: 학습내용을 계열화하고 체계적으로 조직한다.
⑥ 학습준비도의 원리: 학습자의 기존 인지구조 이외에도 학습자의 발달수준을 확인하고 관련된 학습경험을 제공한다.

(6) 유의미학습의 시사점
① 학습과제가 유의미하게 학습되기 위해서는 기존의 학습과 연관시킬 수 있도록 그에 대한 선행학습이 제대로 이루어져야 한다.
② 학습자들의 발달수준, 선행학습 수준 등의 특성을 고려한 수업을 해야 한다.
③ 학습내용을 계열화하여 조직할 때 교수 · 학습의 효과성과 효율성을 높일 수 있다.

요약정리 🔍
Zoom OUT 오수벨의 유의미학습

구분	내용
유의미학습의 개념	새로운 학습과제가 학습자의 기존 인지구조와 상호작용하여 포섭되는 것
유의미학습의 조건	학습과제의 실사성과 구속성, 학습자의 관련 정착 의미, 학습자의 학습태세
주요 개념	선행조직자, 포섭
유의미학습의 수업원리	선행조직자의 원리, 점진적 분화의 원리, 통합적 조정의 원리, 선행학습 요약 · 정리의 원리, 내용의 체계적 조직원리, 학습준비도의 원리

1 조나센(Jonassen)**의 구성주의 학습환경 설계모형**(CLEs; Constructivist Learning Environments)

기출 17 중등

기출논제 **Check** ☑
C 교사가 실행하려는 구성주의 학습활동을 위한 학습지원 도구·자원과 교수활동 각각 2가지 제시

(1) 개관
① 문제·프로젝트를 중심으로 구성주의 환경의 핵심 요소들을 동심원적으로 표현한다.
② 모델링, 코칭, 스캐폴딩(비계설정)이 포함된다.

(2) 구성요소

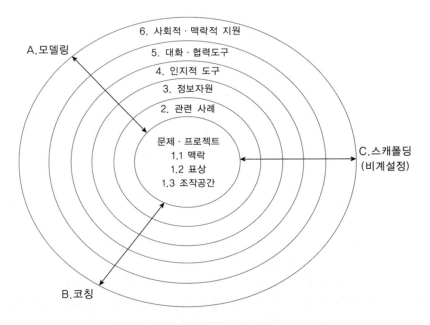

[그림 3-21] 조나센의 구성주의 학습환경 설계모형

① 문제·프로젝트(problem/project)
  ㉠ 설계의 중심에는 학생들이 해결해야 할 문제나 완성해야 할 프로젝트가 있다.
  ㉡ 문제가 예로 사용되는 객관주의적 수업과는 달리 구성주의 학습환경에서는 문제가 학습을 주도하며, 문제들은 비구조적(ill-structured)이고 정답이 한정되지 않은(ill-defined) 문제여야 한다.
  ㉢ 구성주의 학습환경에서 사용되는 문제에는 다음 세 가지 요소가 포함된다.
    ⓐ 맥락(context): 문제는 구체적인 맥락이 함께 제시된다.
      ⓔ 수행환경에 대한 맥락(문제가 발생한 상황, 일시, 장소 등), 수행자와 관련된 맥락(문제 상황에 있는 주인공의 직업, 배경 과제 등)을 제시함

ⓑ **표상(representation):** 학습자의 관심을 이끌어낼 수 있도록 실제적으로 제시되어야 한다.
　　ⓔ 문제를 이야기 형식으로 제시함
ⓒ **조작공간(manipulation space):** 학습자들이 문제를 조작할 수 있도록 해야 한다.
　　ⓔ 문제를 시뮬레이션의 형태로 제시하여 학습자가 물리적 대상을 조작하도록 함
② **관련 사례(related cases)**
　㉠ 문제해결을 위해 참조할 수 있는 관련 경험을 제공한다.
　㉡ 관련 사례를 통해 학습자가 문제를 이해할 수 있는 인지 모형(mental model)을 형성하는 것을 돕고 다른 관점과 해석을 제공해 줌으로써 학습자의 인지적 유연성을 기를 수 있다.
③ **정보자원(information resources)**
　㉠ 정보는 학습자가 문제를 확인하고 가설을 설정하는 데 필요하다.
　㉡ 문제해결에 필요한 정보를 텍스트, 그래픽, 음성자원, 비디오, 애니메이션 등과 같은 다양한 형태로 시기적절하게 제공한다.
④ **인지적 도구(cognitive tool)**
　㉠ 구성주의 학습환경에서는 새롭고 복잡한 과제들이 제공되고 학습자 스스로 문제를 해결해야 하기 때문에 학습에 어려움을 겪을 수 있다. 이때 학습자들의 수행을 도와주기 위해 인지적 도구를 활용할 수 있다.
　㉡ 인지 도구란 학습자들이 생각을 시각화하거나 조직하는 것을 도와주기 위해 개발된 컴퓨터 소프트웨어 등을 의미한다.
　㉢ 예를 들어, 시각화 도구, 모델링 도구, 수행지원 도구, 검색 도구 등을 제공할 수 있다.
⑤ **대화 · 협력도구(conversation/collaboration tool)**
　㉠ 구성주의 학습환경에서 문제해결은 팀 기반으로 이루어지는 경우가 많다.
　㉡ 학생이 동료학습자와 협력할 수 있는 도구를 지원한다.
　㉢ 예를 들어, 토론 게시판, 채팅 도구, 공동작업문서 등을 제공할 수 있다.
⑥ **사회적 · 맥락적 지원(social/contextual support)**
　㉠ 사회적 · 맥락적 지원은 구성주의 학습환경을 성공적으로 실행하기 위해 고려해야 하는 환경적 요소를 의미한다.
　㉡ 성공적인 학습과 실행이 가능하도록 물리적 · 조직적 · 문화적 측면 등의 맥락적 요인을 확인하고 지원한다.
　㉢ 예를 들어, 구성주의 학습환경에 익숙하지 않은 학습자들에게 보다 상세한 오리엔테이션을 제공할 수 있다.
⑦ **구성주의적 학습환경에서의 학습지원:** 모델링, 코칭, 스캐폴딩을 지원한다.

(3) 구성주의 학습환경에서의 교수·학습활동

학습활동		교수활동	
탐색 (exploration)	• 학습자는 다양한 탐색활동을 통해 가설 설정, 자료 수집, 잠정적 결론의 도출 등을 수행하며 학습 대상을 탐색함 • 다양한 자료와 자원을 활용하여 주제를 탐구하고, 자신만의 관점과 이해를 구축함	모델링 (modeling)	• 모델링은 전문가의 수행에 초점을 맞춤 • 학습자에게 기대되는 수행 사례를 제시하고, 각 문제 해결활동에서 학습자에게 기대되는 인지적 추론과정을 분명히 함 • 교수자가 시연을 보이면서 생각을 소리내어 말하거나 중요한 행동이나 과정에 대한 단서를 설명하는 경우가 모델링에 해당함
명료화 (articulation)	• 이미 알고 있는 것이나 알게 된 것을 분명히 함 • 탐색한 정보를 이해하고 해석한 뒤 다른 사람들과 소통하며 자신의 언어로 구체적으로 표현함 • 학습자가 스스로 설정한 이론이나 모형을 검토하기 위하여 실제로 적용해 보기도 함	코칭 (coaching)	• 코칭은 개인이 학습을 하거나 과제를 수행하는 동안 그들을 관찰하고 돕는 것을 의미하며, 학습자의 수행에 초점을 맞춤 • 학습자의 동기를 유발하고, 수행 수준을 확인하며, 이에 대한 피드백을 제공함
반추 (reflection)	• 학습자는 자신의 학습과정을 반추하고 성찰함 • 탐색하고 명료화한 정보를 다시 돌아보며 이해도를 확인하고 학습 과정과 결과를 평가함	스캐폴딩 (scaffolding)	• 스캐폴딩은 과제의 특성에 초점을 맞추는 보다 체제적인 지원 방식임 • 학습자에 맞는 과제 난이도 조절, 부족한 사전지식을 보완할 수 있도록 과제 재구성, 기존과는 다른 평가 기회 제공 등의 행태로 주어질 수 있으며, 스캐폴딩은 학습자의 성장에 따라 점차 소거되어야 함 • 스캐폴딩을 통해 학습자의 흥미를 유지하고 적절한 수행을 이끌어냄

❷ 4C/ID 모형

(1) 4C/ID 모형의 개념과 특징

① 개념: 4C/ID(4 Component Instructional Design)는 복잡하고 비구조화된 실제적 과제를 통한 문제해결력 향상을 위한 교수설계모형으로, 4개의 컴포넌트로 구성되어 있다.

② 목적: 실제적 문제해결을 위한 복잡한 인지 기능을 개발하기 위한 목적을 가지고 있다.

  ㉠ 복잡하고 복합적인 인지기능을 발달시키기 위한 장기적인 훈련프로그램이나 실질적 학습방법을 개발하기 위해 고안되었다.

  ㉡ 학습자가 지식을 실제적 문제에 적용하지 못하는 현상과 자기주도적 학습을 수행하지 못하는 현상을 해결하고자 하였다.

  ㉢ 전체 과제의 수행과 복잡한 인지기능의 학습에 초점을 맞추며, 실제 상황에 전이 가능하도록 총체적 설계(holistic design) 접근을 취하고 있다.

  ㉣ 과제와 정보의 제시방식과 유형, 시기의 조절을 통해 학습자들이 과제를 진행하는 동안 복잡한 인지기능 및 메타인지 기능을 습득할 수 있도록 한다.

③ 특징

  ㉠ 학습과제를 난이도에 따라 계열화한다.

  ㉡ 학습과제를 실제 환경 혹은 시뮬레이션 환경에서 수행한다.

  ㉢ 학습과제 수행 초기에는 스캐폴딩을 제공하다가 점차 없애나간다.

  ㉣ 학습과제의 복잡성을 점차 늘려가면서 추가적인 내적·외적 지원정보를 제공한다.

(2) 4C/ID 모형의 4가지 요소

① 학습과제(learning task): 단순한 수준에서 현실적 문제를 해결하는 복잡한 수준에 이르기까지 다양하게 구성한다.

  ㉠ 나선형 교육과정의 개념을 채택하여 난이도에 따라 학습과제를 계열화한다.

  ㉡ 전통적 교수설계모형은 부분과제 또는 전체과제 중 하나를 채택하였으나 4C/ID 모형에서는 부분과제의 수행이 전체과제 수행에 도움이 되도록 한다.

  ㉢ 학습과제는 실제적 환경이나 시뮬레이션 환경에서 제공해야 한다.

  ㉣ 스캐폴딩 또는 안내가 제시되어야 한다.

② 지원적 정보(supportive information): 문제해결에 필요한 일반적, 추상적인 지식에 대한 정보이다.

  ㉠ 문제해결을 위한 선언적 지식 형태의 학습 지원이며, 학습과제의 영역이나 학습 과제에 대한 접근법(예 전문가 모델링, 인지적 피드백)을 포함한다.

  ㉡ 학습 정교화에 중점을 두며 과제와의 연관성도 고려하여 제공한다. 학급별로 지원정보의 복잡성 혹은 난이도가 달라질 수 있다.

  ㉢ 지원적 정보는 하이퍼텍스트를 활용한 형태로 제공되는 편이다.

  ㉣ 수업 전에 제공될 수도 있고 수업 중에 제공될 수도 있다.

③ 절차적 정보(procedural information): 문제해결에 필요한 순환적·절차적 지식에 대한 정보이다.
  ㉠ 반복연습, 적시생산정보 등이 절차 정보에 포함된다.
  ㉡ 활동지(워크시트), 웹기반 멀티미디어 학습 콘텐츠로 제공이 가능하다.
④ 부분과제 연습(part-task practice): 학습과제와 관련된 특정 기능을 자동화하기 위한 목적에서 제시된다.
  ㉠ 일반적으로 수업이 종료된 후 숙제로 제시되는 경우가 많다. 자동화를 위해 요구되는 반복연습이 충분하지 않을 때만 제시되는 것이 바람직하다.
  ㉡ 인지기능 및 능력 강화에 초점을 두고 설계되어야 한다.
  ㉢ 전체 과제에 대한 인지적 맥락 안에서만 제공되어야 한다.

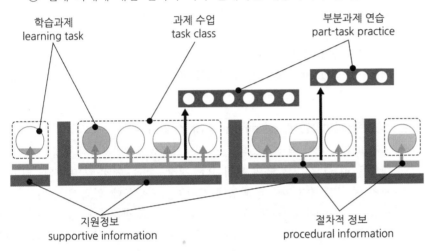

[그림 3-22] 4C/ID 모형의 4가지 요소

❸ 라브(Lave)와 웽거(Wenger)의 상황학습(situated learning)

(1) 상황학습의 개념 및 특징
① 학교에서 배운 지식은 그것이 실제 사용되는 맥락과 분리되어 가르쳐지므로 실생활에 활용되지 못하는 비활성지식으로 전락한다는 비판으로 등장하였다.
② 최근에는 테크놀로지를 이용하여 실제 상황과 유사한 환경을 제공하고, 학습자는 실제 맥락 속에서 문제를 발견하고 이를 해결하면서 유용한 지식을 학습하는 방식으로 활용되고 있다.
③ 지식이나 기능은 실제적인 과제해결을 위해 유의미한 맥락 안에서 제공되며, 추상적이고 일반적인 형태가 아니라 과제해결을 위한 구체적인 도구로서의 역할을 한다.
④ 학습자가 주도적인 역할을 가지며, 교사는 인지적 코치의 역할을 한다.
⑤ 학습과제는 포괄적이고 간학문적이며 복잡한 구조를 갖는다.
  ㉠ 과제: 실제 생활에서 사용되는 실제적인 과제, 교과 간 통합적 과제나 문제를 말한다.

ⓒ 과제 제시방법: 테크놀로지를 이용하여 지식이나 기능이 사용되는 상황이나 맥락과 함께 제시한다.

　　ⓐ 미시적 수준: 주제에 관한 다양한 작은 사례나 맥락을 제공한다.

　　ⓑ 거시적 수준: 여러 관점에서 해석될 수 있는 충분히 복잡한 맥락을 제공한다.

⑥ 평가: 실제적인 지식과 기능을 평가하는 평가가 진행되어야 하며, 학습에 통합되어야 하고, 문제해결의 다양한 시각을 반영한 측정 기준이 있어야 하며, 문제해결과정이 강조되어야 한다.

　　⇨ 학습자 스스로 평가 문제를 만들어 내도록 요구할 수 있으며, 학습자 스스로 이해한 정도를 평가할 수도 있다.

⑦ 교사의 역할: 인지적 코치이자 전문가로서 과제를 수행하면서 인지적 전략을 시연할 수 있으며, 학습자의 문제해결과정을 코칭하고 스캐폴딩을 제공하는 학습촉진자의 역할을 한다.

⑧ 학습자의 역할: 협동학습 통해 의미를 공유하고, 자신의 아이디어를 반성하고 명료화하는 주도적인 역할이 요구된다.

(2) 실천공동체(참여공동체, community of practice)

① 자신의 일에 대한 열정을 공유하고, 정기적으로 상호작용하여 그것을 더 잘하는 방법을 배우려는 사람들의 모임이다. 직장, 학교, 가정, 시민단체, 취미활동 모임 등 집단적인 학습의 과정에 참여하는 사람들에 의해 형성된다.

② 학습은 사람들과의 사회적 관계에서 발생한다고 전제한다. 즉, 실천공동체의 '합법적(정당한)·주변적 참여(legitimate peripheral participation)'로부터 핵심적인 구성원이 되어가는 과정에서 발생한다. 이때 '합법적'이라는 것은 공동체 안에서 자신에게 필요한 관계를 맺을 수 있는 권리를 뜻한다.

③ 특히, 합법적 주변참여를 중요시 여기는데, 이는 초보자(newcomers)가 관찰자나 주변인의 위치에서 점차 실천가 또는 전문가의 위치로 이동하는 상황적 사회적 현상을 의미한다. 초보자는 학습의 주변적 참여자로서 전체 과정을 관찰하고, 전체 그림을 이해하면서 기존 경험이 있는 구성원에게 지속적인 피드백을 받는 과정을 통해 점차 공동체의 중심 구성원으로 활동할 수 있게 된다.

개념확대 ⊕
Zoom IN 실천공동체에서의 학습 사례

수선공의 사회에서 초보 수선공은 점진적으로 커뮤니티에 참여하며 학습을 한다. 처음에는 단순한 바느질 활동에서부터 시작하여 작은 소품을 만들고 그 다음은 바지나 블라우스를 만드는 활동에 참여한다. 이렇게 참여 단계에 따라 초보 수선공이 겪는 문제 상황이 심화되며 이를 통해 얻는 지식 또한 고급화된다. 이때 초보 수선공과 전문 수선공 간의 차이는 너무나 크기 때문에 당장의 핵심 정보를 제공하기는 힘들지만, 핵심에 도달하기 위한 주변 정보부터 제공할 수 있게 된다. 그러므로 초보 수선공은 수선공 커뮤니티 내에서 중심적인 관계를 맺기 보다는 주변적 관계가 우선적으로 필요로 하게 된다. 초보 수선공은 합법적인 주변 참여를 통해 중심부로 점차 이동하게 된다.

(3) 상황학습 설계의 주안점

① 학습자중심의 협동학습: 학생들끼리 협동하여 현실 상황에서 접할 수 있는 협동 체제를 경험하도록 한다. 자신보다 나은 모둠원과의 상호작용을 통해 주변 학습자에서 중심 학습자로 성장할 수 있도록 한다.

② 맥락화된 실제적 과제: 실제적 활동은 상황화된 인지의 핵심적인 부분으로 실제 삶과 연관되고 목적이 있는 실제적 활동이 제시되어야 한다.

③ 피드백 과정: 교사와 동료 학습자들이 학습자의 수행을 관찰하고 관찰 결과를 제공해야 한다. 이를 통해 학습자는 자신이 사고한 절차를 전문가나 다른 학습자와 비교하고 반성적으로 성찰할 수 있게 된다.

❹ 정착식 교수(=앵커드 수업, 맥락정착적 교수, anchored instruction)

(1) 개념 및 특징

① 상황학습을 적용한 구체적인 교수모형이다.

② 정착수업은 인지적 도제제도와 실천공동체를 통한 상황학습처럼 학생의 상황과 학습 상황을 맥락적으로 연결시키는 것을 강조한다. 이를 위해 상황학습의 기본 원리를 따르나 전문가적 상황보다는 일상적 상황을 통해 학습 상황을 제공하고자 한다.

③ '앵커'는 실제적 장면 또는 거시적 맥락을 의미한다. 전통적 학습활동이 단순화된 상황을 제시한다면 정착식 교수에서는 장편적이고 복선적으로 배열된 맥락적 상황을 제공한다. 이를 통해 장편적 맥락의 학습에 닻을 내리고 복잡한 문제 상황 속에서 존재하는 다양한 맥락을 장기간 동안 경험하도록 한다.

④ 비디오 매체 등과 같은 수업 매체를 활용하여 실제 문제 상황을 학습자에게 제시하고, 학습자가 문제를 해결해 나가면서 학습하게 된다. 일반적인 상황학습과 달리 학생들이 문제해결을 위해 필요한 자료와 정보를 능동적으로 찾을 기회를 제공하기 위해 여러 멀티미디어를 활용해 현장감 있는 상황을 제공하는 것을 강조한다.

(2) 대표 사례 – 밴더빌트 대학의 재스퍼 프로그램(Jasper series program)

① 밴더빌트 대학의 인지공학 연구그룹은 정착식 교수를 적용하여 비디오디스크 형태의 교수 프로그램인 재스퍼 프로그램을 개발하였다.

② 재스퍼 프로그램에서는 초등학교 5~6학년인 재스퍼와 그의 동료가 15~20분 동안 모험을 하면서 다양한 문제를 맞닥뜨리고 이를 해결하면서 수학·과학 영역의 다양한 지식을 학습한다.

③ 재스퍼 프로그램에서는 수학·과학적 개념이 활용되는 실제적 과제가 이야기식으로 전개되고 문제해결을 위한 의미 있는 상황이 제시되며, 다양한 자료가 이야기 속에 함축되어 나타난다.

기출 20 중등

기출논제 Check ✓

C 교사의 의견에서 제시된 토의식 수업을 설계할 때 활용할 수 있는 정착수업의 원리 2가지

5 콜린스(Collins)의 인지적 도제학습(cognitive apprenticeship theory)

(1) 개관

① **도제교육**: 한 분야의 전문가가 되기 위하여 그 분야의 전문가에게 직접 배우며 지식, 기능, 태도 등을 전수받는 교육의 형태이다.

② **인지적 도제학습에서의 학습**: 학습자가 특정 분야의 전문가가 지닌 지식과 사고과정을 학습하는 것이다.

③ 학습자는 지식이 적용되는 전문가가 활동하는 실제적 상황을 관찰하고, 전문가의 도움을 받으며 학습한 내용을 내면화하고 확립한다는 점에서 상황학습의 맥락으로 이해할 수 있다.

(2) 특징

① 학습의 실제적 맥락의 중요성을 강조한다.

② 학습자는 한 분야의 전문가들이 공유하는 문화에 점진적으로 동참해나가며 학습한다.

③ 학습자는 단순한 지식 습득뿐만 아니라 전문가들의 사고과정, 즉 메타인지적 기술을 학습한다.

(3) 교수 절차

① **모델링(modeling)**: 문제 상황이 제시되면 전문가는 문제해결과정을 시범보이고, 학습자는 관찰을 통해 문제해결을 위한 지식과 전략을 확인·이해한다.

② **코칭(coaching)**: 전문가는 학습자가 스스로 과제를 수행해보도록 하고, 그 과정을 관찰하며 학습자가 문제를 잘 해결할 수 있도록 피드백을 제공한다.

③ **스캐폴딩(scaffolding)**: 학습자의 근접발달영역(ZPD)을 고려하여 학습자가 현재 수준에서 상위 수준으로 도달할 수 있도록 단서, 힌트, 모델링 등을 제공하며, 학습자의 수준이 향상됨에 따라 비계설정(스캐폴딩)을 점진적으로 감소시킨다.

④ **명료화(articulation)**: 학습자는 자신이 학습한 지식, 기능, 문제해결과정 등을 말 또는 글로 명료하게 표현해본다.

⑤ **반성적 사고(reflection)**: 학습자는 자신의 과제수행을 전문가나 동료학습자의 문제해결과정과 비교하고 반성적으로 되돌아본다.

⑥ **탐색(exploration)**: 학습자는 교사의 지원 없이 자신만의 방법으로 문제를 직접 해결하기 위해 가설을 설정하고 검증하며, 학습한 지식과 기능을 다른 과제에 새로운 방식으로 활용할 수 있도록 한다.

⑥ 스피로(Spiro)의 인지적 유연성이론(cognitive flexibility theory)

(1) 개관
① 인지적 유연성이란 여러 지식의 범주를 넘나들며 지식을 상황적 요구에 맞게 종합·구성해내는 능력이다.
② 지식은 다차원적이고 매우 복잡한 개념으로 형성되어 있다.
③ 복잡하고 다차원적인 개념의 지식을 제대로 재현해내기 위해서는 다양한 관점에서 지식을 조망하고, 상황 의존적인 '스키마 연합체'를 형성하는 것이 중요하다.
④ 상황학습 접근법을 기반으로 실제적·구체적인 맥락 속의 지식에 주목한다.

(2) 특징
① 지식을 단순화·세분화·일반화하여 가르치는 것을 지양한다.
② 학습자가 지식의 다양한 측면을 비순차적인 임의의 경로를 통해 탐색하도록 만드는 학습환경(임의적 접근학습, random access)을 제안한다.
③ 지식이 구체적인 맥락 속에서 활용되는 다양한 소규모의 예시가 사용된다.
④ 정보를 다차원적이고 비순차적으로 탐색할 수 있는 하이퍼텍스트 미디어를 활용한다.
⑤ 학습자는 비정형화된 지식구조를 통해 비규칙적인 고급 지식들을 접한다.

(3) 교수 전략
① 주제 중심으로 학습한다.
② 학습자들이 충분히 다룰 수 있는 정도의 복잡성을 지닌 과제로 작게 세분화한다.
③ 다양한 소규모의 예들을 제시한다.

(4) 한계
① 인간 두뇌의 인지적 작용과 과정에만 초점을 두어 지식 구성의 사회적 측면이 도외시되었다.
② 잘 짜여진 구조를 지니고 있는 지식이나 특정 학문의 초보적 단계를 가르칠 때 해당 이론이 적합하지 않을 수 있다. 즉, 다양한 학습 상황과 대부분의 지식 습득에 적용하기 어려울 수 있다.
③ 인지적 유연성이론에서는 학습 내용을 인지적 작용에 부담이 안 가는 범위로 작게 나누고 제시하는 순서도 중요하게 다루는데, 이는 독립적인 사고 능력을 지닌 학생들의 인지적 능력을 과소평가하는 것일 수 있다.

❼ 목표기반 시나리오(GBS; Goal-Based Scenario)

(1) 개관

상황학습 접근법을 기반으로 하고 있는 전략으로, 실제적 맥락과 사례 속에서 학습자가 맡은 과제 역할을 수행해 가는 과정을 통해 추론 능력, 의사소통 능력, 합리적 사고 및 능력 등의 학습목표를 달성하는 시나리오 기반 교수·학습방법이다.

(2) 특징 및 장점

① **목적지향성**: 분명한 목표로 방향 인식, 동기부여, 지식 습득, 기술훈련, 과정 경험을 촉진한다.

② **학습자 중심**: 학습자에게 학습순서나 교재 선택 등에 있어 자율권이 부여된다.

③ **사례 중심**: 의미 있는 실제 사례를 중심으로 한다.

④ **기술훈련 중심**: 지식 주입이 아닌 문제해결 위한 기술훈련을 실제 상황에서 행하게 된다.

⑤ 역할을 통해 학습이 이루어진다.

> **예** 모의 법정

⑥ 실제적 과제(authentic task)를 해결하는 과정에서 복잡한 학습환경에 내재되어 있는 지식과 기능을 획득할 수 있도록 하고, 학습자의 능동적 참여활동과 협동학습이 강조된다.

⑦ 가상의 시나리오 속에 학습에 필요한 정보들을 배치시키고, 학습자로 하여금 시나리오 속에서 역할을 맡아 모종의 임무를 수행하게 함으로써 그 과정 속에서 목표로 하는 지식과 기술을 습득하게 한다.

(3) 목표기반 시나리오의 단계

① 핵심기술 도출 및 목표 설정

　㉠ 교수자가 가르치고자 하는 지식과 기술이 핵심기술이다.

　㉡ 학습자가 핵심기술을 제대로 학습할 수 있도록 핵심기술 달성 목표를 중심으로 설계한다.

② **미션 설정**: 학습자가 설정된 목표를 성취하기 위하여 수행해야 하는 미션 및 과제를 개발한다.

③ 커버스토리(표지이야기) 개발

　㉠ 학습자가 미션을 달성하고자 하는 것을 전제로 하여 목표 달성을 위해 수행할 미션을 이야기 형식으로 설명한다.

　㉡ 학습자가 취해야 할 행동이 발생하는 장면을 구체화시킴으로써 전체적인 맥락, 조건, 상황 등을 설정한다.

　㉢ 학습자가 미션에 대하여 충실하게 이해하기 위해 필요한 상세 정보를 제공한다.

　㉣ 사실적이고 흥미로운 이야기 전개로 학습동기를 유발해야 한다.

　㉤ 학습자와 관련성이 있고 실제적이어야 한다.

④ 역할 개발
　　㉠ 학습자가 커버스토리 내에서 맡게 되는 인물로, 역할에 따라 미션을 수행하게 된다.
　　㉡ 어떤 역할이 필요한 지식과 기술을 연습하여 목표를 가장 잘 수행할 수 있도록 하는가에 중점을 두고 역할을 개발한다.
⑤ 시나리오 운영 설계
　　㉠ 학습자들이 미션을 수행하는 모든 구체적인 활동을 설계한다.
　　㉡ 목표 및 미션과 긴밀히 연결되어야 한다.
⑥ 학습자원 개발
　　㉠ 학습자가 미션 수행하는 데 필요한 정보는 학습자원의 형태로 잘 조직되고 접근에 용이하도록 해야 하며, 적시에 제공해야 한다.
　　㉡ 인터넷 사이트, 논문, 비디오클립, 전문가 등이 학습자원에 속하며 이야기 형식으로 제공된다.
　　㉢ 학습자원 개발은 시나리오 운영 설계 단계에서 병행하여 수행되기도 한다.
⑦ 피드백 제공
　　㉠ 미션 수행 중 취해진 행동 결과에 대한 피드백, 학습자를 돕는 조언 등의 코칭을 제공한다.
　　㉡ 전문가가 실제 미션을 수행할 때 겪게 되는 경험에 대한 간접적인 체험의 형태 등으로 제공한다.

8 팰린사(Palincsar)와 브라운(Brown)의 상보적 교수(reciprocal teaching)

(1) 개관
① 교사와 학습자 간 또는 학습자와 학습자 간의 역할 교체를 통해 주어진 글의 내용을 학습하는 교수방법이다.
② 중학교 읽기 교정 프로그램을 위해 개발되었으며, 이후 변형을 거쳐 초등학교 듣기 등 다른 교수·학습에 적용되기도 하였다.

(2) 특징
① 근접발달영역 내에서 성인 또는 우수한 동료와의 학습을 통해 잠재발달수준으로 나아갈 수 있다는 비고츠키의 이론에 영향을 받았다.
② 초반에는 교사중심의 수업이 이루어지다가 점진적으로 학생들이 학습의 주도권을 가지게 된다.
③ 학생들은 소집단에서 번갈아 가며 논의의 주도권을 쥐고 읽기 텍스트에 대해 대화한다.

(3) 4가지 인지전략
① 예측하기: 글의 제목, 사진, 삽화, 글의 서두 등을 보고 내용을 예측한다.
② 질문하기: 중요한 내용을 파악하면서 글을 읽어나가고, 글을 읽는 과정에서 중요한 내용을 질문으로 만들어본다.

③ **명료화하기**: 본문에 있는 어려운 단어의 뜻을 알아보기 위해 글을 다시 읽어 보고, 이해가 어려운 문맥의 뜻을 파악하며 본문 내용을 점검한다.

④ **요약하기**: 주요 내용에 대해 서로 문답하고, 답변을 모아서 요약한다.

⑤ 상보적 교수에서 위의 4가지 전략을 활동 순서대로 적용할 수 있고, 필요에 따라서 다르게 적용할 수도 있다.

기출 18 중등

기출논제 Check ☑

박 교사가 언급하는 PBL(문제중심학습)에서 학습자의 역할 2가지, PBL에 적합한 문제의 특성과 그 특성이 주는 학습효과 1가지

❾ 배로우즈(Barrows)의 문제중심 학습(PBL; Problem-Based Learning)

(1) 개관
① 주어진 문제를 해결하는 과정에서 학습이 이루어지는 학습자중심 교수방법으로, '문제기반 학습'이라고도 한다.
② 예비의사들이 직면하는 비구조화된 문제 상황을 효과적으로 해결하는 능력을 위한 교육의 일환으로 의과대학에서 처음 개발되었다.

(2) 특징
① 학생은 그룹활동을 중심으로 문제를 해결하면서 협력기술을 기르고 문제에 대한 다양한 시각과 접근방법을 익힌다.
② 학생이 문제해결의 주체가 되는 학습자중심의 학습환경을 제공한다.
③ 소그룹을 통한 협동학습과 자기주도적 학습을 병행한다.
④ 교사는 교육과정 설계자, 학습 진행 또는 촉진자, 평가자, 전문가 역할을 한다.

(3) 과제의 성격
① 비구조화
  ㉠ 문제상황이나 요소가 분명하게 정의되어 있지 않으므로 학습자가 문제를 스스로 이해하고 정의해야 한다.
  ㉡ 문제해결에 필요한 정보가 문제에 충분히 포함되지 않기 때문에 학습자의 추가적인 조사와 탐구가 필요하다.
  ㉢ 하나의 정답이 존재하는 것이 아니라 학습자에 따라서 상이한 학습주제와 해결책이 도출될 수 있다.
  ㉣ 다양한 의견 간의 토의와 명료화가 중시된다.
② 실제성
  ㉠ 실세계에 존재하는 진짜 문제이다.
  ㉡ 문제를 해결하기 위해 관련 지식과 기능을 사용해야 한다.
③ 관련성
  ㉠ 학습자의 발달단계에 적합한 문제이다.
  ㉡ 학습자가 자신의 삶에 있어 관련성을 가지기 때문에 중요한 문제로 인식할 수 있는 문제이다.

④ 복잡성
- ㉠ 문제가 충분히 복잡하여 문제의 개념, 아이디어 등에 대하여 구성원 간의 활발한 토의가 이루어져 공통의 합의가 도출되어야 한다.
- ㉡ 다양한 해결책이 고안된다.
- ㉢ 한 사람의 학습내용이 다른 사람의 학습에 영향을 준다.

(4) 학습 절차
① 문제 제시 단계
- ㉠ 문제를 제시하여 학생이 마지막에 제출해야 할 과제물에 대해 안내하고, 그룹에서 학생이 역할을 분담하도록 하게 한다.
- ㉡ 학생은 '아이디어, 사실, 학습과제, 향후 계획'의 4가지 관점에서 문제를 검토한다.
    - ⓐ 아이디어: 주어진 문제에 대해 원인과 결과, 해결안 등에 대해 학생의 가설이나 추측을 포함한다.
    - ⓑ 사실: 문제해결과 관련하여 학습자가 알고 있는 사실, 문제에 제시된 문제해결에 필요한 사실을 확인한다.
    - ⓒ 학습과제: 문제해결을 위해 알아야 할 학습내용을 확인한다.
    - ⓓ 향후 계획: 문제해결을 위한 향후 계획을 세운다.
- ㉢ 학생은 역할분담을 하고 개별 학습계획에 따라 자기주도학습을 진행한다. 자율학습을 위해 어떤 학습자원을 이용할 것인지 계획을 말하고 교수자의 조언을 받는다.

② 문제 재확인 단계
- ㉠ 개별학습 후 집단구성원이 다시 모여서 이전 단계에서 확인한 아이디어, 사실, 학습과제, 향후 과제의 측면을 조정하고 문제를 재평가한다.
- ㉡ 최종 문제해결안을 도출하며, 도출되지 않으면 문제 재확인 과정을 반복한다.

③ 발표 단계
- ㉠ 팀별로 공동 학습내용과 최종 결론을 전체 학급 앞에서 발표한다.
- ㉡ 여러 팀의 대안적 아이디어를 통해 전체 학급의 최종 해결안을 모색한다.

④ 결론 단계
- ㉠ 배운 내용을 일반화하여 정리한다.
- ㉡ 새로운 지식의 획득, 성공적인 문제해결, 자기주도학습과 협동학습 등의 문제해결과정과 결과에 대해 자기평가를 실시한다.

(5) 장·단점
① 장점
- ㉠ 가설을 설정하고, 가설 검증을 위한 자료를 수집·분석하고, 문제를 해결하는 가설연역적 추론기능이 향상된다.
- ㉡ 학생은 문제해결을 위해 스스로 정보를 탐색하고, 구성원들과 이를 공유 및 평가함으로써 자기주도적 학습능력과 성찰적 사고능력을 기를 수 있다.

ⓒ 소집단 그룹학습으로 협동기술을 배우고 민주적인 생활태도를 기를 수 있다.
ⓔ 실생활 문제를 학습의 대상으로 하기 때문에 학습의 내용이 실생활과 유리되지 않는다.
② 단점
ⓐ 체계적인 기초학력을 기르기 어렵다.
ⓑ 수업설계 및 진행에 많은 시간과 에너지가 소모된다.
ⓒ 학습의 노력에 비하여 습득 지식의 효율성이 낮을 수 있다.

참고 문제중심학습에서 교사의 역할

1. **교육과정 설계자**: 문제 설계, 학습자원 준비 및 계획, 학습자집단 조직, 평가 준비를 수행한다.
2. **촉진자**: 학생의 학습과정에서 적당한 긴장감을 제공한다.
3. **안내자**: 학생에게 일반적인 관점이나 새로운 관점을 제공한다.
4. **평가자**: 학생에게 피드백을 제공한다.
5. **전문가**: 지식의 중요성을 밝힌다.

참고 듀이(Dewey)의 문제해결학습 `기출 06 중등`

1. **개요**
① 듀이는 체계화한 진보주의 교육철학의 교수방법으로서 문제해결학습을 제시하였다.
② 학습자가 일상생활에서 부딪치는 문제를 스스로 해결해 가는 과정이 생활이며, 또 생활이 그와 같은 과정이기 때문에 부딪치는 문제를 스스로 해결해 나가는 능력이 길러짐으로써 사회에서 살아갈 수 있는 힘을 함양할 수 있다.
③ 이와 같은 과정을 지도하는 데는 반성적 사고(reflective thinking)로 사고 능력을 개발한다.

2. **문제해결의 과정**
① 문제 결정　　　② 해결법 계획　　　③ 자료 수집
④ 활동 전개　　　⑤ 결과 검토

3. **문제해결학습에 있어서 교사와 학습자의 관계**
① 교사는 학습자가 문제를 선택하고 결정하는 것을 돕는다.
② 교사는 학습자가 문제를 분석 · 검토하고 적당한 자료를 수집할 수 있도록 돕는다.
③ 교사는 학습자가 자료를 조사 · 비교하여 판정하도록 돕는다.
④ 교사는 학습자가 자료를 조직하여 질문에 도달할 수 있도록 돕는다.

4. **장점**
① 학습자의 자발적인 활동에 의해 스스로의 힘으로 학습을 해결함으로써 자율성과 능동적 능력을 기를 수 있다.
② 직접 부딪치는 생활 문제를 학습 소재로 하기 때문에 구체적인 행동과 직접 경험에 의해서 학습이 진행되므로 실생활과 유리되지 않는다.
③ 교재의 논리적 체계에 얽매이지 않고 학습자의 심리적 계통에 따라 학습이 진행되기 때문에 흥미에 맞고 이해하기 쉬우며 실생활과 맞는 학습이 될 수 있다.
④ 전인교육의 실천적 바탕이 될 수 있다.
⑤ 협동적인 학습생활에 의한 민주적 생활태도가 배양될 수 있다.

5. 단점
① 충실한 계통적 기초학력을 기르기 어렵다.
② 학습의 방향에 일관성을 잃을 수 있다.
③ 학습의 노력에 비하여 성숙하는 능률이 낮고 지적 성장이 비능률적이다.
④ 부단히 진보 발전하는 학문의 성과를 신속하게 학습할 수가 없다.
⑤ 교과의 체계적인 학습이 어렵다.

⑩ 프로젝트 학습(project-based learning)

(1) 개관
한 명 또는 그 이상의 학습자가 자신의 프로젝트에 책임을 지고 특정한 주제를 심층적으로 연구하는 학습이다.

(2) 특징
① 학습자가 실제적인 문제해결에 참여하여 결과물을 창조하는 과정을 통하여 새로운 지식과 기술을 습득하는 것을 강조한다.
② 지식기반사회와 기술기반사회를 위해 필요한 능력을 신장시킬 수 있다.
③ 학생이 자신의 생각과 주장을 표현할 수 있는 학습이다.
④ 학생이 자신의 학습에 대한 큰 통제력과 자율성을 가진다.

(3) 학습 절차
① 목표와 주제 설정
  ㉠ 교사는 학생의 흥미와 능력에 맞는 학습목표를 설정하고 주제, 주제망 및 자원 목록을 잠정적으로 결정하거나 작성한다.
  ㉡ 교사와 학생이 함께 주제를 설정한다.
② 계획
  ㉠ 학습목표 달성을 위한 대안적인 방법을 생각하고 비교·검토한다.
  ㉡ 학습해야 할 사항과 학습전개 순서를 확인한다.
③ 실행
  ㉠ 계획에 따라 학습을 실행해 나간다.
  ㉡ 필요시 교사는 학생에게 도움과 격려를 주며 끈기 있게 학습하도록 한다.
  ㉢ 학습의 결과를 문집이나 그림 등 다양한 형식으로 산출물을 만들어 낸다.
④ 평가
  ㉠ 문제해결 및 학습의 전 과정을 확인하고 평가한다.
  ㉡ 학생이 자기평가뿐만 아니라 동료평가를 통하여 서로를 객관적으로 평가하는 능력을 기른다.

(4) 장·단점
① 장점
  ㉠ 프로젝트의 주제가 학습자의 흥미에서 출발하기 때문에 높은 학습동기를 가진다.

  ⓛ 학습자의 계획과 실천을 요구하기 때문에 학습자의 학습에 대한 주체성과
   자기주도적 학습능력 함양에 효과적이다.
  ⓒ 학습내용이 실생활과 긴밀하게 연결되어 있다.
  ⓔ 구체적인 결과물을 만들어가는 과정이므로 내적 동기부여에 효과적이다.
  ⓜ 창조적·구성적 태도를 함양하는 데 효과적이다.
 ② 단점
  ⑤ 학습량에 비해 시간과 노력이 많이 소요된다.
  ⓛ 학습교재의 논리적인 체계가 무시될 수 있다.
  ⓒ 학습과정이 혼란스러울 수 있다.
  ⓔ 프로젝트 학습을 위한 재료, 도구, 자원 등이 제대로 준비되지 않을 수 있다.

⑪ 웹 기반 프로젝트와 닷지(Dodge)의 웹 퀘스트

(1) 웹 기반 프로젝트
 ① 개관
  ⑤ 공동의 학습목표를 위해 상호 협력하는 '소집단 협동학습'과 하이퍼미디어
   및 상호작용을 특징으로 하는 '인터넷'을 결합한 수업 형태이다.
  ⓛ 자료 제시를 위주로 하는 단순한 ICT 활용수업(정보통신기술 활용수업)이
   가진 문제점을 극복하고, 학습자 간의 활발한 상호작용을 통하여 공동의
   학습목표를 성취하게 한다는 점에서 의미가 있다.
 ② 장점
  ⑤ 다양한 멀티미디어 학습정보를 활용하기 때문에 풍부한 학습환경을 제공
   할 수 있다.
  ⓛ 온라인 환경의 특성상 학급 내, 학교 내, 학교 간의 상호작용이 가능하여
   상호작용의 양과 질이 확대된다.
  ⓒ 소극적·내성적 학습자의 능동적인 학습 참여를 유도할 수 있다.
  ⓔ 매체의 다양성 때문에 다양한 산출물의 생산이 가능하다.
  ⓜ 자기주도적 학습능력, 문제해결능력, 정보활용능력, 정보매체 활용능력,
   고차원적 사고능력, 협동학습능력을 키울 수 있다.

(2) 웹 퀘스트
 ① 개관
  ⑤ 닷지에 의해 제안된 인터넷 정보를 활용한 과제해결 활동이다.
  ⓛ 인터넷을 사용하여 진행하는 일종의 프로젝트로, 웹에 설계된 프로그램을
   토대로 프로젝트 또는 문제중심학습이 가능하도록 만들어진 온라인 프로
   젝트학습의 대표적인 유형이다.
  ⓒ 학생에게는 특정 과제가 부여되고, 학생은 과제를 해결하기 위해 인터넷
   탐색을 한 후에 최종 리포트를 작성하는 방식으로 진행한다.

② 특징
　　㉠ 해결해야 할 과제, 과제해결을 위해 학습자가 단계별로 수행해야 할 과정, 관련된 온라인 자원, 해결안 발표 및 보고서 작성 안내 등을 교사가 설계하여 웹을 통해 제시한다.
　　㉡ 실제적 과제는 혼자 해결하기에는 여러 가지 어려움이 많기 때문에, 기본적으로 협동학습 체제로 운영한다.
　　㉢ 학생이 해결할 수 있고 그의 실생활과 관련이 있는 주제(실제적 과제)를 선택하여, 현실 사회에서 얻을 수 있는 자료를 통해 문제를 해결함으로써 학습동기를 유발하고 현실의 문제에 관심을 가지도록 한다.
③ 절차: 소개(introduction) ⇨ 과제(task) ⇨ 과정(process) ⇨ 자원(resource) ⇨ 평가(evaluation) ⇨ 결론(conclusion)
　　㉠ 소개: 학습자에게 전반적인 정보가 담긴 시나리오를 제공한다.
　　㉡ 과제: 학습자가 실제로 수행해야 할 과제를 제시한다. 과제는 시사적 현안, 교육적 관심, 학습자의 흥미 등을 고려하여 설정할 수 있다.
　　㉢ 과정: 과제를 수행하는 과정을 학습자들에게 설명하고, 관련된 자원을 찾을 수 있도록 한다.
　　㉣ 자원: 학습자들이 과제를 수행하는 데 필요한 자원을 제시한다.
　　㉤ 평가: 평가지를 제공하여 학습자들이 학습 과정과 결과를 스스로 평가하게 한다.
　　㉥ 결론: 웹 퀘스트를 수행하면서 얻은 방법적 지식을 내면화하여 다른 학습에서도 적용하도록 격려하고 자극한다.
④ 교사의 역할: 학생이 적합한 자료를 탐색할 수 있도록 과제와 관련된 인터넷 자료나 인쇄자료에의 접근법, 학습자가 단계별로 수행할 과정, 발표 및 보고서 작성 안내 등을 설계하여 웹에 제시한다.
⑤ 학생의 역할
　　㉠ 다른 학습자들과의 협력학습을 통해 적극적으로 수업에 참여한다.
　　㉡ 과제를 해결하기 위해 인터넷 탐색을 하고 최종 리포트를 작성한다.

⑫ 자원기반 학습(resource-based learning)

(1) 개관
① 학습자가 사용 가능한 자원들을 직접 활용 및 적용하도록 하면서 이루어지는 학습자중심 학습이다.
② 학습자가 다양한 정보자원을 활용하여 문제를 해결함으로써 문제해결능력과 정보활용능력을 동시에 함양한다.
③ 디지털시대에서 정보의 접근·성격·관점이 변화하고 정보를 적극적으로 활용할 수 있는 능력이 중요해짐에 따라 자원기반 학습의 중요성이 증대되었다.

(2) 특징

① 학습자 스스로 목표를 설정하고 이에 적합한 학습방법이나 매체, 도구를 선택하는 학습자 주도적인 환경을 제공한다.

② 학습자의 학습을 보조하는 스캐폴딩이 주어진다.

③ 학습자의 학습속도에 맞춰 개별화 학습이 가능하고, 학습양식에 따른 다양한 자원활용 형태가 가능하다.

④ 학습자의 문제상황에 따라 다양한 관점을 조사할 수 있도록 여러 학습자원을 포함한다.

(3) Big 6 skills

① 개관

　㉠ 아이젠버그(Eisenberg)와 버코위츠(Berkowitz)가 제안한 자원기반 학습모형의 하나이다.

　㉡ 정보기술 활용능력을 교과과정상의 교육내용에 적용하여 사용할 수 있게 한 교육 프로그램의 실제적 구현 모형이다.

　㉢ Big 6의 6단계는 융통성 있게 적용 가능하다. 꼭 차례대로 하지 않아도 되고, 중간에서 앞 단계로 되돌아갈 수도 있다.

② 교육의 목적

　㉠ 교사와 도서관 미디어 전문사서가 협동하여 실제 학습상황에서 학생에게 정보활용 능력을 가르치고자 한다.

　㉡ 정보 리터러시 함양을 위해 체계적인 정보기반 활동이 이루어지도록 훈련시킨다.

　㉢ 자기주도학습 능력 및 지식정보처리 능력 향상을 목적으로 한다.

　㉣ 학생을 평생학습자, 독립적 사고자가 되도록 훈련시키고, 내용뿐 아니라 과정도 강조하며, 정보와 신기술을 효과적·능률적으로 이용할 수 있는 힘을 길러주고자 한다.

③ 단계

　㉠ **과제 정의(task definition)**: 과제의 요점 파악 및 과제해결의 정보 유형을 파악하여 성취해야 할 과제의 범위와 본질을 결정한다.

　㉡ **정보탐색 전략(information seeking strategy)**: 정보원을 파악하고 최적의 정보원을 선택하여 적절한 정보원의 범위를 정한다.

　㉢ **소재 파악과 접근(source location & access)**: 정보원의 소재를 파악하여 정보원에서 정보를 찾아 필요한 자료를 수집한다.

　㉣ **정보 활용(use of information)**: 정보를 읽거나, 보거나, 들어서 적합한 정보를 가려내며, 노트에 필기하거나 발췌, 요약, 인용 등을 사용한다.

　㉤ **통합정리(synthesis)**: 정보를 체계적으로 정리하여 최종 결과물 만든다.
　　　예 레포트 완성

　㉥ **평가(evaluation)**: 과정의 효율성, 결과의 유효성에 대해 평가하고, 문제해결과정을 검토·평가하여 얼마나 효율적으로 수행되었는지 확인한다.

④ 장점

　　㉠ 개인적 숙련과 기술을 팀 활동에 접목시킬 수 있다.

　　㉡ 교과, 비교과, 생활, 평생교육 어디나 광범위하게 적용할 수 있다.

　　㉢ 학생의 사고력, 컴퓨터 능력, 창의성 등을 학업성취도 및 체험활동 성과와
　　　 연결해주는 구체적인 지도가 될 수 있다.

　　㉣ 모든 연령의 학생, 대학원생, 일반인, 교사에게도 필요한 능력이며, 적용
　　　 가능한 상황이 다양하다.

(4) 제한점

① 개인 학습을 하는 경우 학습자의 고립 문제가 생길 수 있다. 특히 학습자의
　 연령이 낮은 경우 자원기반 학습을 실행하고 통제하는 데 어려움을 겪을 수 있다.

② 출처나 질적인 측면을 신뢰할 수 있는 자원을 확보하기가 어렵다.

③ 학습자 인지양식의 다양성에 따라 풍부한 경험을 제대로 제공하는 것이 어렵다.

(5) 자원기반 학습 설계 전략

① 교수자는 다루어야 할 주제 영역에 관련된 지식, 기능, 태도 등을 확인하고
　 학습자의 수준과 다양성을 고려하여 정보 활용 능력의 난이도를 확인하고 학
　 습 목표와 수행 준거를 작성한다.

② 주제 영역이 다른 교과와 어떻게 통합되어 있는지를 확인하여 장단기간 계획
　 을 구성한다.

③ 수업을 지원할 수 있는 다양한 자원을 탐색하여 잠재적인 자원을 선정한다.

④ 학생을 고무시킬 수 있는 창의적인 학습 활동을 고안한다.

⑤ 학생들이 자원기반 학습에 있어 부족한 능력이나 기술이 있는지 확인한다.

⑥ 학습을 돕는 지원 체제를 마련한다.

⑦ 학습자로 하여금 매일 학습 과정을 점검하는 연구 일지를 쓰도록 한다.

⑧ 학습자들이 학습에 대한 책임감을 가지도록 자신의 학습을 발표하고 동료 학
　 습자와 공유할 수 있도록 한다.

⑨ 학습자들에게 자원기반 학습에 대한 성찰일지를 쓰도록 하고 이를 다음 교수
　 설계에 반영하도록 한다.

⑩ 학습자의 활동 결과를 사전에 결정된 기준에 의해 공정하게 평가한다.

⑪ 학습 결과뿐 아니라 학습 과정에 대한 평가도 함께 한다.

⑫ 학습자들이 자원기반학습을 통해 어떤 경험을 하였으며 무엇이 변하였는지
　 토론할 기회를 제공한다.

참고 ┃ 공개교육자원(OCW: Open Course Ware/OER: Open Educational Resources)

1. 개념 및 특징

① 교육을 목적으로 사용할 수 있도록 무료로 공개된 디지털화된 자원을 말한다.

② 원저작물을 재사용 · 재목적화하여 변형시켜 새로운 학습자원으로 활용할 수 있다.

③ 디지털 학습자료와는 달리 원저작물의 재사용뿐만 아니라 수정(reuse), 혼합(remix),
　 재배포(redistribute)가 자유롭다.

2. 기대효과
① 공개교육자원은 필요에 맞게 상이한 형태로, 다양한 학습 환경에 통합될 수 있다.
② 교사는 새로운 교육자원을 개발하거나 공개교육자원을 정규 교육환경으로 통합하기 위하여 관련 역량을 기르고 전문성을 높일 수 있다.
③ 초기 제작비용 이외에 추가적으로 소요되는 비용이 절감됨으로써 공공 및 민간 교육비용을 절감시키는 효과를 가져올 수 있다.
④ 양질의 교육자원의 유통을 확대하고 학습기회의 장벽을 축소시킬 수 있다.

3. 활용 및 유의점
① 우리나라의 경우 KOCW(Korea Open Course Ware)를 통해 활용되고 있다.
② 공개교육자원으로서의 교육자료들이 계속적으로 유용하게 활용되기 위해서는 지속적인 질적 평가를 실시하고 실상에 맞게 업데이트해야 한다.

참고 스캐폴딩(Scaffolding) (Hannafin et al., 1999) (Kim et al., 2018)

1. 개념
① 학생들이 자신들의 기존 능력을 넘어서 주어진 과제에 참여하고, 기술을 얻도록 전문가나 더 많은 지식을 가진 또래들이 제공하는 지원
② 비고츠키의 사회문화적 관점과 근접 발달 영역에서 기원하였다.
③ 학생들이 경험할 수 있는 내용 지식의 부족, 지식의 전달, 그리고 동기 부여와 관련된 도전을 학생들이 극복하는 데 도움을 준다,

2. 스캐폴딩의 유형

스캐폴딩의 유형	개념	예시
개념적 스캐폴딩 (Conceptual scaffolding)	• 내용에 대한 힌트와 프롬프트를 제공함 • 과제의 구조화와 문제화에 도움을 줌	학생들이 내용 지식이 부족하여 주어진 문제상황을 이해하고 정의하는 데 어려움을 겪을 때 개념을 설명하거나 개념과 관련한 자료를 제공하는 등 개념 비계를 통해 내용 지식의 구조화를 도움
메타인지적 스캐폴딩 (Metacognitive scaffolding)	• 학생들이 학습 과정에 대해 성찰하도록 하며, 가능한 문제 해결책을 고려하도록 격려하는 스캐폴딩 • 이미 알고 있는 것과 알아야 할 것을 인식하도록 하여 학습 계획과 전략 등을 수립하도록 도움	"계획대로 목표 선언문을 작성했나요?", "이러한 결론을 내리는 데 이 특성이 중요하다고 느낀 이유는 무엇인가요?" 등의 질문이나 체크리스트 등을 통해 자신의 문제해결 방법과 전략을 검토하게 하거나 학습 및 사고 과정을 되돌아보게 함
전략적 스캐폴딩 (Strategic scaffolding)	문제 해결 과정에 초점을 맞추고 문제 해결 전략에 대한 지침을 제공함	"당신이 제안한 화학물질의 구조식을 모형으로 그려보세요." 등 과제 해결을 위한 전략에 대한 조언이나 해결 방법의 예시를 제공함
동기적 스캐폴딩 (Motivational scaffolding)	학습에서 나오는 어려움에 당당히 맞서면서 지속할 수 있는 학생들의 능력을 직접적으로 향상시키기 위한 스캐폴딩	학습에 대한 열정과 관심이 부족한 학생들에게 '성공에 대한 기대감'과 '완성된 과제의 가치' 등 동기를 부여할 수 있는 동기적 스캐폴딩을 제공하여 주어진 과제를 완료하려는 학생들의 의지를 강화함

교수방법과 교수매체

설쌤의
Live Class 🎙

　세 번째 챕터인 교수방법과 교수매체에서는 **전통적인 교수법, 교수매체, 테크놀로지 활용 수업**에 대해 다룹니다. 전통적인 교수법인 **강의법, 팀 티칭, 문답법, 개별화 교수, 토의법, 자기주도학습, 협동학습** 등에서 수업목표를 효과적으로 달성하기 위해 어떠한 방법을 사용할 수 있는지를 설명합니다. 토의법과 협동학습의 경우, 각 학습방법의 하위 유형들이 과거 객관식 기출에서 반복적으로 출제되던 내용입니다. **토의법과 협동학습의 하위 유형들을 확인하고 특징을 숙지**하며, 수업목표에 따라 실제 교육현장에서 어떤 유형의 토의법 또는 협동학습을 적절하게 적용할 수 있을지 고민해보세요.

　무엇보다 이 챕터에서는 교육공학에서 매우 중요한 요소인 **교수매체**에 대해 학습하게 됩니다. 교수매체를 학습할 때에는 어떻게 하면 교수매체를 학습에 가장 효과적인 방법으로 활용할 수 있는지를 생각하며 **하이니히의 ASSURE 모형**을 중심으로 공부해 보세요.

　이와 더불어 기술의 발전과 코로나19로 인한 온라인 수업의 보급으로 중요성이 높아진 **테크놀로지 기반 수업**에 대해 살펴보아야 합니다. 테크놀로지를 활용하면 시공간의 한계를 극복하여 가르치고 학습할 수 있고, 더욱 다양한 멀티미디어를 활용할 수 있으며, 더욱 활발한 쌍방향적 상호작용이 가능하지요. 그러나 교수자의 철저한 수업 설계가 없을 경우, 수업의 효과성이나 효율성이 교실 기반 수업보다 현저하게 떨어질 수 있으므로, 교수자로 하여금 교수 · 학습활동 설계에 있어 더 많은 시간과 노력을 요구하기도 합니다. **블렌디드 러닝, 거꾸로 학습, AI 디지털 교과서** 등 새로운 테크놀로지 기반 수업은 2022 개정 교육과정에서도 매우 강조하고 있는 개념이니 확실히 이해해 봅시다. 각 방법에서 예상치 못하게 발생할 수 있는 문제점이나 어려움은 무엇이며, 이를 사전에 방지하거나 효과적으로 해결하기 위한 방안에는 어떤 것이 있을지 고민하며 회독하시면 보다 실제적인 학습이 가능해지실 거예요.

핵심 〔Tag〕

개별화 교수의 주요 이론
　스키너의 프로그램 교수법(개별화 학습), 켈러의 개별화 교수체제, 글레이저의 개별 처방 교수방법, 크론바흐의 적성처치 상호작용이론

토의법의 유형
　전체 학급토의, 그룹토의(소집단 토의), 배심토의, 단상토의(심포지엄), 버즈토의, 원탁회의, 포럼, 하브루타

자기조절학습의 구성요소
　• **인지적 요소:** 인지전략, 메타인지 전략
　• **동기적 요소:** 기대 요인, 가치 요인, 정서적 요인
　• **행동적 요소:** 노력, 도움 구하기, 학업시간 관리 등

협동학습
- **원리:** 긍정적 상호 의존성, 면대면 상호작용, 개별적 책무감, 사회적 기술, 집단과정, 이질적 팀 구성
- **유형:** 성취과제 분담학습, 팀 경쟁학습, 직소, 팀 보조 개별학습, 자율적 협동학습, 함께 학습하기, 집단조사, 각본협동

ASSURE 모형
학습자 분석 ⇨ 목표 진술 ⇨ 전략·테크놀로지·매체·자료 선정 ⇨ 테크놀로지·매체· 자료의 활용 ⇨ 학습자 참여 요구 ⇨ 평가와 수정

인지부하와 멀티미디어 설계원리
내재적 인지부하, 본질적 인지부하, 외생적 인지부하

블렌디드 러닝
온라인 강좌(온라인 학습)와 오프라인 강좌(면대면 학습)가 혼합된 형태의 교육

거꾸로 학습
학습자가 교실 수업 전에 동영상 강의 등 온라인 학습을 통해 학습내용을 미리 학습하고, 교실 수업에서는 활동중심 학습을 통해 수업의 효과를 극대화하는 교수·학습방법

AI 디지털 교과서
학생 개인의 능력과 수준에 맞는 다양한 맞춤형 학습 기회를 지원할 수 있도록 인공지능을 포함한 지능정보화기술을 활용하여 다양한 학습자료 및 학습지원 기능 등을 탑재한 교과서

컴퓨터 기반 협력학습(CSCL)
컴퓨터를 기반으로 학습자가 공유와 협력을 통해 공동의 문제를 해결하고, 지식을 형성하는 학습 형태

인공지능 기반 교육
인공지능 이해교육과 인공지능 활용교육, 인공지능 가치교육을 포함하여 인공지능을 기반으로 이루어지는 학습

01 전통적 교수법

❶ 강의법

(1) 개관

① 교사가 중심이 되어 지식이나 기능을 학습자에게 설명을 통해 제시하는 교수 방법이다.

② 가장 오래된 전통적인 교육방법으로서, 17C 경험주의 교육철학 등장 이후에 암기 위주의 언어주의 교육이라 비판받았으나 아직까지 널리 활용되고 있는 교수방법이다.

③ 헤르바르트(Herbart)의 교수 4단계설이나 오수벨의 유의미학습은 강의법을 좀 더 과학화하고자 하는 노력들이다.

> **참고** 헤르바르트의 교수 4단계설(형식단계설, formal steps in teaching)
>
> 1. 개관
> 헤르바르트의 교수 4단계설은 교사가 학생들에게 가르칠 관념의 계열을 올바르게 조직하여 제시하는 방법이다.
>
> 2. 교수의 4단계
> ① **명료**: 새로운 개념을 제시하는 단계로, 학생이 새로 배울 개념이 다른 개념과 어떤 차이가 있는지 잘 이해하고 더 잘 인식할 수 있도록 하는 제시방법을 사용한다.
> ② **연합**: 학생의 의식 속에서 이미 존재하던 관념과 새로운 관념의 연합이 이루어지고, 이들 간의 공통된 요소를 이해하는 단계이다.
> ③ **계통**: 배운 내용을 하나의 체계로 일반화하는 단계이다.
> ④ **방법**: 일반화된 원리를 실제 문제에 적용하고 해결하는 단계이다.

(2) 강의법의 특징

① 교사의 일방적인 의사소통을 통해 진행되는 교육방법으로, 교사의 효과적인 의사소통능력이 요구된다.

② 학습자의 숙련된 청취기능과 노트정리 기능 등이 요구된다.

③ 강의내용과 더불어 교수의 태도, 가치관 등도 의도적 또는 비의도적으로 전달될 수 있다.

(3) 강의법의 장·단점

① 장점

    ㉠ 기초적 내용의 학습, 추상적 개념의 학습, 논리적 설명에 효과적이다.

    ㉡ 전체 내용을 개괄하거나 요약할 때 학습자의 이해를 향상시킬 수 있다.

    ㉢ 다수의 학습자에게 방대한 양의 지식을 효과적으로 전달하기에 용이하다.

    ㉣ 활동 및 경험 위주의 학습방법을 싫어하는 순응형 학습자에게 심리적으로 편안한 교수방법이다.

② 단점

　　㉠ 수동적 학습이 되기 쉽고, 학습의 동기유발이 어렵다.

　　㉡ 주의력이 부족한 저학년 학생에게 효과적이지 못하다.

　　㉢ 개별화 학습이 어렵고 획일적인 학습이 이루어진다.

　　㉣ 고등정신능력 계발이나 정의적인 학습에 제한이 있다.

② 팀 티칭

(1) 개관

① 2인 또는 그 이상의 교사가 협력해서 동일 학생집단의 수업 전반이나 중요한 부분에 대해 책임을 지는 교수방법이다.

② 복수의 교사로 된 팀이 종래 학급의 수 배에 해당하는 학생집단을 협동해서 지도하는 방식이다.

③ 몇 사람의 교사가 팀을 만들고, 몇 학급의 학생을 하나의 집단으로 편성한 후, 그 집단을 대집단 · 중집단 · 소집단 · 개인별 등으로 융통성 있게 편성하며 학생의 학습과 생활을 지도하는 방법이다.

(2) 팀 티칭의 특징

① 교원조직의 개편을 통하여 유능한 교사와 경험이 적은 교사를 짝지어 각자의 지도력을 최고로 발휘할 수 있게 한다.

② 팀에서의 교사 직무에 따라 기존보다 높은 지위와 보수를 부여할 수 있다.

③ 수업목적에 따라 학생을 대 · 소의 집단으로 다양하게 편성하고, 다른 규모의 교실에서 다른 교사가 별개의 지도를 하며 수업의 개조를 도모할 수 있다.

④ 팀을 이룬 교사는 각 팀에 특이하게 공헌할 수 있는 역할을 갖게 되며, 공동 계획을 세워 실천에 옮긴다.

(3) 팀 티칭의 예시

① 교사가 돌아가면서 대집단으로 일제 수업을 진행한다.

② 수업목적에 따라 20~30명의 중집단(능력별 · 내용별 편성)으로 나누어 각각의 교사가 분담 · 지도한다.

③ 다시 5~6명의 소집단으로 나눠서 개별적인 지도나 개별학습을 시킨다.

(4) 효과적인 팀 티칭을 위한 고려사항

① 함께 협업하는 교수자 간의 활발한 의사소통과 명확한 수업계획 공유가 진행되어야 한다.

② 팀을 이룬 교사는 그 팀에 각자 고유하게 공헌할 수 있는 역할을 맡는 것이 보통이다.

③ 학생의 교육 균등의 차원에서 보통의 교사와 뛰어난 교사가 팀을 짜는 방향으로 팀 티칭의 교사 구성을 고려할 수 있다.

③ 문답법(발문법, 질문법)

(1) 개관

① 학습자에게 학습과 관련된 다양한 질문을 던지고, 학습자가 질문에 대한 답을 찾으면서 학습하게 되는 교수방법이다.

② 소크라테스가 제자들을 양성하는 과정에서 활용한 방식이라고 하여 '소크라테스식 대화법' 또는 '산파술'이라고도 한다.

(2) 발문의 유형

① 사고의 수준에 따른 발문의 유형

   ㉠ 구체적 수준의 사고를 필요로 하는 질문: 지식내용의 재생을 요하는 질문이다.

     예 백두산에서 발원한 두 강의 이름은 무엇인가?

   ㉡ 추상적 수준의 사고를 필요로 하는 질문: 상황이나 사건들 간의 관계, 발생 이유, 결론 도출 등과 같은 사고를 요하는 질문이다.

   ㉢ 창의적 사고를 필요로 하는 질문: 기존의 지식을 재조직하여 새로운 상황에 적용할 수 있도록 하는 질문이다.

② 사고의 폭에 따른 발문의 유형

   ㉠ 제한형 질문: 수렴적 사고를 하도록 하는 질문으로 재생하기, 명명하기, 지적하기 등을 필요로 한다.

   ㉡ 확장형 질문: 발산적 사고를 하도록 하는 질문으로 미래 예언, 가설 수립 및 추론, 평가 등의 사고가 이에 해당한다.

③ 교수행동에 따른 발문의 유형

   ㉠ 개시형 발문: 주의를 환기하거나 흥미를 유발하기 위한 질문이다.

   ㉡ 초점형 발문: 수업에서 특정 내용에 집중하도록 하는 질문이다.

   ㉢ 확장형 발문: 학습자의 사고의 폭을 넓힐 수 있도록 하는 질문이다.

   ㉣ 사고의 수준을 끌어올리는 발문: 한 단계 높은 사고를 요하는 질문이다.

   ㉤ 보조적 발문: 모호함을 덜어주기 위해 추가로 제공하는 질문이다.

참고 발문의 전략과 실제

구분	세부 전략
일반목표 전략	• **정상 전략**: 한 대상에게 사고의 수준을 높여가면서 여러 질문을 구사하는 전략으로 여러 대상에게 반복함 • **고원 전략**: 같은 수준의 질문을 여러 사람에게 반복한 다음, 수준을 높여 다시 여러 사람에게 반복하는 식으로 점차 수준을 높여 가는 전략 • **귀납 전략**: 귀납적(특수 ⇨ 일반) 사고 유형을 따르는 전략 • **연역 전략**: 연역적(일반 ⇨ 특수) 사고 유형을 따르는 전략 • **혼합 전략**: 위의 전략들을 혼합하여 사용하는 전략

구분	세부 전략
특정 목표 전략	• **개념 형성**: 어떤 사물이나 사상의 개념을 귀납적으로 알아내는 능력을 개발하기 위한 전략 • **비교/대조**: 서로 다른 사물이나 사상의 비슷한 점이나 다른 점을 파악하는 능력을 개발하기 위한 전략 • **사건 분석**: 일정한 준거를 세워서 사건의 원인, 진행과정, 결과 등을 분석하는 능력을 개발하기 위한 전략 • **절차 설명**: 어떤 일의 진행 절차나 필요 여건, 핵심 등을 알아내기 위한 전략

❹ 개별화 교수

(1) 개관

① 학습자의 특성에 맞게 교수·학습의 요소들을 조정하고, 개별 학습자가 가장 효과적으로 학습할 수 있는 학습 환경을 조성하는 교수방법이다.

② 학습자의 학습준비도, 학습속도, 학습양식, 흥미, 동기 등에 따라서 적합한 학습방법을 적용한다.

(2) 특징

① 학생의 개인차를 인정한다.

② 학생의 학습동기나 흥미의 개인차를 적용한다.

개념확대 ⊕
Zoom IN   개별화 교수모형

1. **켈러(Keller)의 개별화 교수체제(PSI; Personalized System of Instruction, Keller Plan)**

   (1) **특징**

   ① 학생은 저마다 다른 자신만의 학습속도에 따라 학습할 수 있다.

   ② 각 단원의 시험에서 높은 성취도(80~90%)를 요구한다는 점에서 완전학습지향적이다.

   ③ 학생의 학습을 돕고, 결과를 평가하고 오답을 교정하는 보조관리자가 존재한다.

   (2) **수업 절차**

   ① 한 과목을 15~30개의 단원으로 나누고, 각 단원별 학습목표를 성취할 수 있도록 학생에게 다양한 지침이 제공된다.

   ② 학생은 교재, 보충자료, 유인물, 연습문제, 슬라이드, 비디오 등의 교수·학습자료가 포함된 학습자 지침서를 활용하여 스스로 학습한다.

   ③ 학생은 보조관리자의 역할을 맡은 지도교사 또는 그 단원을 먼저 완수한 동료 학습자와 해당 단원의 문제에 대해 토의할 수 있다.

   ④ 학생은 스스로 주어진 단원의 목표를 완전히 습득했다고 판단되면 시험을 요구하고, 합격 시 다음 단원으로 넘어간다.

2. 글레이저(Glaser)의 개별 처방 교수방법(IPI; Individually Prescribed Instruction)

(1) 특징

① 스키너의 프로그램 교수법에 기초한 방법이다.

② 교사는 강의보다는 학생의 학습목표 성취에 대하여 진단·처방의 의사결정을 내리는 역할을 한다.

③ 교사는 학습을 학생의 자율성, 컴퓨터, 보조교사에게 맡기고 도움이 필요한 학생들만 지도한다.

(2) 수업 절차

① 학기 초의 배치검사를 통해 학생의 능력수준을 파악하고 필요한 교과와 학습할 내용을 확인한다.

② 학습단원에 대한 사전검사를 통해 단원의 학습목표를 확인한다.

③ 단원의 학습목표에 따라 다양한 교수·학습자료를 제공하여 학생이 개별적으로 학습하게 한다.

④ 학생은 학습 종료 후 진도확인검사를 받는다. 통과 시 다음 목표를 수행하고, 실패 시 해당 학습목표를 다른 방법으로 다시 학습한다.

⑤ 학생은 단원학습 종료 후 사후검사를 받고, 다시 새로운 단원에 대한 사전검사를 받는다.

3. 크론바흐(Cronbach)의 적성처치 상호작용이론(ATI; Aptitude Treatment Interaction)

(1) 특징

① 크론바흐에 따르면 학습결과는 학습자의 적성과 교사가 진행하는 수업방법의 상호작용 결과이다.

② 개별 학습자는 각기 다른 적성을 가지기 때문에 이에 따른 적절한 교수방법을 다르게 활용함으로써 학업성취를 극대화할 수 있다.

③ 학습자 개개인의 적성에 적절하게 수업을 계획하면 개인차에 따른 문제를 줄일 수 있다.

(2) ATI의 형태

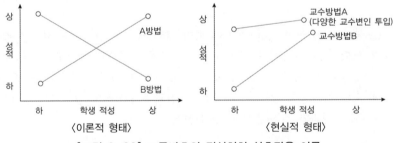

[그림 3-23] 크론바흐의 적성처치 상호작용 이론

① **이론적 형태**: 학생의 적성에 따라 효과적인 수업방법이 서로 다르다.

② **현실적 형태**: 적성이 높은 학생에게 효과적인 교수방법은 적성이 낮은 학생에게도 효과가 있기 때문에 다양한 교수변인을 통해 학생 간의 개인차를 줄이는 교수방법을 사용한다.

(3) 장·단점
① 장점
　　㉠ 학습자의 특성에 맞는 교수를 통해 학습효과가 증진된다.
　　㉡ 교사와 학습자 간의 상호작용이 활발하다.
　　㉢ 학습자가 학습의 주도권을 가지게 하므로, 자신의 학습에 대한 학습자의
　　　독립심과 책임감을 기를 수 있다.
② 단점
　　㉠ 학생 간의 협업이나 의사소통이 단절되어 협동기술, 사회적 기능 발달이
　　　제한된다.
　　㉡ 개별 학생의 특성에 맞게 수업자료를 개발하고 수업을 조정하는 것에 많은
　　　시간과 노력이 소요된다.

❺ 토의법

(1) 개관
① 교사와 학습자 또는 학습자 간의 상호작용을 통하여 정보와 의견이 교환되고
　　결론이 도출되는 교수방법이다.
② 학습자의 능동적인 참여가 중시되고 학생의 자발성, 창의성, 불확실한 내용에
　　대한 인내심 등이 요구된다.
③ 토의법은 참여자의 다양한 정보, 의견, 아이디어 창출과 이에 대한 이해, 종합,
　　평가가 요구되므로 학습내용의 내면화와 고등사고능력 향상에 도움이 된다.

(2) 학습 절차
① 사전 준비: 명확한 토의목적을 설정하고, 진행 방식, 집단의 크기, 진행 시간,
　　자료 등을 계획하고 준비한다.
② 토의 장소 환경 정비: 방식에 따라 토의 장소를 결정하고 좌석을 배치한다.
③ 토의 진행: 학생에게 토의의 목적과 주제를 명확히 제시하고, 규칙과 방법을
　　설명한 후 적극적인 토의 참여를 유도하며 학생이 토의를 진행하도록 한다.
④ 토의 결과 종합: 토의가 종료된 후 결과를 종합하고 발표하는 시간을 가지고
　　토의 결과와 과정에 대해 평가한다.

(3) 다양한 토의법 유형
① 전체 학급토의
　　㉠ 개념: 학급 단위의 집단이 토의를 진행하는 방식이다. 특정한 주제를 정해
　　　토의를 진행할 수도 있고, 개방적인 분위기에서 다양한 주제에 대해 토의할
　　　수 있다. 리더의 역할은 교사가 맡거나 학생이 맡을 수도 있다.
　　㉡ 장점: 학생이 자유로운 분위기에서 누구나 자신의 의견을 공유할 수 있다.
　　㉢ 단점: 모든 학생들이 발언권을 행사하는 것이 아니기 때문에 소수의 학생
　　　들에게 토의가 집중되기 쉽다.

② 그룹토의(소집단 토의)
　　㉠ 개념: 학생들이 5~10명의 집단을 이루어 주어진 주제, 또는 공동의 관심
　　　　사에 대해 토의한다. 이때 학생들이 리더, 서기 등의 역할을 배분하여 맡
　　　　도록 하는 것이 토의 진행에 효과적이다.
　　㉡ 장점: 학급회의에 비해 토의가 이루어지는 단위가 작기 때문에 전체 학급
　　　　학생들 앞에서 이야기해야 하는 부담감 없이 쉽게 참여할 수 있다.
　　㉢ 단점: 학급회의에 비해 각 토의당 공유될 수 있는 의견의 다양성이 한정적
　　　　일 수 있다.

③ 배심토의(패널)
　　㉠ 개념: 상반된 견해를 가진 소수의 배심원과 다수의 일반 청중으로 구성되
　　　　어 사회자의 진행에 따라 토의가 전개된다. 경우에 따라 배심원에게 청중
　　　　이 질의응답하며 논의에 참여할 수 있다.
　　㉡ 장점: 다양한 의견을 광범위하게 수렴하고 제시할 수 있다. 주제에 대한
　　　　준비가 충분할 때 효과적이다. 활발한 토의가 가능하다.
　　㉢ 단점: 패널 구성원에 따라 학습효과의 차이가 있을 수 있다.

④ 심포지엄(단상토의)
　　㉠ 개념: 해당 주제에 대해 2~5명의 전문가가 개인의 입장이나 의견을 발표
　　　　한 후 사회자의 진행하에 청중과 발표자 간의 질의 또는 토론을 전개한다.
　　㉡ 장점: 간접학습을 통해 집단 학습력이 높아질 수 있다. 전문 주제를 다룸
　　　　으로써 다양한 전문 지식을 학습할 수 있다.
　　㉢ 단점: 학생은 토론에 직접적으로 참여하지 않으므로 수동적 학습이 이루
　　　　어지기 쉽다. 연속된 발표로 인해 흥미가 저하될 수 있다.

⑤ 버즈(buzz)토의
　　㉠ 개념: 토의에 참여하는 학생들을 소집단으로 나누고 각 소집단이 동시에
　　　　토의를 진행하는 방식이다. 여러 소집단이 동시에 벌들이 윙윙거리는 것
　　　　처럼 토의를 하기 때문에 버즈토의라고 한다. 개별 토의 결과를 전체 집단
　　　　에 발표하고, 사회자는 비슷한 집단끼리 토의를 유도하며 이를 정리한다.
　　　　그리고 전체 집단 결론을 낸다.
　　㉡ 장점: 모두가 토론의 주체가 되며, 구성원 전체의 학습참여가 가능하다.
　　　　소수 인원끼리 토의를 함으로써 심리적 긴장감을 낮추고 적극적인 토의를
　　　　할 수 있다.
　　㉢ 단점: 소집단 토론이 대토론 주제와 직결되지 않으면 토론이 불분명해진다.

⑥ 원탁회의
　　㉠ 개념: 사회자와 서기를 포함하여 토의에 참여하는 학생들이 원탁에 둘러
　　　　앉아 자유로운 분위기에서 의견을 교환하며 진행되는 토의이다. 상호대등
　　　　한 관계에서 좌담형식으로 진행한다.
　　㉡ 장점: 가장 민주적인 토의 방식으로, 모두가 만족하는 결과를 기대할 수
　　　　있다.
　　㉢ 단점: 결론이 나지 않을 가능성이 높으며, 논의가 탁상공론에 머무를 수
　　　　있다.

⑦ 포럼

　　㉠ 개념: 1~3명의 전문가가 10~20분간 공개연설을 한 후 사회자가 구성원 전체를 대상으로 토의를 진행하는 형식이다(심포지엄과 비슷, 단 심포지엄보다 청중에게 기회가 더 많음).

　　㉡ 장점: 구성원 모두의 참여를 통한 전체의 학습 향상을 도모한다.

　　㉢ 단점: 참가자가 많으므로 산만해질 수 있다.

⑧ 하브루타

　　㉠ 개념: 학생들끼리 짝을 이루어 서로 질문을 주고받으며 논쟁하는 유대인 전통 토론교육법이다. 논쟁 중심 하브루타를 실시할 경우 조사한 자료와 근거를 바탕으로 짝을 지어 주장과 질문, 대답, 반박을 주고 받으면서 논쟁하고, 논쟁이 어느 정도 마무리 되면 팀의 입장을 정하고 입장에 따른 근거를 다듬는다.

　　㉡ 장점: 하나의 주제에 대한 찬반양론을 동시에 경험하면서 새로운 아이디어와 해법을 이끌어낼 수 있다.

　　㉢ 단점: 이기기 위해 논쟁하는 것이 아니라 논쟁을 통해 서로 학습하기 위함임을 주지시켜야 한다.

(4) 장 · 단점

① 장점

　　㉠ 활발한 의사소통을 통해 학습이 이루어지므로 학습자의 적극적인 참여를 유도하기 쉽고 학습동기와 흥미를 유발할 수 있다.

　　㉡ 자신의 생각을 명료하게 전달하는 의사소통능력을 향상시킬 수 있다.

　　㉢ 대화를 통해 의견을 조율하고 문제를 해결하면서 사회적 기능을 향상시킬 수 있다.

　　㉣ 창의적 사고능력과 협동적 기술 및 태도를 향상시킬 수 있다.

② 단점

　　㉠ 교수자가 토의수업을 준비하고 진행하는 데 많은 시간과 노력이 소요된다.

　　㉡ 소수의 토론자에 의해 토의가 장악될 수 있다.

　　㉢ 주제에 대한 학습자의 충분한 이해와 진지한 태도가 부족한 경우, 기대한 만큼 학습효과를 거두기 어려울 수 있다.

　　㉣ 정보의 전달이 매우 늦다.

토의법	개념	장점	단점	예시 및 기타
배심 토의 (패널)	상반된 견해를 가진 소수의 배심원과 다수의 일반 청중으로 구성되어 사회자의 진행에 따라 토의가 전개됨	• 다양한 의견을 광범위하게 수렴하고 제시 가능 • 배심원의 전문적 식견이 꼭 필요하지는 않음	패널 구성원에 따라 학습효과의 차이가 있을 수 있음	100분 토론
심포지엄 (단상 토의)	해당 주제에 대하여 2~5명의 전문가가 공식적으로 각자의 전문적 지식, 의견을 제시하고 발표자 간 좌담식 토론을 벌임 (or 전문가 발표 후 사회자 진행하에 청중과 발표자 간 질의 또는 토론 전개)	간접학습을 통해 집단 학습력이 높아질 수 있음	학생은 토론에 직접적으로 참여하지 않으므로 수동적 학습이 이루어지기 쉬움	–
버즈 토의	• 토의 참여 학생을 3~6명씩 소집단으로 나누고 각 소집단이 동시에 토의를 진행하는 방식 • 사회자는 토의 시간이 종료된 이후 토의 결과를 발표·정리함	• 구성원 전체의 학습참여가 가능 ⇨ 모두가 토론의 주체가 됨 • 학습부진아 및 내성적 학습자에게 적합 • 소수의 일방적·독점적 의사결정 방지	• 소집단 토론이 대토론 주제와 직결되지 않을 시 토론이 불분명해짐 • 복잡한 주제토의에는 적합하지 않음 ⇨ 교사의 조정자 역할이 중요	• 여러 개의 소집단이 열띠게 토의하는 과정을 비유하여 붙여진 이름 • 3~6개로 편성된 소집단이 주어진 주제에 대해 6분간 토의 ⇨ 사회자가 비슷한 결론을 내린 소집단을 점점 합쳐가며 토의 진행 후, 전체가 모여 최종 결론을 내림

토의법	개념	장점	단점	예시 및 기타
원탁 회의	• 사회자와 서기를 포함한 토의 멤버들이 원탁에 둘러앉아서 자유로운 분위기에서 의견을 교환하며 진행되는 토의방식 • 상호 대등한 자격으로 자유토론을 함	가장 민주적인 토의 방식으로, 모두 만족하는 결과를 기대할 수 있음	• 결론이 나지 않을 가능성이 높음 • 탁상공론에 머무를 수 있음	토의학습을 위하여 7~8명의 학생을 학습집단으로 편성 ⇨ 토의에 참여한 모든 학생이 상호 대등한 관계 속에서 자유롭게 의견교환 ⇨ 각 집단은 주제와 관련된 사전 지식이 있는 학생을 사회자로 선출하고 기록자도 선정 ⇨ 교사는 구성원 모두가 발언할 수 있는 기회를 갖도록 안내
포럼	1~3명의 전문가가 10~20분간 공개연설을 한 후 사회자가 구성원 전체를 대상으로 토의를 진행하는 형식	구성원 모두의 참여를 통한 전체의 학습 향상을 도모	• 참가자가 많으므로 산만해질 수 있음 • 체계적인 토의가 어려울 수 있음	환경전문가 강 박사를 초청하여 환경수업을 진행 ⇨ 수업시간에 15분간 환경 오염 방지 방안에 대해 설명하고, 사회자 진행으로 학생들이 30분간 강 박사와 질의응답 및 간담회를 가짐
하브루타	학생들이 짝을 이뤄 서로 질문을 주고받으며 논쟁하는 유대인 전통 토론교육법	• 하나의 주제에 대한 찬반양론을 동시에 경험하면서 새로운 아이디어와 해법을 이끌어냄 • 자신의 생각을 정리하여 이야기하고 동료의 관점을 비판하는 과정에서 메타인지 활성화 가능	–	–

⑥ 자기주도학습

(1) 개관
① 성인의 학습을 위한 학습전략으로 시작되었으며, 학습자가 자신의 학습에 주도권을 가지고 수행하는 학습이다.
② 진보주의, 인본주의, 행동주의, 비판주의 등의 철학적 관점들에 영향을 받았다.
③ 자기주도학습에서 학습자는 초인지 학습전략을 적용하여 과제 선택, 계획의 수립과 수행, 학습과정 및 결과 점검을 스스로 해나간다.
④ 자기주도학습은 고립된 학습이 아니며 학습자, 교수자, 자원, 동료의 협조와 지원이 필요하다.
⑤ 학습의 과정은 이미 입증된 지식을 축적하는 과정이 아니라 주체적인 재해석 과정이다.

(2) 특징
① 학습자는 자신의 학습에 주도권을 가진다.
② 학습자의 가치, 욕구, 선호에 따라 학습목표, 학습수준, 학습내용, 학습방법, 평가 기준이 결정된다.
③ 학생 간의 개인차를 중시한다.
④ 학습자는 자신의 학습결과에 대한 책임을 진다.

(3) 자기주도학습 절차
① 학습요구 진단: 교수자는 학습자의 현재 상태와 도달하고자 하는 상태 간의 차이를 확인시켜주는 절차를 이용하여, 학습자가 자신의 학습요구를 확인할 수 있도록 한다.
② 학습목표 설정: 학습자는 자신의 학습요구에 따라서 학습의 결과로 행할 수 있게 될 것들을 구체적으로 기술한다.
③ 학습을 위한 인적·물적 자원 탐색: 다양한 인적 자원(전문가, 동료 등)과 물적 자원(서적, 인터넷 정보자원 등) 등을 탐색할 수 있도록 지원한다.
④ 적절한 학습전략 선정 및 이행: 학습양식, 동기 등 학습자의 다양한 특징에 따라 적절한 학습전략을 선정하고 이를 활용할 수 있도록 한다.
⑤ 학습결과 평가: 학습의 과정과 결과 모두에 있어 자기평가를 통하여 자신의 학습에 책임을 질 수 있도록 한다.

(4) 자기주도적 학습능력을 기르기 위한 방안
① 인지 조절
　㉠ 학습을 위해 적절한 인지 전략과 메타인지 전략을 사용한다.
　㉡ 인지 전략으로는 시연, 정교화, 조직화가 있다.
　㉢ 메타인지 전략으로는 학습을 계획, 점검, 조절하는 것이 해당한다.
② 동기 조절
　㉠ 강한 학습 동기를 가지고 학습할 수 있도록 한다.
　㉡ 숙달목표를 지향하고, 자아효능감을 제고하고, 성취가치를 인식한다.

③ 행동 조절
  ㉠ 학습을 성공적으로 이끌기 위해 가장 적합한 환경을 만든다.
  ㉡ 학습에 필요한 시간을 관리하고, 학습에 투자할 노력을 분배하고 필요한 경우 타인의 도움을 요청하며, 학습을 방해하는 요소를 차단할 수 있다.

(5) 장점
① 능동적으로 자아를 실현하고자 하는 인간의 본성을 존중한다.
② 필요한 지식, 기술, 태도 등을 언제 어디서나 지속적으로 습득해나가는 평생 교육능력을 신장시킨다.
③ 고정된 지식이 아니라 문제상황에 맞게 필요한 지식과 기술을 습득해야 하는 정보화사회에 적응력을 길러준다.

참고 **자기조절학습**

1. 개념
학습자가 학습할 때 스스로 인지적·동기적·행동적으로 자신의 학습을 조절하며 능동적으로 참여하는 학습을 말한다.

2. 구성요소
① **인지적 요소:** 학습자가 자료를 학습하고 기억하며 이해하는 데 필요한 인지전략과 자신의 인지과정을 계획·점검·수정하는 메타인지 전략 등을 포함한다.
② **동기적 요소:** 학습자 자신의 능력에 대한 신념을 반영하는 기대 요인, 학습자의 목표와 학습과제에 대한 흥미 등을 나타내는 가치 요인, 과제에 대한 학습자의 감정적 반응을 나타내는 정서적 요인 등을 포함한다.
③ **행동적 요소:** 학습자가 학습목표를 달성하기 위해 적합한 환경을 선정하고 구조화하며 학습과정에서 자기교수와 자기강화를 하는 것으로 노력, 도움 구하기, 학업시간 관리 등을 포함한다.

기출 14 중등

기출논제 Check ☑

수업에 소극적인 학생들의 학습동기를 유발하기 위한 방안을 협동학습 실행 측면에서의 2가지 논의

❼ 협동학습

(1) 개관
① 공동의 목표를 달성하기 위해 소집단구성원이 공동으로 노력하여 학습목표를 달성하는 학습방법이다.
② "인간이 협동적으로 사는 것을 학교를 통해 배우지 않으면 안 된다."라고 말한 듀이(Dewey)의 영향을 받았다.

(2) 협동학습의 원리
① 긍정적 상호 의존성: 집단구성원은 공동의 목표를 달성하기 위해 다른 구성원들의 수행이 자신의 목표 성취에 도움이 되고, 또 자신의 수행이 다른 구성원들에게 도움이 된다는 긍정적인 상호 의존성을 지닌다. 즉, 학습자들은 서로의 성과와 기여가 필요하기 때문에 상호 의존적인 관계를 형성하고 지식을 협력하게 된다.

② 면대면 상호작용: 집단구성원은 면대면 상호작용을 통해 서로 믿고 격려하며, 필요시 즉각적인 의사소통을 통해 학습과제를 신속·정확하게 수행한다. 면대면 상호작용은 의사소통을 원활하게 하고 팀워크를 강화한다.

③ 개별적 책무감: 집단구성원의 수행은 집단 전체의 수행 결과에 영향을 준다. 각 학습자는 자신의 개별적인 역할과 책임을 가지고 있다. 개별적 책무감을 강화하기 위해서는 구성원의 역할을 기술하거나, 팀 내부 평가 등을 실시할 수 있다.

④ 사회적 기술: 집단구성원은 공동의 문제를 함께 해결하면서 신뢰를 형성하고 의사소통기술 등과 같은 사회적 기술을 향상시킨다. 예컨대 효과적인 의사소통, 리더십, 협력적 문제해결 등의 기술을 향상시킬 수 있다.

⑤ 집단 과정: 집단구성원은 협동학습에서 요구되는 원칙이나 기술들을 익히고, 서로의 수행에 피드백을 제공하며, 적절한 보상체제를 사용한다. 집단의 협력 과정에 대해 성찰할 수도 있다.

⑥ 이질적 팀 구성: 집단은 전통적 소집단과는 달리 이질 집단으로 구성된다.

(3) 협동학습과 전통적 소집단 비교

구분	협동학습	전통적 소집단
상호작용	적극적 상호작용 강조	한정된 상호작용
피드백	학습자 간 피드백 강조	학습자 간 피드백 거의 없음
집단의 구성	이질집단 구성	동질집단 구성
지도력	지도력의 공유	특정 학습자에 지도력 편중
책무성	상호 책무성 강조	자신의 과업에 대해서만 책무성
사회적 기능	사회적 기능의 강조	사회적 기능이 강조되지 않음

(4) 전통적 소집단 학습의 문제점과 극복방안

① 빈익빈 부익부 현상: 학습자들의 초기 수준에 따라 협력 활동에 차이가 발생하는 것을 의미한다. 이를테면 학습 능력이 높은 학습자가 더 많은 활동을 하여 소집단을 장악할 수 있다. 협동을 위한 스크립트를 제공하거나 협력 과정에 대한 집단 수준의 보상을 제시하여 극복할 수 있다.

② 무임승차 효과: 일부 학습자들이 그룹의 노력에 의존하면서 별다른 기여 없이 혜택을 누리는 현상이다. 이를 방지하기 위해 개별적 책무감 강조, 투명한 평가 체계, 협동적 리더십 강조, 개별적 평가와 피드백 등의 전략을 취할 수 있다.

③ 봉효과: 자신의 노력이 다른 학습자에게로 돌아간다고 인식하면서 학습에 능동적으로 참여하지 않는 현상을 의미한다. 봉효과를 방지하기 위해 개별적 책무감 강조, 투명한 평가 체계, 협동적 리더십 강조, 개별적 평가와 피드백 등의 전략을 취할 수 있다.

④ 집단 간 편파 현상: 같은 집단에게 지나치게 호감을 가지고 다른 집단에게 적대감을 가질 수 있다. 주기적으로 집단을 재편성하거나 과목별로 집단을 다르게 구성하여 극복할 수 있다.

⑤ 사회적 태만: 집단에 속한 사람들이 공동의 목표를 달성하기 위해 함께 일하는 상황에서 혼자 일할 때보다 노력을 덜 들여 개인의 수행이 떨어지는 현상을 의미한다. 이를 방지하기 위해 개별적 책무감 강조, 투명한 평가 체계, 협동적 리더십 강조, 개별적 평가와 피드백 등의 전략을 취할 수 있다.

⑥ 자아존중감 손상: 다른 학습자로 인해 자아존중감에 손상을 입을 수 있다. 협동학습 기술을 습득하여 극복할 수 있다.

(5) 협동학습의 기본 절차

단계	내용	교사의 행동
1	수업목표의 제시 및 학습태세	수업목표를 검토하고 학습태세를 확립
2	학습내용의 제시	언어 또는 교재의 형태로 제시
3	학습자의 팀 구성	팀 구성에 대한 설명 및 구성
4	팀워크나 학습활동 전개	팀 활동 보조
5	평가	팀별 결과 발표 및 교사의 평가
6	학업성취의 인정	학습자 개인 및 팀의 노력과 성취를 인정하는 방법 모색

개념확대⊕
Zoom IN 다양한 협동학습 유형

1. 슬래빈 외(Slavin et al.)의 성취과제 분담학습(STAD; Student Team Achievement Divisions)

(1) 개관
① 이질적인 팀을 구성한 후 과제는 함께 학습하고 퀴즈는 따로 보아 개인별 향상 점수를 확인하고 이를 바탕으로 팀 점수를 산출해 집단보상을 한다.
② 기본 기능의 습득이나 이해를 촉진시키기 위해 고안되었다.
③ 집단보상, 개별책무성, 성취결과의 균등 분배를 특징으로 한다.
④ 집단구성원의 역할이 분담되지 않은 공동학습의 구조이다.
⑤ 개인의 성취가 개별적으로 보상되며, 개인의 향상점수가 팀 점수로 환산되어 집단 보상 또한 이루어진다.
⑥ 구성원 모두가 학습내용을 완전히 숙달할 때까지 팀 학습이 계속된다.

(2) 학습 절차
① **교수자의 설명**: 교사는 강의나 토론으로 새로운 단원을 소개한다.
② **모둠학습**: 각 집단을 이질적인 4~5명의 학습자로 구성하며, 팀별로 배부된 학습지의 문제를 협동학습을 통해 해결한다.
③ **퀴즈**: 팀별 활동이 끝나면 모든 학생들에게 퀴즈를 실시해서 개인 점수를 부여하고, 지난 시험의 개인점수와 비교하여 향상점수를 부여한다.
④ **평가**: 개인별 향상점수를 팀 점수로 환산한다.
⑤ **시상(모둠점수의 게시와 보상)**: 환산한 점수를 근거로 우수팀을 선정한다.

(3) STAD 설계원리*
① 구성원 각자의 목표뿐만 아니라 집단의 목표가 있어 서로 돕고 도움을 받으려 한다.
② 집단에 대한 책무성과 과제에 대한 분담이 이루어져 개별적 책무성이 강조됨으로써 개인의 능력을 최대로 발휘하게 한다.

* 강정찬 & 이상수. STAD 를 이용한 초등학교 수학과 온라인 협동학습 게임모형 개발. 교육정보미디어연구, 20(2), 2014, 217 – 246

③ 개인의 능력에 관계없이 집단에 기여할 수 있는 성공의 기회가 균등하게 주어져 스스로 노력하게 한다.

④ 소집단 간의 경쟁이 유발되어 구성원들의 결속이 다져지고 학습동기가 촉진된다.

⑤ 학습자의 기여도나 학습능력에 관계없이 모든 학습자에게 공평하게 보상하는 평등체제를 이용함으로써 소집단에 스스로 더 기여하게 한다.

2. 드브리스 외(De Vries et al.)의 팀 경쟁학습(토너먼트 게임형, TGT; Teams Games Tournament)

(1) 개관

① 팀, 수업방식, 연습문제지를 이용한 협동학습이다.

② 게임을 통해 팀 간의 경쟁을 유도한다.

③ 학습은 협동적으로 집단 속에서 이루어진다.

④ 보상은 집단 간의 경쟁을 통해 주어진다.

⑤ 기본적으로 모든 교과에 쉽게 적용 가능하지만 특히 단순 암기, 훈련적 교수가 필요한 교과에 효과적이다.

⑥ 게임을 통해 동기를 유발할 수 있으나 외적 동기인 점수에만 지나치게 초점을 맞추면 내적 동기를 잃을 수 있어 유념해야 한다.

(2) 학습 절차

① 교사가 소집단에 학습지를 배부하고 해당 학습단원에 대해 강의한다.

② 강의 후 학습자는 소집단별로 배포된 학습지의 연습문제를 해결한다.

③ 각 학습자는 학업성취도가 비슷한 학생들로 구성된 토너먼트 테이블로 이동하여 문제해결 게임에 참여한다.

④ 모든 테이블에서의 토너먼트가 끝나면 학습자는 다시 원래 소집단으로 되돌아가 각자가 받은 점수를 합산하고 평균을 낸다.

⑤ 교사는 각 집단의 평균점수에 의거하여 소집단별로 보상을 한다.

3. 애론슨 외(Aronson et al.)의 직소 I 모형(과제분담학습)

(1) 개관

① 소모둠 협동학습구조의 형태이다.

② 모둠 내 구성원들은 전체 학습내용의 일부분을 각각 담당한다.

③ 모둠 내 다른 동료의 도움 없이는 학습이 불가능하다.

(2) 학습 절차

① **모집단 활동**: 교사가 수업주제에 대해 안내하고 소그룹 학생에게 하위 주제가 질문 형식으로 적힌 전문가용지를 배포한다.

② **전문가집단 활동**: 각 소집단에서 동일한 주제를 맡은 구성원들이 모여 전문가 집단을 형성하고 해당 주제에 대해 학습활동을 진행하며, 교사는 전문가집단별로 해당 주제에 대한 자료를 제공한다.

③ **모집단의 재소집**: 전문가집단 활동 후 모집단으로 돌아와서 자신의 전문지식을 집단 내 다른 동료들에게 전수한다.

4. 직소 II 모형

① 직소 I에 보상과 균등한 성공기회의 요소를 추가한 모형이다.

② 소집단 학습 이후 개별시험을 치르게 하고, 개인별 향상점수의 합산에 기초한 팀 점수를 부여하며, 이에 따라 보상한다.

5. 직소Ⅲ 모형

① 직소Ⅱ에 모둠학습 후, 일정 기간 동안 평가에 대비할 수 있는 학습 시간을 둔 모형이다.

② **직소Ⅲ의 한계** : 학생들의 협동학습 내용에 대해 교수자가 확인하지 않는다면 개인과 집단의 정답이 올바른 것인지, 학생들이 어떤 내용을 학습하지 못했는지 확인할 수 없다는 문제가 있다.

6. 직소Ⅳ 모형

① 직소Ⅲ에 학생들이 잘 학습하였는지 점검하고 평가 결과를 바탕으로 재교육을 실시하는 단계를 추가한 모형이다.

② 전문가집단 협동학습 이후와 모집단 협동학습 이후에 퀴즈를 보고, 다수가 잘 모르는 부분이 발견되면 교수자는 선택적으로 재교육을 실시할 수 있다.

③ **직소Ⅰ~Ⅳ 모형 비교**

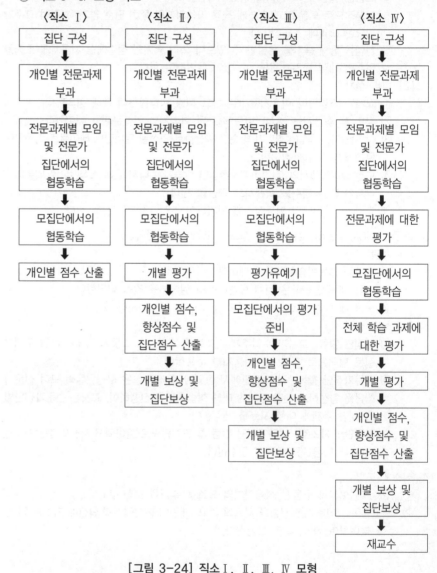

[그림 3-24] 직소Ⅰ, Ⅱ, Ⅲ, Ⅳ 모형

7. 슬래빈 외(Slavin et al.)의 팀 보조 개별학습(TAI; Team Assisted Individualization)
    (1) 개관
        ① 협동학습과 개별학습이 결합된 모형이다.
        ② 협동보상과 개별보상이 모두 이루어진다.
        ③ 배치검사를 통해 성적이 낮은 학생과 우수한 학생의 수업 자료와 목표를 다르게 하여 개인차를 고려한 학습과 평가가 가능하다.
        ④ 협동학습과 개별학습의 이중적 효과가 있다.
    (2) 학습 절차
        ① 진단평가 후 각자 수준에 맞는 단원을 개별적으로 학습한다.
        ② 개별학습 이후 학습자들은 단원평가 문제지를 풀고, 그룹 내 두 명씩 짝을 지어 상호 채점한다.
        ③ 80% 이상의 성취를 나타내면 그 단원의 최종적 개별시험을 보고, 80% 미만의 성취를 나타낼 시 동료들이 서로 도와주며 협동학습한다.
        ④ 개별 시험점수를 합산하여 팀 점수를 만들고, 미리 설정한 팀 점수를 초과하면 팀에 보상을 제공한다.

8. 케이건(Kagan)의 자율적 협동학습(협동을 위한 협동학습, co-op co-op)
    (1) 개관
        ① 전체 학습주제를 소주제로 나누어 모둠별로 학습하고, 각 모둠에서는 각각의 소주제를 다시 미니 과제로 나누어 개별 학습자들이 개별학습을 진행한다.
        ② 미니 과제를 종합하여 소주제를 만들고, 다시 소주제를 종합하여 전체 학습을 완성한다.
        ③ 전체 학습을 위해 모둠 간·모둠 내 협력이 모두 필요한 협동을 위한 협동이다.
        ④ 모둠별로 한 가지 주제를 해결하는 것이 아니라 학급 전체가 한 가지 주제를 해결하기 위해 협동한다는 점이 특징이다.
    (2) 학습 절차
        ① 교사가 학습주제를 소개한다.
        ② 학습자중심의 학급 토론을 진행한다.
        ③ 모둠 구성을 위해 전체 학습주제 속의 소주제를 선택한다.
        ④ 소주제별로 모둠을 구성한다.
        ⑤ 모둠별로 소주제를 정교화한다.
        ⑥ 모둠 내에서 각 소주제에 대하여 모둠원 각자가 조사할 미니 주제를 선택하고 역할분담을 하여 분업한다.
        ⑦ 미니 주제에 대해 개별학습을 진행한다.
        ⑧ 각 모둠원들은 각자가 조사한 미니 주제에 대해 발표한다.
        ⑨ 발표된 미니 주제들을 종합하고 모둠별 발표를 준비한다.
        ⑩ 모둠별 소주제를 학급 단위로 발표한다.
        ⑪ 소주제 발표내용을 종합하여 전체 학습문제를 해결하고 평가와 반성을 진행한다.

9. 함께 학습하기(LT; Learning Together)
    (1) 개관
        ① 과제를 공동으로 수행하고 이에 대한 보상도 공동으로 받는다.
        ② 집단의 평균점수가 학생들의 점수가 된다.
        ③ 무임승차의 가능성이 있다.

(2) 학습 절차
① 5~6명의 이질적인 구성원으로 집단을 구성하고 함께 학습한다.
② 집단구성원은 관련 자료를 함께 보고 의견을 나눈다.
③ 교사는 학생의 상호작용을 촉진하는 역할을 한다.

10. 집단조사(집단탐구, group investigation)
(1) 개관
① 주제 선정부터 집단 보고까지 이르는 전 과정을 학습자가 주도하여 진행되는 개방적인 모형이다.
② 팀 경쟁 요소가 없는 것이 특징이다.
③ 과제의 완수을 위해 집단을 구성하고 과제가 완성되면 교실 전체에 보고하고 피드백을 받는다.
④ 개별 정보 수집을 반드시 진행하지 않아도 된다.

(2) 학습 절차
① **주제 선정 및 소집단 구성**: 교사가 준비한 일반 탐구문제에 대해 학습할 범주를 5~6개 정하고 학생은 자신의 흥미에 따라 하위 주제별로 집단을 구성한다.
② **계획수립 및 역할분담**: 각 집단에서 탐구계획을 세우고 각자의 역할을 분담한다.
③ **탐구활동**: 학생은 자신이 맡은 역할을 수행하고 이를 종합한다.
④ **발표 준비**: 탐구활동의 결과를 효과적으로 발표하기 위해 준비한다.
⑤ **발표**: 집단별로 학습결과를 전체 학생들에게 발표한다.
⑥ **평가**: 교사는 탐구활동을 통해 새롭게 알게 된 지식이나 탐구 과정에서의 협동, 참여도 등을 평가한다.

11. 오도넬(O'Donnell)과 단서로(Dansereau)의 각본협동(scripted cooperation)
(1) 개관
학생들이 짝을 이루어 읽기, 요약하기, 이해하기, 퀴즈 공부 등 서로를 돕는 데 초점을 두는 협동학습이다.

(2) 학습 절차
두 명의 학생이 짝을 지어 정해진 순서에 따라 교대로 자료를 요약하고, 그 내용을 서로 점검하고 논평해 주는 방식으로 진행된다.

12. 액션러닝
(1) 개관
① 소수의 인원으로 구성된 학습자 집단이 현장의 문제를 해결하기 위한 행동을 취하며 그러한 과정으로부터 학습이 이루어진다.
② 촉진자라고 지칭되는 외부 전문가가 관여하지만 전문가가 제시한 해결방안 보다는 성인학습자들의 경험과 상호작용에 중점을 둔다.

(2) 학습 절차
① **액션러닝을 위한 상황 파악**: 실제 문제가 발생한 상황에서 구성원들이 참여하여 액션러닝을 통해 의사결정이 가능한지 확인한다.
② **팀 선정 및 조직**: 액션러닝에서 실행되는 일련의 과정을 적극적으로 수행할 수 있는 구성원들을 정하여 팀을 구성한다.

③ **브리핑 및 제한 범위 설정**: 실제 문제 상황을 확인하고 팀 활동을 위해 필요한 책임과 권리를 인지한다.

④ **팀의 상호작용 촉진**: 팀에 속한 구성원들이 액션러닝에 협력하여 참여할 수 있도록 유도한다.

⑤ **해결방안 규명 및 검증 권한 부여**: 구성원들이 실제 문제를 해결하기 위한 방안을 함께 모색하고 해결방안을 현장에서 실행해보도록 한다.

⑥ **결과 평가**: 구성원들이 액션러닝을 통한 학습에 만족하는지, 문제 해결을 위한 일련의 과정이 학습자에게 어떤 영향을 미쳤는지 측정한다.

⑦ **향후 방향 설정**: 팀 구성원들은 액션러닝의 지속 여부를 결정하거나 어떤 역량을 더 강화시켜야 하는지 성찰하는 시간을 갖는다.

요약정리 🔍
Zoom OUT 협동학습 유형

유형	특징 및 절차	기타 주요 키워드

성취과제 분담학습 (STAD)	• **특징**
	  – 집단 보상 시 개인의 성취결과를 집단점수에 반영하여 모든 학생들이 책무성을 갖게 함
	  – 구성원 모두 학습내용 숙달 시까지 팀 학습 지속
	• **절차**: 전체 학생에게 기본적 내용 설명 후 학습능력을 고려하여 이질적인 4명씩 팀 구성 ⇨ 팀별로 학습지 문제 협동학습으로 해결 ⇨ 팀별 활동 후 모든 학생을 대상으로 퀴즈 실시하여 개인점수 부여 & 지난 번 개인점수와 비교한 개선점수 부여 ⇨ 개선점수 합계로 우수팀 선정
	• **평가**: 향상점수 + 팀 점수
	• **효과**
	  – 능동적 참여 유도
	  – 개별 책무성 향상
	  – 긍정적 상호 의존성 향상
		• 보상중심 협동학습
		• 개별보상+집단보상
		• 개별 책무성
		  ⇨ 개별보상 & 개인 향상 점수로 팀 점수 부여
		• 성취결과 균등분배

팀 경쟁학습 (TGT)	• 팀, 수업방식, 연습문제지를 이용한 협동학습 • 게임을 통해 팀 간 경쟁을 유도함 • 학습은 협동적으로 집단 속에서 이루어짐 • 보상은 집단 간의 경쟁을 통해 주어짐 • 시험은 실시하지 않음	• 보상중심 협동학습 • 게임으로 팀 간 경쟁 및 팀 내 협동 유도 • STAD와 거의 유사 ⇨ STAD는 쪽지시험 사용, TGT는 게임 사용

유형	특징 및 절차	기타 주요 키워드
직소 (Jigsaw)	• **절차**: 전체 학습자에게 학습법을 안내하고 자료 제시 후 6명씩 6모둠 구성 ⇨ 각 구성원이 6개로 분류된 학습주제 중 하나 선택 후, 동일 주제 선택한 학생끼리 전문가집단을 구성하여 협동학습 ⇨ 해당 주제 학습 후 최초 자기 모둠으로 가서 자기가 맡은 부분을 서로 가르침 • **특징** – **직소 Ⅰ**: 과제 상호 의존성은 높고 보상 의존성은 낮음 – **직소 Ⅱ**: 개별시험 ⇨ 개인점수, 향상점수, 집단점수 ⇨ 개별보상 및 집단보상 = 직소 Ⅰ+ 균등한 성공기회 + 보상 – **직소 Ⅲ**: 직소 Ⅱ + 퀴즈 전 학습정리 = (직소 Ⅰ + 균등한 성공기회 + 보상) + 퀴즈 전 학습정리	• 전문가집단 ⇨ 과제 상호 의존성 높음 = 각자 자기 파트 학습을 해서 전달해야 함 = 구성원의 역할 분담이 정확히 제시됨 ⇨ 책무성 강조
팀 보조 개별학습 (TAI)	• **절차**: 사전 집단검사 통해 이질적 능력 가진 학생 4~5명으로 팀 구성 ⇨ 수준에 맞는 학습과제를 교사 도움하에 개별적으로 학습 ⇨ 각자 단원문제 풀고 팀별로 두 명씩 짝지어 교환 채점 ⇨ 일정 수준 도달하면 최종 개별시험 ⇨ 개별점수 합하여 각 팀 점수 산출 ⇨ 미리 설정한 점수를 초과한 팀에 보상	• 협동학습 + 개별학습 • 협동보상 + 개별보상
자율적 협동학습 (co-op co-op)	• **절차**: 교사와 학생이 토의 통해 학습과제 선택 후, 다시 소주제로 분류 ⇨ 각자 소주제 선택 후 같은 소주제 선택한 학생들끼리 팀 구성 ⇨ 소주제를 더 작은 미니 주제로 나누어 개별학습 후 팀 내에서 결과 발표 ⇨ 팀별 보고서 작성 후 학급 전체 발표 • **특징**: 경쟁의식이 지나쳐 학습에 필요한 정보를 서로 교환하지 않는 교실문화에서 협동심을 길러 줄 수 있음	• 모둠 간 협력 + 모둠 내 협력 • 자율성 • **평가**: 동료에 의한 팀 기여도, 교사에 의한 소주제 학습기여도, 전체 학급에 의한 팀 보고서 평가 가능
집단조사	• 과제 선정부터 집단 보고에 이르는 전 과정을 학생이 주도하여 진행되는 개방적인 모형 • 흥미에 따라 주제 선택 후 집단을 구성하여 탐구 후에 전체를 대상으로 발표함	• 팀 경쟁요소 없음 • 개별평가와 집단평가 모두 활용 가능
함께 학습하기 (LT)	• 전체 학습과제를 집단별로 공동수행 후 보상도 집단별로 부여 • 시험은 개별적으로 하나 성적은 소속 집단의 평균 점수로 받게 되므로 다른 학생의 성취도가 개인 성적에 영향을 줌 ⇨ 하나의 집단 보고서에 집단 보상함으로써 무임승차효과가 나타남	–

각본협동	• 학생들이 짝을 이루어 읽기, 요약하기, 이해하기, 퀴즈 공부 등 서로를 돕는 데 초점 두는 협동학습 • 두 명의 학생이 짝을 지어 정해진 순서에 따라 교대로 자료를 요약하고, 그 내용을 서로 점검하고 논평해 주는 방식으로 진행됨	–

(6) 장·단점

① 장점

    ㉠ 균등한 성공기회를 보장하여 바람직한 자아상을 가지게 된다.

    ㉡ 학습과제에 대한 긍정적인 태도를 통해 자아존중감, 사회성, 대인관계를 개선하고, 타인 배려, 학습태도 개선, 학습동기 유발의 결과를 가져온다.

    ㉢ 학습자중심의 학습이 이루어진다.

    ㉣ 학습과정에서 리더십, 의사소통기술과 같은 사회적 기능을 배울 수 있다.

    ㉤ 청취기술, 번갈아 하기, 도움주기, 칭찬하기 등의 협동기술을 배울 수 있다.

② 단점

    ㉠ 특정 학생의 오개념이 심화되고 그룹 내 다른 학생들로 확산될 가능성이 있다.

    ㉡ 내성적이거나 학습능력이 낮아서 소집단 참여에서 소외되는 경우 심리적 모멸감과 수치심을 갖게 될 수 있다.

    ㉢ 학습목표보다 집단과정에 더 집중하여 학습의 효과성이 낮아질 수 있다.

    ㉣ 빈익빈 부익부 현상이 발생하여 학습능력이 높은 학생들은 다른 학생들의 학습에 도움을 주며 학업성취를 향상하고 소집단을 장악할 수 있다.

협동학습 효과에 대한 3가지 관점

1. **동기론적 관점**
   ① **집단보상**: 학습성과에 대한 집단구성원에의 동일한 보상은 학습동기 유발에 효과적이다.
   ② **개별 책무성**: 개별 구성원의 수행은 집단 전체의 수행에 영향을 미치므로 서로 격려하고 도우며 학습과제를 해결해나간다.
   ③ **학습 참여의 균등한 기회 보장**: 누구나 집단의 중요한 구성원임을 인정하고, 함께 참여할 수 있도록 기회를 동등하게 부여한다.

2. **사회응집성 관점**
   ① **긍정적 상호작용**: 개인이 목표를 완수할 때 집단과제도 성취되고, 이는 다시 개인에게 도움이 되며, 집단 내 학습자들은 집단 전체의 성공을 위해 서로 도움을 주고받는 관계이다.
   ② **대면적 상호작용**: 대면적 상호작용을 통해 상호작용과 문제해결의 효과성과 효율성을 높인다.
   ③ **개별 책무성**: 무임승차를 방지하기 위해 학습자 개개인의 과제를 명확히 하고 이것이 집단 내에서 잘 공유되도록 한다.

3. **인지적 관점**
   ① **인지발달**: 구성원 간의 협의를 통하여 사회적 인지갈등의 평형이 깨지고 학습자의 인지적 재구성이 이루어진다.
   ② **인지정교화**: 동료학습자의 설명과 튜터링은 정보의 기억과 장기기억화에 효과적이다.

02 교수매체

❶ 교수매체의 이해

(1) 교수매체의 의미

① 협의의 의미(전통적 의미): 교수를 보조하기 위해 활용되는 모든 종류의 자료 및 도구이다.

② 확장된 의미: 학습에 영향을 미치는 도구이자 교육환경 그 자체이다.

(2) 교수매체 활용의 역사

① 17C 체코 교육자인 코메니우스가 교과서에 그림을 삽입하며 최초의 그림책이 탄생하였다.

② 1900년대 녹음기, 슬라이드, 라디오, TV 등이 개발되면서 교육과정에 이런 기술들이 활발하게 활용되기 시작하였다.

③ 우리나라에서는 1950년대 라디오 교육방송, 1960년대 TV 교육방송을 거쳐 최근에는 다양한 웹 기반 애플리케이션을 활용한 e-러닝, u-러닝, 모바일 러닝 등이 가능해졌다.

(3) 교수매체의 기능

① 매개적 보조기능: 매체의 가장 일반적인 기능이며, 교수·학습과정의 보조수단으로 매체를 사용함으로써 학습자의 주의집중과 동기유발을 도울 수 있다.

　예 지리수업에서 세계지도 등을 교수·학습의 보조수단으로 활용

② 정보 전달기능: 매체의 본질적인 기능이며, 매체는 교수·학습의 정보를 더욱 효율적·효과적으로 전달할 수 있도록 돕는다.

　예 인쇄물, OHP, 슬라이드

③ 학습경험 구성기능: 매체자체가 학습의 대상이 되고 학습경험을 구성한다.

　예 컴퓨터, 사진기, 피아노

④ 교수기능: 어떻게 정보를 전달하는지에 따라서 학습자의 인지적 사고를 촉진시킬 수 있다.

　예 컴퓨터 보조수업(CAI; Computer Assisted Instruction)에서 어떻게 프로그램을 구성하는지가 학습자의 지적 능력 개발에 영향을 준다.

(4) 매체의 분류

① 데일(Dale)은 교수매체의 구체성 정도에 따라 매체를 분류하고 이를 원추의 모습으로 나타내어 '경험의 원추'라고 명명하였다.

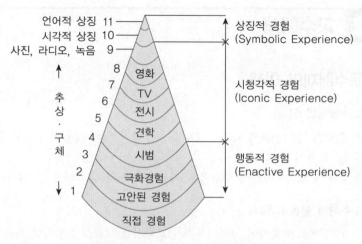

[그림 3-25] 데일의 경험의 원추

② 구체성 정도에 따라 매체는 직접(목적적) 경험, 고안된(구성적) 경험, 극화 경험, 시범, 견학, 전시, TV, 영화, 라디오, 녹음, 사진, 시각기호, 언어기호로 분류된다.

③ 경험의 원추는 아래로 갈수록 구체적·직접적인 경험에 가까워지고, 위로 갈수록 추상적·간접적인 경험에 가까워진다.

④ 브루너(Bruner)는 이 매체 분류를 다시 행동적 경험(행동에 의한 학습), 영상적(시청각적) 경험(관찰을 통한 학습), 상징적 경험(추상을 통한 학습)으로 나누었다.

⑤ 경험의 원추는 효과적인 학습을 위하여 다양한 교수·학습매체를 활용해야 한다는 점, 추상을 통한 학습을 위해서는 적절한 행동적 또는 영상적 단계가 필요하다는 점을 시사한다.

참고 **매체별 내용 및 특징***

* 박성익 외, 2012

브루너의 분류	경험의 원추	내용 및 특징
행동적 경험	직접 (목적적) 경험	• 직접적 행위를 통한 학습 • 학습의 근간을 구성 • 풍부하고 생생한 감각적 경험
	고안된 (구성적) 경험	• 모형 또는 모의상황 • 직접 경험의 물리적 제한점 극복 • 현실보다 단순화된 상황이 이해를 도움 • 주요 사항에 주목할 수 있음
	극화 경험	• 연극, 역할극, 시뮬레이션 • 시간의 제한점을 극복 • 실제적 형태로 아이디어나 상황을 직접적으로 경험할 수 있음 • 단순화된 상황으로 중요하지 않거나 혼란스러운 요소를 제거할 수 있어 학습에 도움을 줄 수 있음

	시범	• 중요 사실, 아이디어, 절차에 대한 시각화된 설명 • 사진, 그림, 필름 등을 사용하기도 함 • 정확한 관찰이 요구됨 • 시범 후 직접적인 경험을 학생에게 요구함
영상적 (시청각적) 경험	견학	• 소풍, 방문, 탐험 • 관찰한 행위를 수행할 것을 학생에게 요구함 • 사람들의 실제 행위를 실제 상황에서 관찰함 • 관찰한 행위를 평가함
	전시	• 기성 전시와 학습자 기획 전시 • 관찰과 참여가 함께 이루어질 수 있음
	TV와 영화	• 시간과 장소를 압축하여 제시 가능 • 불필요하거나 중요하지 않은 것을 제거하고 선택한 주요 포인트에 집중할 수 있음 • 상황의 순서를 의도적으로 조직하여 제시 가능 • 과거의 상황을 재구성할 수 있음
	사진, 그림, 라디오, 녹음	• 글을 읽지 못하는 학습자에게도 메시지가 전달됨 • 프로젝터, 재생기기 등이 필요함 • TV와 영화보다는 간접적인 경험을 제공함 • 그림이 사진보다 더 효과적일 때가 있음 • **라디오와 녹음**: 원격 학습자에게 대량생산한 메시지를 제공 가능
상징적 경험	시각 기호	• 칠판 판서를 통한 의사소통, 지도, 도표, 도식 • 매우 추상화된 표상 • 상징적 요소가 매우 많이 포함됨
	언어 기호	• 단어, 아이디어, 과학적 원리, 공식, 도덕적 원리, 경험의 상징적 표상 • 시각적 단서를 거의 포함하지 않음 • 구어와 문어

(5) 교수매체의 유형별 특징 `기출` 01, 04, 05 중등 / 03, 04, 06 초등

① **텍스트**: 가장 오래된 교수·학습매체로 개발과 활용이 단순하고 비용이 적게 들지만, 학습자의 문해력을 요구하고 자료가 일방향적이다.

② **시각자료**
  ㉠ 추상적 개념을 구체화할 수 있고, 학습에 필요한 인지부하를 줄여준다.
  ㉡ 사진, 그림, 그래프, 만화 등이 시각자료에 속한다.
  ㉢ 드와이어(Dwyer)는 시각자료의 사실성이 지나치게 낮거나 높으면 학습 성취가 낮아진다고 하였다.

③ **오디오**: 언어정보를 가르칠 때 효과적이며 특히 외국어 교육에 적합하지만, 내용 제시 순서가 고정되어 있다는 단점이 있다.

④ **비디오**: 움직임의 과정과 절차를 전달하는 데 효과적이지만, 하나의 자료에 대한 세밀한 관찰이 필요할 때에는 적합하지 않다.

⑤ 애니메이션: 시·공간을 조작하여 복잡하고 빠른 절차를 단순화하거나 느리게 보여줄 수 있으며 추상적·개념적인 내용 학습에 효과적이다. 그러나 애니메이션에 매 장면마다 구체적인 정보를 담으면 학습자가 소화해야 하는 정보량이 너무 많아져 인지부하의 문제가 생길 수 있다.

② 교수매체 선정과 활용: ASSURE 모형

(1) 교수매체 선정의 중요성
• 적절한 교수매체의 선정은 교수목표 달성과 효과적 학습을 위해 매우 중요하다.

(2) 교수매체 선정 시 고려사항
① 학습자 특성: 매체 선정 시 학습자의 연령, 지적 수준, 적성, 태도 등과 같은 학습자 특성을 고려해야 한다.
② 수업상황: 수업집단의 형태나 규모, 수업방법(교사중심, 학생중심, 발견중심 등)에 따라 적절한 교수매체가 달라진다.
③ 학습목표와 내용: 학습목표와 내용(지적기능, 태도 등) 또한 교수매체 선정에 영향을 끼친다.
④ 매체의 물리적 속성과 기능: 시각, 청각, 시청각, 크기, 색채 등 매체의 속성을 고려해야 한다.
⑤ 수업 장소의 시설: 수업 장소에 인터넷, 전자교탁, 빔 프로젝터 등의 시설이 갖추어져 있는지의 여부도 매체를 활용할 수 있는지 영향을 끼친다.
⑥ 실용적 요인: 매체 이용 가능성, 매체 준비 및 활용에 소요되는 시간, 난이도, 비용 등을 고려해야 한다.

(3) 매체 활용 – 하이니히(Heinich)의 ASSURE 모형 〔기출〕 01, 04, 08, 10, 12 중등 / 05, 09 초등
① 체제적 교수설계의 한 모형이자, 교수매체를 체계적으로 활용하기 위한 절차를 제시하는 모형이다.
② ASSURE 모형의 절차
㉠ 학습자 분석(Analyze learners): 학습자의 일반적인 특성, 출발점 행동, 학습양식 등에 대해 분석한다.
ⓐ 일반적 특성: 나이, 학년, 직업, 지위, 문화적·사회경제적 요인들을 포함한다.
ⓑ 출발점 능력: 새로운 학습을 시작하기 전 학생이 가지고 있는 지식, 기능 및 태도를 의미한다.
ⓒ 학습 양식: 지각적 선호와 강점, 정보처리 습관, 동기적 요소와 같은 심리적 특성이다.
㉡ 목표 진술(State objectives): 학습자가 학습 후에 어떠한 지점에 도달해야 하는지를 나타내는 것으로 구체적인 학습 목표를 제시한다.
ⓐ 대상: 학습할 대상이 누구인지를 확인한다.

ⓑ **행동:** 학습자가 성취해야 할 목표를 관찰할 수 있는 행동 동사로 진술한다.

ⓒ **조건:** 목표에 도달하는 데 필요한 자원, 시간, 제약을 포함한다.

ⓓ **정도:** 수용 가능한 수행을 판단할 표준 혹은 준거를 제시한다.

ⓒ **전략·테크놀로지·매체·자료 선정(Select methods, media and materials):** 목표를 달성하기 위해 적절한 수업방법, 매체, 자료를 선택한다.

　ⓐ **수업 방법 선정:** 학습자 분석과 목표 진술을 토대로 적합한 수업 방법을 선택한다.

　ⓑ **매체 선정:** 매체의 특성을 고려하여 교수 방법을 수행하기에 가장 적합한 교수 매체를 선택한다.

　ⓒ **자료 선정:** 이용 가능한 자료를 선택하고, 기존 자료를 수정하거나 새 자료를 설계한다.

ⓔ **테크놀로지·매체·자료의 활용(Utilize media and materials):** 선택한 매체와 자료를 활용한다.

　ⓐ **자료에 대한 사전 검토(Preview the material):** 교사는 수업에서 자료를 실제로 사용하기 전에 수업자료에 비교육적인 내용이 들어있지는 않은지, 수업자료가 최신의 내용을 담고있는지 등을 사전에 검토한다.

　ⓑ **자료 준비하기(Prepare the material):** 필요한 자료를 어떤 순서와 방법으로 제공할 것인지 등을 결정하고 필요한 기자재를 확인한다.

　ⓒ **환경 준비하기(Prepare the environment):** 준비한 자료를 활용하는 데 필요한 기기가 갖추어져 있는지, 기기가 잘 작동되는지 등을 확인하고 준비한다.

　ⓓ **학습자 준비시키기(Prepare the learner):** 학습자에게 동기를 부여하고, 학습목표를 안내하고, 수업자료에서 중요하게 확인할 내용이 무엇인지를 미리 안내하는 등 효과적인 학습이 가능하도록 학습자를 준비시킨다.

　ⓔ **학습경험 제공하기(Provide the learning experiences):** 준비한 자료를 활용하여 학습경험을 제공한다.

ⓜ **학습자 참여 요구(Require learner participation):** 학습자의 능동적인 사고 활동을 요구하기 위해 연습의 기회와 피드백을 제공한다.

　ⓐ **연습:** 개별적인 연습자료나 컴퓨터 보조 수업, 게임 활동 등을 통해 이루어질 수 있다.

　ⓑ **피드백:** 교사, 컴퓨터, 동료 학습자로부터 받을 수 있으며 자기평가도 가능하다.

ⓗ **평가와 수정(Evaluate and revise):** 학습자의 성취도에 대해서 평가하고 활용된 전략, 테크놀로지, 매체 및 자료에 대해 평가하여 이들이 학습목표 성취에 도움이 되었는지 판단한다.

　ⓐ **학습자 성취의 평가:** 설정한 학습목표를 학습자들이 수업을 통해 제대로 달성했는지의 여부를 확인한다.

ⓑ 방법과 매체, 자료의 평가: 수업방법 및 수업에 사용된 매체와 자료의 적절성에 대해 교사 자신, 학생, 동료교사, 관리자들로부터 평가를 받는다.
ⓒ 수정하기: 평가자료 수집의 결과를 환류하기 위해 평가 결과를 살펴보고 이를 참고로 하여 차시 수업에 반영한다.

❸ 인지부하와 멀티미디어 설계 원리

(1) 개념과 종류

① 인지부하의 개념
  ㉠ 과제를 수행할 때 학습자의 인지체계에 부과되는 정신적인 노력이다.
  ㉡ 학습자는 제한된 용량의 작업기억을 활용하기 때문에 효율적으로 인지부하를 조절할 수 있는 교수 처방을 제시해야 한다.

② 인지부하의 종류
  ㉠ 내재적 인지부하(intrinsic cognitive load): 학습과제 자체의 난이도에 의해 결정되는 인지부하이다.
  ㉡ 본질적 인지부하(germane cognitive load): 학습내용을 이해하거나 적용하기 위해 새로운 지식체계를 생성하거나 새로운 지식을 기존의 지식체계에 통합시키려는 인지적 노력으로 긍정적 인지부하에 해당한다.
  ㉢ 외생적 인지부하(extraneous cognitive load): 학습과정에서 불필요하게 투입된 인지적 노력이다.

(2) 내재적 인지부하를 조절하기 위한 멀티미디어 설계 원리

① 완성된 예제 원리: 문제해결 과정을 단계별로 명료하게 제시해주는 완성된 예제를 활용하는 방법이다.
② 사전 훈련 원리: 학습내용을 이해하기 위해서 알고 있어야 하는 구성을 먼저 이해하도록 하는 방법이다.
③ 양식 원리: 시각 채널과 청각 채널을 모두 활용할 수 있도록 제시해야 한다.

(3) 본질적 인지부하를 촉진하기 위한 멀티미디어 설계 원리

① 개인화 원리: 학습자와 대화하듯이 내용을 전달하는 방법이다. 예컨대, 학습자의 이름을 불러주어 동기를 유발하고 학습에 집중하게 할 수 있다.
② 자기설명 및 인지 리허설 원리: 학습내용을 학습자 스스로 점검하도록 유도하는 방법이다. 학습내용이나 학습과정을 스스로 설명해보게 하거나, 과제수행의 절차와 순서를 스스로 따져보도록 하는 인지 리허설을 하게 한다.

(4) 외생적 인지부하를 줄이기 위한 멀티미디어 설계 원리

① 근접성 원리: 관련된 정보를 공간적 · 시간적으로 가깝게 제시해야 한다.
② 중복 원리: 동일한 내용을 담고 있는 시각과 청각 정보의 중복을 피해야 한다.
③ 일관성 원리: 학습내용에 관련된 내용만을 구성해야 하며, 불필요한 내용을 제거해야 한다.

1 e-러닝(electronic learning) 기출 21, 22, 24 중등

(1) 개념
① 인터넷기술을 활용하여 활발한 상호작용을 근간으로, 시·공간의 제약을 뛰어넘어 다양한 학습경험을 지원하는 전자학습 체제를 의미한다.
② ICT 활용교육과 비슷하지만, e-러닝은 인터넷과 같은 디지털매체를 기반으로 사이버 공간을 적극 활용하는 데 강조점을 둔다는 점에서 차이가 있다.

(2) 장점
① 학습자 동기 유발: 다양한 멀티미디어를 수업에 사용하여 학습자의 주의를 집중시키고 능동적인 반응을 유도한다.
② 학습의 개별화: 학습자의 학습양식 및 능력 등에 따라 개별화된 학습이 이루어질 수 있다.
③ 시·공간 제약 초월: 인터넷을 활용하면 교실 내 상호작용으로 한정되는 전통적인 수업과 달리 교사, 학생, 전문가들이 시간과 공간의 제약을 초월하여 정보를 교환하고 소통할 수 있다.
④ 다양한 교수·학습활동 추진: 지식 전달 위주 교육, 교실중심 교육에서 벗어나서 문제해결학습, 프로젝트 학습, 상황학습, 협동학습 등의 다양하고 유연한 학습경험을 제공한다.
⑤ 문제해결력 및 자기주도적 학습능력 신장: 학생들은 ICT를 활용하여 정보를 검색·수집·분석·종합하고, 새로운 정보 창출에 참여하면서 문제해결력을 신장시킬 수 있고, 학습목표, 전략수립, 결과 평가 등의 과정을 통해 자기주도적 학습능력 또한 향상시킬 수 있다.
⑥ 디지털 문해력(디지털 리터러시) 신장: 네트워크 사회에서 참여자들이 의미와 아이덴티티를 협상하는 스킬, 태도, 기질, 기술을 활용한 개인의 문법, 작문, 쓰기, 이미지, 오디오, 비디오, 팟캐스팅, 리믹싱, 디자인을 포함하는 개념인 '디지털 문해력'을 신장시키는 데 도움이 된다.

(3) 유의사항
① 기법보다 내용 중심 설계: 특정 기술이 제공하는 기능을 사용하는 것 자체에 초점을 맞추기 보다는 목표된 학습을 효과적으로 지원하는 기술 활용에 집중해야 한다.
② 강의 중심적 사고 배제: 전통적 강의식 수업에서 탈피하여 학습자중심의 학습환경 구성에 초점을 맞추어야 한다.
③ 교사 역할의 변화: 지식전달자가 아닌 학생의 학습 지원자 및 촉진자가 되어야 한다.

기출논제 Check ✓

기출 24 중등
전문가 C가 언급한 온라인 수업에서 학습자 상호작용의 어려운 점 1가지, 온라인 수업에서 학습자 상호작용의 유형 3가지와 유형별 서로 다른 기능 각 1가지

기출 22 중등
송 교사가 온라인 수업에서 학생의 고립감 해소를 위해 활용할 수 있는 구체적인 교수·학습 활동 2가지를 각각 그에 적합한 테크놀로지와 함께 제시

기출 21 중등
김 교사가 온라인 수업을 위해 추가로 파악하고자 하는 학생 특성과 학습환경의 구체적인 예 각각 1가지, 김 교사가 하고자 하는 수업에서 토론게시판을 활용하여 학생을 지원할 수 있는 구체적인 방안 2가지

④ **교사와 학생의 ICT(디지털) 활용능력 점검:** 교사가 관련 기술과 지식을 가지고 있어야 적절하게 교수매체를 선정하고, 자료를 개발하고, 교수 · 학습방법을 적용할 수 있으며, 웹 기반 문제해결학습 등에 있어서는 학생들도 인터넷 활용능력과 정보검색 능력 등을 갖추어야 의도된 학습결과가 달성될 수 있다.

⑤ **적극적 지원 체제 구축:** 교사에게 충분한 교육콘텐츠 제공, ICT 활용수업 지원 전문가 배치(컨설팅단 확보), 자료와 정보 공유 등의 지원체제가 확립되어야 한다.

❷ 블렌디드 러닝(blended learning)

(1) 개관

① 온라인 강좌(온라인 학습)와 오프라인 강좌(면대면 학습)가 혼합된 형태의 교육을 말한다.

② 온라인 교육이 오프라인 수업을 보조할 수도 있고, 반대로 오프라인 수업이 원격교육으로 이루어 지는 온라인 교육을 보조하는 역할을 하기도 한다.

③ 면대면(face-to-face) 교실 학습 및 컴퓨터를 매체로 하는 e-러닝 활동을 결합한 학습방법이다.

④ '혼합형 학습(blended learning)', '하이브리드(hybrid)', '기술 매개 지도 (technology-mediated instruction)', '혼합모드 지도(mixed-mode instruction)'라고도 불린다.

⑤ 스마트 미디어 환경에서 e-러닝의 장점인 시간 활용의 자유, 반복 수강 가능, 멀티태스킹 가능, 수업 후 질문이나 회신의 용이를 확보함으로써 오프라인 교육이 가진 문제점을 보완하고자 도입한다.

(2) 블렌디드 러닝 운영 방안

① **학습 환경의 통합:** 면대면 오프라인 교실 수업과 비대면 온라인 원격수업을 통합한다.

② **학습 시간의 통합:** 비실시간 온라인 수업과 실시간 온라인 수업을 통합한다.

③ **학습 방법의 통합:** 개별학습과 협력학습을 통합한다.

④ **학습 내용의 통합:** 규격화된/표준화된 학습내용과 학생 스스로 구성하는 학습 내용을 통합한다.

⑤ **학습 수준의 통합:** 기초학습과 심화학습을 통합한다.

⑥ **학습과 진로탐색의 통합:** 정규 교과 내용 학습과 관련 진로 탐색 학습을 통합한다.

(3) 블렌디드 러닝을 위한 온라인 도구

① **온라인 학습 플랫폼:** 학생들이 수업 자료를 업로드하고, 강의 동영상을 시청하며, 과제를 제출하는 등의 학습 활동을 수행할 수 있는 플랫폼을 활용한다. 예를 들어 Google Classroom, Moodle, Canvas 등이 있다.

② **동영상 강의:** 수업 내용을 동영상으로 녹화하여 학생들이 언제 어디서든 접근하고 학습할 수 있도록 한다. 강의 녹화 도구로는 Zoom, Microsoft Teams 등이 사용될 수 있다.

③ 인터랙티브 학습 플랫폼: 학생들이 상호 작용하고 활동할 수 있는 인터랙티브 학습 플랫폼을 활용하여 학생들의 참여도를 높이고 학습 동기를 유발한다. 예를 들어 Kahoot, Quizlet, Socrative 등이 있다.

(4) 장점
① 학습자의 특성에 맞는 학습내용 및 방법으로 교육효과를 극대화한다.
② 학습공간과 기회를 확대한다.
   ⇨ 온·오프라인의 통합으로 지속적인 학습을 가능하게 한다.
③ 개별화 수업, 자기주도적 학습, 교사와의 직접적인 면대면 상호작용을 통한 학습의 촉진·안내·관리도 가능하기 때문에 학업성취도를 다각적인 방법을 통해 높일 수 있다.
④ 학생의 학습 상황에 대한 데이터 수집이 가능하고, 지도·평가과정을 사용자가 정의할 수 있다.
⑤ 블렌디드 러닝 학습모델을 도입하는 학교는 자원을 학생의 성과 확대에 집중시킬 수 있다.

③ 거꾸로 학습(플립드 러닝, flipped learning)

(1) 개관
① 블렌디드 러닝의 한 형태로 학습자가 교실 수업 전에 동영상 강의 등 온라인 학습을 통해 학습내용(영상, 논문자료 등)을 미리 학습하고, 교실 수업에서는 활동중심 학습(토론, 과제 풀이 등)을 통해 수업의 효과를 극대화하는 교수·학습방식이다.
② 학습자를 수동적 학습자에서 능동적 학습자로 변모시키고, 수업시간과 과제를 하는 기존의 시간 개념을 변화시킨다.
③ 다양한 연습과정의 반복으로 완벽한 학습이 가능해진다.

(2) 거꾸로 학습의 절차
① 수업 전
   ⓐ 교수자가 비디오 또는 동영상으로 제작하여 온라인에 업로드시켜 놓은 사전 학습 자료를 통해 학습자는 새로 배울 개념에 대해 학습을 한다.
   ⓑ 학습자는 사전 학습의 퀴즈 또는 간단한 평가내용을 풀면서 모르는 내용은 노트에 별도로 표기하여 다음 날 수업에서 교사에게 질문하기 위해 준비한다.
② 수업 도입
   ⓐ 학습자는 사전 학습 내용 중 의문사항에 대해 개별로 질문을 하고 교사는 피드백을 하며 학생들의 학습 상황을 파악한다.
   ⓑ 교사는 사전 학습에서 익힌 지식과 학습 내용을 실제 적용해 볼 수 있는 토론 및 토의, 프로젝트 학습 등 활동을 제공한다.

③ 수업 중
  ⓐ 교사는 학습부진 또는 속도가 느린 학습자를 위한 보다 구체적인 개별화 학습을 진행한다.
  ⓑ 교사는 학습자 활동을 모니터링하며, 지속적인 평가를 통해 학생들이 무엇을 알고 있는지 또는 무엇을 모르고 있는지를 파악하고 처치한다.
④ 수업 후
  ⓐ 교사는 학습자가 보다 고차적인 적용활동을 할 수 있도록 다양한 자원을 제공한다.
  ⓑ 교사는 온라인을 통해 학생들과 필요한 정보적 상호작용과 피드백을 주고 받는 활동을 한다.

(3) 거꾸로 학습 설계 시 고려사항
① 유연한 환경(flexible environments): 거꾸로 학습에서는 보다 탄력적이고 다양한 학습의 형태를 허용해야 한다.
② 학습 문화의 변화(shift in learning culture): 거꾸로 학습에서는 교사 중심의 수업에서 학생 중심의 수업으로의 변화가 수반된다.
③ 의도된 내용(intentional content): 거꾸로 학습을 수행하는 교사는 수업시간에 어떠한 내용을 가르칠 것인지와 학생들로 하여금 사전에 어떠한 내용을 배워서 오게 할 것인지에 대한 의도적이고 분명한 계획이 있어야 한다.
④ 전문성을 갖춘 교사(professional educators): 교사는 학생들로 하여금 어떻게 보다 체계적인 지식을 갖도록 할 것인지, 나아가 필요할 경우 어떻게 더욱 깊이 있는 지식을 제공할 수 있을지에 대해 고민하는 것이 중요하다.

(4) 장 · 단점
① 장점
  ㉠ 학습자중심 수업의 확대: 수업 전에 미리 학습 내용을 익히고 참여하게 되므로 토론 및 토의, 프로젝트 학습 등 다양한 학습자중심의 수업을 운영할 수 있다.
  ㉡ 학습자의 자신감 형성: 사전 학습을 통해 본 수업에 대한 자신감이 형성된다.
  ㉢ 흥미와 동기 고양: 오프라인 수업이 학습자중심 활동으로 운영되기 때문에 지루하지 않고 흥미로운 수업이 가능하며, 사전 학습을 통해 친숙한 과제를 다루므로 학습동기 또한 촉진된다.
  ㉣ 역동적 학습: 실험, 탐구, 학습자 간의 상호작용을 촉진하는 수업이 가능해진다.
② 단점: 학생이 온라인 사전 학습을 충분히 하지 않을 수 있다.

(5) 교사의 역할

① 교육학적 지식뿐만 아니라 테크놀로지에 대한 전문적 소양도 갖추어야 한다.

② 오프라인 수업시간을 고차원적 문제해결을 위한 시간으로 활용한다. 실험, 탐구, 학습자 간의 상호작용을 촉진할 수 있는 협력학습 등 역동적인 학습을 실천한다.

③ 학생이 온라인 사전 학습을 충분히 하지 않는 경우를 대비하여 흥미롭고 부담스럽지 않은 길이의 동영상 강의를 준비하고, 학생의 준비도 확인을 철저히 해야 한다.

(6) 학습자의 역할

① 수동적 학습자에서 능동적 학습자로 변화되어야 한다.

② 교실 수업에 앞서 온라인 사전학습을 성실하게 이행해야 한다.

개념확대⊕
Zoom IN 전통적 교실학습과 거꾸로 학습 비교*

* 한국U러닝연합회, 2014: 22~23

내용	전통적 교실학습	거꾸로 학습
수업 전	교수자는 강의를 준비하고, 학습자에게 과제를 배정함	교수자는 여러 가지 학습내용들을 준비하고, 학습자는 교수자가 제공하는 절차에 따라 학습하며, 학습 관련 질문사항 등을 기록함
수업의 도입	교수자는 학습자에게 무엇이 도움이 될 것인지 일방적인 형태의 가정을 하고, 학습자는 예상보다 제한된 정보를 얻게 됨	학습자는 교수자와 상호작용을 통해 학습과 관련한 질문을 하게 되고, 이를 통해 교수자는 학습자에게 가장 적합한 내용을 예상할 수 있음
수업 중	학습자는 수업내용을 이해하려 하고, 교수자는 모든 학습자료를 활용해 학습자의 이해를 돕고자 노력함	교수자는 수업 시간 동안 해야 할 과제를 제시하고, 학습자는 수업 도입 이후부터 수업 시간 동안 학습내용을 적용시키기 위한 토론, 프로젝트 학습 등을 수행하게 되며, 이 과정에 교수자는 피드백과 소규모 강의를 제공함
방과 후	교수자는 지난 과제를 평가하고, 학습자는 보통 과제를 수행함	교수자는 학습자가 고차적인 적용활동을 수행하도록 다양한 교육자원을 제공하고, 학습자와 정보적 상호작용을 통해 피드백을 주고받는 활동을 수행하게 됨

❹ AI 디지털 교과서

(1) 개념

학생 개인의 능력과 수준에 맞는 다양한 맞춤형 학습 기회를 지원할 수 있도록 인공지능을 포함한 지능정보화기술을 활용하여 다양한 학습자료 및 학습지원 기능 등을 탑재한 교과서이다.

(2) AI 디지털 교과서의 특징

① **맞춤형 학습 경험**: AI 디지털 교과서는 학생 개개인의 학습 수준과 성향에 맞춰 맞춤형 학습 경험을 제공한다.

② **다양한 미디어 콘텐츠**: AI 디지털 교과서는 텍스트뿐만 아니라 그래픽, 음성, 동영상 등 다양한 형태의 미디어 콘텐츠를 통해 학습을 지원한다.

③ **학습 분석과 평가**: AI 디지털 교과서는 학생들의 학습 기록을 실시간으로 분석하여 학습 진도와 성취도를 파악할 수 있다.

④ **지속적인 업데이트와 개선**: AI 기술을 활용한 디지털 교과서는 지속적으로 데이터를 수집하고 학습하여 콘텐츠를 개선하고 업데이트하여 학습 자료의 최신성과 효과성을 유지할 수 있다.

⑤ **접근성과 이동성**: AI 디지털 교과서는 온라인 플랫폼에서 접근할 수 있으므로, 학생들은 언제 어디서나 학습에 참여할 수 있다.

⑥ **상호작용과 참여 촉진**: AI 디지털 교과서에서 학생들은 질문하고 토론하며, 학습에 적극적으로 참여할 수 있다.

(3) AI 디지털 교과서와 서책형 교과서 비교

내용	AI 디지털 교과서	서책형 교과서
자료 유형	동영상, 가상현실 등과 같은 멀티미디어 학습자료	텍스트와 이미지 중심의 평면적 · 선형적인 학습자료
자료의 변형	새로운 사실과 신속한 반영	자료가 고정되어 변환이 어려움
자료수집	다양한 교육자료나 DB와의 연계	교과서 외의 자료를 찾기에 많은 시간과 비용 요구
내용전달 매체	정보기기	인쇄매체
다른 교과와의 관계	교과 내 · 학년 간 연계학습	교과 간 서로 단절된 개별학습
학습 방향	교사, 학생, 컴퓨터 간 다방향 학습	지식전달 위주의 단방향 학습
수업효과	학생중심 수업활동과 자기주도적 학습 시행 가능	학습자의 능력에 따른 수업이 어려운 일제식 수업
학습 데이터 수집 및 분석	해당 교과서 내에서 학생의 학습 진도 및 성취 수준, 학습 특성 등에 대한 학습 데이터 수집 및 분석 가능	–

① 친환경 · 디지털 교육환경 조성을 위해 태양광 · 친환경 단열재를 설치(그린)하는 것은 물론 교실에 WiFi와 교육용 태블릿 PC를 보급(디지털)하는 학교 계획이다.
② 노후학교를 대상으로 리모델링을 통해 태양광 발전시설 설치 및 친환경단열재 보강공사 등 에너지 효율 제고가 이루어진다.
③ 다양한 교육콘텐츠 및 빅데이터를 활용하여 맞춤형 학습 콘텐츠를 제공하는 온라인 교육 통합 플랫폼을 구축한다.

5 컴퓨터 기반 협력학습(CSCL; Computer-Supported Collaborative Learning)
기출 20 중등

(1) 개관
① 컴퓨터를 기반으로 학습자가 공유와 협력을 통하여 공동의 문제를 해결하고, 지식을 형성하는 학습 형태이다.
② 각기 다른 장소에 있는 학습자가 협력도구를 활용하여 개인의 지식을 외현화하고 이를 공동의 데이터베이스에 공유하며 협력적으로 발전시킨다.

(2) 특징
① 시간과 장소에 구애받지 않고 협력적으로 학습하고, 공동의 산출물을 구성해 나갈 수 있으며, 학습자 간의 활발한 상호작용을 요구한다.
② 교사는 다양한 협력도구와 인지 · 정서적 지원을 통해 학습자의 협력과 상호작용을 지원한다.

(3) 컴퓨터 기반 협력학습 시 교사가 지원해야 하는 도구(학습지원 도구)

구분	역할
시각화 도구	학습자의 수행과제를 더 잘 나타낼 수 있도록 지원
정적 정보	학습자의 지식 표현 형식 제공
수행지원 도구	학습자의 현재 학습과제보다 낮은 수준의 학습과제를 자동화하거나 대체하여 인지활동의 부담을 덜어줌
정보수집 도구	문제해결을 위한 중요한 정보수집 지원
의사소통 도구	학습자 상호 간의 원활한 원격 의사소통 지원
협업 도구	학습자 간 공동의 학습문제해결을 위한 학습활동 공간 제공

(4) 컴퓨터 기반 협력학습의 예 – 위키학습
① 위키 기반 협력학습은 학습자가 문서를 공동으로 작성할 수 있는 위키 프로그램을 활용해서 협력과제를 수행하는 컴퓨터 기반 협력학습의 한 형태이다.
② 장점
⊙ 위키 프로그램을 활용할 경우, 시간과 장소의 제약 없이 공동으로 또는 자신이 편한 시간과 장소에서 협력과제를 수행할 수 있다.

기출 20 중등

기출논제 Check ✓
위키(Wiki)를 활용할 때 발생할 수 있는 문제점 2가지

ⓛ 수정과 편집이 자유롭다.
ⓒ 평소 수줍음이 많은 학생도 협력과제에 적극적으로 참여할 수 있다.
③ 단점
ⓐ 협력학습 초기에는 프로그램에 익숙하지 않은 학습자가 학습에 어려움을 호소할 수 있다.
ⓛ 학습자 간의 활발한 의사소통이 부족한 경우, 공동의 지식구성이 이루어지지 않고 단순한 분업으로 과제가 진행될 수 있다.
ⓒ 상대방과의 논의 없이 동료학습자가 작성한 글을 임의로 수정하거나 삭제하는 경우, 학습자 간의 정서적 갈등이 초래될 수 있다.

개념확대⊕
Zoom IN 컴퓨터 기반 협력학습과 클라우드 컴퓨팅

1. 클라우드 컴퓨팅
인터넷을 매개로 연결된 서버에 데이터를 저장하고 다양한 단말기를 통해 해당 데이터를 불러오거나 가공할 수 있는 환경을 제공하는 것이다.
예 구글 드라이브, 드롭박스, 구글 독스, 큅(Quip)

2. 컴퓨터 기반 협력학습을 위한 클라우드 컴퓨팅의 활용
(1) 분산인지
① 분산인지 이론에 따르면 인간의 지적 활동은 개인의 내부뿐만 아니라 사회적·물리적 환경과의 상호작용을 통해 이루어진다.
② 테크놀로지는 개인의 인지적 부담을 줄여줌으로써 효율적으로 과제를 수행할 수 있도록 하며, 사고의 과정 또한 촉진함으로써 더 효과적으로 학습이 일어나도록 할 수도 있다.
③ 클라우드 컴퓨팅 기술을 통해 개인 또는 그룹의 생각을 시각화할 경우 학습자가 상대방의 생각을 더욱 잘 이해하게 되고, 공동으로 문제를 해결하기 위해 더 적극적으로 상호작용할 수 있다.
(2) 장·단점
① 장점
ⓐ 어떤 시·공간에서나 손쉽게 접근할 수 있는 공동의 작업공간을 제공한다.
ⓑ 학습자들이 그룹 구성원들과 작업물에 대해 상호작용하는 것을 돕는다.
ⓒ 클라우드 컴퓨팅 기술이 과제물에 대한 공동의 이해를 형성하고 협력과정을 효과적으로 조절하는 것을 도와 상대적으로 더 나은 학습성과로 이어진다.
② 단점: 시·공간을 불문하고 클라우드 컴퓨팅 어플리케이션을 이용해서 협력활동에 참여할 수 있지만, 그룹 과제를 수행하기 위해 면대면 회의를 가지는 횟수가 줄어들 경우 오히려 학습자 간의 상호작용을 제한하게 될 수도 있다.

6 모바일 러닝(M-learning)

(1) 개념
① 개념: 모바일 기기를 활용하는 교수·학습방법을 말한다.
② 모바일 기기의 종류: 스마트폰, 태블릿 PC 등이 있다.

(2) 특성
① 시·공간 한계 극복
  ㉠ 모바일 러닝은 언제 어디서나 학습이 이루어지는 교육적 이상을 달성하려는 목적에서 등장하였다.
② 실제적인 맥락에서의 학습
  ㉠ 이동하는 개인의 위치와 처해 있는 상황과 맥락을 반영하여 그에 적합한 학습 내용을 모바일 기기를 통해 제공할 수 있다.
  ㉡ 일반 교실 수업 혹은 일반 컴퓨터 앞에서의 교육환경과 모바일 러닝과의 근본적인 차이를 보여준다.
③ 학습자의 개별성 지원
  ㉠ 모바일 기기를 쉽게 휴대할 수 있기 때문에 언제 어디서나 필요한 정보를 검색하고 기억하고 싶은 내용을 메모하거나 사진 및 동영상으로 기록할 수 있다.
  ㉡ 학습자의 관심과 요구를 반영한 개별화 학습을 촉진하며, 학습자가 자신의 학습을 주도하도록 하여 궁극적으로 효과적인 학습을 돕는다.
④ 사회적 상호작용을 통한 공유성
  ㉠ 페이스북, 트위터, 네이버 밴드 등의 SNS(Social Networking Service)를 이용해서 모바일 러닝 활동과 결과물을 교수자 및 다른 학습자와 쉽게 공유할 수 있다.
    ⓐ SNS는 인터넷상에서 친구, 동료 등 지인과의 인간관계를 강화하거나 새로운 인맥을 형성함으로써 폭넓은 인적 네트워크를 형성할 수 있게 해주는 서비스를 지칭한다.
    ⓑ SNS는 교육현장에서 학습 자료 및 공유, 온라인 토론 및 그룹 학습, 질문과 답변, 학교 소식 및 일정 공지, 프로젝트 및 과제 관리, 학생 참여 및 창의성 유발 등을 위해 활용될 수 있다.
  ㉡ 모바일 러닝의 기술적인 특성을 협력학습에 용이하게 활용함으로써 얻어지는 중요한 특성이다.
⑤ 모바일 기기의 특성으로 인한 단점
  ㉠ 모바일 러닝은 작은 스크린상에서 구동되는 특징이 있어 신체적인 피로나 장애로 이어질 수 있다.
  ㉡ 모바일 러닝을 위해 필요한 무선 인터넷 활용이 어려운 지역에서는 학습이 불가능하다는 한계점이 있다.

7 게이미피케이션(gamification)

(1) 개념과 특징

① 개념: 게임이 아닌 것에 게임의 요소나 원리를 적용하는 것을 의미한다.

　㉠ 게이미피케이션의 광의: 지식이나 기술을 학습하기 위해 개발된 기능성 게임을 포함하는 개념이다. 기능성 게임은 개별 교과목에서 기초 지식을 획득하기 위해 반복적으로 문제를 해결하는 게임부터 가상 학습환경에서 고차적인 사고와 추론을 통해 실제적인 미션을 달성하는 게임을 의미한다.

　㉡ 게이미피케이션의 협의: 게임의 다양한 요소를 실제 수업 맥락에 적용하는 개념이다. 게임의 어떤 요소가 학습자의 몰입을 촉진하는지를 분석하여 수업 중에 학습자의 동기를 유발하고 참여를 촉진하는 데 게임의 요소를 적용하는 것이다.

② 특징: 게임에 참여자를 자발적으로 몰입하게 만드는 요인이 무엇인가에 관심을 두고, 게임에서 사용되는 요소를 다른 분야에도 적용하여 사람들의 몰입과 흥미 유도를 통해 달성하고자 하는 목표에 도달하게 한다.

(2) 게이미피케이션의 구성요소

① 명확한 목표와 규칙

　㉠ 명확하게 달성해야 하는 목표를 제시한다.

　㉡ 목표를 성취하기 위해서 지켜야 하는 규칙을 제시한다.

② 지속적인 과제 제시

　㉠ 참여자가 지속적으로 활동하게 하고 문제를 해결하게 한다.

　㉡ 과제의 수준은 참여자에게 약간의 도전의식을 느낄 수 있는 정도의 수준으로 제공한다.

③ 즉각적인 피드백 및 재도전 기회 제시

　㉠ 참여자 활동의 결과나 목표 달성 정도에 대한 피드백을 명시적으로 자주 제공한다.

　㉡ 참여자가 실패하더라도 다양한 시도를 할 수 있도록 재도전의 기회를 제공한다.

④ 보상 제공

　㉠ 과제를 수행할 때마다 포인트나 배지를 제공한다.

　㉡ 게임 참가자들이 서로의 점수를 비교할 수 있는 리더보드(leader board)를 제공하여 성취감과 동기를 부여한다.

[그림 3-26] 리더보드 그림 예시

⑤ 과제 난이도에 따른 레벨 구분
 ㉠ 과제의 난이도에 따라서 게임 레벨을 초급, 중급, 고급 등으로 구분한다.
 ㉡ 참가자가 스스로 게임 레벨을 선택하도록 자율성을 부여할 수도 있다.
⑥ 스토리 제공
 ㉠ 참가자의 행동과 생각이 특정한 맥락 속에서 의미를 가지도록 수행하는 구체적인 맥락을 제공한다.
 ㉡ 스토리를 통해 현실과 비슷한 맥락적 흐름을 주어 참여자가 게임에 더 흥미를 느끼고 몰입하게 만든다.

⑧ 실감미디어(immersive media) 활용 수업

(1) 개념과 특징
① 개념: 인간의 오감과 감성 정보를 제공하여 사용자의 미디어 체험 만족도를 높이는 차세대 미디어를 의미한다.
② 특징: 실감미디어는 사용자의 실재감(presence)과 몰입감(immersion)을 최대로 높이기 위한 목적이 있다. 실재감은 사용자가 자신이 마치 가상의 환경 안에 존재한다고 느끼는 것으로, 사용자는 실감미디어를 통해 실제와 유사한 경험을 할 수 있게 된다.

(2) 실감미디어의 종류

① 증강현실(AR; Augmented Reality)

㉠ 증강현실의 개념: 사용자가 보고 있는 실제 보이는 장면에 부가적인 그래픽 자료를 합성하는 인터페이스 기술이다.

㉡ 증강현실의 특징

ⓐ 증강현실을 통해 부가적으로 제공된 정보는 학습자에게 더 높은 실재 감을 제공하고, 이러한 실재감 증진은 학습자의 몰입감을 높여 과제수 행에 긍정적인 영향을 줄 수 있다.

ⓑ 증강현실은 학습자에게 조작하는 경험을 제공하면서 학습자료와 직접 적으로 상호작용할 수 있어 능동적인 학습이 가능해진다.

② 가상현실(VR; Virtual Reality)

㉠ 가상현실의 개념: 특정 환경이나 상황을 구성해서 사용자가 실제 주변 환경 이나 상황과 상호작용하는 것처럼 만들어 주는 인터페이스 기술이다.

㉡ 가상현실의 특징

ⓐ 가상현실에서는 학습자의 실제 움직임과 가상공간에서의 움직임이 일 치하도록 나타나기 때문에 학습활동에 더욱 몰입하게 만든다.

ⓑ 가상현실은 사실적인 상황을 만들어 생생한 체험을 할 수 있기 때문에 안전한 환경에서 반복적으로 학습활동을 지속할 수 있으므로 특정한 기술이나 지식을 효과적으로 숙달할 수 있다.

③ 메타버스(metaverse)

㉠ 메타버스의 개념: 아바타를 기반으로 사회적 상호작용이 가능한 3차원 가 상환경을 의미한다.

㉡ 메타버스의 특징

ⓐ 메타버스에서 아바타를 통해 사회적 실재감을 높이고 사회적 상호작용 을 촉진할 수 있다.

ⓑ 메타버스는 입체적인 학습공간을 제공하여 학습자의 적극적인 활동 및 학습 참여를 높일 수 있다.

(3) 실감미디어 활용 수업의 장·단점

① 장점

㉠ 적극적인 참여: 학생들이 더욱 적극적으로 참여할 수 있으며 이로 인해 더 흥미를 느끼고, 학습에 대한 동기부여가 증가할 수 있다.

㉡ 체험 중심 학습: 학생들에게 추상적인 개념이나 이론보다는 실제 경험을 통해 학습할 수 있는 기회를 제공한다.

㉢ 시뮬레이션과 실험: 어려운 실험이나 위험한 상황을 시뮬레이션의 형태로 안전하게 실습할 수 있다.

㉣ 다양한 학습 환경: 역사적인 사건을 가상 현실로 체험하거나, 지리적인 장 소를 증강현실로 탐험하는 등 학생들에게 다양한 학습 환경을 제공한다.

② 단점
  ㉠ 비용과 기술적 요구사항: 실감미디어 기술의 구현에는 상당한 비용과 기술적 요구사항이 필요하다.
  ㉡ 어지러움증과 시각 피로: 가상 혹은 증강현실을 체험하는 동안 학생들은 현실과 다른 시각적 자극을 받게 되는데, 이러한 시각적 자극은 뇌와 몸의 감각 정보가 일치하지 않을 수 있기 때문에 어지러움증이나 멀미 등의 증상이 발생할 수 있다.
  ㉢ 교사 부담: 실감미디어 기술을 활용한 수업은 교사들에게 기존의 교육 방식과 다른 접근법과 교수법을 습득하고 적용하는 역량을 요구한다.

❾ 인공지능 기반 교육(Artificial Intelligence based learning)

(1) 인공지능 교육의 개념과 목표
① 인공지능 교육의 개념: 인공지능에 대한 교육과 인공지능 활용교육을 모두 포함하는 개념으로, 인공지능의 기본 개념과 기술을 바탕으로 다양한 교과 및 실생활 문제를 해결하기 위한 교육을 말한다.
② 인공지능 교육의 목표: 학생들이 미래 인공지능 사회에 대비하여 인공지능에 대한 이해를 갖추고, 다양한 분야에 걸친 인공지능의 사회적 영향력을 인식함으로써, 인공지능의 윤리적 활용을 도모하게 한다.

(2) 인공지능 교육의 종류
① 인공지능 이해 교육
  ㉠ 인공지능 이해 교육: 인공지능 기술 자체에 대해 이해하고 배우는 것에 초점을 두는 교육이다.
  ㉡ 인공지능 이해 교육의 내용: 인공지능 기술의 원리를 이해하고, 이를 바탕으로 알고리즘을 설계, 개발, 활용하는 일련의 역량들을 습득하는 것이 포함된다.
② 인공지능 활용 교육
  ㉠ 인공지능 활용 교육: 인공지능을 다양한 교과의 교수·학습상황에서 교육의 도구로 활용하는 교육이다.
  ㉡ 인공지능 활용 교육의 종류
    ⓐ AI 활용 교과교육: 인공지능 기술을 활용하여 특정 교과의 내용을 좀 더 심화적으로 이해하는 교육이다.
    ⓑ AI 융합교육: 인공지능 기술과 여러 교과의 지식을 통합하여 문제를 해결하는 교육이다.
③ 인공지능 가치 교육
  ㉠ 인공지능 가치 교육: 인공지능 기술의 사회경제적 영향 및 윤리적 가치에 초점을 두는 교육이다.
  ㉡ 인공지능 가치 교육의 내용: 산업분야별 AI 윤리 이슈뿐만 아니라, 인공지능의 인간중심성, 책임성, 투명성, 개인정보보호, 공정성, 안정성, 신뢰성 등에 대한 내용을 포함한다.

(3) 인공지능 챗봇 활용 교육

　① 인공지능 챗봇 활용 교육

　　㉠ 학습 튜터 역할: 학생들이 교과목에 관련하여 질문하거나 의문점을 해결하기 위해 인공지능 챗봇을 활용할 수 있다.

　　㉡ 학습 평가와 피드백 제공: 학생들의 학습 성과를 평가하고 피드백을 제공하는 데 활용할 수 있다.

　　㉢ 언어 학습 지원: 언어 학습 분야에서 인공지능 챗봇은 단어, 문법, 어휘 등의 학습을 돕는 데에 사용될 수 있다.

　② 인공지능 챗봇 활용 교육의 장점

　　㉠ 시공간의 제약 극복: 인공지능 챗봇은 시간과 장소에 제약을 받지 않고 항상 사용 가능하기 때문에 학생들이 필요할 때 언제든지 질문하고 학습할 수 있다.

　　㉡ 개별 맞춤 학습 지원: 인공지능 챗봇은 학생들의 학습 기록을 분석하여 개별 맞춤형 학습 내용을 제공하고, 학생 개개인의 학습 수준과 관심사를 고려하여 최적의 학습 경로를 제시할 수 있다.

　　㉢ 대화형 학습 경험: 인공지능 챗봇을 통해 학생들은 대화 형식으로 학습을 진행하며, 보다 적극적으로 학습에 참여할 수 있다.

　③ 인공지능 챗봇 활용 교육의 단점

　　㉠ 사람 간 상호작용 부족: 인공지능 챗봇은 인간의 감정이나 커뮤니케이션 측면에서 제한적일 수 있기 때문에 교사와 학생 사이의 강한 상호작용을 대체하기엔 한계가 있다.

　　㉡ 기술적 한계: 일부 챗봇은 정교한 질문에 적절한 답변을 제공하지 못할 수 있으며, 특정 도메인에 대해서만 효과적일 수 있다.

　　㉢ 의존성 문제: 학생들이 인공지능 챗봇에 지나치게 의존할 경우, 자체적인 문제 해결 능력이나 창의성이 저하될 수 있다.

1. 컴퓨터 활용교육

(1) 컴퓨터 보조학습(CAI; Computer Assisted Instruction)

① **개념**: 컴퓨터를 수업 매체로 활용하여 학습자에게 학습내용을 가르치는 수업방식이다.

② **수업 유형**: 반복연습형, 개인교수형, 시뮬레이션형, 게임형, 혼합형 등

③ **장·단점**

　㉠ **장점**

　　ⓐ 개별 학습자의 수준과 목적에 맞는 개별화된 수업이 가능하다.

　　ⓑ 컴퓨터의 기능을 활용하여 학습자에게 더욱 흥미 있는 학습경험을 제공할 수 있다.

　　ⓒ 학습내용과 학습자 간의 상호작용이 활발히 이루어질 수 있다.

　　ⓓ 한 번 개발된 코스웨어는 유지·보수를 통해 지속적으로 사용 가능하다.

　㉡ **단점**

　　ⓐ 초기 프로그램 및 코스웨어의 개발 비용이 높다.

　　ⓑ 코스웨어 개발에 전문지식과 노력, 시간, 경비 등이 많이 소요된다.

(2) 컴퓨터 관리수업(CMI; Computer Managed Instruction)

① **개념**: 컴퓨터를 활용해서 교수·학습활동을 기록·분석하는 등 교사의 효율적인 수업을 지원하는 것이다.

② **장·단점**

　㉠ **장점**

　　ⓐ 학습자의 수준이나 필요에 따라 적절한 교수활동을 용이하게 지원할 수 있다.

　　ⓑ 교사의 행정업무에 대한 부담을 덜어준다.

　　ⓒ 교사는 조언자와 감독자 역할을, 학습자는 능동적인 지식 탐구자 역할을 수행할 수 있다.

　㉡ **단점**

　　ⓐ 개발에 전문적 지식이나 노력, 시간, 경비 등이 많이 소요된다.

　　ⓑ 평가를 위해 사용되는 경우, 인지적·정의적 영역 등의 평가에는 적합하지 않다.

2. 기타 디지털시대의 학습 형태

(1) u-러닝(ubiquitous learning)

① '어디든지 존재한다.'라는 의미의 '유비쿼터스(ubiquitous)'와 '학습(learning)'의 의미가 합성된 개념이다.

② 정보통신기술을 통해 학습자가 언제 어디서나 디지털 단말기를 사용하여 학습정보에 접근할 수 있는 학습체제를 의미한다.

(2) SMART 교육

① 학습자로 하여금 자기주도적으로(Self-directed), 흥미롭고(Motivated), 내 수준과 적성에 맞게(Adaptive), 풍부한 자료와(Resource free), 정보기술을 활용하여(Technology embedded) 공부하는 방법이다.

② SMART 교육은 디지털 교과서의 개발 및 활용, 온라인 수업과 맞춤형 온라인 평가제도 도입, 자유로운 교육콘텐츠 이용 환경 조성 등의 전략을 통해서 추진되고 있다.

01 ADDIE 모형은 분석, 설계를 거쳐 교수방법을 구체화하는 과정으로, 하위 영역으로는 학습목표 진술, 평가도구 설계, 구조화와 계열화, 교수전략 및 매체 선정이 이루어지는 '_____' 단계가 있고, 교수자료를 제작하는 과정으로, 하위 영역으로는 교수 · 학습자료 개발 등이 이루어지는 '_____' 단계가 있다.

01
설계, 개발

02 _____은 학습자가 현재 상태에서 바람직한 상태의 차이를 확인하고 그 원인을 규명하는 활동이다. 이때 '차이'는 바람직한 상태에서 현재 상태를 뺀 개념이다. _____을 통해서 학습자가 어떤 점이 부족한지 확인하고, 이를 보완하기 위해 어떤 교육을 개발할 것인가가 결정된다.

02
요구분석, 요구분석

03 메이거의 수업목표 진술은 관찰 가능하고 측정 가능한 용어로 진술되는 구체적인 _____, 학습상황이 아닌 수행상황에서 직면하는 제약인 _____, 목표 달성의 여부를 판별하는 _____로 이루어진다.

03
행동, 조건, 준거

04 라이겔루스가 제시하는 교수의 3대 변인은 _____, 교수방법, 교수결과이며, 그중 교수결과는 교수의 _____, _____, _____을 포함한다.

04
교수조건, 효과성, 효율성, 매력성

05 가네는 학습결과의 유형을 5가지로 제시한다. 그중 _____는 진술 가능한 지식으로서의 선언적 지식에 해당하고, _____은 학습자가 자신의 사고, 행동, 감정 등을 통제하고 안내하기 위해 활용하는 다양한 전략이다.

05
언어정보, 인지전략

06 라이겔루스의 정교화 이론은 7가지 교수전략을 제안하며, 그중 _____는 새로운 아이디어를 학습자에게 친숙한 아이디어와 연관지어 설명함으로써 학습자의 이해를 돕고, _____를 통해 단일 유형 아이디어들의 관계를 정의하고 이를 통합할 수 있다고 제시한다.

06
비유, 종합자

07 켈러의 ARCS 전략에는 '지각적 주의환기, 탐구적 주의환기, 다양성'으로 이루어진 _____와 '학습의 필요조건 제시, 성공의 기회 제시, _____'으로 이루어진 자신감 요소가 있다.

07
주의, 개인적인 통제감

08 스키너의 _____은 행동주의의 조작적 조건화에 근거하며, 학습과제 학습은 쉬운 것에서 어려운 것으로, 단순한 것에서 복잡한 것 순서로 이루어져야 한다는 _____의 원리를 가진다.

08
프로그램 교수법, 점진적 접근

09 브루너의 발견학습에서는 학문을 구성하는 가장 기본적인 아이디어, 개념, 원리와 법칙 등을 체계화한 _____가 강조되며, 이는 어떤 영역의 지식도 작동적·영상적·상징적 표현양식을 통해 나타낼 수 있다는 _____의 특징을 가진다.

09
지식의 구조, 표현양식의 다양성

10 오수벨의 _____은 학습자의 기존 인지구조가 학습자가 새로운 자료를 학습 및 파지하는 데 영향을 미친다는 것을 전제하며, 유의미학습을 촉진하기 위해 앞으로 제시될 학습내용을 추상적으로 포괄하는 역할을 하는 _____를 학습 전에 제시할 것을 제안한다.

10
유의미학습, 선행조직자

11 인지도제학습에서는 문제 상황이 제시되면 전문가는 문제를 해결하는 과정을 시범 보이고 학습자는 관찰을 통하여 문제해결을 위한 지식과 전략을 확인하고 이해하는 _____의 과정과, 학생의 근접발달영역(ZPD)을 고려하여 학생이 현재 수준에서 상위 수준으로 도달할 수 있도록 단서, 힌트, 모델링 등을 제공하며, 학습자의 수준이 향상됨에 따라 스캐폴딩을 점진적으로 감소시키는 _____의 교수절차 등이 있다.

11
모델링, 비계설정

PART 3 키워드 인출로 핵심 빈칸 채우기

12 _____이란 여러 지식의 범주를 넘나들며 지식을 상황적 요구에 맞게 새롭게 종합하고 구성해내는 능력으로, 복잡하고 다원적인 개념의 지식을 제대로 재현해내기 위해서는 다양한 관점과 입장에서 지식을 조망하고, 상황 의존적인 _____를 형성하는 것이 중요하다.

12
인지적 유연성, 스키마의 연합체

13 문제중심학습에서 활용되는 과제의 성격은 문제상황이나 요소가 분명히 정의되어 있지 않기 때문에 학습자가 문제를 스스로 이해하고 정의해야 한다는 측면에서 _____ 성격을 가지고, 실세계에 존재하는 진짜 문제이며 문제를 해결하기 위해 관련 지식과 기능을 사용해야 한다는 측면에서 _____ 성격을 가지며, 학생이 자신의 삶에 있어 중요한 문제로 인식할 수 있는 문제라는 점에서 관련성을 가진다.

13
비구조화된, 실제적

14 구성주의 학습환경 설계모형에서 학습은 _____를 중심으로 구성주의 학습환경의 핵심 요소가 동심원적으로 표현되며, 학습자에게는 문제해결에 필요한 _____이 텍스트, 그래픽, 음성자원, 비디오, 애니메이션 등과 같은 다양한 형태로 시기적절하게 제공된다.

14
문제 또는 프로젝트, 정보자원

15 토의법의 유형 중 상반된 견해를 가진 소수의 배심원과 다수의 일반 청중으로 구성되어 사회자의 진행에 따라 토의가 전개되는 것은 _____이고, 토의 참여 학생들을 소집단으로 나누고 각 소집단이 동시에 토의를 진행한 후, 사회자는 토의 시간이 종료된 이후 토의 결과를 발표하고 정리하는 것은 _____이다.

15
배심토의, 버즈토의

16 자기조절학습이란 아동이 학습할 때 스스로 자신의 학습을 조절하며 능동적으로 참여하는 학습을 말한다. 자기조절학습은 학습자가 자료를 학습하고 기억하며 이해하는 데 필요한 인지전략과 자신의 인지과정을 계획·점검·수정하는 메타인지 전략 등을 포함하는 '_____'와, 학습자 자신의 능력에 대한 신념을 반영하는 기대 요인, 학습자의 목표와 학습과제에 대한 흥미 등을 나타내는 가치 요인, 과제에 대한 학습자의 감정적 반응을 나타내는 정서적 요인 등을 포함하는 '_____', 학습자가 학습목표를 달성하기 위해 적합한 환경을 선정하고 구조화하며, 학습과정에서 자기교수와 자기강화를 하는 것으로 노력, 도움 구하기, 학업시간 관리 등을 포함하는 '_____'로 구성된다.

16
인지적 요소, 동기적 요소,
행동적 요소

17 협동학습의 특징으로 집단의 구성원들은 공동의 목표를 달성하기 위해 다른 구성원들의 수행이 자신의 목표 성취에 도움이 되고, 또 자신의 수행이 다른 구성원들에게 도움이 된다는 긍정적인 '_____', 집단 구성원의 수행은 집단 전체의 수행 결과에 영향을 준다는 '_____' 등이 있다.

17
상호 의존성, 개별적 책무감

18 교수·학습매체의 기능에는 매체의 가장 일반적 기능이며, 교수·학습과정의 보조수단으로 매체를 사용함으로써 학습자의 주의집중과 동기유발을 도울 수 있다는 '_____'과, 매체 자체가 학습의 대상이 되고 학습경험을 구성한다는 '_____' 등으로 구성되어 있다.

18
매개적 보조기능, 학습경험
구성기능

19 ASSURE 모형의 네 번째 '테크놀로지·매체·자료의 활용' 단계에서 교수자는 매체와 자료를 사전에 검토하고, 매체와 자료를 준비하고, _____을 준비하고, _____를 준비시키고, 학습경험을 제공한다.

19
환경, 학습자

20 ＿＿＿＿＿＿＿＿＿은 학교 수업과 같은 집합 교육장면과 온라인 학습이나 모바일 학습을 혼합하는 것처럼 온라인 교육과 오프라인 교육을 혼합하는 학습방식이다. 한편 ＿＿＿＿＿＿＿＿＿은 디지털 교과서의 개발 및 활용, 온라인 수업과 맞춤형 온라인 평가제도 도입, 자유로운 교육콘텐츠 이용환경 조성 등의 전략 등을 통해서 추진되어 오고 있다.

20
블렌디드 러닝, 스마트 교육

21 컴퓨터 기반 협력학습과 관련된 개념 중 인터넷을 매개로 연결된 서버에 데이터를 저장하고 다양한 단말기를 통해 해당 데이터를 불러오거나 가공할 수 있는 환경을 제공하는 것을 ＿＿＿＿＿＿＿＿＿이라고 한다. 이 환경에서는 인간의 지적 활동 중 개인의 내부뿐만 아니라 사회적·물리적 환경과의 상호작용을 통해 이루어지는 ＿＿＿＿＿＿＿가 더욱 활발하게 일어날 수 있다.

21
클라우드 컴퓨팅, 분산인지

본 교재 인강 · 무료 기출해설 특강
teacher.Hackers.com

12개년 기출분석 **Big Data** 🥧

18%
교육평가

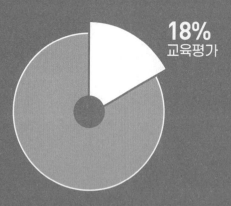

2024	2023	2022	2021	2020	2019
○	○	○	○		○

2018	2017	2016	2015	2015(추)	2014
○	○	○		○	○

2014(추)	2013

설쌤의 **Live Class** 🎙️

교육평가는 가르친 교육과정이 목표한 대로 잘 이루어졌는지를 확인하고, 이후 교수·학습과정에 반영하여 개선하기 위해 이루어지는 활동이라고 볼 수 있습니다. 따라서 교육평가는 실제 교육현장에서 매우 중요하고 필수불가결한 부분으로, 임용시험에서도 거의 빼놓지 않고 출제되고 있지요. 교육평가를 공부할 때에는 각 교육평가의 개념과 모형 및 유형, 장·단점은 무엇인지 등에 대한 학문적인 이해가 선행되어야 합니다. 교육에서 평가는 학습과 직접적으로 연관되는 부분이기 때문에 여러가지 교육평가의 유형과 방법을 실제 교육현장에 어떻게 적용해야 할지에 대해서 다양한 관점을 가지고 생각해 볼 필요가 있습니다. 교육평가는 교육과정과 교수·학습내용까지 연계되는 막강한 영향력을 갖고 있는 부분인 만큼 여러분의 교사 역량을 높인다는 마음가짐으로 학습하시길 바랍니다.

PART 4
교육평가

PART 4

교육평가 한눈에 구조화하기

Chapter 01 교육평가의 이해

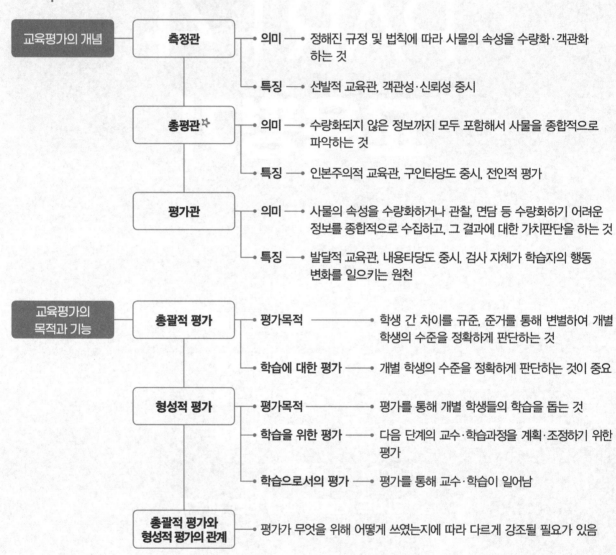

교육평가의 개념	측정관	의미	정해진 규정 및 법칙에 따라 사물의 속성을 수량화·객관화 하는 것
		특징	선발적 교육관, 객관성·신뢰성 중시
	총평관 ✿	의미	수량화되지 않은 정보까지 모두 포함해서 사물을 종합적으로 파악하는 것
		특징	인본주의적 교육관, 구인타당도 중시, 전인적 평가
	평가관	의미	사물의 속성을 수량화하거나 관찰, 면담 등 수량화하기 어려운 정보를 종합적으로 수집하고, 그 결과에 대한 가치판단을 하는 것
		특징	발달적 교육관, 내용타당도 중시, 검사 자체가 학습자의 행동 변화를 일으키는 원천
교육평가의 목적과 기능	총괄적 평가	평가목적	학생 간 차이를 규준, 준거를 통해 변별하여 개별 학생의 수준을 정확하게 판단하는 것
		학습에 대한 평가	개별 학생의 수준을 정확하게 판단하는 것이 중요
	형성적 평가	평가목적	평가를 통해 개별 학생들의 학습을 돕는 것
		학습을 위한 평가	다음 단계의 교수·학습과정을 계획·조정하기 위한 평가
		학습으로서의 평가	평가를 통해 교수·학습이 일어남
	총괄적 평가와 형성적 평가의 관계		평가가 무엇을 위해 어떻게 쓰였는지에 따라 다르게 강조될 필요가 있음

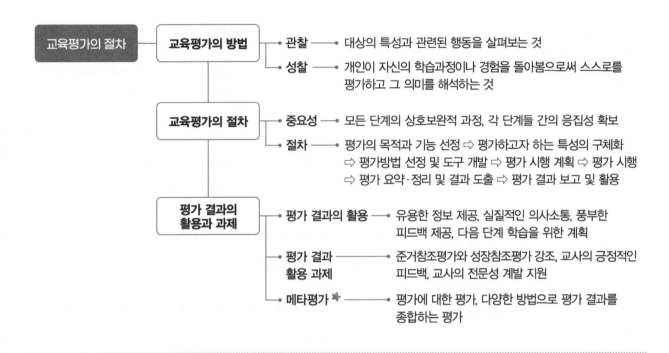

교육평가의 절차 ─── 교육평가의 방법 ─── • 관찰 ──── 대상의 특성과 관련된 행동을 살펴보는 것

• 성찰 ──── 개인이 자신의 학습과정이나 경험을 돌아봄으로써 스스로를 평가하고 그 의미를 해석하는 것

교육평가의 절차 ─── • 중요성 ──── 모든 단계의 상호보완적 과정, 각 단계들 간의 응집성 확보

• 절차 ──── 평가의 목적과 기능 선정 ⇨ 평가하고자 하는 특성의 구체화 ⇨ 평가방법 선정 및 도구 개발 ⇨ 평가 시행 계획 ⇨ 평가 시행 ⇨ 평가 요약·정리 및 결과 도출 ⇨ 평가 결과 보고 및 활용

평가 결과의 활용과 과제 ─── • 평가 결과의 활용 ──── 유용한 정보 제공, 실질적인 의사소통, 풍부한 피드백 제공, 다음 단계 학습을 위한 계획

• 평가 결과 활용 과제 ──── 준거참조평가와 성장참조평가 강조, 교사의 긍정적인 피드백, 교사의 전문성 계발 지원

• 메타평가 ✿ ──── 평가에 대한 평가, 다양한 방법으로 평가 결과를 종합하는 평가

Chapter 02 **교육평가의 모형**

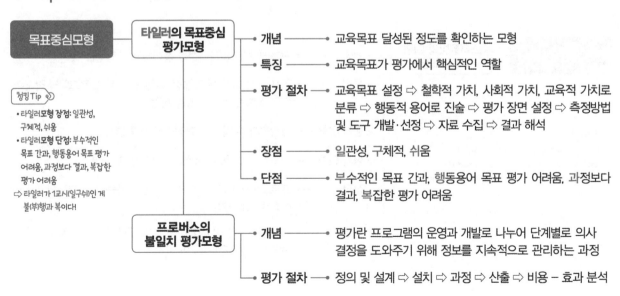

목표중심모형 ─── 타일러의 목표중심 평가모형 ─── • 개념 ──── 교육목표 달성된 정도를 확인하는 모형

• 특징 ──── 교육목표가 평가에서 핵심적인 역할

• 평가 절차 ──── 교육목표 설정 ⇨ 철학적 가치, 사회적 가치, 교육적 가치로 분류 ⇨ 행동적 용어로 진술 ⇨ 평가 장면 설정 ⇨ 측정방법 및 도구 개발·선정 ⇨ 자료 수집 ⇨ 결과 해석

• 장점 ──── 일관성, 구체적, 쉬움

• 단점 ──── 부수적인 목표 간과, 행동용어 목표 평가 어려움, 과정보다 결과, 복잡한 평가 어려움

청킹 Tip 🖉
• 타일러**모형 장점**: 일관성, 구체적, 쉬움
• 타일러**모형 단점**: 부수적인 목표 간과, 행동용어 목표 평가 어려움, 과정보다 결과, 복잡한 평가 어려움
⇨ 타일러가 1교시(일구쉬)인 게 불(부)행과 복이다

프로버스의 불일치 평가모형 ─── • 개념 ──── 평가란 프로그램의 운영과 개발로 나누어 단계별로 의사 결정을 도와주기 위해 정보를 지속적으로 관리하는 과정

• 평가 절차 ──── 정의 및 설계 ⇨ 설치 ⇨ 과정 ⇨ 산출 ⇨ 비용 – 효과 분석

교육평가 한눈에 구조화하기

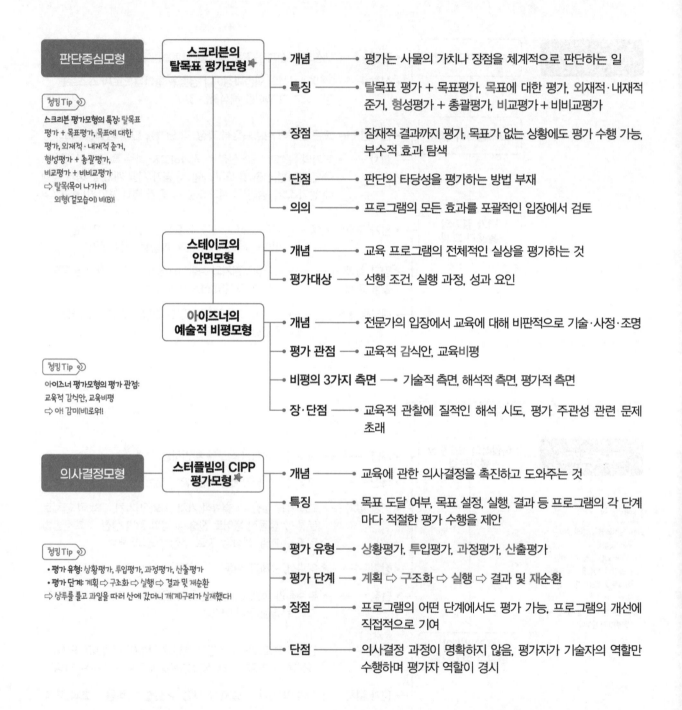

판단중심모형	스크리븐의 탈목표 평가모형 ✿	→ 개념	— 평가는 사물의 가치나 장점을 체계적으로 판단하는 일
		→ 특징	— 탈목표 평가 + 목표평가, 목표에 대한 평가, 외재적·내재적 준거, 형성평가 + 총괄평가, 비교평가 + 비비교평가
		→ 장점	— 잠재적 결과까지 평가, 목표가 없는 상황에도 평가 수행 가능, 부수적 효과 탐색
		→ 단점	— 판단의 타당성을 평가하는 방법 부재
		→ 의의	— 프로그램의 모든 효과를 포괄적인 입장에서 검토

청킹 Tip
스크리븐 평가모형의 특징: 탈목표
평가 + 목표평가, 목표에 대한
평가, 외재적·내재적 준거,
형성평가 + 총괄평가,
비교평가 + 비비교평가
⇨ 탈목(목이 나가서)
외형(겉모습이) 비(B)!

	스테이크의 안면모형	→ 개념	— 교육 프로그램의 전체적인 실상을 평가하는 것
		→ 평가대상	— 선행 조건, 실행 과정, 성과 요인

	아이즈너의 예술적 비평모형	→ 개념	— 전문가의 입장에서 교육에 대해 비판적으로 기술·사정·조명
		→ 평가 관점	— 교육적 감식안, 교육비평
		→ 비평의 3가지 측면	— 기술적 측면, 해석적 측면, 평가적 측면
		→ 장·단점	— 교육적 관찰에 질적인 해석 시도, 평가 주관성 관련 문제 초래

청킹 Tip
아이즈너 평가모형의 평가 관점:
교육적 감식안, 교육비평
⇨ 아! 감미(비)로워!

의사결정모형	스터플빔의 CIPP 평가모형 ✿	→ 개념	— 교육에 관한 의사결정을 촉진하고 도와주는 것
		→ 특징	— 목표 도달 여부, 목표 설정, 실행, 결과 등 프로그램의 각 단계마다 적절한 평가 수행을 제안
		→ 평가 유형	— 상황평가, 투입평가, 과정평가, 산출평가
		→ 평가 단계	— 계획 ⇨ 구조화 ⇨ 실행 ⇨ 결과 및 재순환
		→ 장점	— 프로그램의 어떤 단계에서도 평가 가능, 프로그램의 개선에 직접적으로 기여
		→ 단점	— 의사결정 과정이 명확하지 않음, 평가자가 기술자의 역할만 수행하며 평가자 역할이 경시

청킹 Tip
• 평가 유형: 상황평가, 투입평가, 과정평가, 산출평가
• 평가 단계: 계획 ⇨ 구조화 ⇨ 실행 ⇨ 결과 및 재순환
⇨ 상투를 틀고 과일을 따러 산에 갔더니 개(계)구리가 실재했다!

Chapter 03 **교육평가의 유형**

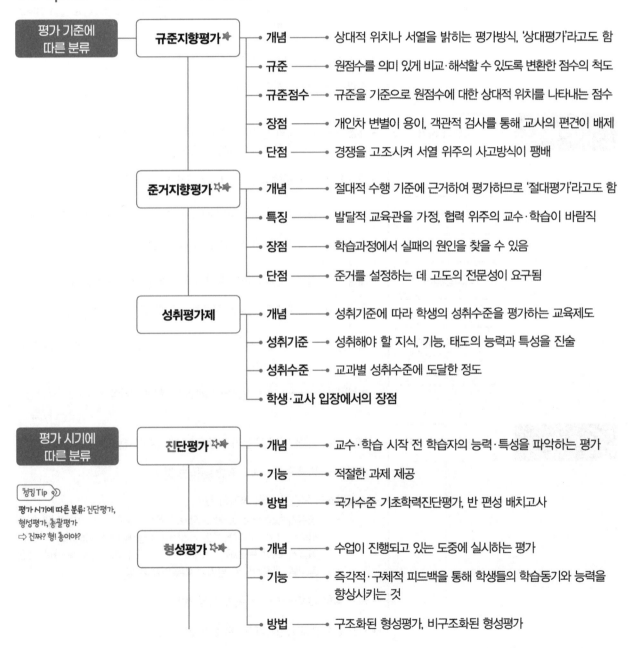

평가 기준에 따른 분류

규준지향평가 ✤
- **개념** — 상대적 위치나 서열을 밝히는 평가방식, '상대평가'라고도 함
- **규준** — 원점수를 의미 있게 비교·해석할 수 있도록 변환한 점수의 척도
- **규준점수** — 규준을 기준으로 원점수에 대한 상대적 위치를 나타내는 점수
- **장점** — 개인차 변별이 용이, 객관적 검사를 통해 교사의 편견이 배제
- **단점** — 경쟁을 고조시켜 서열 위주의 사고방식이 팽배

준거지향평가 ✤✤
- **개념** — 절대적 수행 기준에 근거하여 평가하므로 '절대평가'라고도 함
- **특징** — 발달적 교육관을 가정, 협력 위주의 교수·학습이 바람직
- **장점** — 학습과정에서 실패의 원인을 찾을 수 있음
- **단점** — 준거를 설정하는 데 고도의 전문성이 요구됨

성취평가제
- **개념** — 성취기준에 따라 학생의 성취수준을 평가하는 교육제도
- **성취기준** — 성취해야 할 지식, 기능, 태도의 능력과 특성을 진술
- **성취수준** — 교과별 성취수준에 도달한 정도
- **학생·교사 입장에서의 장점**

평가 시기에 따른 분류

진단평가 ✤✤
- **개념** — 교수·학습 시작 전 학습자의 능력·특성을 파악하는 평가
- **기능** — 적절한 과제 제공
- **방법** — 국가수준 기초학력진단평가, 반 편성 배치고사

형성평가 ✤✤
- **개념** — 수업이 진행되고 있는 도중에 실시하는 평가
- **기능** — 즉각적·구체적 피드백을 통해 학생들의 학습동기와 능력을 향상시키는 것
- **방법** — 구조화된 형성평가, 비구조화된 형성평가

청킹 Tip 〰
평가 시기에 따른 분류: 진단평가, 형성평가, 총괄평가
⇨ 진짜? 형! 총이야?

교육평가 한눈에 구조화하기

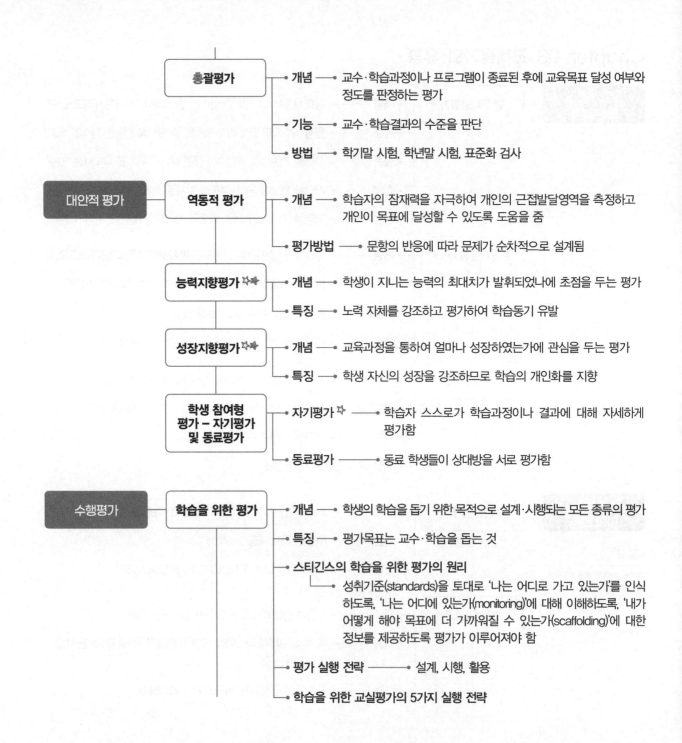

총괄평가
- **개념** ── 교수·학습과정이나 프로그램이 종료된 후에 교육목표 달성 여부와 정도를 판정하는 평가
- **기능** ── 교수·학습결과의 수준을 판단
- **방법** ── 학기말 시험, 학년말 시험, 표준화 검사

대안적 평가

역동적 평가
- **개념** ── 학습자의 잠재력을 자극하여 개인의 근접발달영역을 측정하고 개인이 목표에 달성할 수 있도록 도움을 줌
- **평가방법** ── 문항의 반응에 따라 문제가 순차적으로 설계됨

능력지향평가 ✿✿
- **개념** ── 학생이 지니는 능력의 최대치가 발휘되었나에 초점을 두는 평가
- **특징** ── 노력 자체를 강조하고 평가하여 학습동기 유발

성장지향평가 ✿✿
- **개념** ── 교육과정을 통하여 얼마나 성장하였는가에 관심을 두는 평가
- **특징** ── 학생 자신의 성장을 강조하므로 학습의 개인화를 지향

학생 참여형 평가 – 자기평가 및 동료평가
- **자기평가** ✿ ── 학습자 스스로가 학습과정이나 결과에 대해 자세하게 평가함
- **동료평가** ── 동료 학생들이 상대방을 서로 평가함

수행평가

학습을 위한 평가
- **개념** ── 학생의 학습을 돕기 위한 목적으로 설계·시행되는 모든 종류의 평가
- **특징** ── 평가목표는 교수·학습을 돕는 것
- **스티긴스의 학습을 위한 평가의 원리**
  - 성취기준(standards)을 토대로 '나는 어디로 가고 있는가'를 인식하도록, '나는 어디에 있는가(monitoring)'에 대해 이해하도록, '내가 어떻게 해야 목표에 더 가까워질 수 있는가(scaffolding)'에 대한 정보를 제공하도록 평가가 이루어져야 함
- **평가 실행 전략** ── 설계, 시행, 활용
- **학습을 위한 교실평가의 5가지 실행 전략**

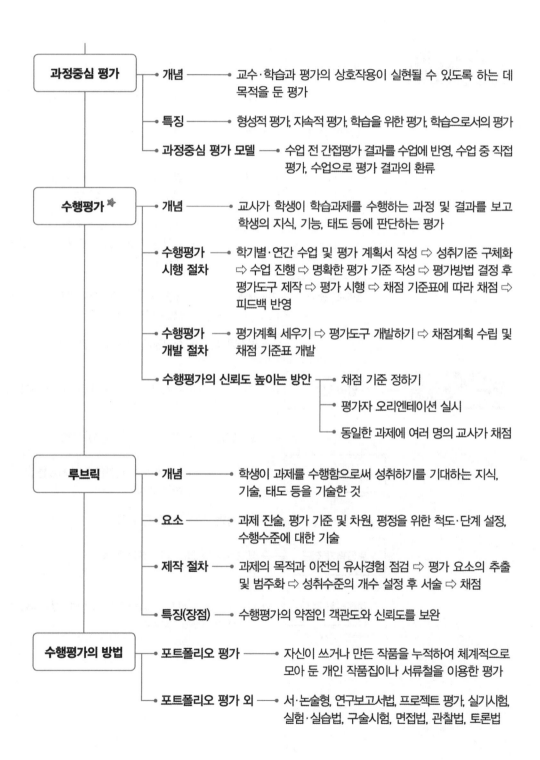

과정중심 평가

- **개념** —— 교수·학습과 평가의 상호작용이 실현될 수 있도록 하는 데 목적을 둔 평가
- **특징** —— 형성적 평가, 지속적 평가, 학습을 위한 평가, 학습으로서의 평가
- **과정중심 평가 모델** —— 수업 전 간접평가 결과를 수업에 반영, 수업 중 직접 평가, 수업으로 평가 결과의 환류

수행평가 ✽

- **개념** —— 교사가 학생이 학습과제를 수행하는 과정 및 결과를 보고 학생의 지식, 기능, 태도 등에 판단하는 평가
- **수행평가 시행 절차** —— 학기별·연간 수업 및 평가 계획서 작성 ⇨ 성취기준 구체화 ⇨ 수업 진행 ⇨ 명확한 평가 기준 작성 ⇨ 평가방법 결정 후 평가도구 제작 ⇨ 평가 시행 ⇨ 채점 기준표에 따라 채점 ⇨ 피드백 반영
- **수행평가 개발 절차** —— 평가계획 세우기 ⇨ 평가도구 개발하기 ⇨ 채점계획 수립 및 채점 기준표 개발
- **수행평가의 신뢰도 높이는 방안**
  - 채점 기준 정하기
  - 평가자 오리엔테이션 실시
  - 동일한 과제에 여러 명의 교사가 채점

루브릭

- **개념** —— 학생이 과제를 수행함으로써 성취하기를 기대하는 지식, 기술, 태도 등을 기술한 것
- **요소** —— 과제 진술, 평가 기준 및 차원, 평정을 위한 척도·단계 설정, 수행수준에 대한 기술
- **제작 절차** —— 과제의 목적과 이전의 유사경험 점검 ⇨ 평가 요소의 추출 및 범주화 ⇨ 성취수준의 개수 설정 후 서술 ⇨ 채점
- **특징(장점)** —— 수행평가의 약점인 객관도와 신뢰도를 보완

수행평가의 방법

- **포트폴리오 평가** —— 자신이 쓰거나 만든 작품을 누적하여 체계적으로 모아 둔 개인 작품집이나 서류철을 이용한 평가
- **포트폴리오 평가 외** —— 서·논술형, 연구보고서법, 프로젝트 평가, 실기시험, 실험·실습법, 구술시험, 면접법, 관찰법, 토론법

논술형 기출개념에는 ✿로, 객관식 기출개념에는 ✿로 표기하였습니다.

교육평가 한눈에 구조화하기

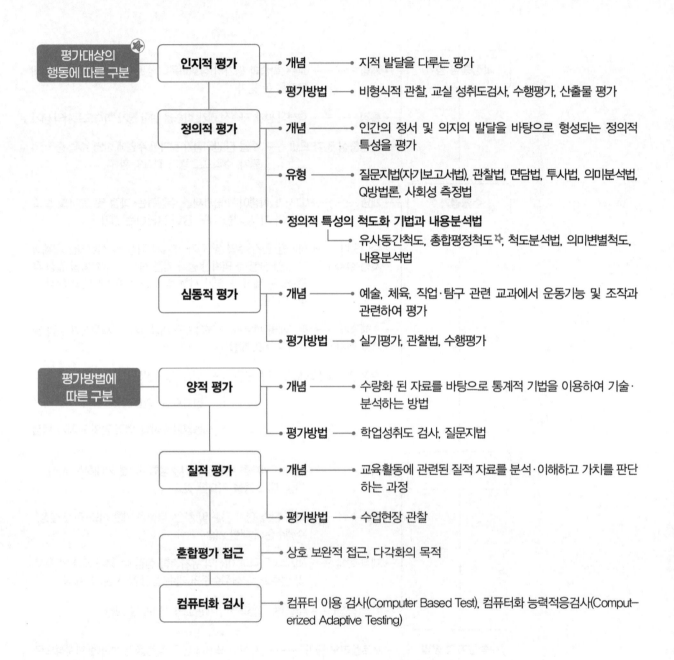

평가대상의 행동에 따른 구분

인지적 평가
- 개념 ── 지적 발달을 다루는 평가
- 평가방법 ── 비형식적 관찰, 교실 성취도검사, 수행평가, 산출물 평가

정의적 평가
- 개념 ── 인간의 정서 및 의지의 발달을 바탕으로 형성되는 정의적 특성을 평가
- 유형 ── 질문지법(자기보고서법), 관찰법, 면담법, 투사법, 의미분석법, Q방법론, 사회성 측정법
- 정의적 특성의 척도화 기법과 내용분석법
  └─ 유사동간척도, 총합평정척도 ✿, 척도분석법, 의미변별척도, 내용분석법

심동적 평가
- 개념 ── 예술, 체육, 직업·탐구 관련 교과에서 운동기능 및 조작과 관련하여 평가
- 평가방법 ── 실기평가, 관찰법, 수행평가

평가방법에 따른 구분

양적 평가
- 개념 ── 수량화 된 자료를 바탕으로 통계적 기법을 이용하여 기술·분석하는 방법
- 평가방법 ── 학업성취도 검사, 질문지법

질적 평가
- 개념 ── 교육활동에 관련된 질적 자료를 분석·이해하고 가치를 판단하는 과정
- 평가방법 ── 수업현장 관찰

혼합평가 접근 ── 상호 보완적 접근, 다각화의 목적

컴퓨터화 검사 ── 컴퓨터 이용 검사(Computer Based Test), 컴퓨터화 능력적응검사(Computerized Adaptive Testing)

Chapter 04 **교육평가의 실제**

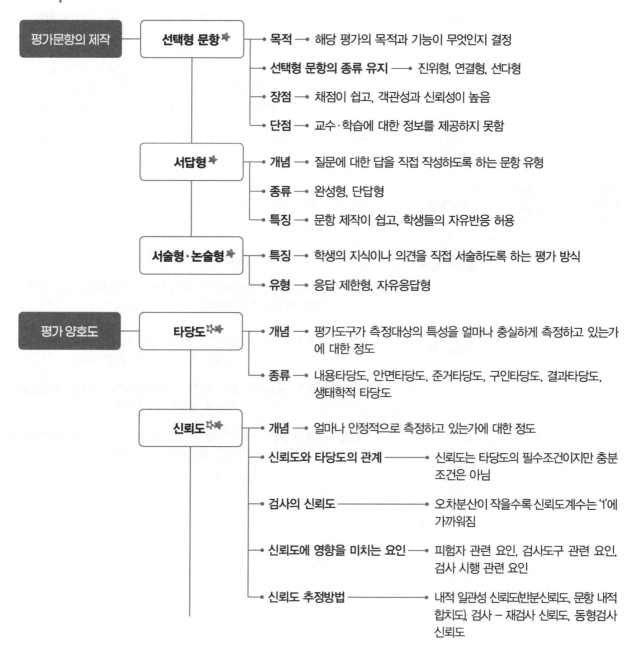

| 평가문항의 제작 | **선택형 문항** ✿ | **목적** → 해당 평가의 목적과 기능이 무엇인지 결정 |

평가문항의 제작 ─ **선택형 문항** ✿
- **목적** → 해당 평가의 목적과 기능이 무엇인지 결정
- **선택형 문항의 종류 유지** → 진위형, 연결형, 선다형
- **장점** → 채점이 쉽고, 객관성과 신뢰성이 높음
- **단점** → 교수·학습에 대한 정보를 제공하지 못함

서답형 ✿
- **개념** → 질문에 대한 답을 직접 작성하도록 하는 문항 유형
- **종류** → 완성형, 단답형
- **특징** → 문항 제작이 쉽고, 학생들의 자유반응 허용

서술형·논술형 ✿
- **특징** → 학생의 지식이나 의견을 직접 서술하도록 하는 평가 방식
- **유형** → 응답 제한형, 자유응답형

평가 양호도 ─ **타당도** ✿✿
- **개념** → 평가도구가 측정대상의 특성을 얼마나 충실하게 측정하고 있는가에 대한 정도
- **종류** → 내용타당도, 안면타당도, 준거타당도, 구인타당도, 결과타당도, 생태학적 타당도

신뢰도 ✿✿
- **개념** → 얼마나 안정적으로 측정하고 있는가에 대한 정도
- **신뢰도와 타당도의 관계** → 신뢰도는 타당도의 필수조건이지만 충분조건은 아님
- **검사의 신뢰도** → 오차분산이 작을수록 신뢰도계수는 '1'에 가까워짐
- **신뢰도에 영향을 미치는 요인** → 피험자 관련 요인, 검사도구 관련 요인, 검사 시행 관련 요인
- **신뢰도 추정방법** → 내적 일관성 신뢰도(반분신뢰도, 문항 내적 합치도), 검사 – 재검사 신뢰도, 동형검사 신뢰도

논술형 기출개념에는 ✦로, 객관식 기출개념에는 ✦로 표기하였습니다.

교육평가 한눈에 구조화하기

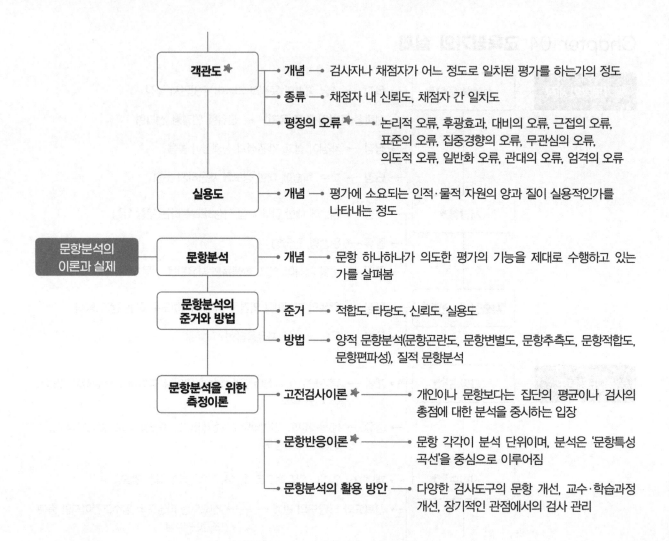

객관도 ✦
- 개념 → 검사자나 채점자가 어느 정도로 일치된 평가를 하는가의 정도
- 종류 → 채점자 내 신뢰도, 채점자 간 일치도
- 평정의 오류 ✦ → 논리적 오류, 후광효과, 대비의 오류, 근접의 오류, 표준의 오류, 집중경향의 오류, 무관심의 오류, 의도적 오류, 일반화 오류, 관대의 오류, 엄격의 오류

실용도
- 개념 → 평가에 소요되는 인적·물적 자원의 양과 질이 실용적인가를 나타내는 정도

문항분석의 이론과 실제

문항분석
- 개념 → 문항 하나하나가 의도한 평가의 기능을 제대로 수행하고 있는가를 살펴봄

문항분석의 준거와 방법
- 준거 → 적합도, 타당도, 신뢰도, 실용도
- 방법 → 양적 문항분석(문항곤란도, 문항변별도, 문항추측도, 문항적합도, 문항편파성), 질적 문항분석

문항분석을 위한 측정이론
- 고전검사이론 ✦ → 개인이나 문항보다는 집단의 평균이나 검사의 총점에 대한 분석을 중시하는 입장
- 문항반응이론 ✦ → 문항 각각이 분석 단위이며, 분석은 '문항특성곡선'을 중심으로 이루어짐
- 문항분석의 활용 방안 → 다양한 검사도구의 문항 개선, 교수·학습과정 개선, 장기적인 관점에서의 검사 관리

Chapter 05 교육통계

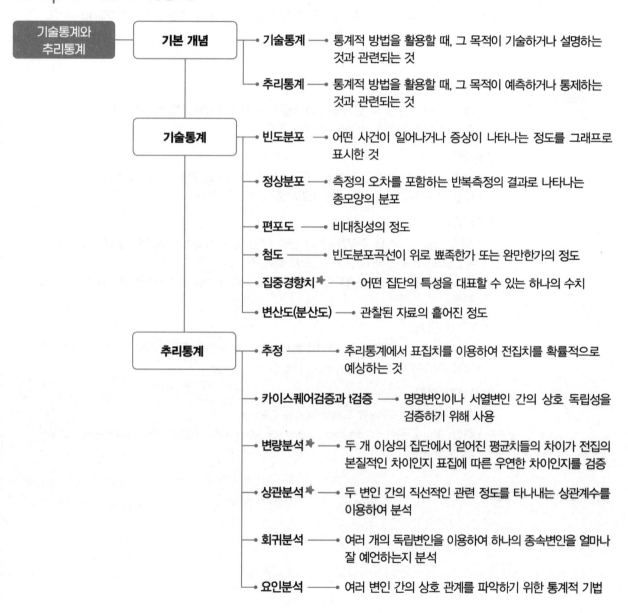

기술통계와 추리통계

기본 개념
- **기술통계** — 통계적 방법을 활용할 때, 그 목적이 기술하거나 설명하는 것과 관련되는 것
- **추리통계** — 통계적 방법을 활용할 때, 그 목적이 예측하거나 통제하는 것과 관련되는 것

기술통계
- **빈도분포** — 어떤 사건이 일어나거나 증상이 나타나는 정도를 그래프로 표시한 것
- **정상분포** — 측정의 오차를 포함하는 반복측정의 결과로 나타나는 종모양의 분포
- **편포도** — 비대칭성의 정도
- **첨도** — 빈도분포곡선이 위로 뾰족한가 또는 완만한가의 정도
- **집중경향치*** — 어떤 집단의 특성을 대표할 수 있는 하나의 수치
- **변산도(분산도)** — 관찰된 자료의 흩어진 정도

추리통계
- **추정** — 추리통계에서 표집치를 이용하여 전집치를 확률적으로 예상하는 것
- **카이스퀘어검증과 t검증** — 명명변인이나 서열변인 간의 상호 독립성을 검증하기 위해 사용
- **변량분석*** — 두 개 이상의 집단에서 얻어진 평균치들의 차이가 전집의 본질적인 차이인지 표집에 따른 우연한 차이인지를 검증
- **상관분석*** — 두 변인 간의 직선적인 관련 정도를 타나내는 상관계수를 이용하여 분석
- **회귀분석** — 여러 개의 독립변인을 이용하여 하나의 종속변인을 얼마나 잘 예언하는지 분석
- **요인분석** — 여러 변인 간의 상호 관계를 파악하기 위한 통계적 기법

Chapter 01 교육평가의 이해

설쌤의 Live Class 🎙

첫 번째 챕터는 전반적인 **교육평가의 개념, 목적, 기능 및 절차**를 다루고 있습니다. 교육현장에 적용하기 위해 필요한 개념이므로 반드시 학습하고 넘어가시길 바랍니다. 특히, **평가관 3가지의 명칭, 개념, 특징과 각 평가관이 영향을 미친 교육관의 명칭 및 특징**을 중점적으로 확인하세요.

핵심 Tag 🏷

측정관
- **개념**: 정해진 규정 및 법칙에 따라 사물의 속성을 수량화·객관화하는 것
- **특징**: 선발적 교육관, 객관성, 신뢰성 중시

총평관
- **개념**: 수량화되지 않은 정보까지 모두 포함해서 사물을 종합적으로 파악하는 것
- **특징**: 인본주의적 교육관, 구인타당도 중시, 전인적 평가

평가관
- **개념**: 사물의 속성을 수량화하거나 관찰, 면담 등 수량화하기 어려운 정보를 종합적으로 수집하고, 그 결과에 대한 가치판단을 하는 것
- **특징**: 발달적 교육관, 내용타당도 중시, 검사 자체가 학습자의 행동변화를 일으키는 중요 원천임

총괄적 평가
- **목적**: 학생 간 차이를 규준, 준거를 통해 변별하여 개별 학생의 수준을 정확히 판단하는 것
- **특징**: 학습에 대한 평가(assessment of learning)

형성적 평가
- **목적**: 평가를 통해 개별 학생의 학습을 돕는 것
- **특징**: 학습을 위한 평가(assessment for learning), 학습으로서의 평가(assessment as learning)

01 교육평가의 개념

1 측정관(measurement)

(1) 의미
정해진 규정 및 법칙에 따라 사물의 속성을 수량화·객관화하는 것을 의미한다.

(2) 특징
① 측정의 중요한 전제는 이 세계에 존재하는 모든 실재는 누구나 관찰 가능한 형태로 존재한다는 것이다.
② 신뢰성이 높고 객관성 있는 측정을 위해서는 어떤 상황이나 시점에 진행하든 평가자가 누구든 간에 동일한 결과를 얻어야 하며, 이를 위해서는 측정하는 절차에 대한 표준화가 요구된다.
③ 사람이나 사물의 속성을 측정할 때에는 측정 단위인 '척도(scale)'를 설정해야 한다.

2 총평관(사정, assessment) 기출 22 중등

(1) 의미
수집된 정보뿐만 아니라 측정되지 않은 정보, 즉 수량화되지 않은 정보까지 모두 포함해서 사물을 종합적으로 파악하는 것을 의미한다.

(2) 특징
양적 자료와 질적 자료를 모두 이용할 수 있으며, 주로 평가대상에 대해서 전인적 평가를 진행하고자 할 때 사용된다.

(3) 대표적인 예 – 학교생활기록부
교과 및 담임교사의 구체적인 기록과 출석 정보, 전인적 발달을 포함하는 행동 특성, 면담기록, 독서기록, 희망진로 등 학생을 종합적으로 파악할 수 있는 다양한 정보가 기술되어 있다.

개념확대 Zoom IN

척도의 구분

1. **명명척도**
   • **개념**: 사물을 구분 및 분류하기 위하여 대상에 숫자를 부여한 척도이다.
   예 주민등록번호, 학생번호
   • **특징**: 양적 의미가 없고 단순한 범주를 표시하는 개념이므로 수리적 계산이 불가능하다.

2. **서열척도**
   • **개념**: 측정대상을 상호 비교하기 위하여 순위나 서열을 부여하는 척도이다.
   예 수능 9등급
   • **특징**: 많고 적음 또는 크고 작음 등의 서열관계는 성립하나, 계속되는 두 개의 숫자 간에 간격이 일정하지 않아 등간성을 가정할 수 없기 때문에 수리적인 계산이 불가능하다.

3. **등간척도**
   • **개념**: 일정한 측정 단위를 갖고 있고, 각 측정 단위 간의 간격이 동일한 척도이다.
   예 온도
   • **특징**
     – 서열척도에서는 할 수 없던 수리적 계산 중 덧셈·뺄셈의 계산이 가능하다.
     – 척도상에 절대영점이 없기 때문에 측정치 간의 비율은 일정하지 않으므로 곱셈과 나눗셈의 수리적 조작에는 제한이 있다.

4. **비율척도**
   • **개념**: 명명·서열·등간척도의 조건을 만족시키면서 절대영점을 가지고 있어 비율성을 가정할 수 있는 척도이다.
   예 길이, 무게, 시간 등
   • **특징**: 수리적 계산이 모두 가능하여 통계적 분석에 아무런 제한을 받지 않는다.

기출 22 중등

기출논제 Check ✓
송 교사가 총평의 관점에서 학생을 진단할 수 있는 실행 방안 2가지 제시

③ 평가관(evaluation)

(1) 의미

검사를 통해 사물의 속성을 수량화하거나 관찰, 면담 등 수량화하기 어려운 정보를 종합적으로 수집하는 것에서 나아가 그 결과에 대한 가치판단을 통하여 사물의 속성을 세밀하게 파악하는 것까지 포함한다.

(2) 특징

① 평가대상의 가치를 구체적인 기준에 비추어 판단하므로 '어떤 기준이 타당한 것인가?'를 따지는 규범적 측면을 포함한다.

② 측정은 평가도구의 신뢰도와 객관성이 중시되는 반면, 평가는 평가도구가 의도한 목표를 얼마나 잘 대표하고 있는가, 즉 교육목표 달성 여부를 판단하기 위한 증거들이 타당한가에 중점을 둔다.

(3) 대표적인 예 – 학업성취도 평가

① 학생의 학업성취도에 대해서 검사도구를 활용하여 '측정'하거나 평소 학생의 수업참여도에 대해서 비공식적 관찰을 통해 '총평'한다.

② 학생에 대한 평가가 이루어지기 위해서는 최근 몇 개월간의 학습개선도 등을 기준으로 개별 학생에 대한 가치판단 작업, 즉 우수하거나 미흡한지에 대한 종합적 판단과 강·약점에 대한 진단 및 개선방안에 대한 조언이 함께 제시되어야 한다.

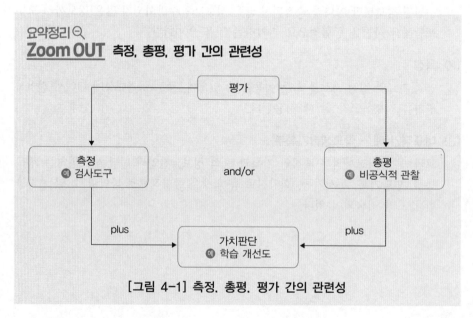

요약정리
Zoom OUT 측정, 총평, 평가 간의 관련성

[그림 4-1] 측정, 총평, 평가 간의 관련성

1. 선발적 교육관

(1) 개념
① **기본 가정**: 인간의 지적 능력은 타고나며, 교육을 통한 인간행동 변화에 부정적이다.
② 교육실패의 책임을 학습자의 책임으로 돌린다.
③ 지적 능력은 목표 달성에 절대적인 영향을 끼친다.
④ 우수자 선발이 평가의 목적이며, 개인차 변별에 중점을 둔다.
⑤ 규준지향평가를 활용하며, 측정관의 입장을 띤다.

(2) **측정관의 특징**
① 인간의 행동 특성은 변하지 않는다는 인간관을 가진다.
② 평가의 신뢰도에 관심을 가지며, 표준화된 측정방법을 사용한다.
③ 환경변인을 통제해야 한다고 여긴다.
④ 검사 결과는 예언, 분류, 자격 부여 등으로 이용한다.

2. 인본주의적 교육관

(1) 개념
① **기본 가정**: 교육은 자아실현의 과정이며, 학습자는 환경과 능동적으로 상호작용하는 존재이다.
② 교육실패는 학습자와 교사의 공동책임이라고 보며, 전인적인 특성을 파악하는 데 중점을 둔다.
③ 총평관의 입장을 띤다.

(2) **총평관의 특징**
① 인간의 행동 특성은 환경과의 상호작용 속에서 나타난다고 본다.
② 평가도구의 구인타당도에 관심을 가지며, 다양한 증거수집 방법으로 측정한다.
③ 환경은 개인의 변화를 요구하는 압력이다.
④ 검사 결과는 예언, 분류, 자격 부여, 선발, 역할에 비추어 학생을 진단하는 데 이용한다.

3. 발달적 교육관

(1) 개념
① **기본 가정**: 모든 학습자에게 적절한 교수 · 학습방법만 제시되면, 누구나 의도하는 바의 주어진 교육목표를 달성할 수 있다.
② 교육을 통한 인간행동 변화의 가능성에 대해 매우 긍정적인 견해를 가진다.
③ 교육실패는 교사의 책임이며, 지적 능력과 성취관계의 관련성에 부정적이다.
④ 교수방법의 적절성 파악이 평가의 목적이며, 목표지향평가를 사용한다.
⑤ 평가관의 입장을 띤다.

(2) **평가관의 특징**
① 인간의 행동 특성은 변화하며, 변화시킬 수 있다고 본다.
② 평가도구의 내용타당도에 관심을 가지며, 다양한 증거수집 방법으로 측정한다.
③ 환경을 행동 변화의 자원으로 간주한다.
④ 검사 결과를 학생의 변화, 동기화의 수단, 교육 프로그램 효과의 판정에 이용한다.

02 교육평가의 목적과 기능

❶ 총괄적 평가(총괄적 기능)

(1) 평가목적

① 학생의 인지적 · 정의적 · 심동적 영역의 성장 · 발달수준을 판단하는 것을 목적으로 한다.

② 평가하고자 하는 특성을 지닌 학생들 간의 차이를 규준 등을 통해 변별하거나 준거 등을 통해 판정하여 개별 학생의 수준을 정확하게 판단하는 것이 중요하다.

(2) 학습에 대한 평가(assessment of learning)

① 규준참조평가의 경우, 어떤 학생의 성취도가 규준을 바탕으로 어디에 위치하는지를 판단하는 것이다.

② 준거참조평가의 경우, 성취기준에 어느 정도 도달했는지 판단한다.

❷ 형성적 평가(발달적 · 처방적 기능)

(1) 평가목적

① 학생의 인지적 · 정의적 · 심동적 영역의 성장 · 발달 수준을 이해하여 교수 · 학습과정을 개선하는 것을 목적으로 한다.

② 평가가 교수 · 학습을 만들어간다는 의미로 작용하여 개별 학생들의 학습을 돕는 것이 중요하다.

(2) 학습을 위한 평가(assessment for learning)

① 교수 · 학습과정 중에 시행하여 그 다음 단계의 교수 · 학습을 계획 · 조정하기 위한 평가이다.

② 개별 학생의 학습과정을 면밀히 관찰하여 이해하는 것이 필수적이다.

(3) 학습으로서의 평가(assessment as learning)

① 교사는 학생이 문제해결과정에서 드러내는 탁월성(지식이나 기능)이나 적극성(태도)을 평가하고, 피드백을 통해 학생의 학습과정을 지도 · 조언하며, 학생은 교사의 피드백이나 자기평가를 통해 학습과정을 주도적으로 성찰한다.

② 평가를 통해 교수 · 학습이 일어난다는 점을 강조한다.

③ 평가와 교수 · 학습활동의 경계가 명확하지 않다.

❸ 총괄적 평가와 형성적 평가의 관계

어느 한쪽이 바람직하다고 할 수 없고 평가가 무엇을 위해서 어떻게 쓰였는지에 따라 다르게 강조될 필요가 있다.

⑩ 중·고등학교에서 정기적으로 실시하는 학기말고사는 '총괄적 기능'을 강조하는 반면, 내신에 반영되는 수행평가 과제는 '형성적 기능'을 강조한다. 그러나 교사가 수행평가의 과정과 결과를 학생의 내신 성적을 산출하는 용도로만 활용했다면 그것은 총괄적 기능에 충실한 평가였다고 할 수 있다. 또한 교사가 1학기 학기말고사 결과와 학생들의 오개념을 면밀히 분석하여 2학기 수업에서 개별 학생들에게 구체적인 형태의 피드백을 제공한다면, 그것은 형성적 기능에도 충실한 평가였다고 할 수 있다.

요약정리 🔍
Zoom OUT 총괄적 평가와 형성적 평가 비교

구분	총괄적 평가	형성적 평가
기능	• 판단을 위함 • 학습에 대한 평가	• 이해와 개선을 위함 • 학습을 위한 평가 • 학습으로서의 평가

03 교육평가의 절차

❶ 교육평가의 방법

(1) 관찰(observation)

① 개념
ㄱ 평가대상 또는 대상의 특성과 관련된 행동을 주의하여 자세하게 살펴보는 것이다.
ㄴ 거의 모든 교육평가는 관찰에 근거하여 이루어진다고 볼 수 있다.

② 평가방법의 큰 틀
ㄱ 피평가자의 특성이 무엇인가?
ㄴ 피평가자의 특성은 어떤 행동이나 반응을 통해서 추론 가능한가?
ㄷ 관련된 행동이나 반응을 누가, 언제, 어떠한 조건에서 관찰할 것인가?
ㄹ 관찰을 통해 수집한 자료를 어떻게 요약·정리할 것인가?
ㅁ 요약·정리된 자료를 어떻게 분석·해석하고 활용할 것인가?

(2) 성찰(reflection)

① 개념

ⓐ 개인이 자신의 학습과정이나 경험을 깊이 돌아보며 스스로를 평가하고 그 의미를 해석하는 방법이다.

ⓑ 최근 교육평가에서 중요하게 다루어지는 평가방법이다.

② 성찰에 기반을 둔 평가방법

ⓐ 학습을 위한 평가 또는 학습으로서의 평가에서 강조되고 있다.

ⓑ 근무성적평정을 포함한 교사평가, 학교평가와 대학평가를 포함한 교육기관평가에서도 자체평가보고서 등을 통해 부분적으로 활용하고 있다.

ⓒ 평가대상이 되는 주체가 1차적으로 주어진 평가 기준에 비추어 자신의 수행에 대해서 스스로 논의·평가하여 정리하는 것이다.

❷ 교육평가의 절차

(1) 교육평가 절차의 중요성

① 모든 단계의 상호 보완적 과정: 평가의 모든 단계는 주어진 또는 합의된 목적과 기능을 잘 구현하기 위한 것으로 상호 배타적으로 구분되는 단선적·일방적 과정이 아닌 상호 보완적·순환적인 과정이다.

② 각 단계들 간의 응집성 확보: 모든 단계가 상호 보완적인 과정이므로 각 단계 간 응집성이 평가의 타당도를 확보하는 데 중요하다.

(2) 교육평가의 절차

① 평가의 목적과 기능 선정

ⓐ 평가의 목적, 기능, 평가대상을 선정한다.

ⓑ 누구를 또는 무엇을, 왜, 어디에 쓰기 위해서 평가하는지를 분명하게 설정한다.

ⓒ 평가의 모든 단계에서 세부적인 의사결정에 중요한 기준이 된다. 즉, 평가의 목적, 기능, 대상에 따라 평가내용과 영역을 구체화하는 방식, 평가방법과 도구를 선정하거나 개발하는 과정, 평가 결과를 분석하고 보고하는 방식이 모두 달라질 수 있다.

② 평가하고자 하는 특성의 구체화

ⓐ 어떤 평가가 특정한 목적과 기능을 실현하기 위하여 무엇을 평가해야 하는지에 대한 평가대상과 영역을 구체화하는 단계이다.

ⓑ 평가에 관여하는 이해당사자들이 공동으로 합의할 수 있는 수준의 언어로 평가하고자 하는 특성을 훨씬 명확하고 구체적으로 정의한다.

ⓒ 이는 평가하고자 하는 특성이나 내용에 대한 이론적·경험적인 근거에 기반을 두어 이루어지는 것으로, 관련 문헌을 검토하고 평가의 하위영역을 도출하며 관련 분야 전문가들의 합의과정을 포함한다.

③ 평가방법 선정 및 도구 개발
  ㉠ 평가할 특성을 주어진 여건에서 가장 잘 평가할 수 있는 방법을 선정한다.
  ㉡ 평가방법을 실행하는 데 필요한 도구를 개발·선정한다.
  ㉢ 관찰을 통해 평가에 필요한 자료가 무엇이며, 자료를 어떻게, 얼마만큼, 어떤 절차로 수집할 것인지를 설계하는 단계이다.
  ㉣ 평가방법과 도구를 결정할 때 가장 중요하게 고려되어야 할 것은 평가하려 하는 특성 그 자체이다.
  ㉤ 평가방법에 따라 필요하거나 중요한 평가도구가 달라진다.
    ⓐ 평가방법으로 지필시험 중에 선다형 문항 20개를 사용하기로 했다면 중요한 평가도구는 선다형 문항 20개 그 자체인 반면, 지필시험 중 서술형 문항 2개를 사용하기로 했다면 문항 자체뿐만 아니라 학생들의 응답을 채점하기 위해 사용하게 될 채점기준표 또한 중요한 평가도구이다.
  ㉥ 평가 결과의 활용이 중요 의사결정을 위해 활용되는가 또는 주어진 예산이 어느 정도인가 등의 여건이 고려되어야 한다.
④ 평가 시행 계획
  ㉠ 정해진 평가방법과 평가도구를 활용하여 평가를 언제, 어떻게 시행할 것인지에 대한 구체적인 계획을 세우는 단계이다.
  ㉡ 평가방법 및 도구 개발 단계에서 평가하고자 하는 특성을 어떻게 평가할 것인가를 계획했다면, 시행 계획 단계는 설계된 평가를 구체적으로 어떻게 진행할 것인가를 계획하는 단계이다.
  ㉢ 실제 평가 상황에서 평가 결과에 영향을 미칠 수 있는 다양한 심리적·물리적 환경을 미리 규명하여 통제할 수 있도록 계획하는 것이 중요하다.
  ㉣ 평가의 맥락이 중요시되는 수행평가에서는 평가 시행 상황이 훨씬 길고 복잡하므로 더욱 세밀한 계획이 필요하다.
⑤ 평가 시행
  ㉠ 평가를 시행하는 단계로, 평가에 필요한 자료를 수집하는 단계이다.
  ㉡ 평가의 목적이나 기능에 따라 평가 시행 상황을 엄격히 통제할 수도 있고, 가능하면 자연스러운 상황에서 평가를 시행하고자 할 수도 있다.
  ㉢ 평가자는 평가 시행 과정에서 평가 결과에 영향을 미칠 수 있는 심리적·물리적 환경에 대해서 면밀히 모니터링할 필요가 있다.
⑥ 평가 요약·정리 및 결과 도출
  ㉠ 평가 시행을 통해 수집된 자료를 요약·정리·분석하고, 평가하고자 하는 특성에 대한 평가대상의 수준에 대해 결론을 내리는 단계이다.
  ㉡ 표준화된 필기시험이나 검사는 주로 평가 시행 단계에서 평가 결과의 수량화 과정이 수반된다.
  ㉢ 수행평가 상황에서는 평가대상이 질적 수행수준에 대한 평가자의 판단을 서술하여 정리할 수도 있고, 수치로 나타내기 위하여 수량화하기도 한다.
  ㉣ 평가자의 판단을 수량화할 경우에는, 평가도구 개발 단계에서 채점표가 만들어져야 한다.

⑦ 평가 결과 보고 및 활용
  ㉠ 평가 결과를 피평가자와 공유하고, 평가의 목적이나 기능과 관련된 의사
    결정에 사용하는 단계이다.
  ㉡ 평가 결과가 이후의 의사결정이나 교수·학습활동에 어떻게 활용되는가에
    초점을 둔다.
  ㉢ 최근에는 평가 결과의 형성적 기능이 강조되면서, 평가 결과에 대해 피평
    가자가 이해하는 과정이 교육평가에서 중요해졌다.

❸ 평가 결과의 활용과 과제

(1) 평가 결과의 활용
① 유용한 정보 제공: 평가 결과가 학생의 다음 단계의 학습을 위한 유용한 정보를
  제공해야 한다.
② 실질적인 의사소통: 학생을 적절하게 동기화하기 위해서는 단순 보고와 기록에
  그치지 않고 평가 결과를 토대로 학생 및 학부모와의 실질적인 의사소통이
  있어야 한다.
③ 풍부한 피드백 제공: 교사의 구체적이고 풍부한 피드백을 통해 학생은 자신의
  학습상태를 스스로 이해하고, 다음 단계의 학습을 계획하도록 할 필요가 있다.
④ 다음 단계 학습을 위한 계획: 교사는 학생의 다음 단계 학습을 위하여 교사가
  가르쳐야 할 내용이나 안내해야하는 활동에 대해 계획할 수 있다.

(2) 평가 결과가 학습을 위한 평가로 활용되기 위한 과제
① 준거참조평가와 성장참조평가 강조
  ㉠ 동료들보다 더 나은 점수를 얻기 위해서 평가를 받는 것이 아니라, 학습의
    목표에 비추어 자신의 현 상태를 이해하고, 그 목표를 성취하기 위해 필요
    한 정보를 얻기 위해서 평가를 받도록 한다.
  ㉡ 다른 학생들의 수행보다 자신의 학습과정 자체에 집중할 때 평가 결과를
    자신의 학습을 개선하는 데 더욱 적극적으로 활용할 수 있다.
② 교사의 긍정적인 피드백
  ㉠ 피드백은 1차적으로 학생 스스로 자신의 학습에 대해 반성할 수 있는 기회를
    제공하고, 나아가 긍정적인 피드백은 그 자체로 학생의 학습동기를 촉진
    하는 데 상당한 효과가 있다.
  ㉡ 모니터링과 스캐폴딩은 교사의 풍부하고 긍정적인 피드백을 통해 이루어
    짐을 명심한다.
③ 교사의 전문성 계발 지원
  ㉠ 교사의 학생평가 전문성은 교수·학습활동 자체를 위해 중요하다.
  ㉡ 학생에 대한 교사의 직접적인 평가가 의사결정을 위한 자료로 활용될 가능
    성이 높아진 상황에서 더욱 중요해짐에 따라 평가에 대한 교사의 전문성
    계발이 반드시 필요하다.

(3) 메타평가(평가의 평가, evaluation of evaluation) `기출` `00 교대편입 / 12 초등`

① 개념
  ㉠ 평가에 대한 평가이다.
  ㉡ 하나의 대상에 대하여 다양한 상황에서 다양한 방법으로 평가한 결과들을 종합하는 평가이다.
  ㉢ 평가의 질적 관리를 위해 필요하다.
  ㉣ 평가활동 전반에 걸친 질적 관리로써 평가가 지향해야 할 점을 안내하고, 실시된 평가의 장·단점을 평가 관리자들에게 알려줌으로써 평가의 문제가 무엇인가를 점검하여 후속되는 평가를 질적으로 개선할 수 있는 근거를 마련해준다.
  ㉤ 신뢰롭고 유용한 메타평가를 실시하기 위해서 평가의 유용성, 실천가능성, 정당성, 정확성의 네 가지 기준이 사용되고 있다.

② 목적
  ㉠ 평가 자체를 보다 정확하게 이해하고 평가활동의 질적 수준을 향상시키기 위해 실시한다.
  ㉡ 평가상의 문제점을 파악하고 확인하여 개선하고자 한다.
  ㉢ 평가과정 중 안내지침을 제공하고, 수행된 평가에 대한 가치와 장점을 판단한다.

③ 유형
  ㉠ 평가계획에 대한 진단적 메타평가
  ㉡ 평가 실행과정에 대한 형성적 메타평가
  ㉢ 평가 결과에 대한 총괄적 메타평가(평가의 가치, 장점, 확인)

교육평가의 모형

두 번째 챕터에서는 다양한 교육평가의 모형을 다룹니다. 교육평가의 모형은 임용고시가 논술 형태로 바뀐 후에는 출제되지 않았지만, 객관식으로 출제되던 시기에는 상당히 빈번하게 출제되었으므로 눈여겨보아야 합니다. **목표중심 평가, 탈목표 평가모형, 아이즈너 비평모형의 특징 및 장·단점은 반드시 암기**해야 하며, **스터플빔 평가모형의 평가의 의의 및 구체적인 평가대상, 각 평가를 수행하는 방법**도 꼭 알아두시길 바랍니다.

핵심 Tag

타일러의 목표중심 평가모형
- **특징**: 교육목표 또는 수업목표를 평가 기준으로 삼고, 수업 종료 후 목표 달성 정도를 확인함
- **장점**: 일관성, 구체적, 쉬움
- **단점**: 부수적 목표 간과, 행동용어 목표 평가 어려움, 과정보다 결과, 복잡한 평가 어려움

프로버스의 불일치 평가모형
- **개념**: 평가를 프로그램의 운영과 개발로 나누어 단계별로 의사결정을 도와주기 위하여 정보를 지속적으로 관리하는 과정으로 봄
- **특징**: 도출된 불일치 정보는 프로그램의 개선·유지·종료를 위한 정보로 활용됨

스크리븐의 탈목표 평가모형
- **특징**: 의도한 효과와 의도하지 않은 효과까지 평가함
- **장점**: 교육의 과정 중에 발생하는 잠재적 결과나 부수적 효과까지 평가 가능함
- **단점**: 판단의 타당성을 평가하는 방법이 부재함

아이즈너의 예술적 비평모형
- **교육적 감식안**: 관찰대상의 특징을 이해·평가하려 하는 교육현장의 미묘하면서도 중요한 자질을 인식하는 것
- **교육비평**: 교육적 감식안을 통해 지각한 사건이나 사물의 특질과 중요성을 비판적인 글로 표현하는 것
- **장점**: 교육적 관찰에 대한 질적 해석을 시도, 다양한 교육실제에 대한 교사의 이해력을 높임
- **단점**: 평가자의 전문성에 지나치게 의존하므로 평가 주관성에 대한 문제를 초래할 수 있음

스터플빔의 CIPP 평가모형
- **개념**: 교육평가의 기능은 교육에 관한 의사결정을 촉진하고 도와주는 것
- **특징**: 목표 도달 여부, 목표 설정, 실행, 결과 등 프로그램의 각 단계마다 적절한 평가 수행을 제안함
- **평가단계**: 상황평가 ⇨ 투입평가 ⇨ 과정평가 ⇨ 산출평가

목표중심모형(goal - oriented model)

❶ 타일러(Tyler)의 목표중심 평가모형(goal attainment model)

기출 05, 13 중등 / 11 초등

(1) 개념
① 교육목표 또는 수업목표를 평가의 기준으로 삼고, 어떤 프로그램이나 수업이 종료된 후 목표가 달성된 정도를 확인하는 모형이다.
② 명세적으로 진술된 행동목표를 기준으로 교육성과를 평가하기 때문에 이원목적 분류표를 활용한다.

(2) 특징
① 교육목표가 평가에서 핵심적인 역할을 한다.
② 교육목표의 행동적 정의와 명세적 진술은 측정 및 평가를 용이하게 해주며, 평가의 효율성을 증대시킨다.
③ 교육평가가 평가 자체를 위해 존재하는 것이 아니라 교육의 전체 과정과 관련되어 있다고 본다.

(3) 평가 절차
① 학교의 교육목표를 설정한다.
② 설정된 교육목표를 철학적 가치(지식의 본질), 사회적 가치(현대사회의 특징), 교육적 가치(학습자와 학습과정의 특성)로 분류한다.
③ 분류된 교육목표를 행동적 용어로 진술한다.
④ 교육목표의 달성이 측정될 수 있는 평가 장면을 설정한다.
⑤ 측정방법과 도구를 개발 또는 선정한다.
⑥ 측정방법과 도구를 사용하여 자료를 수집한다.
⑦ 결과를 해석하고 행동목표와 학생의 성취자료를 비교한다.

(4) 장·단점
① 장점
  ㉠ 교육과정과 평가 사이의 논리적 일관성이 유지될 수 있다.
  ㉡ 교육목표가 구체적이어서 정확한 평가 기준의 적용이 가능하다.
  ㉢ 논리적·합리적 절차가 명확히 제시되어 있어 적용이 쉽다.
② 단점
  ㉠ 사전목표의 설정을 강조함으로써 부수적·확산적 목표의 중요성을 간과할 수 있다.
  ㉡ 행동적 용어로 진술하기 힘든 목표에 대해서는 평가가 어렵다.
  ㉢ 과정보다는 결과에 대한 평가를 강조하고 수업이 평가에 종속될 수 있다.
  ㉣ 교육 실제의 복합적이고 복잡한 측면을 평가하기 어렵다.

논술에 바로 써먹는
교육학 배경지식

교사의 수업활동에 대한 평가를 목표중심 평가로 적용할 때의 장점이 무엇인지 생각해 봅시다.
– 교육목표를 행동적 용어로 진술해 명확한 평가 기준을 제시함
– 교육목표, 교육내용, 교육평가 간의 논리적 일관성을 유지함

② 프로버스(Provus)의 불일치 평가모형(DEM; Discrepancy Evaluation Model)

(1) 개념

① 평가의 역할에 대한 관점: 평가를 프로그램의 운영과 개발로 나누어 단계별로 의사결정을 도와주기 위하여 정보를 지속적으로 관리하는 과정으로 본다.
② 프로그램의 성취기준 또는 목표에 동의하고, 프로그램의 수행 결과와 성취기준 사이에 불일치가 존재하는지 살펴본다.
③ 프로그램의 개선·유지·종료 여부를 결정하기 위하여 불일치에 대한 정보를 사용하는 과정이다.
④ 성취기준과 수행을 비교하면 불일치정보가 도출되며, 이 정보는 프로그램의 개선·유지·종료를 위한 정보로 활용된다.
⑤ 불일치가 발견될 경우 프로그램 진행자와 평가자가 협동적인 문제해결과정을 통해 불일치를 제거해야 한다는 데 중점을 둔다.

(2) 평가 절차

① 정의 및 설계: 프로그램의 불일치를 판단할 수 있는 준거를 세우는 단계이다. 이 단계에서 평가자는 프로그램의 구체적인 준거를 세우고 그 준거가 이론적·구조적으로 적절한지를 판단한다.
② 설치: 정의 및 설계 단계에서 세워진 준거와 실제 프로그램의 설치 단계에서의 실행이 일치하는지를 검증한다. 이 단계에서 불일치가 나타날 경우 준거를 변경하거나 설치 단계에서 조정해야 한다.
③ 과정: 참여자의 행동이 목표한 만큼 변화하였는지를 확인하기 위해 참여자의 발전에 대한 자료를 수집한다.
④ 산출: 프로그램에 대한 최종적인 목표 달성 여부를 평가한다.
⑤ 비용 – 효과 분석: 비용 – 효과적인 측면에서 본 프로그램과 대안 프로그램을 비교·분석한다. (선택사항)

③ 해몬드(Hammond)의 평가과정모형[평가 입방체 모형(Evaluation Cube)]

(1) 개념

① 일선학교의 수준에 입각한 접근방법이다.
② 평가의 과정을 체계적으로 구조화시키려는 평가모형이다.
③ 교육 프로그램을 기술하고 평가 변인들을 조직하기 위한 목적으로 3차원 입방체(수업, 기관, 행동)을 고안하여 개념화했다.
④ 평가 구조에 제시된 차원이들이 서로 교차함으로써 생기는 상호작용 효과도 미리 설정하여 높은 목표를 준거로 평가한다.

(2) 평가 구조

구분	내용
기구(기관)	학교, 교사, 관리자, 교육 전문가, 학부모, 지역사회
행동	인지적 영역, 정의적 영역, 심동적 영역
수업	조직, 내용, 방법, 시설, 비용

(3) 장점

① 새로운 프로그램을 개발하고 적합성, 효율성을 확인하는 데 이용 가능하다.
② 현재 실행하고 있는 프로그램의 수정 · 보완에 필요한 정보를 수집하는 데 목적이 있다.
③ 구체적이고 명확한 목표를 진술하여 프로그램의 개선점을 찾는다.

(4) 단점

① 평가할 차원 또는 요소가 너무 많다.
② 평가 결과를 수량화시키기 어려운 부분이 있다.

02 판단중심모형(judgement - oriented evaluation)

❶ 스크리븐(Scriven)의 탈목표 평가모형(goal - free evaluation model)

기출 07 중등 / 11 초등

(1) 개념

① 평가는 사물의 가치나 장점을 체계적으로 판단하는 일이라고 본다.
② 교육 프로그램을 평가하는 데 있어서 단지 목적달성 여부만을 판단하는 것이 아니라 그 목적달성이 소비자의 복지 향상에 기여하는지를 판단해야 한다고 보았다. 즉, 교육 프로그램의 목적과 관계없이 소비자의 요구를 기준으로 실제적인 가치를 판단해야 한다고 보았다.
③ 이를 위해 프로그램의 의도된 목표뿐만 아니라 의도되지 않은 목표까지 포함하여 프로그램에 대해서 총체적으로 가치를 판단한다.
④ 기존의 목표 위주 접근에서 무시되었던 프로그램 수요자 집단에 주목하여, 프로그램의 의도된 성취뿐만 아니라 프로그램 목표가 수요자의 요구에 부응한 것인지, 또한 부수적 작용은 무엇이 있는지를 종합적으로 판단한다.
⑤ 프로그램의 가치와 장점을 프로그램이 목표를 달성한 정도로 판단하는 것이 아니라, 수요자(소비자=학생, 학부모)의 요구를 확인하고 이에 근거하여 평가해야 한다고 주장했다.

(2) 특징

① **탈목표(goal-free) 평가 강조:** 목표중심 평가의 문제점을 보완하기 위해 프로그램이 의도했던 효과뿐만 아니라 부수적인 효과까지 포함하여 실제 효과를 평가하는 방식으로, 프로그램의 모든 효과를 포괄적인 입장에서 검토할 필요성을 강조한다.

② **교육목표 자체의 질과 가치를 평가**

  ⓐ 교육목표의 도달 여부를 판단하는 것만을 강조한 기존 평가와는 다르게 교육목표 자체의 질과 가치를 중시하는 평가의 필요성을 강조한다.

  ⓑ 교육평가를 가치의 평가라고 여기며 목표 자체의 가치 평가에 관심을 둔다.

  ⓒ 평가는 사물의 가치나 장점을 체계적으로 판단하는 일이라고 규정하며, 목표와 관계없이 교육관계자의 요구를 기준으로 실제적인 가치를 판단하고자 한다.

③ **내재적 준거에 의한 평가뿐만 아니라 외재적 준거에 의한 평가도 강조**

  ⓐ 스크리븐은 평가가 사전에 설정된 목표가 평가의 초점을 제약하지 않아야 하며, 의도된 결과보다 실제 결과에 초점을 두어야 한다고 보았다. 더불어 예상치 못한 부수 효과에 주목해야 한다고 보았다.

  ⓑ 이에 따라 내재적 준거에 의한 평가뿐 아니라 외재적 준거에 의한 평가에도 관심을 가져야 한다고 주장하였다.

    ⓐ **내재적 준거에 의한 평가:** 프로그램에 내재된 기본적 속성(예 목표, 내용 선정과 조직 등)에 의한 평가이다.

    ⓑ **외재적 준거에 의한 평가:** 프로그램이 발휘하는 기능적 속성(예 실제 운영 상황, 프로그램의 효과 등)에 의한 평가이다.

④ **형성평가와 총괄평가(총합평가) 구별:** 진행 중인 프로그램을 개선하기 위하여 실시하는 '형성평가'와 이미 완성된 프로그램의 가치를 총합적으로 판단하기 위해 실시하는 '총괄평가'를 구별하여 판단한다.

⑤ **비(非)비교평가뿐만 아니라 비교평가도 강조**

  ⓐ **비비교평가:** 프로그램의 가치, 장·단점, 효과 등과 같은 프로그램 자체에 대한 평가이다.

  ⓑ **비교평가:** 다른 여러 가지 교육 프로그램과 교육목표 등을 서로 비교하여 판단하는 평가이다.

(3) 장점

① 교육 과정 중 발생하는 잠재적 결과까지 포함해 교육의 실제적 효과를 평가한다.

② 교육의 결과를 총체적으로 판단하는 전문적 평가를 중시한다.

③ 목표가 전혀 없는 상황에서도 평가 수행이 가능하다.

④ 목표에 반영되어 있지 않은 프로그램의 부수적 효과 탐색에도 관심이 있다.

(4) 단점

① 각기 다른 판단 준거를 사용하여 내린 결과를 동일하게 생각하는 문제가 발생할 수 있다.

② 판단의 타당성을 평가하는 방법이 부재하다.

논술에 바로 써먹는
교육학 배경지식

스크리븐의 탈목표 평가모형을 활용하여 학교의 '특기적성교육' 프로그램을 평가하려 할 때, 활용할 수 있는 평가방안에는 무엇이 있을지 생각해 봅시다.
- 비교평가와 비비교평가
- 목표중심 평가와 탈목표 평가
- 내재적 준거에 의한 평가와 외재적 준거에 의한 평가
- 형성평가와 총괄평가

(5) 의의

① 목표에 대한 정보가 없더라도 평가가 이루어질 수 있다는 것을 증명하려 했다.
② 프로그램의 모든 효과를 포괄적인 입장에서 검토할 필요성을 강조했다.
③ 목표중심 평가를 실시하더라도 목표 자체의 가치를 판단할 필요성이 있음을 강조했다.

참고 평가준거항목 및 내용

스크리븐의 평가모형은 교육 프로그램이나 교육상품에 대한 수요자(소비자)인 학생이나 학부모에 초점을 맞춰 평가할 것을 강조했다. 스크리븐은 소비자를 평가의 중요한 이해당사자로 설정하고 주요 평가 체크리스트를 제공하여 프로그램 공급자가 체크리스트에 제시된 평가 기준을 만족시키고자 노력해야 한다고 주장했다. 즉, 공급자가 제시하는 프로그램 목표(명시적인 목표)와 관계없이 소비자의 요구를 반영해 프로그램의 실제적 가치를 파악해야 함을 강조했으며, 평가 체크리스트에서 나아가 프로그램의 의도된 목표뿐만 아니라 의도되지 않은 목표까지 포함해 프로그램에 대한 총체적 가치를 판단해야 한다는 탈목표평가를 제안했다.

평가준거항목	내용
요구	인식된 숫자, 사회적 중요성, 중다효과, 대체물의 부재, 요구의 근거
시장	보급계획, 규모, 잠재시장의 중요성
수행 – 현장학습	대표적인 활용자를 대상으로, 대표적인 보조물을 이용하여, 대표적인 환경 여건과 시간제한하에서, 완제품의 효과 입증 근거 제시를 목적으로 현장에 투입
수행 – 수혜자	학생, 교사, 교장, 교육청 등 수혜자를 대상으로 검증
수행 – 결정적 비교	비교집단, 기존의 경쟁제품에 관한 비교자료 검토
수행 – 장기간	교육제품의 장기간 효과에 관한 근거 보고
수행 – 부수효과	교육제품 사용기간 중에 수행함, 제품 사용 시 산출된 의도하지 않은 결과에 대한 근거를 수집하기 위하여 독자적으로 연구 및 탐색
수행 – 과정	제품에 관한 기술 묘사, 인과관계 주장, 제품 활용상의 도덕성을 확인하기 위하여 제공한 근거
수행 – 인과관계	무작위로 배치된 실험연구나 방어 가능한 의사실험연구, 사후연구, 상관연구 등을 통한 제품의 효과에 관한 근거 제시
수행 – 통계적 의의	적합한 통계적 기법, 수준, 해석을 이용하여 교육제품의 효과에 관한 통계적 근거 제시
수행 – 교육의 중요성	독립적인 판단, 전문가의 판단, 문항분석 및 검사점수, 부수효과, 장기간 효과, 결정적 비교점수 등을 바탕으로 평가하여 교육적으로 건전하게 활용
비용 – 효과	전문가의 비용 판단, 비용에 관한 독립적인 판단, 경쟁 프로그램과의 비용 비교 등을 포함한 종합적인 비용 분석
지원 – 확대	교육제품 판매 이후의 자료수집과 개선 계획, 현직훈련, 보조물 갱신, 신규 사용과 사용자 관련 자료에 관한 연구

Zoom OUT 스크리븐의 탈목표 평가모형 특징

구분	내용
목표중심 + 탈목표	의도한 효과(목표)와 부수적 효과(탈목표) 평가
목표 자체의 가치 평가	목표달성 정도뿐만 아니라 목표 '그 자체의 가치'도 함께 판단
내재적 준거 + 외재적 준거	내재적 준거인 프로그램의 기본 속성(목표, 내용선정, 조직)과, 외재적 준거인 프로그램의 기능적 속성(실제 운영상황, 프로그램 효과)으로 평가
형성평가 + 총괄평가	프로그램 진행 중 수업 개선을 위한 형성평가와 완성된 수업의 가치를 종합적으로 판단하는 총괄평가를 구분함
비비교평가 + 비교평가	프로그램 자체의 가치, 장·단점, 효과에 대한 비비교평가와 다른 프로그램의 가치, 장점, 효과와 비교하는 비교평가

② 스테이크(Stake)의 반응적 평가(안면모형, 종합실상모형, countenance evaluation model)

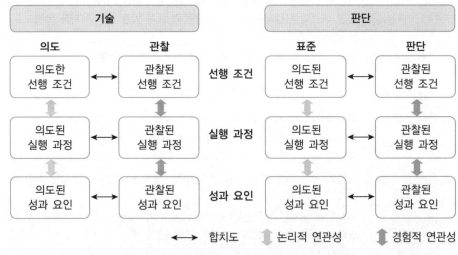

[그림 4-2] 스테이크의 안면모형

(1) 개념
① 교육 프로그램의 여러 측면에 대한 전체적인 실상을 평가하는 것에 중점을 둔다.
② 프로그램의 의도, 관찰, 기준 간의 일치 정도를 의미하는 '합치성', 선행조건, 실행과정과 평가 결과 간의 관련성을 의미하는 '유관성'에 관심을 가졌다.

(2) 평가대상

구분	내용
선행 조건	수업 실시 이전의 학습자 및 교사의 특성, 교육과정, 교육시설, 학교 환경 등
실행 과정	수업 중 교사와 학생 또는 학생과 학생 간의 상호작용 과정 예 질의응답, 설명, 토론, 숙제, 시험
성과 요인	수업 프로그램의 효과 예 학습자의 학업성취도, 흥미·동기·태도의 변화, 프로그램 실시가 교사·학교·학부모·지역사회에 끼친 영향 등

❸ 아이즈너(Eisner)의 예술적 비평모형(connoisseurship and criticism model)

(1) 개념

① 예술교육에 대한 관점을 질적인 형태로 조합하여 교육적 감식안과 교육비평이라는 평가 관점을 제시한다.

② 예술작품을 비평할 때 사용하는 절차와 기술을 교육평가에도 적용하려 하며, 전문가의 입장에서 교육에 대해 비판적으로 기술·사정·조명한다.

③ 자료에 대한 통계적 분석을 지양한다.

④ 평가자의 전문성이나 경험에 입각한 질적 평가를 중시한다.

⑤ 평가자의 지각적 민감성, 풍부한 경험, 세련된 통찰, 전문가적 판단 등과 같은 평가자의 전문성과 자질이 무엇보다 중시된다.

(2) 평가 관점

① 교육적 감식안(educational connoisseurship)

㉠ 관찰대상의 특징을 이해하고 그들 사이의 관계를 깨닫는 일종의 감상술(art of appreciation)이다.

㉡ 교육현장에서 관찰할 수 있는 일상적인 것들 간 존재하는 미묘한 질적 차이를 감지하는 것이다.

㉢ 감식의 대상: 교육의 의도, 학교의 구조, 교육과정, 교수법, 평가 등

② 교육비평(educational criticism)

㉠ 교육적 감식안을 통해 지각한 사건이나 사물의 특징과 중요성을 비판적인 글로 표현하는 일종의 표출예술로, 공적인 성질의 행동이다.

㉡ '대상의 속성을 언어적으로 얼마나 생생하게 조명해주는가?'가 관건이며 은유, 유추, 시사, 암시 등의 방법을 사용한다.

㉢ 일반인이 평가대상의 특성을 인식하도록 돕는 교육적 과정을 포함한다.

㉣ 관찰대상에 대한 기술과 해석, 평가가 모두 이루어져야 한다.

㉤ 평가대상은 수업, 학급, 교재, 학생 등 교육의 모든 주요 현상을 포함한다.

㉥ 교육적인 비평의 궁극적인 목적은 평가적 판단에 있다.

Ⓐ 비평가는 중립적인 관찰이나 공정한 해석에 머무르지 않고, 자신이 관찰 및 해석한 사실에 기초하여 교육현상과 그것을 개선할 수 있는 결론에까지 도달해야 한다.

> **참고** 교육평가에 대한 기존의 과학적 · 논리적 · 공학적 접근 비판
>
> 1. 기존의 교육평가는 지나친 일반화로 인해 현상의 고유성을 무시한다고 본다.
> 2. 기존의 교육평가는 미래의 성과만을 중시하여 현재의 과정을 간과한다고 본다.
> 3. 객관화와 수량화에 치중하여 인간의 경험이 지닌 질적인 측면을 경시함으로써 교육평가를 교육에 대한 측정 · 진단 · 통제의 수단으로 전락시켰다고 비판한다.

(3) 비평의 3가지 측면

① 기술적 측면

ⓐ 교육현상을 사진 보듯이 사실 그대로 묘사하고 표현하는 것이다.

ⓑ 관찰과 감상을 통해 얻은 교육현상의 질적 속성을 정확하게 기술하고 묘사하는 데 중점을 둔다.

② 해석적 측면: 교육현상에 대한 기술을 바탕으로 사회적 맥락 속에서 수행되는 다양한 형태의 행동이 지닌 의미와 중요성을 이해하고 그 가치를 논리적으로 설명하는 것이다.

③ 평가적 측면: 기술하고 해석한 교육현상에 대하여 교육적 의미와 가치를 발견하고 질적으로 판단하는 것이다.

(4) 장 · 단점

① 장점

ⓐ 교육적 관찰에 대한 질적인 해석을 시도하였다.

ⓑ 선행 훈련, 경험, 정련된 지각능력을 강조함으로써 다양한 교육실제에 대한 교사의 이해력을 높였다.

ⓒ 평가자료의 해석을 깊이 있게 할 수 있다.

② 단점: 평가자의 전문성에 지나치게 의존하므로 평가의 주관성에 관한 문제를 초래할 수 있다.

03 의사결정모형(decision facilitation model)

1 스터플빔(Stufflebeam)의 CIPP 평가모형(= 의사결정모형, 운영중심 평가모형)

기출 08 중등 / 11 초등

(1) 개념
① 교육평가의 기능은 교육목표의 달성도를 확인하는 것이 아니라, 교육에 관한 의사결정을 촉진하고 도와주는 것으로 보는 평가모형이다.
② 평가란 의사결정의 대안을 판단하는 데 필요한 정보를 획득·기술·제공하는 과정이다.

(2) 특징
① 의사결정자는 교장이나 교육행정가뿐만 아니라 교사, 학부모, 학생, 지역사회 인사 모두를 포함한다.
② 투입과 산출을 기준으로 목표와 결과 간의 논리적 일관성을 유지한다.
  ⇨ 목표중심 평가와의 공통점
③ 목표 도달 여부, 목표 설정, 실행, 결과 등 프로그램의 각 단계마다 적절한 평가 수행을 제안한다.
④ 평가자의 임무는 의사결정자에게 정보(도움)를 제공하는 것이다.

(3) 평가 단계

하위평가	의사결정 유형	평가내용	평가 질문 예시	평가방법
C: 상황평가 (Context evaluation)	계획: 목표를 설정 하려는 의사결정	• 교육목표를 결정하는 합리적 기초나 이유를 제공함 • 프로그램의 목표와 우선순위를 정하고, 프로그램에 대한 이해당사자들의 요구, 사회적 문제, 환경 및 여건, 그리고 기회 및 목표의 적절성 등을 평가함	프로그램은 어떤 목표와 맥락에서 수행되고 있는가?	체제 분석, 문헌연구, 조사, 진단검사, 면접, 델파이기법 등
I: 투입평가 (Input evaluation)	구조화: 설정된 목표 달성에 적합한 전략과 절차	• 프로그램 구성에 대한 의사결정을 위해 실시하는 평가 • 프로그램에 사용되는 인적·물적 자원, 목표 달성 전략, 행·재정적 지원, 전략 실행을 위한 설계 등의 활용방법을 결정하는 데 필요한 정보를 수집하고 제공함	프로그램에 투입되는 자원은 적절한가?	관련 문헌 및 기사 검토하기, 모범적인 프로그램 조사, 전문가 상담 등

개념확대 ⊕
Zoom IN

델파이기법(delphi method)

1. 개념
여러 전문가의 의견을 되풀이해 모으고, 교환하고, 발전시켜 미래를 예측하는 질적 예측방법이다.

2. 특징
• **전문가 집단이 동원**: 예측을 위하여 한 사람의 전문가가 아니라 예측대상 분야와 관련이 있는 전문가 집단이 동원된다.
• **익명이 보장된 피드백**
  – 응답자의 익명이 보장된다.
  – 피드백을 포함한 반복과정을 거친다.
• **창의적인 대안 도출**
  – 사람 선정의 기준으로 전문가일 뿐만 아니라 해당 문제에 대해 흥미와 이해관계가 있다는 점을 이용한다.
  – 의식적으로 갈등을 조장함으로써 창의적인 대안이 도출되기를 기대한다.

3. 장점
• **전문가들의 의견을 추출**
  – 여러 전문가들의 의견을 체계적으로 추출하여 전문가 개개인이 알고 있는 지식·정보의 간접 교환으로 알지 못한 부분의 보완이 가능하다.
  – 여러 전문가들의 지혜를 모을 수 있다.
  – 많은 사람들의 의견을 통계적으로 종합·분석함으로써 미래 사태를 확률적으로 나타낼 수 있다.
• **솔직한 의견 청취 가능**: 응답자의 익명이 보장되어 공적으로 거론하기 어려운 미묘한 사안에도 솔직한 의견 청취가 가능하다.

하위평가	의사결정 유형	평가내용	평가 질문 예시	평가방법
P: 과정평가 (Process evaluation)	실행: 수립된 전략과 절차의 실행	• 프로그램을 실행하는 데 도움을 주는 평가 • 계획에 대비하여 실행 수준을 평가하는 등 프로그램의 실행 측면에서 요구되는 의사결정을 다룸 • 프로그램을 점검하고, 문제를 기술하며, 프로그램 진행상의 문제점을 모니터링하여 프로그램 실행과정에서 운영을 개선함	프로그램이 의도대로 실행되고 있는가?	참여관찰, 설문조사, 토의 등
P: 산출평가 (Product evaluation)	재순환: 목표 달성 정도의 판단 및 프로그램의 존속 · 변경 여부 판단	• 의사결정을 순환시키는 데 도움을 주기 위한 평가 • 의도되거나 의도하지 않은 결과물이 무엇인지, 그리고 효과적인지를 평가함으로써 프로그램을 유지/수정/폐지할 것인지 등 재순환과 관련된 의사결정을 지원	프로그램의 산출 결과물은 무엇인가?	미리 설정된 프로그램의 목표에 비추어 성과를 비교하기, 다른 유사 프로그램의 성과와 비교하기

(4) 장점
① 어떠한 프로그램의 단계에서도 평가를 실행할 수 있고, 여러 상황 또는 모든 요소에 대한 평가가 가능하다.
② 피드백에 민감하며, 의사결정과 평가 간에 체계적인 접근이 가능하다.
③ 프로그램의 개선에 직접적으로 기여할 수 있다.

(5) 단점
① 의사결정 과정이 명확하지 않고, 의사결정 방법이 구체적으로 정의되지 않았다.
② 평가자는 정보를 수집 · 제공만 하고, 가치판단은 의사결정자에게 위임하여 평가자가 기술자의 역할만 수행하게 되면서 평가자 역할이 경시되었다.
③ 모든 과정에 대해 평가하기에는 비용이 많이 들고 복잡하여 동조과잉이 발생하였다.
④ 가치평가는 이루어지지 않고, 오직 가치평가에 필요한 정보만 수집하여 제공하였다.

모형	특징
목표지향 평가 접근 (objective – oriented evaluation approach)	설정한 목표가 어느 정도 달성되었는지를 판단하는 데 초점을 두는 입장 예 타일러의 목표중심 평가모형
운영지향 평가 접근 (management – oriented evaluation approach)	평가와 관련된 의사결정을 돕기 위해 필요한 정보를 제공하는 데 초점을 두는 입장 예 스터플빔의 CIPP 평가모형
소비자지향 평가 접근 (consumer – oriented evaluation approach)	교육을 위해 사용되는 모든 것을 교육상품으로 보고, 교육행위도 서비스로 간주하여 교육의 대상인 소비자가 무엇을 원하고 필요로 하는가에 관심을 두는 입장 예 스크리븐의 탈목표 평가모형
전문가지향 평가 접근 (expertise – oriented evaluation approach)	전문가의 판단에 의해 평가하는 방법 예 아이즈너의 예술적 비평모형
반론지향 평가 접근 (adversary – oriented evaluation approach)	평가과정 내의 긍정적인 관점과 부정적 관점을 결합함으로써 균형을 유지하여 평가의 공정을 보장하기 위한 평가방식
참여자지향 평가 접근 (participant – oriented evaluation approach)	평가 설계에 맞추어 인위적으로 조작하는 실험적인 장면보다, 현장의 실제 상황에서의 평가 실시와 평가과정에의 참여를 강조하는 입장 예 Stake의 반응적 평가, 링컨과 구바의 제4세대 평가모형

방과 후 학교 프로그램을 평가하는 데 사용할 수 있는 교육평가 모형에 대하여 생각해 봅시다.
- **타일러의 목표중심 평가모형**: 목표 달성 여부를 확인하기 위해 학생의 학업성취도를 평가함
- **스터플빔의 CIPP 평가모형** 프로그램 개선을 위한 의사결정을 돕기 위해 상황, 투입, 과정, 산출의 네 가지 측면에서 프로그램을 평가함
- **스크리븐의 탈목표 평가모형**: 프로그램의 부수적인 효과까지 평가항목에 포함해 부수적인 효과가 큰 경우 그 프로그램을 계속 채택함

요약정리 🔍
Zoom OUT 대표적인 교육평가모형

구분	목표중심모형	판단중심모형	의사결정모형
목적	교수 프로그램의 목표 달성 정도 평가	교수 프로그램의 가치 판단	교수 프로그램을 위한 의사소통 결정에 유용한 정보 제공
대표 모형	타일러의 목표중심 평가모형	• 스크리븐의 탈목표 평가모형 • 아이즈너의 예술적 비평모형	스터플빔의 CIPP 평가모형

04 자연주의 평가모형(naturalistic evaluation model)

❶ 구바(Guba)와 링컨(Lincoln)의 제4세대 평가모형(Forth generation evaluation model)

(1) 특징

① 해석주의·구성주의의 패러다임에 기반을 둔 평가모형이다.

② 제4세대 평가모형 이전에 제시되었던 평가모형을 1~3세대로 구분하였다.

(2) 각 세대별 평가모형의 특징

세대	특징
제1세대	• 측정(measurement)중심의 평가를 목적으로 하는 모형 • 20세기 초반까지 활용되었던 전통적 평가 🖝 학업성취도 측정 • 표준화 검사를 활용하여 교육목표 달성 정도를 측정하는 데 초점을 맞춤
제2세대	• 실험설계적 접근(design of experiments approach)을 중시하여 체계적인 평가를 추구한 모형 • 학생뿐 아니라 교육과정(교육 프로그램)까지 평가대상으로 삼고 장·단점을 기술함으로써 교육과정을 개선하고자 시도함 • 평가에 형성적 기능을 도입하기 시작한 평가모형
제3세대	• 프로그램에 관한 기술(description)을 바탕으로 하는 판단을 중시하는 평가적 접근법을 취한 평가모형 • 평가대상에 대한 보다 체계적인 기술 및 판단이 강조되는 평가가 이루어짐 • 스테이크의 안면모형(종합실상모형)을 비롯해, 특히 판단기능을 중시하는 경향을 보임
제4세대	• 종래의 과학적·실증주의적·실재론적 패러다임을 거부하고 그 대안으로 현상학적·해석학적·구성주의적 패러다임에 대한 새로운 평가적 접근방법을 제안함 • 평가로 인하여 불이익을 받을 가능성이 있는 핵심 관련자의 주장·관심·쟁점을 고르게 고려함으로써 평가활동의 공정성 및 민주성을 중시함 • 평가과정에서의 가치관의 작용, 사회적·정치적 영향을 숨김없이 드러냄으로써 평가활동의 본질을 보다 정확하게 이해할 수 있도록 도움 • 평가의 교육적·생산적 측면을 강조함으로써 평가의 내재적 가치를 고양 • 평가 수행 중 필요에 따라 적합한 방법을 결정함으로써 평가과정을 융통성 있게 구성함

(3) 평가절차

① 단계

단계	특징
1	평가 의뢰인 또는 후원자와의 계약 체결
2	평가활동 조직
3	평가의 핵심 관련자 확인 ⇨ 주장·관심·쟁점
4	관련자 집단 내 협력체 구성
5	협력체 해석·검증을 위한 새로운 자료 및 추가자료 소개, 수준 정교화를 위한 협력체 확대
6	해결된 주장·관심·쟁점과 미해결된 주장·관심·쟁점을 선별
7	미해결 주장·관심·쟁점의 우선순위 결정
8	미해결 주장·관심·쟁점의 해결을 위한 정보수집
9	협상안 준비
10	협상 실시
11	사례연구를 통한 결과 보고
12	재순환

② 모든 단계를 반드시 거치거나 순서를 지켜야 하는 것이 아니라, 필요에 따라 언제든 단계를 건너뛰거나 순서를 바꾸어 실행할 수 있다.

(4) 한계

① 평가자의 주관적 관찰과 판단을 지나치게 강조하기 때문에 평가과정에서 평가자의 선입견·임의성 등이 평가계획·실시·결과에 악영향을 미칠 수 있다.

② 평가자의 현장 참여를 중시하며, 참여를 통한 변화과정 및 평가 관련자의 지각·견해 등을 관찰·기술하는 데 중점을 두기 때문에 체계적 평가가 아닌 기술적 연구 수준에 머무를 가능성이 있다.

③ 참여관찰법을 활용하므로 시간과 경비의 소요가 필연적으로 증가한다.

④ 평가자의 직접 관찰과 평가 관련자에 대한 지속적인 접촉이 요구되기 때문에 대규모 평가가 불가능하며, 소규모 프로그램을 주된 평가대상으로 삼게 된다.

⑤ 경험 많고 유능한 평가자의 양성은 매우 어려운 작업이므로 적절한 전문성을 갖춘 평가자가 많지 않다.

교육평가의 유형

설쌤의
Live Class 🎙️

세 번째 챕터는 **교육평가의 유형**으로, 꾸준하게 출제되었으므로 꼼꼼한 학습이 요구됩니다. 실제로 교육현장에 적용되는 부분이 많은 만큼 기본적인 암기가 선행되어야 논술에 잘 활용할 수 있습니다. **규준지향평가, 준거지향평가, 성취평가제의 개념, 장·단점**을 꼭 확인하세요. **진단평가, 형성평가, 총괄평가의 개념, 기능, 방법**도 잊지 말고 학습해야 합니다. 최근 주목을 받고 있는 **역동적 평가, 성장지향평가, 능력지향평가, 학생 참여형 평가**는 빈출 부분이면서 매우 중요한 부분으로 이해를 중심으로 정확히 학습해야 합니다. 2015 개정 교육과정에 이어 2022 개정 교육과정에서도 중시되고 있는 **과정중심 평가 및 수행평가**와 관련된 영역은 언제든지 시험에 나올 수 있으니 여러 번 학습해야 한다는 점 당부드립니다. 더불어 컴퓨터를 기반으로 하는 컴퓨터 기반 평가나 컴퓨터 능력적응검사(Computer Adaptive Testing)의 개념과 특징, 장·단점에 대해서도 알아두셔야 합니다.

핵심 [Tag]

 # 규준지향평가

상대적 위치나 서열을 밝히는 평가방식으로 '상대평가'라고도 함

 # 준거지향평가

절대적 수행기준에 근거하여 평가하기 때문에 '절대평가'라고도 함

 # 성취평가제

국가수준의 교육과정에 근거한 교과목별 성취기준을 토대로 학생의 성취수준을 평가하는 교육제도

 # 진단평가

교수·학습이 시작되기 전에 학습자의 능력이나 특성을 파악하는 평가

 # 형성평가

수업이 진행되고 있는 도중에 실시하여 학습자의 이해 정도나 기능수준을 확인하는 평가

 # 총괄평가

교수·학습과정이나 프로그램이 종료된 후에 교육목표 달성 여부와 정도를 판정하는 평가

 # 역동적 평가

학습자의 잠재력을 자극하여 개인의 근접발달영역을 측정하고 목표에 달성할 수 있도록 도움을 주는 평가

능력지향평가
학생이 지니는 능력의 최대치가 발휘되었는지에 초점을 두는 평가

성장지향평가
교육과정을 통하여 얼마나 성장하였는지에 관심을 두는 평가

학생 참여형 평가
- **자기평가**: 학습자 스스로 특정 주제나 교수 · 학습영역에 관하여 학습과정이나 결과에 대해 자세하게 평가한 후에 자기평가 보고서를 작성 및 제출하도록 하여 평가하는 방법
- **동료평가**: 동료 학생들이 상대방을 서로 평가한 후에 동료평가 보고서를 작성 · 제출하여 평가하는 방법

수행평가
교사가 학생이 학습과제를 수행하는 과정 및 결과를 보고 학생의 지식, 기능, 태도 등에 대하여 판단하는 평가

포트폴리오 평가
자신이 쓰거나 만든 작품을 누적하여 체계적으로 모은 개인 작품집이나 서류철을 이용한 평가

정의적 평가
태도, 흥미, 자아개념, 가치, 불안, 도덕성, 학업적 자기존중 등과 같은 다양한 정의적 특성을 평가하는 방식

기준		평가 유형
평가기준 (참조준거)	규준지향평가	학생의 성취 결과를 규준집단(비교집단) 내에서의 상대적 위치나 서열을 통해 밝히는 상대(비교)평가
	준거지향평가	학생의 성취 결과를 준거(절대적 수행 기준)에 비추어 확인하는 평가
	성장지향평가	초기의 능력수준과 비교했을 때 얼마만큼의 향상을 보였는가에 관심을 두는 평가
	능력지향평가	학생이 지니는 능력에 비추어 얼마나 최선을 다했는가에 관심을 두는 평가
평가 시기 (교수·학습 진행/평가 기능과 목적)	진단평가	교수·학습이 시작되기 전 학습자의 능력이나 특성을 체계적으로 파악하는 평가
	형성평가	• 교수·학습이 진행되는 도중에 실시하는 평가 • 학습내용에 대한 학습자의 이해 정도나 기능 수준을 확인하여 학생에게 피드백을 주고, 교육과정 및 수업 방법을 개선하기 위한 평가
	총괄평가	교수·학습 과정이 종료된 후 교육목표의 달성 여부와 정도를 종합적으로 판정하는 평가
피드백 여부	(고)정적 평가	개인에게 일반 검사문항을 제시하고 피드백 없이 문항을 풀게 하여 교육목표 달성도에 관한 정보만 제공하는 평가
	역동적 평가	'검사-중재(교육적 처방)-재검사' 절차를 통해 ZPD를 측정하고 개인이 교육목표를 개별적 도움을 주기 위해 시행되는 평가
평가 대상 행동 (평가 영역)	인지적 평가	학생의 지적 발달을 다루는 인지적 영역에 대한 평가
		평가방법: 교실 성취도 검사, 시·도 교육청 수준 학업 성취도 평가, 비형식적 관찰, 수행평가, 산출물 평가, 포트폴리오 평가
	정의적 평가	태도, 흥미, 자아개념, 가치, 불안, 도덕성 등 정의적 특성에 대한 평가
		평가방법: 질문지법, 관찰법, 면담법, 투사방법
	심동적 평가	예술, 체육, 직업 관련 교과 혹은 탐구 관련 교과에서 운동 기능 및 조작과 관련한 심동적 영역에 대한 평가
		평가방법: 실기평가, 관찰법, 수행평가

평가 방법	양적 평가	수량화된 자료를 가지고 통계적 기법을 이용하여 기술하고 분석하는 평가
	질적 평가	상대주의적 진리관에 근거하여 주어진 상황과 맥락 속에서 특정 사건이나 현상을 해석하고 이해하기 위해 평가자의 전문적인 판단을 중시하는 방법
	혼합평가접근	양적 평가와 질적 평가를 상호 보완적으로 활용하는 접근
	컴퓨터화 검사	컴퓨터를 이용하는 검사로, 컴퓨터를 사용하여 실시하는 컴퓨터 이용 검사(Computer Based Test)와 피험자의 개별능력에 따라 다음 문항을 선택하여 제시하는 컴퓨터화 능력적응검사(Computerized Adaptive Testing)가 있음
평가 대상	학생평가	학생의 능력이나 특성의 가치를 따지는 평가
	교사평가	교사의 교수활동이나 학생지도 활동 등에 대한 평가
	교육과정평가	교육과정의 효과를 판단하기 위한 평가
	학교평가	학교의 제반 부분의 기능을 평가하는 평가
	정책평가	정책의 내용과 집행 및 그 영향 등을 추정하거나 평정하는 평가
	메타평가	평가에 대한 평가

01 평가 기준에 따른 분류

① 규준지향평가(norm - referenced evaluation) 기출 04, 06, 12 중등 / 07, 10, 12 초등

(1) 개념

① 학습자의 평가 결과를 그가 속한 규준집단(비교집단) 내에서의 상대적 위치나 서열을 밝히는 평가방식으로 '상대평가' 또는 '상대비교평가'라고도 한다.

② 교과의 교수·학습목표에 근거하여 목표에 얼마만큼 도달했는가보다는, 학생의 집단 내 위치가 상대적으로 높은지 낮은지를 평가하는 방식이다.

③ 규준지향평가의 평가 결과는 개인의 수행수준이 아닌 규준집단에 의해 결정된다.

(2) 규준

① 원점수를 의미 있게 비교·해석할 수 있도록 변환한 점수의 척도로 대상집단의 전형적인 수행수준을 보여주는 규준집단의 점수분포를 의미한다.

② 시험을 통하여 얻은 원점수는 그 자체로 상대적 비교를 하는 데 직접적으로 활용되기 어렵기 때문에 규준지향평가에서는 상대적인 비교의 근거가 되는 규준이 필요하다.

③ 규준은 규준집단의 구성원들이 득점한 점수분포에 의해 결정된다.

④ 규준을 만들기 위해서는 모집단(population), 즉 개인이 속하는 전체집단을 대표하는 표본(sample)에게 검사를 실시하여 연령별·성별·지역별 점수분포를 파악해야 한다.

참고 **규준을 만드는 과정**

1단계	규준집단을 정의한다.
2단계	규준집단의 정의에 알맞은 대표적 표본을 선정한다.
3단계	표본의 구성원들에게 검사를 실시한다.
4단계	검사 결과를 채점하여 해당 검사에서 구분해놓은 규준집단별 원점수분포를 확인한다.
5단계	원점수분포를 기초로 하여 표준점수나 백분위와 같은 규준점수를 산출한다.
6단계	규준집단별로 원점수에 상응하는 규준점수를 나타내는 환산표를 작성하여 규준척도를 완성한다.

(3) 규준점수

① 규준을 기준으로 원점수에 대한 상대적 위치를 나타내는 점수이다.

② 규준점수와 정상분포(normal distribution)

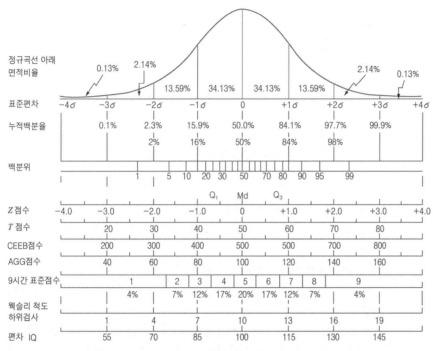

[그림 4-3] 규준점수와 정상분포

㉠ 규준점수는 일반적으로 정상분포를 가정하기 때문에 정상분포상에서 제시된 점수를 해석한다. 정상분포는 위의 그림과 같이 종 모양의 좌우 대칭으로 연속적 변인의 분포이다.

㉡ 정상분포는 어떤 특성을 측정한 결과로 얻어진 실제 자료의 분포가 아닌, 전체 사례 수(N)가 무한히 크다고 가정하였을 때 얻어질 수 있는 이론적 분포이다.

㉢ 정상분포곡선은 표준편차를 단위로 했을 때 각 단위 사이의 면적 비율을 나타낸다. 평균점으로부터 $+1\sigma \sim -1\sigma$ 사이에는 전체 면적의 68.26%가 포함되고, $+2\sigma \sim -2\sigma$ 사이에는 95.44%가 포함되며, $+3\sigma \sim -3\sigma$ 사이에는 99.72%가 포함된다.

> 예 100명의 성적자료가 정상분포를 이루고 시험성적의 평균이 50점, 표준편차가 10점이라면, 50±10점, 즉 40~60점 사이에 68명이 포함된다고 볼 수 있다.

㉣ 정상분포상에서 제시된 '규준점수'는 표준점수라고도 한다.

③ 백분위(percentile rank)
　　㉠ 특정 점수분포에서 최하점부터 최고점까지 순서대로 나열했을 때, 해당 점수보다 낮은 점수를 얻은 사례 수를 전체 사례 수에 대한 백분율로 나타낸 것이다.

　　　　⑩ 백분위 70에 해당하는 점수를 맞은 학생이 있다고 한다면 그 학생보다 낮은 점수를 얻은 사례 수를 전체 사례 수에 대한 백분율로 나타낸 것이다.

　　㉡ 백분위가 높을수록 원점수가 높다.
　　㉢ 계산 공식

$$PR = \frac{cf_1}{N} \times 100$$

cf_1 = 특정 점수보다 낮은 점수를 받은 사례의 누적 빈도
N = 전체 사례 수

　　㉣ 백분위는 해석이 용이하지만 등간척도가 아니기 때문에 백분위와 원점수 간의 관계가 척도상의 모든 위치에서 동일하지 않으므로 수리적 유용성이 떨어진다.

④ 표준점수(standard score)
　　㉠ 백분위의 단점을 보완하기 위해 표준화 검사도구에서는 Z점수나 T점수와 같은 표준점수를 사용한다.
　　㉡ 정규화 표준점수(normalized standard score): 단순히 평균과 표준편차만 고려하여 점수를 산출하는 것이 아니라, 정상분포를 가질 수 있도록 변환된 점수이다.
　　㉢ 일정한 기준점을 가지고 있으며 등간척도이기 때문에 점수의 의미가 명확하고, 상이한 검사점수 간에 비교하거나 통합할 때 용이하게 사용된다.

참고 Z점수, T점수, 스테나인 점수

1. Z점수
① 원점수 평균으로부터 편차를 표준편차의 단위로 나타낸 것이다.
② 계산 공식

$$Z = \frac{X - \overline{X}}{s}$$

X = 원점수, $\overline{X}$ = 평균, S = 표준편차

③ 정상분포상의 원점수(X)로부터 평균($\overline{X}$)을 뺀 뒤 이를 표준편차(s)로 나누어 얻어진 값이다. Z점수는 평균이 0이고 표준편차는 1인 정상분포를 가정한다.

2. T점수
Z점수는 음의 값을 취하거나 소수점이 있어 불편하므로 이를 해소하고자 T점수가 고안되었다.

3. 스테나인 점수(stanine scale) (9분점수)

① 개념
  ㉠ **9개의 범주를 가진 표준 점수**: 평균 5, 표준편차를 2로 표준화하여 9개의 범주로 표현한 표준 점수
    ⇨ 모든 원점수를 1~9까지의 한 자리 숫자 체계(single digit system)로 전환시킨 것이다.
  ㉡ 백분위 점수의 '범위'를 나타낸다.

② 특징
  ㉠ 상대적 서열에 대한 자세한 정보를 얻을 수는 없지만 유사집단을 하나로 묶어 한 자릿수의 지수를 제공한다.
  ㉡ 점수보다는 구간으로 묶는 특징이 있다.

③ 스테나인 점수와 표준점수 간의 관계

스테나인	비율	백분위	Z점수	T점수
9	4%	96 이상	+1.75 이상	67.5 이상
8	7%	89 ~ 96	+1.25 ~ +1.75	62.5 ~ 67.5
7	12%	77 ~ 89	+0.75 ~ +1.25	57.5 ~ 62.5
6	17%	60 ~ 77	+0.25 ~ +0.75	52.5 ~ 57.5
5	20%	40 ~ 60	-0.25 ~ +0.25	47.5 ~ 52.5
4	17%	23 ~ 40	-0.75 ~ -0.25	42.5 ~ 47.5
3	12%	11 ~ 23	-1.25 ~ -0.75	37.5 ~ 42.5
2	7%	4 ~ 11	-1.75 ~ -1.25	32.5 ~ 37.5
1	4%	4 이하	-1.75 이하	32.5 이하

(4) 장점

① 상대적인 비교가 가능한 표준점수를 활용하기 때문에 개인차 변별이 용이하다.
② 선발적 교육관에 바탕을 두며 경쟁학습을 강조하기 때문에 외적 동기유발에 긍정적으로 작용한다.
③ 객관적 검사를 통해 성적이 표시되므로 교사의 편견이 배제된다.

(5) 단점

① 학생 간의 경쟁을 고조시켜 서열 위주의 사고방식이 팽배해지고, 교실에서의 협동학습이 무시될 수 있다.
② 학생이 교수 · 학습목표를 얼마나 달성하였고, 구체적으로 무엇을 알고, 얼마나 수행할 수 있는지를 파악하기 어렵다.
③ 상대적 위치에 관한 정보만 제공하므로 개인의 결손 확인 후 개선되어야 할 정보 제공을 충분히 하지 못한다.

개념확대 ⊕
Zoom IN

스테나인 점수의 장단점
• 장점
 - 피검사자를 일정 비율로 대략 분류하므로 피검사자의 점수가 작은 점수 차로도 확대해석되는 것을 방지할 수 있다.
 - 학생들의 성적을 미세하게 구분하기보다는 가능한 범위에 기초해서 점수를 해석하도록 하여 많이 사용된다. 즉, 학생의 점수를 자세히 구분하는 대신, 교사와 부모가 학생의 점수를 보다 넓게 보도록 만든다. (예 백분위 57에 해당하는 점수는 백분위 52에 해당하는 점수와 비교했을 때, 한 하위 검사에서 1점 내지는 2점을 더 획득했기 때문에 얻어질 수 있는 것으로 이 둘의 차이는 별로 의미가 없다. 스테나인 척도에서는 모두 5에 해당한다.)
 - 상대평가에서 점수가 주는 영향을 교육적으로 약화시킬 수 있다.
 - 점수의 분포가 정규분포이고 소수점이 없는 한 자리의 정수 점수로 표현하기 때문에 계산이 간편하다.
 - 피검사자를 대강 분류하는 데에 유용하다.
 - 이해하기 쉽고 활용 및 계산하기 쉽다.
• 단점
 - **구간의 경계에 위치한 점수를 받은 학생이 사소한 점수차이로 등급이 달라지는 일이 일어날 수 있다.** ⇨ 학생의 점수가 구간의 경계에 위치하는 경우, 사소한 점수 차이가 과장될 수 있다.
 - 모든 피검사자들의 점수를 9개의 유목으로 분류하기 때문에 피검사자들을 세밀하게 변별할 수 없다. ⇨ 단일점수가 점수의 범위를 나타내므로 정밀성이 떨어진다.
 - 사람들이 하나의 수치가 여러 원점수를 나타낼 수 있다는 사실을 이해하지 못할 수 있다.
 - 점수들을 스테나인점수로 변환하게 되면 그만큼 정보를 희생하게 된다. ⇨ 원점수나 상대적 서열에 대한 자세한 정보를 얻을 수 없다.

기출논제 **Check** ☑

`기출` 22 중등
송 교사가 활용할 수 있는 평가
결과의 해석 기준 2가지를
각각 그 이유와 함께 제시

`기출` 18 중등
박 교사가 제안하는 평가유형
의 명칭과, 이 유형에서 개인
차에 대한 교육적 해석 1가지

`기출` 15 중등 추시
준거지향평가의 개념을 설명
하고, 장점 2가지를 제시

개념확대 ⊕
Zoom IN
준거지향평가와 부적 편포
• **부적 편포**: 분포의 가늘고 긴 꼬
리 부분(−)이 음의 부호인 왼쪽
으로 길게 뻗고, 우측으로 기울
어 오른쪽이 볼록한 분포이다.
• **준거지향평가와 부적 편포**: 준거
지향평가는 모든 학습자가 설정된
교육목표를 달성하여 높은 점수
를 받는 것이 바람직하다고 여긴
다. 즉, 검사 점수의 분포가 오른
쪽으로 치우친 부적 편포를 기대
한다.

② 준거지향평가(criterion - referenced evaluation)

`기출` 00, 06, 15, 18, 22 중등 / 00, 02, 04, 06 초등

(1) 개념
① 준거에 비추어 학습자가 성취해야 할 과제의 영역 또는 분야를 알고 얼마만큼
  수행할 수 있는가에 관심을 두는 평가방식이다.
② 교육장면에서는 준거가 주로 수업목표로 설정되기 때문에 '목표지향평가'라고도
  하며, 사전에 설정된 준거라는 '절대적' 수행 기준에 근거하여 평가하기 때문에
  '절대평가'라고도 한다.
③ 준거(criterion): 교육목표를 설정할 때 도달해야 하는 최저기준이며, 준거
  도달 여부를 판정한다.

(2) 특징
① 발달적 교육관을 가정하여 개별 학습자의 잠재가능성을 최대한 개발시키는
  데 목적을 둔다.
② 적절한 교수·학습방법과 개인의 노력에 의하여 학교에서 달성하고자 하는
  교육목표에 거의 모든 학습자가 도달할 수 있다고 믿는다.
③ 모든 학습자가 설정된 교육목표를 달성하여 높은 점수를 받는 것이 바람직하
  다고 여기므로 검사 점수의 분포가 오른쪽으로 치우친 부적 편포를 기대한다.
④ 경쟁보다는 협력 위주의 교수·학습이 바람직하다는 인식을 반영하고 있다.
⑤ 준거지향평가에서 강조되는 평가도구의 양호도: 검사의 타당도를 중시하므로
  측정하고자 하는 교육내용을 대표성 있게 측정하고 있는가를 강조한다.

(3) 장점
① 개인이 무엇을 알고 얼마만큼 수행할 수 있는지에 관심을 기울이므로 학습과
  정에서 실패의 원인을 찾을 수 있다.
② 교육목표, 교육과정, 교수방법 등에 대한 개선점을 모색할 수 있다.
③ 개인차를 줄이고 모든 학습자가 학습목표에 도달 가능하다는 발달적 교육관에
  바탕을 두므로 협동학습과 내재적 동기유발에 적합하다.

(4) 단점
① 준거를 설정함에 있어 교수·학습목표를 누가 또는 어떻게 정하는지에 대해
  서는 고도의 전문성이 요구된다.
② 전문성을 갖추지 못할 경우에는 점수 해석에 자의성이 높을 수 있다는 비판을
  받을 수 있다.
③ 검사의 타당도를 중시하기 때문에 측정하고자 하는 교육내용을 대표성 있게
  측정하고 있는가를 강조한다. 그러므로 처음에 설정한 교육목표 도달 여부를
  결정함에 있어 이를 정확하게 파악하는 데 많은 노력이 필요하다.

구분	규준지향평가	준거지향평가
가정	• 선발적 교육관(개인차 강조) • 경쟁을 통한 외재적 동기유발	• 발달적 교육관(개인차 중시 ×) • 협동을 통한 내재적 동기유발
평가목적	서열 또는 순위 판정	개인의 수행수준 평가 또는 교육목표 도달 여부 확인
평가방법	개인의 상대적 위치 비교	개인의 수행수준 확인
결과 활용	분류, 선발, 배치 등 행정적 기능 강조	• 자격고사 등 자격 부여 • 교수 · 학습내용 개선 등의 교수적 기능 강조
양호도 및 측정문항	• 신뢰도 강조 • 비교적 중간 난이도이며 변별도가 높은 문항	• 내용타당도 강조 • 검사목표와 부합되는 문항
장점	• 광범위한 영역 평가 기능 • 개인차 변별	• 학습목표에 부합되는 평가 실시 • 협동학습을 촉진하는 데 유리
단점	• 개인의 수행수준에 대한 구체적인 정보를 얻기 어려움 • 경쟁 학습	준거 설정에 전문성이 결여될 경우 객관성 확보가 어려움

③ 성취평가제

(1) 개념 및 특징

① 국가수준의 교육과정에 근거하여 개발된 교과목별 성취기준을 토대로 교수 · 학습이 이루어지고, 성취기준에 따라 학생의 성취수준을 평가하는 교육제도이다.

② 학생의 성취기준을 평가하므로 성취평가제를 준거지향평가로 볼 수 있다.

③ 준거지향평가, 목표지향평가, 절대평가의 특징을 가진다.

(2) 성취기준

① 각 교과목에서 학생이 학습을 통해 성취해야 할 지식, 기능, 태도의 능력과 특성을 진술한 것이다.

② 교사가 무엇을 가르치고 평가해야 하는지, 학생이 무엇을 공부하고 성취해야 하는지에 대한 실질적인 지침이다.

(3) 성취수준

① 교과별 성취기준에 도달한 정도를 나타낸 것이다.
② 성취기준 도달 정도를 몇 개의 수준으로 구분한다.
③ 각 수준별 학생의 지식, 기능, 태도에 대한 특성을 설명한다.

(4) 학생 입장에서의 장점

① 학습해야 할 목표와 내용이 무엇인지 구체적으로 알 수 있다.
② 어떤 영역에서 얼마만큼 성취했는지 구체적인 피드백을 받을 수 있다.
③ 성취기준에 비추어 부족한 점을 파악하여 학습을 개선할 수 있다.
④ 다른 학생의 성적에 관계없이 내가 노력한 만큼 성적을 받을 수 있다.
⑤ 개인의 관심과 흥미, 진로에 적합한 다양한 교과목을 배울 수 있다.
⑥ 무분별한 경쟁이 줄어들고 협동학습의 분위기가 조성된다.

(5) 교사 입장에서의 장점

① 성취기준에 근거하여 학생이 도달해야 할 목표와 내용을 명확히 할 수 있다.
② 학생이 성취기준에 도달한 정도를 파악할 수 있다.
③ 성취기준에 근거해 학생에게 학습에 관한 피드백을 제공할 수 있다.
④ 학생의 학업 성취수준에 대한 정보를 바탕으로 교수·학습과 평가의 개선이 가능하다.
⑤ 학생중심의 맞춤형 교육과정 운영이 가능하다.
⑥ 성취기준, 교수·학습, 평가의 유기적 연계를 통해 교사의 전문성을 신장시킬 수 있다.

02 평가 시기에 따른 분류

❶ 진단평가 기출 06, 22 중등 / 02, 12 초등

기출 22 중등

기출논제 Check ✓

송 교사가 총평의 관점에서 학생을 진단할 수 있는 실행 방안 2가지

(1) 개념

교수·학습이 시작되기 전 학습자의 능력이나 특성을 체계적으로 파악하는 평가이다.

(2) 기능

① 개별 학생이 어떤 출발점을 가지는지 파악함으로써 그들에게 적절한 과제를 제공하거나 상호작용할 수 있다.
② 학생의 결함이나 환경적 정보를 수집하여 진단하고 이를 개선할 수 있다.
③ 교수학습을 투입하기 전에 학생이 소유하고 있는 특성을 체계적으로 관찰, 측정하여 사전학습의 정도, 지능, 적성, 태도, 흥미, 동기, 자아개념, 불안, 가정환경 등을 분석한다.

④ 학습을 극대화하는 데 목적이 있으며, 진단을 제대로 하지 못하면 적절한 교수학습 행위가 이루어지지 않아 교육목표 도달이 어려워진다.

(3) 방법

① 국가수준 기초학력진단평가나 수준별 반 편성을 위한 반 편성 배치고사 등과 같은 형식적인 평가가 있다.

② 이전 학년의 학교생활기록부나 성적표와 같은 기록에 대한 검토, 수업 전 쪽지시험이나 질문, 보호자나 전 학년 담임교사와의 면담 등의 비형식적인 평가 등의 방법도 있다.

2 형성평가 기출 02, 07, 14, 16, 23 중등 / 00, 03 초등

(1) 개념

① 교수학습이 진행되는 도중에 실시하는 평가로, 학습내용에 대한 학습자의 이해 정도나 기능 수준을 확인하여 학생에게 피드백을 주고, 교육과정 및 수업 방법을 개선하기 위한 평가이다.

② 형성평가의 주기

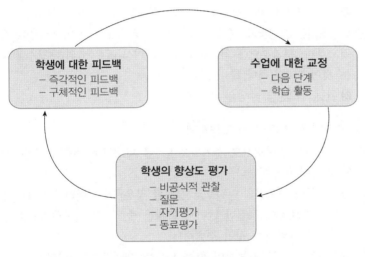

[그림 4-4] 형성평가의 주기

기출논제 Check ⊘

기출 23 중등
평가 보고서에서 언급한 형성평가를 교사 측면에서 활용할 수 있는 방안 2가지

기출 16 중등
형성평가의 기능과 효과적인 시행전략 2가지

기출 14 중등
형성평가의 활용 측면에서 학습동기를 유발시키는 방안 2가지

(2) 기능

① 형성평가의 목표는 즉각적·구체적 피드백을 통해 학생의 학습동기와 능력을 향상시키는 것이다.

② 형성평가는 교수목표에 비추어 무엇을 성취했고 무엇을 더 학습해야 하는지를 구체적으로 알려주기 때문에, 학습자는 자신의 학습곤란을 교사로부터, 또는 스스로 발견하여 이를 해소할 수 있다.

③ 교수자 측면에서 학습자들의 학습목표 달성 정도에 비추어 교수·학습내용과 방법을 점검하고, 학습 진행 속도를 조절하며, 개선점을 모색하여 다음 수업에 대한 교정을 할 수 있다.

④ 형성평가를 통해 학생 개개인의 결과를 확인할 수 있게 되어 개인별 학습능력에 맞추어 개인학습을 진행할 수 있도록 돕는 등 학습의 개별화를 추구할 수 있다.

⑤ 비공식적 관찰, 질문, 자기평가, 동료평가 등을 통해 학생의 향상도를 평가할 수 있다.

(3) 방법

① **구조화된 형성평가**: 계획·공지된 평가활동으로 다양한 수업방법과 연계하여 실시한다.

예 시험, 보고서, 연습문제, 실험, 실습, 글쓰기, 프로젝트, 토론 등

② **비구조화된 형성평가**: 수업이 진행되는 동안 교사가 학생의 반응을 수집하는 것으로서, 평가부담을 최소화하면서 흥미를 돋우기 위해 점수를 부여하지 않는 것이 바람직하다.

예 관찰, 질의응답, 수업 분위기 등

(4) 형성평가의 도구 제작 시 고려사항

① 형성평가는 일반적으로 준거참조평가를 지향하며 주로 교사중심으로 평가도구 제작이 이루어진다.

② 형성평가를 구조화된 방식으로 실시할 경우, 매우 어려운 문제나 쉬운 문제보다는 학습내용에 적절한 난이도 문제를 출제하여 최저성취기준을 따라 학습곤란도를 파악하는 것이 적절하다.

③ 학습자가 드러낼 가능성이 있는 오류를 가능한 한 다양하게 파악할 수 있는 문항들로 구성하되, 평가 결과는 최종 성적에 반영하지 않거나 최소한으로만 반영하여 학습자의 학습동기를 유발할 수 있도록 해야 한다.

* 성태제, 2019a; 성태제, 2019b

(5) 피드백의 종류*

① **목표참조 피드백**

㉠ 학생이 성취해야 할 학습목표를 기준으로 학생의 도달 정도에 대한 피드백을 구성하는 것이다.

㉡ 일반적으로 교육과정은 해당 학년이 해당 기간에 성취해야 할 성취기준을 제공하지만 학생마다 능력 및 특성이 다르므로 평가 결과를 토대로 학생에

게 도전적이지만 달성 가능한 목표를 설정하고, 이를 기준으로 피드백을 제공하는 것이 도움이 된다.

ⓒ 너무 높은 목표는 실패, 사기 저하를 초래하며, 너무 낮은 목표는 효능감 향상에 도움을 주지 않기 때문에 도전적이지만 달성 가능한 목표를 설정하여 학생의 흥미와 동기를 유발하고 참여를 증진시켜야 한다.

② 비계식 피드백
　ⓐ 진단 결과에 따라 피드백을 제공할 때 학생이 학습목표를 달성할 수 있도록 교사가 과제를 단계적으로 제시하거나 학생이 해결하기 어려워할 때 정보, 전략, 새로운 자료, 힌트, 관련 정보 등을 제공한다. 학생의 학습 및 이해가 발전되면 힌트나 보조자료 같은 추가지원을 중단한다.

　ⓑ 교사는 학생이 자신만의 학습전략을 발달시킬 수 있도록 도와주는 조력자 역할을 하는 것이 중요하다.

③ 자기참조 피드백
　ⓐ 공동의 학습목표나 성취기준에 비추어 피드백 내용을 구성하여 제공하는 것이 아니라 학생이 이전에 비해 어떻게 향상되어왔으며 앞으로 어떻게 나아가야 할지에 대한 내용을 담아 피드백을 제공한다.

　ⓑ 장점
　　ⓐ 개별 학생이 과거에 보인 강점과 약점에 대한 분석을 바탕으로 약점이 되는 부분의 개선을 도모하자는 것이므로 학생의 수준과 목표를 모두 반영한 맞춤형 피드백이 될 수 있다.

　　ⓑ 학생이 들인 노력과 관심도 함께 피드백으로 제공할 수 있으므로 학습 동기 유발에 효과적이다.

　　ⓒ 학습수준이 낮은 학생에게는 비록 이들의 성취 정도가 낮더라도 노력과 열정을 다한 것에 대해 칭찬해 줌으로써 효과적인 피드백을 구성할 수 있다.

④ 성취기준 참조 피드백
　ⓐ 성취기준이란 학생이 교수·학습을 통하여 습득할 것으로 기대되는 지식, 기능, 태도를 뜻한다.

　ⓑ 성취기준 피드백 역시 목표지향적 피드백이지만 학생의 능력에 따라 달리하는 목표가 아니라 해당 학년이 해당 학기에 달성해야 할 성취기준에 비추어 피드백을 구성한다는 점에서 다르다.

　ⓒ 중·고등학교는 성취평가제에서 각 교과목별로 성취기준·성취수준을 개발하여 사용하도록 되어 있으므로 이러한 성취기준 및 성취수준에 비추어 학생에게 피드백을 제공할 수 있다.

　ⓓ 장점
　　ⓐ 성취기준 피드백은 학교에서 이루어지는 교수·학습과 평가의 근거가 되는 성취기준에 따라 구성된 것이므로 학생이 교수·학습과 평가를 연계할 수 있다.

　　ⓑ 스스로 자기평가를 할 수 있게 한다.

⑤ 준거참조 피드백

㉠ 학생의 성과를 성취 목표나 기준 및 예시에 비추어 제공하는 것이다.

㉡ 학생을 다음 단계로 향상시키는 데 매우 중요하고 효과적인 피드백이다.

㉢ 목표지향적이며 학생이 자신의 성과를 성취기준과 어떻게 연결시키는지 이해하도록 돕는다.

㉣ 장점

ⓐ 학생이 무엇을 얼마만큼 알고 모르는지에 대한 정확한 정보를 제공하기 때문에 교수·학습 이론에 적합하다.

ⓑ 학생들의 학습이 증진되고, 교사들 또한 교수내용뿐 아니라 교수전략도 수정할 수 있다.

ⓒ 다른 학생과 비교하지 않기에 상호 경쟁이 강조되지 않으며, 학생들과의 협동심을 고양시킬 수 있다.

⑥ 규준참조 피드백

㉠ 상대적 위치에 대한 정보만 제공한다.

㉡ 단점

ⓐ 무엇을 얼마만큼 아는지에 대한 정보를 제공하지 못하므로 교수·학습에 도움을 주지 못한다.

ⓑ 경쟁은 교육의 당연한 원리로 받아들여 협동학습, 공동과제 수행이나 타인 배려를 하지 않는 비교육적 활동이 될 수 있다.

개념확대 ⊕
Zoom IN 학생의 학습 향상을 위한 피드백

1. 학생에게 어떤 종류의 피드백을 언제 제공해야 하는지는 학습목표와 학생의 특성에 따라 다르다. 한 학생에게 효과적인 방법이 다른 학생에게는 효과적이지 않을 수 있다는 것을 알아야 한다. 학생의 특성과 수준에 맞게 효과적인 피드백을 제공하기 위해서는 무엇을 기준으로 삼을 것인가를 결정하여야 하며, 피드백 구성 기준에 따라 다음과 같이 구분할 수 있다.

2. 학생의 학습 향상을 위한 피드백의 종류
목표참조 피드백, 비계식 피드백, 자기참조 피드백, 성취기준 참조 피드백, 준거참조 피드백

참고 형성평가의 재개념화와 피드백

1. 재개념화

'학습을 위한 평가'로서 형성평가를 교수 · 학습의 개선을 위해 수업 조절에 필요한 피드백을 제공하는 하나의 수업과정으로 보는 관점이다.

2. 피드백

① **자기주도적 학습 유도**: 학생의 학습동기를 향상시키며 자기주도적인 학습을 할 수 있도록 유도한다.

② **교사와 학생 간의 상호작용을 강조**: 교사와 학생 간의 상호작용을 강조하고 학생이 적극적으로 자신의 학습을 개선하도록 한다.

③ **진정한 피드백**: 학생의 자아존중감을 높이기 위해 거짓 칭찬을 해주기보다는 있는 그대로의 직접적인 부정적 피드백은 학생들의 노력을 강조할 수 있다.

④ **학습과정 중 제공**: 학습 완료 이후가 아닌 학습과정 중에 제공되어야 한다.

⑤ 구체적인 학습목표 성취의 향상에 관련된 학습 증거에 초점을 맞추어야 한다.

⑥ 피드백을 주고 받는 데 학생들이 적극적으로 관여하도록 한다.

⑦ 자기조절, 자아효능감, 목표지향에 긍정적 영향을 미칠 수 있는 피드백을 사용한다.

⑧ 학생의 일반적 사항이 아닌, 수행에 대한 진술로 피드백한다.

⑨ 행동 가능한 피드백을 하여 학생들이 피드백을 활용할 수 있도록 한다.

⑩ 학생들이 피드백에 어떻게 반응할지 고려하여야 한다.

⑪ 학생들이 할 수 있는 수준에서 피드백을 제안하여야 한다.

⑫ 개인에 대한 가치판단적 정보로 이해되지 않도록 해야 하며, 학습목표와 직접 연관되지 않는 정보를 제공하는 것은 지양해야 한다.

⑬ 과제의 복잡성, 학생의 능력, 흥미, 태도 수준을 종합적으로 고려하여 피드백의 제공 시기, 내용의 구체성, 긍정적 피드백과 부정적 피드백의 구성, 피드백에의 학습 참여 등을 결정한다.

참고 객관식에서 기억해 두어야 할 형성평가 관련 선지

1. 형성평가 관련 선지

① 학생들이 자주 범할 수 있는 오류의 유형을 확인할 수 있도록 답지를 구성함

② 수업 중에 학습 오류 수정을 위하여 쪽지시험을 실시함

③ 평가도구 제작 시 최소 성취기준에 근거하여 문항을 출제함

④ 학습 단위에 관련된 학생의 진보상태를 교사가 학생에게 피드백함

⑤ 학습 단위의 구조에 따라 오류를 확인함으로써 교수방법을 수정 · 보완하는 데 필요한 정보를 수집하기 위해 실시함

⑥ 교사가 교육의 과정에서 학생의 목표달성도를 조사하여 학습에서 잘된 점과 잘못된 점을 학생에게 피드백 해주고, 교사 자신의 수업 계획과 방법에서 개선할 점을 모색함

❸ 총괄평가 기출 06 중등 / 04 초등

(1) 개념

장기간에 걸친 일정 단위의 교수·학습과정이나 프로그램이 종료된 후 교육목표 달성 여부와 정도를 종합적으로 판정하는 평가로, '총합평가'라고도 한다.

(2) 기능

① 학습자들의 교수·학습결과의 수준을 판단하고 평점이나 서열을 결정한다.
② 학습자의 미래 학업성적을 예측하는 자료로 활용될 수 있다.
③ 교수·학습과정을 이수한 학습자의 자격을 인정하기 위한 자료로 활용된다.
④ 학습자집단 간 학습성과에 대하여 교수방법이나 자료의 차이 등과 관련지어 비교·분석함으로써 정보를 제공한다.

(3) 평가도구 제작 및 절차

① 총괄평가 도구를 제작할 때 가장 중요한 것은 상대적 서열을 중시하는 규준참 조평가를 할 것인가, 아니면 교육목표의 달성 여부만을 판단하는 준거참조평 가를 실시할 것인가를 결정하는 일이다.
② 평가의 목적이 결정되면 평가내용은 가르치고 배운 내용을 모두 포함하여야 한다.
③ 구체적인 절차
  ㉠ 교육목표를 재확인, 진술한다.
  ㉡ 교수·학습의 전반적인 내용을 포함한다.
  ㉢ 다양한 정신능력을 측정하기 위하여 다양한 문항형태를 이용한다.
  ㉣ 규준참조평가: 다양한 난이도의 문항이나 평가도구를 제작한다.
    준거참조평가: 최저준거에 부합하는 난이도의 문항이나 평가도구를 제작 한다.
  ㉤ 규준참조평가: 규준을 만들고 서열을 부여한다.
    준거참조평가: 준거에 따라 통과와 미통과를 판정한다.

(4) 방법

형식적인 형태를 띠는 학기말 시험, 학년말 시험, 표준화 검사 등이 사용된다.

* 성태제(2019)

요약정리 🔍
Zoom OUT 진단평가, 형성평가, 총괄평가의 비교[*]

구분	진단평가	형성평가	총괄평가
시기	교수 · 학습 시작 전	교수 · 학습 진행도중	교수 · 학습 완료 후
목적	• 출발점 행동 진단 • 선수학습 및 결손 진단 • 학생 특성 파악 • 배치 • 적절한 교수 투입	• 교수 · 학습 진행의 적절성 판단 • 교수법 개선 • 피드백을 통한 학습 촉진	• 교육목표 달성 • 교육 프로그램 선택 결정 • 책무성 • 성적 평가 • 자격 인증 • 교육프로그램의 효과성 평가
평가방법	비형식, 형식적 평가	• 수시평가 • 비형식, 형식적 평가	형식적 평가
평가주체	• 교사 • 교육내용전문가	• 교사 • 학생	• 교육내용전문가 • 평가전문가
평가기준	준거참조	준거참조	규준 혹은 준거참조
평가문항	• 준거에 부합하는 문항 • 보통 난이도가 낮음	• 준거에 부합하는 문항 • 목표에 따라 난이도는 다르게 설정	• **규준참조**: 다양한 난이도 • **준거참조**: 준거에 부합하는 문항

03 대안적 평가

* 백순근, 2023

❶ 역동적 평가*

(1) 개념

① 고정적 평가에 해당하는 전통적인 검사가 평가하는 시점에 '이미 발달된 능력', 즉 '고정된 상태'를 주로 측정한다는 문제점과 각 개인에게 피드백이 없는 문항을 풀게 한다는 문제점을 지적하면서 등장하였다.

② 역동적 평가에서는 각 개인에게 검사 문항을 제시하되 명시적인 교수활동을 함께 제시한다.

③ 학습자의 잠재력을 자극해 개인의 근접발달영역(ZPD)을 측정하고 개인이 교육목표를 제대로 달성할 수 있게 개별적으로 도움을 주기 위한 목적으로 시행된다.

(2) 역동적 평가와 고정적 평가의 비교

① 고정적 평가

㉠ 교수ㆍ학습이 종료된 특정 시점에서만 평가를 실시한다.

㉡ 개인의 교육 목표 달성도에 하나의 정보만을 제공할 뿐, 당시의 수준을 향상시키려 할 때 필요한 처방적 정보(예 학습자가 어느 정도의 잠재력을 가지고 있는가에 대한 정보 등)를 제공하지 못한다는 단점이 있다.

② 역동적 평가

㉠ '검사-중재(교육적 처방)-재검사'의 절차를 통해 개인의 근접발달영역(ZPD)를 측정한다.

㉡ 교수ㆍ학습 과정에서 교사-학생, 학생-학생 간의 상호작용을 제고할 수 있는 방안을 강구한다.

㉢ 교수ㆍ학습 과정에서 개별 학생의 강점과 약점을 파악하고, 개인이 교육목표를 제대로 달성할 수 있도록 개별적으로 도움을 주기 위한 목적으로 시행된다.

> **참고** 고정적 평가와 역동적 평가의 비교

구분	고정적 평가	역동적 평가
평가목적	교육목표 달성도	학습 향상도
평가내용	학습결과 중시	학습과정도 중시
평가방법	• 정답한 반응 수 중시 • 일회적ㆍ부분적 평가	• 응답의 과정이나 이유도 중시 • 지속적ㆍ종합적 평가
평가 상황	• 획일화ㆍ표준화된 상황 • 탈맥락 상황	• 다양하고 융통성 있는 상황 • 맥락적 상황

평가 시기	특정 시점(주로 도착점)	출발점 및 도착점을 포함한 교수·학습활동의 전 과정
결과 활용	선발·분류·배치	지도·조언·개선
교수·학습활동	교수·학습과 평가활동을 분리	교수·학습과 평가활동을 통합

* Sternberg & Grigorenko, 2006

(3) 유형*

① 샌드위치 방식: 사전검사와 사후검사 사이에 수업을 끼워 넣는 방식이다.
  ㉠ 사전검사를 치른 후, 측정한 기능을 바탕으로 수업이 개별적 또는 집단적으로 진행된다.
  ㉡ 수업이 개별적인 상황에서 이루어질 경우, 특정 수험자의 강·약점을 반영한 개별화를 시도할 수 있다.

② 케이크 방식: 학습자가 검사문항을 풀 때마다 반응을 제시하는 방식이다.
  ㉠ 문항의 반응에 따라 지속적으로 힌트 등의 활동을 제공하므로 문항과 힌트가 순차적으로 쌓인다.
  ㉡ 피험자에게 한 문항을 풀도록 한 다음, 이 문항을 맞히면 다음 문항을 제시하지만 틀릴 경우에는 수준이 다른 일련의 힌트를 제공한다. 여기서 힌트는 문제해결이 확실히 이루어지도록 순차적으로 설계한다.

② 능력지향평가 `기출` 18, 22, 24 중등 / 09 초등

(1) 개념

학생이 지니는 능력에 비추어 얼마나 최선을 다했는가, 능력의 최대치가 발휘되었는가에 초점을 두는 평가이다.

(2) 특징

① 우수한 능력을 지녔음에도 최선을 다하지 않은 학생보다, 능력이 낮더라도 최선을 다한 학생이 더 좋은 평가를 받는다.
② 학생이 본인의 능력과 더불어 최선을 다할 수 있도록 돕는 평가이며, 학습태도를 바람직한 방향성으로 이끌기 위한 평가로 학습동기를 높이기 위한 목적이 있다.
③ 학생이 지닌 능력에 대한 정확한 정보가 존재하지 않을 경우 평가를 적용하기 어렵다는 단점이 있다.

(3) 장점

① 교사가 개별 학생의 파악된 능력 수준에 비추어 학생들의 수행을 평가하는 일은 학생 개개인의 수준을 고려해 이루어지는 개별화된 평가로 교수-학습 과정에서 유용하게 활용된다.

기출논제 **Check** ✅

`기출` 24 중등
전문가 E가 학습자 맞춤형 교육을 위해 제시한 평가 유형의 적용과 결과 해석 시 유의점 2가지

`기출` 22 중등
송 교사가 활용할 수 있는 평가 결과의 해석 기준 2가지를 각각 그 이유와 함께 제시

`기출` 18 중등
능력참조평가와 성장참조평가의 개념을 설명

② 개별 학생의 파악된 능력 수준에서 그들의 최선을 인정해 주고 학습에 기울인 노력 정도에 대한 피드백이 가능하다.

③ 평가의 교수적 기능이나 상담적 기능이 강조되는 평가환경이라면 이 평가방법은 보다 교육적이므로 교육의 선진화에 이바지할 수 있다. (성장지향평가와 공통)

(4) 한계점

① 학생의 최대수행능력을 판단 기준으로 삼기 위해서는 학생의 능력에 대한 정확한 파악이 요구되나 교사들은 각 학생들의 능력 수준에 대해 잠정적이고 일반적인 평가를 내리고 있을 뿐이다. 즉, 교사는 학습자의 능력을 막연하게 짐작할 뿐이다.

② 표준화 검사가 교사들에게 학생의 능력에 대한 정보를 제공해 주기도 하지만 그 정보는 대단히 제한적이다.

③ 어떤 능력이 학습과제에 필요한 필수적인 능력인지를 확인하고 그 능력과 관련된 개별 학생의 수준을 정확하게 파악하는 것도 쉽지 않다.

④ 학습자가 지닌 능력에 대한 정확한 정보가 없을 경우 활용이 어렵다.

⑤ 특정 기능과 관련된 능력의 정확한 측정치에 의존하게 되므로 해당 능력에 국한하여 학습자의 수행을 해석하게 된다.

⑥ 따라서 학생의 능력 수준은 학생 평가결과를 해석할 때 제한적인 참조틀일 수밖에 없다.

⑦ 대학 진학이나 자격증 취득을 위한 행정적 기능이 강조되는 고부담검사 (high-stakes testing)와 같은 평가환경에서는 평가결과에 대한 공정성 문제가 제기되어 적용하기가 어려울 수 있다.

> **참고** **노력지향평가(effort - referenced evaluation)**
>
> **1. 개념**
> 학습자의 노력 정도가 평가의 기준이 되어 점수와 관계없이 열심히 노력한 학생이 높은 점수를 받는 평가이다.
>
> **2. 문제점**
> ① 노력의 정도만 나타내고 성취도는 나타낼 수 없어 성적의 의미를 왜곡할 수 있다.
> ② 성취도 도달 점수와 노력에 대한 점수가 별도로 부여되어야 합리적이다.
>
> **3. 능력지향평가와 노력지향평가 비교**
>
> | 구분 | 능력지향평가 | 노력지향평가 |
> |------|------------|------------|
> | 평가방법 | 학생의 능력에 비추어 얼마나 최선을 다하였는가에 초점을 두는 평가 | 학생이 기울인 노력의 정도를 기준으로 성적을 주는 평가 |
> | 기준 | 개인의 능력 정도와 수행 결과를 비교하여 성적을 판정함 | 점수와는 관계없이 열심히 노력한 학생이 높은 성적을 받게 됨 |

③ 성장지향평가 기출 12, 18, 22 중등 / 09, 10 초등

(1) 개념

① 교육과정을 통하여 얼마나 성장하였는가에 관심을 두는 평가로, 초기의 능력 수준과 비교했을 때 얼마만큼의 향상을 보였는가를 강조한다.

② '학생이 얻은 점수는 과거보다 향상된 점수인가'라는 질문에 대한 답을 얻기 위한 판단 기준으로 학생의 진보(improvement) 정도를 파악한다.

(2) 특징

① 다른 학생과의 비교보다는 학생 자신의 성장을 강조하므로 학생 간의 지나친 경쟁보다는 학습의 개인화를 지향한다.

② 결과 자체가 아닌 성장이나 향상에 주목한다는 점에서 역동적 평가와 유사하다.

(3) 장점

① 교육적 기능이 강조되는 교수-학습상황에서 학생의 성장과 진보 정도에 대한 확인은 가장 궁극적인 학생평가의 목적이라 할 수 있으며, 이는 학생의 학습을 이해하고 지원하기 위해 유용하게 활용될 수 있다.

② 학생들에게 성취 수준의 향상이 지니는 교육적 의미를 강조한다.

③ 개별 학생의 수준에서 학습을 촉진시킬 수 있다.

④ 평가의 교수적 기능이나 상담적 기능이 강조되는 평가환경이라면 이 평가방법은 보다 교육적이므로 교육의 선진화에 이바지할 수 있다. (성장지향평가와 공통)

(4) 한계점

① 일반적으로 학생평가에서의 성적은 현재 학생이 도달해 있는 성취수준과 동일시되므로 진보나 향상의 정도로 성적을 부여하고자 할 경우에는 성적의 의미가 왜곡될 수 있다.

② 사전 성취검사 점수와 현재 성취검사 점수의 차로 점수를 부여할 경우, 학생이 의도적으로 사전 성취검사에서 낮은 점수를 받고 진보나 향상의 정도를 과장할 가능성도 존재한다.

③ 성적이 높은 학습자의 경우 향상될 수 있는 범위가 적어 동기가 저하될 수 있다.

④ 최종 평가에서 동일 점수를 받아도 기존의 성적이 낮으면 더 많은 점수를 받을 수 있다.

⑤ 진보에 대한 정보를 신뢰할 수 있기 위해서는 우선 이전과 현재의 학생 성취 수준에 대한 믿을 만하고 정확한 정보가 있어야 하지만 진보 또는 향상 정도를 나타내는 차이점수의 신뢰도를 확신하기 쉽지 않다.

⑥ 따라서 평가 결과가 중요한 의사결정에 활용되는 고부담 평가(high-stakes testing)에서는 성장지향평가의 결과에 대한 공정성이 문제될 수 있다. (능력지향평가와 공통된 한계점)

기출논제 Check ✓

기출 22 중등
송 교사가 활용할 수 있는 평가 결과의 해석 기준 2가지를 각각 그 이유와 함께 제시

기출 18 중등
능력참조평가와 성장참조평가의 개념을 설명

(5) 성장지향평가의 신뢰도를 높이기 위한 조건 / 성장지향평가 결과가 타당하기 위한 조건 (Oosterhof, 1994)
① 현재 성취도검사의 신뢰도가 높아야 한다.
② 과거의 성취도 검사의 신뢰도가 높아야 한다.
③ 현재 성적과 과거 성적 사이의 상관이 낮아야 한다. 만약 사전 측정치나 현재의 측정치가 본질적으로 상관이 높다면 이는 성장에 의한 것이 아니라 관계에 의한 당연한 결과를 가져오게 되므로 두 측정치 간에는 상관이 낮아야 한다.

* 성태제(2019)

참고 규준, 준거, 능력, 성장지향평가의 비교*

구분	규준지향평가	준거지향평가	능력지향평가	성장지향평가
강조점	상대적인 서열	특정 영역의 성취	최대 능력 발휘	능력의 변화
교육신념	개인차 인정	완전학습	개별학습	개별학습
비교대상	개인과 개인	준거와 수행	수행 정도와 소유능력	성장, 변화의 정도
개인차	극대화	극대화하지 않으려고 함	고려하지 않음	고려하지 않음
이용도	분류, 선별, 배치 행정적 기능 강조	자격 부여 교수적 기능 강조	최대 능력 발휘 교수적 기능 강조	학습 향상 교수적 기능 강조

개념확대 ⊕
Zoom IN 역동적 평가, 능력지향평가, 성장지향평가의 공통점과 활성화 방안

1. 공통점
① 개인의 능력 그리고 잠재력에 대한 정확한 측정을 전제한다.
② 개별화된 교수 및 평가활동을 지향한다.
③ 개인의 잠재력과 노력에 대해서 존중한다.
④ 출발점이 상이하다고 할지라도 개인에게 적합한 교육활동이 이루어진다면 성장과 변화가 이루어질 수 있다고 본다.

2. 활성화 방안
① 개인의 강점과 약점을 파악하고, 그에 맞는 지도와 조언을 할 수 있는 개별화된 평가 시스템이 운영되어야 가능하다.
② 즉, 개개인의 다양한 특성을 고려한 평가와 수업활동이 전제되어야 하는데 한 명의 교사가 다수의 학생을 지도하는 교실상황에서는 이러한 개별화된 평가를 시행하는 데 어려움이 있다.
③ 그러나 최근 빅 데이터를 활용한 연구 분석이 활발해지면서 개별화된 평가 체제에 대한 연구가 활성화될 것으로 보인다.
④ 빅 데이터를 활용하여 특정한 주제에 대한 학습자의 이해정도를 측정해 세부적인 피드백을 제공하고 후속조치로서 관련된 디지털 자원을 학습자에게 제공하는 모델을 연구하는 학습 분석(learning analytics) 분야 등 정보통신기술을 활용한 교육 연구 분야가 새로운 평가 유형이 시도되고 활성화되는 데 기여할 것이다.

참고 **검사의 기능(Findley, 1963)**

1. **교수적 기능(instructional function)**
   ① 교사들에게 교과목표를 확인시켜주고, 학생과 교사들에게 피드백 효과를 제공하고 학습동기를 유발하며, 시험의 예고는 복습을 위한 수단이 된다.
   ② 검사를 통하여 잘못된 인지구조나 학습태도를 고칠 수 있다.

2. **행정적 기능(administrative function)**
   ① 교육 프로그램, 학교 혹은 교사를 평가하고 학생들을 분류, 배치하는 데 사용된다.
   ② 선발 기능으로서 대학입학, 입사, 그리고 자격증 부여 등을 들 수 있다.
   ③ 학교나 학교 구조의 질을 통제할 수 있다.

3. **상담적 기능(guidance function)**
   ① 피험자의 정의적 행동특성을 진단 · 치료하는 데 있다.
   ② 적성검사, 흥미검사, 성격검사 등을 통하여 피험자가 지니고 있는 문제점을 발견할 수 있다.
   ③ 학업성취도검사를 통해서도 피험자의 진단이 가능하다. 예를 들어, 학업성취도검사 점수의 급격한 변화, 특히 급격한 하락은 피험자에게 심리적 변화가 있음을 예견하여 상담의 필요성을 제공한다.

참고 **고부담검사(high-stakes testing)***

* 상담학 사전(김춘경 외, 2016)

1. **개념**
   ① 검사결과가 학교행정가, 교육정책 결정자, 자격증 발급청, 인사선발 주체 등이 중요한 결정을 내리는 데 활용되어 피험자에게 지대한 영향을 미치기 때문에 큰 심적 부담으로 작용하는 검사이다.
   ② **학생과 학교를 위해 어떤 결과에 대해 중요한 교육적 결정을 내리는 데 사용하는 검사:** 대학입학고사, 졸업시험, 사법고시, 교원임용고사 등은 선발, 배치, 진급, 유보와 같은 여러 목적을 위해 사용된다. 고부담검사에서 고득점을 획득한 학생은 장학금, 입학허가와 같은 보상을 받을 수 있으나 기준점수를 넘지 못한 학생은 졸업이 유보되거나, 교정 프로그램에 배치되거나, 교육 및 진로선택에 상당히 제한을 받을 수 있다.

2. **특징**
   ① 고부담검사 지지자들은 고부담검사가 객관적인 측정과 교육적 결정에 필요한 일정한 기준을 제공하고, 기대를 증진시키고, 수업의 질을 높이고, 학생과 교사의 동기를 유발하며, 실패한 학생에게 개인 교수를 제공할 수 있다고 주장한다.
   ② 고부담검사 반대자들은 고부담검사 프로그램이 학생의 성취도와 다른 검사 측정에서의 점수를 향상시키지 못한다고 주장한다. 단일준거참조검사의 사용은 전통적으로 표준화검사에서 낮은 점수를 보이는 소수민족의 학생들에게 부정적으로 영향을 미치며, 그들의 성취도에 영향을 미치는 복잡한 사회경제적 요인을 간과하기 쉽기 때문이다.
   ③ 어떤 검사가 고부담으로 작용할 때 피험자에게 지나친 불안과 스트레스를 야기함으로써 정신건강을 저해할 수 있다. 학교에서는 고부담검사에 반영되지 않는 내용은 가르치지 않고 검사에 나오는 내용만 반복적으로 가르치고 훈련시키는 데 집중할 뿐 교과의 본질에 맞게 충실히 가르치려는 노력은 소홀히 하기 쉽다.

④ 부담이 되는 중요한 결정을 할 때에는 단일검사점수가 아닌 여러 가지 준거에 기초해야 한다. 기준점수를 성취하지 못한 학생들에게는 다양한 검사 혹은 대안적인 검사 기회와 그들의 성취도를 향상시키기 위한 의미 있는 교정 프로그램에 참여할 기회가 주어져야 한다. 고부담 결정을 위해 사용되는 표준화검사는 의도한 목적에 타당하고 신뢰할 수 있는 점수를 제공해야 한다. 검사내용은 학생들의 발달적 수준에 맞게 적절한 수업과 자원으로 학습할 기회를 가진 교육과정에 한정해야 한다.

⑤ 다양한 평가방법과 참평가(authentic assessment)가 불리한 조건에 있는 학생들의 고부담검사에서의 실패를 줄이며, 또한 교육적·직업적 기회를 넓혀 준다는 것을 기억해야 한다.

❹ 학생 참여형 평가 - 자기평가 및 동료평가

(1) 자기평가(self-evaluation) 기출 21 중등

기출 21 중등

기출논제 Check ☑

자기평가 방식의 교육적 효과 2가지와 실행 방안 2가지

① 개념
  ㉠ 학습자 스스로 특정 주제나 교수·학습영역에 대하여 학습과정이나 결과에 대해 자세하게 평가한 후에 자기평가 보고서를 작성 및 제출하도록 하여 평가하는 것이다.
  ㉡ 학습자 스스로가 자신의 학습준비도, 학습동기, 성실성, 만족도, 다른 학습자들과의 관계, 성취수준 등에 대해 생각하고 반성할 수 있는 기회를 제공할 수 있다.
  ㉢ 교사로 하여금 교사가 학습자를 관찰한 결과나 수시로 시행한 평가가 타당하였는지를 비교·분석할 수 있는 기회를 제공한다.

② 장점
  ㉠ 학습자는 스스로 자신이 할 수 있는 것과 없는 것, 이해하는 것과 이해 하지 못하는 것을 인식하여 학습 과정의 문제점을 인지하며, 자신의 학습 성과를 판단하고 예상되는 성취기준을 다시 결정할 수 있다. ⇨ 학습에 대한 주도성이 높아지고 학습 동기를 유발하여 학습 향상에 도움
  ㉡ 학생들이 평가의 대상이라는 수동적인 위치에서 벗어나 스스로 학습 및 평가의 주체가 되어 자신의 학습 과정과 결과를 객관적으로 분석하게 된다. ⇨ 자신의 문제해결과정, 사고 과정을 지속적으로 성찰하는 과정에서 초인지 능력 향상
  ㉢ 학습자가 자신이 배우는 것이 무엇인지에 대한 보다 명확한 목표를 갖고 계획적으로 학습하도록 한다.
  ㉣ 학습자는 학습과 평가의 주체로서 학습 과정에 대한 책임감이 높아져 교사와 학생 간의 관계가 더욱 협력적이어지는 데 기여한다.
  ㉤ 자신의 학습에 대한 지속적인 반성의 기회를 가지므로 자신의 사고 과정과 결과를 점검하고 자신의 잘못된 태도나 행동, 학습 습관을 개선하는 능력이 향상된다. ⇨ 학습자의 자기조절 학습을 가능하게 함
  ㉥ 학생들이 스스로 학습의 주체임을 인식하게 하여 보다 적극적으로 학습에 참여하게 한다.

③ 한계점 및 보완방안
  ㉠ 학생들은 자신의 성취도를 높게 평가하는 경향이 있으므로 자기평가를 학습의 과정으로 학습 향상에 활용하기 위해서는 학생들이 자기평가에 대한 기준을 명확히 이해하고 숙지한 후 수행해야 한다.
  ㉡ 학생의 허위보고, 잘못된 평가, 학생 개인의 특성으로 인해 발생하는 엄격성의 차이로 인해 평가의 신뢰성과 타당성이 위협당할 수 있다. (동료평가와 공통된 한계점) ⇨ 수행평가 채점 시 학생이 평가의 주체로 참여할 수 있는 기회는 자주 제공하되, 채점 결과의 처리 방안에 대해서는 신중하게 접근해야 함/ 가급적 교사평가 결과, 피드백이나 추후기록을 위한 참고자료로 활용하도록 함/ 가산점을 주는 방식으로 활용

(2) 동료평가(peer-evaluation)
① 개념
  ㉠ 동료 학생들이 상대방을 서로 평가한 후에 동료평가 보고서를 작성·제출하여 평가하는 것이다.
  ㉡ 학생 수가 많아서 담당 교사 혼자의 힘으로 모든 학생들을 제대로 평가하기 어려울 때 자기평가와 함께 동료평가 방법을 적절히 활용하여 학생을 평가할 수 있다.
② 방법
  ㉠ 팀 외부의 동료들에 의해 이루어지는 학습 결과물에 대한 평가
  ㉡ 팀 내부의 동료들에 의해 이루어지는 팀 활동에 대한 참여도 및 기여도에 대한 평가
③ 장점
  ㉠ 학생들이 평가자로서의 역할을 통해 다각도로 생각하는 기회를 가질 수 있다.
  ㉡ 평가 과정을 통해 자신의 장단점을 인지하게 되고, 평가하는 능력 자체가 향상된다. ⇨ 초인지 능력 향상
  ㉢ 동료평가를 통해 학생 과제의 질이 향상되며, 과제에 대한 책임감이 증가한다.
  ㉣ 평가자로서 역할을 수행하는 과정에서 평가 기준에 대해 명확한 이해가 높아진다.
  ㉤ 학습자가 평가 과정의 주체가 되고, 학습 과정에 대한 평가를 수행한다는 측면에서 자기주도적 학습자가 되는 것으로 학습에 긍정적인 영향을 미친다.
  ㉥ 구체적 피드백을 제공하도록 하면 비판적 사고를 향상시킬 수 있다.
  ㉦ 피드백 과정에서 동료 간 활발한 상호작용을 유도하여 학습에 도움을 준다.
  ㉧ **팀 구성원들에 의한 참여도 및 기여도 평가 시 장점:** 팀 기반 학습에서 흔히 발생하는 무임승차, 사회적 태만을 방지하고 평가의 공정성 및 객관성을 높이는 방안이 될 수 있다. 팀기반 학습에서 교수자 중심의 과제물 평가를 보완하기 위한 방식으로 많이 활용된다. 팀원들의 개인 책무성을 강화한다. 팀원들의 팀 활동 참여도를 높일 수 있다.

④ 한계점 및 보완방안
　　㉠ 평가를 수행하기 위한 동료의 능력에 대한 부정적 인식으로 평가 결과에 대한 불신이 있을 수 있다.
　　㉡ 평가 수행에 대한 태도 및 동료 간 교우관계, 개인적 친분, 사적인 감정이 평가 결과에 영향(팀원 공헌도에 대한 과대평가 혹은 과소평가)을 줄 수 있다.
　　　⇨ **극복방안**: 숙련된 평가자로서의 역할 수행을 위한 평가 훈련 필요/ 피평가자로서 여러 번 동료평가 피드백을 받고 그 효과를 경험하면서 평가 신뢰도를 보완하도록 함/ 여러 명의 동료가 평가하도록 함

*KICE 연구정책브리프, 한국교육 과정평가원, 2017

(3) 수행평가에서 자기평가와 동료평가를 운영할 때 유의할 점*
① 자기평가와 동료평가가 타당하고 신뢰 있게 이루어지기 위해서는 성취기준과 평가요소를 바탕으로 자세하고 구체적인 평가 준거를 제공하는 것이 중요하다.
② 점수만으로 전달할 수 없는 구체적이고 정확한 피드백을 얻기 위해서는 서술 형태로 평가 결과를 작성해야 한다.
③ 동료평가 시 공정성 제고를 위하여 최고점과 최하점은 제외하고 평가에 반영하거나, 점수에 대한 근거를 서술하게 함으로써 학생 스스로 공정성을 높이도록 도울 수 있다.

04 과정중심 평가

❶ 학습을 위한 평가

(1) 개념
① 학생으로 하여금 자신이 학습과정에서 어느 위치에 있는지, 어디로 나아가야 하는지, 목표에 도달하기 위해 무엇을 해야 하는지 등을 결정하기 위해 사용할 증거를 수집·해석하는 과정이다.
② 학생의 학습을 돕기 위한 목적으로 설계·시행되는 모든 종류의 평가를 말한다.
③ 교수·학습을 개선하기 위해 교사와 학생이 정보를 수집하고, 반성하고, 반응하는 교실활동이다.

(2) 특징
① 평가의 목표는 학습의 결과를 판단하는 게 아니라 교수·학습을 돕는 것이다.
② 평가를 통해 교사와 학생 모두에게 학습을 위해 무엇을 해야 하는지 안내할 수 있다
③ 평가의 주체는 교수·학습활동의 시행자인 교사와 학생이다.
④ 교사와 학생이 교수·학습에 대해 스스로 반성하고, 판단하고, 이해하는 것이 강조된다.
⑤ 평가방법은 학생의 학습과정이나 결과에 대해 분석할 수 있는 자료를 수집·해석하는 과정을 포함한다.
⑥ 어떠한 형태의 교실활동이라도 평가의 방법이 될 수 있다.

(3) 스티긴스(Stiggins)의 학습을 위한 평가의 원리
① 평가를 통해 학생들은 학습목표 또는 성취기준(standards)을 토대로 '나는 어디로 가고 있는가'를 분명하게 인식할 수 있어야 한다. 학생들이 무엇을 하고 있고, 그것이 성취기준과 어떠한 관련성이 있으며, 성취기준에 비추어 왜 중요한지를 분명하게 인식하도록 해야 한다.
② 개별 학생은 평가를 통해 '나는 어디에 있는가'(monitoring)에 대해 이해할 수 있어야 한다. 평가과정과 결과를 통해서 개별 학생이 얼마나 성취했는지, 어떻게 성취해가고 있는지를 진단할 수 있어야 한다.
③ 개별 학생은 평가를 통해 '내가 어떻게 해야 목표에 더 가까워질 수 있는가(scaffolding)'에 대한 정보를 제공받는다. 교사와 학생은 성취기준을 다시 한번 확인하고, 성취기준에 도달하기 위해 다음 단계로 해야 할 일이 무엇인지를 결정해야 한다.

(4) 평가를 설계 · 시행하는 실행 전략

① 평가의 설계 측면: 평가의 내용과 방법은 학생이 수업을 통해 배워야 할 내용이나 역량을 분명하게 반영해야 하며, 학습목표와 평가 기준이 분명하고 구체적인 언어로 전체 학생에게 이해 · 공유되어야 한다.

② 평가의 시행 측면: 교사는 학생이 평가활동에 자발적이고 적극적으로 참여하도록 해야 한다. 학생 개개인이 자신의 학습 및 평가과정에 주도적으로 참여할 뿐만 아니라 동료를 통해서 서로의 학습과정을 확인하고 서로에게 피드백을 제공할 수 있도록 지도해야 한다.

③ 평가 결과 활용의 측면: 평가 결과는 교사의 풍부한 피드백을 통하여 학생에게 현재의 학습상태에 대한 정보를 제공하는 동시에, 향후 학습방향을 안내할 수 있어야 한다.

(5) 학습을 위한 교실평가의 5가지 실행 전략

과정 주체	성취기준 (학습자의 도달목표)	모니터링 (학습자의 현 위치)	스캐폴딩 (목표 도달방법)
교사	1. 목표달성을 위한 학습 동기와 범위를 명시하고 공유함	2. 교실에서의 토론, 활동, 과제 등을 통해 학습에 대한 증거를 수집함	3. 학습 향상을 위한 구체적인 피드백을 학생에게 제공함
동료학습자		4. 학생 스스로 교수 · 학습자원으로서의 역할을 할 수 있도록 참여를 촉진시킴	
학습자		5. 학생 개개인이 학습 주체로서의 역할을 할 수 있도록 참여를 촉진시킴	

② 과정중심 평가

(1) '과정중심 평가'라는 용어의 도입 배경

① 평가 패러다임의 확장되면서 '과정중심 평가'라는 용어가 도입되었다. 과정중심 평가는 학생이 학습하는 과정과 수행하는 과정을 평가의 대상으로 포함하는 동시에 평가 결과가 활용될 수 있도록 해야 한다는 의미로, 평가를 학습의 도구로 사용하고자 하는 의도가 강조된다. 이는 평가의 목적이 학생의 서열화에서 벗어나 학생의 학습을 돕고 교사의 수업을 개선하는 데 활용되도록 하기 위함이다.

② 결과중심 평가와의 대비되면서 용어가 도입되었다. 과정중심 평가는 학생이 수업에서 배운 내용을 알고 있는지에 대한 여부를 평가하는 결과중심 평가와 대비되는 평가로, 학생이 수행 과정에서 어떤 사고를 하였는지, 협업 상황에서 어떤 역할을 하였는지에 중점을 둔다. 이를 바탕으로 학생 각자가 자기 반성 및 메타인지 활용을 통해 학습에 대한 성찰을 하도록 유도한다.

③ 교육과정, 교수·학습, 평가 간의 연계를 지칭하는 용어이다. 과정중심 평가는 교육과정의 성취기준을 기반으로 교수·학습과 평가계획을 세우고, 교수·학습과정에서 자료를 다각도로 수집하여 적절한 피드백을 제공해야 한다.[*] 교육과정의 목표와 성취기준에서 제시한 의도에 따라서 교수·학습과정을 진행하고, 그 과정에서 학생이 수행하는 과정을 평가하는 것이다.

* 교육부, 한국교육과정평가원, 2017, p.4

(2) 개념

① 교수·학습과 평가의 상호작용이 실현될 수 있도록 하는 데 목적을 둔다.
② 학생의 학습을 돕는 것, 즉 수업의 결과가 아닌 수업 중 나타난 학생의 학습과정이 평가대상이어야 하며, 그 결과를 학생에게 알려줌과 동시에 수업에 반영함으로써 더 나은 학습을 모색하도록 하는 평가이다.
③ 학습과정을 내실화하여 학생 모두가 교육목표를 달성할 수 있도록 교육과정, 평가, 피드백이 유기적으로 연계되도록 한다.

(3) 특징

① 성취기준에 기반을 둠: 과정중심 평가는 교육과정의 성취기준에 기반을 두는 평가이다.
② 수업 중에 이루어짐: 과정중심 평가는 수업 중에 학생의 활동에 대한 평가로, 교수·학습과 연계된 평가를 지향한다.
③ 수행과정 평가: 과정중심 평가에서는 지식, 기능, 태도가 학습자에게서 어떻게 발달하고 있는지를 파악하기 위하여 학습자의 수행과정을 평가대상으로 한다. 이러한 특징을 가장 많이 반영한 평가방법이 수행평가이긴 하나, 수행과정은 선택형 또는 서답형으로 구성된 지필평가 형식으로도 측정이 가능하므로 과정중심 평가에 지필 평가를 활용할 수도 있다.
④ 종합적인 평가: 과정중심 평가는 지식, 기능, 태도 등 인지적 영역뿐만 아니라 정의적 영역까지 포함하는 종합적인 평가이다.
⑤ 다양한 평가방법 활용: 과정중심 평가에서는 평가의 목적이나 내용을 고려하고 다양한 평가방법을 활용하여 학생의 다양한 측면을 파악하는 것이 중요하다.
⑥ 형성적 기능과 진단·총괄평가의 기능: 과정중심 평가는 평가와 수업이 연계되고, 결과와 과정을 동시에 고려하며, 수업 개선에 활용되는 등의 특징을 갖기 때문에 형성적 기능을 강하게 갖는 평가라고 할 수 있지만, 이것이 진단·총괄평가로 쓰일 수도 있는 여지를 갖는다. 학기·학년·학교급의 여러 층위의 교육 기간을 상정할 경우에는 총괄평가가 장기간의 교육 프로그램 연속선상에서 진단적 기능이나 형성적 기능을 수행할 수도 있고, 학기 중에 수행되는 진단평가나 형성평가의 결과가 학기 말의 총괄평가에 반영될 수 있다는 점에 유의해야 한다.
⑦ 학생의 발달과 성장을 위한 평가 결과의 활용: 학생의 발달과 성장과정을 관찰함으로써 부족한 점을 채워주고, 우수한 점을 심화·발전시킬 수 있도록 기여한다. 적절한 피드백을 통해 학생의 성장을 지원하기 위한 평가의 기준과 목적이 보다 구체적으로 제시되어야 한다.

(4) 운영 절차

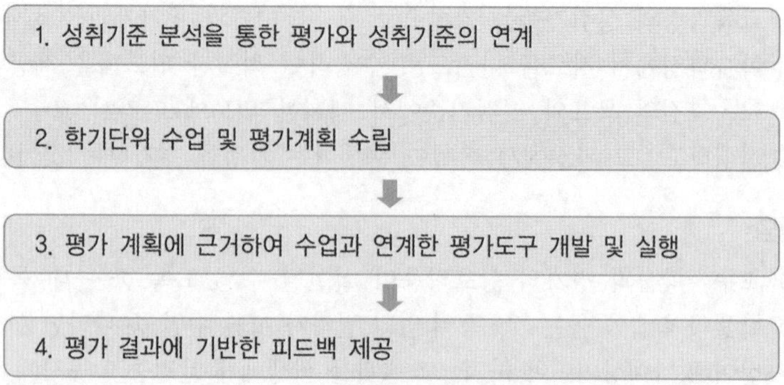

1. 성취기준 분석을 통한 평가와 성취기준의 연계
⬇
2. 학기단위 수업 및 평가계획 수립
⬇
3. 평가 계획에 근거하여 수업과 연계한 평가도구 개발 및 실행
⬇
4. 평가 결과에 기반한 피드백 제공

* 교육부, 한국교육과정평가원, 초등학교 교사별 과정중심평가 이렇게 하세요 연구자료 ORM, 2018, 57-1

[그림 4-5] 과정중심 평가 운영 절차[*]

① 성취기준 분석을 통해 학생의 성장을 지원하는 과정중심 평가가 이루어지기 위해 적절한 평가 내용 및 방법을 고려해야 한다.
② 학기 단위 수업 및 평가 계획을 수립한다.
③ 학기 단위 평가 계획에 근거하여 수업과 연계한 평가도구를 개발하고 실행함으로써 수업과정에서 지속적으로 교수·학습에 따른 학생의 성장을 파악하고 기록해야 한다.
④ 교사는 평가 결과를 기반으로 한 피드백을 지속적으로 제공하여 학생의 학습 상태를 진단하고, 성장을 위한 방안을 제공해야 한다.

(5) 단위학교에서의 과정중심 평가 운영방안

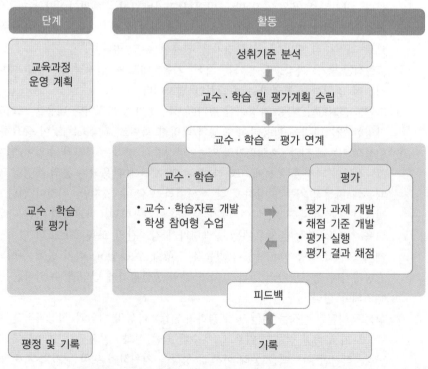

* 교육부, 한국교육과정평가원, 과정을 중시하는 수행평가 어떻게 할까요?: 중등 연구자료 ORM, 2017, 19-2. p.12

[그림 4-6] 단위학교에서의 과정중심 평가 운영방안[*]

① 교육과정 운영계획 수립: 성취기준을 분석하여 교수·학습 및 평가계획을 수립(교사별 평가 시 교사별로 계획 수립)한다. 과목의 특성 및 성취기준에 따라 다양한 평가방법을 활용하며, 한 학기 교수·학습과 평가계획을 동시에 수립한다. 계획 수립 후 학년(교과)협의회를 통해 동료 교사들과 평가계획의 타당성에 대하여 검토한 후 평가내용에 따라 평가 시기 및 방법(서·논술형, 프로젝트 등)을 결정한다.

② 교수·학습 및 평가 연계: 교수·학습과 평가를 연계하여 평가과제를 개발하고(교사별 평가 시 교사별로 과제 개발), 수업과정에서 평가를 실시한 후 채점기준에 따라 공정하게 채점한다. 학생의 성장·발달을 촉진하기 위해 학생의 학습과정에서 피드백을 제공하는 것이 중요하다.

③ 평가 결과를 활용한 평정 및 기록 방안 마련: 한 학기 동안의 성적을 평정하며 학생의 학습과정과 결과를 누적하여 기록하고 학습과정을 통해 드러난 학생의 특성을 종합적으로 기록한다.

(6) 학교현장에서의 과정중심 평가 모델

① 수업 전 간접평가 결과를 수업에 반영
  ㉠ 교과서 분석
  ㉡ 자신의 과거 수업 경험
  ㉢ 동료교사와의 정보 공유
  ㉣ 학생의 특성 반영

② 수업 중 직접평가
  ㉠ 모둠 내 토론 내용 관찰을 통한 직접평가
  ㉡ 학생 개별 면담을 통한 직접평가
  ㉢ 전체 활동을 통한 직접평가

③ 수업으로 평가 결과의 환류
  ㉠ 수업 중 직접평가 결과의 분석
  ㉡ 수업으로 직접평가 결과의 환류

(7) 과정중심 평가 운영 시 고려사항*

① 학기 초에 성취기준 및 평가기준 분석을 실시한다.

② 소속 교육청의 수행평가 및 서·논술형 반영 기준 등이 포함된 학업성적관리 시행지침 준수 여부를 검토한다.

③ 교사의 자율적인 연구 분위기를 조성한다(교과 연구회 및 교사 동아리 등).

④ 교사별 과정중심 평가를 실시하는 경우, 교사별로 교수·학습 및 평가계획을 수립하고 평가과제와 채점 기준을 개발한다.

⑤ 과정중심 평가에서는 평가의 공정성 및 신뢰도 제고를 위하여 학년(교과)협의회를 통해 동료 교사들과 평가계획 및 과제 등의 타당성을 검토할 필요가 있다.

⑥ 학기 초 수립한 평가계획을 학기 중에 변경할 경우, 학교 내 학업성적관리위원회의 심의를 거친 후 정보 공시를 해야 하며, 학교 홈페이지 공지자료를 수정하여 학생·학부모에게 변경사항을 안내할 필요가 있다.

* 박지현, 조지민, 진경애, 김수진, 이재봉, 배주경, 김현정, 박종임, 이상아, 배화순, 이소연, 이동욱, 김아름, 초·중학교 교사별 과정중심 평가 연수 프로그램 개발 및 강사 연수, 2018

⑦ 학생 및 학부모의 평가 결과에 대한 이의 및 민원이 증가될 수 있어, 채점 결과의 세분화 및 사전 공지가 필요하다.

⑧ 학생 및 학부모의 평가에 대한 인식 제고를 위한 홍보 및 소통 확대가 필요하다.

요약정리 ⊖
Zoom OUT 결과중심 평가와 과정중심 평가의 특징 비교

구분	결과중심 평가	과정중심 평가
평가목적	총괄적 평가	형성적 평가
학습과의 관계	학습의 평가	학습을 위한 평가, 학습으로서의 평가
평가내용	성취기준과 관련된 내용적 개념, 원리, 법칙의 이해 및 적용 능력	성취기준과 관련된 내용적 개념, 원리 법칙의 이해 및 적용 능력 + 문제해결 추론, 창의·융합, 의사소통, 정보처리 태도 및 실천 등의 교과 핵심역량
평가방법	지필평가	지필평가, 프로젝트 평가, 포트폴리오 평가, 관찰평가, 면담, 구술평가, 자기평가, 동료평가
평가 시기	수업 후에 일회적으로 평가	수업 중에 지속적으로 평가
수집된 정보	객관적이고 표준화된 양적 정보	비형식적인 질적 정보
평가 주체	교사	교사, 학생(동료, 자기 자신)
피드백	즉각적이지 않으며 일반적	즉각적·구체적

③ 수행평가 기출 00, 01, 02, 03, 04, 07 중등 / 00, 05, 09 초등

(1) 개념

① 지식이나 기능에 의한 정답 여부에만 관심을 갖는 것이 아니라, 수행과정이나 그 결과를 종합적으로 평가하는 방법이다. 학생 스스로가 자신의 지식이나 기능을 나타낼 수 있도록 산출물을 만들어 내거나 답을 작성하도록 요구하는 평가 방식이면서, 학생이 학습과제를 수행하는 과정 및 결과를 교사가 보고 학생의 지식, 기능, 태도 등에 대해 전문적으로 판단하는 평가방식이다.

② 학생평가에서 담당 교사의 전문적인 관찰과 판단을 중시함과 동시에 평가방법을 다양화·전문화·특성화하자는 의미를 포함한다.

③ 학습의 결과가 아닌 과정을 평가의 주요 대상으로 설정하고자 하는 과정중심 평가는 수행평가의 중요한 측면을 부각시킨다.

④ 학생을 직접 가르치는 담당 교사가 학생에 대해서 가장 잘 평가할 수 있다는 사실에 근거하며, 담당 교사에게 '가르치는 권한'뿐만 아니라 '평가하는 권한'을 실질적으로 보장하자는 의미도 포함한다.

⑤ 대안적인 평가, 실제 상황에서의 평가, 직접적인 평가, 실기시험, 포트폴리오 평가, 과정중심 평가 등이 가지는 주요 특성들을 모두 포괄하는 의미로 사용하고 있다.

참고 수행평가와 관련하여 사용되는 유사 용어들

유사 용어	주요 특성

대안적인 평가
(alternative assessment)
	• 한 시대의 주류를 이루는 평가 체제와 성질이 다른 평가 체제
	• 선택형 문항을 사용하는 표준화된 검사의 대안적인 평가
	  ⇨ 선택형이 아닌 서·논술형 문항 강조
	• 대학수학능력시험과 같은 1회성 시험에 대한 대안적인 평가
	  ⇨ 표준화된 1회성 검사보다 지속적·종합적인 내신 성적 강조
	• 결과중심의 평가에 대한 대안적인 평가
	  ⇨ 결과뿐 아니라 과정도 중시
	• 수행평가는 대안적인 평가의 한 사례임

실제 상황에서의 평가 (authentic assessment)	• 평가상황·내용이 가능한 한 실제상황·내용과 유사해야 함 • 도덕 성적이 높은 것과 도덕성이 높은 것은 별개라는 입장과 유사 • 진정한 평가, 참평가와 같은 의미 • 교사의 교수능력을 평가하기 위해 직접 가르쳐 보도록 하는 것 • 수행평가 방식 중 하나의 특수한 사례
직접적인 평가 (direct assessment)	• 정답을 선택할 수 있는 것보다, 서술하거나 구성할 수 있는 것을 중시함 • 도덕성을 지필시험보다는 학생의 행동을 직접 보고 평가하는 것 • 수행평가는 가급적 직접적인 평가를 지향함
실기시험 (performance-based assessment)	• 지필시험보다는 실기시험을 중시함 • 단순히 기억하는 것보다는 실제로 할 줄 아는 것이 중요함 • 실기평가는 수행평가의 한 유형임
포트폴리오 평가 (portfolio)	• 학생 스스로가 만든 작품집이나 서류철 등을 이용한 평가 • 결과가 나오기까지의 과정 및 변화에 대한 평가를 중시함 • 성취도 자체도 중요하지만 학생의 노력이나 향상도도 평가함 • 일회적·단절적인 평가가 아닌 지속적·통합적인 평가 • 수행평가의 대표적인 유형임
과정중심 평가 (curriculum-based-assessment)	• 학습의 결과가 아니라 학습의 과정을 중시하는 평가 • 과정중심 평가는 수행평가가 강조하는 중요한 측면임

(2) 특징

① 학생이 정답을 선택하게 하는 것이 아니라, 자기 스스로 답을 작성(서술 또는 구성)하거나 행동으로 나타내도록 한다. 한 가지 정답만을 선택하게 하는 평가 방법으로는 학생이 그 반응을 선택하게 되는 인지과정이나 문제해결과정을 파악하기 어려우므로 자신이 옳다고 생각하는 답을 직접 생산하게 하는 것이 학생의 인지구조나 문제해결과정을 쉽게 파악할 수 있다.

② 단순기억력과 같은 낮은 사고기능보다는 창의성, 문제해결력, 비판력, 판단력, 정보수집·분석력, 통합력과 같은 고등사고기능의 파악을 중시한다.

③ 수행평가는 추구하고자 하는 교육목표 달성 여부를 가능한 한 실제 상황에서 파악하고자 한다.

④ 교수·학습의 결과뿐만 아니라 과정도 함께 중시한다. 수행평가는 선언적 지식(무엇에 대해 아는 것)의 습득 수준뿐만 아니라 절차적 지식(어떻게 하는지 아는 것)의 습득 수준을 파악하는 것 또한 중요시 여기는데, 이는 교수·학습 활동을 돕고 개선하기 위해 필요하다.

⑤ 학생의 학습과정을 진단하고 개별학습을 촉진하는 노력을 중시한다. 따라서 수행평가에서는 평가과정이 교수·학습과정과 분리되기보다는 서로 통합된 형태로 시행된다.

⑥ 집단에 대한 평가도 중시한다. 수행평가는 학생 간의 지나친 경쟁을 유도하는 것이 아니라 협력을 유도하며, 학생의 사회성 신장에 기여할 수 있다.

⑦ 단편적인 영역을 일회적으로 평가하기 보다는 학생 개개인의 변화·발달과정을 종합적으로 평가하기 위해 전체적·지속적으로 평가하는 것이 중요하다.

⑧ 학생의 인지적 영역뿐만 아니라 학생 개개인의 행동발달이나 흥미, 태도 등의 정의적 영역, 운동기능 등의 심동적 영역에 대한 종합적인 평가도 중시한다.

⑨ 교사와 학생 간의 신뢰와 사랑으로 바탕으로 학생의 지식, 기능, 태도 등에 대해 교사가 직접 평가하는 수행평가를 시행하게 되면 교수·학습활동에서 자연스럽게 전인교육의 이념이 실현될 가능성이 높아진다.

(3) 교수·학습활동에서 수행평가의 필요성

① 지식·정보화 시대를 맞이하여 사고의 다양성과 창의성을 신장시키기 위해 필요하다. 창의성, 문제해결력의 고등사고기능을 직접적으로 평가함으로써 궁극적으로는 그러한 능력을 신장시키기 위함이다.

② 여러 측면의 지식이나 능력을 지속적으로 평가하여 교수·학습활동을 개선하기 위해 필요하다. 어떤 학생이 특정 문항에서 왜 틀렸는지 그 원인에 대한 자세한 정보를 제대로 수집할 수 있음이 중요하다.

③ 학생이 인지적으로 아는 것뿐만 아니라, 그것을 실제로 적용할 수 있는지의 여부를 파악하기 위해 필요하다.

④ 학습자 개인에게 의미 있는 학습활동이 이루어지기 위해 필요하다. 평가의 내용이나 절차를 적극적인 태도로 각 개인에게 의미 있는 것으로 바꿈으로써 개개인의 학습과 이해력을 향상시키기 위함이다.

⑤ 평가의 내용과 교수·학습목표나 평가목표를 보다 직접적으로 관련시키기 위해서 필요하다.

⑥ 다양한 지역과 문화가 공존하는 사회 속에서 다양성 그 자체를 인정하면서 동시에 타당한 평가를 하기 위해 필요하다.

(4) 수행평가 시행 절차

① 각 교과목 담당 교사와의 상호 협의를 거쳐 학기별·연간 수업 및 평가계획서 작성

    ㉠ 수행평가를 시행함에 있어 일회적·즉흥적인 평가가 아니라 종합적·체계적인 평가가 될 수 있도록 하기 위함이다.

    ㉡ 수업 및 평가계획서에는 교육내용, 수업방법, 평가방법, 평가 시기 등을 포함한다.

    ㉢ 이 과정을 통해 교사는 특정 과목의 수업 및 평가활동을 체계적으로 진행할 수 있으며, 장기적으로는 수업 및 평가활동을 개선하기 위한 기초자료로도 활용할 수 있다.

    ㉣ 장학사나 교장·교감이 개별 교사의 수업 및 평가활동에 대하여 지도·조언·충고하기 위한 기초자료로 활용할 수도 있다.

    ㉤ 학부모에게 수업 및 평가계획서를 공개함으로써 교사가 학생을 가르치고 평가하는 과정이 임의적인 것이 아니라 체계적·전문적이라는 인식을 가지도록 하며 교사에 대한 신뢰도를 제고하는 데 기여할 수 있다.

    ㉥ 학생에게 수업 및 평가계획서를 공개함으로써 학생으로 하여금 체계적으로 수업 및 평가를 준비할 수 있도록 함과 동시에 자기주도적 학습을 유도하는 데 기여할 수 있다.

② 수업을 진행할 시점에서 성취기준(achievement standard) 구체화하기

    ㉠ 수업 및 평가계획서에 따라 수업을 진행하기 위해 학생에게 무엇을 가르칠 것인지에 대한 성취기준을 구체화한다.

    ㉡ 이때 성취기준이란 각 과목별 교수·학습활동에서 실질적인 기준의 역할을 할 수 있도록 현행 국가수준의 교육과정을 구체화하여 학생이 성취해야 할 능력 또는 특성의 형태로 진술한 것을 말한다.

③ 다양화·전문화·특성화된 수업 진행하기

    ㉠ 차시별 교수·학습지도안을 수업 및 평가계획서와 성취기준에 입각하여 자세히 작성해야 한다.

    ㉡ 수업내용이나 방법이 다양화·전문화·특성화될 때 평가방법도 다양화·전문화·특성화될 수 있다.

④ 명확한 평가 기준(assessment standard) 작성하기

    ㉠ 성취기준을 이용하여 수업을 한 후에, 학생이 성취기준에 실제로 얼마나 도달했는지 그 성취정도를 파악해야 한다.

    ㉡ 평가 기준은 평가도구를 개발할 때 그것의 내용과 수준을 결정하는 데 구체적인 지침이 되며, 평가 후 그 결과를 해석할 때에 직접 참조할 수 있는 실질적인 지침의 역할 또한 지닌다.

⑤ 적절한 평가방법을 결정하고 평가도구 제작하기

    ㉠ 수업 및 평가계획서에서 특정 영역을 서술형으로 평가하기로 했다면, 구체적이고 적절한 평가 과제를 선정하여 문항을 작성하고 그에 따른 모범답안이나 채점 기준표를 작성해야 한다.

    ㉡ 수행평가 도구를 개발할 경우 가능한 한 학생이 자신의 생각이나 의견을 드러낼 수 있도록 해야 한다.

⑥ 개발된 수행평가도구를 통해 다양화 · 전문화 · 특성화된 평가 시행하기
　㉠ 학습과제나 평가방법의 특성에 따라 특정한 평가 실시 기간을 두지 않고 수업을 진행하면서 평가를 동시에 진행할 수도 있다.
　㉡ 수업과 평가를 동시에 실시할 경우 미리 자세한 수업 및 평가계획서를 작성하여 시행하는 것이 좋다.
⑦ 채점 기준표에 따라 채점을 하고, 결과 보고하기
　㉠ 수행평가 도구를 이용한 평가에서 채점을 할 경우에는 가능한 한 2명 이상 채점을 하도록 한다.
　㉡ 평가 결과를 보고할 때에는 가능한 한 수업 및 평가계획서에 제시된 각 교육 내용별로 평가 결과를 제시해 줌으로써 개별 학생이 각 해당 영역에 대한 자신의 강 · 약점을 파악할 수 있도록 하고, 나아가 자기주도학습을 할 수 있도록 유도해야 한다.
⑧ 피드백 반영: 교사는 학생의 평가 결과를 수업 및 평가계획서를 작성하는 데 활용하는 등 교수 · 학습활동의 피드백에 반영해야 한다.

* 백순근, 2002

요약정리 🔍
Zoom OUT 수행평가 시행 절차*

1단계	학기별 또는 연간 수업 및 평가계획서 작성

⇩

2단계	가르치고자 하는 '성취기준(교육목표 및 내용)'을 구체화

⇩

3단계	실제로 다양화 · 전문화 · 특성화된 수업을 진행

⇩

4단계	성취기준을 파악하기 위한 평가 기준 작성

⇩

5단계	적절한 평가방법을 결정하고 평가도구 제작 (모범답안 및 채점 기준표 작성 포함)

⇩

6단계	실제로 다양화 · 전문화 · 특성화된 평가 시행

⇩

7단계	채점 기준표에 따라 채점을 하고, 결과를 보고

⇩

8단계	평가의 결과를 교수 · 학습활동에 피드백

(5) 수행평가도구 개발 절차

① 평가계획 세우기
　㉠ 평가의 목적, 방향, 종류, 방법, 내용, 시기를 결정한다.
　㉡ 평가의 영역, 방법, 횟수, 기준, 반영 비율을 결정한다.
　㉢ 평가의 세부 기준, 결시자 처리 기준 등의 내용을 포함한다.

논술에 바로 써먹는
교육학 배경지식

수행평가 과제를 제작할 때와 수행평가를 실시할 때, 교사가 유의해야 할 점에 대하여 생각해 봅시다.
- **수행평가 과제 제작 시**: 교육목표 및 교육내용과의 관련성을 확인하여 수행평가 과제의 타당성 확보, 과제를 제작할 때 세부적인 루브릭도 함께 미리 만들어 학생에게 공지함
- **수행평가 실시 시**: 교사가 직접 관찰한 내용만을 평가해야 함, 객관도를 높이기 위해 동일한 문항을 여러 교사가 채점해야 함

② 해당 학기에 학생이 도달해야 할 성취기준과 평가가 긴밀하게 연계되어야 하므로, 성취기준을 충분히 이해하고 숙지해야 한다.

⑩ 성취기준에 도달한 정도를 측정·평가하기 적합한 방법을 선정하고, 수행수준에 따라 채점 기준표를 작성한다.

② 평가도구 개발하기

㉠ 성취기준의 도달 정도를 적절하게 추론할 수 있는 방법을 선정한다.

㉡ 특히 정의적 영역을 파악할 수 있는 장치, 학생 스스로 자신의 학습과정을 반성할 수 있도록 하는 장치 등을 고려한다.

㉢ 학생들의 선이해도와 흥미 수준이 어느 정도인지, 과제를 수행함에 있어 교과지식을 얼마나 요구할 것인지, 과제의 형식에 어느 정도의 자유를 줄 것인지, 성취기준 도달 정도를 확인하기 위해 어떤 요소가 반드시 포함되어야 하는지, 팀 과제라면 팀원들의 역할을 어떻게 분배하도록 할 것인지 등을 고려하여 과제를 구조화한다.

③ 채점계획 수립 및 채점 기준표 개발

㉠ 평가의 목적, 경제성, 신뢰도 등을 고려하여 채점방법을 선택한다.

㉡ 채점방법의 종류

구분	총괄적(총체적) 채점 (Holistic scoring method)	분석적 채점 (Analytical scoring method)
특징	• 학생의 전반적인 수행수준을 하나의 척도로 평가하는 방법 • 피험자의 응답을 전반적으로 읽은 후, 전체적인 느낌에 의하여 점수를 부여 • 종합적인 관점에서 채점하고 단일의 점수나 등급을 부여	• 구별되는 몇 가지 채점 요소나 평가기준별로 점수를 부여 • 응답내용을 요소로 구분하여 점수를 부여하는 채점 • 평가요소별로 부여한 점수를 합산
장점	• 채점 시간과 채점자 훈련 시간이 적게 걸려 경제적임 • 수행을 전체적으로 판단하기에 유용함 • 효율적이고 요약적인 채점이 가능 (모든 특성을 한 번에 고려하기 때문) • 채점이 쉽고 시간이 적게 듦	• 채점 요소나 평가 기준에 대한 채점자의 충분한 이해를 전제로 했을 때 채점자 간 또는 채점자 내 신뢰도가 높음 • 명확한 기준을 제공하므로 더욱 일관된 채점을 가능하게 함 • 수행을 구성요소별로 평가하므로 학생의 수행에 구체적인 피드백이 가능함 • 학생의 강점과 약점에 대한 정보를 쉽게 파악 ⇨ 적절한 피드백을 주기에 용이 • 채점기준에 대한 의사소통이 보다 효율적이어서 채점자들 사이의 조정에 효율적

구분	총괄적(총체적) 채점 (Holistic scoring method)	분석적 채점 (Analytical scoring method)
단점	• 학생이 무엇을 잘했고, 어떤 점을 개선해야 하는지에 대해 구체적인 정보를 거의 제공하지 못함 • 학생의 수행에 대한 풍부한 이해와 진단을 목적으로 할 때에는 쓰기 어려움	• 분석적 채점기준을 만드는 데에 시간이 오래 걸림 • 평가 요소별로 여러 번 채점하기 때문에 채점 시간이 많이 소요됨

(6) 수행평가의 신뢰도(채점자 신뢰도, 객관도)를 높이는 방안

① 교과협의회에서 토론과 합의를 통하여 채점 기준을 정하고 이를 공유할 경우 보다 일관성 있는 채점이 가능해진다.

② 학생이 과제를 수행함으로써 성취하기를 기대하는 지식, 기술, 태도 등을 진술하고 수행수준에서의 성취기준을 명세화한 루브릭을 제작할 경우, 신뢰도를 높일 뿐 아니라 학생이 체계적으로 수업 및 평가를 준비하게 되어 자기주도적 학습도 유도할 수 있다.

③ 평가에 참여하는 평가자에게 평가자 오리엔테이션을 실시하여, 채점 기준표를 설명하고 예비 채점, 채점 기준 수정, 점수 기록 등의 훈련과정을 거쳐 채점자의 신뢰도를 높일 수 있다.

④ 동일한 과제에 대해 수행과정 및 결과를 여러 명의 교사가 채점하고, 채점 결과의 평균값을 활용한다.

⑤ 교사뿐 아니라 학생도 평가에 참여하도록 하여 동료평가 및 자기평가를 평가 요소로 적용 시 채점의 신뢰도를 높일 수 있다.

구분	기존의 평가 체제 (예시: 선택형 시험)	수행평가
시대적 상황	• 산업화 시대 • 소품종 대량생산	• 정보화 시대 • 다품종 소량생산
진리관	절대주의적 진리관	상대주의적 진리관
지식관	• 객관적인 사실이나 법칙 • 개인과 독립적으로 존재	• 상황이나 맥락에 따라 변함 • 개개인에 의해 창조 · 구성 · 재조직됨
철학적인 근거	합리론, 경험론, 행동주의 등	구성주의, 현상학, 해석학, 인류학, 생태학 등
학습관	• 직선적 · 위계적 · 연속적 과정 • 추상적 · 객관적 상황 중시 • 학습자의 기억 · 재생산 중시	• 인지구조의 계속적 변화 • 구체적 · 주관적 상황 중시 • 학습자의 이해 · 성장 중시
평가 체제	• 상대평가 • 양적평가 • 선발형 평가	• 절대평가 • 질적평가 • 충고형 평가
평가목적	• 선발 · 분류 · 배치 • 한 줄 세우기	• 지도 · 조언 · 개선 • 여러 줄 세우기
평가내용	• 선언적(결과적 · 내용적) 지식 • 학습의 결과 중시 • 학문적 지능의 구성요소	• 절차적(과정적 · 방법적) 지식 • 학습의 결과 및 과정 중시 • 실천적 지능의 구성요소
평가방법	• 선택형 평가 위주 • 표준화 검사 중시 • 대규모 평가 중시 • 일회적 · 부분적인 평가 • 객관성 · 일관성 · 공정성 강조	• 수행평가 위주 • 개별 교사에 의한 평가 중시 • 소규모 평가 중시 • 지속적 · 종합적인 평가 • 전문성 · 타당도 · 적합성 강조
평가 시기	• 학습활동이 종료되는 시점 • 교수 · 학습과 평가활동 분리	• 학습활동의 모든 과정 • 교수 · 학습과 평가활동 통합
교사의 역할	지식의 전달자	학습의 안내자 · 촉진자
학생의 역할	• 수동적인 학습자 • 지식의 재생산자	• 능동적인 학습자 • 지식의 창조자
교과서의 역할	교수 · 학습 · 평가의 핵심내용	교수 · 학습 · 평가의 보조자료
교수 · 학습활동	• 교사중심 • 인지적 영역 중심 • 암기 위주 • 기본 학습능력 강조	• 학생중심 • 지 · 덕 · 체 모두 강조 • 탐구 위주 • 창의성 등 고등사고기능 강조

④ 루브릭(Rubric)

(1) 개념
① 학생이 과제를 수행함으로써 성취하길 기대하는 지식, 기술, 태도 등에 대해 기술한 것이다.
② 학생의 수행과정과 수행수준에서의 성취기준을 명세화한 평가 안내서이자 평가 척도이다.

(2) 루브릭 포함 요소
① 과제 진술: 과제에 대한 명확하고 구체적인 설명에 해당한다. 학생이 과제의 내용과 특성, 형식 등을 충분히 이해할 수 있는 언어로 제시해야 한다.
② 평가 기준 및 차원: 과제의 평가 세부항목을 구체화하는 것으로, 과제를 수행할 때 무엇이 중요하며, 어떤 부분을 성취해야 하는가를 결정하는 것이다. 초·중·고등학교에서는 국가 교육과정의 성취기준을 근거로 과제의 목표가 충실히 반영되도록 평가 기준을 설정한다.
③ 평정을 위한 척도·단계 설정: 주어진 과제가 얼마나 잘 수행되었는가를 판단하는 척도·단계를 설정하며 '우수/보통/미흡' 또는 '5/4/3/2/1' 등으로 구분한다.
④ 수행수준에 대한 기술: 평가 기준 및 차원별로 설정한 척도나 단계에 따라서 기대되거나 실제 나타나는 과제의 특징이나 학생의 행동 특성을 기술한다.

(3) 제작 절차
① 과제의 목적과 이전의 유사경험 점검
　㉠ 과제의 목적 점검: 과제를 통하여 학생의 어떠한 능력이 드러날 수 있는지, 그 능력이 성취수준과 어떻게 연계되는지 확인한다.
　㉡ 이전의 유사경험 점검: 이전에 비슷한 과제를 시행했을 때 학생의 수행이 어떠했는지 확인한다.
② 평가 요소의 추출 및 범주화
　㉠ 평가 요소 추출: 과제를 분석하여 세부내용을 파악한다.
　㉡ 평가 요소의 범주화
　　ⓐ 과제를 통해 성취하기를 기대하는 학습목표를 유목화하여 평가 요소로 삼는다.
　　ⓑ 그 외에 성취수준에서 구체화된 학습목표, 내용, 수행 과제, 주요 활동 등을 고려하여 평가요소를 추출하되, 지필평가로 평가하기 어려운 정의적 영역이나 사회적 역량이 평가 요소에 포함되도록 한다.
　　ⓒ 평가 요소가 정해지면 중요도에 따라 배점을 결정하고, 결정된 평가 요소의 내용과 배점이 성취수준과 학습목표를 적절하게 반영하고 있는지 재점검한다.

③ 성취수준의 개수(단계) 설정 후 서술
　　㉠ 성취수준의 개수(단계): 성취수준은 3~5개로 구분하는 것이 실제 채점에 활용할 때 용이하다.
　　㉡ 성취수준의 서술: 각 평가 요소별 성취수준에 따라 학생의 수행이 어떠한 특성을 가지는지 또는 어떻게 다른지 상세히 서술한다.
④ 채점
　　평가자 스스로 다수 학생들의 과제를 채점하면서 얼마나 일관된 채점 기준을 유지하고 있는지 살피고, 일관되지 못한 부분이 있다면 그 원인이 무엇일지 생각해보고 필요한 경우 채점 기준표를 수정·보완한다.

(4) 특징 및 장점

① 다양한 수준의 수행을 평가자가 효과적으로 변별할 수 있도록 타당하고 신뢰롭게 구축되도록 한다. ⇨ 평가 기준이 명확하여 결과가 일관적이고 신뢰도가 높기 때문에 기존 수행평가의 약점인 객관도와 신뢰도를 보완할 수 있다.
② 교육목표로부터 수행 준거를 달성하기 위한 적절하고 핵심적인 수준을 추출, 기술한다. ⇨ 수행 특성을 여러 단계 수준으로 세분화하여 제시하기 때문에 학생이 도달한 수행의 현재 상태와 발달 가능성 및 방향을 제공해 줄 수 있다.
③ 수행의 양적 정보가 아닌 질적 정보에 초점을 두어 수행의 개선을 유도한다. ⇨ 학생의 수행에 대한 질적 정보를 제공해 주기 때문에 학생의 강점과 약점을 파악할 수 있어 학생의 자기조절적 학습태도 증진에 도움을 준다.

참고 루브릭 예시*

* 이석영 상도중학교 수석교사 (영어과) 제공(카페 영어교사공유 나라 운영 https://cafe.naver.com/etkatok)

1. 예시 1

〈수행평가 주제: 작가와 작품 소개하기〉

1. 개요

성취 기준	[9영04-02] 일상생활에 관한 그림, 사진, 또는 도표 등을 설명하는 문장을 쓸 수 있다. [9영04-05] 자신이나 주변 사람, 일상생활에 관해 짧고 간단한 글을 쓸 수 있다.		
교과 역량	영어 의사소통능력, 정보처리 역량, 자기관리 역량	시간	5차시
평가 유형	쓰기	배점	20점
평가 목표	개인별로 작가를 한 명 선정하여, 그 작가와 작품에 대하여 시각적인 자료와 함께 소개하는 글을 쓸 수 있다.		
평가 의도	작가를 한 명 선정하여 그 작가와 작품에 대해 다각도로 조사하고 자료를 정리하여 짜임새 있는 글의 구성을 갖춰 소개하는 글을 쓰는 과정을 통해 주제에 적합한 내용으로 글을 구성하여 소개하는 영어 의사소통능력과 함께 정보처리 역량, 자기관리 역량을 평가하도록 한다.		

2. 교수 · 학습활동 및 평가 연계 운영 과정안

단계	단계별 활동	평가 및 피드백 계획	
		인지적 영역	정의적 영역
1단계	• 수행평가 안내 • 채점 기준표 이해(모둠활동으로 예시글 분석하기)	교사 전체/ 모둠별 피드백	점검할 영역 확인 (자기조절능력), 1차 자기평가
2단계	• 글의 내용 정리하기 – 작가 선정 후 조사하기 및 내용 영어로 정리 – 채점 기준표로 자기평가	교사 전체/개별 피드백, 자기평가	활동지에서 해당 항목 자기평가
3단계	• 글 구성(도입, 전개, 정리)하기 • 초안 쓰기 – 채점 기준표로 자기평가	교사 전체/개별 피드백, 자기평가	활동지에서 해당 항목 자기평가
4단계	• 교사 피드백 반영하여 초안 수정 • 채점 기준표를 근거로 동료 피드백 상호 교환 및 수정 • 수정본 제출	동료 피드백 (글의 구성. 내용) 교사 개별 피드백(언어 사용)	활동지에서 해당 항목 자기평가
5단계	• 교사 피드백 반영하여 재수정 – 채점 기준표 전체 참고하여 자기평가 • 시각자료 포함하여 최종 쓰기 – 조건 충족 여부 확인	채점 기준표로 교사 개별 피드백	점검할 영역 확인 (자기조절능력), 2차 자기평가, 교사 확인 및 피드백

3. 채점기준표(쓰기 수행 20점)

평가 항목 \ 척도	5	4	3	2	1
글의 구성 (5)	• 글의 도입, 전개, 정리가 분명하게 드러남 • 필요한 부분에 적절한 연결어를 사용함	• 글의 도입, 전개, 정리가 분명하지 않은 부분이 있음 • 연결어 사용이 어색한 부분이 있음	• 글의 도입, 전개, 정리가 분명하지 않음 • 연결어 사용이 전체적으로 어색함	• 글의 도입, 전개, 정리의 구분이 없음 • 연결어를 사용하지 않음	초안과 최종 글쓰기 내용이 3문장 미만인 경우 이 항목은 채점하지 않음
내용 (5)	• 6개 이상의 설명이 있음 • 모든 설명이 구체적임	• 5개의 설명이 있음 • 설명의 구체성이 부족한 부분이 있음	• 3~4개의 설명이 있음 • 대체로 설명이 구체적이지 않음	• 설명이 2개 이하임	
	• 작가에 대한 설명 3가지 이상 • 작품에 대한 설명 3가지 이상				
언어 사용의 정확성 (어휘와 언어 형식) (5)	• 어법이나 철자 오류가 거의 없음 • 적절하고 다양한 어휘를 사용함 • 내용 이해에 어려움이 전혀 없음	• 어법이나 철자 오류가 일부 있음 • 어휘가 어색한 부분이 있음 • 내용 이해에는 큰 어려움이 없음	• 어법이나 철자 오류가 많은 편임 • 어휘가 어색한 부분이 다소 있음 • 내용 이해에 어려움이 있는 문장이 일부 있음	• 거의 모든 문장에서 어법, 철자, 어휘의 오류가 있음 • 내용 이해가 어려움	
조건 충족 (5)	4개 항목 충족함	3개 항목 충족함	2개 항목 충족함	1개 항목 충족함	
	• 작가와 작품 설명에 해당하는 시각 자료를 모두 제시함 • 모든 자료의 출처를 밝힘 • 각 문장은 주어 + 동사를 갖추었고, 단어 개수가 8단어 이상임 • 필수 사용 표현을 사용함 (It ~ that… 강조 구문)				

4. 자기조절능력 확인표

항목	탁월	숙달	기본	초보
자기조절	목표나 과제를 완수하기 위해 스스로 체계적인 계획을 세우고 빠뜨리는 경우 없이 행동으로 옮김	목표나 과제를 완수하기 위해 계획을 세우고 그대로 실천함	목표나 과제를 완수하기 위해 계획을 세우고 대체로 행동으로 옮김	목표나 과제를 완수하기 위한 계획을 세우지 못하거나, 계획을 세우더라도 행동으로 옮기는 경우가 많지 않음
	노력, 시간, 자원 등을 스스로 체계적·지속적으로 관리하고 확인함	노력, 시간, 자원 등을 스스로 관리하고 확인함	노력, 시간, 자원 등을 때때로 확인하면서 관리해나감	노력, 시간, 자원 등을 제대로 파악하지 못하고 그것을 관리하지 못하는 경우가 많음
	해야 할 일이나 중요한 것을 빠뜨리지 않고 파악하여 순서를 구체적으로 정하고, 그 순서에 따라 일을 하며 수행 여부를 스스로 확인함	해야 할 일이나 중요한 것의 순서를 정해 놓고 그 순서에 따라 일함	해야 할 일이나 중요한 것의 순서를 대략적으로 정하고, 대개의 경우 그 순서에 따라 일함	해야 할 일이나 중요한 것의 순서를 정하지 못하거나 순서와 상관없이 일을 하는 경향이 있음
	필요한 도움이나 자원을 정확하게 요청하고, 적절하게 활용함	필요한 도움이나 자원을 요청하고, 적절하게 활용함	필요한 도움이나 자원을 요청하여 활용함	도움이나 자원이 필요하지만 이를 요청하지 않음
	스스로 어려움이나 실패의 원인을 구체적으로 파악하고 개선점이나 해결책을 찾으려고 다양한 방법을 적극적으로 시도함	스스로 어려움이나 실패의 원인을 분석하고 다시 도전함	어려움이나 실패의 원인을 파악하고 개선점이나 해결책을 찾으려고 시도함	어려움이나 실패의 원인을 파악하지 못하고, 개선하거나 해결하려는 시도를 하지 않음

2. 예시 2

〈Lesson 5 Advertising an Eco-friendly Product(Writing)〉

1. 개요

성취 기준	[9영04-03] 일상생활에 관한 그림, 사진, 또는 도표 등을 설명하는 문장을 쓸 수 있다.		
핵심 역량	의사소통 역량, 정보처리 역량, 창의적 사고역량, 자기관리역량	시간	3~4차시
평가 유형	쓰기	배점	20점
평가 목표	개인별로 친환경 제품 중에서 하나를 선정하여 그 제품을 설명하는 글을 쓸 수 있다.		
평가 의도	친환경 제품을 설명하는 글을 쓰는 과정을 통해 주제에 적합한 정보를 정리하 고 내용을 구성하는 능력과 함께, 자기관리 역량, 정보처리 역량, 창의적 사고 역량, 영어 의사소통 역량을 평가하도록 한다.		

2. 교수 · 학습활동 및 평가 연계 운영 과정안

진행순서	교수 · 학습활동	피드백 계획	평가계획
1단계 (원격)	• 쓰기 평가 안내(5과 쓰기 부분과 연계) • 브레인스토밍 및 아이디어 정리	활동 중 개별 피드백	–
2단계 (원격)	• 예시글 분석 및 1차 글쓰기	활동 중 개별 피드백	쓰기 20점 (차시별 과제 수행 5점 + 내용 관련 15점)
원격수업 기간	–	1차 글쓰기 내용 및 구성에 대해 교사 개별 피드백	
3단계 (등교)	• 교사의 피드백 반영하여 수정하기 • 친구와 바꿔 읽고 서로 피드백 주기	활동 중 구두 피드백, 동료 피드백	
4단계 (등교)	• 최종 글쓰기 후 제출	채점 기준표로 개별 피드백	

3. 채점 기준표(쓰기 수행 20점)

평가 항목		척도 5	4	3	2	1
차시별 과제 완성	글쓰기 제출	–	–	1차 글쓰기와 최종본을 모두 제출함	1차 글쓰기와 최종본 중 하나를 미제출함	1차 글쓰기와 최종본 모두 미제출함
	동료 피드백	–	–	–	친구의 글에 적절한 피드백을 제공함	친구의 글에 적절한 피드백을 제공하지 않음
조건 충족		주제 관련 내용을 모두 포함하고 제시된 조건을 모두 충족함	주제 관련 내용이나 제시된 조건 중에 빠진 부분이 하나 정도 있음	주제 관련 내용이나 제시된 조건 중에 빠진 부분이 2~3개 정도 있음	주제 관련 내용이나 제시된 조건 중에 빠진 부분이 4개 이상 있음	1차와 최종 글쓰기의 내용을 제출하지 않은 경우 이 항목은 채점하지 않음
내용 및 구성		주제 관련 내용이 구체적으로 제시되어 있고 글의 흐름이 자연스러움	주제 관련 내용의 구체성이 다소 부족하거나 글의 흐름이 어색한 부분이 있음	주제 관련하여 구체적 정보가 없는 내용이 많거나, 글의 흐름이 없이 몇 개의 문장을 나열함	문장의 수 자체가 너무 적어 내용이 있는 글(단락)을 구성하지 않음	
언어 사용		어법과 어휘의 오류가 거의 없고 적절한 어휘를 사용함	어법과 어휘의 오류가 다소 있으나 내용 이해에는 어려움이 없음	어법과 어휘의 오류가 많고 어휘의 사용이 제한적이어서 내용 이해 어려움	문장 대부분에 어법이나 어휘의 오류가 있거나, 어휘의 사용이 매우 제한적임	

4. 자기평가

1. 이번 쓰기 점수는 몇 점인가요? _____
   (1학기 쓰기 점수: _____)

2. 이번 쓰기를 준비하면서 어떤 점에 특별히 신경을 썼나요?
   _____

3. 1차 글쓰기와 최종 글쓰기를 비교하여 생각해 봅시다.
   (1) 1차 때보다 최종 글쓰기가 더 나아졌나요?
       그렇다 □   별 차이 없다 □
       왜 그렇다고 판단하나요?
       _____

   (2) 선생님이나 친구의 피드백이 도움이 되었나요?
       _____

4. 이번 쓰기 평가를 통해서 알거나 배우게 된 점을 쓰세요.
   _____

5. 이번 쓰기 평가를 마친 나 스스로를 칭찬해 주세요.
   _____

⑤ 수행평가의 방법

수행평가 본질 구현 정도	평가방법
매우 높음	실제 상황에서의 평가
↑	실기시험, 실험·실습법, 관찰법, 구술시험, 면접법, 토론법
	포트폴리오 평가, 자기·동료평가 보고서법
	연구보고서법, 프로젝트 평가
	논술형
↓	서술형, 선택형(선다형)
매우 낮음	선택형

[그림 4-7] 수행평가 방법

(1) 포트폴리오 평가

① 개념 및 특징

㉠ 자신이 쓰거나 만든 작품을 누적하여 체계적으로 모아 둔 개인 작품집이나 서류철을 이용한 평가방법이다.

㉡ 단편적인 영역에 대하여 일회적으로 평가하지 않고 학생 개개인의 변화·발달과정을 종합적으로 평가하기 위하여 전체적·지속적으로 평가하는 것을 강조하는 평가로, 수행평가의 대표적인 방법 중의 하나이다.

㉢ 그림, 사진, 시, 소설 등의 작품집을 이용하여 평가하며 글짓기 결과물, 독서장, 관찰기록, 일화노트, 과목의 과제물, 연구보고서나 실험·실습 결과보고서 등을 정리한 자료집을 이용하여 평가할 수 있다.

㉣ 구성주의 인식론을 토대로 학생의 변화와 발전과정을 종합적·지속적으로 평가함을 강조하면서 학습자가 지식을 적극적으로 형성한다고 본다.

② 장점

㉠ 학생은 스스로의 변화과정을 알 수 있고, 자신의 강점이나 약점, 성실성, 잠재가능성 등을 스스로 인식할 수 있다.

㉡ 교사는 학생의 과거와 현재의 상태를 쉽게 파악할 수 있고, 앞으로의 발전 방향에 대해 쉽게 조언할 수 있으며, 과정과 결과에 드러난 학생의 정의적 특성에 대한 평가가 가능하다.

㉢ 학생이 자신의 지식과 기술을 이용하여 과제를 수행하고, 산출물을 만들어 내는 과정과 그 결과물을 관찰하여 판단하는 평가이므로, 수행과정과 결과 모두 평가할 수 있다.

③ 단점

㉠ 포트폴리오에 포함되는 수행과제에 대한 정답이 없기 때문에 채점 시 채점자의 주관이 개입될 여지가 많아 신뢰도 및 객관도 확보가 어렵다.

㉡ 신뢰도 및 객관도 확보를 위해 루브릭(채점 기준표)을 개발할 필요가 있다.

(2) 포트폴리오 평가 외 여러 가지 평가방법

① 서술형 및 논술형
학생의 생각이나 의견을 직접 서술하도록 함으로써 창의성, 문제해결력, 비판력, 판단력, 통합력, 정보수집ㆍ분석력 등과 같은 고등사고기능을 평가할 수 있다.

② 연구보고서법
㉠ 개별 과목과 관련이 있거나 범교과적인 연구주제 중 학생의 능력이나 흥미에 적합한 주제를 선택하고, 그 주제에 대해서 학생이 주도적으로 자료를 수집ㆍ분석ㆍ종합한 후에 연구보고서를 작성 및 제출함으로써 평가한다.

㉡ 연구는 주제나 범위에 따라 개인적으로 진행할 수도 있고, 관심 있는 학생들이 함께 모여서 소집단으로 진행할 수도 있다.

㉢ 학생은 연구를 수행하고 보고서를 작성하는 과정에서 연구방법, 정보수집 방법, 다양한 자료들을 종합ㆍ분석하는 방법, 보고서 작성법 등을 익히며, 연구보고서 발표회나 학생들 간의 연구보고서 상호 교환을 통하여 많은 것을 배울 수 있다.

③ 프로젝트 평가
㉠ 학생에게 특정한 연구 과제나 개발 과제 등을 수행하도록 한 다음, 과제를 수행하기 위한 계획서 작성부터 결과물 완성에 이르기까지의 전 과정과 결과물을 이용한 평가방법이다.

㉡ 프로젝트법에서 사용하는 과제가 연구 과제일 경우 앞에서 언급한 연구보고서법과 유사하며, 개별 과제일 경우에는 만들기 과제와 유사하나 결과물과 함께 계획서 작성부터 결과물 완성에 이르는 전 과정까지 중시하여 평가한다는 점에서 차이가 있다.

④ 실기시험
㉠ 교수ㆍ학습활동과 평가를 상호 통합적으로 진행하는 것이 바람직하므로 별도의 시험시간을 정하지 않고 교수ㆍ학습활동 중에 평가를 한다.

㉡ 교사가 학생에게 가르치는 수업시간에 개별 학생들을 관찰하면서 지도ㆍ조언ㆍ충고해주는 과정이 평가활동에 속한다.

㉢ 잘하지 못하는 학생이 잘하는 학생을 보고 배울 수 있도록 학생 간의 상호작용을 적극적으로 장려한다.

⑤ 실험ㆍ실습법
㉠ 학생이 직접 실험ㆍ실습을 진행하도록 하고 그 과정이나 결과에 대한 보고서를 작성 및 제출한 후, 제출된 보고서와 함께 담당 교사가 학생의 실험ㆍ실습과정을 관찰한 결과까지 모두 고려하여 평가하는 방법이다.

㉡ 실험ㆍ실습을 위한 기자재 조작능력이나 실험ㆍ실습에 임하는 태도뿐 아니라 지식 적용 능력이나 문제해결과정까지 포괄적ㆍ종합적으로 평가할 수 있다.

⑥ 구술시험
㉠ 학생이 특정 교육내용이나 주제에 대해 자신의 의견이나 생각을 발표하게 하는 평가방법이다.

㉡ 학생의 학습준비도, 이해력, 표현력, 판단력, 의사소통능력 등을 직접 평가할 수 있다.

⑦ 면접법
  ㉠ 평가자와 학생이 서로 대화를 통해서 얻고자 하는 자료나 정보를 수집하여 평가하는 방법이다.
  ㉡ 구술시험이 주로 인지적 영역을 바탕으로 한 학업성취도를 평가한다면, 면접법은 주로 정의적 영역이나 심동적 영역과 관련된 것을 평가한다.
  ㉢ 비교적 심도 있고 사전에 예상할 수 없었던 정보나 자료를 얻을 수 있으며, 진행상 융통성을 발휘할 수 있다는 장점이 있다.

⑧ 관찰법
  ㉠ 학생을 이해하고 평가하기 위한 가장 보편적인 방법 중의 하나이다.
  ㉡ 객관적이고 정확한 관찰을 하기 위하여 관찰대상을 있는 그대로 기술하는 일화기록법이나, 체크리스트, 평정척도 등을 이용하기도 하고, 비디오로 녹화를 한 후 분석하기도 한다.

⑨ 토론법
  ㉠ 교수·학습 및 평가활동을 통합적으로 수행하는 대표적인 평가방법으로, 특정 주제에 대해 학생들이 서로 토론하는 것을 보고 평가하는 것이다.
  ㉡ 찬·반 토론법은 사회적·개인적으로 서로 다른 의견을 제시할 수 있는 토론 주제에 대하여 개인별 또는 소집단별로 찬·반 토론을 하도록 한 다음, 토론을 위해 사전에 준비한 자료의 다양성이나 충실성, 토론내용의 충실성과 논리성, 반대 의견을 존중하는 태도, 토론 진행방법 등을 총체적으로 평가한다.
  ㉢ 평가를 통해 얻을 수 있는 정보가 많지만, 학생 수가 많을 경우 개별 학생들이 충분히 발언할 기회를 갖지 못하는 단점이 있다.

05 평가대상의 행동에 따른 분류 [기출] 12 중등 / 10 초등

❶ 인지적 평가

(1) 개념
  ① 인간의 뇌신경 및 중추신경을 중심으로 형성되는 인지적 영역, 즉 지적 발달을 다루는 평가이다.
  ② 학교현장에서 이루어지는 교실평가와 국가 및 시·도 교육청 수준의 학업성취도 평가가 대표적이다.

(2) **평가방법**

① 비형식적 관찰

㉠ 학생에 대한 질문을 통해 기존 자료를 검토하거나 수업내용에 대한 학생의 잘못된 이해를 바로잡을 수 있으며, 학생들의 수준에 맞게 수업의 속도를 조절할 수 있다.

㉡ 문제를 해결하거나 과제를 완료하는 데 어려움을 겪는 학생들을 직접 도울 수 있다.

㉢ 다양한 평가방법들과 상호 보완적인 관계로 학생을 평가하는 데 활용된다.

② 교실 성취도검사

㉠ 학생이 목표한 성과를 달성했는지 판단하기 위한 체계적인 방법이다.

㉡ 학생의 다양한 인지적 능력을 평가할 수 있다.

③ 수행평가

㉠ 교육목표 달성 여부를 실제 상황에서 파악하는 과정중심 평가이다.

㉡ 포트폴리오 평가, 서술형, 논술형, 연구보고서법, 프로젝트 평가, 자기 및 동료평가, 면접법, 구술시험법, 토론법, 실험·실습법, 관찰법, 실제상황에서의 평가 등이 있다.

④ 산출물 평가

㉠ 수행평가 중에서도 산출물 자체에 초점을 맞춰서 평가하는 것이다.

㉡ 산출물: 에세이, 그래프, 그림, 포스터, 모형, 실험보고서 등과 같은 최종 결과물을 의미하며 이를 평가하기 위하여 체크리스트, 평정척도, 루브릭 등이 사용된다.

㉢ 산출물 평가의 핵심은 산출물의 특징을 기록으로 남기는 것이다.

❷ 정의적 평가

(1) **개념**

인간의 정서 및 의지의 발달을 바탕으로 형성되는 태도, 흥미, 자아개념, 가치, 불안, 도덕성, 학업적 자기존중, 통제, 동기 등 다양한 정의적 특성을 평가한다.

(2) **유형**

① 질문지법(자기보고서법)

㉠ 개념: 구체적인 질문을 던져 응답하게 하는 측정방법으로, 단기간에 일제히 실시할 수 있을 뿐만 아니라 비교적 신속하게 처리할 수 있어서 널리 사용되고 있는 방법이다.

㉡ 하위 유형

ⓐ 자유반응형: 피험자의 응답 형태에 제한을 가하지 않고 자유롭게 표현하도록 한다.

예 공교육을 내실화하기 위한 방안에 관하여 자신의 견해를 서술하시오.

ⓑ 선택형: 두 개 이상의 답지를 주고 그 가운데에서 적당한 것을 선택한다.

> **예** 당신의 최종 학력은?
> ⓐ 대학원 졸업 이상 ⓑ 대학 졸업 ⓒ 고등학교 졸업 ⓓ 중학교 졸업 이하

ⓒ 체크리스트형: 어떤 행동이나 특성을 목록화한 후에 선택하게 한다. 체크리스트란, 관찰하고자 하는 행동 특성이 나타났을 때 이를 표시할 수 있도록 행동 단위를 자세히 분류하여 열거해 놓은 것이다.

> **예** 당신의 학교생활에서 어려움을 겪고 있는 사항을 모두 표시하시오.
> ⓐ 학업성취 ⓑ 진로문제 ⓒ 교우관계 ⓓ 가정문제 ⓔ 이성교제 ⓕ 성격문제

ⓓ 평정척도형(평정법): 주어진 진술문에 대해 자신이 연속선상에 어느 단계에 있는지 반응하도록 하는 것으로, 체크리스트형과는 달리 어떤 특성의 존재 유무에 대한 정보뿐 아니라, 특성의 정도까지 평가할 수 있다.

> **예** 리커트 척도, 의미변별 척도, 써스톤 척도 등

ⓔ 유목분류형: 같은 종류의 여러 문항을 일정한 표준 또는 준거에 따라 몇 개의 유목으로 분류한다.

> **예** 다음 중 교육부가 정책적으로 실시하는 것에 대해 찬성하면 '+', 반대하면 '−' 특별한 의견이 없으면 'O'를 표시하시오.
> ___ 수업평가 ___ 교사평가 ___ 학교평가 ___ 교육과정평가

ⓕ 등위형: 제시된 항목들을 일정한 기준에 따라 최상위부터 최하위까지 순위를 매기도록 하는 방법이다.

> **예** 다음 중 자신의 인생에서 가장 중요하다고 생각하는 것부터 1 ~ 5의 번호를 쓰시오.
> ____ 가족 ____ 직업 ____ 성격 ____ 학력 ____ 외모

② 관찰법: 피험자를 통제하지 않으며, 일정한 시간에 걸쳐 피험자를 지켜보고 그 결과를 기록하는 방법이다. 사실을 그대로 기록하는 일화 기록법, 행동 특성을 나열한 체크리스트나 비디오, 오디오 등을 활용한다.

③ 면담법: 대화를 통해서 특성을 파악하는 방법으로 라포(rapport)를 형성함으로써 학생을 깊게 이해할 수 있다.

④ 투사법: 개인의 욕구 등이 밖으로 나올 수 있는 자극을 제시함으로써 인간의 내면에 숨어있는 특성을 표출하게 하는 방법으로 잉크반점검사, 드로잉테스트 등이 있다.

⑤ 의미분석법: 여러 가지 사물, 인간, 사상 등의 개념에 대한 심리적인 의미를 분석해 의미공간상의 위치로 표현할 수 있다.

⑥ Q방법론: 인간의 관점, 의견과 같은 주관성을 과학적으로 연구하는 방법이다.

⑦ 사회성 측정법(Sociometry, Moreno)

㉠ 소집단 내 구성원 간의 호의, 혐오, 무관심 등의 관계를 조사하여 집단 자체의 역동적 구조 상태를 알아보기 위한 방법이다.

㉡ 장점

ⓐ 개인의 사회적 적응 개선, 집단의 사회적 구조개선, 집단 재조직 등에 도움을 준다.

ⓑ 전문적 훈련 없이도 작성 · 실시할 수 있어 일선 교사들에게 유용하다.

ⓒ 단점

ⓐ 한 번의 측정결과를 가지고 집단구성원 간의 관계를 고정적으로 보는 오류를 범할 수 있다.

ⓑ 질문의 내용에 따라 학생들의 관계에 악영향을 줄 수도 있다.

ⓔ 사용 시 유의사항

ⓐ 어떠한 기준에서 구성원을 선택하고 배척했는지 밝혀야 한다.

ⓑ 학습을 잘 알고 있는 담임이 실시하고, 결과는 비밀로 해야 한다.

ⓒ 부정적 기준의 사용은 지양하고 부득이한 경우는 신중히 사용해야 한다.

(3) 정의적 특성의 척도화 기법과 내용분석법 기출 09, 19 중등

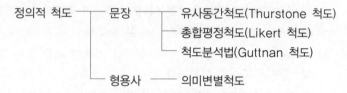

[그림 4-8] 정의적 척도의 분류

① 유사동간척도(Thurstone 척도): 문항의 강도와 난이도에 따라 가중치를 다르게 적용하는 척도이다.

㉠ 제작 절차

ⓐ 정의적 특성에 대하여 적극적인 것에서부터 소극적인 것에 이르기까지 많은 진술문을 제작한다.

ⓑ 제작된 진술문을 다수의 평정자에게 제시한 후 11단계로 평정하게 한다.

ⓒ 진술문의 척도치와 의견차의 비율을 계산한다.

ⓓ 척도치가 등간격이 되도록 척도를 구성한다.

ⓔ 진술문의 모호성과 부적합성을 검증한다.

㉡ 장 · 단점

ⓐ 장점: 척도 개발과정에서 논리적 일관성과 경험적 고려를 중요시하여 신뢰도와 타당도가 높으며, 정의적 특성의 변화까지 검토할 수 있다.

ⓑ 단점: 척도 제작에 시간과 노력이 많이 들고, 진술문 제작이 까다롭다.

② Likert 척도: 피험자로 하여금 여러 개의 적극적 문항과 소극적 문항에 대하여 반응의 밀도(긍정적 · 부정적 정도)와 방향을 나타내는 연속선상 위의 어떤 위치에 자기의 감정을 표시하게 된다.

예 우리 학교는 아름답다.

① 전혀 그렇지 않다. ② 그렇지 않다. ③ 보통이다. ④ 그렇다. ⑤ 매우 그렇다.

㉠ 제작 및 평정 절차

ⓐ 정의적 특성에 관한 진술문에 대해 5 ~ 7단계의 평정선택지를 제작한다.

ⓑ 피험자에게 각 항목별로 자신의 의견에 가까운 선택지를 선택하게 한다.

ⓒ 각 진술문의 선택지에 각각 다른 점수 비중을 두고 점수를 매긴다.

기출 19 중등

기출논제 Check ☑

#3에서 언급된 척도법의 명칭(리커트 척도)과 이 방법을 적용하기 위하여 진술문을 작성할 때 유의할 점 1가지

ⓓ 개인이 선택한 선택지의 점수를 이용하여 총 득점을 구한다.

ⓔ 각 진술문의 반응과 전체 총점의 상관계수인 '문항 내적 합치도'를 통해 문항의 적합도를 검증한다.

ⓛ 장·단점

ⓐ 장점

- 다양한 정의적 평가에 적용 가능하다.
- 피험자로부터 방향과 밀도의 두 가지 측면에서 정보수집이 가능하다.

ⓑ 단점

- 반응 범주의 개수 선택에 신중해야 하고 모든 응답자가 동일한 반응 범주를 사용하여 응답한 것인지의 여부가 불분명하다.
- 정의적 특성의 변화를 측정해 내기가 어렵다.

③ 척도분석법(Guttman 척도)

㉠ 반응을 전체적인 구조 속에서 파악하려는 척도이다.

㉡ 연구되는 태도가 단일한 차원을 가지고 있음을 전제하고 점증하는 강도에 따라서 일련의 태도 문항을 위계적·서열적으로 배열한다.

🔵 만약 단일 차원의 문항에 대한 강한 태도를 갖는 문항에 긍정적인 견해나 태도를 표현한다면 약한 태도를 나타내는 문항에 대해 긍정적일 것이라는 논리를 적용해 문항을 배열하는 것이다.

㉢ 장·단점

ⓐ 장점: 누가적 척도로 전체 척도점수에 대한 순수한 반응형태를 밝히는 것이 가능하고, 정의적 특성의 변화를 측정하는 데 용이하다.

ⓑ 단점: 척도를 개발하는 것이 매우 어려워 수많은 시행착오가 요구된다.

④ 의미변별척도(= 의미분석법): 개인이 어떤 정의적 특성에 대해 그 개념을 어떻게 지각하고 있는가를 심리적 의미 분석을 통해 측정하는 척도로, 서로 다른 의미로 쓰이며 양극단으로 대비되는 형용사를 이용하여 측정·분석하여 그 결과를 3차원의 의미공간상에 표현하는 것이다.

㉠ 평정 절차

ⓐ 양극적인 의미를 가진 형용사의 쌍을 선택한다.

ⓑ 피험자들은 정의적 특성에 대한 자신의 태도를 양극성 형용사 사이의 5 ~ 7단계 척도 중 어디에 속하는지를 표시한다.

ⓒ 특성의 분석은 척도, 개념, 의미공간의 3가지 요소에 의해 이루어진다.

ⓓ 의미공간이란 다양한 형용사를 피험자에게 제시하고 반응하게 한 후 의미 있는 3개의 요인인 '평가요인(evaluative factor), 능력요인(potency factor), 활동요인(activity factor)'을 서로 독립적인 X, Y, Z축으로 하여 그림과 같은 3차원의 의미공간에 위치시켜 상대적으로 비교·분석하는 방법이다.

㉡ 장·단점

ⓐ 장점: 계획하고 실시하는 것이 용이하고 집단 내의 학생들을 비교하는 데 효과적이며 개념, 척도, 개인 간의 차이 등을 쉽게 밝힐 수 있다.

ⓑ 단점: 똑같은 형용사의 쌍에 대해 반응자마다 각기 다른 의미를 부여할 가능성이 있고 사용되는 형용사의 의미가 대상에 따라 달라질 수 있다.

문항 내적 합치도
(interitem consistency)
동일한 구인을 재고 있는 문항들이 어느 정도의 동질성을 가지고 있는가를 나타내는 정도이다. 문항 내적 합치도를 따지는 일반적인 방법은 문항 간의 상관관계를 계산하는 것이다. 문항 간 상관관계가 높을수록 문항들이 동질성을 가지고 있는 것으로 본다. 문항 내적 합치도를 알아보기 위해 사용되는 일반적인 방법은 요인분석으로, 같은 구인을 재는 문항에서는 요인부하량이 크게 나타나고 다른 구인에 대해서는 상대적으로 작은 요인부하량이 나타나면 문항 내적 합치도가 크다고 볼 수 있다.

⑤ 내용분석법
　　㉠ 의사소통과정에서 발생하는 중요한 문제인 '누가, 무엇을, 누구에게, 어떻게 전달하며, 그 효과가 무엇인가'라는 문제를 확인하며 분석하는 방법이다.
　　㉡ 개인의 지적·정의적 특성을 연구하기 위한 방법으로 많이 이용한다.
　　㉢ 편지, 일기, 민속자료, 신문, 모임에서의 대화 또는 발언 내용 등의 기존 자료와 평가대상이 쓴 작품, 인물평, 감상문, 녹음된 자연적 상황에서의 대화 등을 분석한다.

③ 심동적 평가

(1) 개념
주로 예술, 체육, 직업·탐구 관련 교과에서 운동기능 및 조작과 관련하여 평가하는 것이다.

(2) 평가방법
실기평가나 관찰법을 통해서 평가하며, 수행평가를 통해 인지적·정의적 영역의 평가와 통합적으로 이루어진다.

06 평가방법에 따른 분류

① 양적 평가

(1) 개념
① 경험적·실증적 탐구의 전통을 따르는 입장이다.
② 평가대상을 어떤 형태로든지 수량화하고, 수량화된 자료를 바탕으로 통계적 기법을 이용하여 기술·분석하는 방법이다.
③ 교육현상을 포함한 자연현상이나 사회현상을 객관적으로 설명할 수 있다는 절대주의적 진리관에 근거하여 일반적 법칙·원리를 찾는 것에 중점을 둔다.
④ 수량화된 자료를 수집하는 과정에서 측정의 정확성과 반복가능성을 중시한다.

(2) 평가방법
① 학업성취도 검사나 정의적 영역에 대한 질문지법에 의하여 수치화된 자료를 수집하는 것 등이 있다.
② 사전에 여러 개의 평가 관점을 정해 놓고 등급을 정하거나 채점을 하여 이를 합산함으로써 전체를 파악하는 방법을 활용한다.

2 질적 평가

(1) 개념
① 양적 평가에서 간과하는 질적 측면을 포함하며, 교육활동에 관련된 질적 자료를 분석·이해하고 가치를 판단하는 과정이다.
② 소수의 사람들이나 사례, 프로그램, 프로젝트에 대한 구체적이고 생생한 자료 또는 정보를 수집·분석함으로써 평가대상을 보다 더 심층적으로 파악하고 그들의 실제나 과정에 대한 이해를 높이는 것을 목적으로 한다.
③ 교육현상을 포함한 자연현상이나 사회현상을 객관적으로 설명할 수 없다는 상대주의적 진리관에 근거하여 주어진 상황과 맥락 속에서 특정 사건이나 현상을 해석한다.

(2) 평가방법
① 수업 평가 시에는 평가자가 수업현장에 방문해 교사의 수업전략이나 행위를 관찰하고, 수업에 관련된 구성원 간 상호작용 양상 등을 심층적으로 기술한다.
② 평가자가 평가하려는 상황에 어떤 조작도 하지 않고 있는 그대로 평가한다.

개념확대 ⊕
Zoom IN
혼합평가접근
1. 상호 보완적 접근
어떤 평가 상황에서 특정한 방법이 항상 절대적일 수 없으므로, 다양한 관점에서 양적 평가와 질적 평가가 상호 보완적으로 활용될 수 있다고 본다.
2. 다각화의 목적
• 대부분의 평가방법이 편파성과 제한점이 있을 수 있음을 가정하고, 두 가지 이상의 방법을 동일한 현상이나 대상을 평가하는 데 활용할 것을 주장한다.
• 도출된 평가 결과는 서로 수렴하거나 보강되어 평가 결과의 타당도가 향상될 수 있다.
• 혼합연구는 연구의 설계 측면을 향상시킬 수 있고, 일반화가 가능한 대표적인 사례를 확인할 수 있다.
• 자료수집 차원에서 평가도구의 개발 및 실행능력이 향상되고, 피험자에 대한 정보를 제공하여 표본의 편파성을 경감시킬 수 있다.
• 분석 차원에서 양적 방법에 의한 결과를 재확인할 수 있고, 전반적인 오류를 수정하거나 새로운 시각을 얻을 수 있다.

요약정리 🔍
Zoom OUT 양적 평가와 질적 평가 비교

구분	양적 평가	질적 평가
탐구방법	경험적·실증적 탐구	현상적·해석적 탐구
주관과 객관	객관성 강조	상호 주관성과 상호 주관적 이해를 강조
신뢰도와 타당도	신뢰도	타당도
평가목적	일반성 강조	특수성 강조
결과 분석 유형	통계분석	내용분석
자료수집 방법	검사, 설문조사, 델파이조사	문헌분석, 관찰, 현장 방문, 면담, 전문가 판단, 사례연구 등

3 컴퓨터화 검사 (기출 24 중등)

(1) 컴퓨터화 검사의 정의
① 컴퓨터를 이용한 모든 검사를 컴퓨터화 검사(Computerized Test)라 한다.
② 워드프로세서, 빠른 자료 처리와 저장, 그래픽과 동영상, 온라인 전송 등 컴퓨터의 다양한 기능이 평가의 제작, 시행, 채점, 결과분석 및 자료 저장, 관리에 이르기까지 검사의 모든 과정에서 검사를 보다 빠르고 용이하게 수행하는 데 도움을 준다.

(2) 종류

① 컴퓨터 이용 검사(CBT; Computer Based Test)

　㉠ 전통적인 지필 검사와 동일한 내용의 검사를 컴퓨터의 화면과 키보드를 이용하여 실시하는 검사이다.

　㉡ 장점

　　ⓐ 검사결과의 채점 및 보고에 소요되는 시간과 경비를 줄일 수 있다.

　　ⓑ 응답결과나 검사결과의 즉각적인 피드백은 검사를 통한 학습 향상을 도모할 수 있다.

　　ⓒ 동영상이나 음향파일, 그래프, 사진 등을 이용하여 다양한 형태의 문항을 제작할 수 있다.

　　ⓓ 네트워크를 이용하면 어디서든 응시가 가능하다.

　　ⓔ 기존의 지필검사를 치르지 못하던 피험자에게도 검사를 실시할 수 있다. ⇨ 시각장애자나 유아에게 음성을 이용한 검사 실시 가능

　　ⓕ 문항과 피험자에 대한 다양한 정보를 제공하고 지속적으로 저장, 관리할 수 있다.

② 컴퓨터화 능력적응검사(CAT; Computerized Adaptive Testing)

　㉠ 개관

　　ⓐ 개별 피험자의 능력에 맞는 문항을 제시하여 문항을 맞히면 더 어려운 문항을, 틀리면 더 쉬운 문항을 제시하여 피험자의 응답결과에 적응하는 방식으로 실시하는 검사이다. ⇨ 학생의 수준에 따라 치르는 검사의 난이도가 달라져서 개별 학생의 능력수준에 맞는 문제로만 구성된 검사이다.

　　ⓑ 컴퓨터 이용 검사와 마찬가지로 컴퓨터라는 매체를 이용함으로써 얻을 수 있는 일반적인 컴퓨터화 검사의 장점과 피험자 능력수준에 적합한 문항만을 선별하여 개별화된 검사를 치름으로써 얻을 수 있는 적응검사만의 장점을 가지고 있다.

　　ⓒ 컴퓨터화 능력적응검사는 지필검사보다 충분한 수의 양질의 문항(높은 변별도와 낮은 추측도를 가진 문항)을 가진 문제은행을 필요로 한다.

　　ⓓ 컴퓨터화 능력적응검사에는 고전검사이론보다 문항반응이론($\because$문항모수와 피험자 능력모수의 불변성을 가지므로)이 적합하다.

　㉡ 장점

　　ⓐ 피험자의 능력에 맞는 문제를 제시함으로써 동기를 유발하고 사기를 진작시킨다.

　　ⓑ 피험자의 능력수준에 부합한 검사를 실시했을 때 보다 정확한 결과를 얻을 수 있으므로 컴퓨터 능력적응검사를 이용하면 보다 적은 수의 문항으로 보다 정확한 피험자의 능력을 추정할 수 있다. ⇨ 측정의 효율성

　　ⓒ 개인마다 다른 형태의 검사를 시행함으로써 검사 도중 발생하는 부정행위를 방지할 수 있다.

　　ⓓ 검사 문항 내용에 대한 정보유출의 가능성을 최소화할 수 있다.

Chapter 04
교육평가의 실제

교육평가

PART 4

해커스임용 설보연 SANTA 교육학 1

설쌤의
Live Class 🎙️

교육평가의 실제 챕터는 평가문항의 제작 및 분석과 관련된 부분입니다. 과정중심 평가와 성취평가제로 인해 문항 제작에 대한 관심이 많아지면서 꾸준하게 출제되고 있는 부분으로 꼼꼼하게 살펴보시길 바랍니다. **선택형 · 논술형 문항 제작의 유의사항**과 함께 평가 양호도와 관련 있는 **타당도, 신뢰도, 객관도, 실용도 개념**을 정확하게 알고 넘어가야 하며, 또한 문항분석과 관련된 **문항곤란도, 문항변별도, 추측도 개념**도 빠지지 말고 점검해두어야 합니다.

핵심 `Tag` 🔎

 # 선택형 문항
- **장점**: 채점이 쉽고, 객관성 · 신뢰성이 높음   **• 단점**: 교수 · 학습에 대한 정보 제공이 어려움

 # 논술형 문항
- **특징**: 학생의 지식이나 의견을 직접 서술하도록 하는 평가방식이기 때문에 고등사고기능을 평가할 수 있음
- **유의사항**: 문항을 구조화시키고 제한성을 갖도록 출제해야 함

 # 내용타당도
검사를 구성하는 문항이 검사에서 측정하고자 하는 내용과 행동영역을 대표하는가

 # 안면타당도
전문가 입장에서 피상적인 관찰에 의해 검토하여 타당성 여부를 판단하는 것

 # 준거타당도
검사점수와 외적 준거와의 관계를 통해 검사도구의 타당성을 평가하는 것

 # 결과 타당도
어떤 검사를 실시함으로써 체제 전체에 교육적으로 이점이 있었는가의 여부를 검토하는 것

 # 생태학적 타당도
검사 내용 및 절차가 피험자의 사회 · 문화적인 배경, 주변 상황에 타당한지 검토하는 것

 # 문항 내적 합치도
검사 속의 문항을 각각 독립된 한 개의 검사로 보고, 문항에 반응하는 응답의 일관성에 근거하여 그들 간의 합치도, 동질성, 일치성을 종합하는 신뢰도

 # 객관도
결과에 대해 여러 검사자나 채점자가 어느 정도로 일치된 평가를 하는가의 정도

 # 실용도
교사가 학생이 학습과제를 수행하는 과정 및 결과를 보고 학생의 지식, 기능, 태도 등에 대해 판단하는 평가

① 선택형 문항 (기출 00, 03, 06 초등)

(1) 평가의 목적과 방향 설정

① 해당 평가의 목적과 기능이 무엇인지 결정한다.

② 피험자집단의 수준과 특성을 파악한다.

③ 목표 난이도 수준에 대해 합의하고 결정한다.

④ 전체 검사의 소요시간과 문항 수를 결정하고, 시행 절차와 방법을 구체화한다.

(2) 선택형 문항의 종류

① 진위형(true-false form): 제시된 진술문이 참인지 거짓인지를 판단하도록 하는 문항 유형이다.

② 연결형(배합형, matching form): 제시된 전제와 관련 있는 답안을 서로 연결하는 문항 유형이다.

③ 선다형(multiple choice form): 문두(stem)의 질문에 가장 적합한 답을 두 개 이상 주어진 선지 중 하나 이상 고르도록 하는 문항 유형으로, 가장 널리 쓰이는 선택형 문항 유형이다.

참고 **선택형 문항 유형에 따른 제작 시 유의사항**

1. 진위형 유의사항

① 진술문이 애매모호하지 않은가?

② 진술문에 '부정'을 나타내는 어구나 '절대적'인 어구가 들어가지는 않았나?

③ 진술문의 길이가 확연하게 다르지 않은가?

④ 총 문항 수에서 옳은 진술문과 틀린 진술문의 수가 동일한가?

2. 연결형·선다형 유의사항

① 하나의 묶음으로 함께 제시되는 문항끼리는 동질적인가?

② 진술문에 '부정'을 나타내는 어구나 '절대적'인 어구가 들어가지는 않았나?

③ 다른 문항을 통해서 특정 문항의 정답이 유추되지는 않는가?

3. 선다형 유의사항

① 지시문의 의미가 분명히 전달되는가?

② 정답은 논쟁의 여지가 없으며 오답은 매력적으로 제시되었는가?

③ 정답이 되는 순서가 무작위로 배열되어 있는가?

④ 지시문에 '부정' 또는 '절대적'인 어구 등을 포함하지는 않는가?

⑤ 개인의 주관에 따라 정답이 달라지지는 않는가?

⑥ 평가해야 하는 핵심내용을 묻고 있는가?

논술에 바로 써먹는
교육학 배경지식

학기말고사를 실시하여 최저 성취수준에 미달되는 학생을 대상으로 특별 보충학습을 위한 검사도구를 제작할 때 유의해야 할 점에 대하여 생각해봅시다.

- 검사문항의 대표성
- 교육목표의 재확인 및 상세화
- 최저 성취수준을 판단하기 위한 준거의 설정

(3) 평가도구에 대한 청사진 작성

① 검사 청사진은 평가도구의 개발과정을 안내하기 위한 계획서이다.

② 가장 중요한 내용은 교육목표, 즉 평가하고자 하는 학생의 특성이나 능력을 분석하여 평가하기에 적합한 언어로 진술하는 것이다.

③ 행동영역을 설정할 때 '블룸의 교육목표 분류'가 널리 활용된다.

> **참고** 블룸의 교육목표 분류 - 지적 기능의 위계적 분류
>
> **1. 지식(knowledge)**
> ① 아이디어나 자료 또는 사상을 기억해내는 능력이다.
> ② **행동의 진술**: 정의한다, 구별한다, 확인한다, 기억한다, 상기한다, 인지한다 등
>
> **2. 이해(comprehension)**
> ① 자료에 포함되어 있는 뜻을 해독하는 능력이다.
> ② **행동의 진술**: 번역한다, 자기 말로 나타낸다, 예시한다, 다른 말로 표현한다, 재배열한다, 설명한다, 추정한다, 예측한다 등
>
> **3. 적용(application)**
> ① 구체적인 사태에 추상적인 개념을 사용할 수 있는 능력이다.
> ② **행동의 진술**: 응용한다, 일반화시킨다, 관련시킨다, 선택한다, 발전시킨다, 조직한다, 재구조화한다, 분류한다 등
>
> **4. 분석(analysis)**
> ① 자료를 상대적인 위계가 뚜렷해지거나 아이디어가 분명해지도록 구성요소나 부분으로 나누는 능력이다.
> ② **행동의 진술**: 구별한다, 탐색한다, 확인한다, 유목화한다, 분석한다, 비교한다, 대비시킨다, 환원시킨다, 관계시킨다 등
>
> **5. 종합(synthesis)**
> ① 전체를 구성하는 요소나 부분을 하나로 모으는 능력이다.
> ② **행동의 진술**: 쓴다, 생산한다, 구성한다, 창안한다, 수정한다, 종합한다, 도출한다, 말한다, 개발한다, 조직한다 등
>
> **6. 평가(evaluation)**
> ① 어떤 목적에 비추어 내용과 방법의 가치를 판단하는 능력이다.
> ② **행동의 진술**: 판단한다, 토론한다, 타당화한다, 평가한다, 결정한다, 비교한다, 표준화한다, 고려한다 등

④ 검사 청사진에는 주로 설정된 내용영역과 행동영역별 문항 수 분포표인 '이원분류표'를 반드시 포함한다.

⑤ 이원분류표는 평가하고자 하는 내용과 행동영역별로 문항이 적절하게 배분되었는지를 한눈에 확인할 수 있도록 도울 뿐 아니라 최종적으로 내용타당도의 확보 및 평가를 위한 기초자료가 된다.

(4) 문항 초안 작성

① 검사 청사진에 기초하여 문항의 내용이 측정하고자 하는 영역을 충실히 반영하고 있는지를 끊임없이 검토한다.

② 적절한 수준의 복합성을 가지고 있는지를 고려한다.

③ 문항이 간단명료하고, 학생에게 오해 없이 이해되도록 진술한다.

④ 문항 초안 작성 시 유의사항

   ㉠ 질문(문두)의 작성

      ⓐ 출제 의도가 학생에게 분명하게 전달되도록 질문이 무엇에 대해 묻는 것인지 명확하게 드러나도록 한다.

      ⓑ 질문은 가급적 긍정문으로 하고, 부정문일 경우 밑줄로 표시한다.

      ⓒ 질문 중 답을 암시하거나 단서가 되는 내용이 포함되지 않도록 한다.

      ⓓ 가능한 단순하게 제시하되, 조건이 부족하지 않도록 유의한다.

   ㉡ 답지(선지)의 작성

      ⓐ 일차적으로 문두에 대한 답지의 호응이 적절한지 확인한다.

      ⓑ 가능한 한 간단명료하게 제시하고, 반복되는 단어는 문두에 제시한다.

      ⓒ 오답지는 그럴듯하고 매력적으로 만든다.

      ⓓ 정답의 단서가 될 수 있는 요소들은 가급적 제거한다.

      ⓔ 답지들은 너무 이질적이지 않도록 하고, 답지의 길이는 가급적 비슷하게 맞추되, 길이가 다를 경우 짧은 것부터 긴 것 순서로 배열한다. 단, 답지에 논리적 순서가 있는 경우에는 논리적 순서로 배열한다.

(5) 문항 검토 및 수정

① 여러 사람이 문항을 논리적으로 검토·수정하는 과정을 반복한다.

② 내용영역과 행동영역을 충실히 반영했는지 살펴본다.

③ 학생의 수준을 고려하여 문항의 복합성과 난이도가 적절하지 살펴본다.

④ 전반적으로 내용영역을 골고루 활용하였는지 확인한다.

⑤ 문두와 답지에서 발생할 수 있는 문항의 오류 가능성을 확인하고, 오탈자나 내용에 논리적 오류가 없는지 확인한다.

⑥ 다의적 해석이나 정답 시비의 가능성을 확인한다.

⑦ 문항의 내용과 형식 측면에서 검토할 사항

   ㉠ 문항 내용 점검사항

      ⓐ 문항의 내용이 평가하고자 하는 내용을 반영하고 있는가?

      ⓑ 문항의 내용이 중요한 내용인가?

      ⓒ 문항이 교육과정의 내용과 수준에 맞는가?

      ⓓ 문항의 내용과 정답이 논쟁거리가 되지 않는가?

      ⓔ 문항과 답지가 학생의 언어수준에 적합한 단어들로 서술되었는가?

      ⓕ 정답이 두 개 이상이 되지는 않는가?

      ⓖ 오답지가 매력적인가?

      ⓗ 답지의 내용이 모두 문항과 관계된 내용을 포함하고 있는가?

      ⓘ 질문에 답을 암시하는 단어나 내용이 포함되지 않는가?

ⓛ 문항 형식 점검사항

    ⓐ 질문의 내용이 간결하고 명확한가?

    ⓑ 부정문을 사용하지 않았는가? 사용하였다면 밑줄이 그어져 있는가?

    ⓒ 질문과 답지들이 간단한 단어와 단문으로 구성되어 있는가?

    ⓓ 답지들의 문법적 구조가 동일한가?

    ⓔ 답지에 공통적인 단어, 구, 절이 반복하여 포함되어 있지는 않는가?

    ⓕ 답지들의 길이가 유사한가? 유사하지 않다면 짧은 답지부터 긴 답지로 배열되어 있는가?

    ⓖ 답지에서 연도나 수를 나타낼 때 작은 수부터 큰 수로 배열되었는가?

(6) 장·단점

① 장점

ⓐ 채점이 쉽고, 객관성과 신뢰성이 높다.

ⓛ 문항의 답지를 조금만 수정해도 쉽게 문항의 난이도 조정이 용이하다.

ⓒ 필요에 따라서 단순한 사실, 개념, 용어의 기억능력을 평가할 수도 있고, 문항을 변형하여 추론·판단·비판능력을 평가할 수도 있다.

ⓔ 문항의 내용타당도가 높다.

② 단점

ⓐ 교수·학습과정에 대한 정보를 제공하지 못한다.

ⓛ 문항의 제작이 다소 어렵고, 추측 요인을 배제할 수 없다.

2 서답형 문항 기출 01 중등 / 01, 08 초등

(1) 개념

① 질문에 대한 답을 피험자가 직접 작성하도록 하는 문항 유형이다.

② 완성형, 단답형, 논술형 등으로 구분한다.

③ 논술형은 지필평가의 형태이긴 하지만 내용이나 형식면에서 수행평가의 특징이 더욱 뚜렷하다.

(2) 종류

① 완성형(close type): 진술문의 일부를 비워놓고 적합한 단어, 어구, 수식 등을 써넣게 하는 문항 유형이다.

② 단답형(short – answer type): 주어진 질문에 대하여 비교적 간단한 단어, 어구, 기호 등으로 응답하도록 하는 문항 유형이다.

(3) 특징

① 제작이 쉽고 학생의 자유반응을 허용할 수 있으며, 태도 측정에 용이하다.

② 추측으로 정답을 맞힐 가능성이 적다.

③ 자신의 의견을 드러낼 수 있는 기회가 있다.

1. **평가목표와 문항 내용의 일치성**
   ① 문항의 내용뿐만 아니라 형식적인 면에서 평가하고자 하는 특성을 충실히 반영하는 문항이다.
   ② 문항의 요약성, 참신성, 복합성 등 좋은 문항이 되기 위한 여러 요건도 결국 문항이 평가하고자 하는 목표와 내용을 제대로 반영할 수 있도록 하기 위한 조건들이다.

2. **요약성**
   ① 문항의 구조화가 잘 되었다는 것을 의미한다.
   ② 내용적 측면에서 질문과 선지의 의미가 분명하고 구체적이며, 형식적 측면에서 간단 명료해야 한다.
   ③ 평가하고자 하는 특성의 수준이 높은 피험자는 정답을 맞힐 확률이 높고, 평가하고자 하는 특성의 수준이 낮은 피험자는 오답할 확률이 높은 문항이 되어야 한다는 점에서 문항의 변별도와 관련이 있다.

3. **복잡성**
   ① 단순히 어떤 사실을 기억하고 있는가를 묻기보다는 검사의 목적에 맞게 분석 · 종합 · 평가해야 하는 등의 일부 고등사고기능을 요구하는 문항이 되어야 한다.
   ② 그에 따라 적절한 정도의 난이도를 가진 문항이 되도록 한다.

4. **참신성**
   ① 문항이 내용이나 형식적인 측면에서 참신하면 문항 반응에서 피험자의 연습효과를 최소화할 수 있다.
   ② 피험자의 학습동기를 유발하는 데 도움이 되어야 한다.

5. **비차별성, 비편파성**
   ① 문항 제작자는 어떤 문항이 특정 집단에 유리하거나 불리하지 않은지 점검해야 한다.
   ② 지문의 내용이 비윤리적이거나, 문항 응답에서 특정한 정치적 · 종교적 입장에 유리하거나 강조하는 것은 아닌지 확인해야 한다.

❸ 서술형 · 논술형 문항 `기출 10 초등`

(1) 특징
   ① 학생이 답이라고 생각하는 지식이나 의견 등을 직접 서술하는 평가방식이다.
   ② 학생으로 하여금 생각이나 의견을 직접 서술하도록 하기 때문에 창의성, 문제해결력, 비판력, 판단력, 통합력, 정보수집력 및 분석력 등 고등사고기능을 평가할 수 있다.
   ③ 기술된 응답의 내용을 통해 학생이 어떠한 과정을 거쳐 그러한 답에 도달했는지와 같은 학습과 성취에 대한 풍부한 정보를 얻을 수 있다.

(2) 서술형 문항과 논술형 문항의 차이

① 서술형 문항
  ㉠ 학생이 서술해야 하는 분량이 많지 않다.
  ㉡ 채점을 할 때 서술된 내용의 깊이와 넓이에만 관심이 있다.

② 논술형 평가
  ㉠ 학생이 서술해야 할 분량이 상대적으로 많다.
  ㉡ 개인의 생각이나 주장을 창의적·논리적이면서도 설득력 있게 조직하여 작성해야 함을 강조한다.
  ㉢ 채점을 할 때 서술된 내용의 깊이와 넓이뿐만 아니라 글을 조직·구성하는 표현능력이나 논리적인 일관성 등에도 관심이 있다.

(3) 유형

① 응답 제한형
  ㉠ 내용 제한형: 응답의 내용을 제한한다.
  ㉡ 분량 제한형: 응답 분량을 제한하는 것으로 글자 수, 행 수, 문장 수, 반응 수 등을 제한하거나 응답시간을 제한한다.
  ㉢ 서술 방식 제한형: 응답의 서술방식을 제한하는 것으로, '비교·대조하시오', '요약하시오', '개조식으로 서술하시오', '논하시오' 등을 활용한다.

② 자유응답형
  ㉠ 범교과형: 응답해야 할 내용이 특정 교과에 국한된 것이 아니라 여러 교과 내용을 서로 관련시켜 논의하거나 통합적으로 구성하는 것이다.
  ㉡ 특정 교과형: 응답해야 할 내용이 다른 교과와 구별되는 특정 교과내용에 국한된 것이다.
  ㉢ 단독과제형: 답안 작성에 필요한 자료나 정보를 제시하지 않고 제목, 명제, 주제 등을 제시한 후 이를 바탕으로 응답하도록 한다.
  ㉣ 자료제시형: 답안 작성에 필요한 자료나 정보를 제시하고, 이를 바탕으로 응답하도록 한다.

(4) 서술형·논술형 문항 제작 시 유의사항

① 가능한 한 학생이 자신의 생각이나 의견을 드러낼 수 있도록 작성해야 한다.
② 구체적인 교육목적을 평가할 수 있도록 문항을 구조화시키고 제한성을 갖도록 출제해야 한다.
③ 출제 과정에서 출제자는 사전에 모범답안을 작성해야 하며, 모범답안 작성 후에는 채점 기준표를 작성하도록 한다.
④ 선발을 위한 시험에서는 여러 문항 중 일부만 선택하여 응답하게 하는 일이 없도록 해야 한다.
⑤ 서술형·논술형 평가 결과는 학생의 현재 학습에 대한 정보를 수집하는 데 활용될 수 있어야 한다.
⑥ 서술형·논술형 평가 결과는 학생의 성장을 이끌 수 있는 피드백으로 작용하도록 해야 한다.

(5) 논술형 문항의 제작원리

① 복잡한 학습내용의 인지 여부는 물론 분석, 종합 등의 고등정신능력을 측정할 수 있도록 하여야 한다.
② 논술문항의 지시문을 '비교·분석하라', '이유를 설명하라', '견해를 논하라' 등으로 한다.
③ 논쟁을 다루는 논술형 문항은 어느 한 편의 견해를 지지하는 입장에서 논술을 지시하지 말고 피험자의 견해를 밝히고 그 견해를 논리적으로 전개할 수 있게 유도해야 한다.
④ 질문의 요지가 분명하며 구조화되어야 한다.
⑤ 제한된 논술문항인 경우 응답의 길이를 제한하여 주는 것이 바람직하다. 빈칸 및 부호 포함 여부 등도 밝혀야 한다.
⑥ 논술문의 내용이나 지시문 등의 어휘 수준이 피험자의 어휘 수준 이하이어야 한다.
⑦ 여러 논술형 문항 중 선택하여 응답하는 것을 지양한다. 서로 다른 피험자들이 서로 다른 조건하에서 검사를 치르게 되어 평가 기준이 달라질 수 있으므로 선택해서 응답하게 하는 것을 삼가야 한다.
⑧ 질문의 내용이 광범위한 소수의 문항보다는 협소하더라도 다수의 문항으로 질문한다.
⑨ 문항을 배열할 때, 쉬운 문항에서 어려운 문항으로 배열한다.
⑩ 각 문항에 응답할 수 있도록 적절한 응답시간을 배려해야 한다.
⑪ 문항점수를 제시해야 한다.
⑫ 채점기준을 마련하여야 한다.

(6) 논술형 문항의 장·단점

① 장점
　㉠ 피험자의 응답을 어느 형태로든 제한하지 않고 자유를 주므로 피험자가 지니고 있는 모든 정신능력을 발휘할 수 있다.
　㉡ 피험자들의 조직력, 분석력, 비판력, 종합력, 창의력, 문제해결능력을 함양시킬 수 있다.
　㉢ 문항제작이 선다형이나 단답형에 비해 상대적으로 수월하다.
② 단점
　㉠ 논술형 검사는 많은 문항을 출제하기가 용이하지 않으므로 학업성취도 검사 시 넓은 교과 영역을 측정하기 쉽지 않다.
　㉡ 광범위한 내용을 논술하는 문제는 어렵다. 교수–학습에 근거한 내용을 물어보는 논술형 문항은 학습내용에 근거하므로 추상적이지 않으나 대학별 고사에서 실시하는 논술문제는 매우 추상적이어서 무엇을 써야할 지 막연하다.
　㉢ 문장력이 작용하여 채점에 영향을 줄 수 있다. 논술형 문항은 일반적으로 고등정신능력을 측정하기 위한 문항임에도 불구하고 문장력이 뛰어난 피험자의 답안은 상대적으로 높은 점수를 얻을 수 있다.

ⓔ 가장 심각한 단점은 채점의 일관성 문제이다. 논술형 문항의 답을 여러 채점자가 채점할 때 모두 다른 점수를 부여할 수밖에 없다. 같은 피험자의 답안지를 같은 채점자가 다른 시간에 채점할 때도 다른 점수를 부여할 수 있다. 채점자 간 신뢰도와 채점자 내 신뢰도로 채점의 객관성을 확보해야 한다.

ⓜ 문항이 제대로 제작되지 않는다면 선택형보다 더욱 단순한 지식의 인지 여부를 묻는 질문이 될 수 있다.

(7) 교육적 효과*

① 학생 측면

ⓖ 서술형·논술형 평가는 학생 스스로 사고하고 표현할 수 있는 기회를 제공한다. 학생들이 문항이 지시하는 범위 내에서 보다 자유롭게 사고하여 답을 서술할 수 있기 때문에 보다 자유로운 표현과 반응을 보일 수 있다.

ⓛ 서술형·논술형 평가는 창의력, 표현력, 문제해결력과 같은 다양한 역량을 측정하고, 학생들의 추론, 해석, 적용의 과정을 포함하여 평가하므로 이를 촉진할 수 있다. 서술형·논술형 평가는 선택지 중 하나를 고르거나 단순 암기 지식을 단답형으로 작성하는 간접적 반응을 평가하지 않고 학생 스스로 자기의 지식이나 기능을 다양한 역량을 바탕으로 활용하게 되는 직접적 반응을 보일 수 밖에 없기 때문에 자기주도적 역량 등 보다 다양한 역량들을 활용하게 된다.

ⓒ 학생들의 학습 태도 개선에 효과적이다. 서술형 문항은 개념이나 원리 적용을 측정하는 경우가 많으며 또한 이를 학생들이 자신의 말로 표현하여야 한다. 그렇기 때문에 학생들은 서술형 평가를 통해 개념을 활용하고, 정의를 내리며, 원리를 적용해 보는 학습 활동을 하게 되고 이는 학생들의 학습태도에 변화를 가져온다.

ⓡ 서술형·논술형 평가는 학생들의 도달 수준에 따라 부분 점수를 부여하기 때문에 잘하는 학생뿐 아니라 평가 결과에 대해 자신감을 가지지 못했던 학생들도 성취를 맛볼 수 있는 경험을 제공할 수 있고, 학습 욕구 자극이 가능하다.

② 교사 측면

ⓖ 학생에 대한 깊이 있는 이해가 가능하다. 교사들은 문항을 보다 깊고 넓게 다룰 수 있기 때문에 학생들 개개인의 사고와 지식의 폭을 확인할 수 있으며, 개별 학생들의 답안을 여러 번 살펴보는 과정을 통해 개별 학생들의 성취수준이 어느 정도인지 파악할 수 있다.

ⓛ 교수학습에 필요한 정보를 얻을 수 있다. 교사가 학생들의 답안지를 직접 채점하면서 전체적인 학생들의 답안을 살펴봄으로써 자신이 가르친 내용에 대한 학생들의 전반적인 이해 정도를 비교적 정확하게 파악할 수 있다.

ⓒ 학생들의 답안을 살펴봄으로써 학생들이 잘못 알고 있는 용어, 학생들이 가지고 있는 오개념, 학습한 내용과 일상생활의 차이에서 혼돈스러워 하는 부분 등 학생들이 잘못 알고 있거나 어려워하는 부분을 찾을 수 있다.

* 서·논술형 평가, 이렇게 해 봐요!, 경상남도교육청, 2022

교육평가

PART 4

해커스임용 설보연 SANTA 교육학1

❶ 타당도 〔기출〕 00, 04, 07, 11, 17, 23 중등 / 00, 03, 04, 06, 07, 08 초등

(1) 개념

평가도구가 측정대상의 특성을 얼마나 충실하게 측정하고 있는지를 의미한다.

> ㉠ • 지능지수를 측정하는 평가도구로서 머리둘레 사이즈를 재는 것은 여러 번 머리둘레 사이즈를 재서 나온 값이 일관성 있는 결과로 나오기 때문에 신뢰도가 높다고 할 수 있으나, 머리둘레 사이즈가 큰 사람이 지능지수가 높다고 결론을 내리는 것은 부적절하다. 따라서 머리둘레 사이즈를 재는 것은 지능지수를 측정하는 타당한 평가방법이라고 할 수 없다.
> • 초등학생의 수리능력을 측정하기 위해서 어려운 어휘나 지나치게 긴 지문으로 구성된 검사를 적용하는 경우, 한 학생이 낮은 점수를 획득하였다면 그 결과가 낮은 수리능력에서 기인한 것인지 부족한 어휘나 독해능력에서 기인한 것인지 판단하기 어렵다.

(2) 타당도의 종류

① 내용타당도(content validity)
㉠ 검사를 구성하는 문항들이 검사에서 측정하고자 하는 내용과 행동영역을 대표하고 있는 정도를 나타낸다.
㉡ 내용타당도를 판단하기 위해서는 검사가 측정하고자 하는 영역에 대한 분명한 정의가 필요하다. 즉, 교육목표가 무엇인지, 교육목표를 달성하기 위해 요구된 지식이나 기술은 무엇인지, 교육목표가 하위 영역으로 어떻게 구분되며 하위 영역 간의 상대적 중요도는 어떤지 등의 논의가 포함된다.
㉢ 학업성취도 평가에서 내용타당도 검증 시 교육목표를 내용과 행동영역으로 이분화해서 표현한 이원분류표를 작성한 후, 제작된 검사도구에 잘 반영되었는지를 판단한다.
㉣ 전문가의 논리적 판단에 근거하기 때문에 수량화하여 제시하는 것이 불가능하거나 적합하지 않지만, 여러 명의 전문가가 판단의 일치도를 활용하여 내용타당도의 증거로 제시할 수 있다.
㉤ 교수타당도: 검사내용이 교사가 학생에게 가르친 수업내용과 일치하는 정도로, 학생이 학교에서 배운 지식과 기술을 검사가 얼마나 충실하게 측정하는가를 나타내는 개념이다.
㉥ 교과타당도: 검사 문항이 교육과정에서 다루는 내용을 얼마나 잘 대표하는가를 나타내는 개념이다.

기출논제 Check ✅

〔기출〕 23 중등

평가 보고서에서 제안한 타당도의 명칭(교수타당도, 내용타당도)과 이 타당도의 확보 방안 1가지(이원분류표)

〔기출〕 17 중등

D 교사가 고려하고 있는 타당도의 유형(내용타당도)과 개념을 제시

---

② 안면타당도(face validity)
  ㉠ 평가 전문가가 특정 평가방법이나 도구에 대해 전문가 입장에서 검토하여 타당성 여부를 판단하는 것이다.
  ㉡ 평가대상이 될 학생들과 비슷한 수준에 있는 다른 학생들에게 평가도구를 보여주고 평가내용이나 방법 등이 적절한지 여부를 확인하는 것도 일종의 안면타당도를 검토하는 작업이다.
  ㉢ 수치로 표현되기는 어렵지만, 평가계획서 작성이나 평가도구 개발과정에서 타당성을 확보하기 위해 활용하는 방법이다.

> **참고** **안면타당도와 내용타당도 비교**
>
> 안면타당도는 피상적인 관찰을 통해 결정되며 그 문항이 재고자 하는 것이 무엇인지 명료한 것에 국한되는 반면, 내용타당도는 전문가의 철저하고 계획적인 판단에 의해 규정되며, 의도가 명료한 것뿐만 아니라 명료하지 않은 복잡한 내용에 관한 것도 고려하게 된다.

③ 준거타당도(criterion-related validity)
  ㉠ 검사점수와 외적 준거와의 관계를 통해 도구의 타당성을 평가하는 것이다.
  ㉡ 예언타당도(predictive validity)
    ⓐ 현재 검사에서 획득한 점수가 미래의 행동 특성을 얼마나 잘 예측하는지가 타당도를 판단하는 근거가 된다.
      예 대학수학능력시험이 타당한 평가도구라면 이 시험에서 높은 성적을 획득한 학생은 대학에 진학하여 높은 학점을 받을 것으로 기대할 수 있다.
    ⓑ 계량화된 수치로 타당도를 제공한다는 장점이 있지만, 예언변수에서의 점수 범위가 축소될 경우 타당도가 감소될 수 있다.
  ㉢ 공인타당도(concurrent validity)
    ⓐ 이미 타당성을 인정받은 기존 검사의 점수를 준거변수로 하여 검사의 타당도를 평가하는 방법이다.
      예 새로운 대학입학시험을 개발하여 타당도를 평가하기 위해서 현재 적용 중인 대학수학능력시험에서의 점수와 새로운 시험에서의 점수의 상관관계를 구하는 것이다.
    ⓑ 계량화된 수치로 타당도를 제공하는 장점이 있지만, 타당성이 입증된 기존의 검사가 없으면 타당도를 추정할 수 없다는 단점이 있다.
④ 구인타당도(construct validity)
  ㉠ 검사를 통해 측정하고자 하는 구인이 무엇인지에 대한 조작적 정의를 내리고, 검사가 정의된 구인을 얼마나 제대로 측정하고 있는지를 판단하여 검사의 타당도를 평가하는 것이다.
    예 '문제해결력'이라는 구인은 문제 상황이 발생했을 때 창조적이고 논리적인 사고를 통해 이를 올바르게 인식하고 적절하게 해결하는 능력으로 정의된다. 따라서 문제해결력을 측정하기 위해 제작된 검사는 문제해결력을 개념화하고 적절한 내용과 형식의 문항으로 구성되어야 한다.
  ㉡ 구인(construct): 개인이 가지고 있는 특성으로, 이론적 근거에 기반을 둔 추상적·가설적인 개념으로서 직접적 관찰이 불가능한 잠재적 변인을 말한다.

ⓒ 요인분석법(factor analysis)
ⓐ 문항 간의 상관관계를 바탕으로 검사에서 측정하고 있는 구인이 무엇인지, 각 문항들이 의도한 대로 구인을 잘 측정하고 있는지 등을 파악하기 위한 통계적 방법이다.
ⓑ 요인분석을 적용하여 구인타당도를 평가하는 경우, 측정하고자 하는 구인의 하위 요인들이 타당한지, 문항들이 의도한 대로 하위 요인을 측정하는지를 판단할 수 있다.
  예 문제해결력 검사에서 문제해결력을 구성하는 하위 요인으로 창의성, 판단력, 추진력을 가정할 경우, 각 하위 요인을 측정할 수 있는 문항을 개발하여 전체 검사를 구성하게 되고 요인분석을 통해 문제해결력을 의도한 대로 측정하는지를 판단할 수 있다.

ⓓ 중다특성 – 중다방법 행렬표
ⓐ 구인타당도를 평가하기 위해 이미 널리 알려진 다른 검사와의 상관관계를 이용해서 검사의 타당도를 평가하는 방법으로, 공인타당도와 동일한 방법이다.
ⓑ 하나의 구인을 여러 방법으로 측정하는 경우와, 여러 가지 구인을 하나의 방법으로 측정하는 경우가 있다. 이때 여러 가지 방법을 적용하더라도 동일한 구인을 측정하므로 하나의 방법으로 여러 가지 구인을 측정하는 경우보다 점수 간 상관이 더 높을 때 구인타당도가 높다고 본다.
  예 문제해결력을 면접법, 자기보고법, 모의실험으로 측정하는 경우와, 문제해결력, 사회성, 우울지수를 자기보고법으로 측정하는 경우를 비교했을 때, 문제해결력을 면접법, 자기보고법, 모의실험을 이용해서 측정한 결과 간의 상관이 자기보고법을 이용해서 문제해결력, 사회성, 우울지수를 측정한 결과 간의 상관보다 높을 때 구인타당도가 높다고 판단한다.
ⓒ 같은 구인을 서로 다른 방법으로 측정한 결과의 상관이 높을 때 수렴타당도(convergent validity)가 높다고 하고, 같은 방법으로 서로 다른 구인을 측정한 결과의 상관이 높지 않을 때 변별타당도(discrimination validity)가 높다고 한다. 이때 수렴타당도가 변별타당도보다 높을 때 구인타당도가 높다고 판단할 수 있다.

ⓔ 예언타당도 접근방법
ⓐ 피실험자가 예측 가능한 미래의 특성을 이용하는 예언타당도를 통해 구인타당도를 평가할 수 있다.
ⓑ 집단 간 차이를 이용하는 방법과 실험처치를 통한 방법이 있다.
  예 · **집단 간 차이를 이용하는 방법**: 문제해결력 검사에서 높은 점수를 획득한 집단과 낮은 점수를 획득한 집단으로 피험자를 구분하여 그들의 특성을 추적 관찰했다고 가정해본다. 높은 점수를 획득한 집단의 피험자들이 시간이 흐른 후에 다른 성격검사를 실시했을 때 창의적이고, 판단을 잘하고, 실제 행동으로 옮기는 결단력이 높게 나타났다면 문제해결력 검사가 구인을 적절하게 측정하고 있다고 할 수 있다.

- **실험처치를 통한 방법**: 문제해결력을 향상시키는 데 효과가 있다는 프로그램에 참여한 집단과 참여하지 않은 두 집단을 가정하고, 두 집단의 피험자들에게 프로그램 참여 전과 후에 문제해결력 검사를 시행했다고 가정해본다. 이때 프로그램에 참여한 집단에서 문제해결력 검사점수의 상승 폭이 더 크게 나타났다면 문제해결력 검사는 해당 구인을 잘 측정하고 있다고 판단할 수 있고, 예언타당도로서의 구인타당도가 높다고 할 수 있다.

⑤ 결과타당도(체제적 타당도, consequential validity)
  ㉠ 어떤 검사를 실시함으로써 체제(system) 전체에 교육적으로 이점이 있었는가의 여부를 검토하는 것이다.
  ㉡ 검사의 시행이나 결과에 의해 발생할 수 있는 교육적·사회적 파급효과를 중시해야 한다는 것을 강조하는 입장에서 '결과타당도'라고도 한다.
    예 선택형 학력검사가 학생의 고차원적인 사고력의 신장을 저해하고 있다면 그 시험의 체제적 타당도는 매우 낮다고 할 수 있다.

⑥ 생태학적 타당도(ecological validity): 검사의 내용이나 절차가 피험자들의 사회·문화적인 배경이나 주변 상황에 타당한가를 검토하는 것이다.
    예 한국 학생에게 미국 관련 지명이나 생활 습관에 대한 내용을 질문하거나 문화적 편견, 인종에 따라 불리하게 작용할 소지가 있는지 여부를 검토하는 것

요약정리
Zoom OUT 타당도의 종류 및 특징

구분	내용타당도	준거타당도	구인타당도
주요 문제	검사문항은 하나의 표집으로서 전집을 얼마나 잘 대표하고 있는가?	검사가 기준변인에 있어서 행동이나 위치를 얼마나 잘 예언해 주고 있는가?	검사는 어떤 특성을 재고 있는가?
평가 방법	• 표집의 적합성을 따짐 • 수량을 나타내는 지수에 의한 평가가 불가능	• 검사점수와 기준변인에서의 측정 결과를 비교함 • 여러 가지 수량적 표현 방식 중 상관계수가 가장 흔히 사용됨	검사가 무엇을 측정하고 있고, 어떤 것은 측정하지 않는지에 대한 각종 증거를 수집·축적함
주요 관심	정의된 행동영역 또는 검사내용	기준이나 예언하려고 하는 변인	검사가 측정하고 있는 특성
예시	교과서의 한 단원을 표집한 학급시험 문제지	• 학업적성검사를 바탕으로 대학교 성적을 예언함 • 직무능력평가와 같은 입사 시험의 결과를 바탕으로 직무능력을 예언함	지능이나 창의성 등과 같은 특성을 측정하는 검사를 만든 다음, 검사가 주어진 특성을 재고 있다는 증거를 수집함

1. **전집(모집단: population)**
   연구의 대상으로 관심을 가지는 집단 전체를 가리킨다.

2. **표집(표본: sample)**
   ① 실제 연구를 수행하게 되는 대상들을 가리킨다.
   ② 예컨대, 전국의 중3 학생들을 모두 연구할 수 없으므로 표집을 선정하게 된다.

3. **변인(variable)**
   ① 연구에서 관심의 대상이 되는 요인을 의미한다.
   ② 영향을 주는 변인을 독립변인, 영향을 받는 변인을 종속변인이라고 한다.

② 신뢰도 기출 01, 03, 05, 08, 19 중등 / 00, 02, 10, 12 초등

(1) 개념

① 검사를 통하여 측정하고자 하는 것을 얼마나 안정적으로 측정하고 있는가에 대한 정도를 의미한다.
② 한 검사의 점수가 일관성이 있을 때 신뢰도가 확보된다.

(2) 신뢰도와 타당도의 관계

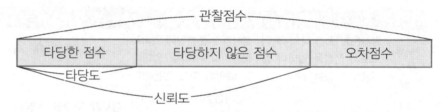

[그림 4-9] 신뢰도와 타당도의 관계

① 신뢰도는 타당도의 필수조건이지만 충분조건은 아니다. 즉, 신뢰도가 높다고 해서 타당도가 반드시 높다고 할 수 없다.
② 관찰점수분산에서 진점수분산이 차지하는 비율, 즉 신뢰도가 높다고 하더라도 진점수분산 중 타당한 부분을 나타내는 비율이 높지 않다면 타당도가 높은 검사라고 할 수 없다.

(3) 고전검사이론에서 검사의 신뢰도

① 관찰점수와 진점수 간의 관계 정도를 나타내며 이는 관찰점수분산에서 진점수분산이 차지하는 비율로 표현된다.
② 오차분산이 작을수록 신뢰도계수는 '1'에 가까워지고, 오차분산이 클수록 신뢰도계수는 작아져서 극단의 경우에는 '0'에 접하게 된다.

개념확대⊕
Zoom IN

진점수, 오차점수, 관찰점수
• **진점수(T)**
  - 교육 및 심리검사를 통해서 측정하고자 하는 구인에 대하여 평가도구나 측정 시점에 따라 달라지지 않는 고유한 값이라고 가정한다.
  - 그러나 실제 평가 상황에서는 여러 요인에 의해서 상이한 결과가 관찰되게 되는데 이는 측정오차에 의한 것이다.
• **오차점수(E)**
  - 관찰점수와 진점수 간의 차이 $(E = X - T)$로 표현된다.
  - 측정오차는 측정 시점 당시 개인의 건강상태나 검사가 시행되는 환경의 변화 등으로 진점수와는 상관없이 발생한다.
• **관찰점수(X)**
  - 동일한 개인에게 동일한 검사를 이용하여 무한히 측정하고, 매번 관찰점수를 기록하는 경우를 가정한다.
  - 관찰점수는 진점수를 중심으로 측정오차만큼 증가하거나 감소하는 값을 가진다.
  - 만약 각각의 개인이 이전에 시행된 검사의 내용을 완전히 잊고 동일한 검사를 무한히 시행한다고 가정한다면 진점수는 여러 번 측정된 관찰점수의 평균에 해당한다.

(4) 신뢰도에 영향을 미치는 요인

① 피험자 관련 요인

㉠ 피험자집단의 능력이 이질적일 때, 즉 집단 내에 능력이 낮은 피험자부터 높은 피험자까지 고르게 포함되었을 경우 검사의 신뢰도는 높아진다.

㉡ 피험자집단의 능력이 모두 높거나 낮아서 비슷하면 피험자 간의 진점수 차이가 별로 크지 않기 때문에 신뢰도 공식에 대입해보면 진점수분산이 작아지면서 신뢰도가 감소하게 된다.

② 검사도구 관련 요인

㉠ 검사의 문항 수가 증가하면 신뢰도는 증가한다. 이때 추가문항은 문항의 곤란도와 같은 통계적 속성이 기존의 문항과 동일해야 하고, 추가문항의 내용이 검사의 기존문항들과 유사해야 한다.

㉡ 검사문항의 변별도가 높을 때 신뢰도가 높게 추정된다. 문항의 변별도가 높을수록 그만큼 피험자의 능력을 더욱 세밀하게 평가할 수 있고, 결과적으로 피험자의 진점수분산이 커지게 된다.

③ 검사 시행 관련 요인

㉠ 검사가 시행되는 환경, 검사를 시행하는 감독관이나 채점자와 피험자의 관계 등의 요인이 검사의 신뢰도에 영향을 미칠 수 있다.

㉡ 속도검사(speed test)

ⓐ 응답할 수 있는 시간을 제한하여 시행하는 검사이다. 속도검사에서는 반분신뢰도와 같은 내적 일관성 계수로 신뢰도를 추정하면 실제보다 과대 추정되는 것이 일반적이다.

ⓑ 속도검사에서는 시간제한으로 인해 검사 후반부에 있는 문항들에는 오답을 할 가능성이 높아지므로, 검사를 전반부와 후반부로 나누어 반분신뢰도를 구하는 것은 적절하지 않다.

ⓒ 따라서 속도검사의 경우 검사 – 재검사 신뢰도나 동형검사 신뢰도로 검사의 신뢰도를 추정하는 것이 일반적이다.

④ 신뢰도계수가 너무 낮은 경우의 해결방법

㉠ 검사의 신뢰도가 0.7 ~ 0.8 정도면 충분하다고 간주하지만 측정의 오차를 최소화하는 것이 중요하다.

㉡ 동일 조건이라면 문항 수가 많을수록 신뢰도는 높아질 수 있다. 다만, 문항 수를 계속 늘리는 것보다, 검사에 포함된 기존 문항의 내용과 특성이 잘 부합하는 양질의 문항이 추가될 때, 신뢰도가 증가한다.

㉢ 넓은 범위의 내용을 포함하는 검사보다 좁은 범위의 내용을 포함하는 검사가 신뢰도가 더 높다.

㉣ 문항의 난이도와 변별도를 조정함으로써 신뢰도를 높일 수 있다.

㉤ 요인분석 또는 문항분석을 실시하여 신뢰도를 낮추고 있는 문항을 찾아낸 후에 제거한다.

(5) 신뢰도 추정방법

① 검사 시행 횟수에 따라 구별

　⑦ 1회 검사: 내적 일관성 신뢰도

　ⓒ 2회 검사: 검사 – 재검사 신뢰도, 동형검사 신뢰도

② 내적 일관성 신뢰도(internal consistency reliability)

　⑦ 개념

　　ⓐ 검사를 한 번 실시하여 신뢰도를 추정하는 방법으로 제시된 개념이다.

　　ⓑ 추정방법: 검사를 하위 검사로 나누어 각각을 하나의 독립된 검사로 간주하고 하위 검사 간의 상관계수를 산출한다.

　　ⓒ 동질성 계수: 하위 검사 또는 문항 간의 상관관계가 높아야 한다는 가정에 기초하고 있기 때문에 검사 내 문항의 동질성에 의해서 신뢰도가 결정된다.

　ⓒ 종류

　　ⓐ 반분신뢰도(split – half reliability)

　　　• 하나의 검사를 시행하고 검사를 두 부분으로 분할한 후, 두 검사의 문항 간 상관관계를 이용하여 신뢰도를 추정하는 방법이다.

　　　• 스피어만 – 브라운 공식(Spearman – Brown formula)을 적용하여 문항 수를 늘리거나 줄였을 때 신뢰도 값을 추정한다.

　　　　⑩ 10문항으로 구성된 신뢰도가 0.4인 검사의 경우 문항 수를 2배로 늘려서 20문항이 되면 신뢰도는 0.57로 증가한다.

　　　• 장점: 검사를 두 번 시행할 필요가 없다는 점에서 시행이 편리하고, 기억이나 연습효과를 배제할 수 있다.

　　　• 단점: 검사를 분할하는 방법에 따라서 신뢰도에 영향을 준다. 보통 짝수문항과 홀수문항으로 나누거나, 검사의 전반부와 후반부로 나누는 방법, 또는 무작위(random)로 나누는 방법이 사용되며, 이때 반분된 두 개의 검사가 동형검사가 되어야 한다.

　　ⓑ 문항 내적 합치도

　　　• 검사 속의 문항들을 각각 독립된 한 개의 검사로 보고, 문항에 반응하는 응답의 일관성에 근거하여 그들 간의 합치도, 동질성, 일치성을 종합하는 신뢰도 추정방법이다.

　　　• 크론바흐 α 계수(Cronbach alpha), KR-20, KR-21 등의 계수를 보편적으로 사용한다.

　　　• 장점: 하나의 검사로 신뢰도를 추정할 수 있다.

③ 검사 – 재검사 신뢰도(test – retest reliability)

　⑦ 동일한 평가도구를 동일한 피험자들에게 시간 간격을 두고 두 번 실시한 다음 두 점수 간의 상관관계로 신뢰도를 추정하는 방법이다.

　ⓒ 안정성 계수: 피험자의 반응이 두 번의 검사에서 얼마나 일관되고 안정적인지에 따라 신뢰도가 결정된다.

　ⓒ 장점: 동일한 검사를 두 번 시행하기 때문에 검사 시행과 신뢰도의 추정이 비교적 쉽다.

개념확대 ⊕
Zoom IN

크론바흐 α계수,
KR-20과 KR-21

• 크론바흐 α계수

　– 내적 일관성 신뢰도 지수 중에 가장 널리 쓰이는 방법이다.

　– 문항 간 공분산(두 변수의 관계를 나타내는 양)을 나타내는 지수이다.

　– 부분점수가 허용된 검사에도 활용이 가능하고 모든 문항의 곤란도가 동일하다는 가정이 불필요하다.

• KR-20과 KR-21

　– 각각의 문항을 하나의 검사로 보고, 문항에 반응하는 응답의 일관성에 근거해 문항의 내적 관성을 나타내는 신뢰도계수이다.

　– 이상적인 상황일 경우, 검사가 단일 요인을 측정하고 검사문항을 곤란도(난이도) 기준으로 쉬운 문항부터 어려운 문항의 순서로 배열한다면, 피험자의 능력을 기준으로 특정 문항까지는 모두 정답을 하고 그 이후의 문항에 대해서는 오답을 하게 될 것이다.

ⓔ 단점: 피험자의 기억이나 연습에 의해 검사의 신뢰도가 영향을 받는다는 단점이 있으므로 검사 실시 간격을 적절하게 설정해야 한다. 실시 간격이 너무 짧으면 연습효과에 의해서 신뢰도가 실제보다 크게 추정될 수 있고, 반대로 실시 간격이 너무 길면 망각이나 학습에 의한 피험자의 성장으로 인해 신뢰도가 실제보다 크거나 작게 추정될 수 있다.

④ 동형검사 신뢰도(equivalent form reliability, alternate form reliability)
  ㉠ 동일한 피험자에게 똑같은 검사가 아닌 서로 비슷한 검사를 두 번 시행하여 상관계수로 신뢰도를 추정한다.
  ㉡ 동형검사는 문항의 수, 난이도, 문항의 내용과 형식 등에서 동등한 검사를 의미한다.
  ㉢ 동형성 계수: 두 검사가 얼마나 동등한가에 의해서 신뢰도가 결정된다.
  ㉣ 장점: 검사 – 재검사 신뢰도와는 달리 연습효과나 망각에 의하여 신뢰도 추정에 영향을 끼치는 것을 최소화할 수 있다.
  ㉤ 단점: 내용과 형식이 동일한 두 개의 동형검사 제작하여 현실적으로 쉽지 않다.

참고 준거지향평가에서의 신뢰도

1. 개념
  ① 지금까지 살펴본 신뢰도는 목표 달성 여부에 관심이 있는 준거지향평가의 신뢰도 추정방법으로는 부적절하기 때문에 등장하였다.
  ② 평가 결과로서 미리 설정된 준거를 근거로 '합격/불합격' 또는 '숙달/미숙달'처럼 피험자를 분류하는 데 목적이 있는 준거지향평가에서는 분류의 일관성을 통해 검사의 신뢰도를 추정한다.
  ③ 신뢰도 추정방법으로는 '햄블턴(Hambleton)'과 노빅(Novick)이 제안한 '일관성 지수(P_A)'와 코헨(Cohen)의 '카파계수(k)'가 널리 활용된다.

2. 일관성 지수(P_A)
  ① 동일한 검사 또는 동형검사를 반복시행하여 피험자를 '합격/불합격'으로 분류하였을 때 분류의 일치도를 나타낸다.

구분		2차 평가		계
		합격	불합격	
1차 평가	합격	P_{11}	P_{10}	$P_{1.}$
	불합격	P_{01}	P_{00}	$P_{0.}$
계		$P_{.1}$	$P_{.0}$	1

  ② 위의 표와 같이 동일한 검사를 두 번 시행하고 피험자를 합격/불합격으로 분류할 수 있다. 피험자는 두 번의 평가에서 '합격 – 합격', '합격 – 불합격', '불합격 – 합격', '불합격 – 불합격'의 네 가지 범주로 판정되고, P_{11}, P_{10}, P_{01}, P_{00}은 각각의 범주에 속한 피험자의 비율을 의미한다. 이때 일관성 지수는 1차 시험과 2차 시험에서 모두 같은 범주, 즉 '합격 – 합격', '불합격 – 불합격'으로 분류된 피험자의 비율의 합($P_A = P_{11} + P_{00}$)으로 나타낼 수 있다.

③ 평가 결과 피험자를 두 가지 이상의 범주로 분류하는 일반적인 경우의 일관성 지수는 공식을 사용하여 구한다.

④ 계산 공식

$$P_A = \sum_{k=1}^{n} P_k$$

n = 분류된 등급의 전체 개수
P_k = 반복된 검사에서 같은 k등급으로 분류된 피험자의 비율

3. 코헨의 카파계수(k)

① 일관성 지수는 우연에 의해서 같은 범주로 분류된 피험자의 비율을 포함하고 있기 때문에 신뢰도가 높게 추정될 수 있다.

② 코헨은 우연에 의한 오차의 영향을 배제한 일관성의 정도를 나타내는 지수로서 카파계수(k)를 제안하였다.

③ 계산 공식

$$k = \frac{P_A - P_c}{1 - P_c}$$

P_A = 같은 등급으로 분류된 피험자의 비율
P_c = 우연에 의해서 같은 범주로 분류된 피험자의 비율

④ 카파계수의 값이 0.4 미만이면 '나쁨(poor)', 0.4 ~ 0.75 이하면 '좋음(good)', 0.75를 초과하면 '훌륭함(excellent)'이라고 범위를 제안하였다.

3 객관도 기출 02 초등

(1) 개념

결과에 대해 여러 검사자나 채점자가 어느 정도로 일치된 평가를 하는가의 정도를 의미하며, '검사자의 신뢰도'라고도 한다.

(2) 객관도의 종류

① 채점자 내 신뢰도: 한 채점자가 같은 측정대상을 여러 번 채점한 결과가 일관성이 있는가를 나타낸다.

② 채점자 간 일치도
  ㉠ 2명 이상의 채점자가 채점을 했을 때 결과가 어느 정도 일치하는가를 확인하는 것이다.
  ㉡ 채점자 간 일치도의 계산은 2명일 경우에는 단순 상관계수를, 3명 이상일 경우에는 2명씩 쌍을 이루어 단순 상관계수를 계산하거나 변량분석을 통해 계산한다.

(3) 평정의 오류 기출 08 중등 / 11 초등

① 논리적 오류(logical error)
  ㉠ 논리적으로 전혀 관계가 없는 두 가지 행동 특성을 관련 있는 것으로 판단하는 오류이다.
  ㉡ 개인이 가진 두 가지 이상의 행동 특성을 서로 관련 깊은 것으로 생각하고 그중 하나의 특성만을 보고 다른 특성까지 유사한 성질의 것으로 평정함으로써 빚게 되는 오류이다.
  ㉢ 논리적으로 모순된 판단이 평정결과에 그대로 나타나는 현상이다.
  예 글씨를 잘 쓰는 것을 보니 공부도 잘하겠군, 공부를 잘 하는 것을 보니 성격이 명랑하겠군

② 후광효과(인상의 오류, error of halo effect)
  ㉠ 평정대상에 대하여 가진 특정 인상을 토대로 다른 특성을 좋거나 나쁘게 평정하는 경향이다.
  ㉡ 어떤 대상이나 사람에 대한 일반적인 견해가 구체적 특성 평가에 영향을 미치는 현상이다.
  ㉢ 이러한 과대 경향을 막기 위해 강제배분법(강제할당법)이 활용될 수 있다.
  예 용모가 단정하면 책임감도 있고 유능할 것이라는 평가자의 주관적인 판단이 개입되는 것

③ 대비의 오류(contrast error)
  ㉠ 다른 사람을 판단함에 있어서 절대적 기준에 기초하지 않고 다른 대상과의 비교 또는 자신과의 비교를 통해 평가하는 오류이다.
  ㉡ 대비되는 정보로 인해 평가자의 판단이 왜곡되는 현상이다.
  ㉢ 일반적으로 시간적 측면에서는 바로 앞 대상자, 공간적 측면에서는 바로 옆 대상자와 대비시켜 평가하는 형태로 나타난다.
    예 수행평가 시, 직전 학생이나 바로 옆 학생이 매우 뛰어나다고 평가되는 경우, 그 다음 행하는 학생은 보통의 실력을 지녔어도 실제보다 부정적으로 평가되기 쉬움
  ㉣ 때로 평가자 자신이 가지고 있는 특성이 피평가자에게 있을 때 과대 또는 과소평가하는 형태로 나타나기도 한다.

④ 근접의 오류(approximate error)
  ㉠ 비교적 유사한 항목들이 시간적·공간적으로 가까이 있을 때 비슷하게 평정하는 오류이다.
  ㉡ 근접의 오류를 제거하기 위하여 비슷한 성질을 띤 측정은 시간적·공간적으로 멀리 떨어지게 하는 것이 좋다.
  예 누가적 관찰기록에 의존하지 않고 학기말에 급하게 평정하는 경우

⑤ 표준의 오류(error of standard)
  ㉠ 평가자가 표준을 어디에 두는가에서 오는 오류로, 평정자가 어떤 대상을 평정할 때 그 대상의 표준을 잘못 정해서 나타나며, 이때 타당도와 신뢰도가 크게 낮아질 수 있다.
  ㉡ 7단계 평정에서 어떤 평가자는 5를 표준으로 삼으나 어떤 평정자는 3을 표준으로 삼아 두 평정자의 평정분포가 전혀 다른 결과를 보이게 된다.

⑥ 집중경향의 오류(집중화 경향의 오류, error of central tendency)
  ㉠ 평가 결과가 중간 부분에 모이는 경향이다.
  ㉡ 평정 시 극단적 평정치를 주는 것을 피하고 중간점수를 주로 주는 오류로, 평가자가 훈련이 부족하여 발생하기 쉽다.

⑦ 무관심의 오류: 평가자가 피평가자의 행동을 면밀하게 관찰하지 못한 경우 발생하는 오류이다.
  ⓔ 다인수 학급에서 교사가 학생의 행동에 무관심한 경우

⑧ 의도적 오류: 특정 학생에게 특정한 상을 주기 위해 관찰 결과와 다르게 과장하여 평가하는 오류이다.

⑨ 일반화 오류: 한 교과에서 학생이 보이는 정의적 특성이 다른 교과에도 적용된다고 판단하는 오류이다.

⑩ 관대의 오류: 평가자가 자신과 관련되어 있는 피평자의 실제 직무 수행이나 성과보다 높게 평가하는 오류이다.
  ⓔ 평정자가 부하직원과의 비공식적 유대관계의 유지를 원하는 경우

⑪ 엄격의 오류: 평가자가 평가대상자의 실제 수행수준보다 낮은 수준으로 평가하는 오류이다.

요약정리 Zoom OUT 평정의 오류

유형	내용
논리적 오류	논리적으로 전혀 관계가 없는 두 가지 행동 특성을 관련 있는 것으로 판단하는 오류
후광효과	특정 인상을 토대로 다른 특성을 좋거나 나쁘게 평정하는 경향
대비의 오류	절대적 기준에 기초하지 않고 다른 대상과의 비교 또는 자신과의 비교를 통해 평가하는 오류
근접의 오류	유사한 항목들이 시간적·공간적으로 가까이 있을 때 비슷하게 평정하는 오류
표준의 오류	대상을 평정할 때 그 대상의 표준을 잘못 정해서 나타나는 오류
집중경향의 오류	평가 시 극단적 평정치를 주는 것을 피하고 중간점수로 주로 주는 오류
무관심의 오류	피평가자의 행동을 면밀하게 관찰하지 못한 경우 발생하는 오류
의도적 오류	특정 학생에게 특정한 상을 주기 위해 관찰 결과와 다르게 과장하여 평가하는 오류
일반화 오류	한 교과에서 학생이 보이는 정의적 특성이 다른 교과에도 적용된다고 판단하는 오류
관대의 오류	평가자가 평가대상자의 실제 수행수준보다 높은 수준으로 평가하는 오류
엄격의 오류	평가자가 평가대상자의 실제 수행수준보다 낮은 수준으로 평가하는 오류

논술에 바로 써먹는
교육학 배경지식

학기말 평가의 한 부분으로 보고서를 작성해 오라는 과제를 부여하였을 때, 보고서 평가의 타당성과 객관성을 높일 수 있는 방법에 대하여 생각해봅시다.
- 보고서에 포함되어야 할 주요 요소들과 이들의 비중을 고려하여 채점 기준을 개발 후 그 기준에 따라 점수를 부여해야 함

④ 실용도

(1) 개념

평가방법이나 도구의 제작과정뿐만 아니라 시행방법, 절차, 평가 결과를 채점하거나 분석하기 위해 소요되는 인적 · 물적 자원의 양과 질이 주변 여건에 비추어 실용적인가를 나타내는 정도를 의미한다.

> **예** 특정 내용의 과학교과 학습정도에 대하여 실험을 통해 측정하는 도구를 활용하는 것이 바람직하다고 해도, 해당 학교에 과학실이나 실험 장비가 없다면 그 도구는 실용도가 낮다고 할 수 있다.

(2) 실용도 확보 시 고려사항

① 실시방법이 쉬워야 한다.
② 실시하는 데 소요되는 시간이 적절해야 한다.
③ 채점하기 쉬워야 한다.
④ 결과를 해석하거나 활용하기 쉬워야 한다.
⑤ 검사의 실시 비용이 적절해야 한다.

요약정리 🔍
Zoom OUT 타당도, 신뢰도, 객관도, 실용도 종합

구분	내용	종류
타당도	평가하고자 하는 대상을 얼마나 충실하게 재고 있는가에 대한 정도	내용타당도, 안면타당도 준거타당도, 구인타당도 결과타당도, 생태학적 타당도
신뢰도	평가도구의 일관성 또는 안정성	내적 일관성 신뢰도, 검사 – 재검사 신뢰도, 동형검사 신뢰도
객관도	평점자(채점자)의 신뢰도	채점자 내 신뢰도, 채점자 간 신뢰도
실용도	평가도구 활용과 관련한 시간, 비용 및 노력의 효율성의 정도	–

03 문항분석의 이론과 실제

❶ 문항분석의 개념 및 필요성

(1) 개념

① 검사문항은 하나의 검사를 구성하는 요소이며, 평가가 의도한 기능을 제대로 수행하고 있는가는 그 속에 포함된 문항 하나하나가 제대로 되어 있는가에 달려있다. 양호한 검사문항을 개발하기 위해서 문항 개발 후에 문항분석을 통해 문항의 양호도를 검증해야 한다.

② 문항분석은 문항의 양호 정도를 판단한다는 점에서 '양호도 분석(item quality analysis)'이라고도 한다.

(2) 문항분석의 필요성

① 실제적 탐구: 교육과정 탐구나 개발이 교육과정의 영향을 받는 사람들, 즉 현장의 교사들이 주체가 되어 수행되는 것을 말한다.

② 이론과 연구방법론에 있어서 실제적 탐구란 교육연구가 교육현상을 가장 잘 설명할 수 있고 학교교육의 개선에 기여할 수 있는 실제적이고 절충적인 연구접근을 의미한다.

(3) 실제적 탐구의 영향

① 신뢰도가 높고 타당한 검사도구를 개발하기 위해 문항이 피검자의 능력이나 태도를 측정하는 기능을 제대로 수행할 수 있는지 살펴보아야 한다.

② 검사의 좋고 나쁜 정도나 그 적절성을 검증하는 작업 이전에 그 속에 포함된 문항 자체를 검증하는 작업이 선행될 필요가 있다.

③ 대상을 보다 타당하고 정확하게 측정하기 위해서는 전체 검사도구뿐만 아니라 문항을 미리 점검하는 작업이 검사도구 개발과정에서 반드시 요구된다.

④ 문항분석을 통하여 문항이 평가목적을 제대로 수행하고 있는지를 확인하는 작업이 필요하다.

⑤ 문항분석은 검사도구를 제작 · 선정할 때 고려하는 판단 기준인 신뢰도나 타당도와 달리, 개별 문항 자체의 양호도를 분석하여 문항의 질을 개선하는 데 일차적인 목적이 있다.

⑥ 장기적으로 한 번 힘들여서 만든 문항은 쓰고 버릴 것이 아니라 다음 번에도 유효하게 사용하기 위해서는 문제은행을 개발해야 하는데, 이때 문항분석은 선행조건이 된다.

❷ 문항분석의 준거와 방법

(1) 문항분석의 준거

① 적합도(properness)
  - ㉠ 해당 문항이 학생의 지식, 기능, 태도 등을 평가함에 있어 특정한 평가의 본질적인 목적이나 취지에 적합해야 한다는 것이다.
  - ㉡ 수행평가문항으로 출제한다고 하고서 단답형으로 출제하거나, 단순하게 '아는 것'만 측정한다면 이는 적합도가 떨어지는 문항이다.

② 타당도(validity)
  - ㉠ 해당 문항이 검사하고자 했던 구체적인 목표 또는 내용을 제대로 평가하고 있는가에 관한 것이다.
  - ㉡ 적합도가 평가의 본질적인 목적이나 취지를 제대로 살릴 수 있는가의 문제라면, 타당도는 검사하고자 하는 구체적인 목표나 내용을 제대로 평가할 수 있는가의 문제이다.

③ 신뢰도(reliability)
  - ㉠ 해당 문항이 전체 검사에 비춰보았을 때 정확성과 일관성을 얼마나 보장하는가에 관한 것이다.
  - ㉡ 신뢰도는 흔히 검사도구 전체의 양호도를 판단할 수 있는 기준으로 사용되며, 특정 문항을 검사에 추가했을 때 신뢰도 지수에 변화가 있다면 이는 특정 문항이 검사 전체의 신뢰도를 높이거나 또는 떨어뜨리고 있다고 해석할 수 있다.
  - ㉢ 양적 판단 외에도 문항의 내용과 형태가 다른 문항과 비교했을 때 일관성을 유지하지 못한다면 이는 신뢰도가 떨어지는 문항이라고 할 수 있다.

④ 실용도(usability)
  - ㉠ 해당 문항이 주어진 여건과 상황에서 실현 가능한가에 관한 것이다.
  - ㉡ 논술형 문항을 출제할 경우 채점자가 충분히 확보되지 않는다면 문항의 실용도는 떨어진다고 볼 수 있다.
  - ㉢ 선택형 문항의 경우 대체로 논술형 문항에 비해 문항을 제작하는 측면에서 시간과 노력이 많이 들지만, 채점하는 측면에서는 더 효과적이라고 할 수 있다.
  - ㉣ 특정 문항의 실용도는 검사 시행 상황에 따라서 상대적·가변적으로 판단될 수 있다.

(2) 문항분석의 방법

① 양적 문항분석
  - ㉠ 문항곤란도(item difficulty)
    - ⓐ 문항이 어려운 정도를 나타내는 것으로 '문항난이도'라고도 불린다.
    - ⓑ 고전검사이론에서는 전체 피검자 중 정답을 맞힌 피검자의 비율로 계산하므로 '정답률'이라고도 한다.

ⓒ 문항이 너무 쉽거나 어려워서 검사가 의도한 목적을 제대로 수행하지 못한다고 판단되면 수정 또는 삭제해야 하는데, 이때 정답률이 판단의 근거가 될 수 있다.

ⓓ 규준지향검사에서는 대체로 너무 쉽거나 어려운 문항은 적합하지 않은 것으로 판단한다.

ⓔ 준거지향검사에서는 모든 문항에 일정 수준의 곤란도를 일괄적으로 적용시키기는 어려우므로, 예비 검사과정에서 평가 전문가가 어떤 수준의 곤란도를 갖는 문항이 적절한지에 대해 문항내용과 관련하여 판단한다.

ⓛ 문항변별도(item discrimination)

ⓐ 문항이 검사를 통해 측정하고자 하는 능력의 수준이 높은 사람과 낮은 사람을 구별해낼 수 있는 정도를 의미한다.

ⓑ 어떤 문항에 대하여 능력이 높은 학생이 대부분 정답을 맞히고, 능력이 낮은 학생은 대부분 오답을 한다면 그 문항은 변별력이 높은 문항이다. 반대로 능력이 낮은 학생이 대부분 정답을 맞히고, 능력이 높은 학생이 대부분 오답을 한다면 그 문항은 변별력이 떨어지는 문항이다.

ⓒ 일반적으로 변별도가 높은 문항일수록 양호한 문항이나, 변별도가 낮은 문항이라 할지라도 검사의 목적이 학생의 수준을 변별하는 데 있지 않다면 크게 문제되지 않는다.

ⓓ 문항곤란도가 높은 문항일수록 변별도가 높아지는 경향은 있지만 곤란도가 높다고 해서 반드시 변별력이 있는 문항은 아니다.

ⓔ 문항분석과정에서는 곤란도와 변별도를 동시에 고려하여 개별 문항의 양호도를 판단할 필요가 있다.

ⓒ 문항추측도(item guessing)

ⓐ 능력이 전혀 없는 학생이 추측을 통해 정답을 맞힐 정도를 나타낸 것이다.

ⓑ 추측도가 높으면 추측의 여지가 많아지므로 양호한 문항이 아니다.

ⓒ 추측도와 관련 있는 개념으로 '답지 매력도'를 들 수 있는데, 이는 정답지와 오답지가 효과적으로 제 기능을 다하고 있는가를 점검하는 것이다.

ⓓ 문항의 오답지가 정답처럼 그럴듯하게 느껴질수록 매력도가 높다.

ⓔ 문항의 추측도가 낮은 문항이라면 정답지와 오답지가 제 기능을 하고 있다고 볼 수 있다.

ⓔ 문항적합도(item fit)

ⓐ 특정 문항에 대하여 모형에서 예측한 응답 유형(response pattern)과 실제 자료상의 응답 유형 간의 차이를 통해 해당 문항이 일반적인 응답 유형과 비교하여 얼마나 일치하는지를 보여주는 통계지수이다.

ⓑ 적합도는 곤란도, 변별도, 추측도와 다르게 문항반응이론에서만 제공하는 문항분석 방법이다.

ⓒ 검사 개발자는 특정 문항이 문항반응이론에서 추정된 확률모형에서 예측되는 일반적인 응답 유형으로 볼 수 있는지, 즉 적합도에 근거하여 적합하지 않은 문항을 판단하고, 부적합한 문항은 수정 또는 삭제하는 등의 조치를 취할 수 있다.

ⓜ 문항편파성(biasness)
　　ⓐ 문항의 수행 정도가 피검자나 문항 특성에 따라 불리하거나 유리한 정도를 의미한다.
　　ⓑ 문항이 판별하고자 하는 특성은 동일하더라도 피검자가 농촌 학생인가 도시 학생인가에 따라서 해당 문항이 해당 피검자에게 유리해지거나 불리해진다면 이는 편파성이 있는 문항이므로 수정될 필요가 있다.

요약정리 🔍
Zoom OUT 양적 문항분석

구분	내용
문항곤란도	문항이 어려운 정도를 나타내는 것으로 '문항난이도'라고도 하며, 고전검사이론에서는 '정답률'이라고도 함
문항변별도	능력의 수준이 높은 사람과 낮은 사람을 구별해낼 수 있는 정도
문항추측도	능력이 전혀 없는 학생이 추측을 통해 맞힐 정도
문항적합도	특정 문항에 대하여 예측한 응답 유형과 실제 자료상의 응답 유형 간의 차이를 통해 해당 문항이 일반적인 응답 유형과 얼마나 일치하는지를 보여주는 통계지수
문항편파성	문항의 수행 정도가 피검자나 문항 특성에 따라 불리하거나 유리한 정도

② 질적 문항분석
　　㉠ 어떤 지수를 구하는 수식을 사용하지 않으면서 문항의 질을 피검자나 전문가의 판단에 의해 분석하는 것이다.
　　㉡ 문항의 내용타당도나 작성 절차 등에서 문항을 평가하는 문제를 포함하기 때문에 '내용분석'이라고도 불린다.
　　㉢ 피검자가 문항을 어떻게 지각하고, 해석하고, 반응하는지 파악하기 위해 검사 개발자는 필요와 상황에 따라서 피검자와 일대일 대면하거나 소규모 또는 대규모집단으로 모여 토론을 진행한다.
　　㉣ 검사 개발자를 제외하고 관련 내용에 대한 전문가의 검토에 의해 이루어지기도 하며, 이는 검사도구의 내용타당도를 확보하기 위해 이루어지는 안면타당도 검증의 일환으로 이루어질 수 있다.
　　㉤ 문항을 작성할 때 주의할 점이나 검사도구의 내용타당도를 높이기 위해서 주의할 점 등을 문항이 작성된 이후에 한 번 더 점검하는 것이다.
　　㉥ 문법적 단서를 제공하는 문항, 이중부정이 사용된 문항, 정답으로 판단될 수 있는 오답지가 있는 문항, 교수목표에 일치하지 않는 문항 등을 거르는 작업이다.

ⓐ 질적 문항분석 시 가장 중요한 것은 문항이 검사목적을 잘 수행하고 있는 지, 모집단을 잘 대표하는 문항으로 구성되어 있는지 살펴보는 것이고, 이를 확인하는 방법은 미리 문항 개발 당시 제작한 이원분류표와 일치하는지 확인하는 것이다.

ⓞ 질적 문항분석은 양적 문항분석이 해당 문항에 문제가 있다는 것은 진단할 수 있어도 어떠한 문제점이 있는지에 관한 정보는 제공할 수 없기 때문에 상호 보완적으로 사용해야 한다.

참고 질적 문항분석 과정에서 점검해야 할 문항분석의 내용적 측면

1. 문항의 내용이 검사의 개발 목적이나 전체 내용에 부합하는가?
2. 문항이 해당 학생의 언어수준이나 검사 시행 상황 등을 고려하여 출제되었는가?
3. 문항의 정답이 논쟁거리가 되지는 않는가?
4. (선다형 문항이라면) 오답지가 매력적인가?
5. 문항에 답을 암시하는 내용이나 단어가 포함되지는 않았는가?
6. 특정 집단(남학생과 여학생, 도시 학생과 농촌 학생 등)에게 더 유리한 문항은 아닌가?

③ 문항분석을 위한 측정이론

(1) 고전검사이론(classical test theory) 기출 00, 02, 03, 04, 05, 06, 10, 11 중등 / 03, 04, 07, 10 초등

① 특징

㉠ 개인이나 문항보다는 집단의 평균이나 검사의 총점에 대한 분석을 중시하는 입장이다.

㉡ 진점수를 추정하기 위해서는 실제로는 불가능한 반복 측정을 가정해야 한다.

㉢ 피검자집단의 특성에 따라 문항 특성이 달라진다.

　　ⓐ 능력이 높은 집단일수록 문항의 곤란도가 낮아지고, 이질적인 집단일수록 변별도가 높아진다.

　　ⓑ 따라서 집단마다 다른 결과를 가져올 수 있으므로 일반화가 어렵다.

㉣ 피검자의 능력을 추정하고자 할 때 측정 결과는 검사도구의 특성에 따라 변화하기가 쉬우며, 쉬운 도구를 사용하면 피검자의 능력은 과대 추정되고, 어려운 도구를 사용하면 과소 추정될 수 있다.

㉤ 측정오차는 모든 피검자에 대해서 동일하다고 가정하며, 신뢰도에 근거하여 측정오차를 추정하므로 피검자의 능력 분포에 따라 값이 달라진다.

② 문항곤란도
　⑦ 각 문항에 반응한 사람의 총 수에 대하여 정답을 한 사람의 수의 비율인 정답률로 정의한다.
　ⓒ 계산 공식

$$P = \frac{R}{N} \times 100$$

R = 정답을 맞힌 피검자 수, N = 전체 피검자 수

　ⓒ 정답률은 문항의 어려운 정도를 나타내는 것이 아니라 쉬운 정도를 나타내며, 지수가 높을수록 정답률이 높아지므로 해당 문항이 쉽다는 것을 의미한다.
　　ⓔ 특정 문항에 응시한 사람이 10명이라고 할 때 정답한 사람이 3명이라면 30%의 정답률을 가진 문항이 된다.
　ⓔ 정답률은 문항을 푼 피검자집단의 능력에 따라 달라지므로 해석상 유의할 필요가 있다.
　ⓜ 선다형이나 단답형 외에 부분점수 문항의 정답률은 해당 문항의 만점 대비 평균 점수 비율로 구한다.
　　ⓔ 어떤 서술형 문항의 만점이 5점이라고 할 때 문항 평균이 3점이라면 60%를 정답률로 계산한다.
　ⓗ 문항분석 결과를 통해 도출된 정답률을 판단하는 기준은 규준지향평가와 준거지향평가에 따라 다르게 적용된다.
　　ⓐ **규준지향평가의 정답률 판단 기준**: 대개 20~80% 범위 사이의 문항곤란도를 가지고 평균곤란도가 50% 정도에 머무는 것이 이상적이다. 또한 문항곤란도는 넓은 범위에 걸쳐 있는 것이 바람직하다. 60개 문항으로 이루어진 검사라면 대부분의 문항이 50% 정도의 곤란도를 갖고, 20% 이하나 80% 이상의 곤란도를 갖는 문항은 상대적으로 적은 비율을 차지하도록 하는 것이 바람직하다.
　　ⓑ **준거지향평가의 정답률 판단 기준**: 문항곤란도의 수준은 전혀 문제되지 않는다. 문항이 아주 어려워서 모든 학생이 실패할 수도 있고, 너무 쉬워서 모두 정답을 할 수도 있다. 정답률이 높게 나온 문항은 거의 모든 학생들이 교수목표에 도달했다는 것을 의미하며, 목표 설정이나 진술이 타당하거나 교수방법이 매우 효과적이었다는 것으로 해석된다.
③ 문항변별도
　⑦ 문항이 검사를 통하여 측정하고자 하는 능력의 수준이 높은 사람과 낮은 사람을 구별해낼 수 있는 정도를 의미한다.
　ⓒ 계산 공식

$$DI = \frac{RH - RL}{\dfrac{N}{\text{구분집단의 수}}}$$

RH = 상위 집단 정답자 수, RL = 하위 집단 정답자 수, N = 전체 사례 수

ⓒ 높은 상관계수는 검사 총점이 높은 피검자가 문항점수도 높은 반면, 검사 총점이 낮은 피검자는 문항점수가 낮아지는 관계를 가지고 있음을 의미한다.

ⓔ 낮은 상관계수는 검사 총점과 문항점수 간의 관련성이 거의 없음을 의미한다.

ⓜ 상관계수가 클수록 문항이 검사 총점이 높은, 즉 능력이 높은 피검자를 변별해 주는 정도가 높다.

ⓗ 변별도의 범위는 상관계수이기 때문에 −1 ~ +1 사이에 분포하며, 양의 방향으로 클수록 변별력이 양호한 문항이다.

ⓢ 보통 상관계수 0.3을 기준으로 0.3보다 크면 변별력이 좋은 문항이라고 할 수 있다.

ⓞ 선택형 문항과 수행형 문항이 섞여 있는 검사의 경우, 각 문항의 검사 총점과 상관계수를 따로 구한다.

ⓩ 정답률은 평가방식에 따라 해석하는 기준이 달라졌지만, 변별도는 이에 상관없이 수치가 높을수록 양호한 문항으로 판단한다.

④ 문항추측도(item guessing)

㉠ 능력이 전혀 없는 학생이 추측을 하여 정답을 맞힐 정도를 나타낸 것으로, 일반적으로 선다형 문항의 경우에만 추측도를 고려한다.

㉡ 계산 공식

$$P(GR) = \frac{W}{(Q-1)} \times \frac{1}{N}$$

W = 오답을 한 피검자 수, Q = 선택지 수, N = 피검자 수

㉢ 추측도는 일반적으로 '1/답지 수'로 생각하기 쉬우나, 실제로는 같은 문항이라도 피검자집단의 실력에 따라서 추측도는 다르게 추정되므로 추측을 해서 맞힌 피검자 비율의 확률을 추측도로 정의해야 한다.

⑤ 문항편파성(biasness)

㉠ 문항의 수행 정도가 피검자나 문항 특성에 따라 불리하거나 유리한 정도를 의미한다.

㉡ 편파성 정도를 확인하는 방법은 맨텔-헨젤 방법(Mantel-Haenszel procedure)이 있으며, 준거집단에 비추어 비교집단이 편파성을 가지는지를 구하기 위해 승산비(odds ratio)를 활용한다.

㉢ 편파성지수의 범위는 −∞ ~ +∞까지이나, 검사 개발자들은 일반적으로 평균이 13이고 표준편차가 4인 델타척도로 변환시켜 사용한다.

㉣ 편파성지수가 0에 가까울수록 문항편파성이 없다는 의미이다.

구분	개념	공식
문항곤란도	• 각 문항에 반응한 사람의 총 수에 대하여 정답을 한 사람 수의 비율인 정답률로 정의 • 정답률은 문항의 쉬운 정도를 나타내며, 지수가 높을수록 해당 문항이 쉽다는 것을 의미	$P = \dfrac{R}{N} \times 100$ R = 정답을 맞힌 피검자 수 N = 전체 피검자 수
문항변별도	• 능력의 수준이 높은 사람과 낮은 사람을 구별해낼 수 있는 정도를 의미 • 수치가 높을수록 양호한 문항으로 판단	$DI = \dfrac{\dfrac{RH - RL}{N}}{구분집단의 수}$ RH = 상위 집단 정답자 수 RL = 하위 집단 정답자 수 N = 전체 사례 수
문항추측도	• 능력이 전혀 없는 학생이 추측을 하여 정답을 맞힐 정도 • 같은 문항이라도 피검자집단의 실력에 따라 추측도는 다르게 추정되므로 추측을 해서 맞힌 피검자 비율의 확률을 추측도로 정의	$P(GR) = \dfrac{W}{(Q-1)} \times \dfrac{1}{N}$ W = 오답을 한 피검자 수 Q = 선택지 수, N = 피검자 수
문항편파성	문항의 수행 정도가 피검자나 문항 특성에 따라 불리하거나 유리한 정도를 의미	맨텔 – 헨젤 방법

(2) 문항반응이론(item response theory) [기출] 01, 07 중등 / 08 초등

① 주요 가정 및 이론

⊙ 일차원성(unidimensionality)

ⓐ 하나의 검사도구는 인간이 지닌 하나의 특성만 측정해야 한다는 것으로, 검사를 구성하는 모든 문항이 단일한 능력이나 특성을 측정해야 한다는 가정이다.

ⓑ 하지만 실제로는 인지능력이나 성격 등의 측정을 위해서는 동기, 실험불안, 시험 수행능력 등과 같은 다른 변인이 작용할 수 있으므로 일차원성에 대한 가정이 충족되기 힘들다.

ⓒ 따라서 문항에 하나 이상의 다른 특성들이 있을지라도, 응답을 구조화하기 위한 하나의 지배적인 특성이 존재한다면 일차원성의 가정에 위배되는 것은 아니라고 본다.

ⓓ 검사의 일차원성 가정을 검정하기 위해서 주로 요인분석이 이용되며, 첫 번째 요인의 고유값이 다른 요인의 고유값보다 상대적으로 크다면 이 검사의 일차원성은 확보된 것으로 간주한다.

ⓛ 지역 독립성(local independence)
　　ⓐ 추정된 문항모수치는 이를 측정하는 데 이용된 피검자집단 특성의 분포에 관계없이 일정해야 한다는 가정이다.
　　ⓑ 각 문항에 대한 피검자의 반응은 측정하고자 하는 특성과 관련된 피검자의 능력에 의해서만 결정될 뿐, 다른 요인으로부터 통계적으로 의미 있는 영향을 받지 않아야 한다는 것이다.
　　ⓒ 수리적으로는 피검자의 능력을 고정시켰을 때 피검자가 해당 문항의 정답을 맞힐 확률과 다른 문항의 정답을 맞힐 확률이 상호 독립적이어야 한다.
　　ⓓ 검사 내용상으로는 한 문항의 내용이 다른 문항의 정답의 단서가 되지 않아야 한다는 의미도 포함한다.
ⓒ 능력 검사
　　ⓐ 피검자에게 충분한 검사 시간이 주어져야 한다는 가정이다.
　　ⓑ 피검자가 문항의 정답을 맞히지 못하는 것은 부족한 능력 때문이며, 정해진 시간이 부족해서 정답을 맞힐 수 없게 되었다면 이는 능력검사의 가정을 충족시키지 못한 것이다.
　　ⓒ 검사가 속도검사인지 아닌지를 알아보는 방법은 그 검사를 다 끝내지 못한 피검자의 수를 통해 알 수 있다.
② 특징
　　㉠ 문항 각각이 분석 단위이며, 분석은 피검자 능력에 따라 정답을 맞힐 확률함수곡선인 '문항특성곡선'을 중심으로 이루어진다. 즉, 반복측정을 가정할 필요가 없다.
　　㉡ 문항모수들이 피검자집단의 특성으로부터 비교적 자유로운 것을 문항 특성의 '불변성 개념'이라고 하며, 피검자집단의 능력수준으로부터 비교적 자유로운 문항모수치를 추정할 수 있다.
　　㉢ 문항의 곤란도로부터 비교적 자유로운 피검자능력 추정치를 구할 수 있다. 즉, 피검자능력 모수치의 불변성의 개념은 피검자의 능력이 어느 때든 변화되지 않고 고정되어 있다는 것이 아니라, 어떤 한 순간의 능력을 추정할 때 검사의 특성에 따라 능력이 다르게 추정되지 않는다는 것을 의미한다.
　　㉣ 개별 피검자의 능력수준에 따른 정확한 측정오차를 추정할 수 있다고 가정한다.

③ 문항곤란도(item difficulty)
  ⊙ 문항의 어려운 정도를 나타내는 지수로 문항특성곡선이 어디에 위치하여
    기능하는가와 관련이 있다.
  ⓛ 곤란도는 문항특성곡선상에서 구체적으로 답을 맞힐 확률이 0.5인 능력수
    준으로 정의하며, 일반적으로 'b'로 표시한다.
  ⓒ 이론적 범위는 −∞ ~ +∞ 사이에 존재하지만, 일반적으로 −5 ~ +5 사이에
    존재한다.
  ⓔ 고전검사이론의 정답률과 달리 문항곤란도가 클수록 어려운 문항을 뜻한다.
  ⓜ 문항특성곡선에서는 일정한 능력수준에서 답을 맞힐 확률이 적은 것이 어
    려운 문항이다.

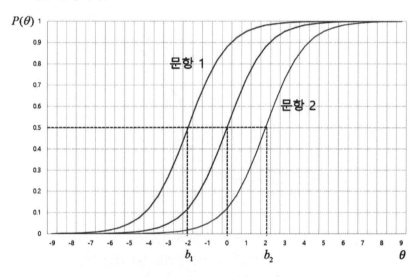

b_1: 문항 1의 곤란도, b_2: 문항 2의 곤란도

[그림 4-10] 곤란도 문항특성곡선

  ⓗ 위의 그래프는 서로 다른 수준의 곤란도를 나타낸 문항특성곡선이다.
  ⓢ 문항 2가 문항 1보다 오른쪽에 위치하고 있는데, 이는 능력수준이 비교적
    높은 피검자집단에서 기능하기 때문에 더 어려운 문항이라고 볼 수 있다.
  ⓞ 문항반응이론에서의 곤란도는 문항특성곡선이 오른쪽에 위치할수록 더욱
    어려운 문항이라고 본다.
  ⓩ 문항곤란도를 해석할 때 −0.5보다 작으면 쉬운 문항이며, −0.5 ~ +0.5
    이상은 어려운 문항으로 볼 수 있다.

④ 문항변별도(item discrimination)
  ㉠ 곤란도 아래에 있는 피검자와 그 위에 있는 피검자를 변별하는 정도를 의미한다.
  ㉡ 문항특성곡선상의 문항곤란도, 즉 문항을 맞힐 확률이 0.5인 점에서의 기울기로 나타내며, 일반적으로는 'a'로 표시한다.
  ㉢ 이론적 범위로는 $-\infty \sim +\infty$ 사이에 존재하나, 일반적으로는 $0 \sim +2$ 사이에 존재한다.

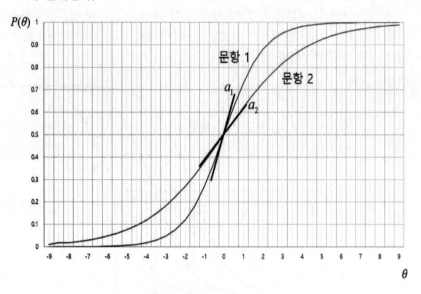

a_1: 문항 1의 변별도, a_2: 문항 2의 변별도

[그림 4-11] 변별도 문항특성곡선

  ㉣ 문항 1과 문항 2의 곤란도는 0으로 동일하나 곡선의 기울기가 다르다.
  ㉤ 동일한 능력에 대해서 문항특성곡선이 가파를수록 변별도가 더 높은 문항이므로 문항 1이 문항 2보다 피검자를 능력에 따라 변별하는 정도가 크다는 것을 의미한다.
  ㉥ 값이 클수록 변별도가 높은 문항이며, 이 값이 (-)의 값을 보이면 그 문항은 피검자의 능력이 높을수록 문항의 정답을 맞힐 확률이 낮아진다는 것을 의미하기 때문에 제외해야 한다.

⑤ 문항추측도(item guessing)
  ㉠ 능력이 전혀 없는 피검자가 추측으로 답을 맞힐 정도를 의미하며 일반적으로 'c'로 표시한다.
  ㉡ 문항추측도가 높을수록 문항의 변별력이 떨어지기 때문에 좋지 않은 문항이라고 할 수 있다.
  ㉢ 추측도가 높은 문항은 능력이 전혀 없는 학생도 문항을 맞힐 수 있는 확률이 높다는 것을 의미하며, 문항 안에 정답을 암시하는 요소가 있을 가능성이 높다.
  ㉣ 문항추측도가 높을수록 문항변별력이 가지는 범위가 한정되기 때문에 변별력은 떨어진다.

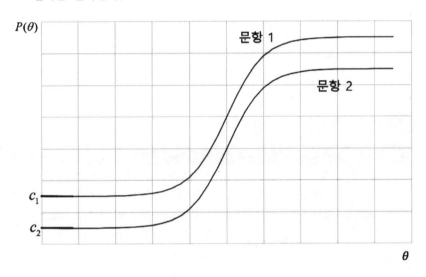

c_1: 문항 1의 추측도, c_2: 문항 2의 추측도

[그림 4-12] 추측도 문항특성곡선

  ㉤ 문항추측도는 문항특성곡선상에서 피검자의 능력(θ)이 0일 때 y절편으로 정의된다.
  ㉥ 같은 변별도를 가진 문항 1과 문항 2의 추측도는 c_1과 c_2이다.
  ㉦ 문항 2의 추측도가 문항 1보다 낮으므로 더 양호한 문항이라고 볼 수 있다.
⑥ 문항적합도(item fit)
  ㉠ 특정 문항에 대해서 모형에서 예측한 응답 유형과 실제 자료상의 응답 유형의 차이를 통해 해당 문항이 일반적인 응답 유형에 얼마나 어울리는지를 보여준다.
    ⓔ 한 문항의 답이 다른 문항의 답을 암시한다든지, 애매하거나 부정적인 어휘로 이뤄져 일반적으로 피검자들이 보이는 응답 유형에서 많이 벗어난 형태를 보인다면 이는 부적합한 문항이다.
  ㉡ 적합도는 문항의 적합도에 관한 통계치만 제공하기 때문에 문항이 부적합한 이유에 대해서는 질적 문항분석이 추후에 진행되어야 한다.

ⓒ 일반적으로 적합도는 문항 표준잔차의 총합을 전체 문항 수로 나누어 제곱평균의 형태로 나타내며, 같은 가중치를 주어 피검자의 능력 추청치와 멀리 떨어진 문항의 응답에 강조를 둔 '외적합도(outfit)'와, 서로 다른 가중치를 주어 능력 추정치에 근접한 문항의 응답에 강조를 둔 '내적합도(infit)'로 분류된다.

ⓓ 계산 공식

$$\text{외적합도(outfit)} = \frac{\sum Z^2 W}{N}$$

$$\text{내적합도(infit)} = \frac{\sum Z^2}{N}$$

Z = 잔차, N = 문항 수, W = 기준치(각 문항의 변량)

ⓔ 외적합도와 내적합도는 일반적으로 0.5 ~ 1.5 사이면 일반적인 반응 유형으로 보며 이 경계를 벗어나면 여러 가지 잡음 요소가 있는 부적합한 문항으로 진단한다.

참고 **문항 특성에 따른 진단적 정보**

난이도 수준	문항 특성	진단을 위한 탐색
공통	질적으로 다른 문항이 하나의 검사로 묶임	• 다른 학습과정의 내용이 아닌가? • 기준점(Anchor값)이 부적절하게 적용되었는가?
	교육과정 간의 상호작용	다른 교육과정이 개입되지는 않았는가?
	편파적인 문항	피검자를 다른 편파적인 요인에 의해 나눌 수 있는가?
어려운 문항	질 낮은 문항	• 애매하거나 부정적인 어휘로 이뤄졌는가? • 논쟁거리가 될 가능성이 있거나 잘못 도출될 수 있는 문항인가?
	소수만 맞는 문항	• 검사의 끝부분의 응답 유형은 어떠한가? • 오직 소수의 피검자만 맞힐 수 있는 문항인가?
쉬운 문항	불필요한 문항	• 서로 비슷한 문항들인가? • 한 문항의 답이 다른 문항의 답을 암시하는가? • 다른 변인들과 상관관계가 있나?

(3) 문항분석의 활용 방안

① 다양한 검사도구의 문항 개선

ⓐ 문항분석은 일차적으로 다양한 검사도구의 문항 개선을 위해 활용범위를 넓힐 필요가 있다.

ⓑ 검사 개발 절차의 일부로서 일차적으로 개발된 문항을 표집집단에게 시행한 후, 문제가 있다고 판명된 문항들을 수정·보완하거나 폐기함으로써 검사도구의 양호도를 높이는 데 기여한다.

ⓒ 문항분석은 교육현장에서 시행되는 교실수준의 검사나 평가에서 활용되는 설문 및 검사문항 개발에 필요하다.

② 교수 · 학습과정 개선
   ⊙ 문항분석의 결과는 교실 상황에서의 교수 · 학습과정을 향상시키는 데 도움을 줄 수 있도록 교수 · 학습 및 평가과정에 환류하는 데 활용되어야 한다.
   ⓛ 학생에게 검사를 실시한 결과 어떤 문항에 대한 학생들의 응답이 기대와는 다르게 나타날 경우, 검사문항 자체의 문제가 없다고 한다면 이를 통해 교사의 수업방식이나 평가방법 또는 학생의 학습방식 등 어떤 부분에서 문제점이 있는지를 파악할 수 있다.
   ⓒ 고전검사이론에 의한 문항곤란도, 변별도, 추측도, 답지 매력도 등은 계산이 비교적 간단하여 교사가 쉽게 활용할 수 있다.
   ⓔ 특히 규준지향평가보다는 준거지향평가의 문항을, 총괄평가보다는 형성평가의 문항을 개발하는 데 있어 직접적으로 학생의 수준을 파악할 뿐만 아니라 분석 결과에 근거하여 교사 자신의 수업방식이나 학생들의 학습방식 등에 문제가 없는지 진단해 볼 수 있다.
   ⓜ 문항을 작성한 교사의 판단 착오나 기술적 결함을 밝혀줄 수 있으며, 교사는 자신의 문항 개발 기술을 개선시켜 평가에 대한 전문성을 향상시킬 수 있다.
③ 장기적인 관점에서의 검사 관리
   ⊙ 문항분석 결과를 통해 양호도가 높은 문항은 문제은행에 보관하고 양호도가 낮은 문항은 수정 · 보완하여 사용할 수 있다.
   ⓛ 국가수준의 문제은행을 구축할 때 필요하다.
   ⓒ 각 학교 단위에서 매 학기 시행되는 각종 학력평가 결과와 개인별 수준을 학생에게 통보하는 것에 그치지 않고, 해당 문항의 문항분석 결과와 함께 관리되고 활용될 수 있도록 해야 한다.

요약정리 Zoom OUT 고전검사이론과 문항반응이론 비교

구분	고전검사이론	문항반응이론
분석 단위	피검자의 검사점수 (관찰점수 = 진점수 + 오차점수)	피검자의 각 문항에 대한 응답
반복측정의 가정 여부	가정함	가정할 필요 없음
문항 특성의 추정	피검자집단에 따라 변화함	피검자집단의 영향에서 비교적 자유로움(문항 특성의 불변성)
능력 추정	검사 특성에 따라 변화함	검사 특성의 영향에서 비교적 자유로움(능력 추정의 불변성)
측정오차	모든 피검자에 대해 동일함	피검자의 능력수준에 따라 변화함

설쌤의
Live Class 🎙

교육통계 챕터는 **양적 연구방법과 연관되는** 내용입니다. 최근에 기출에는 자주 등장하고 있지 않지만 교육평가에서 사용되고 있는 **기본적인 통계 개념**들은 잘 점검하시길 바랍니다. 수식이 복잡한 내용을 암기하기보다는 기출문제 위주로 학교 현장에 어떻게 적용되는지 체크합시다.

핵심 Tag🏷

집중경향치
- **개념**: 어떤 집단의 특성을 대표할 수 있는 하나의 수치를 의미
- **종류**: 최빈치, 중앙치, 평균치

표준편차
특정 집단 사례의 수치들이 평균으로부터 떨어져 있는 거리를 나타내는 지표

변량분석
두 개 이상의 집단에서 얻어진 평균치의 차이가 전집의 본질적인 차이에 의한 것인지 표집에 따른 우연한 차이인지를 검증하는 것

상관분석
두 변인 간의 직선적인 관련 정도를 나타내는 상관계수를 이용하여 분석하는 것

상관계수
두 변인 간의 상호 관련성을 나타내는 수치로, 인과관계와 구별되는 개념

01 기술통계와 추리통계

❶ 기본 개념

(1) 기술통계
① 교육평가에서 통계적 방법을 활용할 때, 그 목적이 기술하거나 설명하는 것과 관련되는 것을 기술통계라고 한다.
② 교육현상을 기술하거나 설명하는 데 필요한 정보를 보다 효율적인 방법으로 요약하는 것과 관련 있다.
③ 특정 집단에 대한 자료나 정보를 수집 · 정리 · 요약 · 해석하는 통계를 말한다.
④ 기술통계의 종류: 빈도분포, 평균, 표준편차 등

(2) 추리통계
① 교육평가에서 통계적 방법을 활용할 때, 그 목적이 예측하거나 통제하는 것과 관련되는 것을 추리통계라고 한다.
② 교육현상을 예측 · 통제하기 위해 확률적인 법칙을 찾는 것과 관련 있다.
③ 표집치(통계치)를 이용하여 전집치(모수치)를 추정하는 통계이다.
④ 추리통계의 종류: 카이스퀘어(x^2)검증, t검증, f검증 등

(3) 전집치와 표집치
① 전집치(모수치, parameter)
   ㉠ 전집(population): 연구자가 관심을 갖고 있는 연구대상의 전체집합이다.
   ㉡ 전집치: 전집의 특성을 수치로 나타낸 것이다.
② 표집치(통계치, statistic)
   ㉠ 표집(sample): 전집에서 조사대상으로 선택된 일부로, 전집의 부분집합이다.
   ㉡ 표집치: 표집의 특성을 수치로 나타낸 것이다.
③ 통계학에서는 전집치를 그리스 알파벳으로 표시하고, 표집치는 영어 알파벳으로 표시하여 구별하기도 한다.

02 기술통계(discriptive statistics)

❶ 빈도와 빈도분포

(1) 개념

① 빈도(frequency): 어떤 사건이 일어나거나 증상이 나타나는 정도를 의미한다.
② 빈도분포(frequency distribution): 빈도를 표나 그래프로 종합적이고 일목요연하게 표시하는 것이다.
③ 빈도분포는 빈도 수와 백분율로 나타내는 경우가 많으며, 상대적 빈도분포와 누가적 빈도분포로 나누어 표시한다.
④ 상대적 빈도분포: 각 변인의 빈도 수를 비율이나 백분율로 나타내는 것이다.
⑤ 누가적 빈도분포: 각 변인의 빈도 수를 비율이나 백분율로 나타내되, 최저점에서 최고점까지 누가적으로 계산하여 나타내는 것이다.

(2) 특징

① 백분위는 어떤 누가적 빈도분포에 있어서 최저점부터 최고점까지 계산하여 특정 점수가 몇 번째 위치에 있는가를 백분율로 계산하여 나타내는 것이다.
② 백분위점수가 높을수록 원점수가 높지만, 석차 백분위점수는 석차를 백분위점수로 나타낸 것으로 석차 백분위점수가 낮을수록 원점수가 높다.
③ 그래프는 1·2·3차원 그래프로 분류할 수 있다.
④ 1차원 그래프는 점이나 선을 통해 위치, 거리, 방향을 나타내는 데 적절하다.
⑤ 2차원 그래프는 면적이나 각도를 통해 자료를 나타낼 경우에 적절하다.
⑥ 3차원 그래프는 부피를 통해 자료를 나타내고자 할 때 적절하다.

❷ 정상분포(정규분포, normal distribution)

(1) 개념

자연적인 상태에서 여러 사례의 단일차원의 특성을 측정하거나, 측정의 오차를 포함하는 반복측정의 결과로 나타나는 종모양의 분포를 말한다.

(2) 특징

① 평균 및 표준편차의 크기에 따라 다양한 형태를 갖출 수 있다.
② 모양은 언제나 평균을 중심으로 좌우대칭을 이루고 가운데가 뾰족한 종모양을 형성한다.

③ 편포도와 첨도

(1) 편포도(왜도)

① 어떤 분포가 대칭성에서 벗어난 정도, 즉 비대칭성의 정도를 나타낸다.

② 정상분포와 같이 좌우대칭일 경우 그 값이 '0'이 된다.

③ 부적 편포: 편포도가 (−)인 분포로, 우측으로 기울어 오른쪽이 볼록한 형태의 분포이다.

④ 정적 편표: 편포도가 (+)인 분포로, 좌측으로 기울어 왼쪽이 볼록한 형태의 분포이다.

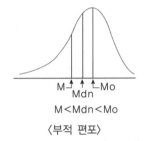

M<Mdn<Mo

〈부적 편포〉

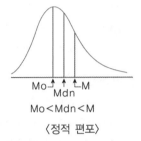

Mo<Mdn<M

〈정적 편포〉

[그림 4-13] 부적 편포와 정적 편포

(2) 첨도

① 자료의 분포 모양이 첨예한 정도로, 빈도분포곡선이 위로 뾰족한가 또는 완만한가의 정도를 나타내는 수치이다.

② 일반적으로 첨도가 클수록 뾰족한 분포를 나타내며, 자료가 정상분포일 경우에는 첨도가 '0'이 된다.

④ 집중경향치(대표치) 〔기출〕 03, 06, 08 중등 / 01, 03 초등

(1) 개념

① 어떤 집단의 특성을 대표할 수 있는 하나의 수치를 의미한다.

② 최빈치(mode), 중앙치(median), 평균(mean)을 활용한다.

(2) 최빈치

① 빈도가 가장 많은 점수를 뜻하며, 주로 명명변인을 대상으로 사용한다.

　예 6, 6, 8, 8, 8, 9, 9, 9, 9, 10, 10, 11이라는 점수들이 있을 때 9가 최빈치가 된다.

② 여러 수치를 묶은 급간을 사용한 묶음 빈도분포에서는 빈도가 가장 많은 급간의 중간점이 최빈치가 된다.

③ 모든 점수들의 빈도가 동일하면 최빈치는 존재하지 않는다.

④ 인접한 두 점수가 최빈치가 되는 경우 두 점수의 평균이 최빈치가 된다.

　예 2, 2, 4, 4, 5, 5, 5, 7, 7, 7, 9, 9, 10인 경우 (5 + 7)/2 = 6이 최빈치가 된다. 경우에 따라서는 5와 7 모두를 최빈치로 하기도 한다.

(3) 중앙치(중앙값)

① 전체 사례 수의 중앙에 해당하는 값으로, 주로 서열변인을 대상으로 사용한다.
② 중앙치를 알아내기 위해서는 먼저 점수들을 가장 낮은 것부터 높은 것 순으로 정리해야 한다.
③ 만일 총 사례가 홀수라면 그 수치의 위와 아래에 같은 수의 사례들을 가지고 있는 점수를 중앙치로 본다.
   예 0, 7, 8, 11, 15, 16, 20과 같이 7개의 사례가 순서대로 나열되어 있을 경우에 중앙치는 11이다.
④ 점수가 모두 다르면서 사례가 짝수라면 중앙에 있는 두 점수의 평균을 중앙치로 본다.
   예 12, 14, 15, 18, 19, 20과 같이 6개의 사례가 순서대로 나열되어 있을 경우 중앙치는 15 + 18/2 = 16.5이다.

(4) 평균(산술평균)

① 모든 사례의 수치를 합한 후 총 사례 수로 나눈 값으로, 동간변인이나 비율변인을 대상으로 사용한다.
② 모든 점수에서 평균을 뺀 값의 합(편차점수의 합)은 0이 된다.
③ **최소제곱법**: 평균을 기준으로 얻어진 편차점수의 제곱의 합은 다른 어떤 값을 기준으로 얻은 편차점수의 제곱의 합보다 항상 작거나 같다.
④ 평균은 점수분포의 균형을 이루는 점이며, 무게중심에 해당한다고 볼 수 있다.
⑤ 집단의 모든 사례의 점수에 일정한 수 C를 더하거나 뺐을 때 평균은 원래의 평균에 C를 가감한 것과 같다.
⑥ 모든 수에 일정한 수 C를 곱하거나 나누었을 때의 평균은 원래의 평균에 C를 곱하거나 나눈 것과 같다.

(5) 최빈치, 중앙치, 평균의 특징 비교

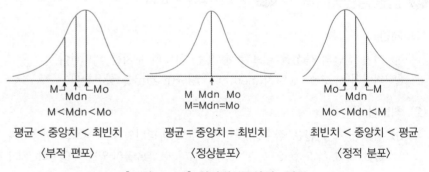

[그림 4-14] 최빈치, 중앙치, 평균

① 표집오차(표집에 따른 전집치와 표집치의 차이)의 크기: 한 전집의 추정치로서 표집을 통하여 그 값을 계산하는 경우에 표집에 따른 변화는 '최빈치 > 중앙치 > 평균' 순으로 크다. 즉, 평균이 표집에 따른 변화가 가장 작은 안정적인 대표치이다.

② 변인의 특성에 따른 활용: 명명변인의 경우에는 최빈치를, 서열변인의 경우에는 중앙치를, 동간변인과 비율변인의 경우에는 평균을 활용하는 것이 적합한 대표치가 된다.

③ 자료의 특성에 따른 영향: 평균은 계산할 때 모든 점수를 고려하기 때문에 극단적인 점수가 있을 경우 그것의 영향을 받기 쉬워 대표치로서 부적당한 경우가 있다. 또한 급간의 상한계와 하한계가 정해져 있지 않을 때, 평균을 원칙적으로 계산할 수 없다.

④ 분포의 특성에 따른 차이: 점수의 분포가 정상분포를 이루는 경우 최빈치, 중앙치, 평균의 값이 일치한다. 그러나 부적편포의 경우 분포의 좌측에서부터 '평균, 중앙치, 최빈치'의 순서로 관찰치들이 분포되어 있다. 그리고 정적편포의 경우 분포의 좌측에서부터 '최빈치, 중앙치, 평균'의 순서로 관찰치들이 분포된다.

⑤ 변산도(분산도)

(1) 개념

① 관찰된 자료의 흩어진 정도를 의미한다.

② 어떤 집단의 분포를 좀 더 정확하게 기술하거나 설명하기 위해서는 앞서 설명한 대표치뿐만 아니라 변산도도 함께 제시해야 한다.

(2) 변산도의 범위

① 최고 점수에서 최저 점수까지의 거리를 나타내며 다음과 같이 계산한다.

② 계산 공식

> 변산도의 범위 = 최고 점수 − 최저 점수 +1

(3) 표준편차(SD; Standard Deviation)

① 특정 집단 사례의 수치들이 평균으로부터 떨어져 있는 거리를 나타내는 하나의 지표이다.

② 계산 공식

$$SD = \sqrt{\frac{\sum (X - \overline{X})^2}{N}}$$

N = 사례 수, X = 사례 값, $\overline{X}$ = 사례 값의 평균

③ 표준편차의 크기는 분포상에 있는 모든 점수의 영향을 받기 때문에 극단적인 점수의 영향을 크게 받는다.

④ 평균과 함께 그 집단을 가장 효율적이고 경제적으로 나타낼 수 있는 수치이다.

⑤ 한 집단의 모든 점수에 일정한 수를 더하거나 빼더라도 표준편차는 변하지 않고 동일하다. 표준편차는 평균과의 흩어진 정도를 나타낸 것이므로, 각각의 수치에 동일한 값을 더하거나 빼도 그 흩어진 정도에는 차이가 없으므로 표준편차는 변하지 않는다.

⑥ 한 집단의 모든 점수에 상수를 곱하면 표준편차도 그 수의 절댓값의 배수만큼 증가한다. 각각의 수치에 동일한 값을 곱하면 그 흩어진 정도도 그 비율만큼 벌어지므로 표준편차는 곱해진 수의 절댓값의 배수만큼 변하게 된다.

⑦ 표준편차와 정상분포의 체계

$$\overline{X} - 0.675SD \leq X \leq \overline{X} + 0.675SD : \text{전체 사례의 약 } 50\%\text{가 있음}$$
$$\overline{X} - 1SD \leq X \leq \overline{X} + 1SD \qquad : \text{전체 사례의 약 } 68.26\%\text{가 있음}$$
$$\overline{X} - 1.645SD \leq X \leq \overline{X} + 1.645SD : \text{전체 사례의 약 } 90\%\text{가 있음}$$
$$\overline{X} - 1.96SD \leq X \leq \overline{X} + 1.96SD : \text{전체 사례의 약 } 95\%\text{가 있음}$$
$$\overline{X} - 2.58SD \leq X \leq \overline{X} + 2.58SD : \text{전체 사례의 약 } 99\%\text{가 있음}$$

⑧ 정상분포곡선을 그릴 때, −3SD ~ +3SD 범위로 그리는 이유는 해당 범위 안에 전체 사례의 약 99.74%가 포함되기 때문이다.

⑨ 표준편차는 표집에 따른 변화, 즉 표집오차가 가장 작은 변산도지수이다. 전집으로부터 반복적인 무선표집을 할 때, 표준편차의 변동은 동일한 표집으로부터 계산되는 다른 추정치들의 변동보다 작다.

(4) 변량(분산)

① 표준편차를 제곱한 값이다.

② 계산 공식

$$SD^2 = \frac{\sum (X - \overline{X})^2}{N}$$

N = 사례 수, X = 사례 값, $\overline{X}$ = 사례 값의 평균

③ 전집일 경우에는 σ^2, 표집일 경우에는 S^2로 표시한다.

④ 변량은 표준편차, 즉 평균 거리를 제곱한 것이므로 일종의 '평균 면적'의 의미로 해석할 수 있다. 2차원적인 개념인 면적으로 해석할 수 있는 변량에 대해서는 '전체의 몇 %를 설명한다.'는 등의 해석이 가능하지만, 일차원적인 개념인 거리로 해석할 수 있는 표준편차에 대해서는 '전체의 몇 %를 설명한다.'는 등의 해석이 불가능하다.

⑤ 사례 수가 같은 여러 집단이 있을 경우, 특정 집단의 변량이 작을수록 그 집단은 동질적으로 구성되어 있다는 것을 의미하고, 변량이 클수록 그 집단은 이질적으로 구성되어 있다는 것을 의미한다.

03 추리통계(inferential statistics)

① 추정(estimation)

(1) 개념
추리통계에서 표집치를 이용하여 전집치를 확률적으로 예상하는 것을 의미한다.

(2) 추정의 종류
① 점 추정(point estimation): 표집의 특성을 이용하여 전집의 특성을 하나의 수치로 추정하는 것이다.
② 구간 추정(interval estimation): 표집의 특성을 이용하여 전집의 특성을 적절한 구간으로 추정하는 것이다.
③ 가설검증(hypothesis test): 표집에서 얻은 자료를 근거로 하여 전집에 대한 가설이 맞는지 틀리는지를 통계적으로 검증하는 것이다.

(3) 추정자와 추정치
① 추정을 함에 있어서 추정치를 구하는 방법을 '추정자(estimator)'라고 하고, 추정된 값을 '추정치(추정값, estimate)'라고 한다.
② 평균, 중앙치, 최빈치는 일종의 추정자이고, 그것을 계산하여 나온 특정 값을 추정치라고 할 수 있다.

> 예 전집의 평균을 추정하기 위해 표집의 평균($\overline{X}$)을 계산해보니 그 값이 30이었다면, 추정자는 표집의 평균이고 추정치는 30이 된다.

> **참고** 추정자가 갖추어야 할 바람직한 조건
>
> 1. **불편파성(unbiasedness)**
>   특정 추정기법을 활용하여 추정한 추정치의 기댓값이 실제 전집치와 일치해야 한다.
> 2. **효율성(efficiency)**
>   추정기법 중에서 그것을 활용하여 추정한 추정치의 변량이 작을수록 좋다.
> 3. **일관성(consistency)**
>   표집의 크기가 클수록 특정 추정기법을 활용한 추정치가 실제 전집치에 더욱 가까워져야 한다.
> 4. **충분성(sufficiency)**
>   추정기법 중에서 그것을 활용하여 추정한 추정치가 전집치에 대한 정보를 많이 줄수록 좋다.

(4) 신뢰구간

① 구간 추정과 관련하여, 특정 추정자를 통해 전집치가 포함될 확률을 구간으로 표시한 것을 의미한다.

② 전집의 평균이 포함될 가능성이 95%인 '95% 신뢰구간'과, 그 확률이 99%인 '99% 신뢰구간'은 다음과 같이 표시할 수 있다.

$$95\% \text{ 신뢰구간: } \overline{X} - 1.96\frac{SD}{\sqrt{N}} \leq \mu \leq \overline{X} + 1.96\frac{SD}{\sqrt{N}}$$

$$99\% \text{ 신뢰구간: } \overline{X} - 2.58\frac{SD}{\sqrt{N}} \leq \mu \leq \overline{X} + 2.58\frac{SD}{\sqrt{N}}$$

$\overline{X}$ = 표집의 평균, SD = 표집의 표준편차, N = 사례 수, μ = 전집의 평균

(5) 가설 검증과 유의 수준

① 가설의 두 가지 종류

㉠ 원가설: 연구자가 직접 통계적으로 검증하려는 가설로, 통계적 가설과 영가설이 있다.

㉡ 대안가설: 원가설을 통계적으로 받아들일 수 없을 때 대안적으로 받아들이는 가설로, 대립가설과 상대적 가설이 있다.

② 추리통계에서는 주로 원가설에 대한 긍정 여부를 명확히 할 수 없기 때문에 대안가설을 받아들이게 되는지에 대한 여부를 검증해야 한다.

③ 이때 유의 수준(1종 오류)을 정하게 되는데, 이는 원가설이 옳음에도 불구하고 원가설을 부정할 가능성을 나타내는 확률이라 하며 보통 알파(α)로 표시한다.

④ 2종 오류는 원가설이 옳지 않음에도 불구하고 원가설을 긍정할 가능성을 나타내는 확률이라 하며 보통 베타(β)로 표시한다.

⑤ 추리통계에서는 일반적으로 $\alpha = 0.05$ 수준과 $\alpha = 0.01$ 수준을 사용한다.

⑥ 대안가설이 참일 경우 원가설을 부정함으로써 대안가설을 받아들일 확률인 '$1 - \beta$'를 '통계적 검증력'이라고 한다.

요약정리 🔍
Zoom OUT 원가설 및 대안가설과 1종·2종 오류의 관계

구분		진실	
		원가설	대안가설
검증 (의사결정)	원가기준열 인정	$1-\alpha$ (옳은 결정)	β (2종 오류)
	대안기준열설 인정	α (1종 오류)	$1-\beta$ (옳은 결정)

❷ 카이스퀘어(x^2)검증과 t검증

(1) 카이스퀘어(x^2)검증

① 통계적 검증을 진행함에 있어서 카이스퀘어(x^2) 확률분포를 활용하는 기법이다.
② 명명변인이나 서열변인 간의 상호 독립성을 검증하기 위하여 사용하는 가장 대표적인 방법이다.
③ 전집의 분포에 대한 정상분포를 가정할 필요가 없는 비모수 통계방법이므로, 관찰된 자료가 이론적 기대에 잘 들어맞는지에 대한 여부를 검증하는 데에도 많이 활용된다.
　예 적합도 검증

(2) t검증

① 통계적 검증을 함에 있어서 t분포를 활용하는 기법이다.
② t분포: 정상분포와 비슷하게 좌우대칭의 형태를 띠며, 사례 수의 크기에 따라 분포의 첨도가 달라지는 분포이다.
③ 사례 수가 작을수록 첨도가 작아져 가운데가 평평한 좌우대칭 분포를 이루고, 사례 수가 많아질수록 정상분포와 비슷한 모양을 이루게 된다.
④ 주로 두 집단 간의 평균에 차이가 있는지 여부를 검증하기 위해 사용된다.

❸ 변량분석(분산분석, f검증) 기출 이 중등

(1) 개념

① 통계적 검증을 함에 있어서 f분포를 활용하는 기법이다.
② f분포: 사례 수에 따라 분포의 모양이 달라지나, 대체로 정적 편포의 모양을 이루는 분포이다.
③ 변량분석은 두 개 이상의 집단에서 얻어진 평균치들의 차이가 전집의 본질적인 차이에 의한 것인지 표집에 따른 우연한 차이인지를 검증하는 것이다.
④ 분석결과 어떤 유의 수준(α)에서 의미 있는 차이가 있다면 '그 차이는 전집에서 본질적으로 그러한 차이가 있기 때문에 표집에서도 그렇게 나타났다.'는 식으로 가설을 검증한다.
⑤ 변량분석의 기본 원리는 집단 간 변량과 동일한 집단 내 변량(오차변량) 간의 비율을 이용하는 것이다.
⑥ 처음에 동일한 집단들을 이용하여 실험을 한 결과 집단 간에는 변화가 많이 일어난 반면에 집단 내에서는 거의 변화가 없었다면, 이는 실험효과가 집단에 따라 다르게 나타난 것이라 할 수 있다. 이러한 기본 원리를 통계적으로 분석하는 것을 '변량분석'이라고 한다.

(2) 종류

① 일원 변량분석: 연구 집단이 3개 이상일 경우, 집단 간 평균 차이가 있는지의 여부를 검증하기 위해 사용한다.

② 다원 변량분석: 독립변인이 2개 이상일 경우, 각 독립변인을 이루는 집단 간의 차이를 검증하거나(주효과), 독립변인들 간의 상호작용 효과를 검증하기 위한 방법이다.

> 예 독립변인으로 남녀 집단과 교수방법 A, B가 있고, 종속변인으로 국어성적이 있다. 남자에게는 A 방법을 활용했을 때 국어성적이 더 높아진 것에 반해, 여자에게는 B 방법을 활용했을 때 국어성적이 더 높아졌다면 교수방법과 남녀 간에는 상호작용 효과가 있다고 할 수 있다.

❹ 상관분석, 회귀분석, 요인분석

(1) 상관분석(correlation analysis) 기출 12 중등 / 10 초등

① 두 변인 간의 직선적인 관련 정도를 나타내는 상관계수를 이용하여 분석하는 것이다.

② 상관계수: 두 변인 간의 상호 관련성을 나타내는 수치로 인과관계와 구별되는 개념이며, 소문자 'r'로 나타낸다.

③ 상관계수의 값은 −1 ~ +1까지의 범위를 지니며, 양의 값이냐 음의 값이냐에 따라 정적 또는 부적 상관계수라 부르고 상관계수가 0인 경우 상관이 아예 없는 것이다.

④ 상관계수의 값은 두 변인 사이의 공분산을 각 변인의 표준편차로 나눈 것이다.

참고 공분산(covariance)

1. 공분산

① 공분산의 두 변수가 함께 변하는 정도에 대한 것이다.

② 한 변수가 증가(또는 감소)하고 다른 변수도 증가(또는 감수)하는 경우라면 두 변수는 함께 변한다고 말할 수 있다.

③ 한 변수가 증가(또는 감소)하는데 다른 변수는 변하지 않는다면, 두 변수는 함께 변한다고 말할 수 없다.

④ 공분산은 두 변수 간 변하는 관계의 방향과 크기를 알려준다.

⑤ 공분산은 그 크기가 측정 단위에 따라 달라진다는 단점이 있다.

> 예 키의 경우 센티미터(cm)인 자료로 공분산을 구할 때와, 그것을 미터(m)나 인치(in)로 바꿔서 측정할 때 공분산이 달라진다.

2. 상관계수와의 관계

두 개의 변수 간에 어떤 관계가 있는지를 알아보고자 할 때 일반적으로 상관계수를 이용하며, 이때 상관계수는 공분산을 표준화한 것이다. 상관계수는 공분산을 각 변수(변인)의 표준편차로 나눈 것이다.

⑤ 계산 공식

$$r_{xy} = \frac{\sum xy}{N S_x \cdot S_y}$$

$x = (X - \overline{X})$, $y = (Y - \overline{Y})$, S_x / S_y = 각 변인의 표준편차

⑥ 2차원 평면상에서 두 개의 서로 관련되는 변인을 x축과 y축을 기준으로 하여 점으로 나타내는 그림을 산포도라고 하며, 이는 두 변인의 관계가 직선적인 관계인가를 쉽게 알아볼 수 있게 해준다는 점에서 매우 유용하다.

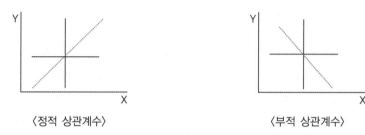

〈정적 상관계수〉　　　　　　　〈부적 상관계수〉

[그림 4-15] 정적 상관계수와 부적 상관계수

⑦ 정적 상관계수는 한 변인이 증가하면 다른 변인도 또한 함께 증가하는 비례적인 증가함수를 나타내고, 부적 상관계수는 한 변인이 증가하면 다른 변인은 감소하는 반비례적인 관계에 있는 함수를 나타낸다.

예 · **시험을 준비하는 시간의 양과 성적 간의 관계:** 시험을 준비하는 시간의 양이 많을수록 성적이 좋게 나올 경우 정적 상관계수로 나타날 것이다.

· **겨울철 기온과 저수지 얼음의 두께와의 관계:** 기온이 낮아질수록 얼음의 두께가 두꺼워지므로 부적 상관계수로 나타날 것이다.

참고　**상관관계와 인과관계**

변인들 간에 상호 관련성(상관관계)이 있다는 것과 변인들이 원인 – 결과의 관계(인과관계)가 있다는 것은 서로 다르다. '중학교 성적'과 '고등학교의 성적'을 두 변인으로 할 때, 분명히 서로 밀접하게 관련되어 있지만 중학교의 성적이 높다고 해서 필연적으로 고등학교의 성적이 높아지는 것은 아니다. 실제 고등학교 성적을 높이는 원인은 '중학교의 높은 성적'이 아니라 '지능'이나 '학생의 노력' 등이기 때문이다. '가을이 되면 낙엽이 떨어진다'에서도 우리는 자칫 낙엽이 떨어지는 원인이 가을이 왔기 때문인 것처럼 인과관계로 해석해 버리기 쉽지만, 실제로 낙엽이 떨어지는 원인은 가을이 되어서가 아니라 '중력' 때문이다. 이처럼 인과관계처럼 보이는 관계들이 실제로는 상관관계인 경우가 많다는 점에 주의해야 한다.

(2) 회귀분석(regression analysis)

① 여러 개의 독립변인(예언변인, 예측변인)을 이용하여 하나의 종속변인(기준변인)을 얼마나 잘 예언(설명)하는지를 분석하기 위한 통계적 기법이다.

② 독립변인을 이용하여 종속변인을 예언하기 위한 방정식을 회귀방정식이라고 하며, 회귀방정식을 구성하는 계수를 회귀계수(regression coefficient)라고 한다.

③ 단순회귀방정식의 일반식

$$Y_i = \beta_0 + \beta_1 X_i + \epsilon_1$$

Y_i: i번째 사람의 종속변수 관측치, β_0: Y축의 절편, β_1: 기울기
X_i: i번째 사람의 독립변수 관측치, ϵ_1: i번째 사람의 오차

④ β_0과 β_1은 각각 Y축의 절편과 기울기가 되며, 이를 '회귀계수'라고 부른다. β_0은 X의 값이 0일 때 Y값을, β_1은 X값이 증가할 때 Y값의 변화량을 뜻한다.

⑤ 단순회귀분석은 독립변인과 종속변인이 각각 하나씩인 경우이다.

　　예 대학수학능력시험 성적(독립변인)이 대학교 총 학점(종속변인)을 예언할 수 있는지 여부를 분석할 때는 단순회귀분석을 활용한다.

⑥ 중다회귀분석은 독립변인이 2개 이상이고 종속변인이 하나인 경우이다.

　　예 대학수학능력시험 성적(독립변인 1)과 내신성적(독립변인 2), 면접점수(독립변인 3)가 대학교 총학점(종속변인)을 예언할 수 있는지 여부를 분석할 때는 중다회귀분석을 활용한다.

(3) 요인분석(factor analysis)

① 여러 변인으로 구성된 측정도구의 내용들을 몇 개의 요인으로 줄이거나 여러 변인 간의 상호 관계를 파악하기 위한 통계적 기법이다.

② 여러 개의 관찰변인(측정변인) 간의 상관관계를 소수의 잠재변인(요인)을 이용하여 설명하는 통계적인 방법이다.

③ 요인분석의 사용 범위 및 용도

 ⊙ 여러 개의 변인들을 적은 수의 요인으로 줄일 수 있다. 요인분석을 통해 여러 개의 변인들을 동질적인 몇 개의 요인으로 묶어 줌으로써 변인 내에 존재하는 상호 독립적인 차원을 발견하는 데 사용할 수 있다.

 ⓒ 관련된 변인들이 묶여 요인을 이루고, 이들 요인은 상호 독립적인 특성을 가지게 되므로 변인들의 특성을 밝힐 수 있다.

 ⓒ 요인분석을 통해 요인에 포함되지 않거나 포함되더라도 중요도가 낮은 변인을 찾을 수 있으므로 불필요한 변인을 제거할 수 있다.

 ⓔ 측정도구의 타당성을 판정할 수 있다. 중요하지 않은 변인들을 선별해서 제거하거나 그 측정도구의 타당성을 검증하는 데 이용할 수 있다.

  ⑩ 문제해결력 검사에서 문제해결력을 구성하는 하위 요인으로 창의성, 판단력, 추진력을 가정하는 경우, 각 하위 요인을 측정할 수 있는 문항을 개발하여 전체 검사를 구성하게 된다. 요인분석을 적용하여 이 검사의 구인타당도를 평가하는 경우, 세 개의 하위 요인이 추출되는지, 각각의 문항들이 의도한 대로 하위 요인을 측정하는 변수로 묶이는지를 판단할 수 있다.

 ⓜ 요인분석 결과를 지수화하여 추후 회귀분석, 상관분석, 판별분석을 위한 분석자료로 사용할 수 있다.

 ⓑ 요인분석에서 추출된 요인의 수는 고유값과 공통성을 기준으로 판단하고, 문항과 추출된 요인 간의 상관관계를 나타내는 요인부하량을 기준으로 문항이 하위 요인을 의도한 대로 측정하는지를 판단한다.

01 학생의 학업성취도에 대해서 검사도구를 활용하여 _____하거나 평소 학생의 수업 참여도에 대해서 비공식적 관찰을 통해 _____을 한다. 학생에 대한 _____가 이루어지기 위해서는 개별 학생에 대한 가치를 판단하는 작업, 종합적 판단과 강·약점에 대한 진단 및 개선 방안에 대한 조언이 함께 제시되어야 한다.

01
측정, 총평, 평가

02 평가의 _____ 기능은 교육평가를 학생의 인지적·정의적·심동적 영역의 성장·발달수준을 '판단'하기 위함을 목적으로 하고, _____ 기능은 학생의 인지적·정의적·심동적 영역의 성장·발달수준을 '이해'하여 교수·학습의 과정을 '개선'하기 위함을 목적으로 한다.

02
총괄적, 형성적

03 학습자의 평가 결과를 그가 속한 규준집단에 비추어 상대적 위치나 서열을 밝히는 평가를 _____라고 하고, 준거에 비추어 학습자가 성취해야 할 과제의 영역 또는 분야를 알고 이를 얼마만큼 수행할 수 있는가에 관심을 두는 평가를 _____라고 한다.

03
규준지향평가, 준거지향평가

04 교수·학습활동이 시작되기 전에 학습자가 가지고 있는 능력이나 특성이 어떠한지 체계적으로 파악하는 평가를 _____라고 하고, 수업이 진행되고 있는 도중에 실시하고 진행 중인 학습내용에 대한 학습자의 이해 정도나 기능수준을 확인하는 평가를 _____라고 하며, 장기간에 걸친 일정 단위의 교수·학습과정이나 프로그램이 종료된 후 교육목표 달성 여부와 정도를 종합적으로 판정하는 평가를 _____라고 한다.

04
진단평가, 형성평가, 총괄평가

05 지적 발달을 다루는 평가로 학교현장에서 이루어지는 교실평가와 국가 및 시·도 교육청 수준의 학업성취도 평가를 _____라고 하고, 인간의 정서 및 의지 발달을 바탕으로 형성되는 태도, 흥미, 자아개념, 가치, 불안, 도덕성, 학업적 자기 존중, 통제, 동기 등 다양한 특성을 평가하는 것은 _____라고 한다.

05
인지적 평가, 정의적 평가

06 정의적 평가방법 중 _____는 미리 정해 놓은 척도에 반응하도록 하는 것으로, 평가문항에 대해 아주 만족하면 5점, 만족하면 4점, 보통이면 3점, 불만족하면 2점, 아주 불만족이면 1점을 부여하는 방식인 _____가 대표 유형이다.

06
평정척도, 리커트 척도

07 평가대상을 어떤 형태로든지 수량화한 후 그 자료를 토대로 통계적 기법을 이용하여 기술·분석하는 방법을 _____라고 하고, 소수의 사람들이나 사례, 프로그램에 관하여 더욱 구체적이고 생생한 자료나 정보를 수집·분석해서 좀 더 심층적으로 파악하여 그들의 실제나 과정에 대한 이해를 높이는 데 목적을 두는 평가를 _____라고 한다.

07
양적 평가, 질적 평가

08 학생이 지니고 있는 능력에 비추어 얼마나 최선을 다했는가, 최대 능력이 발휘되었는가에 초점을 두는 평가를 _____라고 하고, 교육과정을 통하여 얼마나 성장하였는가에 관심을 두는 평가를 _____라고 한다.

08
능력지향평가, 성장지향평가

09 검사를 구성하는 문항들이 측정하고자 하는 내용과 행동영역을 대표하고 있는 정도를 나타내는 타당도를 _____라고 하고, 현재 검사에서 획득한 점수가 미래의 행동 특성을 얼마나 잘 예측하는지에 대한 정도를 나타내는 타당도를 _____라고 하며, 이미 타당성을 인정받은 기존 검사에서의 점수를 준거변수로 하여 검사의 타당도를 평가하는 방법을 _____라고 한다.

09
내용타당도, 예언타당도, 공인타당도

10 검사에서 측정하고자 하는 구인이 무엇인지에 대한 조작적 정의를 내리고, 검사가 정의된 구인을 얼마나 제대로 측정하고 있는지 판단하는 것은 _____이고, 문항 간 상관관계를 파악하기 위해 _____을 적용한다.

10
구인타당도, 요인분석법

11 _____는 검사가 측정하고자 하는 것을 얼마나 안정적으로 측정하고 있는가에 대한 정도를 의미하며, _____이 있을 때 확보된다.

12 동일한 평가도구를 동일한 피험자들에게 시간을 두고 두 번 실시한 다음 두 점수 간의 상관관계로 신뢰도를 추정하는 방법을 _____라고 하고, 동일한 피험자에게 똑같은 검사가 아니라 서로 비슷한 검사를 두 번 시행하여 상관계수로 신뢰도를 추정하는 방법을 _____라고 한다.

13 검사를 한 번 실시하여 신뢰도를 추정하는 방법을 검사의 _____라고 하고, _____로 하위 검사 간 또는 문항 간의 상관관계가 높음을 확인한다.

14 2명 이상의 채점자가 채점을 하였을 때 그 결과가 어느 정도 일치하는지 확인하는 것을 _____라고 한다.

15 _____는 학생으로 하여금 자신이 학습에서 어디에 있는지, 어디로 나아가야 하는지, 그 목표에 도달하기 위해 무엇을 해야 하는지를 결정하기 위해 사용할 증거를 수집하고 해석하는 과정이다.

11
신뢰도, 일관성

12
검사 – 재검사 신뢰도,
동형검사 신뢰도

13
내적 일관성 신뢰도, 동질성계수

14
채점자 간 일치도

15
학습을 위한 평가

16 수행평가는 학습의 결과가 아니라 학습의 과정을 평가의 주요 대상으로 설정하고자 하는 _____이며, 평가방법 중 시험이 아니라 학생 스스로가 만든 작품집이나 서류철 등을 이용한 평가를 _____라고 한다.

16
과정중심 평가, 포트폴리오 평가

17 학습자가 과제를 수행함으로써 성취하기를 기대하는 지식, 기술, 태도를 기술한 것으로, 수행수준에서의 성취기준을 명세화한 평가안내서를 _____라고 한다.

17
채점 기준표

18 교육평가의 방법 중 대상 또는 그 대상의 특성과 관련된 행동을 주의하여 자세히 살펴보는 것은 _____이고, 개인이 자신의 학습과정이나 경험을 깊이 돌아봄으로써 스스로를 평가하고 그 의미를 해석하는 것은 _____이다.

18
관찰, 성찰

19 교육평가에서 통계적 방법을 활용할 때, 그 목적이 주로 기술하거나 설명하는 것과 관련되는 것을 _____라고 하고, 그 목적이 예측하거나 통제하는 것과 관련되는 것을 _____라고 한다.

19
기술통계, 추리통계

20 _____이란 두 변인 간의 직선적인 관련 정도를 나타내는 상관계수를 이용하여 분석하는 것이고, _____이란 여러 개의 독립변인을 이용하여 하나의 종속변인을 얼마나 잘 예언하는지를 분석하기 위한 통계적 기법이다.

20
상관분석, 회귀분석

12개년 기출분석 Big Data 🥧

0%
교육연구

교육연구 파트는 논술형 교육학 임용 시험에 아직까지
한 번도 출제되지 않았습니다.

설쌤의 Live Class 🎙

'연구'한다는 말은 흔히 '공부'한다는 말과 유사한
의미로 사용되는 경우가 많습니다. 하지만 '연구'라는
말은 탐구의 공적(公的)인 측면을 강조한다는 점에서
탐구의 사적(私的)인 측면을 강조하는 '공부'와는 구분
되는 개념이라고 할 수 있습니다. 다시 말해서 연구는
다른 사람이 그 결과를 활용할 수 있도록 체계적으로
새로운 것을 탐구해 가는 전문적인 작업이라고 할 수
있습니다.*

교사의 역할을 단순하게 지식과 정보를 학생에게
전달하는 것으로 한정한다면 교사집단을 전문가집단
으로 간주하기 어려울 겁니다. 교사집단이 전문가집단
으로 인정받고 학교가 학습조직으로 기능하기 위해서
교사들의 교육연구 능력을 함양시키는 것이 무엇보다
중요합니다. 특히 그동안 매번 반복된 현실과 유리된
교육정책들의 실패를 막기 위해서 학교현장에 기반을
둔 연구의 축적이 절실합니다.

교육연구 파트에서는 '연구자로서의 교사'에 초점을
두고 연구의 기본 개념들을 설명하고 있습니다. 이를
통해 평소 가지고 있었던 교육연구 문제에 대한 답을
찾기 위해 어떤 연구방법이 적절할지 고민해 보시기
바랍니다.

* 백순근, 2009

PART 5
교육연구

논술형 기출개념에는 ✿로, 객관식 기출개념에는 ✤로 표기하였습니다.

교육연구 한눈에 구조화하기

Chapter 01 교육연구 개관

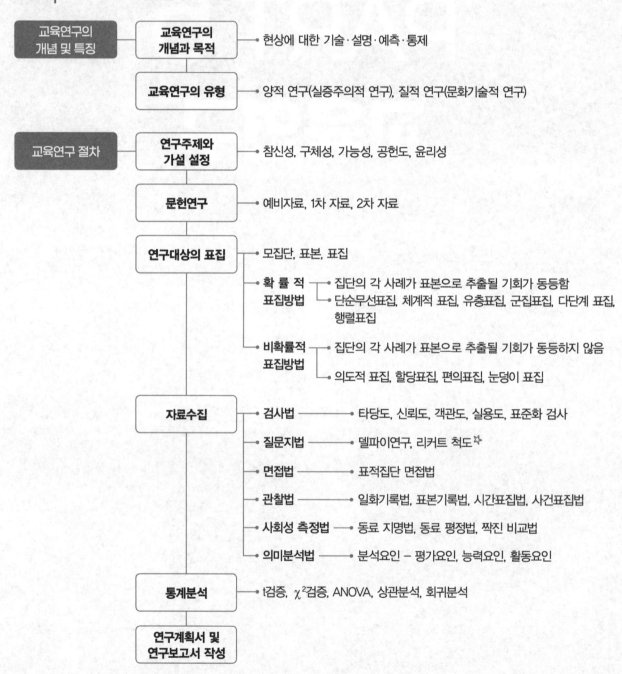

| 교육연구의 개념 및 특징 | 교육연구의 개념과 목적 | → 현상에 대한 기술·설명·예측·통제 |

- **교육연구의 개념과 목적** — 현상에 대한 기술·설명·예측·통제
- **교육연구의 유형** — 양적 연구(실증주의적 연구), 질적 연구(문화기술적 연구)

교육연구 절차

- **연구주제와 가설 설정** — 참신성, 구체성, 가능성, 공헌도, 윤리성
- **문헌연구** — 예비자료, 1차 자료, 2차 자료
- **연구대상의 표집**
  - 모집단, 표본, 표집
  - **확률적 표집방법**
    - 집단의 각 사례가 표본으로 추출될 기회가 동등함
    - 단순무선표집, 체계적 표집, 유층표집, 군집표집, 다단계 표집, 행렬표집
  - **비확률적 표집방법**
    - 집단의 각 사례가 표본으로 추출될 기회가 동등하지 않음
    - 의도적 표집, 할당표집, 편의표집, 눈덩이 표집
- **자료수집**
  - 검사법 → 타당도, 신뢰도, 객관도, 실용도, 표준화 검사
  - 질문지법 → 델파이연구, 리커트 척도 ✿
  - 면접법 → 표적집단 면접법
  - 관찰법 → 일화기록법, 표본기록법, 시간표집법, 사건표집법
  - 사회성 측정법 → 동료 지명법, 동료 평정법, 짝진 비교법
  - 의미분석법 → 분석요인 – 평가요인, 능력요인, 활동요인
- **통계분석** → t검증, χ^2검증, ANOVA, 상관분석, 회귀분석
- **연구계획서 및 연구보고서 작성**

Chapter 02 **연구방법**

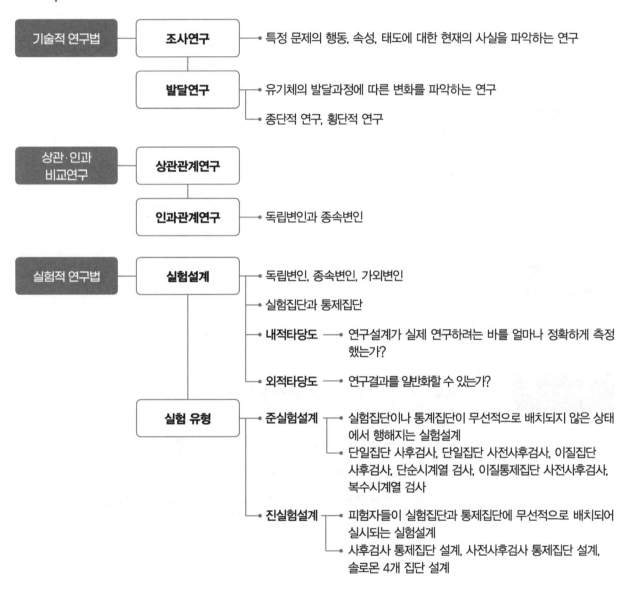

| 기술적 연구법 | **조사연구** | • 특정 문제의 행동, 속성, 태도에 대한 현재의 사실을 파악하는 연구 |

발달연구
• 유기체의 발달과정에 따른 변화를 파악하는 연구
• 종단적 연구, 횡단적 연구

상관·인과
비교연구 — **상관관계연구**

인과관계연구
• 독립변인과 종속변인

실험적 연구법 — **실험설계**
• 독립변인, 종속변인, 가외변인
• 실험집단과 통제집단
• **내적타당도** — 연구설계가 실제 연구하려는 바를 얼마나 정확하게 측정했는가?
• **외적타당도** — 연구결과를 일반화할 수 있는가?

실험 유형
• **준실험설계** — 실험집단이나 통계집단이 무선적으로 배치되지 않은 상태에서 행해지는 실험설계
— 단일집단 사후검사, 단일집단 사전사후검사, 이질집단 사후검사, 단순시계열 검사, 이질통제집단 사전사후검사, 복수시계열 검사
• **진실험설계** — 피험자들이 실험집단과 통제집단에 무선적으로 배치되어 실시되는 실험설계
— 사후검사 통제집단 설계, 사전사후검사 통제집단 설계, 솔로몬 4개 집단 설계

논술형 기출개념에는 ✿로, 객관식 기출개념에는 ✿로 표기하였습니다.

교육연구 한눈에 구조화하기

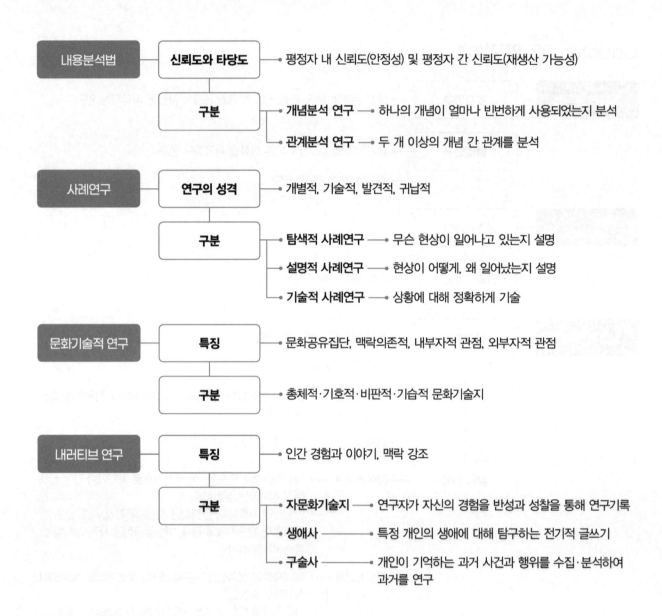

| 내용분석법 | **신뢰도와 타당도** | ● 평정자 내 신뢰도(안정성) 및 평정자 간 신뢰도(재생산 가능성) |

구분
- **개념분석 연구** → 하나의 개념이 얼마나 빈번하게 사용되었는지 분석
- **관계분석 연구** → 두 개 이상의 개념 간 관계를 분석

| 사례연구 | **연구의 성격** | ● 개별적, 기술적, 발견적, 귀납적 |

구분
- **탐색적 사례연구** → 무슨 현상이 일어나고 있는지 설명
- **설명적 사례연구** → 현상이 어떻게, 왜 일어났는지 설명
- **기술적 사례연구** → 상황에 대해 정확하게 기술

| 문화기술적 연구 | **특징** | ● 문화공유집단, 맥락의존적, 내부자적 관점, 외부자적 관점 |

구분
- 총체적·기호적·비판적·기습적 문화기술지

| 내러티브 연구 | **특징** | ● 인간 경험과 이야기, 맥락 강조 |

구분
- **자문화기술지** — 연구자가 자신의 경험을 반성과 성찰을 통해 연구기록
- **생애사** — 특정 개인의 생애에 대해 탐구하는 전기적 글쓰기
- **구술사** — 개인이 기억하는 과거 사건과 행위를 수집·분석하여 과거를 연구

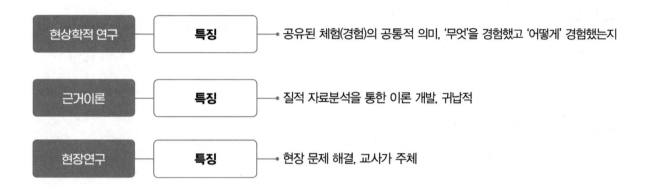

현상학적 연구 — 특징 — 공유된 체험(경험)의 공통적 의미, '무엇'을 경험했고 '어떻게' 경험했는지

근거이론 — 특징 — 질적 자료분석을 통한 이론 개발, 귀납적

현장연구 — 특징 — 현장 문제 해결, 교사가 주체

Chapter 01

교육연구 개관

설쌤의 Live Class 🎙

첫 번째 챕터에서는 교육연구의 기본 개념에 대해 설명하고 있습니다. 연구의 두 가지 유형인 **질적 연구와 양적 연구의 차이**를 이해하고, **연구가 어떤 절차를 통해 이루어지는지** 개괄적으로 살펴보시기 바랍니다.

핵심 `Tag`

양적 연구
- 측정 가능한 객관적인 자료를 바탕으로 결론을 도출하는 실증주의적 연구방법
- **종류:** 실험연구, 조사연구, 상관·인과관계 연구 등

질적 연구
- 현상을 개념화·범주화·계량화·이론화하기 이전의 자연상태로 환원하여 최대한 '있는 그대로' 또는 '그 본래 입장에서' 접근하는 연구방법
- **종류:** 사례연구, 문화기술적 연구, 현상학적 연구, 근거이론 등

가설
연구에서 제기된 연구문제에 대한 연구자 나름의 잠정적인 해답으로, 연구의 초점을 맞추고 연구문제를 한정시키는 역할을 함

표집
- 연구자가 관심을 갖는 전체집단인 모집단에서 실제 연구대상에 해당하는 부분집단인 표본을 추출하는 행위로 구분됨
- **확률적 표집방법:** 단순무선표집, 체계적 표집, 유층표집, 군집표집, 다단계 표집, 행렬표집
- **비확률적 표집방법:** 의도적 표집, 할당표집, 편의표집, 눈덩이 표집

01 교육연구의 개념 및 특징

❶ 교육연구의 개념과 목적

(1) 개념

① 교육의 모든 사상에 대한 지식과 기술을 발견·발전·확인하려는 과학적인 지적 노력의 과정이다.

② 교육현장에서 비교육적 요인과 문제점을 분석·검토하고, 과학적인 방법을 통해 개선점 또는 원리를 찾는 활동이다.

(2) 목적

① **현상에 대한 기술(description):** 교육현상이 언제, 어떻게 발생했으며 어떠한 사실이 있었는지에 관한 정보를 제공한다.

　　예 중학생의 온라인게임 이용 실태, 유아의 놀이활동에서 나타나는 상징적 상호작용 유형

② **현상에 대한 설명(explanation):** 교육현상의 '왜'라는 의문에 답하는 것으로 어느 특정한 사건 발생의 인과분석이나 사실의 근거를 밝히는 것이다.

　　예 중등학교 교사의 스트레스에 영향을 미치는 직업환경 요인, 유아의 연령 증가에 따른 상징적 상호작용 발달에 관한 종단적 분석

③ **현상에 대한 예측(prediction):** 기존의 교육현상에서 발견된 일반적인 법칙과 사실을 바탕으로 다음 교육현상에 대한 예측을 하는 것이다.

　　예 대학수학능력시험, 내신성적, 논술, 면접고사 성적을 이용한 대학교 1학년 학생의 학업성취도 예측력 분석

④ **현상에 대한 통제(control):** 학습자 프로그램 등을 활용하여 특정 교육현상의 원인이 되는 부분을 조작함으로써 바람직한 결과가 일어나도록 하는 것이다.

　　예 감수성 훈련 프로그램이 초등학생의 대인관계 기술에 미치는 효과, 웹 기반 진로상담 프로그램의 개발

❷ 교육연구의 유형 - 인식론적 접근방법에 따른 구분

(1) 양적 연구(실증주의적 연구)

① **개념:** 측정 가능한 객관적인 자료를 바탕으로 결론을 도출해내는 실증주의적 연구방법이다.

② **연구의 전제:** 세계는 모든 사람이 동일하게 경험하고 인식하는 객관적 실체로 이루어져 있으며, 이러한 실체는 기계적·수리적인 절차를 통하여 경험적인 검증이 가능하다.

③ **연구의 목적:** 교육현상을 설명·예언·통제할 수 있는 보편타당한 법칙을 발견하는 것이다.

④ 연구과정
　㉠ 가설을 설정한다. 가설은 변인들의 관계에 대한 잠정적 진술을 의미하며, 이론적·경험적 배경에 의해 설정된다.
　㉡ 가설의 경험적 결과를 추론하기 위해 실제 상황이나 유사 상황을 만든다. 연구의 결과를 얻기 위한 실제 상황이 존재하지 않는 경우에는 다른 변인의 영향을 최대한 배제할 수 있는 연구 상황을 만든다.
　㉢ 실제 상황이나 유사 상황에서 발생하는 자료를 수집한다.
　㉣ 수집된 자료를 분석하여 잠정적으로 서술된 가설이 참인지 거짓인지 밝힌다.
⑤ 양적 연구의 종류
　㉠ 실험연구
　　ⓐ 개념: 실험방법을 사용하며 연구자가 피험자의 반응에 영향을 미칠 것으로 가정한 특정 변인이나 요인을 의도적으로 조작함으로써 발생하는 효과를 관찰하는 연구이다.
　　ⓑ 특징: 인과관계 분석을 명확하게 밝힐 수 있고, 조건을 통제하여 처치변인에 따른 종속변인의 효과를 검증할 수 있다.
　　ⓒ 종류
　　　• 진실험연구: 피험자가 실험집단과 통제집단에 무선적으로 배치되어 행해지는 실험설계이다.
　　　• 준실험연구: 실험집단과 통제집단이 무선적으로 배치되지 않은 상태에서 행해지는 실험설계이다.
　　　　⇨ 교육연구는 통제가 가능한 한 실험실이 아닌 교실상황에서 이루어진다는 점에서 대다수 실험연구는 준실험연구에 해당한다.
　㉡ 비실험연구
　　ⓐ 개념: 연구자가 관심 있는 교육현상에 대해 어떤 조작이나 통제를 가하지 않은 자연적인 상황에서 정확하게 기술·분석하는 연구로, 비실험 상황에서 질문지나 검사, 관찰 등을 통해 객관적 자료를 수집한 후 변인의 특성 또는 변인 간의 관계를 연구한다.
　　ⓑ 장·단점: 실험연구에 비해 많은 양의 자료를 쉽게 얻을 수 있어 통계적 분석에는 유리하지만, 연구 상황의 통제가 불가능하므로 명확한 인과관계를 밝히기 어렵다.
　　ⓒ 종류: 조사연구, 상관관계연구, 인과관계연구 등이 있다.

(2) 질적 연구(문화기술적 연구)
① 개념: 현상을 개념화·범주화·계량화·이론화하기 이전의 자연상태로 환원하여 최대한 '있는 그대로' 또는 '그 본래 입장에서' 접근하는 연구방법이다.
② 배경: 기존 주류를 이루던 양적 연구에 대한 비판이 대두됨에 따라 후기 실증주의에 근거한 질적 연구방법이 출현했다.
③ 연구의 전제: 인간 개개인의 존엄성은 존중받아야 하며, 각 개인 특유의 경험세계가 있는 그대로 의미 있고 가치 있게 이해되어야 한다.

개념확대 ⊕
Zoom IN

양적 연구에 대한 비판
• 이론에 구속된다.
• 실제 연구에서 불가능한 객관성과 가치중립성을 가정한다.
• 연구주제가 관찰이나 질문 등을 통해 자료수집이 가능한 것으로 제한된다.
• 연구결과를 일반화하기 어렵다.

④ 연구의 초점: 특정 인간이나 현상이 나름대로 보유하고 있는 의미세계를 있는 그대로 인정·이해하고 탐구하는 자세를 강조한다.

⑤ 질적 연구의 종류: 사례연구, 문화기술적 연구, 네러티브 연구, 현상학적 연구, 근거이론 등이 있다.

(3) 양적 연구와 질적 연구의 관계

① 양적 연구와 질적 연구는 두 가지 상이한 패러다임에서 출발해 상호 대립되는 연구논리를 가지고 있음에도 불구하고, 두 방법론은 연구 상황 및 자료의 특성에 따라 연속선상에 존재하고 있는 것으로 보아야 한다.

② 양적 연구에서 깊이 분석하지 못한 내용을 질적 연구가 보완해줄 수 있으며, 양적 연구는 주관적이기 쉬운 질적 연구의 연구결과에 객관적 근거를 제공함으로써 질적 연구를 보완할 수 있다는 점에서 둘은 상호 보완적 관계이다.

③ 따라서 일부 학자들을 중심으로 연구의 여러 단계에서 두 가지 접근방법의 통합을 시도하는 통합연구방법론이 등장 및 발전해왔다.

참고 **양적 연구와 질적 연구 기출문제***

* 행정고시 교육학, 2008

Q. 교육에 관한 연구의 유형은 그 분류기준에 따라 크게 양적 연구와 질적 연구로 구분될 수 있다. 다음 물음에 답하시오.
① 양적 연구와 질적 연구의 특성을 비교하여 설명하시오.
② 질적 연구방법 중 한 가지를 선정하여 실제 교육문제 상황에 구체적으로 적용해 보시오.

A1. 양적 연구와 질적 연구의 특성 비교
⇨ 양적 연구는 세계는 모든 사람이 동일하게 경험하고 인식하는 객관적 실체로 이루어져 있으며 이러한 실체는 경험적 검증이 가능하다는 전제하에서, 측정 가능한 객관적인 자료를 바탕으로 결론을 도출하는 실증주의적 연구방법이다. 교육학에서 양적 연구의 목적은 교육 현상을 설명·예언·통제할 수 있는 보편타당한 법칙을 발견하는 것으로 실험연구, 조사연구, 상관·인과관계연구 등을 포함한다. 질적 연구는 후기 실증주의에 근거해 개인 특유의 경험세계가 있는 그대로 의미 있고 가치 있게 이해되어야 한다는 전제하에서, 현상을 개념화·범주화·계량화·이론화하기 이전의 자연상태로 환원하여 최대한 '있는 그대로' 또는 '그 본래 입장에서' 접근하는 연구방법이다. 질적 연구는 특정한 인간이나 현상이 나름대로 보유하고 있는 의미세계를 있는 그대로 인정·이해하고 탐구하는 자세를 강조하며, 사례연구, 문화기술적 연구, 현상학적 연구, 근거이론 등을 포함한다.

---

❸ 교육연구의 과정

(1) 문제의 발견

① 교육연구는 교육현상에 대한 문제의식으로부터 시작된다.

② 참신하면서도 수행 가능한 연구문제(research problem)를 설정하기 위해 연구자는 교육현상을 주의 깊게 관찰하고 이론적·실제적으로 의미 있는 문제를 찾아야 한다.

(2) 문헌고찰

① 연구하려는 문제가 어느 정도 설정되면 그 문제와 관련된 이론이나 선행연구를 고찰해야 한다.

② 문헌고찰 과정의 유용성

㉠ 새로운 연구문제를 발견하거나, 선정해 놓은 문제를 변경해야 할 필요성을 깨닫게 될 수 있다.

㉡ 연구문제와 가설을 형성하기 위한 근거를 찾을 수 있다.

㉢ 연구방법이나 결과 해석에 도움이 될만한 내용과 자료를 얻을 수 있다.

(3) 연구주제 및 가설 설정

① 문헌고찰을 통해 연구자는 연구문제를 명료화하여 연구주제(research question) 및 가설을 설정한다.

② 연구에 따라 가설이 필요하지 않을 수도 있으나, 실험연구 등 양적 연구에서는 연구문제와 함께 가설을 설정하는 것이 일반적이다.

(4) 연구설계

① 연구문제의 해결방안과 가설을 검증할 수 있는 계획 및 절차이다.

② 연구를 설계할 때 연구자가 고려해야 할 사항은 연구대상의 표집방법 문제, 자료의 수집과 분석방법, 구체적인 실행방안, 연구의 제한점 등이다.

(5) 도구 선택 및 제작

① 측정도구와 처치도구를 선택·제작한다.

② 측정도구: 어떤 현상이나 행동 특성을 관찰·조사하는 데 사용되는 도구이다.

③ 처치도구: 연구의 조건이나 상황을 제시하고 규명하는 도구, 즉 실험 또는 실제 방안을 말한다.

(6) 연구대상 선정

① 교육연구에서는 여러 가지 제약이 있으므로, 전체 모집을 대상으로 하기보단 주로 모집단을 대표할 수 있는 제한된 표본을 연구대상으로 선정한다.

② 양적 연구에서는 주어진 연구목적과 여건을 최대한 충족시킬 수 있는 표집방법 및 표본의 크기를 신중히 고려하는 것이 중요한 반면, 질적 연구에서는 연구대상의 모집단 대표성보다는 연구를 위하여 수집된 대상 자체가 지니는 특성을 면밀하게 파악하는 것이 중요하다.

(7) 자료수집

① 양적 연구는 연구설계에 따라서 사전에 선정된 측정도구나 실험처치 방안을 사용하여 조사 및 실험을 한다.

② 질적 연구는 면접이나 관찰자료를 얻거나 기록물을 수집하여 축적한다.

(8) 자료분석

관찰이나 실험 또는 조사 등의 방법으로 수집한 정리되지 않은 상태의 원자료에 질서를 부여하는 일이다.

(9) 결과 평가

① 자료분석 결과를 바탕으로 연구에서 발견한 사실을 제시·해석하고 가설의 긍정 여부를 판단한다.

② 연구 진행과정 중에 발생한 문제들을 전반적으로 검토 및 논의한 후 연구의 결론을 도출하는 단계이다.

(10) 결과 보고

① 연구 결과를 바탕으로 독자들에게 연구내용을 효과적으로 전달할 수 있도록 연구보고서를 작성하는 단계이다.

② 연구보고서에는 연구목적 및 문제, 연구방법 및 절차, 결과 및 해석, 참고문헌, 초록 등이 반드시 포함되어야 한다.

요약정리 🔍
Zoom OUT 양적 연구와 질적 연구 비교

구분	양적 연구	질적 연구
전제	객관적 실재를 형성하는 인간의 특성과 본질이 존재함	객관적 실재라고 일반화시킬 수 있는 인간의 속성과 본성은 없음
인과관계	결과에 시간적으로 선행하거나 동시에 일어나는 원인이 실재함	원인과 결과의 구분이 불가능함
연구목적	• 일반적 원리와 법칙 발견 • 인과관계 또는 상관관계 파악	• 특정 현상에 대한 이해 • 특정 현상에 대한 해석이나 의미의 차이 이해
연구대상	• 대표성을 갖는 많은 수의 표본 • 주로 확률적 표집방법을 사용	• 적은 수의 표본 • 주로 비확률적 표집방법을 사용
연구자와 연구대상과의 관계	• 가치중립적 • 연구자와 연구대상의 관계가 밀접하면 연구결과가 왜곡될 수 있어 거리를 둠	• 가치개입적 • 연구자와 연구대상이 서로 밀접한 관계 유지
자료수집	• 다양한 측정도구 사용 • 구조화된 양적 자료수집	• 연구자가 중요한 연구도구 • 비구조화된 질적 자료수집
자료분석	통계적 분석(기술통계, 추리통계)	질적 분석(내용분석)
연구방법의 예시	설문지를 활용한 조사연구, 실험설계에 의한 실험연구, 점검표를 활용한 관찰연구 등	관찰법, 면접법을 활용한 사례연구, 문화기술적 연구 등
일반화 가능성	일반화 가능	연구가 고유하므로 일반화시킬 수 없음

❶ 연구주제와 가설 설정

(1) 연구주제 및 연구문제 설정

① 연구주제 선정 시 고려할 사항

ㄱ **참신성**: 연구주제는 교육현상에 대해 이미 해결되지 않았거나 만족스러운
해답 또는 설명이 제시되지 않은 문제여야 한다.

ㄴ **구체성**: 연구주제를 설정할 때 개념화하는 용어는 그 의미나 내포하고 있
는 범위가 구체적이어야 한다. 막연하고 추상적인 연구주제는 연구수행을
불가능하게 한다.

ㄷ **가능성**: 연구주제가 되기 위해서는 시간, 노력, 경제적 비용 등을 비추어
봤을 때 현실적으로 수행 가능한 연구인가, 정해진 연구기간 안에 완료할
수 있는가, 자료수집이 가능한가 등과 같은 연구의 수행 가능성에 대하여
검토해야 한다.

ㄹ **공헌도**: 연구주제가 연구할 만한 가치가 있는 문제인가를 고려해야 한다.

ⓐ **이론적 의의**: 연구를 통해 얻는 결과가 그 분야의 학문발전에 얼마나
공헌할 것인가?

ⓑ **실용적 의의**: 연구를 수행함으로써 현실적 문제를 해결하는 데 얼마나
도움이 되는가?

ⓒ **방법론적 의의**: 이제까지 사용하지 않던 새로운 연구방법을 적용하여
방법의 효용성을 입증할 수 있는가?

ㅁ **윤리성**: 교육연구는 주로 인간을 대상으로 한다는 점에서 연구자가 지켜
야 할 윤리 및 도덕적 규범은 중요한 문제이므로, 연구자는 연구대상 및
피험자 선택과정에서 반드시 사전 동의를 받아야 하며 익명성을 확보해
사생활 보호, 비밀보장 등을 준수해야 한다.

(2) 가설 설정

① 가설의 개념 및 기능

ㄱ **가설**: 연구에서 제기된 연구문제에 대한 연구자 나름의 잠정적인 해답이다.

ㄴ **가설의 기능**

ⓐ 이론과 경험적 연구 사이에 다리를 놓아주는 역할을 한다.

ⓑ 연구문제에 대한 잠정적인 결론을 내릴 수 있다.

ⓒ 연구의 초점을 맞추고 연구문제를 한정시키는 역할을 한다.

② 연구가설과 통계적 가설
  ㉠ 연구가설
    ⓐ 어느 한 연구 분야와 관련된 이론으로부터 논리적으로 변인 간의 관계를 추리한 진술을 의미한다.
    ⓑ 통계적 방법과 기술로는 평가될 수 없기 때문에 통계적 가설의 형태로 바꾸어 진술하는 경우가 일반적이다.
    ㉖ 고등학생의 성별에 따라 논술능력에 차이가 있을 것이다.
  ㉡ 통계적 가설
    ⓐ 연구가설을 검증 가능한 방식으로 바꾸어 놓은 진술을 의미한다.
    ⓑ 표본에서 얻는 정보를 토대로 검증할 수 있다.
    ⓒ 통계적 가설은 영가설(H_O)과 대립가설(H_A)로 구분된다.
    ㉖ 고등학생 남자 집단과 여자 집단 간 논술점수에서 차이가 있을/없을 것이다.
③ 좋은 가설의 조건
  ㉠ 경험적으로 검증이 가능해야 한다.
  ㉡ 교육현상을 설명하고 일반화할 수 있어야 한다.
  ㉢ 기존 지식체계와 조화를 이룰 수 있어야 한다.
  ㉣ 가능한 한 단순해야 한다.

❷ 문헌연구

(1) 자료의 종류
① 예비자료: 관련 문헌을 요약하여 출처를 알려주는 자료로 색인, 초록 모음집, 서지 등이 이에 해당한다.
② 1차 자료: 연구자가 직접 수행·작성한 자료로 학회논문, 학위논문, 연구보고서, 이론서 등이 이에 해당한다.
③ 2차 자료: 연구에 참가하거나 관찰하지 않은 연구자가 기록한 자료로 교과서, 백과사전, 평론기사 등이 이에 해당한다.

(2) 장점
① 선행연구에서 제기된 한계점과 제언을 토대로 새로운 연구주제를 발견할 수 있다.
② 연구문제의 범위를 명확하게 한정하는 데 도움을 준다.
③ 관련 영역의 선행연구를 고찰함으로써 연구방법 선정 등에 있어서 과거 연구와 동일한 실수를 반복하지 않을 수 있다.
④ 연구대상 선정, 측정도구 제작 및 선정, 자료분석 방법 등 연구수행 절차에 대한 방법론적 통찰을 얻을 수 있다.
⑤ 연구결과를 합리적으로 해석하기 위한 학문적 근거를 찾을 수 있다.

개념확대 ⊕
Zoom IN

영가설과 대립가설
• **영가설(H_O)**: '귀무가설' 또는 '원가설'이라고도 하며 둘 또는 그 이상의 모수치 간에 '차이가 없다.' 또는 '관계가 없다.'라고 진술하는 가설의 형태를 의미한다.
  ㉖ 고등학생 남자 집단과 여자 집단 간 논술점수에서 차이가 없을 것이다.
• **대립가설(H_A)**: 영가설에 대립되는 가설로 연구자가 표본조사를 통해 기대하는 예상이나 주장하려는 내용을 설정한다.
  ㉖ 고등학생 남자 집단과 여자 집단 간 논술점수에서 차이가 있을 것이다.

개념확대 ⊕
Zoom IN

교육연구 절차 중 문헌연구
모든 연구는 무(無)에서 시작할 수 없다. 항상 이전에 이루어진 연구를 근거로 하여 하나씩 새로운 사실들을 발견해 나가는 과정이라고 할 수 있다. 따라서 문헌연구는 연구문제 선정 이전에 먼저 관련연구나 선행연구를 검토해봄으로써 시작될 수 있다.

1. 개관

동일하거나 유사한 주제로 연구된 많은 연구물들의 결과를 객관적 · 계량적으로 종합하여 고찰하는 연구방법이다. 선행연구를 토대로 한 문헌분석 그 자체가 연구의 목적이 되는 경우도 있다. 학문의 발달과 복잡성으로 동일한 연구주제를 다룬 다수의 연구물이 축적되어 보다 종합적인 연구가 필요한 상황에서 '메타분석'이라는 새로운 연구방법이 생겨났다. 메타분석은 기존 연구에서의 발견사항들에 대한 통합적 · 종합적 분석을 목적으로 하며, 분석 결과들의 분석을 위한 방법으로 선행연구의 결과를 통합 · 종합하는 유용한 도구이다.

2. 특징

① 분석방법에 따라 투표계산법, 유의도 검증 분석법, 효과크기 분석법이 있다.
② '효과크기(effect size)'란 선행연구의 결과를 통합하는 과정에서 각 연구의 원자료 대신 단일의 수치로 환산한 요약된 통계치를 말하며, 효과크기 분석법은 연구자에게 모집단의 효과 크기를 예측할 수 있는 모델을 만들 수 있도록 한다는 점에서 가장 효과적인 분석방법이다.
③ 교육연구에서의 대표적 메타분석 연구 사례로는 '협동학습이 학업성취도에 미치는 효과에 대한 메타분석', '학업성취에 영향을 미치는 학생 특성변인에 대한 메타분석' 등을 들 수 있다.

3. 장점

① 동일한 주제에 대해 상반된 결론이나 논쟁이 발생하여 이와 관련해 신뢰성 · 타당성 있는 대결론을 내려야 할 필요가 있을 때 새로운 연구가설을 통해 문제를 해결할 수 있는 방안을 찾아낼 수 있다.
② 동일하거나 유사한 연구결과가 축적되었지만 개별 연구들이 산발적으로 진행되는 경우 일반화된 지식의 축적을 유도하고 불필요한 반복연구를 피할 수 있다.

③ 연구대상의 표집(sampling)

(1) 전수조사와 표본조사

① 전수조사
  ㉠ 연구하고자 하는 집단 전체를 조사대상으로 선정하여 연구하는 방법이다.
  ㉡ 시간이나 비용이 많이 소모되므로 실제 연구에서 자주 활용되지 않는다.
② 표본조사
  ㉠ 모집단을 대표할 수 있는 표본을 추출하여 연구하는 방법이다.
  ㉡ 전체 모집단에 대한 조사가 현실적으로 어려운 경우 사용한다.

(2) 표본(sample)의 개념

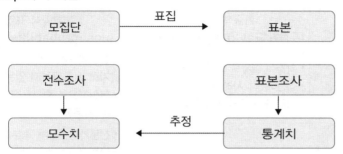

[그림 5-1] 모집단과 표본의 관계

① 연구의 궁극적 관심은 표집을 통해 산출한 결과를 전체 모집단에 걸쳐 일반화하는 것이다.

② 관련 용어 정리

    ㉠ 모집단(population): 연구자가 관심을 갖는 목적집단으로, '전집'이라고도 한다.

    ㉡ 표본(sample): 실제 연구대상에 해당하는 부분집단을 의미한다.

    ㉢ 표집(sampling): 표본 추출 행위이다.

    ㉣ 표집오차(sampling error)

        ⓐ 표집을 함으로써 발생되는 오차로 모집단의 모수를 추정하기 위하여 표본에서 표본통계량을 구했을 때 추정대상인 모수와 표본통계량과의 차이를 의미한다.

        ⓑ 표집오차는 표집이 클수록, 표집방법이 정확할수록 줄어든다.

(3) 표집 시 유의사항

① 모집단의 크기가 충분히 크지 않을 경우 전집조사를 하는 것이 바람직하다.

② 모집단이 동질성을 충분히 유지하고 있지 않은 경우 가급적 많은 수의 사례를 표집하는 것이 바람직하다.

③ 표집방법의 조건 및 장·단점을 충분히 이해한 후 적절한 표집방법을 적용해야 하며, 표집방법에 따라 바람직한 표본의 크기가 달라질 수 있다.

④ 연구자가 동원할 수 있는 인력, 비용, 시간 등 현실적 문제를 고려해야 한다.

⑤ 해당 연구를 진행하는 데 있어서 모집단의 표집방법은 그 하위 집단에도 일괄적으로 적용되어야 한다.

⑥ 대표성 있는 표본이 표집될 수 있도록 해야 하며, 연구자의 편의에 의하여 한쪽으로 치우친 표본이 선정될 가능성을 배제해야 한다.

⑦ 교육연구에서 분석 유목의 수는 대체로 학년별, 성별, 지역별, 교육정도별 등으로 나눌 수 있는데, 그 수가 많을수록 표본의 숫자도 늘어나야 한다.

논술에 바로 써먹는
교육학 배경지식

표집의 크기를 늘려나감으로써 표집오차를 줄일 수 있다는 것은 '장님 코끼리 만지기 우화'를 통해 쉽게 설명할 수 있습니다.

장님 여러 명이 그들 앞에 있는 코끼리가 어떻게 생긴 것인지 알고자 하였다. 코끼리는 장님 한 사람이 전체를 더듬기에는 너무 커서 각각은 코끼리의 일부분만 더듬게 된다. 그리하여 장님들은 각각 자기가 더듬은 부분만으로 그것을 묘사하게 되는데, 다리 부분을 더듬은 어떤 장님은 코끼리는 큰 기둥과 같다고 묘사하고, 코 부분을 더듬은 어떤 장님은 큰 뱀과 같다고 묘사하고, 배 부분을 더듬은 어떤 장님은 벽과 같다고 묘사하게 된다. 그리고 각 장님들은 서로가 옳다고 주장하게 된다.

이 우화에서 장님이 어느 일부분만 더듬지 않고 충분한 시간을 가지고 코끼리 전체를 충분히 더듬게 하면 할수록 그 장님은 코끼리를 보다 잘 묘사하게 될 것입니다. 즉, 표집의 크기를 전집의 크기와 비슷하게 하면 할수록 표집치는 전집치와 유사하게 되는 것이지요. 따라서 표집의 오차를 줄이기 위해서는 표집의 크기를 점차적으로 늘리는 것도 중요하지만, 전집의 특성을 잘 대표할 수 있도록 '골고루' 표집할 수 있는 방법을 선택하는 것도 매우 중요합니다.

(4) 표집방법

구분	확률적 표집방법 (무작위 표집, random sampling)	비확률적 표집방법 (non-probability sampling)
개념	• 확률적 절차로 표본을 추출하는 방법 • 집단의 각 사례가 표본으로 추출된 기회가 동등하게 부여됨	• 집단의 각 사례가 표본으로 추출될 기회가 동등하지 않은 방법 • 현실적으로 확률표집이 불가능한 경우 사용됨
장·단점	• 표본이 표본으로서 대표성을 지님 • 표집 과정에서 발생하는 표집오차에 대해 통계적 추정을 가능하게 함	• 전문가의 판단을 충분히 살릴 수 있음 • 가치판단이나 의사결정을 필요로 하는 평가연구나 정책연구 등에서 적절하게 활용할 수 있음 • 주관적 판단과 편견이 개입되어 표집에서 얻은 결과를 통해 전집치를 추정하는 데 어느 정도의 오차가 있는지 알 수 없음
종류	• 단순무선표집 • 체계적 표집 • 유층표집 • 군집표집 • 다단계 표집 • 행렬표집	• 의도적 표집 • 할당표집 • 편의표집 • 눈덩이 표집

① 단순무선표집(simple random sampling)
   ⊙ 개념: 확률적 표집 중 가장 기본이 되는 것으로, 의식적 조작 없이 표본을 추출하는 방법이다. 모집단에 속한 모든 요소는 표본으로 선택될 수 있는 독립적인 기회를 동등하게 가진다.
   ⓛ 장점: 모집단의 특성에 대하여 특별한 사전 지식이 필요 없으며, 자료분석이나 오차 계산이 용이하다.
   ⓒ 단점: 모집단에 대해 연구자가 알고 있는 지식의 활용이 유용하지 못하며, 동일한 크기의 표집일 경우 유층표집에 비해 표집오차가 크다.
   ⓔ 대표적인 방법: 난수표 활용

1. 개관

0에서 9까지의 숫자를 각 숫자가 나오는 비율이 같도록 무질서하게 배열한 표로, 각 숫자들은 각기 표집될 확률이 동일하고 선택된 하나의 수가 다른 수의 선택에 영향을 주지 않기 때문에 서로 독립적이다. 단순무선표집을 얻기 위해 컴퓨터에 의해 만들어진 난수를 사용하는 경우가 일반적이다.

2. 난수표를 이용한 단순무선표집

한 학교 전교생 972명인 모집단에서 100명의 학생을 임의 표본해서 얻어내려 하는 경우를 가정해보자. 모집단의 인원이 972명이며 세 자리 숫자이기 때문에 다섯 자리 난수표 중 뒤의 세 자리 숫자만 사용한다. 예를 들어, 1행 5열을 출발점으로 선택한 경우 제일 먼저 732번째 학생을 선택하고, 다음 행에 해당하는 983번째 학생은 존재하지 않기 때문에 제외하며 계속해서 970번, 554번, 152번 학생 등으로 100명의 학생이 표집될 때까지 계속 선택한다.

행	열									
	1	2	3	4	5	6	7	8	9	10
1	32388	52390	16815	69298	82732	38480	73817	32523	41961	44437
2	05300	22164	24369	54224	35983	19687	11052	91491	60383	19746
3	66523	44133	00679	35552	35970	19124	63318	29686	03387	59846
4	44167	64486	64758	75366	76554	31601	12614	33072	60332	92325
5	47914	02584	37680	20801	72152	39339	34806	08930	85001	87820
6	63445	17361	62825	39908	05607	91284	68833	25570	38818	46920
7	89917	15605	52875	78323	73144	88662	88970	74492	51805	99378
8	92648	45454	09552	88815	16553	51125	79375	97596	16296	66092
9	20979	04508	64535	31355	86064	29472	47689	05974	52468	16834
10	81959	65642	74240	56302	00033	67107	77510	70625	28725	34191

② 체계적 표집

㉠ 개념: 최초의 표본단위만 무작위로 표집하고 나머지 표본은 최초의 표본으로부터 일정한 간격으로 표집하는 방법이다.

㉡ 방법: 모집단 전체 사례에 번호를 붙여 놓은 후 일정한 표집 간격에 따라 표집한다.

 ⓔ 모집단이 100,000명이고 100명의 표본을 추출하는 경우, 모집단을 표본 수만큼 나눈 후 (100,000 ÷ 100 = 1,000) 몫의 수보다 더 작은 수 하나를 무선적으로 선택한 다음 1,000씩 더하여 100개의 사례를 선택한다. 예컨대, 587번이 무선적으로 선택되었다면, 1,587, 2,587, 3,587번째 사례를 차례로 선정한다.

㉢ 장점: 짧은 시간 내에 효과적으로 표집할 수 있다.

㉣ 단점: 표집 시 모집단의 전체 명단을 갖고 있어야 하며, 전체 명단이 일정 간격을 두고 특정한 특성을 갖고 있다면 편중된 사례가 표집될 수도 있다.

③ 유층표집(층화표집, stratified sampling)

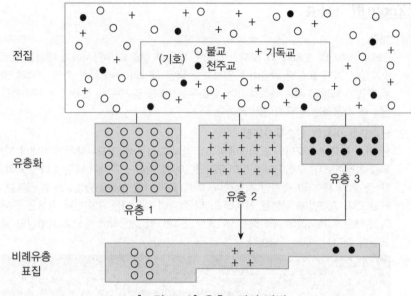

[그림 5-2] 유층표집의 방법

㉠ 개념: 모집단을 구성하고 있는 중요한 특성을 기준으로 몇 가지 하위 집단으로 구분한 후, 분류된 각 집단으로부터 무선표집하는 방법이다.

㉡ 종류와 방법

구분	비례 유층표집 (stratified sampling)	비비례 유층표집(nonproportional stratified sampling)
개념	표본에서 각각의 하위 집단 비율이 모집단에서의 비율과 같도록 표집하는 방법	모집단 내 비율과 관계없이 동일한 비율로 유형별 사례를 무선표집하는 방법
특징	모집단에서 중요하다고 판단되는 특성에 따라 분류하는 것이 중요함	모집단 내 하위 집단의 구성비율이 현저하게 작거나, 각 하위 집단의 비율을 정확하게 알 수 없는 경우 사용함
예시	연구자가 1,000명의 학생을 표집해 부(父)의 직업(1, 2, 3차 산업 종사자)에 따라 학생의 직업의식에 차이가 있는지 알고 싶은 경우	
	• 전체 직업인구 대비 1, 2, 3차 산업종사자 비율을 조사 ⇨ 각각 15%, 32%, 53% • 해당 비율에 근거하여 부의 직업이 1차 산업인 학생 150명, 2차 산업인 학생 320명, 3차 산업인 학생 530명을 무선표집함	• 모집단에서의 1, 2, 3차 산업종사자 비율과 관계없이 연구자가 비율을 임의로 정함 ⇨ 각각 20%, 30%, 50% • 해당 비율에 근거하여 부의 직업이 1차 산업인 학생 200명, 2차 산업인 학생 300명, 3차 산업인 학생 500명을 무선표집함

ⓒ 장점: 표본과 모집단의 동질성을 확보하여 표본의 대표성을 높일 수 있고, 같은 크기의 표집을 뽑을 때 단순무선표집에 비해 표집오차가 작다.

ⓔ 단점: 연구자가 모집단을 구성하고 있는 주요 특성 및 하위 집단의 구성비율에 대한 지식을 갖추고 있어야 하며, 특히 비비례 유층표집의 경우 모집단의 구성비율을 무시하고 표집함으로써 편파적 표집이 될 우려가 있다.

④ 군집표집(cluster sampling)

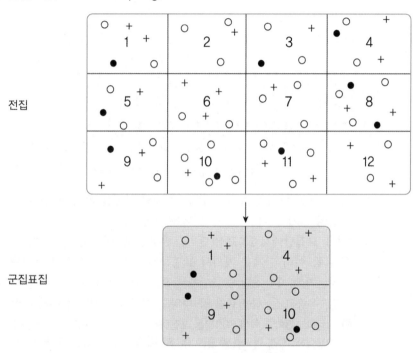

전집

군집표집

[그림 5-3] 군집표집의 방법

ⓐ 개념: 이미 형성되어 있는 자연적 · 행정적 집단(지역, 학교, 학급 등)을 표집단위로 하여 추출하는 방법으로, 표본 추출 단위가 사례가 아닌 집단이라는 점에서 차이가 있다.

ⓑ 방법: 모집단을 '군집'이라는 많은 수의 집단으로 분류한 후, 군집들 중 표집의 대상이 될 군집을 무선으로 추출하고 여기에서 추출된 군집에 속한 모든 사례를 표본집단으로 삼는다.

ⓔ 고등학교 3학년 학생 1,000명의 모집단 중 100명을 표집하고자 할 때, 30개 학급의 학생을 추출 단위로 3개 학급을 무선표집하고 이에 속한 모든 학생들(100명)을 표집한다.

ⓒ 장점: 조사과정이 간편하고 표집을 위한 노력과 비용이 절감된다.

ⓔ 단점: 군집의 수가 적을수록 표집오차가 커져서 대표성이 떨어진다.

⑤ 다단계 표집(multistage sampling)

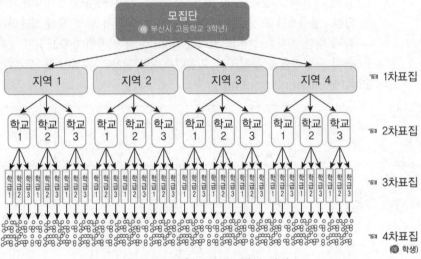

모집단
(⑩ 부산시 고등학교 3학년)

| 지역 1 | 지역 2 | 지역 3 | 지역 4 | ☞ 1차표집

학교 1 학교 2 학교 3 ... ☞ 2차표집

학급 1 학급 2 학급 3 ... ☞ 3차표집

☞ 4차표집
(⑩ 학생)

[그림 5-4] 다단계표집의 방법

ⓐ **개념**: 최종 단위의 표집을 위해 몇 개의 단계를 거쳐 표집하는 방법으로, 전집의 크기가 매우 큰 경우 적용한다.

ⓑ **방법**: 모집단에서 1차표집 단위를 추출한 후 여기서 다시 2차표집 단위를 뽑는 등 여러 단계를 거쳐서 표집하는 방법으로, 표집의 단계를 몇 차례 거치는가에 따라 2단계, 3단계 등의 표집으로 불린다. 각 단계별로 무선 표집, 유층표집, 군집표집 등 다양한 확률적 표집방법을 사용할 수 있다.

  ⑩ 고등학교 3학년 학생 500명을 표집하는 경우, 1차로 학교라는 집단을 단위로 군 집표집해 10개 학교를 추출한 후, 2차로 학급을 표집단위로 군집표집해 5개 학 급을 추출하고, 3차로 각 학급에서 10명을 단순무선표집한다.

ⓒ **장점**: 표집에 드는 시간과 경비를 줄일 수 있다.

ⓓ **단점**: 표본의 크기가 동일할 경우 다른 표집방법들보다 표집오차가 크게 나타날 수 있다.

⑥ 행렬표집(matrix sampling)

ⓐ **개념**: 피험자와 문항을 동시에 표집할 수 있는 표본 추출방법으로, 전집의 각 특성별로 서로 다르게 표집 단위들을 표집하는 방법이다.

ⓑ **방법**: 가로축은 문항, 세로축은 피험자가 기준이 되는 행렬을 작성한 후 문항을 N등분하고, N개 집단의 피험자를 무선표집하여 일부의 문항을 일 부 피험자가 풀도록 설계한다.

  ⑩ 경기도 고등학교 학생들을 대상으로 학업성취도를 파악하고자 할 때, 시험문항을 3등분하고 세 집단의 피험자를 무선표집하여, 한 집단의 피험자에게는 앞부분 1/3을 풀게 하고, 두 번째 집단의 피험자에게는 중간 1/3을 풀게 하며, 세 번째 집단의 피험자에게는 마지막 1/3을 풀게 한다.

ⓒ **장점**: 일부의 피험자에게 일부의 문제만을 풀게 하여 피험자의 심리적 부 담을 감소시키고 평가자의 시간과 비용을 절약할 수 있으며, 다른 방법들 보다 작은 표본오차를 갖는다.

ⓔ 단점: 개인성적 산출에는 대체값을 사용해야 한다는 점에서 부적절하며, 서로 다른 문항들로 구성된 여러 종류의 검사를 실시하고 채점해야 하므로 관리, 시행, 자료, 처리과정이 복잡하며 시간과 노력이 많이 든다.

⑦ 의도적 표집(목적표집, purposive sampling)
  ㉠ 개념: 연구자가 연구목적에 비추어 주관적 판단하에 사례들을 의도적으로 표집하는 방법이다.
  ㉡ 특징: 연구자가 모집단에 대하여 충분한 지식과 식견을 갖고 신뢰할 만한 판단을 내릴 수 있는 경우에만 적용한다.
    ⓔ 가출청소년을 대상으로 연구를 수행하기 위하여 A 청소년 쉼터가 가출청소년을 대표할 수 있다는 가정하에 A 쉼터에 거주하는 청소년을 대상으로 삼는 것
  ㉢ 장점: 표집이 간편하고 비용을 절약할 수 있다.
  ㉣ 단점: 연구자의 주관적 판단이 잘못되었을 경우 오류가 발생할 수 있다.

⑧ 할당표집(quota sampling)
  ㉠ 개념: 모집단의 여러 특성을 대표할 수 있는 여러 개의 하위 집단을 구성해 각 집단에 알맞은 표집 수를 할당한 후 그 범위 내에서 임의로 표집하는 방법이다.
  ㉡ 특징: 연령, 성별 등을 근거로 하위 집단을 구성한다는 점에서 유층표집과 유사하지만 비확률적 표집이라는 점에서 차이가 있다.
    ⓔ 모집단이 경기도 고등학생인 경우 경기도 산하 교육청에 있는 어느 지역의 어느 학년 학생들을 몇 명씩 모집하여 할당하고, 조사자는 해당 테두리 내에서 조건에 맞는 대상을 적당히 표집한다.
  ㉢ 장점: 어느 정도 유층화를 기대할 수 있고, 일정 테두리 내에서 조사자가 표집이 용이한 대상을 선정할 수 있다는 점에서 시간, 비용 등이 절약될 수 있다.
  ㉣ 단점: 연구자의 편견이 작용할 여지가 높고, 비확률적 표집이라는 점에서 대표성의 문제가 있다.

⑨ 편의표집
  ㉠ 지원자 표집(volunteer sampling)
    ⓐ 개념: 연구의 목적에 동의하는 지원자를 대상으로 임의로 표집하는 방법이다.
      ⓔ 의학연구 등에서 특정 치료방법의 임상 적용에 동의하는 지원자들을 받아서 연구를 실시하는 경우
    ⓑ 단점: 표집오차가 커서 연구결과를 일반화하기 어렵다.
  ㉡ 우연적 표집(accidental sampling)
    ⓐ 개념: 특별한 표집계획 없이 연구자가 임의로 대상을 표집하는 방법이다.
      ⓔ 길거리 행인들을 선정해서 설문조사 하는 것, 자신이 근무하는 학교의 학생을 연구대상으로 표집하는 것
    ⓑ 단점: 표집의 대표성을 전혀 생각할 수 없는 표집방법으로서 일반화가 어렵다.

⑩ 눈덩이 표집(포도덩굴식 표집, snow-ball sampling, grapevine sampling)
　　㉠ 개념: 소규모의 응답자집단을 선정하고 그 대상자로부터 다음 대상자를 추천받아 표집에 포함시키는 표집방법이다.
　　㉡ 특징: 심층적이고 질적 자료의 수집이나 민감한 주제를 다룰 때 사용되며, 분명한 표집틀이 없고 최선의 표집선택 방법이 개인적 접촉을 통해 얻어지는 곳에서 사용한다.
　　　　　예 성적지향, 사별경험 등에 대해 조사할 때 임의로 선정된 대상자로부터 다른 대상자들을 추천받아 표집하는 것

요약정리 Zoom OUT 표집방법

표집 유형		개념 및 특징
확률적 표집	단순무선표집	• 의식적 조작 없이 표본을 추출하는 방법 • 난수표 활용
	체계적 표집	최초의 표본단위만 무작위로 표집하고 나머지 표본들은 최초의 표본으로부터 일정한 간격으로 표집하는 방법
	유층표집	• 모집단의 중요한 특성을 기준으로 몇 가지 하위 집단으로 구분한 후, 분류된 집단으로부터 무선표집하는 방법 • 모집단과 하위 집단의 비율을 같게 표집하는지 여부에 따라서 비례 유층표집과 비비례 유층표집으로 구분됨
	군집표집	표본 추출단위가 사례가 아니라 집단으로 지역, 학교 등 이미 형성된 자연적·행정적 집단을 표집단위로 추출하는 방법
	다단계 표집	최종단위의 표집을 위해 몇 개의 단계를 거쳐 표집하는 방법
	행렬표집	피험자와 문항을 동시에 표집할 수 있으며, 전집의 각 특성별로 서로 다르게 표집 단위들을 표집하는 방법
비확률적 표집	의도적 표집	모집단에 대한 충분한 지식과 식견을 가진 연구자의 주관적인 판단하에 연구목적에 맞는 사례를 의도적으로 표집하는 방법
	할당표집	• 모집단 내 하위 집단별로 표집할 사례 수를 할당하여 그 범위 내에서 임의로 표집하는 방법 • 유층표집은 일정한 비율로 표집하는 반면, 할당표집은 비율을 고려하지 않음
	편의표집	• **지원자 표집**: 연구목적에 동의하는 지원자를 대상으로 임의로 표집하는 방법 • **우연적 표집**: 특별한 표집계획 없이 연구자가 임의로 대상을 표집하는 방법
	눈덩이 표집	소규모의 응답자집단을 선정하고 그 대상자로부터 다음 대상자를 추천받아 표집에 포함시키는 표집방법

4 자료수집

(1) 개념

선정된 표본집단을 대상으로 효과적인 수집방법을 채택하여 신뢰성 있고 타당한 자료를 수집하는 일이다.

(2) 종류

① 검사법

　㉠ 개념: 인간이 지니고 있는 지적 능력과 정의적 행동 특성 등 직접 측정이 불가능한 속성을 측정하기 위해 도구를 사용하여 자료를 수집하는 방법이다.

　㉡ 검사도구의 조건

　　ⓐ 타당도: 검사가 측정하고자 하는 속성 또는 현상을 얼마나 충실하게 측정하는지를 나타낸다.

유형	개념
내용타당도	검사에 포함되어 있는 내용의 대표성 또는 표집 적절성 정도
예언타당도	검사가 피험자의 미래의 행동을 정확하게 예언하는 정도
공인타당도	검사와 준거가 동시에 측정되면서 검증되는 타당도로, 검사점수가 해당 검사 이외의 다른 준거점수와 일관성을 갖는 정도
구인타당도	검사가 측정하고자 하는 어떤 특성의 개념이나 이론적 구인을 제대로 측정하고 있는 정도

　　ⓑ 신뢰도: 유사하거나 동일한 측정도구를 사용하여 동일한 개념을 반복 측정했을 때 일관성 있는 결과를 얻을 수 있는지를 나타내는 측정점수의 안정성 또는 일관성 정도를 의미한다.

유형	개념
검사 – 재검사 신뢰도	동일한 검사를 동일한 집단에게 어느 정도의 시간차를 두고 두 번 실시해서 첫 번째 점수와 두 번째 점수 간의 상관계수를 산출하여 신뢰도를 계산하는 방법
동형검사 신뢰도	두 개의 동형검사를 제작해 두 검사를 동일 집단에 실시한 후, 두 점수 간의 상관계수를 구하여 신뢰도를 계산하는 방법
반분검사 신뢰도	한 개의 검사를 한 피험자 집단에게 실시하되 이를 적절한 방법에 의해 두 부분으로 분할하고, 이렇게 반분된 검사점수들 간의 상관을 산출하여 신뢰도를 계산하는 방법
문항 내적 합치도	검사에 포함된 문항들을 모두 한 개의 독립된 검사로 생각하고 이들 간의 합치도, 동질성, 일치성을 종합하여 신뢰도를 계산하는 방법

　　ⓒ 객관도: '채점자 간 신뢰도'라고도 하며, 검사의 채점자가 편견 없이 얼마나 공정하고 신뢰성 있게 채점하는가와 관련된 것을 의미한다.

　　ⓓ 실용도: 어떤 검사를 실시하고 사용하는 데 소요되는 시간, 노력, 비용 등을 의미한다.

ⓒ 검사법의 종류

분류 기준	종류	
검사의 수행방식	최대수행검사 (피험자의 과제수행능력을 알아보는 검사)	전형적 수행검사 (피험자가 주어진 상황에서 어떤 양태로 반응하는지 알아보는 검사)
검사인원	개인검사	집단검사
검사의 채점방식	객관식 검사	주관식 검사
검사의 측정방법	역량검사 (피험자의 역량, 능력을 재는 것으로 충분한 시간을 주어 실시)	속도검사 (주로 반응속도를 재는 것으로 엄격한 시간제한을 두고 실시)
문항 형식	언어적 검사	비언어적 검사
피험자의 반응양식	지필검사	실기검사
문항의 대표성/ 특수성	표집검사 (피험자의 능력, 특성의 측정을 위해 다양한 영역의 문항들 중 대표문항을 선정하는 검사)	징후검사 (피험자의 특정한 과제에 대한 반응을 보기 위해 주로 임상적 목적으로 사용되는 검사)
검사 제작	표준화 검사	자작검사
참조체제	규준지향검사 (집단의 수행과 개인의 점수를 비교하여 해석하는 검사)	준거지향검사 (개인의 점수를 사전에 설정된 수행수준과 비교해서 해석하는 검사)
검사내용	인지적 검사 (지능검사, 적성검사, 성취도검사, 창의성검사, 학습진단검사 등)	정의적 검사 (성격검사, 자아개념검사, 태도검사, 직업흥미검사 등)

ⓔ 교육연구에서 대표적 검사방법 - 표준화 검사

  ⓐ 개념: 표준화된 제작 절차, 검사내용, 검사 실시조건, 채점과정 및 해석에 의해 객관적으로 행동을 측정하는 검사방법으로, 측정치를 통해 전체 집단을 미루어 짐작하고, 이를 기초로 하여 두 사람 이상의 행동을 비교하고자 하는 체계적 절차이다.

  ⓑ 특징

    • 주로 대규모로 실시되며, 측정 전문가에 의하여 실시된다는 점에서 전문적·체계적이다.

    • 표준화된 검사내용을 가지고 있다.

    • 표준화된 조건하에서 검사가 실시될 수 있도록 검사 시간, 환경의 제한 등을 요구한다.

    • 채점상의 주관, 편견을 배제하기 위하여 채점 절차 및 과정이 표준화되어 있다.

    • 검사 결과가 누구에게나 동일하게 해석될 수 있도록 해석 절차와 방법을 엄밀하게 규정한다.

ⓒ 표준화 점수(표준점수): 피험자의 점수가 전체 집단의 평균으로부터 떨어진 정도를 표준편차(standard deviation)의 단위로 재어 나타낸 점수로, 가장 기본적인 점수는 z표준척도이며, 이것을 기초로 한 다른 표준점수로 T점수, 9분위 점수(또는 9등분 점수, stanine score) 등이 있다.

ⓓ 유형: 표준화 학력검사, 표준화 지능검사, 표준화 적성검사, 표준화 성격검사, 표준화 흥미검사, 표준화 창의성검사 등이 있다.

개념확대⊕
Zoom IN 표준화 검사의 유형

1. 표준화 학력검사
① 일정 연령 또는 학년에 도달한 학생이 그 연령 또는 학년에서 배웠거나 또는 배워야 할 교육목표를 어느 정도 달성하고 있는가의 정도를 표준점수로 산출하는 검사이다.
② 각 교과별로 학생의 학력을 측정하여 피험자의 학습수준이 평균에 비해 어느 정도 떨어지는가를 알아보고, 학습자 배치에서 어느 수준의 집단에 들어가야 하는지를 결정하거나 구체적인 개별화 교수안을 짜는 데 활용된다.

2. 표준화 지능검사
① 인간의 인지적 잠재능력을 측정하기 위해 표준화된 검사이다.
② 일반 지능검사와 특수 지능검사, 언어검사와 비언어검사, 수행검사와 지필검사, 개인용 지능검사와 집단용 지능검사로 구분한다.
③ 웩슬러(Wechsler) 지능검사, 카프만(Kaufman) 지능검사, 스텐포드 – 비네(Stan-ford – Binet) 지능검사 등이 있다.

3. 표준화 적성검사
인간이 소유하고 있는 다양한 종류의 적성(예 언어적 적성, 논리수학적 적성, 공간적 적성, 음악적 적성, 운동적 적성, 인간관계적 적성, 자기이해적 적성, 자연주의자적 적성 등)을 체계적으로 측정하는 검사이다.

4. 표준화 성격검사
성격을 다양한 생활장면에서 개인의 적응을 특징짓게 하는 사고와 정서를 포함한 행동의 고유한 유형으로 정의하고, 이러한 인간의 성격 유형을 측정·진단하는 검사이다.

5. 표준화 흥미검사
흥미, 즉 어떤 현상이나 사물에 대한 관심 또는 어떤 활동에 적극적으로 참여하는 성향을 측정하는 것으로, 학업에 대한 흥미를 측정하는 것과 직업에 대한 흥미를 측정하는 것으로 구분한다.

6. 표준화 창의성검사
창의성을 주어진 과제에 대해 여러 가지 새로운 방법들을 스스로 모색하고 그 방법이 자신에게나 다른 사람들에게 적절한지 판단하여, 이전과는 다른 새로운 방법으로 문제를 해결하는 능력이라고 정의했을 때, 개인의 창의성 수준을 측정하는 검사이다.

참고 **투사법(projection method)**

1. 개념
피험자의 심층 내면세계를 그림이나 도형에 투사하여 그 사람의 성격, 상상력, 성취동기, 태도 등을 파악하려는 방법으로 피험자의 상징적인 생각을 통해 자신을 드러내는 성격검사이다.

2. 특징
① 피험자의 심층적인 내면세계, 즉 정의적 특성을 판단할 때 사용하며 개인의 욕구, 동기, 감정, 인성구조를 밖으로 끌어내기 위해 피험자의 자유로운 반응을 유도할 수 있는 '비구조화된 자극'을 사용한다.
② 임상적 진단에 많이 사용되며, 해석적 방법으로 결과를 파악한다는 점에서 주관적이다.

3. 투사법의 종류
① **주제통각검사(TAT)**: 머레이(Murray)와 모건(Morgan)이 개발한 것으로, 개인의 상상에서 얻은 자료를 기초로 하는 상상적 접근이다. 30매의 불분명한 그림과 1장의 백색카드로 구성되어 있다. 피험자가 애매한 그림을 보고 꾸며낸 이야기를 바탕으로 피험자의 내면을 분석한다.
② **로르샤흐 검사(잉크반점검사)**: 로르샤흐(Rorschach)가 개발한 것으로, 개인의 인성에 잠재된 인지적·정서적 요인의 상호작용을 통해 인성의 구조를 밝히려는 접근이다. 잉크방울을 종이 위에 떨어뜨리고 종이를 반으로 접으면 대칭모양의 그림이 생기는데, 이를 피험자에게 보여주고 무엇처럼 보이는지 질문하여 얻은 대답을 분석한다.
③ **그림좌절검사(picture-frustration study)**: 로젠츠베이그(Rosenzweig)가 개발한 것으로, 욕구불만에 대한 반응을 측정에 그들의 인격구조를 이해하려는 검사방법이다. 그림을 주고 비어 있는 곳에 대한 반응형태를 분석하여 성격을 측정한다.
④ **단어연상법(word association method)**: 융(Jung)과 빈스방거(Binswanger)가 개발한 것으로, 피험자에게 단어를 제시하고 가장 먼저 떠오르는 것을 표현하도록 하여 피험자의 반응을 분석하는 임상적 검사방법이다.

② 질문지법
　㉠ 개념: 어떤 주제와 관련하여 작성된 일련의 질문에 피험자가 자신의 생각이나 의견을 작성하여 자료를 수집하는 방법이다.
　㉡ 질문지법의 유형

유형	개념	예시
자유반응형	주어진 질문에 학생들이 자신의 생각이나 의견을 자유롭게 쓰도록 하는 형태	Q. 최근 학교생활 동안 힘들었던 경험은 무엇인가요? 그 이유는 무엇인가요?
선택형	연구자가 예상되는 반응을 두 개 이상의 선택지로 제시하고, 그중 응답자가 자기의 생각이나 판단과 일치하는 선택지를 하나 이상 선택하는 방법	Q. 지난 1년간 학교생활을 가장 힘들게 하는 것을 두 가지 고르시오. ① 학업 ② 친구와의 관계 ③ 동아리 ④ 학교생활규정 ⑤ 기타 _____

체크리스트	대상집단에 어떤 문제에 대한 자유반응 형식의 예비질문지를 던져 결과를 분석하기 위한 것으로, 응답자는 자신에게 해당되는 사항에 하나 또는 모두 체크하도록 하는 형태(존재 유무 등 주로 '예' 또는 '아니오'로 대답할 수 있는 형태)	Q. 당신의 집에는 어떤 물건들이 있습니까? 해당란에 모두 V표 하시오. ① 만화책　② 컴퓨터 ③ 자전거　④ TV ⑤ 테블릿　⑥ 빔프로젝터
평정척도법	응답자의 태도나 특성의 정도를 평가할 때 사용하는 방법으로, 응답자에게 미리 정해 놓은 척도에 반응하도록 만든 질문지 형태	Q. 당신은 지난 1년간 OO고 학교생활에 대해 어느 정도로 만족하나요? ① 아주 불만족함 ② 대체로 불만족함 ③ 보통임 ④ 대체로 만족함 ⑤ 아주 만족함
순위형	동일한 성격을 가진 영역을 하나로 묶어 질문지가 요구하는 판단 기준에 따라 순위를 매기는 형태	Q. 학교생활에서 중요하다고 생각하는 순서대로 번호를 쓰시오. ① 학업 _____ ② 교우관계 _____ ③ 교사와의 관계 _____ ④ 교칙준수 _____ ⑤ 비교과활동 _____
분류형	일정한 기준이나 표준에 따라서 질문 목록을 유목으로 분류하는 방법	Q. 다음 중 교육부가 정책적으로 실시하는 것에 대해 찬성하면 '+', 반대하면 '−', 특별한 의견이 없으면 'O'를 표시하시오. ① 수업평가　② 교육과정평가 ③ 교사평가　④ 교장평가 ⑤ 학교평가　⑥ 교육청평가

ⓒ 장점

　ⓐ 표준화된 질문지를 제시하고 객관화된 문항을 사용하므로 연구자의 영향력을 최소화할 수 있다.

　ⓑ 제작 및 통계처리가 용이하다.

　ⓒ 응답자의 익명을 보장한다는 점에서 응답자가 연구주제에 대하여 솔직하게 답할 가능성이 높다.

ⓔ 단점

　ⓐ 질문에 대한 연구자와 응답자의 해석이 다른 경우 잘못된 결과로 이어질 수 있다.

　ⓑ 질문에 대한 응답이 거짓 또는 착오인 경우 이를 확인할 수 있는 방법이 없고, 회수율이 낮을 경우 결과의 신뢰도가 낮아질 수 있다.

개념확대 ⊕
Zoom IN

델파이연구(Delphi research)

• 개념

　전문가집단의 의견과 판단을 추출하고 종합하여 집단적 합의를 도출해내는 연구방법으로, 교육연구에서의 대표적인 질문지 연구이다.

• 특징

　− 연구문제에 대한 아이디어를 그 분야의 전문가집단으로부터 신속히 수집할 때 효율적이다.

　− 익명성 보장을 통해 자유로운 반응을 극대화하고, 조사자들이 직접 대면하는 토론에서의 불필요한 논쟁을 피할 수 있다.

　− 질문지를 계속 돌릴 때마다 이전 결과에 대한 보고까지 함께 이루어지므로 횟수가 증가할수록 의견이 서로 근접해진다.

• 연구 절차

　− 연구주제와 관련된 전문가들로 전문가집단을 선정한다. 대상자를 선정할 때는 그들의 대표성, 적절성, 전문적 지식, 참여의 성실성, 참여자 수 등을 고려해서 신중하게 선발한다.

　− 1차 질문지 조사를 실시한다. 질문지는 익명으로 작성하도록 하고, 일반적으로 동일한 대상자에게 3∼4회에 걸쳐서 질문지를 보낸다. 질문지는 기술식이나 구조화된 응답식 중 하나를 선택해 작성하도록 한다.

　− 2차 질문지 조사를 실시한다. 1차 질문지 조사의 통계적 결과를 2차 질문지와 함께 발송한다. 1차 질문지에서 나타났던 의견을 변경하는 경우 그 이유를 반드시 밝히도록 한다.

　− 3차 질문지 조사를 실시한다. 대부분 3차 조사에서 전체 의견 변경이 완료된다는 점에서 후속 질문지 조사의 필요성에 대해서는 연구자의 신중한 결정이 필요하다.

ⓜ 질문지 작성 시 유의사항
  ⓐ 짧고 간결하며 의미가 명확해야 한다.
  ⓑ 응답자의 수준에 맞게 작성되어야 한다.
  ⓒ 하나의 질문에는 하나의 내용만 포함되어 있어야 한다.
  ⓓ 편견이 들어간 질문이나 특정 대답을 유도하는 질문을 피해야 한다.
  ⓔ 질문지의 순서가 연구자의 논리적 순서보다는 응답자의 심리적 순서를
     따라야 한다.
  ⓕ 응답자의 익명성이 보장될 수 있어야 한다.

> **참고** **척도의 종류**

1. 거트만 척도(Guttman scale)
(1) 개념
어떠한 사상에 대한 태도를 일련의 질문에 의해 측정하며, 응답자가 특정 항목에
동의하는 경우 다른 항목에도 동의할 것을 함의한다.
(2) 측정방법
동일한 주제에 대한 태도문항을 위계적·서열적으로 배열한 후, 일련의 태도진술
문에 대한 응답자의 반응을 측정해 응답자의 태도를 측정한다.
(3) 유의점
재생계수(CR; Coefficient Reproducibility)가 한계오차 10% 이내의 90 이상이
나와야 바람직하다고 간주된다.
(4) 예시

> ※ 다문화학생에 대한 인식조사입니다. 해당되는 것에 모두 표시해주세요.
>   ① 다문화학생이 우리나라에서 학교 생활하는 것이 괜찮다.
>   ② 다문화학생이 우리 동네에서 학교 생활하는 것이 괜찮다.
>   ③ 다문화학생이 우리 학교에서 함께 생활하는 것이 괜찮다.
>   ④ 다문화학생이 우리 반에서 함께 생활하는 것이 괜찮다.
>   ⑤ 다문화학생이 내 짝으로 함께 생활하는 것이 괜찮다.

2. 리커트 척도(Likert scale) [기출] 19 중등
(1) 개념
평정척도의 일종으로 특정 대상에 대한 개인의 태도인 생각, 지각, 감정 등(긍정/
부정, 만족/불만족)을 측정하는 데 사용되는 방식이다.
(2) 측정방법
일반적으로 5점 척도가 많이 사용되지만 '보통'을 제외한 4점 리커트 척도나, 3점,
7점의 리커트 척도도 사용된다. 측정대상에 대한 태도를 측정하는 것으로 간주되
는 일련의 문항들을 작성하고, 이에 대해 '강한 찬성, 찬성, 중간, 반대, 강한 반대'
등의 다섯 가지 눈금 중 하나에 자신의 견해를 표시하도록 한다. 이후 응답결과의
총점 또는 평균값을 특정 대상에 대한 개인의 태도 점수로 간주한다.
(3) 유의점
① 질문지의 각 항목이 동일한 개념을 측정하기 위한 항목으로 구성되어야 한다.
② 응답결과를 종합한 측정값과 총점이 의미하는 개념적 정의가 무엇인지에 대해
   별도의 이론적 뒷받침이 필요하다.
③ 문항의 각 값에 대응되는 의미를 명확히 하여 동일한 태도나 생각을 지닌 응답
   자가 동일한 반응을 할 수 있도록 해야 한다.

[기출] 19 중등

기출논제 Check ☑

#3에서 언급된 척도법의 명칭
(리커트 척도)과 이 방법을 적
용하기 위하여 진술문을 작성
할 때 유의할 점 1가지

(4) 한계점
① 사람마다 각 점수가 의미하는 긍정/부정, 동의/거부 정도가 다를 수 있다는 점에서 등간 가정이 임의적이다.
② 문항의 진술방식에 따라 동일한 태도를 가진 응답자가 다른 반응을 보이거나, 다른 태도를 가진 응답자가 같은 반응을 보일 수 있다.
③ 자기보고(self-report)식이라는 점에서 응답자의 주관성이 개입될 수 있다.

(5) 예시

> ※ 나는 교사별 평가가 실시되어야 한다고 생각한다.
> ① 매우 반대한다. ② 약간 반대한다. ③ 보통이다.
> ④ 약간 찬성한다. ⑤ 매우 찬성한다.

3. 서스톤 척도(Thurstone scale)

(1) 개념
어떤 사실에 대한 가장 긍정적인 태도와 부정적인 태도를 나타내는 양극단을 등간으로 구분해 수치를 부여함으로써 구성하는 방법으로, '유사등간척도' 또는 '등현등간척도'라고도 한다.

(2) 측정방법
평가자에게 문항 간 구조를 판단하게 하고 타당도가 높은 문항을 추출하여 문항 자체가 한 개의 고유한 척도값을 갖도록 하는 방식이다.

(3) 장점
① 리커트 척도를 구성하는 문항 간의 간격이 동일하지 않다는 문제점을 보완하기 위한 것으로 중요성이 있는 항목에 가중치를 부여했다.
② 평가자들의 다양한 의견 가운데 극단적 의견을 배제함으로써 공정성을 보완했다.

(4) 한계점
① 문항 선정, 가중치 부여 등 척도 개발과정이 복잡해 시간과 노력이 많이 소요된다.
② 문항에 대한 선호도를 판단한다는 점에서 주관성의 문제가 발생한다.

(5) 예시
응답자가 아래 문항과 관련해 2, 4, 5번 문항에 '예'라고 대답했다면, 이에 대한 서스톤 척도의 측정값은 (2.8 + 6.1 + 7.1)/3 = 5.33이 된다.

> ※ 개인주의 측정문항
> ① 사회의 의사를 받아들이기 위해 개인의 의사를 억압하는 것은 자신의 숭고한 목적을 성취하는 길이다. (1.1)
> ② 인간은 다수의 의사를 따를 때 가장 좋은 대접을 받는다. (2.8)
> ③ 논쟁이 생길 때 친구와 합의하지 못하는 것은 어리석은 일이다. (4.5)
> ④ 자기주장은 가치 있는 일이지만 사회생활에서 제한될 수밖에 없다. (6.1)
> ⑤ 인간의 능력개발은 자신에게 중요한 목적이 되어야 한다. (7.5)
> ⑥ 타인의 요구에 순응하면 자기개성이 희생된다. (8.9)
> ⑦ 능력의 한계까지 자기개발을 이루려는 것은 인간 존재의 주된 목적이다. (10.4)

③ 면접법
  ㉠ 개념: 면대면 접촉을 통해 타인으로부터 직접 자료를 수집하는 방법으로, 언어적 상호작용 과정으로 피면접자의 내적 특성을 알아내는 방법이다.
  ㉡ 면접의 구조화 정도에 따른 구분

구분	구조화된 면접 (표준화 · 지시적 면접)	비구조화된 면접	반구조화된 면접
개념	미리 준비된 질문지에 따라 질문 내용과 순서를 지키며 진행되는 면접	면접계획수립 시 면접의 목적만 명시하고, 내용이나 방법은 면접자가 결정하는 면접	중요한 몇 가지 질문은 구조화하되, 그 외의 질문은 비구조화하는 면접
특성	• 자료정리가 편리하며 응답자 간 비교 · 반복 연구 등이 용이함 • 질문 시 오류를 최소화할 수 있음 • 피면접자의 심층적인 답변 파악이 어려움	• 결과타당도가 높고, 면접자와 피험자 간의 공감대 형성으로 정확한 자료를 얻을 수 있음 • 연구주제에 대한 면접자의 고도의 지식과 면접기술을 요함	• 면접에 관한 치밀한 사전계획을 세우되 실제 면접 상황에서는 융통성 있게 진행함 • 실제 면접 장면에서 가장 많이 사용됨

  ㉢ 면접 절차
    ⓐ 연구목적을 정의한다.
    ⓑ 면접대상을 표집한다.
    ⓒ 면접문항의 구조, 내용, 순서 등을 고려해 면접 형식을 설계한다.
    ⓓ 질문을 개발한다. 구조화된 면접의 경우 면접조사표를 사용할 수 있다.
    ⓔ 면접자를 선별하고 면접 조건 및 수행과 관련해 면접자들을 훈련한다.
    ⓕ 면접조사표의 내용 및 면접 절차에 대해 예비 검증을 한다.
    ⓖ 면접을 실시하고, 면접내용을 기록한다.
    ⓗ 면접자료를 분석한다.
  ㉣ 장점
    ⓐ 검사나 질문지를 통해 수집할 수 없는 심도 있는 자료를 수집할 수 있다.
    ⓑ 문장독해력이 없는 사람들에게서도 자료를 수집할 수 있다.
    ⓒ 면접과정에서 반응의 진실성 여부를 알 수 있다.
    ⓓ 피험자를 확인할 수 있다.
    ⓔ 면접과정에서 피면접자의 표정, 태도에 따라 질문을 변경할 수 있다.
    ⓕ 연구와 직접적 관련이 없는 다른 자료들도 수집할 수 있다.
    ⓖ 응답률이 높다.

ⓔ 단점

　　　　ⓐ 절차나 검사가 복잡하기 때문에 면접자는 고도의 기술을 필요로 한다.

　　　　ⓑ 개인면접인 경우 특히 시간과 경비가 많이 들 수 있다.

　　　　ⓒ 익명성이 보장되지 않고, 아주 사적인 내용에 대해서는 정확한 응답을 얻기 어렵다.

　　　　ⓓ 연구자의 면접기술이 미숙한 경우 편견이나 연구자의 그릇된 판단이 작용할 수 있다.

　　　　ⓔ 피면접자의 응답내용이 면접자에 따라 달라질 가능성이 있다.

참고 표적집단 면접법(focus group interview)

1. 개념

특정한 사람들의 관점이나 이들이 공유하는 태도, 인식에 관한 자료를 수집하기 위해 특정 집단 내 개인들에게 질문을 하는 면접 기법으로, '집중 집단면접' 또는 '포커스 그룹' 이라고도 한다. 일반적으로 4~6명으로 구성된 집단을 대상으로 몇 가지 면접 질문을 통해 자료를 수집한다.

2. 표적집단 면접법 사용이 효과적일 경우

① 새로운 영역에 대한 오리엔테이션이나 가설을 일반화할 때

② 다른 연구사이트나 연구대상들을 평가할 때

③ 초기 연구의 결론에 대해 참여자의 해석을 얻고자 할 때

---

　④ 관찰법

　　㉠ 개념: 관찰을 통해 일련의 정보를 수집하는 측정방법으로 도구를 사용하지 않는 측정이며, 만약 도구를 사용해도 측정하는 사람에게 영향을 미치지만 측정대상에게는 영향을 미치지 않는 측정을 의미한다.

　　㉡ 특징: 인간의 감각기관을 매개로 하여 사상들에 대한 지식이나 정보 등을 얻는 가장 기초적인 방법이다.

　　㉢ 목적: 비언어적 행동에 대한 데이터를 수집하는 것이 목적이며, 이를 위해 시각뿐만 아니라 가능한 모든 감각을 동원하여 자료를 수집한다.

　　㉣ 조건: 자료수집의 한 방법이기 때문에 타당도와 신뢰도를 가지고 객관적으로 수집되어야 하며, 관찰결과는 반드시 기록·분석되어야 한다.

ⓜ 관찰의 구분

구분 기준	구분	개념 및 특징
행동장면의 통제	통제적 관찰	• 관찰의 시간, 장면, 행동 등을 의도적으로 설정한 후에 나타나는 행동을 관찰하는 방법으로, '계통적 관찰'이라고도 함 • 어떤 행동이 반드시 일어날 것 같은 특정한 환경조건을 설정하고, 필요한 만큼 같은 행동을 반복하여 정확한 관찰을 되풀이 할 수 있도록 하는 것 • 장·단점 　– 장점: 반복을 통해 실험 전·후의 관찰결과를 확인할 수 있음 　– 단점: 실험조건이 인위적이기 때문에 실제 생활에서의 일반화 문제가 있을 수 있음
	비통제적 관찰	• 어떤 행동 또는 현상이 자연적으로 발생한 그대로를 관찰하는 방법으로, '자연적 관찰', 또는 '단순 관찰'이라고도 함 • 장·단점 　– 장점: 인위적인 통제나 조작이 가해지지 않기 때문에 연구대상의 자연스러운 모습을 밝힐 수 있음 　– 단점: 관찰의 신뢰도가 떨어질 우려가 있음
관찰내용의 사전 조직화	조직적 관찰	관찰자에게 조직적으로 관찰 시간이나 내용을 지시하여 실시하는 것
	비조직적 관찰	관찰자에게 특별한 지시를 주지 않고 자유롭게 관찰하게 하는 것
관찰자의 참여	참여 관찰	• 관찰자와 피관찰자가 함께 공동생활하면서 피관찰자의 자연스러운 행동을 관찰하는 방법 • 장·단점 　– 장점: 자연스러운 상황을 관찰할 수 있음 　– 단점: 관찰자가 정서적으로 개입되는 정도에 따라서 관찰의 객관성을 잃을 우려가 있음
	비참여 관찰	• 관찰대상과 공동생활하지 않고 외부인으로서 객관적으로 관찰하는 방법 • 장·단점 　– 장점: 참여적 관찰보다 객관성을 확보할 확률 큼 　– 단점: 관찰대상이 관찰하는 것을 의식하게 되어 피관찰자의 행동에 긴장감, 경직성이 생길 수 있음

ⓗ 양적 연구에서의 관찰 절차

　　ⓐ 관찰변인의 규정: 실제 관찰 실시 전 관찰할 변인 및 관찰 범위를 명확하게 정한다. 어떤 행동에 초점을 두고 관찰할 것인지, 관찰 시 행동과 언어를 함께 포함할지, 행동이 발생하는 환경이나 조건을 포함할지 등을 정한다.

　　ⓑ 관찰기록법 결정: 다양한 관찰기록법 중 무엇을 선택할지 결정한다.

종류	특성
일화기록법	• 개인의 특성을 이해하기 위해 그 개인이 나타낸 구체적 행동 사례나 어떤 사건에 대한 관찰기록을 상세히 기록하는 방법 • 학생의 사회 · 정서적 특성이나 집단 내 인간관계를 연구할 때 유용
표본기록법	• 미리 정해놓은 준거(시간, 인물, 상황 등)에 따라서 관찰된 행동이나 사건내용을 기록하고, 그것이 일어나게 된 환경적 배경을 서술하는 방법 • 진행 상황을 도표화하거나 변화 양상을 검토 및 평가할 수 있어서 계획 수립, 문제해결을 위한 정보수집에 유용
시간표집법	• 일정한 시간 간격을 두고 행동을 관찰한 후에 그 결과를 기록하는 방법 • 시간 간격은 5분 이하로 하는 것이 일반적이나, 관찰하려는 행동의 발생빈도와 행동 유형에 따라 달라질 수 있음 • 특정 행동이나 사건의 발생빈도를 파악하는 데 효과적
사건표집법	• 관찰 단위가 어떤 행동이나 사건일 때 관찰하고자 하는 특정 행동이나 사건이 발생할 때만 관찰하여 기록하는 방법 • 우선 관찰하고자 하는 행동이나 사건을 명확히 정하고 이를 조작적으로 정의해야 함 • 문제행동의 빈도, 원인 등을 파악하는 데 효과적

　　ⓒ 관찰기록도구의 선택과 개발: 관찰변인과 행동지표가 정해지면 관찰기록에 필요한 도구를 선택하거나 새롭게 개발해야 한다.

　　ⓓ 관찰자 선정 및 훈련: 연구문제에 관심이 있는 관찰자를 선정하고 이를 훈련시켜 수집된 자료의 신뢰성을 확보한다.

　　ⓔ 관찰자 영향 줄이기: 관찰자의 행위는 수집된 자료의 타당도나 신뢰도에 부정적 영향을 미칠 수 있으므로, 연구자는 관찰자 영향을 사전에 탐지하여 이를 최소화하도록 한다.

ⓢ 질적 연구에서의 관찰 절차

 ⓐ 관찰 준비: 연구목적, 관찰자를 선정하고 관찰자를 훈련한다. 양적 연구와 달리 질적 연구에서의 관찰자 훈련은 전문가와 함께 관찰함으로써 도제식으로 이루어진다.

 ⓑ 현장 투입 및 관찰 초점 결정

단계	관찰 초점
기술관찰	• 관찰이 일반적 · 포괄적으로 이루어지는 단계 • 연구자가 차후 특정한 방향으로 관찰하기 위한 토대 제공
집중관찰	관찰자가 특정 현상에 집중하여 특징을 파악함
선별관찰	관찰을 통해 연구에 대한 의문이나 문제가 발생하고, 이에 따른 관찰자의 초점이 변화함

 ⓒ 관찰자 영향에 대한 조치: 질적 연구에서 관찰자는 그의 편견과 개인적 반응을 관찰되는 '장면'의 일부로 생각하므로, 관찰자 영향과 관련하여 제기되는 타당도 문제를 아래 세 가지 방법을 통해 해결한다.

 • 관찰에 미치는 관찰자의 영향을 과대 또는 과소평가 하지 않고, 해당 영향을 연구의 일부로서 기술 · 분석한다.

 • 연구 결과와 관련한 다양한 이론적 견해를 검토함으로써 연구자의 선입견에 의해 야기되었을지도 모르는 왜곡을 줄인다.

 • 관찰자의 역량을 키우기 위해 현장에서 자료를 수집하기 전에 관찰자로서 갖추어야 할 조건을 완전하게 훈련시킨다.

◎ 장점

 ⓐ 어린이, 문맹자 등 어떠한 대상에게도 적용이 가능하다.

 ⓑ 심화자료부터 부수적인 자료까지 다양한 수준의 자료수집이 가능하다.

 ⓒ 직접조사의 방법을 사용한다는 점에서 질문지법 등에 비해 높은 타당도를 갖는다.

㊈ 단점

 ⓐ 관찰 결과의 해석에 선입견이나 편견이 작용할 수 있다.

 ⓑ 관찰과정에서 예상 밖의 변수로 인해 돌발상황이 발생할 수 있다.

 ⓒ 전체장면의 관찰이 어렵고, 정서적으로 민감한 장면은 관찰이 어렵다.

 ⓓ 피관찰자가 관찰자를 인식하는지의 여부에 따라서 피관찰자의 행동이 달라질 수 있다.

⑤ 사회성 측정법(sociometry)
  ㉠ 개념: 소집단 내 구성원 간의 호의, 혐오, 무관심 등의 관계를 조사하여 집
    단 자체의 역동적 구조 상태를 알아보기 위한 방법으로, 모레노(Moreno)
    가 개발하였으며 '교우관계 조사법', '수용성 검사'라고도 한다.
  ㉡ 방법: 주로 설문지를 통해 수집된 자료는 개인의 선택과 배척 관계를 중심
    으로 '소시오그램'이라는 형태로 나타내거나, 사회성 지수 등을 계산하는
    데 활용한다.

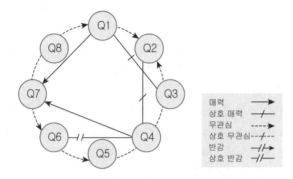

[그림 5-5] 소시오그램

  ㉢ 조건
    ⓐ 선택하는 집단 범위가 명확해야 한다.
    ⓑ 무제한의 선택 또는 거부를 허용해야 한다.
    ⓒ 조사대상에게 의미 있는 선택 기준을 마련해야 한다.
    ⓓ 조사결과는 그 비밀이 엄수되어야 한다.
    ⓔ 사용할 질문의 어법(wording)은 집단구성원의 수준에 맞추어야 한다.
  ㉣ 사회성 측정법의 종류
    ⓐ 동료 지명법: 주어진 기준에 의해 피험자가 몇 명의 친구를 선택하게
      하는 방법이다.
    ⓑ 동료 평정법: 피험자에게 학급구성원 전체 명단을 나눠준 후 학급구성
      원을 모두 평정하게 하는 방법이다.
    ⓒ 짝진 비교법: 소수 인원을 대상으로 짝을 비교하여 사회성을 파악하는
      방법이다.
  ㉤ 장점
    ⓐ 개인의 사회적 적응 개선, 집단의 사회적 구조개선, 집단 재조직 등에
      도움을 준다.
    ⓑ 전문적 훈련 없이도 작성 · 실시할 수 있다는 점에서 일선 교사들에게
      유용하다.
  ㉥ 단점
    ⓐ 한 번의 측정결과를 가지고 집단구성원 간의 관계를 고정적으로 보는
      오류를 범할 수 있다.
    ⓑ 질문의 내용에 따라 학생들의 관계에 악영향을 줄 수도 있다.

ⓐ 사회성 측정법을 제작 및 실시할 때 유의할 점

　　ⓐ 집단 전체를 조사대상으로 하여 모든 구성원에게 실시하는 것이 좋다. 집단의 한계를 분명히 규정하여 어떤 범위 내에서 선택할 것인지, 어떠한 기준에서 구성원을 선택·배척했는지 밝혀야 한다.

　　ⓑ 학급을 잘 알고 있는 학급담임이 실시하고, 그 결과는 비밀로 해야 한다.

　　ⓒ 부정적 기준의 사용은 가능한 한 피하되, 부득이한 경우에는 사용에 신중을 기해야 한다.

　　ⓓ 피검사자들이 검사에 응답할 때 다른 사람들의 간섭 없이 독자적으로 반응할 수 있는 검사환경을 마련해 준다.

　　ⓔ 유치원생이나 초등학교 저학년 아동들은 설문지를 제대로 읽고 판단할 능력이 부족하므로 개별면접을 통해 반응을 얻도록 하는 것이 좋다.

⑥ 의미분석법

　㉠ 개념: 오스굿(Osgood)이 개발한 의미분석법은 여러 가지 사물, 인간, 사상 등의 개념에 대한 심리적 의미를 분석하여 의미공간상의 위치로 표현하는 방법으로, '의미차별법', '의미변별법'이라고도 한다.

　㉡ 분석요인 – 3차원의 의미공간

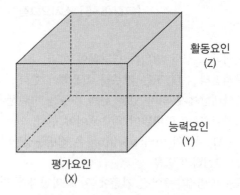

[그림 5-6] 3차원의 의미공간

　　ⓐ 평가요인: 가치 판단적인 형용사군

　　　예 좋은 – 나쁜, 깨끗한 – 더러운, 친절한 – 잔인한

　　ⓑ 능력요인: 능력과 관련된 형용사군

　　　예 강함 – 약함, 높은 – 낮은, 무거운 – 가벼운

　　ⓒ 활동요인: 개념의 활동성과 관련된 형용사군

　　　예 적극적 – 소극적, 뜨거운 – 찬

　㉢ 분석방법: 사람마다 다른 의미로 쓰이는 개념의 의미를 양극으로 대비되는 형용사를 이용하여 측정하고, 결과를 2차원의 평면이나 3차원의 의미공간에 표시한다.

ⓐ 먼저 서로 대립되는 형용사를 이용해 양극을 이루는 평정척도를 제작하여 분석하고자 하는 개념을 결정한다.

ⓑ 의미공간의 축을 구성하는 요인을 선정하여 척도의 단계를 결정하고, 상반되는 형용사를 짝지어 척도를 구성한다.

📝 예 '교사에 대한 의미가 서로 상반되는 형용사로 짝지어진 각 척도상에서 어디에 위치하는가를 표시하시오.* 백순근, 2009, p. 125

〈교사〉

	1	2	3	4	5	6	7	
나쁜								좋은
더러운								깨끗한

ⓒ 분석결과를 바탕으로 2차원의 평면이나 3차원의 의미공간에 각 개념의 위치를 표시한다.

ⓓ 표시된 상대적 위치를 비교하여 개념에 대한 피험자의 태도 등을 분석한다.

참고 그 외의 자료수집 방법 - Q방법론

1. 개념

스티븐슨(Stephenson)이 개발한 Q방법론은 인간의 관점, 의견과 같은 주관성을 과학적으로 연구하는 방법으로, 주로 등위법을 사용해 피험자들 간의 상관이나 피험자들의 요인을 탐색해 그들 사이의 유사성이나 모형을 찾아내는 방법이다.

2. 분석방법

① 인터뷰를 통해 특정 대상에 대한 다양한 생각이 포함된 Q진술문 또는 Q분류항목을 작성한다.

② 연구대상자를 선정한다.

③ 연구대상자에게 Q진술문 카드 여러 장을 주고, '가장 동의한다.'부터 '가장 동의하지 않는다.'의 척도에 따라 등급을 부여하도록 한다.

④ Q요인분석을 실시하여 피험자들이 공유하는 주관적 관점에 따라서 어떻게 집단이 나뉘는지 분석한다.

⑤ 요인분석 결과 얻어진 Q요인을 바탕으로 주제에 대한 유사한 생각을 가진 집단의 수, 종류, 내용 등에 대한 정보를 제공한다.

3. 장점

① 피험자의 생각, 태도, 의견 등을 광범위하게 분석할 수 있다.

② 피험자의 의견, 판단에 의존한다는 점에서 단순 질문지법보다 연구자의 자의적 판단이 개입될 여지가 줄어든다.

③ 소규모 집단을 대상으로 자료를 수집한다는 점에서 자료수집 비용 및 시간이 절약된다.

4. 단점

① 표본의 수가 적어 연구결과를 일반화시키는 데 어려움이 있다.

② 연구대상을 무작위 추출하는 것이 현실적으로 어렵다.

방법	개념 및 특징
검사법	• 신체적·심리적 특성을 측정하기 위해 피험자에게 문제를 제시하고, 피험자가 나타내는 반응 및 행동을 수집하는 방법 • 타당도, 신뢰도가 확보되도록 검사지를 제작하는 것이 중요함
질문지법	• 어떤 주제에 대하여 작성된 일련의 질문에 피험자가 자신의 생각이나 의견을 대답하도록 하여 자료를 수집하는 방법 • 자유반응형, 선택형, 체크리스트, 평정척도법, 순위형, 분류형 등
면접법	면대면 접촉을 통해 타인으로부터 직접 자료를 수집하는 방법
관찰법	• 인간의 감각기관을 매개로 관찰을 통해 일련의 정보를 수집하는 방법 • 양적 연구에서는 일화기록법, 표본기록법, 시간표집법, 사건표집법 등을 사용
사회성 측정법	• 집단 내 구성원 간 호의, 혐오, 무관심 등의 관계를 확인하기 위한 방법 • 동료 지명법, 동료 평정법, 짝진 비교법 등
의미분석법	여러 가지 사물, 인간, 사상 등 개념의 의미를 형용사를 이용해 측정·분석한 후 개념에 대한 피험자의 태도를 의미공간상의 위치로 표현함

⑤ 통계분석

(1) 통계분석 시 고려사항

① 자료수집을 거쳐 분석이 가능한 형태로 전환된 자료들은 연구목적에 따라서 적합한 방법으로 분석될 필요가 있다.

② 자료의 종류 및 특성(집단 수, 척도의 속성, 독립/종속변인의 개수, 표집 크기 등)을 고려하여 통계적 분석방법을 선택해야 한다.

③ 이를 위해서는 각 통계적 분석방법들에 대한 용도 및 한계 등에 대한 정확한 이해가 필요하다.

④ 많이 사용되는 분석방법에는 기초통계분석(t검증, χ^2검증), 분산분석(f검증, ANOVA 등), 상관분석, 회귀분석 등이 있다.

    ⊙ t검증: 통계적 검증 시 t분포(또는 t확률분포)를 활용하는 기법으로, 주로 두 집단 간의 평균에 차이가 있는지 여부를 검증하기 위하여 사용한다.

    ⊙ χ^2검증: 통계적 검증 시 χ^2확률분포를 활용하는 기법으로, 명명변인이나 서열변인 간의 상호 독립성을 검증하기 위해 주로 사용한다.

© ANOVA: 집단 간에 생긴 변량(분산)과 동일 집단 내에서 생긴 변량(분산) 간의 비율을 이용하는 분석방법으로, 주로 연구 집단이 3개 이상일 경우 집단 간의 평균에 차이가 있는지 여부를 검증하기 위해 사용한다.

② 상관분석: 두 변인 간의 직선적 관련 정도를 나타내는 상관계수를 이용하여 분석하는 것으로 인과관계와는 구별되는 개념이다.

⑩ 회귀분석: 여러 개의 독립변인을 이용하여 하나의 종속변인을 얼마나 잘 설명·예언하는지를 분석하기 위한 통계적 기법이다.

(2) SPSS 통계 프로그램을 이용한 가설 검증의 절차

단계	가설 검증의 일반절차	연구의 실제 단계	연구자의 고려사항
1단계	가설의 설정 및 진술	통계적 가설 진술	대립가설로 연구가설(통계적 가설)을 진술함
2단계	통계적 방법의 선택	t검증, f검증, χ^2검증 등 어떤 통계분석 방법을 적용할 것인지 결정	집단의 수, 독립변인이나 종속변인의 척도의 속성(연속 vs. 불연속 / 명명척도 vs. 동간척도), 독립변인 및 종속변인의 개수, 표집의 크기 등을 고려함
3단계	유의도 수준 결정	대체로 $\alpha = .05$의 유의도 수준 적용	$\alpha = .05$의 유의도 수준이란 가설 검증 결과 '영가설이 참인데도 불구하고 거짓이라고 잘못 판정해 대립가설을 채택하였을 확률이 5%임'을 의미함
4단계	검증통계치의 계산	통계분석 실시	SPSS 통계프로그램을 이용한 분석 결과는 대부분 검증통계치(즉 t값, f값, χ^2값 등)뿐만 아니라, 이러한 값을 지닐 확률(p)까지 함께 계산되어 산출됨
5단계	가설의 검증 및 해석	결과 출력물을 보고 가설의 판정	확률값이 .05보다 큰지 작은지에 따라서 영가설의 수용/기각 여부를 확인함
6단계	연구문제와 관련된 일반적 결론 제시	판정결과에 따른 결론 진술	'~따라서 〈가설 1〉은 수용(기각)되었다. 이러한 결과는 A 프로그램이 B를 증진시키는 데 효과가 있음을 의미한다.' 등과 같이 연구문제와 관련된 결론을 진술함

❻ 연구계획서 및 연구보고서 작성

(1) 연구계획서의 기능
① 막연했던 연구주제를 명확하게 해준다.
② 연구계획서를 통한 체계적 점검은 연구과정에서 야기될 수 있는 문제를 미리 검토해 볼 수 있는 기회를 제공한다.
③ 연구를 사전에 승인받기 위한 하나의 문서가 될 수 있다.

(2) 연구계획서 및 연구보고서의 구성요소

[연구보고서 구성요소]

• 연구제목
 (국문)초록

> [연구계획서 구성요소]
>
> • 서론
> – 연구의 필요성과 또는 문제 제기와 연구내용에 대한 진술
> – 연구에서 다루는 주요 용어들에 대한 정의
> – 구체적인 연구문제의 진술 또는 가설의 진술
> – 연구의 범위 또는 제한점
>
> • 이론적 배경
> – 연구의 근거가 되는 이론적 배경
>
> • 연구방법
> – 연구의 모형 또는 실험설계에 관한 진술
> – 연구대상이나 참여자 또는 피험자 선정에 관한 진술
> – 연구에서 사용하고자 하는 측정도구에 관한 진술
> – 자료수집의 절차 또는 실험 절차
> – 수집된 자료의 분석방법과 관련된 진술

• 연구 결과
 – 연구 결과
 – 연구 결과에 대한 분석

• 연구 결과에 대한 논의
 – 연구 결과와 선행 연구와의 비교
 – 연구자의 관점에 기초한 논의

• 연구 요약 및 결론
 – 전체 연구 결과에 대한 요약
 – 연구의 결론
 – 연구가 갖는 시사점과 제한점
 – 후속 연구를 위한 제언

• 참고문헌

• (영문)초록

(3) 연구계획서 및 연구보고서 작성 시 윤리적 지침

① 연구대상의 개인정보는 비공개가 원칙이며 사전 동의, 익명성, 비밀보장의 원칙을 준수해야 한다.

② 부정한 방법으로 연구결과를 왜곡해서는 안 된다.

③ 연구의 공정성을 잃지 말아야 하고, 기관 등의 의뢰로 수행되는 연구의 경우 의뢰기관의 기밀을 보장해주어야 한다.

요약정리 🔍
Zoom OUT 교육연구 절차

절차	내용
연구주제와 가설 설정	• 연구문제를 명료화하여 연구주제 및 가설을 설정함 • 가설이란 연구에서 제기된 연구문제에 대하여 연구자 나름의 잠정적 해답을 의미함
문헌연구	• 연구문제와 관련된 이론이나 선행연구를 고찰함 • 예비자료, 1차 자료, 2차 자료 등을 포함함
연구대상의 표집	• 전체 모집단 조사가 현실적으로 어려운 경우 연구목적과 여건을 최대한 충족시킬 수 있는 표본을 추출해 연구함 • 확률적 표집방법과 비확률적 표집방법으로 구분함
자료수집	• 선정 표본집단을 대상으로 효과적인 자료수집 방법을 채택하여 신뢰성 있고 타당한 자료를 수집하는 일 • 검사법, 질문지법, 면접법, 관찰법, 투사법, 사회성 측정법, 의미분석법, Q방법론을 포함함
통계분석	• 자료수집을 거쳐 분석이 가능한 형태로 전환된 자료들을 연구목적에 따라 적절한 방법으로 분석함 • 기초통계분석, 분산분석, 회귀분석 등을 포함함
연구계획 및 연구보고서 작성	• 연구계획서를 통해 연구과정에서 야기될 수 있는 문제를 미리 검토해볼 수 있음 • 연구계획서 및 연구보고서 작성 시 윤리적 지침을 따라야 함

연구방법

두 번째 챕터에서는 교육 분야에 대한 **다양한 연구문제의 해결을 위해 선택할 수 있는 연구방법**들이 등장합니다. 연구의 목적 및 연구문제 성격에 따라 기술연구, 상관 · 인과 연구, 실험연구, 내용분석, 사례연구, 문화기술적 연구, 내러티브 연구, 현상학적 연구, 근거이론, 현장연구 등 다양한 연구방법을 적용해볼 수 있습니다. 절대적으로 완벽한 단 하나의 연구방법은 없습니다. 후술할 다양한 연구방법들은 상호 보완적이라는 점을 염두에 두며 **각각의 개념과 특징을** 이해하고, **장 · 단점을** 살펴보시기 바랍니다.

핵심 Tag🏷

상관관계연구와 인과관계연구

상관 · 인과관계연구는 모두 자연적(비실험적) 상황에서 다양한 변인 간의 관계를 파악하고자 하는 연구로, 상관관계연구는 두 개 이상의 변인들 간 상관관계를, 인과관계연구는 두 개 이상의 변인들을 각각 예측(종속)변인과 준거(독립)변인으로 설정하여 준거변인이 예측에 기여하는 정도를 파악하고자 함

실험적 연구법

통제 상황에서 한 가지 또는 그 이상의 변인을 조작하고, 이에 따라 변화되는 현상을 객관적으로 관찰해 변인 간 인과관계를 밝혀내는 실증적 연구방법으로, 피험자가 실험집단과 통제집단에 무선으로 배치되어 있는지 여부에 따라 준실험설계와 진실험설계로 구분함

내적타당도와 외적타당도

- **내적타당도:** 실험결과가 연구하고자 하는 독립변인의 영향만을 정확하게 측정하고 있는지 나타내는 지표
- **외적타당도:** 하나의 실험에서 얻어진 연구결과가 다른 집단, 상황 등에 어느 정도로 일반화 가능한지 나타내는 지표

사례연구

질적 연구의 일종으로, 특정 대상이나 현상에 대해 상세하고 심층적인 자료수집을 하고 이를 집중적으로 탐구하는 연구방법

문화기술적 연구

질적 연구의 일종으로, 거시적 또는 미시적 관점에서 특정 집단구성원의 행동, 삶의 방식, 신념, 가치 등을 현지인의 관점에서 이해하고 자세하게 기술하기 위한 연구방법

현장연구

교육현장의 실천적 개선을 목적으로 교육현장에서 제시된 문제를 해결하기 위하여 교사가 주체가 되어 연구하는 과학적 방법

기술적 연구법(descriptive research)

❶ 기술연구

(1) 개념
관심을 갖는 하나 이상의 현상에 대해 정확하고 체계적으로 기술하는 것을 목표로 하는 연구를 말한다.

(2) 기술연구의 범위 및 특징
① 해석에 따른 기술연구의 범위
  ㉠ 협의의 의미: 양적 연구
  ㉡ 광의의 의미: 양적 연구 + 질적 연구
② 기술연구의 특징
  ㉠ 주로 양적 연구에 해당하는 조사연구나 발달연구를 의미한다.
  ㉡ '현상에 대한 기술(記述)'이라는 의미를 '사람들이 공유하는 관점이나 사물이 내포하고 있는 의미를 이해하는 것'으로까지 확대하는 경우, 질적 연구에 해당하는 사례연구, 내용분석법, 문화기술적 연구까지 기술연구에 포함시키는 관점도 존재한다.

❷ 기술연구의 종류

(1) 조사연구(survey research)
① 개념: 원인과 결과를 분석하기보다는 특정 문제나 대상의 행동, 속성, 태도 등에 대한 현재의 사실을 파악하는 연구이다.
② 특징
  ㉠ 현재의 사실을 밝혀내는 것을 목적으로 한다.
  ㉡ 관심을 갖는 모집단을 대표하는 표본집단을 통하여 사회학적 · 심리학적 특성 변인들에 대한 자료를 수집해 모집단에 대한 정보를 추론한다.
  ㉢ 실험연구와는 달리 연구대상에 처치를 가하지 않는다.
  ㉣ 자기보고식 질문지나 면접과 같은 직접적인 접촉을 통해 정보를 수집한다.
③ 자료수집 방법에 따른 구분
  ㉠ 면접조사
    ⓐ 개념: 개인 또는 집단면접과 같은 면접 절차를 사용하여 자료를 수집하는 방법이다.
    ⓑ 장점: 다른 방법에 비해 구체적이고 심화된 응답을 얻을 수 있고, 인지능력이나 문해능력이 부족한 피험자에게도 적용할 수 있다.
    ⓒ 단점: 시간과 비용이 많이 들고, 훈련된 면접자가 필요하며, 면접자가 피험자에게 영향을 미칠 수 있다.

       ⓛ 우편조사
         ⓐ 개념: 연구대상자와 우편을 이용해 간접 접촉함으로써 자료를 수집하는 방법으로 조사내용이 포함된 질문지, 반송용 봉투, 우표 등을 대상자에게 우편으로 발송하여 자료를 수집한다.
         ⓑ 장점: 비교적 신속하고 광범위한 지역에 대해 실시할 수 있고, 응답자는 외부의 간섭이나 방해를 받지 않고 편한 시간에 조사에 임할 수 있다.
         ⓒ 단점: 응답자가 질문지를 잘못 이해했거나 잘못된 응답을 보낸 경우에 이를 교정하기가 어렵고, 조사를 원했던 사람과 응답자가 동일하지 않더라도 이를 확인할 수 없으며, 낮은 응답률과 회수율을 보일 경우 표본의 대표성 문제로 인해 응답결과의 신뢰도가 낮아진다.
       ⓒ 전화조사
         ⓐ 개념: 전화를 이용하여 간접적으로 자료를 수집하는 방법으로, 훈련된 면접요원에 의해 사전에 준비된 면접지로 이루어진다.
         ⓑ 장점: 면접보다 효율적이고 신속하게 조사할 수 있고, 광범위한 지역에 걸쳐 응답자를 구할 수 있으며, 면접자가 질문을 재진술하거나 응답자의 반응을 독려함으로써 신뢰성 있는 자료를 수집할 수 있다.
         ⓒ 단점: 간접 접촉이라는 점에서 응답자의 시각적 정보를 얻을 수 없고, 개인적 문제나 민감한 쟁점에 대한 정보를 얻기 힘들며, 전화번호가 누락되거나, 특정한 시간대에 전화하는 경우 표집대상자의 편향성을 가져올 수 있다.
       ⓔ 인터넷조사
         ⓐ 개념: 전자우편이나 웹사이트를 이용해 질문지에 응답하는 방법이다.
         ⓑ 장점: 비용이 적게 들며, 빠른 시간 내에 다수에게 실시할 수 있고, 실시간으로 응답자료를 전송받을 수 있으며, 우편조사에 비해 응답자의 의문사항을 신속하게 문의할 수 있다. 또한 자료수집 이후 통계처리를 위해 데이터를 다시 입력하지 않아도 된다.
         ⓒ 단점: 웹사이트에 설문지를 구축하는 경우 기술 및 비용이 발생할 수 있고, 보안장치 미흡에 대한 불안감으로 응답자들이 인터넷 응답을 꺼릴 수 있으며, 광고성 메일의 홍수 속에서 응답률이 낮을 수 있다.
  ④ 연구 절차
       ⑦ 연구문제 확인: 연구목적과 연구문제를 구체화한다.
       ⓛ 조사설계 수립: 연구문제에 따라 조사대상, 자료수집 방법과 절차, 표집방법을 확정하고 면접지나 질문지를 개발한다. 또한 면접조사를 하는 경우 면접자 훈련을 실시한다.
       ⓒ 조사 실시: 실제로 조사를 실시한다.
       ⓔ 데이터 입력 및 분석: 수집된 자료를 유목화하여 코딩한다. 필요에 따라서 수집된 자료는 기술통계 수준에서 분석될 수 있다.
       ⓜ 보고서 작성: 자료분석이 끝난 경우 결과를 정리해 연구보고서를 작성한다.

⑤ 조사연구 시 유의할 점

   ㉠ 시간과 비용이 많이 소모될 수 있으므로, 이를 고려한 적절한 표집계획을 세운다.

   ㉡ 질문지, 면접지 등 조사도구의 타당도와 신뢰도가 확보될 수 있도록 한다.

   ㉢ 질문이나 면접 시 응답자에게 미치는 면접자나 조사자의 영향을 배제하기 위해 훈련이 필요하다.

(2) 발달연구(developmental research)

① 개념: 유기체의 발달과정에 따른 변화에 관심을 두는 연구이다.

② 특징

   ㉠ 발달의 경향, 속도, 유형, 한계 및 성장과 발달에 작용하는 여러 가지 요인 간의 관계를 탐구하는 것을 목적으로 한다.

   ㉡ 발달심리학에서 많은 연구가 이루어져 왔으며 프로이트(Freud)의 성 심리 발달연구, 피아제(Piaget)의 인지발달연구, 콜버그(Kohlberg)의 도덕성 발달연구 등이 대표적이다.

   ㉢ 발달연구 수행 시 사용되는 방법: 종단적 연구, 횡단적 연구

③ 자료수집 시점에 따른 구분

구분	종단적 연구 (longitudinal study)	횡단적 연구 (cross-sectional study)
정의	동일한 연구대상을 적게는 수 년, 많게는 수십 년 동안 오랜 기간 추적·관찰하여 어떻게 변화·발달하는지 탐구하는 방법	단일시점에서 여러 연령에 속하는 많은 표집대상을 선정하고 그 연령에 해당하는 발달적 특징을 알아내는 방법
특성	• 대표성을 고려한 비교적 소수의 사람을 표집함 • 한 개인의 성장·발달에 따른 변화를 파악할 수 있음 • 검사결과를 통해 비교하기 어려우므로 연구가 일단 시작하면 도중에 사용하던 도구를 바꿀 수 없음	• 서로 비슷한 변인을 가진 다수의 사람을 표집함 • 시간의 흐름에 따른 성장의 특성을 밝혀 일반적 성향을 파악함 • 검사도구의 선택 및 변경이 용이함
주제	연령, 시기에 따른 행동 및 태도 변화	다양한 연령집단 간 태도 및 행동의 비교
장점	• 소수의 연구대상을 일정기간 지속적으로 관찰·기록하여 개인이나 집단의 성장과정 및 변화 형태를 구체적으로 파악할 수 있음 • 초기 경험과 후기 행동과의 인과관계 분석에 적합함	• 종단적 연구에 비해 경비와 시간, 노력이 절약됨 • 연구대상의 선정 및 관리가 용이함 • 상황에 따라 다양한 측정도구들의 선택이 가능하고 변경이 용이함

개념확대 ⊕
Zoom IN

종단적 연구의 구분

• **패널 분석(panel study):** 동일한 대상을 사용해 추적·관찰하여 자료를 수집·분석하는 방법이다.

  예 고등학생들의 입시제도에 대한 태도 변화를 살펴보기 위하여 2000년 고1 학생들을 조사하고, 2001년, 2002년에 해당 학생들을 추적 조사하여 자료를 수집·분석한다.

• **트렌드 분석(trend study):** 측정 시기에 따라서 서로 다른 표본집단을 사용하여 자료를 수집·분석하는 방법이다.

  예 고등학생들의 입시제도에 대한 태도 변화를 살펴보기 위하여 2000년, 2001년, 2002년에 각각 고1 학생들을 조사하여 자료를 수집·분석한다.

• **코호트 분석(cohort study):** 동질집단(특정 기간에 특정 경험을 공유한 집단)의 자료를 수집·분석하는 방법이다.

  예 고등학생들의 입시제도에 대한 태도 변화를 살펴보기 위하여 2000년 고1 학생들을 조사하고, 2001년에 고2 학생들을, 2002년에 고3 학생들을 조사하여 자료를 수집·분석한다. 이 경우 조사대상자는 매년 달라질 수 있으나, 2000년 당시 고1이었다는 동일한 특성이 있기 때문에 이는 코호트집단이라고 할 수 있다.

구분	종단적 연구 (longitudinal study)	횡단적 연구 (cross-sectional study)
단점	• 시간과 노력, 경비가 많이 듦 • 표집된 연구대상이 중도에 탈락할 가능성이 있음 • 연구기간 동안 중요한 개인적·사회 문화적 여건의 변화가 성장·발달에 예기치 못한 영향을 줄 수 있음 • 동일한 대상에게 반복적으로 같은 검사도구를 이용하여 측정한다는 점에서 신뢰성이 낮아질 수 있음	• 성장의 일반적 경향을 알 수 있을 뿐 개인의 발달상의 변화를 알 수는 없음 • 각 연령층을 표집할 때 동질적 배경의 집단을 표집하기 어려움 • 행동의 초기와 후기 간 인과관계 분석이 어려워 개인의 여러 측면이 발달과정에서 서로 어떠한 영향을 미치는지 추론이 어려움
종단적·횡단적 연구의 결합	• 종단적·횡단적 연구방법의 약점을 보완하기 위해 두 연구방법을 결합할 수 있음 • **종단 – 연속적 연구:** 연령이 다른 여러 집단을 일정 연구기간 동안 관찰해 그 결과를 비교하는 방법 예 4, 5, 6세 아동을 각각 표집하여 3년간 연구 • **횡단 – 연속적 연구:** 일정 기간 동안 둘 이상의 연령층을 가진 각기 다른 집단을 대상으로 자료를 수집하여 결과를 비교하는 방법 예 올해는 4, 5, 6세 아동을, 내년에는 7, 8, 9세 아동을, 다음 해에는 10, 11, 12세 아동을 표집하여 관찰한 후 연구	

④ 발달연구 시 유의할 점
   ㉠ 연구목적 및 주제에 따라 적합한 연구방법을 골라 연구를 진행해야 한다.
   ㉡ 둘 이상의 연구대상을 표집해 비교하는 경우 유사한 사회·문화적 배경을 가진 연구대상을 선정해야 한다.
   ㉢ 측정도구의 타당도와 신뢰도를 확보해야 하며, 특히 종단연구의 경우 연구가 시작할 때 사용한 도구를 끝까지 일관되게 사용해야 한다.

참고 횡단적 연구와 종단적 연구 기출문제*

* 행정고시 교육심리학, 2002

Q. 발달에 관한 연구의 설계방법으로 횡단적 연구(cross-sectional study)와 종단적 연구(longitudinal study)가 있다.
① 횡단적 연구와 종단적 연구의 차이를 설명하시오.
② 횡단적 연구의 단점으로 지적되는 동시대 집단효과(cohort effect)에 대해 설명하시오.
③ 횡단적 연구와 종단적 연구의 특성을 고려하여 조합된 연구방법이 있다. 이 방법이 무엇이며, 어떤 특성을 가지고 있는지를 설명하시오.

A1. 종단적 연구와 횡단적 연구의 차이
   ⇨ 종단적 연구는 동일한 연구대상을 수 년에서 수십 년 동안 오랜 기간 추적·관찰하여 어떻게 변화 및 발달하는지 탐구하는 연구방법인 반면, 횡단적 연구는 단일 시점에서 여러 연령에 속하는 많은 표집 대상을 선정해 그 연령에 해당하는 발달적 특징을 알아내는 연구방법이다. 따라서 종단적 연구는 주로 개인의 성장과 발달에 따른 변화를 파악하기 위한 목적으로 수행되는 반면, 횡단적 연구는 시간의 흐름에 따른 성장의 일반적 특성을 밝히고자 하는 데 목적이 있다.

A2. 동시대 집단효과

⇨ 동시대 집단효과는 발달에 미치는 사회적·역사적 영향을 밝히기 위한 연구방법이다. 이 방법은 동시대 출생집단은 사회, 문화, 역사적으로 거의 비슷한 경험을 하며 살기 때문에 가치관, 인생관, 교육수준 등에 있어서 공통점과 유사성을 가지며, 출생연도가 서로 다른 사람들을 상이한 사회적·역사적 환경의 영향을 받았다는 점을 가정한다. 따라서 서로 다른 시기에 태어난 집단들이 동일연령이 되었을 때 측정한 결과를 비교해봄으로써 출생연도에 따른 발달특성을 기술·설명·예측할 수 있는 연구방법이다.

A3. 종단적·횡단적 연구방법의 조합

⇨ 종단적 연구방법과 횡단적 연구방법의 약점을 보완하기 위해 두 연구방법을 결합한 것으로 '종단 – 연속적 연구'와 '횡단 – 연속적 연구'로 구분한다. 종단 – 연속적 연구는 연령이 다른 여러 집단을 일정 기간 동안 관찰해 그 결과를 비교하는 방법이고, 횡단 – 연속적 연구는 일정기간 동안 둘 이상의 연령층을 가진 각기 다른 집단을 대상으로 자료를 수집하여 결과를 비교하는 방법이다.

---

02 상관·인과 비교연구(correlation & causal - relationship research)

❶ 상관관계연구

(1) 개념 및 특징

① 어떤 사건이나 현상에 내재하고 있는 다양한 변인 간의 관계 패턴이나 경향을 비실험적 절차를 통해 규명하고자 하는 연구이다.
② 다양한 상관 통계기법을 사용해 변인 간 상관의 크기, 방향, 유형 등을 탐색한다.
③ 실험연구와 달리 자연적 상황에서의 변인 간 관계를 파악한다.
④ 상관관계는 인과관계의 필요조건일 뿐 충분조건이 될 수는 없다.

(2) 연구목적에 따른 구분

구분	설명 목적의 상관연구(관계연구)	예측 목적의 상관연구
개념	두 개 이상의 변인 간 상관을 다룸	예측변인과 준거변인을 설정하여 준거변인이 예측에 기여하는 정도를 파악함
초점	• 변인 간 관계를 다루고 있으며 인과관계로 진술하지 않음 • 연구대상의 미래 수행에는 관심 없음	미래의 수행을 예측하려 하는 목적이 연구목적이나 연구문제에서 명확히 제시됨
측정변인	• 단일 시점의 자료를 수집해 분석함 • 독립변인과 종속변인이라는 용어를 사용하지 않음	한 시점에서의 예측변인과 차후 어떤 미래 시점에서의 준거변인을 측정함
분석방법	상관계수 검증방법을 이용함	중다회귀분석 등 다변량 상관 통계치를 이용함

개념확대 ⊕
Zoom IN

기술통계와 추리통계
교육연구의 목적이 주로 현상을 기술하거나 설명하는 것과 관련되는 것을 '기술통계(descriptive statistics)'라고 하고, 예측하거나 통제하는 것과 관련되는 것을 '추리통계(inferential statistics)'라고 한다. 즉, 기술통계는 교육 현상을 기술하거나 설명하는 데 필요한 정보를 보다 효율적인 방법으로 요약하는 것(빈도분포, 평균, 표준편차 등)과 관련이 있다면, 추리통계는 교육 현상에 대해 예측하거나 통제하기 위하여 확률적인 법칙을 찾는 것(변인 간 상관관계, 인과관계 등)과 관련이 있다.

(3) 연구 절차

① 연구문제 확인: 연구문제를 충분히 검토해 연구방법이 적절한지 판단한다.

② 연구대상 선택: 측정변인과 관련된 연구대상을 선택한다.

③ 자료수집: 검사, 질문지 등을 이용해 양적 자료를 수집한다.

④ 자료분석: 연구목적, 연구자료의 특성, 변인의 수 등에 따라 적절한 통계분석 방법을 활용해 자료를 분석한다.

⑤ 결과 해석: 산출된 결과는 구체적인 상관분석 기법에 따라 다르게 해석된다.

(4) 장·단점 및 유의점

① 장점

　㉠ 비교적 손쉬운 절차를 통해 자료수집이 가능하다.

　㉡ 관계있는 두 개 이상의 변인을 발견하는 데 유용한 방법이다.

② 단점

　㉠ 변인에 대한 연구자의 통제가 불가능하다.

　㉡ 상관이 있는 것으로 밝혀지더라도 대개의 경우 인과관계는 설명하지 못한다.

③ 유의점

　㉠ 변인 간 상관의 발견을 인과관계의 발견으로 가정하지 않도록 유의해야 한다.

　㉡ 변인을 선택할 때에는 반드시 선행연구 결과나 이론적 배경을 가지고 연구 변인을 선택하여 연구가 왜곡되지 않도록 한다.

② 인과관계연구

(1) 개념 및 특징

① 두 개 또는 그 이상의 집단 사이에 차이가 발생하는 원인이나 그 원인에 의한 결과를 측정하는 것을 목적으로 하는 연구이다.

② 이미 발생한 현상을 연구한다는 점에서 '소급연구'라고도 불린다.

③ 실험연구와는 달리 자연적 상황에서 변인 간 관계를 파악한다.

④ 연구자가 독립변인을 완전히 통제할 수 없거나 통제하지 않는다는 점에서 인과관계를 엄격히 증명하기보다는 인과관계를 암시하는 것으로 보아야 한다.

논술에 바로 써먹는
교육학 배경지식

상관관계와 인과관계의 관계를 혼동하지 말아야 합니다. 변인들 상호 간에 관련성이 있다는 것(상관관계)과, 그 변인들 상호 간에 원인과 결과의 관계(인과관계)가 있다는 것은 서로 다릅니다. 예컨대, '중학교 성적'과 '고등학교 성적'의 관계를 생각해봅시다. 두 변인은 분명히 서로 밀접하게 관련되어 있지만 중학교의 성적이 높다고 해서 필연적으로 고등학교의 성적이 높아지는 것은 아니지요. 실제 고등학교 성적을 높이는 원인은 '중학교 성적'이 아니라 '지능'이나 '학생의 노력' 등입니다. 위의 예시에서 짐작할 수 있듯이 언뜻 인과관계처럼 보이는 관계가 실제로는 상관관계인 경우가 있을 수 있으니 주의해야 합니다.

(2) 절차

① 연구문제 확인: 연구문제를 충분히 검토하여 연구방법이 적절한지 판단한다.

② 연구설계 수립: 연구대상의 표집계획, 측정도구의 선택, 자료분석 방법 등을 포함하여 구체적으로 연구설계를 수립한다.

③ 연구대상 선택: 전체 표집인원은 독립변인의 수와 하위 집단의 수를 고려해서 결정해야 하며, 가외변인이 종속변인에 영향을 미치지 않도록 집단의 동질성 확보에 주의해야 한다.

④ 측정도구 선택 및 자료수집: 적절한 수준의 타당도와 신뢰도를 갖고 있는 측정도구를 선정하고 자료를 수집한다.

⑤ 자료분석: 주로 추리통계방법을 적용하여 분석한다.

(3) 장·단점 및 유의점

① 장점

ⓐ 실험연구에 비해 시간과 비용을 절약할 수 있다.

ⓑ 한 번에 많은 변인들에 대한 연구가 가능하다.

ⓒ 가외변인을 적절히 통제할 수 있다면 표본 사례 수가 많다는 점에서 실험연구에 비해 결과의 일반화 가능성이 크다.

② 단점

ⓐ 이미 독립변인이 발생한 후이므로 실험연구와 동등한 통제는 불가하다.

ⓑ 실험연구에 비해 인과관계는 희박하고 잠재적이다.

③ 유의점

ⓐ 조작적 정의하에 집단 구분 시 엄밀하고 이론에 근거해야 한다.

ⓑ 어떠한 독립변인을 기준으로 집단을 구분했을 때, 배경변인을 함께 제시해주어 집단 간 동질성이 확보되었음을 보여주어야 한다.

ⓒ 인과관계연구에서도 사실상 완벽하게 무선화하거나 통제할 수 없다는 점에서 연구결과를 해석하는 데 있어 신중해야 한다.

개념확대 ⊕ Zoom IN

가외변인

'외생변인(extraneous variable)'이라고도 하며 종속변인에 영향을 주는 독립변인 이외의 변인으로서 연구에서 통제되어야 할 변인을 말한다. 가외변인이 독립변인에 영향을 미친다면 종속변인의 효과가 독립변인에 기인한 것이라고 주장하기 어렵다. 따라서 연구자는 연구를 설계할 때 가외변인을 적절히 통제할 필요가 있다.

요약정리 ⊖ Zoom OUT 상관관계연구와 인과관계연구 비교

구분	상관관계연구	인과관계연구
유사점	• 변인을 조작하지 않으며 이미 발생한 변인을 다룸 • 연구결과를 인과론적으로 해석하는 경우 실험연구에 비해 많은 주의를 요함 • 연구결과는 실험연구를 위한 근거자료를 제공함 • 실험연구에 비해 노력, 비용을 절감할 수 있으며, 결과의 일반화 가능성이 높음	
차이점	• 연구목적은 현상의 관계를 관찰한 그대로 기술하는 것 • 한 집단에 두 개 이상의 변인을 포함 • 변인들 간 관련성 및 관련 정도를 파악하는 데 효과적	• 연구목적은 현상들의 인과론적 관계를 측정하는 것 • 둘 이상의 집단과 하나의 종속변인을 포함 • 변인(들)의 효과를 연구하는 데 효과적

03 실험적 연구법(experimental research)

① 개념 및 특징

(1) 개념

통제된 상황에서 한 가지 또는 그 이상의 변인을 조작함에 따라 변화되는 현상을 객관적으로 관찰하여 변인 간 인과관계를 밝혀내고자 하는 실증적 연구방법이다.

(2) 특징

① 인과관계를 가장 강력하게 규명할 수 있다.
② 교육학에서의 실험: 피험자인 사람에게 가외변인들을 최대한 통제한 상태에서 인위적으로 실험처치(experimental treatment)를 가했을 때 일어나는 효과를 분석하는 것을 의미한다.

② 실험설계

(1) 실험설계 관련 용어

① 변인
  ⓘ 독립변인: 다른 변인에게 작용하거나 다른 변인을 예언·설명하는 변인으로, 실험연구에서 독립변인은 연구자에 의해 통제되거나 조작되는 변인이다.
  ⓛ 종속변인: 독립변인의 조작결과에 의존하며 효과를 판단하는 준거가 되는 변인이다.
  ⓒ 가외변인: 독립변인 이외에 연구자가 의도하지 않았지만 종속변인에 영향을 미칠 수 있는 변인으로, '외재변인'이라고도 한다.
② 실험통제: 독립변인, 종속변인과의 인과성을 확인하기 위해 독립변인 이외의 변인이 종속변인에 영향을 미치지 않도록 가외변들을 통제하여 실험을 설계하는 것이다.
③ 실험집단과 통제집단
  ⓘ 실험집단: 실험적 요인이나 상황의 처치를 받은 집단으로, '처치집단'이라고도 한다.
  ⓛ 통제집단: 실험설계에서 새로운 처치의 성과 및 효과를 비교하기 위하여 준거가 되는 집단으로, 아무런 처치를 하지 않거나 전통적인 프로그램의 처치를 받은 집단이다.

(2) 실험설계 시 고려사항

① 연구문제에 대한 해답 가능성

㉠ 연구문제나 가설에 대한 답을 제공할 수 있도록 설계되었는지 확인한다.

㉡ 연구문제에 적합한 실험을 선택하였는지, 집단을 적절하게 나누었는지, 실험에 적합한 분석방법을 사용하는지 등을 확인한다.

② 가외독립변인의 통제방법

㉠ 실험집단과 통제집단의 피험자를 서로 매칭한다. 즉, 가외변인에 따라 둘 이상의 집단을 나눈 후 각 집단 내에서 무선적으로 실험집단과 통제집단에 배치한다.

> **예** 고등학생 200명을 표집해 실험하는 경우 피험자를 남, 녀로 구분해 남학생 100, 여학생 100명을 각각 무선적으로 실험집단과 통제집단에 배치함

㉡ 피험자를 무선적으로 실험집단과 통제집단에 나누어 배치한다.

㉢ 가외변인 수준이 동질적인 피험자들만 선발하여 실험집단과 통제집단에 배치한다.

㉣ 가외변인을 하나의 독립변인으로 간주하거나 공변인으로 간주하여, 실험설계에 포함시킨 후 통계분석에 반영한다.

> **예** 고등학생 200명을 표집해 실험하는 경우 종속변인에 영향을 미칠 수 있는 성별, 소속학교, 부모의 사회·경제적 지위 등을 공변인으로 간주하고 조사해 연구분석에 포함함

③ 내적타당도와 외적타당도

㉠ 내적타당도

ⓐ 개념: 실험결과가 제3의 가외변인에 의한 영향이 아니라 연구하고자 하는 독립변인의 영향만을 정확하게 측정하고 있는가를 나타내는 지표로, '연구설계가 실제 연구하려는 바를 정확하게 측정했는가?'의 답에 해당한다.

ⓑ 저해 요인

- 역사: 장기간 실험이 진행되는 경우 실험기간 동안 발생한 여러 가지 사건들이 사후검사에 영향을 미친다.
- 성숙: 장기간 실험이 진행되는 경우 피험자의 연령 증가, 내적 변화 등의 성숙이 사후검사에 영향을 미친다.
- 검사: 사전검사를 통해 검사양식에 익숙해지거나 검사내용을 기억하고 있어 사후검사에 영향을 미친다.
- 도구 사용: 사전 – 사후 간 측정도구의 변화, 관찰자나 채점자의 변화로 인해 측정치에 변화가 생긴다.
- 통계적 회귀: 사전검사에서 피험자의 검사점수가 아주 높거나 낮은 경우, 사후검사에서 높은 점수의 피험자는 사전에 비해 낮은 점수를, 낮은 점수의 피험자는 사전에 비해 높은 점수를 얻을 가능성이 높아진다.

개념확대 🔍 Zoom IN

검사도구의 타당도와 연구의 내적·외적타당도
검사(또는 측정)도구의 타당도가 연구에서 의도했던 구체적 목표나 내용을 제대로 측정할 수 있는가의 문제라고 한다면, 연구의 내적 타당도는 연구 결과가 옳다고 믿을 수 있는가의 문제이며, 연구의 외적 타당도는 연구 결과를 다른 상황과 모집단으로 일반화시킬 수 있는가의 문제를 말한다.

- 피험자의 선발: 선발된 피험자가 집단별로 다른 특성을 가지고 있고, 이러한 특성이 실험결과에 영향을 미친다.
- 피험자의 탈락: 실험과정 중에서 실험집단이나 비교집단의 어느 한편에서 피험자가 체계적으로 탈락하여 실험결과에 편파적인 영향을 미친다.
- 연구자의 의도: 연구자의 의도가 연구에 반영되는 경우(⑩ 목소리, 표정, 제스추어 등) 실험결과에 영향을 미친다.

ⓒ 개선방안
- 연구가 행해지는 조건을 표준화하여 장소, 도구, 시행자 효과 등을 통제한다.
- 연구대상의 특성에 대해 최대한 많은 정보를 수집하여 피험자 관련 저해요인을 통제한다.
- 연구의 세부사항, 즉 언제 어디서 실시하는지, 어떤 외부 사건이 일어났으며 어떤 사건이 언제 일어날 지와 같은 정보를 최대한 수집해 장소, 도구사용, 역사성, 시행자 효과 등을 통제한다.
- 적절한 설계를 선택하여 시행자와 도구 사용 요인을 제외한 모든 요인을 통제할 수 있도록 한다.

ⓛ 외적타당도
ⓐ 개념: 하나의 실험에서 얻어진 연구결과가 다른 집단, 상황 등에 어느 정도로 일반화가 가능한가를 나타내는 지표로, '연구결과를 일반화할 수 있는가?'의 답에 해당한다.

ⓑ 저해 요인
- 표집상의 오류: 전집을 제대로 대표할 수 없는 집단을 연구대상으로 표집한 경우 일반화가 어렵다.
- 변인에 대한 애매한 정의: 독립변인이나 종속변인에 대한 정의가 애매모호하여 다른 상황에서 동일한 연구를 수행하기 어려운 경우 일반화가 어렵다.
- 실험상황에 대한 반동효과(호손효과): 피험자가 자신이 실험대상이 되고 있다는 것을 의식함으로써 보통 때와 다른 행동을 한다.
- 낮은 수준의 검사(측정) 도구: 검사(측정)도구의 질이 낮아서 측정 결과 자체를 믿기 어려운 경우 외적타당도가 떨어진다.
- 연구의 낮은 내적타당도: 연구의 내적타당도가 낮아서 결과 자체를 믿기 어려운 경우 외적타당도도 떨어진다.

ⓒ 개선방안
- 연구대상으로 이용된 집단이 모집단에 대한 대표성을 띨 수 있도록 표집한다.
- 변인의 설정과 정의, 측정 도구의 선정 및 활용이 과학적·체계적으로 수행될 수 있도록 한다.

* 행정고시 교육학, 2011

참고 내적타당도와 외적타당도 기출문제*

Q. 다음 제시된 글을 읽고 물음에 답하시오. (총 30점)

어떤 교사가 중학생들을 위해 새로 개발한 탐구식 수업의 효과를 검증하기 위해 한 달 동안 100명의 중학생들에게는 기존에 진행해 오던 강의식 수업을 진행하고, 다른 100명의 중학생들에게는 새로 개발한 탐구식 수업을 진행하였다. 두 가지 유형의 수업을 시작하기 전에 전체 200명의 학생 모두에게 교과내용에 대한 지식수준을 알아보기 위해 사전검사를 실시하였고, 한 달간 수업을 진행한 뒤 학업성취도에 대한 사후검사를 실시하였다.

① 내적타당도와 외적타당도의 의미를 설명하고, 이 연구의 내적·외적타당성을 확보하기 위해 각각 어떠한 점들을 고려해야 하는지 설명하시오. (20점)
② 탐구식 수업의 효과를 검증하기 위해서 사전검사 결과를 토대로 어떤 통계적 분석방법을 사용해야 하는지 설명하시오. (10점)

A1. 내적타당도와 외적타당도의 개념

내적타당도는 실험결과가 제3의 가외변인에 의한 영향이 아니라 연구하고자 하는 독립변인의 영향만을 정확하게 측정하고 있는가를 나타내는 지표로 '연구설계가 실제 연구하려는 바를 정확하게 측정했는가?'의 답에 해당한다. 반면, 외적타당도는 하나의 실험에서 얻어진 연구결과가 다른 집단, 상황 등에 어느 정도로 일반화가 가능한가를 나타내는 지표로 '연구결과를 일반화할 수 있는가?'의 답에 해당한다.

A2. 내적타당도와 외적타당도 확보

이 연구에서 내적타당도를 저해하는 요인으로는 역사(실험진행 기간 동안 발생한 여러 사건들이 사후검사에 영향을 미침), 성숙(실험진행 기간 동안 피험자의 내적 변화 등이 사후검사에 영향을 미침), 검사(사전검사와 동일하게 사후검사를 실시하는 경우 검사양식에 익숙해져 사후검사에 영향을 미침), 도구 사용(사전-사후 간 측정 도구가 변화하거나 채점자가 변하는 경우 측정치가 변할 가능성), 통계적 회귀(사전검사에서 피험자들의 검사점수가 아주 높거나 낮은 경우 사후검사에서 평균으로 회귀하는 경향), 피험자의 선발(선발된 피험자들이 서로 다른 특징을 갖고 있는 경우 결과에 영향을 미칠 가능성) 등이다. 이를 해결하기 위해서는 두 집단 간 연구가 행해지는 조건을 최대한 표준화하여 수업방식 이외의 변수가 측정결과에 영향을 미치는 가능성을 최소화하고, 학생들은 충분히 익숙한 방식으로 사전·사후 검사에 참여하고 동일한 채점자에 의해 채점되도록 하여 검사나 도구양식이 결과에 영향을 미칠 가능성을 최소화한다.

이 연구에서 외적타당도를 저해하는 요인으로는 표집상의 오류(표집된 중학생이 편중된 특성을 보여 대표성을 띠지 않는 경우) 등을 들 수 있다. 이를 해결하기 위해서는 선발된 중학생 집단들이 모집단을 대표할 수 있도록 표집해야 한다.

실험 읽는 방법
• 개념 설명
 − O: 관찰 또는 측정
 − X: 실험처치
 − R: 무선배치 또는 무선표집
• 이해방법
 − 왼쪽에서 오른쪽 방향으로 실험이 진행된다. 예컨대, 'X O'의 경우 '실험처치 후 사후측정'을, 'O₁ X O₂'의 경우 '사전측정 후 실험처치를 하고 사후측정'을 의미한다.
 − 행의 수는 집단의 수를 의미한다. 예컨대, 'X O₁'의 경우 한 집단은 '실험처치 후 사후측정'을, 다른 집단은 '사후측정'을 의미한다.

❸ 실험 유형

(1) 준실험설계(quasi – experimental design)

① **개념**: 실험집단이나 통제집단이 무선적으로 배치되지 않은 상태에서 행해지는 실험설계이다.

② **장점**: 실험설계가 용이하며 현장 적용의 가능성을 더 높일 수 있다.

③ **단점**: 독립변인이 가외변인과 섞여 종속변인의 행동에 변화를 가져올 확률이 진실험설계보다 더 높다.

④ **설계의 종류**

㉠ 단일집단 사후검사(일회적 사례연구)

$$X \quad O$$

ⓐ **실험설계**: 설계의 가장 단순한 유형으로, 한 집단의 피험자에게 실험처치를 가하고 그 후에 피험자의 행동을 측정·관찰한다.

> 예 한 학급을 대상으로 6개월 동안 프로젝트 수업을 실시하고 학기말에 평가해 결과를 살펴보는 연구

ⓑ **한계**: 가외변인이 적절히 통제되지 않고, 사전점수나 비교집단이 없어 효과를 검증해 볼 수 있는 기준이 없다.

㉡ 단일집단 사전사후검사

$$O_1 \quad X \quad O_2$$

ⓐ **실험설계**: 한 집단을 연구대상으로 선발하여 실험처치를 가하기 전에 사전검사를 실시한 결과와, 처치를 가한 후 사후검사를 실시한 결과의 차이를 분석한다.

> 예 한 학급을 대상으로 학기 초에 평가를 실시하고 프로젝트 수업을 실시한 후 학기말에 다시 평가를 실시해 두 평균점수의 차이를 검증하는 연구

ⓑ **한계**: 단일집단 사후검사보다 개선된 형태이지만, 여전히 점수 변화에 영향을 미칠 수 있는 다른 요인(역사, 성숙, 검사, 도구 사용, 통계적 회귀 등)으로 인하여 내적타당도가 떨어지며, 단일집단을 대상으로 한다는 점에서 외적타당도도 제한된다.

㉢ 이질집단 사후검사

$$X \quad O_1$$
$$O_2$$

ⓐ **실험설계**: 두 집단 중 한 집단의 피험자들에게 실험처치를 한다. 실험처치를 한 집단의 사후검사 결과와 실험처치를 경험하지 않은 집단의 종속변인의 측정치를 비교한다.

> 예 '성 역할 고정관념에 미치는 미디어의 영향'이라는 연구를 실시할 경우, 한 학급에만 성 역할에 관한 영화를 보여주고(실험처치) 다른 학급에는 영화를 보여주지 않은 다음, 두 학급의 성 역할 고정관념 인식을 측정하여 비교하는 연구

ⓑ 한계: 단일집단 사전사후검사 설계의 단점을 일부 보완한 형태이지만, 두 집단이 동질적이지 않다는 점에서(선발) 내적타당도가 떨어진다.

ⓔ 단순시계열 검사

$$O_1 \quad O_2 \quad O_3 \quad O_4 \quad X \quad O_5 \quad O_6 \quad O_7 \quad O_8$$

ⓐ 실험설계: 개인이나 집단을 대상으로 삼아서 종속변인을 주기적으로 측정하고, 이러한 측정의 시간계열 중간에 실험처치를 도입하여, 시간에 따른 변화를 알아본다.

　⬤ 한 집단을 대상으로 장기간에 걸쳐 특정한 심리치료방법을 적용하고 정기적으로 공격행동의 출현빈도를 측정하여 처치가 있기 전과 후를 분석하는 것

ⓑ 한계: 단일집단 사전사후검사의 한계를 어느 정도 보완할 수 있지만 역사, 도구 사용 등의 요인으로 인해 내적타당도가 떨어지고, 단일집단이나 사례를 대상으로 한다는 점에서 외적타당도도 제한된다.

ⓜ 이질통제집단 사전사후검사

$$O_1 \quad X \quad O_2$$
$$O_3 \qquad O_4$$

ⓐ 실험설계: 두 개의 집단을 각각 실험집단과 통제집단으로 선정한다. 두 집단 모두에 사전검사를 실시하고 실험집단에만 실험처치를 한 후에 두 집단에 사후검사를 실시하여 사전검사와의 차이를 분석한다.

　⬤ 두 학급 중 한 학급은 프로젝트 수업을 실시(실험처치)하고 나머지 학급은 본래대로 전통적 수업을 실시한 후, 실험처치 전후에 성취검사를 실시하여 그 결과를 분석하는 것

ⓑ 한계: 현장교육연구에 가장 활발히 이용되지만, 대개 학교나 학급과 같이 기존 집단을 자연 상태로 유지한 채 실험집단과 통제집단을 설정하여 연구에 이용한다는 점에서 선발, 성숙 등의 요인으로 인한 한계 또한 여전히 존재한다.

ⓗ 복수시계열 검사

$$O_1 \quad O_2 \quad O_3 \quad O_4 \quad X \quad O_5 \quad O_6 \quad O_7 \quad O_8$$
$$O_9 \quad O_{10} \quad O_{11} \quad O_{12} \qquad O_{13} \quad O_{14} \quad O_{15} \quad O_{16}$$

ⓐ 실험설계: 단순시계열 검사가 갖는 내적타당도의 문제점을 개선하기 위해 단순시계열 검사에 통제집단을 추가한다.

ⓑ 장점: 일정기간이 지난 후 계속되는 검사를 통해 처치효과의 지속성을 판단할 수 있고, 단순시계열 검사에 비해 내적타당도 저해 요인을 통제할 수 있다.

ⓒ 한계: 무작위 할당이 이루어지지 않아 선발과정에서 집단의 동질성이 보장되지 않는다.

(2) 진실험설계(true-experimental design)

① 개념: 피험자들이 실험집단과 통제집단에 무선적으로 배치되어 실시되는 실험설계이다.

② 장점: 준실험설계에 비해 타당성이 훨씬 높다.

③ 단점: 설계가 복잡하고 현장교육연구에서 적용이 어렵다.

④ 설계의 종류

　　㉠ 사후검사 통제집단 설계

$$R \quad X \quad O_1$$
$$R \qquad O_2$$

　　　　ⓐ 실험설계: 무선적 방법으로 피험자를 표집 및 배치한 후 실험집단에만 실험처치를 가하고 두 집단에 사후검사를 실시해 검증한다.

　　　　ⓑ 장점: 무선적으로 실험집단과 통제집단을 나누고 사전검사를 실시하지 않기 때문에 선발, 역사, 성숙, 검사, 도구 사용, 통계적 회귀 등 내적타당도를 위협하는 대부분의 요인들을 통제할 수 있고, 시간과 노력을 절약할 수 있다.

　　　　ⓒ 한계: 사전검사가 없기 때문에 실험처치의 효과 크기를 알 수 없다.

　　㉡ 사전사후검사 통제집단 설계

$$R \quad O_1 \quad X \quad O_2$$
$$R \quad O_3 \qquad O_4$$

　　　　ⓐ 실험설계: 무선적 방법으로 피험자를 표집 및 배치한 후 실험집단에만 실험처치를 가하고 두 집단에 사전사후검사를 실시해 두 집단의 사전사후검사 점수 간의 차이($O_2 - O_1$과 $O_4 - O_3$) 크기를 비교하여 검증한다.

　　　　ⓑ 장점: 통제집단이 있으며 피험자를 각 집단에 무선배치한다는 점에서 선발, 역사, 성숙, 검사, 도구 사용, 통계적 회귀 등 내적타당도가 적절하게 통제된다.

　　　　ⓒ 한계: 검사와 관련된 요인(실시시간, 실시환경, 검사자의 편견 등)이 처치효과에 영향을 미치거나 실험과정에서 특정 피험자들이 탈락하는 경우 내적타당도에 부정적 영향을 준다. 또한 검사실시와 실험처치 간의 상호작용 효과나 실험상황에 대한 반동효과로 인해 외적타당도가 낮아질 수 있다.

ⓒ 솔로몬 4개 집단 설계

R	O_1	X	O_2
R	O_3		O_4
R		X	O_5
R			O_6

ⓐ 실험설계: 사전검사의 영향을 제거함으로써 사전사후검사 통제집단 설계의 주요 결함을 보완하기 위해 고안된 실험유형으로, 사전검사를 하지 않는 두 개의 집단을 첨부하여 사전사후검사 통제집단 설계와 사후검사 통제집단 설계를 통합한 형태이다.

ⓑ 결과 분석: 실험처치의 효과는 수집된 6개 점수의 평균을 상호 비교하여 추정하는데, 결과가 $O_2 > O_1$, $O_2 > O_4$, $O_5 > O_6$, $O_5 > O_3$이면 실험처치의 효과가 나타났다고 결론 내린다.

ⓒ 장점: 실험의 내적타당도를 위협하는 영향들을 거의 통제할 수 있다는 점에서 실험의 타당성이 가장 높은 형태이다.

ⓓ 한계: 피험자의 선발과 실험처치 간의 상호작용에 따른 문제, 실험적 상황에 대한 반동효과의 문제를 통제하는 것이 어렵고, 실험과정과 분석이 매우 어렵고 복잡하다.

요약정리 🔍
Zoom OUT 실험설계의 개념 및 유형

1. 실험설계

구분	내용
개념	통제된 상황에서 한 가지 이상의 변인을 조작해 이에 따라 변화되는 현상을 객관적으로 관찰함으로써 변인 간의 인과관계를 밝혀내고자 하는 실증적 연구방법
실험설계 시 유의사항	• 연구문제나 가설에 대한 답을 제공할 수 있도록 설계되어야 함 • 독립변인 외에 종속변인에 영향을 미치는 가외변인(외재변인)을 통제해야 함 • 내적타당도와 외적타당도가 확보될 수 있어야 함

2. 실험설계 시 고려사항

구분	내용
내적타당도	• 실험결과가 연구하고자 하는 독립변수의 영향만을 측정할 때 확보됨 • 역사, 성숙, 검사, 도구 사용, 통계적 회귀, 선발, 탈락 등으로 인한 가외변인의 통제가 중요함
외적타당도	• 연구결과가 다른 집단, 상황 등에 일반화 가능할 때 확보됨 • 실험대상의 대표성을 확보하고 실험과정에서 가외변인이 실험처치와 상호작용하여 실험결과에 영향을 미치지 않도록 주의해야 함

3. **실험설계의 유형**: 피험자들의 통제집단, 실험집단에의 무선배치 여부에 따라 준실험설계와 진실험설계로 구분한다.

유형	설계방법	집단	집단표집방법	사전검사	사후검사
준실험 설계	단일집단 사후검사	1개	비무선표집	실시 안 함	실시함
	단일집단 사전사후검사	1개	비무선표집	실시함	실시함
	이질집단 사후검사	2개	비무선표집	실시 안 함	실시함
	단순시계열 검사	1개	비무선표집	2회 이상	2회 이상
	이질통제집단 사전사후검사	2개	비무선표집	실시함	실시함
	복수시계열 검사	2개	비무선표집	2회 이상	2회 이상
진실험 설계	사후검사 통제집단 설계	2개	무선표집	실시 안 함	실시함
	사전사후검사 통제집단 설계	2개	무선표집	실시함	실시함
	솔로몬 4개 집단 설계	4개	무선표집	2개 집단만 실시	실시함

참고 요인설계

1. **개념**

하나의 종속변인에 대한 둘 이상의 독립변인의 효과, 즉 종속변인에 대한 각 독립변인의 주 효과와 종속변인에 대한 둘 이상의 독립변인 간의 상호작용 효과를 모두 결정하기 위해 독립변인을 배열하는 연구의 한 구조이다. 두 가지 이상의 독립변인을 동시해 고려해 그들 간의 상호작용을 살펴보고자 할 때 활용한다. 독립변인의 수에 따라 일원적 요인설계, 이원적 요인설계, 다원적 요인설계로 구분한다.

2. **요인설계의 종류**

(1) **일원적 요인설계**

$$
\begin{array}{cccc}
R & O_1 & X_1 & O_2 \\
R & O_3 & X_2 & O_4 \\
R & O_5 & & O_6
\end{array}
$$

① **특징**: 하나의 독립변인이 두 가지 또는 그 이상의 상태를 가질 때 이에 다른 종속변인의 효과를 알아보는 경우 사용되는 실험설계이다.
　◉ 상담의 형태(집단상담, 개별상담)가 학생의 학교적응도에 미치는 영향

② **설계**: 독립변인이 두 가지 수준을 갖는 경우 피험자들을 3개 집단으로 무선배치한 후 사전검사를 실시한 후, 집단 1과 집단 2에는 각각 독립변인의 수준에 따라 다른 실험처치를 받게 하는 반면, 집단 3에는 아무런 실험처치도 받지 않게 한다. 이후 사후검사를 실시해 각 집단 간 사전 – 사후 검사의 평균차이를 서로 비교한다.

(2) 이원적 요인설계

독립변인A

		A₁	A₂
독립변인B	B₁	집단 1 A₁B₁	집단 2 A₂B₁
	B₂	집단 3 A₁B₂	집단 4 A₂B₂

① **특징**: 두 개의 독립변인이 종속변인에 미치는 영향을 동시에 연구할 때 사용되는 실험설계이다(2×2).

> **예** 상담의 형태(집단상담, 개별상담) 및 상담 장소(교내, 교외)가 학생의 학교적응도에 미치는 영향

② **설계**: 두 개의 독립변인 A, B가 각각 두 개의 수준을 갖는 경우, 4개의 집단(A_1, A_2, B_1, B_2)으로 무선배치하여 실험처치 후 사후검사 결과를 집단 간 비교한다.

(3) 다원적 요인설계

독립변인 A		A₁		A₂	
독립변인 B		B₁	B₂	B₁	B₂
독립변인 C	C₁	A₁B₁C₁	A₁B₂C₁	A₂B₁C₁	A₂B₂C₁
	C₂	A₁B₁C₂	A₁B₂C₂	A₂B₁C₂	A₂B₂C₂

3개 또는 그 이상의 독립변인들이 하나의 종속변인에 미치는 주 효과와 상호작용 효과를 알아볼 때 사용하는 실험설계이다($N \times N \times N$).

> **예** 상담의 형태(집단상담, 개별상담) 및 상담 장소(교내, 교외)가 학교급에 따라 학생의 학교 적응도에 미치는 영향

04 내용분석법(content analysis)

❶ 개념 및 특징

(1) 개념
관심 변인이나 현상을 연구하기 위해 관찰이나 면접 등을 사용하는 대신에 이미 산출해 놓은 텍스트를 체계적으로 양적·질적으로 분석하는 방법이다.

(2) 특징
① 이미 만들어진 자료를 분석하여 연구한다는 점에서 질문지 검사 또는 관찰과 같은 방법을 통해서는 필요한 정보를 얻기 힘든 상황에 주로 활용되며, 실증적 자료에 대한 보완적 연구가 필요한 경우에도 효과적으로 활용될 수 있다.
② 양적·질적 연구방법을 병행하여 사용할 수 있다. 텍스트의 내용을 수량화·범주화는 등의 계량적 분석뿐만 아니라, 텍스트의 잠재적인 내용과 맥락을 연구자의 해석학적 관점에서 다루는 질적 분석 또한 가능하다.

❷ 연구 절차 및 자료분석

(1) 연구 절차
① 연구문제 확인: 연구문제를 충분히 검토하여 연구문제에 대한 답이 내용분석 방법을 통해 도출될 수 있는지 고려한다.
② 모집단 정의와 표집: 교육연구에서 내용분석을 위한 자료로는 신문, 교과서, 활동지, 공문서 등이 포함될 수 있다. 연구주제와 관련해 자료의 범위를 한정하고, 분석을 위한 표본을 표집원리와 절차를 사용해 제한적으로 추출한다.
③ 분석범주 설정 및 유목화: 연구문제와 관련하여 구체적으로 어떤 내용을 어떤 기준으로 분석할지 결정하고, 이를 위해 유목 또는 범주를 설정한다.
④ 분석 단위 설정: 자료를 부호화하여 체계적으로 누적·정리하기 위한 구체적 분석 단위를 설정해야 한다.
   예 낱말, 문장, 용어, 주제, 인물, 항목, 시·공간 측정 등
⑤ 신뢰도와 타당도 점검
   ㉠ 신뢰도를 확보하기 위한 방법
      ⓐ 평정자 내 신뢰도(안정성): 동일 자료를 한 사람이 반복해서 부호화하여 일치도를 확인한다.
      ⓑ 평정자 간 신뢰도(재생산 가능성): 동일 자료를 두 사람이 부호화하여 동일한 범주로 분류되는지 확인한다.
   ㉡ 타당도를 확보하기 위해 다양한 자료 출처원을 사용한다.

(2) 자료분석

① 연구의 성격에 따라 양적 또는 질적 분석과정을 거친다.

② 양적 연구의 경우: 각 범주별로 포함된 분석 단위를 유목화, 서열화, 평정의 방법으로 수량화하여 분석한다.

③ 질적 연구의 경우: 내용분석의 일반 절차를 수용하되, 자료해석이 연구자의 전문적 능력, 사전지식, 감정이입의 능력에 기초하여 이루어진다.

❸ 장·단점 및 유의점

(1) 장점

① 의사소통 양태를 살펴봄으로써 사회적 상호작용을 보다 직접적으로 파악할 수 있게 해준다.

② 이미 산출된 자료를 사용한다는 점에서 역사적 연구나 접근하기 힘든 인물에 대한 연구에 용이하다.

③ 이미 산출된 자료를 사용한다는 점에서 연구자가 연구대상에 영향을 미치지 않는다.

④ 실험연구나 조사연구에 비해 안정성이 높아, 오류가 있는 경우 자료를 재분석함으로써 오류를 수정하기 용이하다.

(2) 단점

① 범주 설정 및 분류방법 등에서 이론적 기초가 결여된 경우 자의적 해석으로 인해 유의미한 추론을 이끌어내기 어렵다.

② 본질적으로 자료의 축소기법이라는 점에서 복합적인 텍스트를 과도하게 단순화시킬 수 있다.

③ 텍스트를 생산한 맥락과 텍스트가 생산된 이후의 상황을 간과할 수 있다.

④ 연구대상이 텍스트라는 점에서 수집할 수 있는 자료의 범위가 제한적이다.

(3) 유의점

① 연구를 위해 표집한 자료의 성격이 신뢰도와 타당도가 높은 자료인지 검토한다.

② 범주 설정 및 분류방법에 있어 신뢰도가 확보되어야 하므로, 가급적 범주를 여러 가지 유형으로 규정하여 평정자 간 신뢰도와 평정자 내 신뢰도를 높인다.

③ 내용분석을 통해 산출된 빈도, 평균 등의 측정치를 해석하는 데 있어 유의해야 하며, 특히 텍스트가 복합적인 경우 측정결과가 실제 내용을 정확하게 반영하지 않을 가능성이 있다는 사실을 염두에 둔다.

❹ 연구의 초점에 따른 구분

구분	개념분석 연구	관계분석 연구
연구의 초점	하나의 개념	둘 이상의 개념들 간 관계
특징	텍스트상에서 개념이 얼마나 빈번하게 사용되었는지를 검토하기 위해 단일개념과 관련된 단어 또는 문장을 수량화하여 분석함	탐색하고자 하는 두 개 이상의 개념을 결정한 후, 내용분석을 통해 둘 이상의 개념이 단어 또는 문장에서 동시에 관찰되는 정도를 검토해 개념 간 관계를 유추함

05 사례연구(case study)

❶ 개념 및 특징

(1) 개념

특정 대상이나 현상에 대해 상세하고 심층적인 자료를 수집을 하고 이를 집중적으로 탐구하는 것으로, 질적 연구의 한 방법이다.

(2) 연구목적

① 현상에 대한 '기술'을 통해 그 현상에 내재된 의미와 의도를 전달한다.
② 현상의 '설명'을 통해 사례와 사례들에 존재하는 현상 간의 패턴을 찾는다.
③ 이를 통해 특정 프로그램이나 조직구조, 교육과정 등의 현상을 '평가'한다.

(3) 연구의 성격

① 개별적: 개별적인 상황이나 교육과정, 역할, 사건 등을 연구대상으로 삼는다.
② 기술적: 연구대상이 되는 현상에 대한 심층적 기술을 연구의 주된 목적으로 한다.
③ 발견적: 독자로 하여금 새로운 의미를 발견하고 기존에 알고 있던 것을 재확인하게 함으로써 현상에 대한 독자의 이해를 밝혀준다.
④ 귀납적: 미리 가설을 결정하고 이를 확인하는 것이 아니라 새로운 관계, 개념 또는 이해를 발견하는 것이다.

② 연구 절차

① **연구문제 설정**: 어떻게(how), 왜(why)라는 단어를 포함하는 1개 이상의 질문을 생성한다. 문헌고찰을 통해 선행연구를 충분히 살펴보는 것이 중요하다.

② **명제 진술**: 연구문제에 따른 명제를 진술한다. 모든 연구문제가 반드시 명제를 지닐 필요는 없으며 복수의 명제가 진술될 수도 있다.

③ **사례 선택**: 정보가 풍부해 보이는 사례를 선택한다. 연구문제에 적합한 의도적 표집방법을 사용해 구체적인 사례를 선정한다.

④ **자료수집 준비**: 자료수집을 위한 출처를 설정하고 자료구축을 위한 데이터베이스를 준비하며, 보조자를 훈련시키고 예비연구를 실시한다.

⑤ **자료수집**: 문헌분석, 면접, 참여관찰 등을 통해 자료를 수집한다.

⑥ **자료분석**: 자료를 배열하고 범주화·도표화하며 패턴매칭 방법, 설명구축 방법, 시계열 분석방법 등의 전략을 사용하여 자료와 예측된 명제 간의 일치 여부를 판단한다.

⑦ **보고서 준비**: 연구결과를 보고서의 형태로 서술한다.

③ 장·단점 및 유의점

(1) 장점

① 다양한 자료출처를 통해 현상을 여러 측면에서 심층적·종합적으로 연구함으로써 보다 풍부하고 의미 있는 정보를 제공한다.

② 다양한 목적의 연구가 가능하므로 교육 개선 등 교육 분야의 다양한 목적에 맞는 연구설계를 제공한다.

③ 현상과 맥락을 통합적으로 이해함으로써 생태학적인 접근을 가능하게 한다.

(2) 단점

① 특정 사례에 관한 연구이므로 연구 결과를 일반화시키기 어렵다.

② 연구자에 따라서 연구방향이 정해지며 객관성, 엄격성이 결여된 것으로 간주되기 쉽다.

③ 단일사례를 연구대상으로 삼는 경우에도 엄청난 양의 자료수집과 이에 따른 경비와 시간이 소모된다.

④ 사례연구 수행을 위해 연구자의 숙련성이 반드시 요구된다.

(3) 유의점

① 자료수집 과정에서 체계적이고 적절한 자료수집 도구를 고안하여 타당도와 신뢰도를 확보해야 한다.

② 사람에 대한 조사나 분석을 포함할 경우 연구과정에서 야기될 수 있는 윤리적 문제에 각별히 유의해야 한다.

❹ 연구목적에 따른 구분

구분	탐색적 사례연구	설명적 사례연구	기술적 사례연구
목적	구체적인 현상과 관련하여 '무엇(what)'이 일어나고 있는지 새로운 시각으로 바라보는 것	구체적인 현상과 관련하여 '어떻게(how)', '왜(why)' 그 현상이 일어났는지 설명하는 것	연구문제에서 제기된 사례, 상황, 사상 등에 대해 정확하게 기술하는 것
특징	가설과 명제를 찾을 수 있음	관찰된 현상들 간 인과관계, 상관관계 등의 패턴을 발견함	연구주제에 대하여 폭넓은 지식을 가지고 연구문제에 대한 답을 찾아냄

06 문화기술적 연구(ethnography)

❶ 개념 및 특징

(1) 개념

거시적 또는 미시적 관점에서 특정 집단구성원들의 행동, 삶의 방식, 신념, 가치 등을 현지인의 관점에서 이해하고 자세히 기술하기 위한 연구방법이다.

(2) 특징

① 문화를 공유하고 있는 문화공유집단을 연구대상으로 하며 그들의 행동, 신념, 언어 등에서 공유된 패턴을 기술·분석·해석하는 것을 목적으로 한다.

② 문화인류학에서 비롯된 주제에 초점을 두며, 문화에 관한 지식을 더하는 데 관심을 갖는다.

③ 현상학적 입장에서 연구를 수행한다. 즉, 주어진 문화공유집단의 구성원들이 자신의 세계를 어떻게 바라보는지 구성원의 관점에서 이해하려 한다.

④ 자연적 장면에서 수행하는 비실험적 연구이다.

⑤ 현장을 집단의 행동, 신념 등에서 공유하는 패턴이 그대로 나타나는 장면으로 간주하고, 언제나 현장 속에서 연구한다.

⑥ 역사, 환경 등 특정 맥락과 관련하여 현상을 기술한다는 점에서 맥락의존적이다.

⑦ 총체적 관점에서 참여자의 삶을 기술하려고 노력한다. 즉, 참여자들의 주관적 · 내부자적 관점(emic)뿐만 아니라 연구자의 객관적인 외부자적 관점(etic)을 통합시키고자 한다.

⑧ 병행적 · 반복적 · 순환적 연구 절차를 지닌다. 연구집단에 대한 자료수집과 분석이 동시에 진행되고, 자료분석이 진행되는 동안 계속해서 새로운 가설을 형성 · 수정 · 변경한다.

(3) 연구의 관점

① '문화'는 인간행동 및 신념과 관계된 모든 것들로, 사람이 사용하는 언어, 의식 구조, 삶의 방식, 상호작용 유형, 의사소통 방식 등을 일컫는다.

② 문화는 각 개인을 다른 집단과 구별되는 독특한 특징을 가진 집단으로 만들며, 마침내 서로 다른 지식과 신념, 행동양식을 공유하게 된다.

(4) 사례연구와의 비교

구분	문화기술적 연구	사례연구
연구의 초점	연구의 초점이 인간사회와 문화이며, 구체적으로 특정 집단구성원의 가치, 태도, 신념 등을 연구함	연구의 초점이 하나의 특정 사상이나 현상이며, 구체적으로 어떤 프로그램이나 중심인물, 과정, 기관, 사회단체 등을 연구함
현장연구	상대적으로 더 오랜 시간을 현장에서 보내며 세밀한 관찰증거를 요구함	문화기술적 연구에 비하여 현장에서 보내는 시간이 짧음
문화 간 비교	현상을 보다 체계적으로 고찰할 목적으로 다른 문화 간의 상호 비교를 행하기도 함	단편적 · 문화적 맥락으로 관심사를 한정지음
자료수집	참여관찰이 일차적인 자료	면접자료가 일차적인 자료
연구자와 연구대상 간 관계	연구대상으로 삼는 사회적 집단의 삶에 연구자 자신을 깊이 몰입시킴	연구자를 연구대상과 구분지음
목적	현상에 대한 기술 · 해석에 초점을 둠	현상에 대한 평가의 목적으로 행해지는 경우도 많음

② 연구 절차

(1) 특징
직선적인 연구 절차를 갖고 있는 양적 연구와 달리 반복적·순환적 연구 절차를 지닌다.

(2) 스프래들리(Spradley)의 발달적 연구단계
사회적 상황 선정 ⇨ 참여 관찰 ⇨ 문화기술적 기록 ⇨ 기술적 관찰 ⇨ 영역 분석 ⇨ 집중 관찰 ⇨ 분류 분석 ⇨ 선별 관찰 ⇨ 성분 분석 ⇨ 문화적 주제의 발견 ⇨ 목적의 작성 ⇨ 문화기술지 작성

③ 장·단점 및 유의점

(1) 장점
① 직접 연구현장에 뛰어들어 연구를 수행한다는 점에서 문화현상에 대한 생동감 있는 정보를 제공할 수 있다.
② 사회적인 상황에 대한 연구자의 참여관찰, 면접법, 순환적 자료분석 절차는 여타 연구방법들에 비해 가장 심층적인 정보를 제공할 수 있다.
③ '일상적이며 당연한 것으로 여기던 것'을 연구문제화함으로써 일상생활 속의 행위양식, 규범, 신념 등을 학문의 영역에 끌어들인다.
④ 연구결과를 다른 사회·문화와 비교함으로써 탐구주제에 대한 이해와 해석의 폭을 넓힐 수 있다.

(2) 단점
① 다른 연구에 비해 오랜 연구기간이 소요된다.
② 대체로 하나의 집단이나 문화를 연구한다는 점에서 연구의 폭이 좁다.
③ 한 차례의 문화기술적 연구결과로는 일반화 모형을 개발하거나 이론 개발이 어렵다.
④ 수집된 자료의 기술과 해석은 연구자의 주관적인 판단에 상당히 의존한다는 점에서 연구자에 따라 연구결과가 달라질 가능성이 있다.
⑤ 맥락의존적이라는 점에서 상황의 영향을 많이 받는다.
⑥ 집단이나 공동체의 영향력을 지나치게 강조한 나머지, 집단구성원 개개인이 미치는 힘을 과소평가할 수 있다.

(3) 유의점

① 문화기술적 연구의 가장 중요한 연구도구가 연구자 자신이라는 점에서 숙련된 연구경험이 필요하다.

② 연구자는 내부자적 관점(emic)과 외부자적 관점(etic)의 균형을 유지하는 것이 중요하다.

> **참고** **문화공유집단(culture sharing group)**
>
> **1. 개념**
> 일정 기간 동안 공유된 가치, 신념, 언어를 지니고 있는 사람들의 집단으로 교사집단, 학생집단, 학교구성원 등이 이에 해당한다.
>
> **2. 특징**
> ① 행동이나 신념, 언어를 지닌 두 명 이상의 개인으로 구성되며 집단의 규모는 클 수도 있고, 작을 수도 있다.
> ② 집단구성원은 규칙적으로 상호작용해야 한다.
> ③ 집단구성원은 특정 시점 이후 지속적으로 상호작용해온 역사가 있어야 한다.
> ④ 집단은 보다 큰 집단의 대표적인 표본집단이어야 한다.
> ⑤ 집단은 어떤 행동이나 사고, 대화에서 공유된 패턴을 지니고 있어야 한다.

(4) 문화기술적 연구가 적합한 경우

① 연구하고자 하는 현상, 대상, 지역에 대한 선행연구나 사전지식이 전혀 또는 거의 없을 때

② 복잡하고 미묘한 사회적 관계 또는 상징적 상호작용을 탐구하고자 할 때

③ 소집단 또는 소규모 사회의 역동성에 대해 국지적·총체적 연구를 하고자 할 때

④ 사건의 맥락, 흐름, 구조에 대한 심층적 분석을 할 때

⑤ 현상 이면에 내재한 가치체계, 신념체계, 행위규칙, 적응전략을 파악하고자 할 때

❹ 문화기술적 연구의 대표 유형

유형	특징
총체적 문화기술지	전형적인 형태의 문화기술지로, 특정 집단을 이해하기 위해 현장 속으로 들어가서 감정이입함으로써 새로운 아이디어와 결과를 구축함
기호적 문화기술지	제3자의 입장에서 특정 문화를 연구하며 상징적 형태(낱말, 이미지, 행동)를 찾고 분석함
비판적 문화기술지	권력, 불평, 지배, 억압, 헤게모니, 희생과 같은 사회적 이슈를 연구하며 연구를 통해 불평등과 지배에 대항하고자 함
기습적 문화기술지	몇 개월 또는 며칠 동안 현장에 체류하여 자료를 얻고 연구를 수행함

개념확대 ⊕
Zoom IN

내부자적 관점(emic)과 외부자적 관점(etic)
내부자적 관점은 실재에 대한 상대주의적 관점으로 범주 그 자체를 의미한다. 반면, 외부자적 관점은 관찰자적 관점으로 분석하고 검증할 수 있는 과학적 판단을 의미한다.

07 내러티브 연구(narrative study)*

❶ 개념 및 특징

(1) 개념
① 내러티브: 연대기적으로 연결된 하나의 사건·행동 또는 일련의 사건·행동들에 관한 이야기들을 제공하는 음성 또는 문자 텍스트를 의미한다.
② 한두 사람을 연구하는 데 초점을 두어 이들의 개별적인 경험들을 보고하고, 이러한 경험들의 의미를 연대기적으로 나열(또는 생애주기 단계로 제시)하는 연구방법이다.

(2) 전제
내러티브가 인간경험에 초점을 두고 있을 뿐 아니라, 인간 경험의 기본적인 구조를 이루고 있으므로 인간의 경험을 이해하고 그것에 의미를 부여하는 가장 좋은 방법이다.

(3) 특징
① 내러티브 연구는 개인이 살아온 경험과 이야기된 경험을 수집한다. 수집과정에서 연구자와 연구 참여자는 상호작용을 한다는 점에서 협력적이다.
② 내러티브 연구는 개인이 가지고 있는 정체성과 스스로를 보는 방식을 해명하기도 한다.
③ 내러티브 이야기들을 연구참여자가 연대기 순으로 밝히지 않더라도 연구자는 이를 연대기순으로 정렬하기도 한다.
④ 내러티브 이야기들은 주제 분석, 구조 분석, 대화·행위 분석 등과 같은 다양한 방식으로 분석된다.
⑤ 내러티브 이야기들은 전환점이 있거나 연구자들이 강조하는 특정 긴장 또는 중단이 존재한다.
⑥ 내러티브 이야기들은 특정 장소나 상황에서 발생하기 때문에 맥락이 강조된다.

❷ 연구방법

(1) 내러티브 연구를 위한 자료

참여관찰을 통한 관찰일지, 비형식적 대화, 저널 또는 대화식 저널, 개방면담, 다양한 종류의 형식적·비형식적 문서, 사진, 참여자들의 작품, 자서전적 글쓰기, 편지 등이 연구자료로 활용된다.

(2) 연구 절차

① 연구질문이 내러티브 연구에 적합한지 결정한다. 내러티브 연구는 단일 개인 또는 소수 개인들의 상세한 이야기나 인생 경험을 포착할 때 가장 적합하다.

> **예** 장애를 가진 교사의 교직생활과 경험은 어떠한가?, 대안학교를 졸업한 학생의 학교 생활 경험은 어떠한가?

② 이야기할 만한 이야기나 인생 경험을 가지고 있으며 동시에 이러한 정보를 수집하는 데 많은 시간을 할애할 개인을 선택해야 한다. 이 과정에서 연구 참여자의 일지나 일기, 연구참여자가 보낸 편지를 수집하거나 연구참여자에 대한 주변인들의 이야기를 조합해볼 수 있다.

③ 자료수집과 기록을 다양하게 할 수 있는 방법을 고려해야 하며, 이는 면접을 기록하는 방식으로 대표된다.

④ 위와 같이 수집된 이야기들의 역사적 맥락(시간과 장소 등) 정보를 수집한다.

⑤ 이렇게 수집된 정보를 통해 연구 참여자의 이야기를 분석한다. 이때 연구자는 적극적 역할을 하면서 이야기들을 이해할 수 있는 틀로 재구성해야 한다.

❸ 내러티브 연구 유형

(1) 자료분석 전략에 따른 구분

주제 분석, 구조 분석, 대화/행위 분석으로 구분된다.

(2) 내러티브 유형에 따른 구분

① **자문화기술지(autoethnography)**: 연구자가 중립적·객관적 입장에서 벗어나 자신의 경험을 반성과 성찰을 통해 연구하여 기록하는 것으로, 연구자와 참여자의 구분이 없고 1인칭 주인공 또는 관찰자 시점으로 작성되는 연구이다.

② **생애사(life history)**: 특정 개인의 생애에 대해 탐구하는 전기적 글쓰기 양식으로, 연구자와 참여자의 분리와 구분이 있다.

③ **구술사(oral history)**: 개인이 기억하는 과거 사건과 행위, 그에 대한 해석을 면접과 육성구술을 통해 수집하고, 이를 토대로 과거를 연구하는 방법이다.

08 현상학적 연구(phenomenological research)*

① 개념 및 특징

(1) 개념

① 하나의 개념이나 현상에 대한 여러 개인들의 체험의 공통적 의미를 기술하는 연구방법이다.

② 연구자는 인간 경험의 대상으로서의 현상을 확인하고, 현상을 경험한 사람들로부터 자료를 수집하고 모든 개인들에게 나타나는 경험의 본질에 대해 기술한다.

> 예 '애도'라는 보편적으로 경험되는 현상에 주목하고 현상의 보편적 본질을 찾고자 함

③ 모든 연구 참여자들이 현상을 경험하면서 공통적으로 갖게 된 것을 기술하는 것에 초점을 둔다.

④ 배경: 후설, 하이데거, 메를로 퐁티로 이어지는 사조에 철학적 기반을 이루고 있으며, 실재는 한 개인의 경험의 의미 내에서만 인식된다는 가정에 근거를 두고 있다.

(2) 특징

① 단일한 개념으로 표현·탐구되는 현상에 주목한다.

> 예 '전문적 성장'과 같은 교육적 아이디어, '슬픔'과 같은 심리학적 개념, '돌봄관계'와 같은 건강 개념 같은 것

② 해당 현상을 온전히 경험한 개인들과 함께 그 현상을 탐구한다. 탐구는 각 개인들의 생생한 체험과 개인들이 현상에 대해 겪은 주관적 경험을 모아서 공통되는 객관적 지점을 찾는 방식으로 진행된다. 주관적·객관적인 논의 모두를 사용한다는 점에서 현상학적 질적 연구와 양적 연구의 연속선상의 어딘가에 위치하게 된다.

③ 연구자는 연구 참여자에 대한 면접을 포함해 다양한 자료원을 분석해야 한다. 이는 '진술'이라는 협소한 분석 단위부터 '의미'라는 광의의 분석 단위까지 포함한다. 이를 기반으로 개인들이 '무엇'을 경험했고 이를 '어떻게' 경험했는지를 상세하게 기술해야 한다.

② 연구 절차

① 현상학적 접근을 사용하는 것이 가장 적합한 접근인지를 결정한다. 현상학에 가장 적합한 문제는 한 가지 현상에 대하여 여러 개인들의 공통된 또는 공유된 경험을 이해하는 것이 중요한 경우이다.

② 연구자는 연구 참여자들에게 현상에 대해 '무엇'을 경험했는지, 현상에 대한 경험에 전형적으로 영향을 준 맥락이나 상황은 무엇이었는지의 두 가지 질문을 한다.

③ 이 과정에서 수집된 자료에서 '의미 있는 진술'을 종합해 진술로부터 나온 의미군을 주제로 발전시킨다.

④ 이러한 의미 있는 진술과 주제를 바탕으로 연구자는 연구 참여자들이 경험한 것에 대한 기술(조직적 기술) 및 참여자들이 현상을 경험하는 데 영향을 미친 맥락이나 상황에 대한 기술(구조적 기술)을 서술해야 한다.

⑤ 연구자는 위의 기술을 기반으로 현상의 본질을 기술해야 한다.

③ 유형

(1) 마넨(Manen)의 해석학적 현상학

① 체험을 지향하며 생활의 텍스트를 해석한다.

② 연구자는 하나의 현상을 향해 지속적 관심을 가지고 해당 체험의 특성을 구성하는 본질적 주제를 찾는 과정에서 체험의 의미를 해석한다.

(2) 무스타카스(Moustakas)의 경험적 · 초월론적 현상학

① 연구자의 해석보다는 연구참여자의 경험에 대한 기술에 보다 초점을 둔다.

② 연구자는 자신의 기존 경험을 최대한 배제하는 초월적 태도로 모든 것을 처음인 것처럼 인지하고자 노력한다.

* Creswell, 2015; 최혜림, 2013

09 근거이론(grounded theory)*

❶ 개념 및 특징

(1) 개념
① 상징적 상호작용론의 관점을 토대로 일련의 체계적인 연구과정을 통해 어떤 현상에 대한 하나의 이론적 실체를 귀납적으로 만들어내는 질적 연구방법이다.
② 어떠한 현상에 존재하는 질적 자료들을 수집하고 이를 분석하는 과정을 통해 하나의 이론을 개발해내는 것을 목적으로 발전된 연구방법이다.

(2) 장점
① 현장에서의 경험적 자료에 근거하므로 현실에 가까운 이론을 개발할 수 있다.
② 현실에 대한 이해를 강화하고 행동에 보다 의미 있는 지침을 줄 수 있다.

(3) 적용할 수 있는 경우
① 현상에 적합한 개념이 아직 확인되지 않고 개념 간 관계에 대한 이해가 부족한 경우
② 특정 현상에 적합한 변인과 그렇지 않은 변인들이 구체화되지 않은 경우
③ 이론적 기반이 갖추어지지 않았거나 기존의 이론이 수정 및 명확화되어야 할 필요가 있을 경우

(4) 초점
참여자가 과정을 어떻게 경험하는지 이해하고, 과정의 단계들을 확인하는 데 초점을 둔다.

❷ 유형

(1) 스트라우스(Strauss)와 코빈(Corbin)의 체계적 접근
범주(사건, 사례)들을 발견하고자 현장에 여러 차례 방문하고, 연구자는 수집된 자료들을 주요 범주로 코딩하여 자료를 분석한다.

(2) 차마즈(Charmaz)의 구성주의 접근
단일한 과정이나 핵심 범주뿐만 아니라 다양한 세계들과 여러 개의 진실, 특정 세계와 관점, 행동의 복잡성을 강조하는 사회구성주의 관점을 취한다.

10 현장연구(action research)

❶ 개념 및 특징

(1) 개념

교육현장에서 제시된 문제를 해결하기 위해 교사가 주체가 되어 연구하는 과학적 방법이다.

(2) 특징

① 교육현장의 실천적 개선을 목적으로 하며, 현장 교사가 실시한다.
② 교육이론과 실제 교육현장 간의 간극을 극복하기 위한 연구방법이다.
③ 현장개선을 목적으로 한다는 점에서 교육적 효과를 추구한다.
④ 연구의 일반화 가능성은 낮다.
⑤ 연구추진 과정에서 상황에 따라 연구계획의 일부를 변경할 수 있다.

❷ 연구 절차 및 유의점

(1) 연구 절차

문제 진단 ⇨ 문제 분석 ⇨ 문헌 검토 ⇨ 연구문제 및 가설 형성 ⇨ 연구의 절차 및 평가 기준 선정 ⇨ 자료수집 ⇨ 검증 또는 평가

(2) 유의점

① 연구의 윤리성이 보장되어야 한다.
② 장기간에 걸친 실천이 전제되어야 한다.
③ 일반화는 고려하지 않는 것이 바람직하다.
④ 연구결과가 교육적 효과를 가져와야 한다.

❸ 연구방법 및 기술형태에 따른 구분

유형	특징
진단형 현장연구	문제행동에 대한 원인을 진단하고 치료방법을 강구하여 문제행동을 교정하기 위한 연구
경험형 현장연구 (단일군형)	보다 나은 교육 실천 또는 이미 찾아진 교육의 원리나 법칙의 적용을 위하여 목적을 설정하거나 가설을 형성하여 이를 실천하는 연구
실험형 현장연구 (통제군형)	교육 실천상에 나타나는 제반 문제를 해결하기 위해 가설을 형성하여 이를 실천하고 그 합리성을 검증하되 통제 집단과의 비교를 통하여 검증하는 연구

Zoom OUT 연구방법 종합

1. 기술연구

개념	관심을 갖는 하나 이상의 현상에 대해 정확하고 체계적으로 기술하는 것을 목표로 하는 연구방법
종류	조사연구, 발달연구(종단적 연구 + 횡단적 연구)
예시	고등학생의 입시제도에 대한 태도 변화, 초 · 중 · 고등학생의 학교에 대한 태도 비교

2. 상관 · 인과 비교연구

개념	자연적 상황에서 어떤 사건이나 현상에 내재하고 있는 다양한 변인 간의 관계를 추론하고자 하는 연구방법
종류	상관관계연구, 인과관계연구
예시	학생의 사회 · 경제적 배경이 영어 성취도에 미치는 영향 분석

3. 실험연구

개념	통제된 상황에서 한 가지 또는 그 이상의 변인을 조작해 이에 따라 변화되는 현상을 객관적으로 관찰하여 변인 간 인과관계를 밝혀내고자 하는 실증적 연구방법
종류	진실험설계, 준실험설계
예시	두 학급 중 한 학급은 프로젝트 수업을 실시(실험처치)하고 나머지 학급은 본래대로 전통적 수업을 실시한 후, 실험처치 전후에 성취검사를 실시해 그 결과를 분석

4. 내용분석

개념	관심 변인이나 현상을 연구하기 위해 관찰이나 면접 등을 사용하는 대신 이미 산출해 놓은 텍스트를 체계적 · 양적 · 질적으로 분석하는 연구방법
종류	개념분석 연구, 관계분석 연구
예시	단위학교의 자율권 분석 – 지침과 공문 분석을 중심으로

5. 사례연구

개념	특정 대상이나 현상에 대해 상세하고 심층적인 자료수집을 하고, 이를 집중적으로 탐구하는 질적 연구의 한 방법
종류	탐색적 사례연구, 설명적 사례연구, 기술적 사례연구
예시	학교 밖 교사 학습공동체 사례 연구

6. 문화기술적 연구

개념	거시적 또는 미시적 관점에서 특정 집단구성원의 행동, 삶의 방식, 신념, 가치 등을 현지인의 관점에서 이해하고 자세히 기술하기 위한 연구방법
유형	총체적 문화기술, 기호적 문화기술, 비판적 문화기술, 기습적 문화기술
예시	유아의 실천놀이에 관한 문화기술적 연구

7. 내러티브 연구

개념	한두 사람을 연구하는 데 초점을 두어 이들의 개별적인 경험을 보고하고 이러한 경험의 의미를 연대기적으로 나열(또는 생애주기 단계로 제시)하는 연구방법
종류	자문화기술지, 생애사, 구술사
예시	청각장애 부모를 둔 청인 자녀의 성장 경험에 관한 연구

8. 현상학적 연구

개념	하나의 개념이나 현상에 대한 여러 개인들의 체험의 공통적 의미를 기술하는 연구방법
유형	해석학적 현상학, 경험적·초월론적 현상학
예시	북한이탈주민의 적응 경험에 관한 현상학적 연구

9. 근거이론

개념	상징적 상호작용론의 관점을 토대로 일련의 체계적인 연구과정을 통해 어떤 현상에 대한 하나의 이론적 실체를 귀납적으로 만들어내는 질적 연구방법
예시	연구중심 대학의 교육과 연구의 관계에 관한 탐색적 연구

10. 현장연구

개념	교육현장에서 제시된 문제를 해결하기 위해 교사가 주체가 되어 연구하는 과학적 방법
종류	진단형 현장연구, 경험형 현장연구, 실험형 현장연구

01 교육연구는 교육현장에서 비교육적 요인과 문제점을 분석 · 검토하고, 과학적 방법을 통해 개선점 또는 원리를 찾는 활동이다. 교육연구의 목적은 교육현상에 대해 기술하고, _____하며 _____하고 통제하고자 하기 위함이다.

01
설명, 예측

02 교육연구는 인식론적 접근방법에 따라 _____ 연구와 _____ 연구로 구분된다. _____ 연구는 일반적인 원리와 법칙을 발견하고 변인 간의 인과 · 상관관계를 파악하는 것을 목적으로 하는 반면, _____ 연구는 특정 현상에 대해 이해하고 해석하는 것을 목적으로 한다. _____ 연구와 _____ 연구의 관계는 상호 보완적으로 전자는 후자의 연구결과에 대해 객관적 근거를 제공하고, 후자는 전자에서 깊이 분석하지 못한 내용을 보완해준다.

02
양적, 질적, 양적, 질적, 양적, 질적

03 교육연구의 구체적 절차는 연구목적 및 방법에 따라 차이가 있다. 하지만 대부분의 교육연구는 _____ 설정 ⇨ 문헌연구 ⇨ _____ ⇨ 자료수집 ⇨ 통계분석 ⇨ 연구계획서 및 보고서 작성 순으로 이루어진다.

03
연구주제/가설, 연구대상 표집

04 연구에서 제기된 연구문제에 대한 연구자 나름의 잠정적 해답을 _____이라고 한다. _____은 이론과 경험적 연구 사이에 다리를 놓아주는 역할을 하고, 연구문제에 대한 잠정적 결론을 내리며, 연구의 초점을 맞추고 연구문제를 한정시키는 역할을 한다.

04
가설, 가설

05 동일하거나 유사한 주제로 연구된 많은 연구들의 결과를 객관적 · 계량적으로 종합하여 고찰하는 연구방법을 _____이라고 한다. 이 연구방법은 기존 연구에서의 발견사항들에 대한 통합적 · 종합적 분석을 목적으로 하며 분석 결과의 분석을 위한 방법으로 선행연구의 결과를 통합 · 종합하는 유용한 도구이다.

05
메타분석

06 연구자가 관심을 갖는 집단 전체를 _____이라고 하며, 실제로 모집단 조사가 어려운 경우 그중 일부를 표집하여 _____을 추출한다. 연구의 궁극적 관심은 _____을 통해 산출된 결과를 전체 _____에 걸쳐 일반화하는 것이다.

06
모집단, 표본, 표집/표본,
모집단

07 모집단에서 표본을 표집하는 방법은 각 사례가 표본으로 추출될 기회가 _____하게 부여되는지의 여부에 따라 확률적 표집방법과 비확률적 표집방법으로 구분된다. 확률적 표집방법 중 가장 기본이 되는 것으로 의식적 조작 없이 표본을 추출하는 방법은 _____이며 주로 _____를 이용하여 표집한다.

07
동등, 단순무선표집, 난수표

08 확률적 표집방법 중 모집단을 구성하고 있는 중요한 특성을 기준으로 모집단을 몇 가지 하위 집단으로 구분한 후 분류된 각 집단으로부터 무선표집하는 방법을 _____이라고 하며, 모집단과 하위 집단의 _____을 같도록 표집하는가의 여부에 따라 비례 표집과 비비례 표집으로 구분된다.

08
유층표집, 비율

09 비확률적 표집방법 중 연구자가 연구목적에 비추어 주관적 판단하에 사례들을 의도적으로 표집하는 방법을 _____이라고 한다. 표집이 간편하고 비용을 절약할 수 있는 반면, 연구자의 주관적 판단이 잘못되었을 경우 오류가 발생할 수 있다.

09
의도적 표집/목적 표집

10 자료수집방법 중 하나인 검사법에서 검사가 갖추어야 할 대표적 조건은 _____와 _____이다. _____는 검사가 측정하고자 하는 속성 또는 현상을 얼마나 충실하게 측정하고 있는지를 의미하며, _____는 측정점수의 안정성 또는 일관성의 정도를 의미한다.

10
타당도, 신뢰도, 타당도, 신뢰도

11 교육연구에서 대표적 검사방법인 _____는 표준화된 제작 절차, 검사내용, 검사 실시조건, 채점과정 및 해석에 의하여 객관적으로 행동을 측정하는 검사방법으로, 측정치를 통해 전체 집단을 미루어 짐작하고, 이를 기초로 하여 두 사람 이상의 행동을 비교하고자 하는 체계적 절차이다. 이 검사 결과는 _____로 나타내는데, 이것은 피험자의 점수가 전체 집단의 평균으로부터 떨어진 정도를 표준편차 단위로 재어 나타낸 점수로, 가장 기본적인 점수는 z표준척도이며, 이를 기초로 한 다른 표준점수로 t점수, 9분위 점수 등이 있다.

11
표준화 검사,
표준화 점수/표준점수

12 투사법은 피험자의 심층 내면세계를 그림이나 도형에 투사하여 그 사람의 성격, 상상력, 성취동기, 태도 등을 파악하는 방법으로, 피험자의 상징적인 생각을 통해 자신을 드러내는 성격검사이다. 이 중 머레이와 모건이 개발한 것으로, 개인의 상상에서 얻은 자료를 기초로 하는 상상적 접근인 _____는 30매의 불분명한 그림과 1장의 백색카드를 활용하여 피험자가 애매한 그림을 보고 꾸며낸 이야기를 바탕으로 피험자의 내면을 분석하는 검사방법이다.

12
주제통각검사(TAT)

13 질문지법을 사용한 대표적 연구방법인 _____는 전문가집단의 의견과 판단을 추출·종합하여 집단적 합의를 도출해내는 연구방법이다. 이 연구방법은 연구문제에 대한 아이디어를 _____집단으로부터 신속하게 수집할 수 있으며, 익명성 보장을 통해 자유로운 반응을 극대화하고 조사자들이 직접 대면하는 토론에서의 불필요한 논쟁을 피할 수 있다.

13
델파이연구, 전문가

14 _____ 척도는 평정척도의 일종으로 특정 대상에 대한 개인의 태도인 생각, 지각, 감정 등_____을 측정하는 데 사용되는 방식이다. 이 척도는 일반적으로 5점 척도가 많이 사용되지만 '보통'을 제외한 4점 척도나, 3점, 7점의 척도도 사용된다.

14
리커트,
긍정/부정 & 만족/불만족

15 면접법은 면대면 접촉을 통해 타인으로부터 직접 자료를 수집하고 언어적 상호작용 과정을 통해 피면접자의 내적 특성을 알아내는 자료수집 방법으로, 그중 하나인 _____은 특정한 사람들의 관점이나 이들이 공유하는 태도, 인식에 관한 자료를 수집하기 위하여 특정 집단 내 4~6명의 개인들에게 몇 가지 질문을 통해 자료를 수집하는 면접기법을 말한다.

15
표적집단 면접법

16 인간의 감각기관을 매개로 하여 주로 비언어적 행동에 대한 지식이나 정보를 얻는 가장 기초적인 자료수집 방법은 _____이다. 이는 행동장면의 통제 여부, 관찰 내용의 사전조직화, 관찰자의 참여 여부 등에 따라서 구분되며, 대표적인 방법으로는 _____, 표본기록법, 시간표집법, 사건표집법 등이 있다.

16
관찰법, 일화기록법

17 교육연구에서 자료수집 방법으로 많이 사용되는 _____은 '교우관계 조사법', '수용성 검사'라고도 하며, 소집단 내 구성원 간 호의, 혐오, 무관심 등과 같은 관계를 조사해 집단 자체의 역동적 구조상태를 알아보기 위한 방법이다. 이를 위한 대표적 방법으로는 동료 지명법, 동료 평정법, 짝진 비교법이 있다.

17
사회성 측정법

18 오스굿이 개발한 _____은 '의미차별법', '의미변별법'이라고도 하며, 여러 가지 사물, 인간, 사상 등의 개념에 대한 심리적 의미를 분석하여 2차원 또는 3차원 의미공간상 위치로 표현하는 방법이다.

18
의미분석법

19 본격적인 연구 수행에 앞서 연구가 보다 효율적·과학적으로 이루어질 수 있도록 하기 위해 만든 청사진을 의미하는 _____는 막연했던 연구주제를 명확히 해주고 연구과정에서 야기될 수 있는 문제에 대해 미리 검토해 볼 수 있는 기회를 제공해준다.

19
연구계획서

20 발달연구는 수집된 자료의 범위에 따라 크게 _____ 연구와 _____ 연구로 나뉜다. _____ 연구는 동일한 연구대상을 오랜 기간 추적·관찰하여 어떻게 변화·발달하는지 탐구하는 방법이며, _____ 연구는 단일시점에서 여러 연령에 속하는 많은 표집대상을 선정해 그 연령에 해당하는 발달적 특징을 알아낸다.

20
종단적, 횡단적, 종단적, 횡단적

21 종단적 연구는 연구대상의 범위에 따라 세 가지로 나뉜다. 그중 _____ 분석은 동일한 대상을 사용하여 추적·관찰하며 자료를 수집·분석하는 방법인 반면, _____ 분석은 특정 기간에 특정 경험을 공유한 동질집단의 자료를 수집·분석하는 방법이다.

21
패널, 코호트

22 상관관계와 인과관계는 이미 발생한 변인을 다룬다는 점에서 유사하지만, _____ 관계가 집단 내 둘 이상의 변인들 간 관계를 파악하기 위한 연구인 반면, _____ 관계는 변인의 효과나 영향을 파악하기 위한 연구라는 점에서 차이가 있다. _____관계는 _____관계의 필요조건일 뿐 충분조건이 될 수 없다는 점에서 _____관계 결과를 _____관계로 파악하지 않도록 주의해야 한다.

22
상관, 인과, 상관, 인과, 상관, 인과

23 실험설계를 위해 필요한 변인 중, _____변인은 연구자에 의해 통제되거나 조작되는 변인이고, _____변인은 독립변인의 효과를 판단하는 준거가 되는 변인이다. 독립변인 이외에 연구자가 의도하지 않았지만 효과에 영향을 미칠 수 있는 변인은 _____변인이라고 하는데, 실험연구의 타당도를 높이기 위해서는 이를 적절히 _____하여 실험을 설계해야 한다.

23
독립, 종속, 가외, 통제

24 내적타당도는 실험결과가 _____의 영향만을 정확하게 측정하고 있는가를 나타내는 지표이다. 내적타당도 저해 요인에는 _____, _____, _____, _____, _____, _____, _____ 등이 있다. 그중 _____은 피험자들이 집단별로 다른 특성을 가지고 있고 이러한 특성이 실험결과에 영향을 미치는 것을 의미하며, _____은 실험과정 중에서 실험집단이나 비교집단의 어느 한쪽에서 피험자가 체계적으로 탈락하여 실험결과에 편파적인 영향을 미치는 것을 의미한다.

24
독립변인, 역사, 성숙, 검사, 도구 사용, 통계적 회귀, 선발, 탈락, 선발, 탈락

25 외적타당도는 하나의 실험에서 얻어진 연구결과가 다른 집단이나 상황 등에 어느 정도로 _____가 가능한가를 나타내는 지표이다. 외적타당도를 저해하는 요인은 표집상의 오류, 변인에 대한 애매한 정의, 낮은 수준의 측정도구 등이 있는데, _____는 피험자가 자신이 실험대상이 되고 있다는 것을 의식함으로써 보통 때와 다른 행동을 하는 것을 일컫는다.

25
일반화, 반동효과(호손효과)

26 실험연구는 피험자가 실험집단과 통제집단에 _____으로 배치되었는지 여부에 따라 준실험설계와 진실험설계로 구분한다. 그중 _____는 실험집단이나 통제집단이 무선적으로 배치되지 않은 상태에서 행해지는 실험설계로, 실험설계가 용이하며 현장 적용의 가능성을 높일 수 있지만, 독립변인이 가외변인과 섞여 종속변인의 행동에 변화를 가져올 확률이 더 높다.

26
무선적, 준실험설계

27 준실험설계 중 두 개의 집단을 각각 실험집단과 통제집단으로 선정한 후 두 집단 모두에 사전검사를 실시하고 실험집단에만 실험처치를 한 후 두 집단에 사후검사를 실시해 사전검사와의 차이를 분석하는 설계방법을 _____집단 _____검사라고 한다. 이는 현장교육연구에 가장 널리 이용되지만, 대개 학교나 학급과 같이 기존 집단을 자연상태로 유지한 채 실험집단과 통제집단을 설정하여 연구에 이용한다는 점에서 선발, 성숙 등의 요인으로 인한 한계가 여전히 존재하는 설계방법이라고 할 수 있다.

27
이질통제, 사전사후

28 관심 변인이나 현상을 연구하기 위하여 관찰이나 면접 등을 사용하는 대신에 이미 산출해 놓은 텍스트를 체계적으로 양적 · 질적으로 분석하는 방법을 _____ 이라고 한다. 이는 이미 만들어진 자료를 분석하여 연구한다는 점에서 질문지 검사 또는 관찰과 같은 방법을 통해서는 필요한 정보를 얻기 힘든 상황에 주로 활용되며, 양적 · 질적 연구방법을 병행하여 사용할 수 있다.

28
내용분석

29 내용분석연구에서 신뢰도를 확보하기 위해서 한 사람이 동일자료를 반복해서 부호화하여 일치 정도를 확인함으로써 _____ 신뢰도를 높이거나, 동일자료를 두 사람이 부호화하여 동일한 범주로 분류되는지 확인함으로써 _____ 신뢰도를 높일 수 있다.

29
평정자 내, 평정자 간

30 _____ 연구는 연구의 초점이 인간사회와 문화에 맞춰져 있으며, 구체적으로 특정 집단구성원의 가치, 태도, 신념 등에 관심이 있다. 반면, _____연구에서는 연구의 초점이 하나의 특정 현상이나 사상에 맞춰져 있으며, 구체적으로 특정 프로그램, 인물, 과정 등에 관심이 있다. 또한 _____ 연구는 연구대상으로 삼는 사회적 집단의 삶에 연구자 자신을 깊이 몰입시키는 반면, _____연구는 연구자를 연구대상과 구분 짓는다.

30
문화기술적, 사례, 문화기술적,
사례

31 한두 사람을 연구하는 데 초점을 두어 이들의 개별적인 경험들을 보고하고, 이러한 경험들의 의미를 연대기적으로 나열(또는 생애주기 단계로 제시)하는 연구방법인 _____ 연구는 자문화기술지, 생애사, 구술사 연구 등으로 구분한다.

31
내러티브

32 하나의 개념이나 현상에 대한 여러 개인들의 체험의 공통적 의미를 기술하는 연구 방법인 _____ 연구에서 연구자는 인간 경험의 대상으로서의 현상을 확인하고, 현상을 경험한 사람들로부터 자료를 수집하며, 모든 개인들에게 나타나는 경험의 본질에 대해 기술한다.

32
현상학적

33 상징적 상호작용론의 관점을 토대로 일련의 체계적인 연구과정을 통해 어떤 현상에 대한 하나의 이론적 실체를 귀납적으로 만들어내는 질적 연구방법인 _____은 어떠한 현상에 존재하는 질적 자료를 수집하고 이를 분석하는 과정을 통해 하나의 이론을 개발해내는 것을 목적으로 발전된 연구방법이다.

33
근거이론

34 _____연구는 교육현장에서 제시된 문제를 해결하기 위해 _____가 주체가 되어 연구하는 과학적 방법으로, 교육현장의 실천적인 개선을 목적으로 한다. 이는 연구방법 및 기술형태에 따라 진단형 · 경험형 · 실험형 현장연구로 구분된다.

34
현장(실행), 교사

TIP

2024~2013학년도 중등 임용시험 교육학 과목의 논술형 기출문제를 실제 형식
그대로 수록하였으며, 자유롭게 답안을 구성할 수 있는 초안 작성 용지도 함께
수록하였습니다. 실제 시험 상황을 상상하면서 실전처럼 문제를 풀어보며 실전
감각을 익혀보세요.

교육학 기출문제를 풀기 전에 아래 사항을 확인하세요.

□ 휴대전화의 전원을 꺼주세요.

□ 번지지 않는 검정색 펜을 준비하세요.

□ 초안 작성 용지를 활용하여 간략히 개요를 짠 후,
   교육학 답안지에 답안을 작성하세요.

   * 답안지는 해커스임용 홈페이지(teacher.Hackers.com)의 '[학습자료실] – [과년도 기출문제]'
     에서 다운받으실 수 있습니다.

부록 1
2024~2013학년도
교육학 기출문제

교 육 학

| 1차 시험 | 1교시 | 1문항 20점 | 시험 시간 60분 |

다음은 20○○학년도 중등신규임용교사 연수에서 신임 교사와 교육 전문가가 나눈 대담의 일부이다. 이 내용을 읽고 '학습자 맞춤형 교육지원을 위한 교사의 역량'을 주제로 교육과정, 교수전략, 교육평가, 교육행정을 구성 요소로 하여 서론, 본론, 결론을 갖추어 논하시오. [20점]

… (상략) …

사 회 자 : 지금까지 세 분의 교육 전문가를 모시고 학습자 맞춤형 교육을 준비하는 학교 현장의 최근 동향과 정책을 들어 봤습니다. 이제, 선생님들께서 궁금한 점을 질문하시면 해당 교육 전문가께서 추가 설명을 해 주시겠습니다.

교 사 A : 제가 교육실습을 나갔던 학교는 학생의 신체 활동을 장려하기 위해 '1인 1운동 맞춤형 동아리'를 운영했어요. 그랬더니 의도치 않게 몇몇 학생은 교우 관계가 좋아져서 봉사활동까지 같이 하는 반면, 일부 학생은 너무 친해져서 자기들끼리만 어울리는 문제가 생겼어요. 이렇게 의도치 않게 생긴 현상은 교육과정 측면에서 어떻게 설명할 수 있을지 궁금했습니다.

… (중략) …

교 사 B : 강연 중에 교사의 온라인 수업 역량도 강조하셨는데, 온라인 수업을 위한 콘텐츠를 개발하거나 실제 온라인 수업을 운영할 때 교사가 특별히 더 신경 써야 할 점을 추가로 말씀해 주실 수 있을까요?

전문가 C : 네. 온라인 수업은 대면 수업보다 학습자가 상호작용을 하는 데 어려움이 많이 있지요. 따라서 온라인 수업에서 학습자가 할 수 있는 다양한 유형의 상호작용을 고려하여 콘텐츠를 개발하고 온라인 수업을 운영해야 학습 목표를 효과적으로 달성할 수 있을 것입니다.

교 사 D : 강연을 듣고 학습자 맞춤형 교육에서 평가가 중요하다는 것을 잘 이해할 수 있었습니다. 추가적으로, 학생의 능력 수준을 고려한 평가 유형과 검사 방법을 소개해 주실 수 있을까요?

전문가 E : 네. 예를 들어, 평가 유형으로는 능력참조평가를, 검사 방법으로는 컴퓨터 능력적응검사(Computer Adaptive Testing: CAT)를 고려해 볼 수 있습니다. 특히, 컴퓨터 능력적응검사는 단순히 컴퓨터를 이용하여 검사를 실시하고 채점하는 방법에서 더 발전된 특성이 있습니다. 교육 환경의 변화에 따라 학습자 맞춤형 교육이 강조되는 추세이므로 오늘 소개한 평가 유형과 검사 방법에 관심을 가지면 좋을 듯합니다.

교 사 F : 그렇다면, 학습자 맞춤형 교육의 구체적 내용을 학교 교육과정에 반영하려면 학교 내에서 어떠한 논의 과정을 거쳐야 하나요?

전문가 G : 여러 과정이 있습니다만, 학교 교육과정 운영 방법에 대해 법에서 규정한 대로 학교운영위원회의 심의나 자문을 거쳐야 합니다. 이를 위해서는 먼저 학생과 교사의 의견 수렴 과정을 거치는 것이 좋겠습니다.

… (하략) …

── 〈배 점〉 ──

- **논술의 내용 [총 15점]**
  - 교사 A의 궁금한 점을 설명할 수 있는 교육과정 유형에 근거하여 학습 목표 설정, 교육 내용 구성, 학생 평가 계획 시 교사가 고려해야 할 점 각 1가지 [3점]
  - 전문가 C가 언급한 온라인 수업에서 학습자 상호작용의 어려운 점 1가지, 온라인 수업에서 학습자 상호작용의 유형 3가지와 유형별 서로 다른 기능 각 1가지 [4점]
  - 전문가 E가 학습자 맞춤형 교육을 위해 제시한 평가 유형의 적용과 결과 해석 시 유의점 2가지, 단순히 컴퓨터를 이용하는 검사 방법과 구별되는 컴퓨터 능력적응검사(Computer Adaptive Testing)의 특성 2가지 [4점]
  - 전문가 G가 언급한 학교운영위원회의 법적 구성 위원 3주체, 이러한 3주체 위원 구성의 의의 1가지, 위원으로 학생 참여의 순기능과 역기능 각 1가지 [4점]
- **논술의 구성 및 표현 [총 5점]**
  - 논술의 내용과 '학습자 맞춤형 교육 지원을 위한 교사의 역량'의 연계 및 논리적 형식 [3점]
  - 표현의 적절성 [2점]

초 안 작 성 용 지

교 육 학

1차 시험	1교시	1문항 20점	시험 시간 60분

다음은 ○○고등학교에서 작성한 '학교 운영 자체 평가 보고서' 중 전년도에 비해 학교 교육 만족도가 높아진 항목에 대한 분석 결과의 일부이다. 만족도 조사 결과 그래프, 서술식 응답, 분석 내용을 읽고 '학생, 학부모, 교사의 의견을 반영한 학교 교육 개선'이라는 주제로 교수전략, 교육평가, 교육과정, 학교 조직을 구성 요소로 하여 서론, 본론, 결론을 갖추어 논하시오. [20점]

학생 만족도 조사 결과

Q. 수업 내용과 과제의 수준이 적절하다.
(*5점 리커트 척도)

2021 2022

- 어려운 과제도 해결할 자신이 생겼어요.
- 공부하기 전에 목표를 설정하는 연습을 했던 것이 도움이 되었어요.

분석 내용

수업 내용과 과제의 수준에 실질적인 변화가 없었지만, 학생들의 만족도가 높아졌다. 이는 사회인지이론에서 제시한 자기효능감과 자기조절을 증진하기 위해 노력한 결과로 분석된다. 특히 자기효능감 형성에 영향을 미치는 숙달 경험과 대리 경험을 학생들에게 제공하고, 자기조절을 촉진하기 위해 학생들 스스로 목표 설정 및 계획 단계를 실행하도록 한 것이 효과적이었다. 향후 학생들의 자기효능감 향상을 위해 적절한 교수전략을 지속적으로 모색하고, 자기조절 과정에서 목표 설정 및 계획 단계 이후로 나아가도록 지원할 필요가 있다.

학생 만족도 조사 결과

Q. 학교에서 시행하는 평가는 적절하다.
(*5점 리커트 척도)

2021 2022

- 수업 중 퀴즈, 질문이 학습에 도움이 되었어요.
- 시험 문제가 수업에서 배운 것과 약간 다른 것 같아요.

분석 내용

수업 진행 중에 퀴즈, 질문과 같은 형성평가 방법을 적절하게 적용한 점이 학생들의 평가 만족도를 높인 것으로 분석된다. 학생들이 이러한 평가로 인해 부담감을 느끼지 않도록 형성평가에 대해 잘 설명한 것이 효과가 있었다. 한편, 학생 의견 중 검사의 타당도에 대한 의견도 있었다. 교육 현장에서는 정기고사에서의 평가 방법도 중요하므로, 앞으로 평가 문항 개발 시 교육과정에 따라 수업 중에 가르친 부분을 점검하여 타당도를 높일 수 있는 방안을 모색해야 한다.

학부모 만족도 조사 결과

Q. 학교 교육과정이 잘 편성·운영된다.
(*5점 리커트 척도)

2021 2022

- 우리 아이가 다양한 과목과 활동을 경험할 수 있어 좋았어요.
- 학문적 지식을 좀 더 많이 다루어 주셨으면 합니다.

분석 내용

우리 학교에서는 듀이(J. Dewey)의 경험중심 교육과정 이론에 근거하여 과목을 다양화하고 경험을 통한 학습이 가능하도록 하였다. 이 점이 학부모의 만족도를 높이는 데 영향을 주었을 것으로 분석된다. 한편, 학생들이 지식에 더 중점을 두고 학습하기를 희망하는 학부모의 의견이 있었다. 이를 반영하여 학생들의 교과 학습에 도움을 줄 수 있도록 교육과정의 내용 체계를 보완할 필요가 있다. 다음 학년도에는 학문적 지식을 강조한 브루너(J. Bruner)의 교육과정 이론을 바탕으로 교육내용을 선정·조직하는 방안을 보다 체계화하여 균형 잡힌 교육과정을 편성·운영해야 할 것이다.

교사 만족도 조사 결과

Q. 학교 운영에 대해 전반적으로 만족한다.
(*5점 리커트 척도)

2021 2022

- 기본에 충실해야 한다는 생각이 학교 문화로 자리 잡았습니다.
- 학교 구성원 간의 약속이 더 잘 지켜지도록 노력해야 합니다.

분석 내용

학교 운영 전반에 대한 교사의 만족도가 전년도에 비해 상승했다. 학교의 외부 환경 변화와 내부 구성원의 변동이 있었음에도 불구하고 함께 이루어낸 성과였다. 이는 교사의 서술식 응답에서 볼 수 있듯이 기본에 충실한 학교 문화가 형성되었고, 학교 구성원 간 공동의 약속이 준수된 결과라 할 수 있다. 즉, 베버(M. Weber)가 제시한 관료제 이론의 특징 중 하나인 '규칙과 규정'이 학교 조직에 잘 적용된 것으로 판단된다. 앞으로도 이러한 결과가 유지될 수 있도록 '규칙과 규정'의 순기능을 강화하고 역기능을 줄여야 할 것이다.

─── 〈배 점〉 ───

- **논술의 내용 [총 15점]**
  - 평가 보고서에서 자기효능감 형성에 영향을 미친다고 분석한 요인에 따른 교수전략 2가지, 자기조절 과정에서 목표 설정 및 계획 단계 이후의 지원 방안 2가지 [4점]
  - 평가 보고서에서 언급한 형성평가를 교사 측면에서 활용할 수 있는 방안 2가지, 평가 보고서에서 제안한 타당도의 명칭과 이 타당도의 확보 방안 1가지 [4점]
  - 평가 보고서에서 학교 교육과정 편성·운영의 만족도를 높인 것으로 분석한 교육과정 이론의 장점 2가지, 학교 교육과정을 보완하기 위해 제안한 교육과정 이론의 교육내용 선정·조직 방안 2가지 [4점]
  - 평가 보고서에서 언급한 관료제 이론의 특징 중 '규칙과 규정'이 학교 조직에 미치는 순기능 2가지, 역기능 1가지 [3점]
- **논술의 구성 및 표현 [총 5점]**
  - 논술의 내용과 '학생, 학부모, 교사의 의견을 반영한 학교 교육 개선'의 연계 및 논리적 형식 [3점]
  - 표현의 적절성 [2점]

초 안 작 성 용 지

교 육 학

| 1차 시험 | 1교시 | 1문항 20점 | 시험 시간 60분 |

다음은 ○○중학교에서 학교 자체 특강을 실시한 교사가 교내 동료 교사와 나눈 대화의 일부이다. 이 내용을 읽고 '학교 내 교사 간 활발한 정보 공유를 통한 교육의 내실화'라는 주제로 교육과정, 교육평가, 교수전략, 교원연수에 대한 내용을 구성 요소로 하여 서론, 본론, 결론을 갖추어 논하시오.

김 교사: 송 선생님, 제 특강에 관심을 가져 주셔서 감사합니다. 선생님은 올해 우리 학교에 발령받아 오셨으니 도움이 필요하시면 말씀하세요.

송 교사: 정말 감사합니다. 그동안은 교과 간 통합에 주로 관심을 가져왔는데, 김 선생님의 특강을 들어 보니 이전 학습 내용과 다음 학습내용이 자연스럽게 연결되어야 한다는 수직적 연계성도 중요한 것 같더군요. 그래서 이번 학기에는 교과 내 단원의 범위와 계열을 조정할 계획입니다. 선생님께서는 교육과정을 어떻게 재구성하시는지 함께 이야기할 수 있을까요?

김 교사: 그럼요. 제가 교육과정 재구성한 것을 보내 드릴 테니 보시고 다음에 이야기해요. 그런데 교육 활동에서는 학생에 대한 이해가 중요하잖아요. 학기 초에 진단은 어떤 방식으로 하려고 하시나요?

송 교사: 이번 학기에는 선생님께서 특강에서 말씀하신 총평(assessment)의 관점에서 진단을 해 보려 합니다.

김 교사: 좋은 생각입니다. 그리고 우리 학교에서는 평가 결과로 학생 간 비교를 하지 않으니 학기 말 평가에서는 다양한 기준을 활용해 평가 결과를 해석해 보실 것을 제안합니다.

송 교사: 네, 알겠습니다. 이제 교실 수업에서 사용할 교수전략을 개발해야 하는데 딕과 캐리(W. Dick & L. Carey)의 체제적 교수설계모형을 적용하려고 해요. 이 모형의 교수전략개발 단계에서 개발해야 할 교수전략이 무엇인지 생각 중이에요.

김 교사: 네, 좋은 전략을 찾으시면 제게도 알려 주세요. 그런데 우리 학교는 온라인 수업을 해야 될 상황이 생길 수도 있어요. 제가 온라인 수업을 해 보니 일부 학생들이 고립감을 느끼더군요. 선생님들이 온라인 수업을 하는 데 필요한 정보를 공유하는 학교 게시판이 있어요. 거기에 학생의 고립감을 해소하는 데 효과를 본 테크놀로지 기반의 교수학습 활동을 정리해 올려 두었어요.

송 교사: 네, 온라인 수업을 하게 되면 활용할게요. 선생님 덕분에 좋은 정보를 많이 얻을 수 있어 좋네요. 선생님들 간 활발한 정보 공유의 기회가 더 많아지길 바랍니다.

김 교사: 네. 앞으로는 정보 공유뿐만 아니라 교사들 간 실질적인 협력도 있었으면 해요. 이를 위해 학교 중심 연수가 활성화되면 좋겠어요.

─────〈배 점〉─────

• 논술의 내용 [총 15점]
  - 송 교사가 언급한 교육과정의 수직적 연계성이 학습자 측면에서 갖는 의의 2가지, 송 교사가 계획하는 교육과정 재구성의 구체적인 방법 2가지 [4점]
  - 송 교사가 총평의 관점에서 학생을 진단할 수 있는 실행 방안 2가지 제시, 송 교사가 활용할 수 있는 평가 결과의 해석 기준 2가지를 각각 그 이유와 함께 제시 [4점]
  - 송 교사가 교실 수업을 위해 개발해야 할 교수전략 2가지 제시, 송 교사가 온라인 수업에서 학생의 고립감 해소를 위해 활용할 수 있는 구체적인 교수학습 활동 2가지를 각각 그에 적합한 테크놀로지와 함께 제시 [4점]
  - 김 교사가 언급한 학교 중심 연수의 종류 1가지, 학교 중심 연수를 활성화하기 위해 학교 차원에서 지원할 수 있는 구체적인 방안 2가지 [3점]

• 논술의 구성 및 표현 [총 5점]
  - 논술의 내용과 '학교 내 교사 간 활발한 정보 공유를 통한 교육의 내실화'의 연계 및 논리적 형식 [3점]
  - 표현의 적절성 [2점]

초 안 작 성 용 지

2021학년도 중등학교교사 임용후보자 선정경쟁시험

교 육 학

1차 시험	1교시	1문항 20점	시험 시간 60분

다음은 ○○ 고등학교에 재직하고 있는 김 교사가 대학 시절 친구 최 교사에게 쓴 이메일의 일부이다. 이 내용을 읽고 '학생의 선택과 결정의 기회를 확대하는 교육'이라는 주제로 교육과정, 교육평가, 수업설계, 학교의 의사결정을 구성요소로 하여 서론, 본론, 결론을 갖추어 논하시오.

보고 싶은 친구에게

… (중략) …

학생의 선택과 결정의 기회를 확대하기 위해 우리 학교가 학교 운영 계획을 전체적으로 다시 세우고 있어. 그 과정에서 나는 교육과정 운영, 교육평가 방안, 온라인 수업설계 등을 고민했고 교사 협의회에도 참여했어.

그동안의 교육과정 운영을 되돌아보니 운영에 대한 나의 관점이 달라진 것 같아. 교직 생활 초기에는 국가 교육과정의 내용을 있는 그대로 실행하는 관점으로 교육과정을 운영해 왔어. 그런데 최근 내가 새롭게 관심을 가지게 된 관점은 교육과정을 교사와 학생이 함께 생성하는 교육적 경험으로 보는 거야. 이 관점으로 교육과정을 운영하는 방안을 찾아봐야겠어.

오늘 읽은 교육평가 방안 보고서에는 학생이 주체가 되는 평가가 학습에 도움이 된다는 내용이 담겨 있었어. 내가 지향해야 할 평가의 방향으로는 적절한데 그 내용이 구체적이지는 않더라. 학생이 스스로 자신을 평가하게 하면 어떠한 효과를 거둘 수 있을지, 그리고 내가 수업에서 이러한 평가를 어떻게 실행할 수 있을지 더 자세히 알아봐야겠어.

… (중략) …

요즘 온라인 수업을 하게 되었어. 학기 초에 학생의 일반적인 특성과 상황은 조사를 했는데 온라인 수업과 관련된 학생의 특성과 학습 환경에 대해서도 추가로 파악해야겠어. 그리고 학생이 자신만의 학습 목표를 설정하고 학습의 주체가 되는 수업을 어떻게 온라인에서 지원할 수 있을지 고민하다가, 학습 과정 중에 나와 학생뿐만 아니라 학생들 간에도 소통이 이루어지도록 토론 게시판을 활용하려고 해.

교사 협의회에서는 학교 운영에 학생들의 요구를 반영하는 방안에 대해 논의했어. 다양한 의사결정 방식들이 제안되었는데 그중 A 안은 문제를 확인한 후에 목적과 세부 목표를 설정하고, 가능한 대안들을 모두 탐색하고, 각 대안에 따른 결과를 예측하고 비교해서 최적의 방안을 찾는 방식이었어. B 안은 현실적인 소수의 대안을 검토하고 부분적으로 수정해서 현재의 문제 상황을 조금씩 개선해 나가는 방식이었어.

많은 논의를 거친 끝에 B 안으로 결정했어. 나는 B 안에 따른 구체적인 방안을 다음 협의회 때 제안하기로 했어.

… (하략) …

──〈배 점〉──

- **논술의 내용 [총 15점]**
  - 교육과정 운영 관점을 스나이더 외(J. Snyder, F. Bolin, & K. Zumwalt)의 분류에 따라 설명할 때, 김 교사가 언급한 자신의 기존 관점의 장점과 단점 각각 1가지, 새롭게 관심을 가지게 된 관점에 적합한 교육과정 운영 방안 2가지 [4점]
  - 김 교사가 적용하고자 하는 평가 방식이 학생에게 줄 수 있는 교육적 효과 2가지, 이 평가를 수업에서 실행하는 방안 2가지 [4점]
  - 김 교사가 온라인 수업을 위해 추가로 파악하고자 하는 학생 특성과 학습 환경의 구체적인 예 각각 1가지, 김 교사가 하고자 하는 수업에서 토론 게시판을 활용하여 학생을 지원할 수 있는 구체적인 방안 2가지 [4점]
  - A 안과 B 안에 해당하는 의사결정 모형의 단점 각각 1가지, 김 교사가 B 안에 따라 학생들의 요구를 반영하기 위해 제안할 수 있는 구체적인 방안 1가지 [3점]
- **논술의 구성 및 표현 [총 5점]**
  - 논술의 내용과 '학생의 선택과 결정의 기회를 확대하는 교육'의 연계 및 논리적 형식 [3점]
  - 표현의 적절성 [2점]

614　본 교재 인강·무료 기출해설 특강 teacher.Hackers.com

초 안 작 성 용 지

교 육 학

1차 시험	1교시	1문항 20점	시험 시간 60분

오늘날과 같은 초연결 사회에서는 다수의 사람이 소통하면서 협력하는 것이 중요하다. 이러한 시대적 추이를 반영하여 ○○고 등학교에서는 토의식 수업 활성화를 위한 교사협의회를 개최하였다. 다음은 여기에서 제안된 주요 의견을 정리한 것이다. 그 내용은 지식관, 교육내용, 수업설계, 학교문화의 변화 방향에 관한 것이다. 이를 바탕으로 '토의식 수업 활성화 방안'이라는 주제로 서론, 본론, 결론을 갖추어 논하시오.

구분	주요 의견
A 교사	• 토의식 수업을 활성화하려면 먼저 지식을 보는 관점의 변화가 필요함 • 교과서에 주어진 지식이 진리라는 생각이나, 지식은 개인이 혼자 만드는 것이라는 생각에서 벗어나는 것이 중요하며, 이와 관련하여 비고츠키(L. Vygotsky)의 지식론이 많은 시사점을 줄 수 있음 • 이 지식론의 관점에서 보면, 교사와 학생의 역할도 기존의 강의식 수업에서의 역할과는 달라질 필요가 있음
B 교사	• 교육과정 분야에서는 교육내용의 선정과 조직방식에 대한 교사의 전문성이 강화될 필요가 있음 • 교육내용 선정과 관련해서는 '영 교육과정'에 관심을 가지는 것이 도움이 됨 • 교육내용 조직과 관련해서는 생활에 필요한 문제를 토의의 중심부에 놓고 여러 교과를 주변부에 결합하는 방식을 활용할 필요가 있음
C 교사	• 토의식 수업이 활발하게 이루어지기 위해서는 수업방법과 학습도구도 달라져야 함 • 수업방법 측면에서는 학생이 함께 다양한 관점에서 문제를 탐색하며 해답을 찾아가는 데 있어서 정착수업(Anchored Instruction)을 활용할 수 있음 • 학습도구 측면에서는 학생이 상호 협력하여 지식을 생성하기 위해 인터넷에서 수집한 정보를 공유하고, 공동으로 수정, 추가, 편집하는 데 위키(Wiki)를 이용할 수 있음(예: 위키피디아 등) – 단, 위키를 활용할 때 발생할 수 있는 문제점에 유의해야 함
D 교사	• 학교문화 개선은 토의식 수업 활성화를 위한 토대가 됨 • 우리 학교의 경우, 교사가 학생의 명문대학 합격이라는 목표 달성에 필요한 수단으로 간주되는 학교문화가 형성되어 있어 우려스러움 • 이런 학교문화에서는 활발한 토의식 수업을 기대하기 어려움

─〈배 점〉─

• 논술의 내용 [총 15점]
  – A 교사가 언급한 비고츠키 지식론의 명칭, 이 지식론에서 보는 지식의 성격 1가지와 교사와 학생의 역할 각각 1가지 [4점]
  – B 교사가 말한 '영 교육과정'이 교육내용 선정에 주는 시사점 1가지, B 교사가 말한 교육내용 조직방식의 명칭과 이 조직방식이 토의식 수업에서 가지는 장점과 단점 각각 1가지 [4점]
  – C 교사의 의견에서 제시된 토의식 수업을 설계할 때 활용할 수 있는 정착수업의 원리 2가지, 위키를 활용할 때 발생할 수 있는 문제점 2가지 [4점]
  – 스타인호프와 오웬스(C. Steinhoff & R. Owens)가 분류한 학교문화 유형에 따를 때 D 교사가 우려하는 학교문화 유형의 명칭과 학교 차원에서 그러한 학교문화를 개선하는 방안 2가지 [3점]
• 논술의 구성 및 표현 [총 5점]
  – 논술의 내용과 '토의식 수업 활성화 방안'의 연계 및 논리적 형식 [3점]
  – 표현의 적절성 [2점]

초 안 작 성 용 지

교 육 학

1차 시험	1교시	1문항 20점	시험 시간 60분

다음은 ○○ 중학교 김 교사가 모둠활동 수업 후 성찰한 내용을 기록한 메모이다. 김 교사의 메모를 읽고 '수업 개선을 위한 교사의 반성적 실천'이라는 주제로 학습자에 대한 이해, 교육과정의 편성과 운영, 평가도구의 제작, 교사의 지도성에 대한 내용을 구성요소로 하여 논하시오.

#1 평소에 A 학생은 언어 능력이 뛰어나고 B 학생은 수리 능력이 우수하다고만 생각했는데, 오늘 모둠활동에서 보니 다른 학생을 이해하고 도와주면서 상호작용을 잘 하는 두 학생의 모습이 비슷했어. 이 학생들의 특성을 잘 살려서 모둠을 이끌도록 하면 앞으로 도움이 될 거야. 그런데 C 학생은 모둠활동에 참여하는 것을 좋아하지 않았지만 자신의 감정과 장단점을 잘 이해하는 편이야. C학생을 위해서는 자신의 강점을 살릴 수 있는 개별 과제를 먼저 생각해 보자.

#2 모둠활동에 적극적으로 참여하지 못한 학생들이 몇 명 있었지. 이 학생들은 제대로 된 학습경험을 갖지 못한 것이 아닐까? 자신의 학습경험에 대하여 어떻게 느꼈을까? 어쨌든 모둠활동에 관해서는 좀 더 깊이 고민해봐야겠어. 생각하지 못했던 결과가 이 학생들에게 나타날 수도 있고……

#3 모둠을 구성할 때 태도나 성격 같은 정의적 요소도 반영해야겠어. 진술문을 몇 개 만들어 설문으로 간단히 평가하고 신뢰도는 직접 점검해보자. 학생들이 각 진술문에 대한 반응을 등급으로 선택하면 그 등급 점수를 합산할 수 있게 해주는 척도법을 써야지. 설문 문항으로 쓸 진술문을 만들 때 이 척도법의 유의점은 꼭 지키자. 그리고 평가를 한 번만 실시해서 신뢰도를 추정해야 할 텐데 반분검사신뢰도는 단점이 크니 다른 방법으로 신뢰도를 확인해 보자.

#4 더 나은 수업을 위해서 새로운 지도성이 필요하겠어. 내 윤리적·도덕적 기준을 높이고 새로운 방식으로 학생 들을 대하자. 학생들의 혁신적·창의적 사고에 자극제가 될 수 있을 거야. 학생들을 적극 참여시켜 동기와 자신감을 높이고 학생 개개인의 욕구에 특별한 관심을 가지며 잠재력을 계발시켜야지. 독서가 이 지도성의 개인적 신장 방안이 될 수 있겠지만, 동료교사와 함께 하는 방법도 찾아보면 좋겠어.

─〈배 점〉─

- 논술의 내용 [총 15점]
    - #1과 관련하여 가드너(H. Gardner)의 다중지능이론 관점에서 A, B 학생의 공통적 강점으로 파악된 지능의 명칭과 개념, 김 교사가 C 학생에게 제공할 수 있는 개별 과제와 그 과제가 적절한 이유 각 1가지 [4점]
    - #2와 관련하여 타일러(R. Tyler)의 학습경험 선정 원리 중 기회의 원리로 첫째 물음을 설명하고 만족의 원리로 둘째 물음을 설명, 잭슨(P. Jackson)의 잠재적 교육과정의 개념을 쓰고 그 개념에 근거하여 김 교사가 말하는 '생각하지 못했던 결과'의 예 제시 [4점]
    - #3에 언급된 척도법의 명칭과 이 방법을 적용하기 위하여 진술문을 작성할 때 유의할 점 1가지, 김 교사가 사용할 신뢰도 추정 방법 1가지의 명칭과 개념 [4점]
    - #4에 언급된 바스(B. Bass)의 지도성의 명칭, 김 교사가 학교 내에서 동료교사와 함께 이 지도성을 신장할 수 있는 방안 2가지 [3점]
- 논술의 구성 및 표현 [총 5점]
    - 서론, 본론, 결론 형식의 구성 및 주제와의 연계성 [3점]
    - 표현의 적절성 [2점]

초 안 작 성 용 지

교 육 학

1차 시 험	1교시	1문항 20점	시험 시간 60분

다음은 A 중학교 학생들의 학업 특성 조사 결과에 관해 두 교사가 나눈 대화 중 일부이다. 대화의 내용은 1) 교육과정, 2) 수업, 3) 평가, 4) 장학에 관한 것이다. 1)～4)를 활용하여 '학생의 다양한 특성을 고려하는 교육'이라는 주제로 논하시오.

박 교사 : 선생님, 우리 학교 학생의 학업 특성을 보면 학습흥미와 수업참여 수준이 전반적으로 낮아요. 그리고 학업성취, 학습흥미, 수업참여의 개인차가 크다는 것이 눈에 띄네요.

김 교사 : 학생의 개인별 특성이 그만큼 다양하다는 것을 의미하겠죠. 우리 학교 교육과정도 이를 반영해야 하지 않을까요?

박 교사 : 그렇습니다. 그런데 교육과정을 개발하는 과정에서 학생의 개인별 특성을 중시하는 의견과 교과를 중시하는 의견 간에 차이가 있습니다. 이를 조율하기 위해서는 시간이 걸리겠지만 적절한 논쟁을 거쳐 합의에 이르는 심사숙고의 과정이 필요합니다.

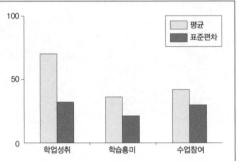

[그림] A 중학교 학생들의 학업 특성
(* 3가지 변인의 점수는 서로 비교 가능한 것으로 가정함)

김 교사 : 네, 그렇다면 학생의 다양한 특성을 반영하기 위한 수업방법으로 어떤 것이 있을까요?

박 교사 : 우리 학교 학생에게는 학습흥미와 수업참여를 높이는 수업이 필요할 것 같아요. 제가 지난번 연구수업에서 문제를 활용한 수업을 했는데, 수업 중에 학생들이 무엇을 해야 하는지 모르는 것 같았어요. 게다가 제가 문제를 잘 구성하지 못했는지 별로 흥미를 보이지 않더라고요. 문제를 활용하는 수업에서는 학생의 역할을 안내하고 좋은 문제를 개발하는 것이 중요하다는 것을 알게 되었어요.

김 교사 : 그렇군요. 이처럼 수업이 학생의 다양한 특성을 반영하게 되면 평가의 방향도 달라질 필요가 있습니다. 앞으로의 평가에서는 학생의 능력, 적성, 흥미에 적합한 목표를 설정하고 그에 따라 수업과 평가가 이루어지는 것도 의미가 있어 보입니다.

박 교사 : 동의합니다. 그러기 위해서는 평가결과를 해석하고 판단하는 기준도 달라질 필요가 있습니다. 예컨대 학생의 상대적 위치가 어느 정도인지를 판단하기보다는 미리 설정한 학습목표에 도달했는지 여부를 중시하는 평가유형이 적합해 보입니다.

김 교사 : 네, 저도 그렇게 생각합니다. 그리고 말씀하신 유형 외에 능력참조평가와 성장참조평가도 제안할 수 있겠네요.

박 교사 : 좋은 생각입니다.

김 교사 : 그런데 저 혼자서 학생의 다양한 특성을 고려해서 교육과정을 개발하고 수업을 설계하고 평가하는 것은 힘들어요. 선생님과 저에게 이 문제가 공동 관심사이니, 여러 선생님과 경험을 공유하고 협력해서 피드백을 주고받는 것이 좋겠어요.

〈배 점〉

• 논술의 내용 [총 15점]
  – 박 교사가 제안하는 워커(D. F. Walker)의 교육과정 개발 모형의 명칭, 이 모형을 교육과정 개발에 적용하는 이유 3가지 [4점]
  – 박 교사가 언급한 PBL(문제중심학습)에서 학습자 역할 2가지, PBL에 적합한 문제 특성과 그 특성이 주는 학습효과 1가지 [4점]
  – 박 교사가 제안한 평가유형의 명칭과 이 유형에서 개인차에 대한 교육적 해석 1가지, 김 교사가 제안한 2가지 평가유형 개념 [4점]
  – 김 교사가 언급하는 교내 장학 유형의 명칭과 개념, 그 활성화 방안 2가지 [3점]
• 논술의 구성과 표현 [총 5점]
  – 논술은 서론, 본론, 결론으로 구성하고 [1점], 주어진 주제와 연계할 것 [2점]
  – 표현이 적절할 것 [2점]

초 안 작 성 용 지

교 육 학

| 1차 시험 | 1교시 | 1문항 20점 | 시험 시간 60분 |

다음은 신문 기사의 일부이다. 이를 바탕으로 '2015 개정 교육과정의 실질적 구현 방안'이라는 주제로 서론, 본론, 결론의 형식을 갖추어 단위 학교 차원에서의 교육기획, 교육과정 내용의 조직, 학생 참여 중심 수업과 그에 따른 평가의 타당도를 논하시오.

○ ○ 신문   2016년 ○○월 ○○일

교육부『2015 개정 교육과정』발표 이후, 학교 현장의 준비는?

교육부는 핵심역량을 갖춘 창의융합형 인재 양성을 위한『2015 개정 교육과정』을 발표하였다. 개정 교육과정에 따르면, 학교 교육에서는 인문·사회·과학기술에 대한 기초 소양 함양을 위한 교육과정을 마련하고, 학생 참여 중심의 수업을 진행하며, 배움의 과정을 평가하는 방향으로 나아가야 한다는 것이다. 새 교육과정을 적용하기 위해 노력하고 있는 중·고등학교 현장의 목소리를 들어보았다.

◆ 교육기회의 중요성 부각
  A 교장은 단위 학교에서 새 교육과정이 체계적으로 운영되도록 돕는 교육기획(educational planning)을 강조하였다.

"새 교육과정은 교육의 핵심인 교수·학습 활동의 중심을 교사에서 학생으로 이동시키는 근본적인 전환을 강조하고 있습니다. 저는 실질적 의미에서 학생 중심 교육이 우리 학교에 정착할 수 있도록 모든 교육활동에 앞서 철저하게 준비할 생각입니다."

◆ 학생 참여 중심 수업 운영
  C 교사는 학생 참여 중심의 교수·학습을 준비하기 위해서 교사연수 프로그램에 참여하고 있다고 말했다.

"저는 구성주의 학습환경 설계에 관한 연수에 참여하고 있습니다. 문제 중심이나 프로젝트 중심의 학습 활동을 실행하기 위해서는 적합한 학습 지원도구나 자원을 학생들에게 제공해야 한다는 것을 알게 되었고, 학습 활동 중에 교사가 수행해야 할 역할에 대해서도 이해하게 되었습니다."

◆ 교육과정 재구성 확대
  개정 교육과정의 취지에 따른 교과 내용 재구성에 대해, B 교사는 다음과 같이 말했다.

"교사는 내용 조직의 원리를 제대로 파악할 필요가 있습니다. 저는 몇 개의 교과를 결합해 교육과정을 편성·운영해 보려고 합니다. 각 교과의 내용이 구획화되지 않도록 교과 교사들 간 협력을 강화하고자 합니다. 이러한 시도는 교육과정 설계에서 교과 간의 단순한 연계성 이상을 의미합니다."

◆ 학생 평가의 타당도 확보
  학생 중심 수업에서의 평가와 관련하여 D 교사는 다음과 같이 말했다.

"학생 참여 중심 수업에서도 평가의 타당도는 여전히 중요합니다. 타당도에는 준거 타당도와 구인 타당도 등이 있습니다. 그러나 저는 이원분류표를 작성해 평가가 교육목표에 부합하는지를 확인하는 방법으로 타당도를 높이는 방안을 고려하고 있습니다."

학교 현장의 목소리

───〈배 점〉───

• 논술의 내용 [총 15점]
  − A 교장이 강조하고 있는 교육기획의 개념과 그 효용성 2가지 제시 [4점]
  − B 교사가 채택하고자 하는 원리 1가지와 그 외 내용 조직의 원리 2가지(연계성 제외) 제시 [4점]
  − C 교사가 실행하려는 구성주의 학습 활동을 위한 학습 지원 도구·자원과 교수 활동 각각 2가지 제시 [4점]
  − D 교사가 고려하고 있는 타당도의 유형과 개념 제시 [3점]
• 논술의 구성 및 표현 [총 5점]
  − 논술의 내용과 '2015 개정 교육과정의 실질적 구현 방안'의 연계 및 논리적 형식 [3점]
  − 표현의 적절성 [2점]

초 안 작 성 용 지

교 육 학

1차 시험	1교시	1문항 20점	시험 시간 60분

다음은 A중학교에 재직 중인 김 교사가 작성한 자기개발계획서의 일부이다. 김 교사의 자기개발계획서를 읽고 예비 교사 입장에서 '교사가 갖추어야 할 역량'이라는 주제로 교육과정 및 평가 유형, 학생의 정체성 발달, 조직 활동에 대한 내용을 구성 요소로 하여 서론, 본론, 결론의 형식을 갖추어 논하시오.

[자기개발계획서]

구분	개선사항
수업 구성	• 학생의 경험을 중시하는 교육과정을 실행할 것 • 학생의 흥미, 요구, 능력을 토대로 한 활동을 증진할 것 • 학생이 관심을 가지는 수업 내용을 찾고, 그것을 조직하여 학생이 직접 경험하게 할 것 • 일방적 개념 전달 위주의 수업을 지양할 것
평가 계획	• 평가 시점에 따라 적절한 평가 방법을 마련할 것 • 진단평가 이후 교수 · 학습이 진행되는 중간에 평가를 실시할 것 • 총괄평가 실시 전 학생의 학습 진전 상황에 관한 정보를 수집 · 분석할 것
진로 지도	• 진로를 결정하지 못한 학생의 경우 성급한 진로 선택을 유보하게 할 것 • 학생에게 다양한 진로를 접할 수 있는 충분한 탐색 기회를 제공할 것 • 선배들의 진로 체험담을 들려줌으로써 간접 경험 기회를 제공할 것 • 롤모델의 성공 혹은 실패 사례를 제공할 것
학교 내 조직 활동	• 학교 내 공식 조직 안에서 소집단 형태로 운영되는 다양한 조직 활동을 파악할 것 • 학교 구성원들의 욕구 충족을 위한 자발적 모임에 적극 참여할 것 • 활기찬 학교생활을 위해 학습조직 외에도 나와 관심이 같은 동료 교사들과의 모임 활동에 참여할 것

─────〈배 점〉─────

• 논술의 구성 요소 [총 15점]
  – '수업 구성'에 나타난 교육과정 유형의 장점 및 문제점 각각 2가지 [4점]
  – 김 교사가 실시하려는 평가 유형의 기능과 효과적인 시행 전략 각각 2가지 [4점]
  – 에릭슨(E. Erikson)의 정체성 발달이론에 제시된 개념 1가지(2점)와 반두라(A. Bandura)의 사회인지학습이론에 제시된 개념 1가지(1점) [3점]
  – '학교 내 조직 활동'에 나타난 조직 형태가 학교 조직과 구성원에 미치는 순기능 및 역기능 각각 2가지 [4점]
• 논술의 구성 및 표현 [총 5점]
  – 논술의 구성 요소와 '교사가 갖추어야 할 역량'과의 연계 및 논리적 형식 [3점]
  – 표현의 적절성 [2점]

초 안 작 성 용 지

교 육 학

1차 시험	1교시	1문항 20점	시험 시간 60분

다음은 A중학교의 학교교육계획서 작성을 위한 워크숍에서 교사들의 분임 토의 결과의 일부를 교감이 발표한 내용이다. 이 내용을 바탕으로 A중학교가 내년에 중점을 두고자 하는 1) 교육 목적을 자유교육의 관점에서 논하고, 2) 교육과정 설계 방식의 특징, 3) 학습 동기 향상을 위한 학습 과제 제시 방안, 4) 학습조직의 구축 원리를 각각 3가지씩 설명하시오.

이번 워크숍은 우리 학교의 교육에서 드러난 몇 가지 문제점을 확인하고, 개선 방안을 제시하는 방식으로 진행되었습니다. 주요 내용을 말씀드리면 다음과 같습니다.

먼저, 교육 목적에 관한 문제점과 개선 방안입니다. 우리 학교는 학생들의 합리적 정신을 계발하기 위해 지식 교육을 추구해 왔습니다. 그런데 지난해 도입된 국어, 수학, 영어 교과에 대한 특별 보상제 시행으로 이들 교과의 성적은 전반적으로 상승하였지만, 학교가 추구하고자 한 것과 달리 반별 경쟁에서 이기거나 포상을 받기 위한 것으로 교육 목적이 왜곡되는 경향이 있었습니다. 이러한 교육 목적의 왜곡으로 인하여 교사는 주로 문제풀이식 수업이나 주입식 수업을 하게 되었고, 학생들은 여러 교과에 스며 있는 다양한 사고 방식을 내면화하지 못하는 결과가 초래되었습니다. 이러한 문제점을 보완하기 위하여 내년에는 교육 개념에 충실한 지식 교육, 즉 자유교육(liberal education)의 이상을 구현하는 데 중점을 두고자 합니다.

다음으로, 교육과정 설계 방식 및 수업 전략에 관한 문제점과 개선 방안입니다. 교육과정 설계 방식 측면에서, 종전의 방식은 평가 계획보다 수업 계획 중심으로 설계되어 있어서 교사가 교과의 학습 목표에 비추어 학생들이 배우는 내용을 올바르게 이해하였는지를 확인하는 데 한계가 있었습니다. 교사는 계획한 진도를 나가기에 급급한 나머지, 학생들의 학습 결손을 예방하지 못하였습니다. 내년에는 학생들의 학습 목표 달성 정도를 확인하는 데 유용한 교육과정 설계를 하고자 합니다. 또한 수업 전략 측면에서 볼 때, 수업에 흥미를 잃어 가는 학생들이 있음에도 불구하고 교사는 학생들의 학습 동기를 높일 수 있는 전략을 적극적으로 사용하는 데 소홀했습니다. 수업 상황에서 학생들이 배워야 할 학습 과제 그 자체는 학생들에게 흥미로울 수도 있고 그렇지 않을 수도 있습니다. 교사가 수업에 흥미를 잃은 학생들에게 학습 과제를 어떻게 제시하느냐에 따라 학습 동기를 높일 수 있습니다. 내년에는 이들의 학습 동기를 향상할 수 있는 학습 과제 제시 방안을 마련하는 데 관심을 기울이고자 합니다.

내년에 우리 학교는 교육 개념에 충실한 지식 교육을 하고, 학생들의 학업 성취와 학습 동기를 향상하는 데 좀 더 세심한 관심을 가져야 할 것입니다. 이 일의 성공 여부는 교사가 변화의 주체로서 자발적인 노력을 얼마나 기울이느냐에 달려 있습니다. 그래서 우리 학교는 교사 모두가 교육 활동에 능동적으로 참여하여, 지식과 학습 정보를 서로 공유하면서 지속적으로 변화해 가는 학습조직(learning organization)을 구축하고자 합니다.

─〈배 점〉─

- 논술의 내용 [총 16점]
  - 자유교육 관점에서의 교육 목적 논술 [4점]
  - 교육과정 설계 방식의 특징 3가지 설명 [4점]
  - 학습 동기 향상을 위한 학습 과제 제시 방안 3가지 설명 [4점]
  - 학습조직의 구축 원리 3가지 설명 [4점]
- 답안의 논리적 구성 및 표현 [총 4점]

초 안 작 성 용 지

교 육 학

1차 시험	1교시	1문항 20점	시험 시간 60분

다음은 A고등학교 초임 교사들을 대상으로 진행한 학교장의 특강 내용 중 일부를 발췌한 부분이다. 발췌한 특강 부분은 학교에 대한 이해 차원에서 1) 학교 교육의 기능과 2) 학교 조직의 특징, 수업에 대한 이해 차원에서 3) 수업 설계와 4) 학생 평가에 대한 내용이다. 이를 바탕으로 1)~4)의 요소를 활용하여 '다양한 요구에 직면한 학교 교육에서의 교사의 과제' 라는 주제로 서론, 본론, 결론의 형식을 갖춰 논하시오.

여러분들도 잘 아시겠지만 최근 우리 사회는 학교가 다양한 역할을 수행하도록 요구하고 있습니다. 이에 따라 선생님들께서는 학교 및 수업에 대한 기본적인 이해가 필요하다고 생각합니다.

먼저 교사로서 우리는 학교 교육의 기능을 이해해야 합니다. 지금까지 학교는 학생들이 사회 구성원으로서 올바로 성장할 수 있는 보편적 가치와 규범을 가르쳐 왔습니다. 그러나 최근 사회는 학교 교육에 다양한 요구를 하게 되면서 학교가 세분화된 직업 집단의 교육 요구를 충족시켜 주기를 원하고 있고, 학교 교육의 선발·배치 기능에 다시 주목 하고 있습니다. 그러므로 여러분은 학교 교육의 선발·배치 기능을 이해하는 한편, 이것이 어떤 한계를 갖는지도 생각해야 할 것입니다.

이와 함께 학교에 대한 사회의 요구에 효율적으로 대응하기 위해서 학교장을 포함한 모든 학교 구성원들은 서로의 행동 특성을 이해해야 합니다. 이를 위해서 학교 조직의 특징을 먼저 파악해야 합니다. 학교라는 조직을 합리성의 측면에서만 파악하면 분업과 전문성, 권위의 위계, 규정과 규칙, 몰인정성, 경력 지향성의 특징을 갖는 일반적 관료제의 틀로 설명할 수 있습니다. 그러나 교사들의 전문성이 강조되는 교수·학습의 측면에서 보면 학교 조직은 질서 정연하게 구조화되거나 기능적으로 분명하게 연결되어 있지 않은 이완결합체제(loosely coupled system)의 특징을 지닙니다. 따라서 우리는 관료제적 관점과 이완결합체제의 관점으로 학교 조직의 특징을 이해할 필요가 있습니다.

한편, 사회가 학생들에게 새로운 역량을 요구하고 있고, 이를 키우기 위해 교사는 다양한 수업을 설계할 수 있어야 합니다. 제가 경험했던 많은 교사들은 다양한 수업을 시도해 보고자 하는 열정은 높았지만 새로운 수업 방법이나 모 형을 활용하여 수업을 설계하거나 수업 상황에 맞게 기존의 교수·학습지도안을 적용하는 데 어려움을 느꼈습니다. 다양한 교수체제설계 이론과 모형이 있지만 분석, 설계, 개발, 실행, 평가의 과정은 일반적이라고 생각합니다. 이 중 분석과 설계는 다른 과정의 기초가 되기 때문에 중요합니다. 수업 요소들이 서로 어떻게 관련되어 있는지 파악하여 여러분의 수업에 적용해 보시기 바랍니다.

수업 설계를 잘 하는 것 못지않게 수업 결과를 평가하는 것 또한 중요합니다. 여러분이 어떤 평가 기준을 활용하느냐에 따라 평가 유형이 달라질 수 있습니다. 자칫하면 평가로 인해 학생들 사이에 서열주의적 사고가 팽배하여 서로 경쟁만 하는 문제가 발생할 수 있습니다. 이를 보완할 수 있는 평가 유형에 대해 고민해 볼 필요가 있습니다.

───────────〈배 점〉───────────

- **논술의 내용 [총 15점]**
  - 기능론적 관점에서 학교 교육의 선발·배치 기능 및 한계 각각 2가지만 제시 [4점]
  - 학교 조직의 관료제적 특징과 이완결합체제적 특징 각각 2가지만 제시 [4점]
  - 일반적 교수체제설계에서 분석 및 설계 과정의 주요 활동 각각 2가지만 제시 [4점]
  - 준거지향평가의 개념을 설명하고, 장점 2가지만 제시 [3점]
- **논술의 구성 및 표현 [총 5점]**
  - 논술의 내용과 '학교 교육에서의 교사의 과제'와의 연계 및 논리적 형식 [3점]
  - 표현의 적절성 [2점]

초 안 작 성 용 지

교 육 학

| 1차 시험 | 1교시 | 1문항 20점 | 시험 시간 60분 |

다음은 A중학교 초임 교사인 박 교사와 경력 교사인 최 교사의 대화 내용이다. 다음 대화문을 바탕으로 학생들이 수업에서 소극적으로 행동하는 문제를 2가지 관점(① 잠재적 교육과정, ② 문화실조)에서 진단하고, 수업에 소극적인 학생들의 학습 동기를 유발하기 위한 방안을 3가지 측면(① 협동학습 실행, ② 형성평가 활용, ③ 교사지도성 행동)에서 각각 2가지씩만 논하시오.

박 교사 : 선생님께서는 교직 생활을 오래 하셨으니 학교의 일상적인 업무뿐만 아니라 가르치는 일에서도 큰 어려움이 없으시죠? 저는 새내기 교사라 그런지 아직 수업이 힘들고 학교 일도 낯섭니다.

최 교사 : 저도 처음에는 선생님과 마찬가지로 교직 생활이 힘들었지요. 특히 수업 시간에 반응을 잘 보이지 않으면서 목석처럼 앉아 있는 학생이 있을 때는 어떻게 해야 할지 모르겠더군요.

박 교사 : 네, 맞아요. 어떤 학급에서는 제가 열심히 수업을 해도, 또 학생들에게 질문을 던져도 몇몇은 그냥 고개를 숙인 채 조용히 있습니다. 심지어 어떤 학생은 수업 시간에 아예 침묵으로 일관하기도 하고, 저와 눈도 마주치지 않으려고 해요. 또한 가정 환경이 좋지 않은 몇몇 학생은 다양한 문화적 경험을 가질 기회가 상대적으로 부족해서 그런지 수업에 관심도 적고 적극적으로 참여하지도 않는 것 같아요.

최 교사 : 선생님의 고충은 충분히 공감해요. 그렇다고 해서 수업 시간에 학생들을 그대로 방치해서는 안 됩니다. 교육적으로 바람직하지 않아요.

박 교사 : 그럼 수업에 소극적인 학생들을 적극적으로 참여시킬 수 있는 동기 유발 방안을 고민해 보아야겠네요. 이를 테면 수업방법 차원에서 학생들끼리 서로 도와 가며 학습하는 형태로 수업을 진행하면 어떨까요?

최 교사 : 그거 좋은 생각이네요. 다만 학생들끼리 함께 학습을 하도록 할 때는 무엇보다 서로 도와주고 의존하도록 하는 구조가 중요하다는 점을 유의해야겠지요. 그러한 구조가 없는 경우에는 수업활동에 열심히 참여하지 않는 학생들이 많아진다는 문제가 발생할 수 있어요.

박 교사 : 아, 그렇군요. 그런데 선생님, 요즘 저는 수업방법뿐만 아니라 평가에서도 고민거리가 있어요. 저는 학기 중에 수시로 학업 성취 결과를 점수로 학생들에게 알려 주고 있는데요. 이렇게 했을 때 성적이 좋은 몇몇 학생 들을 제외하고는 나머지 학생들은 자신의 성적을 보고 실망하는 것 같아요.

최 교사 : 글쎄요. 평가결과를 선생님처럼 그렇게 제시할 수도 있겠죠. 하지만 학습 동기를 유발하기 위해서는 평가를 어떻게 활용하느냐가 중요해요.

박 교사 : 그렇군요. 그런데 제가 보기에는 학생들의 수업 참여 정도가 교사의 지도성에 따라서도 다른 것 같아요.

최 교사 : 그렇죠. 교사의 지도성 행동에 따라 달라질 수 있죠. 그래서 교사는 지도자로서 학급과 학생의 상황을 고려하여 학생들의 학습동기를 불러일으킬 수 있는 지도성을 발휘해야겠지요.

박 교사 : 선생님과 대화를 하다 보니 교사로서 더 고민하고 노력해야겠다는 생각이 듭니다.

최 교사 : 그래요. 선생님은 열정이 많으니 잘하실 거예요.

─────〈배 점〉─────

- 답안의 논리적 구성 및 표현 [총 5점]
- 논술의 내용 [총 15점]
  - 잠재적 교육과정 관점에서의 진단 [3점]
  - 문화실조 관점에서의 진단 [3점]
  - 협동학습 실행 측면, 형성평가 활용 측면, 교사지도성 행동 측면에서의 동기 유발 방안 논의 [9점]

초 안 작 성 용 지

교 육 학

1차 시험	1교시	1문항 20점	시험 시간 60분

다음은 A고등학교의 최 교사가 작성한 성찰일지의 일부이다. 일지 내용을 바탕으로 철수의 학교 부적응 행동의 원인을 청소년 비행이론에서 2가지만 선택하여 설명하고, 철수의 학교생활 적응을 향상시키기 위한 상담 기법을 2가지 관점(① 행동중심 상담, ② 인간중심 상담)에서 각각 2가지씩만 논하시오. 그리고 최 교사가 수업 효과성을 높이기 위하여 선택한 2가지 방안(① 학문중심 교육과정 이론에 근거한 수업 전략, ② 장학 활동)에 대하여 각각 논하시오.

일지 #1 2014년 4월 ○○일 ○요일

우리 반 철수가 의외로 반 아이들과 잘 지내지 못하는 것 같아 마음이 쓰인다. 철수와 1학년 때부터 친하게 지냈다는 학급 회장을 불러서 이야기를 해 보니 그렇지 않아도 철수가 요즘 거칠어 보이는 동네 친구들과 어울려 다니는 모습을 자주 보게 되어 학급 회장도 걱정을 하던 중이라고 했다. 그런 데다 철수가 반 아이들에게 괜히 시비를 걸어 싸움이 나게 되면, 그럴 때마다 아이들이 철수를 문제아라고 하니까 그 말을 들은 철수가 더욱 더 아이들과 멀어지고 제멋대로 행동한다고 한다. 오늘도 아이들과 사소한 일로 다투다가 갑자기 소리를 지르고 물건을 던지고는 교실에서 나가 버렸다고 한다. 행동이 좋지 않은 친구들과 몰려다니며 그 아이들의 행동을 따라 해서 철수의 행동이 더 거칠어진 걸까? 1학년 때 담임선생님 말로는 가정 형편이 그리 넉넉하지 않고 부모님이 철수에게 신경을 쓰지 못함에도 불구하고 행실이 바른 아이였다고 하던데, 철수가 왜 점점 변하는 걸까? 아무래도 중간고사 이후에 진행하려고 했던 개별상담을 당장 시작해야겠다. 그런데 철수를 어떻게 상담하면 좋을까?

일지 #2 2014년 5월 ○○일 ○요일

중간고사 성적이 나왔는데 영희를 포함하여 몇 명의 점수가 매우 낮아서 답안지를 확인해 보았다. OMR카드에는 답이 전혀 기입되어 있지 않거나 한 번호에만 일괄 기입되어 있었다. 아이들이 시험 자체를 무성의하게 본 것이다. 점심시간에 그 아이들을 불러 이야기를 해 보니 학교에서 배우는 내용이 대학 진학을 하지 않고 취업할 본인들에게는 전혀 쓸모없이 느껴진다고 했다. 특히 오늘 내 수업 시간에 휴대전화만 보고 있어서 주의를 받았던 영희의 말이 아직도 귀에 생생하다. "저는 애견 미용사가 되려고 하는데, 생물학적 지식 같은 걸 배워서 뭐 해요? 내신 관리를 해야 하는 아 이들조차 어디 써먹을지도 모르는 개념을 외우기만 하려니까 지겹다고 하던데, 저는 얼마나 더 지겹겠어요."라고 말하는 것이었다. 학교에서 배우는 기초 지식이나 원리가 직업 활동의 근간이 되기도 한다는 것을 어떻게 아이들이 깨닫게 할 수 있을까? 내가 일일이 다 설명해 주지 않아도 아이들이 스스로 교과의 기본 원리를 찾을 수 있게 하려면 어떤 종류의 과제와 활동이 좋을까? 이런 생각들로 머릿속이 복잡하던 중에, 오후에 있었던 교과협의회에서 수업 전문성 개발을 위한 장학 활동을 몇 가지 소개받았다. 이제 내 수업에 대해 차근차근 점검해 봐야겠다.

〈배 점〉

- 답안의 논리적 구성 및 표현 [총 5점]
- 논술의 내용 [총 15점]
  - 청소년 비행이론 관점에서의 설명 [3점]　　　　　　　- 행동중심 상담 관점에서의 기법 논의 [3점]
  - 인간중심 상담 관점에서의 기법 논의 [3점]　　　　　- 학문중심 교육과정 이론에 근거한 수업 전략 논의 [3점]
  - 교사 전문성 개발을 위한 장학 활동 논의 [3점]

초 안 작 성 용 지

교 육 학

1차 시험	1교시	1문항 20점	시험 시간 60분

다음은 박 교사가 담당학급의 쌍둥이 남매인 철수와 영희의 어머니와 상담을 실시한 사례이다. 박 교사가 ㉠에서 말했을 법한 영희의 IQ에 대한 올바른 해석에 기반을 두고 영희의 문제를 해결하고자 할 때, '기대×가치 이론'과 Maslow의 '욕구위계이론'을 각각 활용하여 영희가 학습동기를 잃게 된 원인과 그 해결 방안을 논하시오.

어머니 : 선생님, 얼마 전에 외부 상담기관에서 받은 철수와 영희의 지능검사 결과에 대해 상의하고 싶어서 왔어요. 철수는 IQ가 130이라고 나왔는데 자기가 생각한 것보다 IQ가 높지 않다며 시무룩해 있네요. 영희는 IQ가 99로 나왔는데 자신의 IQ가 두 자리라고 속상해하고, 심지어 초등학교 때부터 늘 가지고 있던 간호사의 꿈을 포기한다면서 그동안 학교 공부는 철수보다 오히려 성실했던 아이가 더 이상 공부도 안 하려고 해요.

박 교사 : 그런 일이 있었는지 몰랐습니다. 사실 IQ의 의미에 대한 자세한 설명 없이 검사 점수만 알려주게 되면 지금 철수나 영희처럼 IQ의 의미를 오해하는 경우가 많습니다. 아이들은 물론이고 일반 어른들도 IQ의 개념을 정확히 이해하기는 좀 어렵거든요.

어머니 : 선생님, 그러면 아이들에게 어떻게 이야기해 주어야 할까요? 영희의 IQ가 두 자리라면 문제가 있는 건가요?

박 교사 : 10부터 99까지가 다 두 자리인데, IQ가 두 자리라고 무조건 문제가 있는 것은 아닙니다.

어머니 : 그럼, 영희의 IQ는 대체 어느 정도인가요?

박 교사 : _____㉠_____

어머니 : 아, 그렇군요. 더 높았으면 당연히 좋겠지만 그렇게 실망할 일은 아니네요. 그럼, 철수의 IQ는 어떤가요?

박 교사 : 철수의 IQ 130은 철수의 지능검사 점수가 자기 또래 학생들 중에서 상위 2% 정도에 해당한다는 것을 말해줍니다. 따라서 철수가 매우 높은 수준의 지능을 가지고 있다는 것을 알 수 있습니다. 철수가 시무룩해 할 이유가 전혀 없는 것이죠.

어머니 : 그렇군요. 하여튼 요즈음 영희 때문에 걱정인데, 수업 시간에는 잘하고 있나요? 선생님이 보시기에는 어떤가요?

박 교사 : 사실 영희의 경우에는 학습에 더 신경을 써야 할 것으로 보입니다. 그저께 실시했던 중간고사를 채점하는 중인데, 영희의 성적이 많이 떨어졌더라고요. 오늘 어머님의 말씀을 듣고 보니 그 이유를 알겠네요.

〈배 점〉

- 논술의 체계 [총 5점]
- 논술의 내용 [총 15점]
  - IQ의 해석 [3점]
  - 기대×가치 이론에 따른 원인 및 해결 방안 [6점]
  - 욕구위계이론에 따른 원인 및 해결 방안 [6점]

초 안 작 성 용 지

부록 2

키워드
찾아보기

키워드 찾아보기

키워드 찾아보기

부록 2

해커스임용 설보연 SANTA 교육학1

참고문헌

- 강명회, 정재삼, 조일현, 이정민, 임규연, 소효정, 이화여자대학교 교육공학과(2017), 교육방법 및 교육공학, 파주: 교육과학사.
- 강현석, 이지은, 전호재(2015),문이과 통합형 교육과정 개정의 요구조사에 나타난 교육과정적 의미 탐색. 교육문화연구, 21(5), 5-38.
- 김계현(2002), 카운슬링의 실제, 서울: 학지사.
- 김계현 외(2009), 학교상담과 생활지도, 서울: 학지사.
- 김국헌(2016), 교육학개론, 서울: 교육과학사.
- 김대현 외(2015), 교육과 교육학, 서울: 학지사.
- 김대현(2017), 교육과정의 이해, 학지사.
- 김대석, 성정민(2020), 쉽게 풀어 쓴 교육과정과 수업의 이해와 실천, 박영스토리.
- 김봉환 외(2018), 진로상담, 서울: 학지사.
- 김석우 · 최태진(2007), 교육연구방법론, 서울: 학지사.
- 김석우(2009), 교육평가의 이해, 서울: 학지사.
- 김석우, 최태진, 박상욱(2015), 교육연구방법론, 서울: 학지사.
- 김신일(2015), 교육사회학, 서울: 교육과학사.
- 김신일(2019), 교육사회학(5판), 서울: 교육과학사.
- 김아영(2004), 신 교육사회학, 서울: MJ미디어.
- 김아영(2010), 학업동기: 이론, 연구와 적용, 서울: 학지사.
- 김재복(1996), 교육과정의 내용조직 유형에 관한 연구, 교육과정연구, 14(3), 73-93.
- 김재춘(2016), 교육과정: 이론과 실제를 겸비한 인재 양성 지도서, 서울: 교육과학사.
- 김재춘(2021), 세 가지 관점으로 본 교육과정 이야기, 교육과학사.
- 김태호(2004), 학생생활지도와 상담, 서울: 학지사.
- 김희수, 최정선, 홍성훈(2014), 이해하기 쉽게 쓴 교육학 개론, 서울: 동문사.
- 교육부(2014), 인성교육 비전 수립을 위한 정책연구, 서울: 진한엠앤비.
- 교육부(2018), 도덕과 교육 총론.
- 문승한, 서동기, 정다운(2014), 교육방법 및 교육공학, 진주: 경상대학교출판부.
- 박성익, 임철일, 이재경, 최정임(2011), 교육방법의 교육공학적 이해, 파주: 교육과학사.
- 박성익, 임철일, 이재경, 최정임, 임정훈, 정현미, 송해덕, 장수정, 장경원, 이지연, 이지은(2012), 교육공학의 원리와 적용, 파주: 교육과학사.
- 박숙희, 염명숙(2013), 교수 – 학습과 교육공학, 서울: 학지사.
- 박승배(2019), 교육과정학의 이해(2판), 서울: 학지사.
- 박은숙, 송윤희, 유정아(2015), 교육방법 및 교육공학, 서울: 학지사.
- 박의수, 김동기, 김철주, 배장오, 유제민, 이희숙, 전경희(2016), 교육학개론, 고양: 서현사.
- 박철홍(2016), 듀이의 자연관에 비추어 본 '성장으로서 교육'의 의미와 교육사적 의의, 교육사상연구, 30(4), 45-68.
- 박현정(2005), 다변량 통계방법의 이해, 서울: 학연사.
- 백근수(2011), 대안학교의 특성과 교육적 효과에 관한 연구, 전북대학교 대학원 박사학위 논문.
- 백순근(2000), 수행평가의 원리, 서울: 교육과학사.
- 백순근(2004), 학위논문 작성을 위한 교육연구 및 통계분석, 서울: 교육과학사.
- 백순근, 김경진(2004), 역동적 평가를 활용한 수업이 유아의 수 개념 학습에 미치는 영향, 교육심리학연구, 18(1), 145-165.
- 백순근(2007), 교육측정의 이론과 실제, 서울: 교육과학사.

- 백순근(2009), (밝은 미래를 위한 교육학적 담론) 백교수의 백가지 교육 이야기, 서울: 교육과학사.
- 백순근(2016), 학생 참여형 수업 활성화를 위한 과정중심평가 시행 방안, 교육부와 한국교육정보원이 2016년 12월 14일 서울교육문화 회관에서 개최한 '행복교육실현 원격교육연수원 역량 강화 워크숍' 자료집, pp. 11-25.
- 백순근(2017), 고등학생용 여섯 가지 핵심역량 측정도구 개발 및 타당화 연구, 교육평가연구, 30(3), 363-395.
- 백순근(2018), 학위논문 작성을 위한 교육연구 및 통계분석, 서울: 교육과학사.
- 백순근(2019), 교육평가의 이론과 실제, 서울: 교육과학사.
- 백지연, 강현석(2017), 백워드 설계 2.0 버전에 의한 중학교 도덕과단원 개발 및 적용, 중등교육연구, 65(1), 25-64.
- 서울대학교 교육연구소(1997), 한국교육사, 교육과학사.
- 서장원(2008), 전인교육 실현을 위한 초등체육에의 통합적 접근, 건국대학교 대학원 박사학위 논문.
- 서정화 외(2011), 교육인사행정론, 서울: 교육과학사.
- 성열관(2012), 교수적 실천의 유형학 탐색: Basil Bernstein의 교육과정 사회학 관점, 교육과정연구, 30(3).
- 성태제(2011), 현대 기초통계학 이해와 적용, 서울: 학지사.
- 성태제, 강대중, 강이철, 곽덕주, 김계현, 김천기, 김혜숙, 송해덕, 유재봉, 이윤미, 이윤식, 성태제, 시기자(2014), 연구방법론, 서울: 학지사.
- 성태제 외(2018), 최신 교육학개론, 서울: 학지사.
- 성태제(2019), 현대교육평가(5판), 서울: 학지사.
- 소경희(2017), 교육과정의 이해, 교육과학사.
- 신현석, 안선회(2015), 학습사회의 교육행정 및 교육경영, 서울: 학지사.
- 오욱환(2015), 교육사회학의 이해와 탐구, 서울: 교육과학사.
- 온정덕, 변영임, 안나, 유수정(2018), 교실 속으로 간 이해중심 교육과정, 서울: 살림터.
- 유승우, 임형택, 권충훈, 이성주, 이순덕, 전희정(2013), 교육방법 및 교육공학, 파주: 양서원.
- 윤광보, 김용욱, 최병옥(2011), 교육방법과 교육공학의 이해, 파주: 양서원.
- 윤정일, 송기창, 조동섭, 김병주(2010), 교육행정학원론, 서울: 학지사.
- 이병승, 우영효, 배제현(2019), 쉽게 풀어 쓴 교육학, 서울: 학지사.
- 이신동, 조형정, 장선영, 정종원(2012), 알기쉬운 교육방법 및 교육공학, 파주: 양서원.
- 이웅, 홍후조(2018), 최신교육학개론, 서울: 학지사.
- 이인숙, 한승연, 임병노(2010), 교육공학 · 교육방법, 서울: 문음사.
- 이종재, 이차영, 김용, 송경오(2012), 한국교육행정론, 서울: 교육과학사.
- 이종태(2000), 대안교육과 대안학교, 민들레.
- 이해주, 성기선, 유성상(2014), 교육사회학 서울: 출판문화원.
- 전태련, 박지영(2018), 함께 하는 교육학, 부산: 캠버스출판사.
- 전남련(2016), 인성교육론, 서울: 한수한정선
- 김영수, 주영주, 강명희, 조일현, 이정민(2011), 21세기 교사를 위한 교육방법 및 교육공학, 파주: 교육과학사.
- 주삼환 외(2015), 교육행정 및 교육경영, 서울: 학지사.
- 진동섭 외(2005), 한국 학교조직 탐구, 서울: 학지사.
- 진동섭, 이윤식, 김재웅(2007), 교육행정 및 학교경영의 이해, 서울: 교육과학사.
- 차경수, 최중옥 외 3명(2010), 교육사회학의 이해, 서울:양서원.
- 차우규(2006), 이상적인 도덕과 수업을 위한 교사의 역할, 윤리교육연구, 11, 1-21.
- 채서일(2010), 사회과학조사방법론, 서울: 비엔엠북스.
- 최혜림(2013), 연구중심대학의 교육과 연구의 관계에 대한 탐색적 연구, 서울대학교 대학원 석사학위 논문.
- 한국교육평가학회(2004), 교육평가용어사전, 서울: 학지사.
- 홍후조(2011), 알기 쉬운 교육과정(2판), 서울: 학지사.
- B, Phillips(1971), Social Research, New York: Macmillan.
- Boyd, W. (1965), The history of western education, New York: Barnes and Noble. Revised and Enlarged by EJ King, 이홍우(역)(2008), 서양교육사. 교육과학사.

- Çam, Z., Seydoogullari, S., Çavdar, D., & Çok, F.(2012), Classical and Contemporary Approaches for Moral Development, Educational Sciences: Theory and Practice, 12(2), 1222-1225.
- Creswell, J. W.(1994), Research Design: Qualitative and Quantitative Approaches.
- Drake, S. M., & Burns, R. C.(2004), Meeting standards through integrated curriculum. ASCD.
- Eccles, J. S., & Wigfield, A.(2020), From expectancy-value theory to situated expectancy-value theory: A developmental, social cognitive, and sociocultural perspective on motivation, Contemporary Educational Psychology, 61, 101859.
- J. W. Creswell(2015), 질적 연구방법론, 서울: 학지사.
- Kerlinger F. N.(1986), *Foundations of behavioral research*, NY: Holt, Rinehart and Winston.
- McMilan, J. H.(2007), Formative classroom assessment: The key to improving student achievement, In McMillan, J. H. *Formative classroom assessment: Theory into practice*(ed), NY: Teachers College Press.
- Miller, M. D., Linn, R. L., & Ground, N. E.(2009), *Measurement and assessment in teaching*, Prentice Hall.
- Ornstein, A. & Hunkins, F.(2004), Curriculum: Foundations, Principles, and Issues, (4th ed.), Boston: Allyn & Bacon.
- Skaalvik, E. M., & Skaalvik, S.(2010), Teacher self-efficacy and teacher burnout: A study of relations, Teaching and teacher education, 26(4), 1059-1069.
- Thousand Oaks, CA: Sage.
- Tschannen-Moran, M., & Hoy, A. W.(2001), Teacher efficacy: Capturing an elusive construct, Teaching and teacher education, 17(7), 783-805.
- Wigfield, A., & Eccles, J. S. (2000), Expectancy-value theory of achievement motivation, Contemporary educational psychology, 25(1), 68-81.

해커스임용

설보연 SANTA
Succeed, Achieve, aNd Teach All

교육학 1

개정 2판 1쇄 발행	2024년 1월 2일

지은이	설보연
검수자	장은수, 음효진, 홍혜인, 한지희, 강다현, 김모영
펴낸곳	해커스패스
펴낸이	해커스임용 출판팀

주소	서울특별시 강남구 강남대로 428 해커스임용
고객센터	02-566-6860
교재 관련 문의	teacher@pass.com
	해커스임용 사이트(teacher.Hackers.com) 1:1 고객센터
학원 강의 및 동영상강의	teacher.Hackers.com

ISBN	979-11-6999-588-7 (13370)
Serial Number	02-01-01

교원임용 교육 1위,
해커스임용 teacher.Hackers.com

해커스임용

- 임용 합격을 앞당기는 전문 교수님의 **본 교재 인강**
- 풍부한 **무료강의·학습자료·최신 임용 시험정보** 제공
- **모바일 강좌 및 1:1 학습 컨설팅** 서비스 제공

이제 **해커스임용 강의**를
더욱 편리하고 스마트하게 수강하자!

해커스 ONE
통합 앱

지금 바로! 구글 플레이와 앱스토어에서
해커스 ONE 다운로드 받기

01 관심분야 설정과 빠른 수강 신청

02 간편해진 강좌 수강과 학습 관리

03 과목별 교재 구매

04 최근 본 콘텐츠 & 새로운 소식

해커스임용

설보연 SANTA
Succeed, Achieve, aNd Teach All

교육학 1

해커스임용 설보연 교육학 시리즈 교재

해커스임용 설보연 SANTA 교육학 1
교육의 이해 | 교육과정 | 교육방법 및 공학
교육평가 | 교육연구

해커스임용 설보연 SANTA 교육학 2
교육행정 | 교육심리 | 교육사회학
생활지도 및 상담 | 교육사 및 교육철학

해커스임용 설보연 SANTA 교육학
찐 단권화(이론 + 기출Ver.)

해커스임용 설보연 SANTA 교육학
씬(Thin) 찐 단권화(이론 Ver.)

정가 **33,000** 원

13370

9 791169 995887
ISBN 979-11-6999-588-7